AI와 인간의 인터레이싱

How AI Will Shape Our Future: Understand Aritificial Intelligence and Stay Ahead
Copyright ⓒ 2024 by Pedro URIA-RECIO. United States Copyright Registration Number: TX0009432990

이 책은 ㈜에이콘온이 정식 계약하여 번역한 책이므로
이 책의 일부나 전체 내용을 무단으로 복사, 복제, 전재하는 것은 저작권법에 저촉됩니다.

AI와 인간의 인터레이싱

인공지능이 이끄는 인류 진화의 다음 단계

페드로 우리아-레시오 지음   김동환, 최영호 옮김

에이콘

인간과 AI는 점점 하나로 얽히며,
새로운 삶의 형태로 인터레이싱될 것이다.

이 책은 우리 인간이 어떻게 '내일의 기계'로 진화해 가는지,
그 거대한 여정과 변혁의 얘기를 생생하게 전해줄 것이다.

나를 낳아주신 소중한 부모님
아나 마리아와 호세 안토니오께.

지금의 나를 있도록 한
사랑하는 아내 도로시에게.

– 페드로

다음은 이전에 『내일의 기계Machines of Tomorrow』라는 제목으로 출간된 초판을 읽은 실제 독자들이 아마존에서 인증한 리뷰 중 일부다.

"내가 할 수 있는 말은 '와우!'라는 말뿐이다! 이 책을 읽고 할 말을 잃었다! 특히 AI의 미래 영향에 대한 고찰은 내 가슴을 뛰게 해줬다."

- **D. 롭**, 2024년 4월 28일

"역사, 분석, 생각을 자극하는 예측을 능숙하게 엮어 독자들이 이 변혁적인 기술의 윤리적, 철학적 함축에 직면하도록 촉구한다. 적극 추천한다!"

- **자히드**, 2024년 6월 9일

"AI 최고작이다! AI에 대해 깊이 있고 체계적으로 다룬 훌륭한 책이다. 고대 역사부터 미래 예측, 정치적 영향, 잠재적 영향, 결과에 이르기까지 AI의 영향에 대해 궁금한 점이 있다면 이 책에서 모두 다룰 수 있을 것이다. 방대하고 지적인 통찰력이 돋보이는 책이다."

- **제이 파머**, 2024년 5월 20일

"AI가 인류와 기계 경제의 도래에 미치는 변혁적 영향을 훌륭하게 탐색하며 기술과 사회적 진보의 조화로운 융합을 약속하는 독창적인 작품이다."

- **폴 모리세이 교수**, 2024년 2월 15일

"모든 면에서 읽을 만한 가치가 있다. AI 분야에서 무슨 일이 일어나고 있는지 다방면으로 이해할 수 있었다. 인간, 철학, 지능에 대해 가졌던 수많은 의문을 던져줬고, 어떤 면에서는 해답도 제시해 줬다."

- **데어**, 2024년 8월 18일

"유토피아와 디스토피아, 중국의 AI 군비 경쟁, 인간과 사이보그의 공존 등 미래에 대한 날카로운 질문들이 담겨 있다. 책 곳곳에 녹아든 통찰력은 독자의 생각을 자극하고, 오랜 글로벌 AI 경험에서 우러나온 깊이가 느껴진다. 적극 추천한다!"

— S. 앤드류, 2024년 5월 16일

"이 여정을 즐기다 보면 AI와 인류의 미래에 대해 생각하게 될 것이다."

— 케이티 챈스, 2024년 5월 18일

"이 책만의 진정한 차별점은 저자의 열정이다. 저자가 이 주제에 얼마나 깊이 몰입했는지가 글 전체에서 느껴지고, 그 열정은 읽는 이에게도 자연스럽게 전해진다. 마치 저자가 직접 발견한 비밀의 숲으로 우리를 초대하는 듯해, 그 흥분과 감동에 빠질 수밖에 없다."

— 굿, 2024년 4월 24일

"명확한 설명과 혜택과 윤리적 도전에 대한 균형 잡힌 관점을 제공하는 이 책은 AI가 우리 세상을 어떻게 변화시키고 있는지, 그리고 미래가 어떻게 될지 관심 있는 사람이면 반드시 읽어야 할 책이다."

— 아르티 나그팔, 2024년 5월 18일

"복잡한 주제를 쉽게 접근할 수 있게 해주는 책이다. 설득력 있고 읽기 쉬우며, AI가 어디로 향하고 있으며, 미래에 AI에 관심이 있는 모든 사람에게 적합한 책이다."

— 스테파니 L, 2024년 5월 17일

"AI가 세상을 어떻게 변화시킬지 매혹적인 탐구를 하는 책이다. 누구나 쉽게 접근할 수 있으면서도 깊은 통찰이 담긴 이 책은 AI 기술이 사회·경제·지정학에 미치는 심오한 영향까지 폭넓게 다룬다."

— 자이납, 2024년 6월 8일

"통찰력 있는 해설과 개인적인 성찰이 담긴 이 책은 우리 세계를 재편하고 심오한 변화를 이해하는 데 없어서는 안 될 안내서다."

— 알레호, 2024년 3월 12일

"저자는 AI가 직업과 교육은 물론 정치, 경제, 나아가 영성에 이르기까지 우리의 삶 전반에 미치는 영향을 폭넓게 다루면서, 복잡한 개념도 쉽게 이해할 수 있도록 명확하고 깊이 있게 설명한다."

— 안젤리나, 2024년 6월 27일

"나처럼 AI가 세상을 어떻게 변화시키고 있는지 궁금한 모든 사람이 꼭 읽어야 할 책이다. 특히 어려운 주제를 정면으로 마주하는 이 책의 서술 방식이 마음에 들었다."

— 도미니카 치우카바, 2024년 5월 29일

"이 책은 AI가 우리 사회, 경제, 종으로서의 진화에 미치는 영향에 대한 심오한 질문을 다루면서 기술 개념을 단순화하는 능력이 뛰어나다."

— EL82, 2024년 6월 28일

"이 책은 초지능과 기계 중심 경제와 같은 흥미로운 가능성과 잠재적 위험 및 윤리적 딜레마에 대한 논의가 균형을 이루고 있다. 흥미롭고 접근하기 쉽다."

— 니콜라스 메지아, 2024년 6월 26일

"기술 정보와 철학적 통찰력의 매력적인 조합은 어려운 개념을 이해하기 쉽게 만들고 사색을 유도한다."

- **아론**, 2024년 6월 29일

"복잡한 아이디어를 간단한 방식으로 설명해 기술과 인류의 미래에 대해 쉽게 이해하고 생각하도록 해준다. AI에 대해 궁금한 사람이라면 누구나 읽어야 할 책이다!"

- **아니크 스파펜**, 2024년 5월 17일

"이 책은 주류 미디어의 흔한 일반론이나 장황한 얘기와 달리, 구체적인 예측과 실제로 주목해야 할 주요 트렌드를 매우 상세하게 제시한다는 점이 인상적이다."

- **크리스**, 2024년 6월 29일

"복잡한 AI 개념을 쉽게 이해할 수 있도록 분석해 모든 배경을 가진 독자들이 쉽게 접근할 수 있게 해준다."

- **클라이언트 킨들**, 2024년 7월 1일

"어려운 주제도 피하지 않고 과감하게 다루는 점이 인상적이다. AI의 유토피아적 가능성과 디스토피아적 위험을 모두 조명하며, 미래에 대해 균형 잡힌 시각을 일관되게 보여준다."

- **허슬러**, 2024년 5월 20일

"AI의 미래를 다루는 이 책의 설득력 있는 담론은 불안감을 자아내면서도 동시에 탁월하다."

- **잔느**, 2024년 4월 28일

"이 책은 우리 사회를 움직이는 논쟁에 대해 매우 상세하게 설명하며, AI의 역사와 미래를 찬반양론과 함께 설명한다. 또한, 우리 모두가 활용할 수 있는 조언도 제공한다. 저자의 전문성은 감탄할 만하며, 꼭 추천하고 싶은 책이다!"

— **Jess Books**, 2024년 6월 26일

"이 책은 명쾌하고 매혹적인 산문을 통해 통찰력 있는 분석을 제공하고 기술과 인류의 미래에 관한 중요한 대화를 시작하게 한다. 매우 흥미롭게 읽었다!"

— **크리스타**, 2024년 5월 18일

"이 책은 인터넷에서 쉽게 접할 수 있는 다른 책들과는 완전히 다른 방식으로 AI의 세계로 안내한다. 적극 추천한다!"

— **미첼 W**, 2024년 5월 15일

"이 책은 서양과 동양 문화를 아우르는 AI와 그 철학적 뿌리에 대한 포괄적이면서도 흥미로운 요점을 들려준다."

— **미셸**, 2024년 6월 29일

"이 책은 인공지능에 관한 흥미로운 탐구를 제공하며, 인공지능이 사회, 경제, 개인의 정체성에 미칠 잠재적 영향을 제시한다."

— **피터**, 2024년 6월 28일

"이 책이 AI의 세계를 바라보는 접근 방식이 정말 인상적이다. AI의 진화와 AI가 사회에 미칠 잠재적 영향뿐만 아니라, 인간 진화에 미치는 영향까지 폭넓게 다루고 있다."

— **QLS 풀필먼트**, 2024년 6월 26일

"흥미롭게 읽었다! AI의 개념이 어디까지 거슬러 올라가는지 전혀 몰랐는데, 이 책은 AI가 얼마나 성장했는지를 잘 보여주며, AI에 대한 많은 오해와 두려움을 폭로한다."

- 레이첼 제임스, 2024년 5월 21일

"AI가 우리 삶을 어떻게 변화시킬 수 있는지, 그리고 이러한 변화의 속도를 이해하는 데 관심 있는 사람들에게 추천한다."

- 론 M, 2024년 6월 27일

"이 책은 AI의 위대한 역사뿐만 아니라 인공지능의 미래와 가능한 위험에 관해서도 설명해 줘서 재미있게 읽었다."

- 사나, 2024년 6월 3일

"이 책은 복잡한 개념을 누구나 이해하기 쉽게 풀어서 설명하며, 오늘날의 AI를 이루는 데 기여한 잘 드러나지 않는 연결점들까지 명확하게 짚어준다. 깊이 있는 연구와 균형 잡힌 시각이 돋보인다."

- 세르조 고메즈, 2024년 6월 10일

"윤리, 권력 역학, 인간 진화의 궤적에 대한 중요한 질문을 제기한다."

- 샤이스타, 2024년 6월 5일

"이 책은 두 눈을 뜨게 해 주는 대단한 책이다. SF로 시작해서 현대의 현실, 미래의 기대에 이르기까지 AI에 관한 거의 모든 것을 자세히 설명한다."

- 쉼, 2024년 5월 15일

"복잡한 AI 개념을 쉽게 이해할 수 있는 조각으로 분해하는 환상적인 작업이다."

- **소울 시크르**, 2024년 5월 16일

"이 책은 내가 미처 기대하지 못했던 깊이 있는 정보를 제공한다. AI가 고용과 교육에 미치는 영향에 대한 설명이 특히 인상적이며, 현시점에서 많은 생각거리를 던져준다."

- **타냐 볼리**, 2024년 7월 1일

"이 책의 진정한 강점은 기술적 설명을 넘어서, 첨단 AI가 미래 사회에 미칠 깊은 영향까지 폭넓게 탐구한다는 점이다. AI와 사회가 어떻게 얽히고 변화할지에 대한 통찰이 돋보이는 책이다."

- **예툰데**, 2024년 5월 22일

"AI와 로봇공학 역사를 공부하는 것은 나의 취미 중 하나다. 솔직히 말해 이 책은 내가 접한 책 중 최고다."

- **아마존 고객**, 2024년 6월 1일

"무섭기도 하지만 동시에 큰 영감을 주는 책이다. 배움과 동시에 자신을 돌아볼 수 있는 기회를 준다. AI의 위험성과 잠재력을 깊이 있게 다룬 훌륭한 저서다!"

- **아마존 쿤데**, 2024년 3월 26일

한국어판 서문

『AI와 인간의 인터레이싱How AI Will Shape Our Future』(2024) 초판 출간 이후, 인공지능 분야는 놀라운 속도와 예상치 못한 방향으로 발전해 왔다. 이 책을 처음 영어로 집필할 때, 내가 가진 목표는 인공지능을 단순한 기술적 현상으로 보지 않고, 인간과 AI가 융합하는 과정이 어떻게 오늘날의 경제, 사회, 미래를 근본적으로 재편하는가를 명확하고 균형 잡힌 시각으로 독자에게 전달하는 것이었다. 실제로 세계는, 내가 책에서 제기한 질문의 시급성과 타당성을 직접 눈으로 보여주며, 책에서 서술한 방향대로 빠르게 변화하고 있다.

이번 한국어판은 전 세계뿐 아니라, 글로벌 AI 혁명이 가장 치열하게 전개되고 있는 아시아, 그중에서도 대한민국에서 출간됐다. 세계에서 가장 미래지향적이고 기술적으로 앞선 한국 독자들과 이 책의 아이디어를 공유할 수 있어 매우 기쁘다.

이 책에서 다루는 자동화와 증강을 아우르는 AI의 이중적 잠재력, AI 파워가 가져오는 지정학적 변화, 고용·교육·거버넌스 등 사회 구조의 변화는 모두 현재 실시간으로 펼쳐지고 있는 트렌드들이다. 이 책에서 제시한 아이디어들은 결코 고정된 예측이 아니라, 각 리더와 시민, 기관이 더욱 빠르게 진화하는 환경에서 오늘 내리는 결정이 내일 우리 모두의 미래를 만들어간다는 사실을 이해하고, 스스로 탐색하며 적용할 수 있도록 설계된 '살아 있는 틀'이다.

GPT-4 터보, 제미나이, 클로드 2, 미스트랄 같은 첨단 AI 모델의 출시는 혁신의 새로운 물결을 불러일으켰다. 그러나 이보다 더 주목할 점은, 아시아가 전 세계의 관심을 집중시키며 '소버린 AI^{sovereign AI, 국가주도 AI}' 시대를 열었다는 사실이다. 특히 중국의 딥시크^{DeepSeek}는 서구의 대표적 모델과 어깨를 나란히 하면서도, 자국의 전략적 우선순위에 맞춘 개발로, 아시아가 AI 소비에서 AI 창조로 확실히 전환하고 있음을 보여줬다.

한국 역시 네이버, 카카오 등 주요 기업들이 현지 언어와 가치관, 문화에 맞는 생성형 AI 보급을 적극적으로 확대하고 있다. 이제 한국은 AI에 '적응'하는 수준을 넘어, AI를 '만드는' 국가이자 생태계의 중심으로 자리매김했다. 서울시 AI 윤리 헌장^{Seoul's AI Ethics Charter}의 도입은 인간 중심 거버넌스라는 미래지향적 원칙에서 국제적 찬사를 받고 있으며, 기술력과 윤리적 리더십 모두에서 한국의 위상이 높아지고 있다.

아시아는 이미 AI를 상업, 거버넌스, 외교, 예술 등 다양한 분야에 사용하고 있다. 일본은 휴머노이드 로봇공학이 가진 철학적 의미를 끊임없이 탐구하고 있고, 싱가포르는 AI 규제와 안전 표준을 위한 글로벌 실험장의 역할을 맡았으며, 인도 또한 민관 파트너십을 통해 의료와 교육 등 다양한 영역에서 AI 확산에 속도를 내고 있다. 이처럼 아시아는 더 이상 AI 흐름을 따라가는 지역이 아니라, 그 혁명을 이끌고 주도하는 주체로 부상했다.

이러한 상황에서 "미래의 지능은 누가 통제할 것인가?", "어떤 가치가 AI 진화를 이끌 것인가?", "AI-인간 인터레이싱을 통해 우리는 어떤 새로운 존재로 거듭나게 될 것인가?"와 같은 본질적 질문이, 오늘날 그 어느 때보다도 우리 사회에 날카로운 주제로 떠오르고 있다.

이번 한국어판은 단순한 번역에 그치지 않을 것이며, 언어와 문화, 그리고 미래를 이어주는 가교가 될 것이다. 한국은 글로벌 혁신의 최전선에 있으며, 한국 독자들은 AI가 던지는 딜레마를 깊이 있게 성찰할 수 있는 문화적·철학적 안목을 지니고 있기 때문이다.

이 책이 단순한 안내서를 넘어, 고대의 지혜와 새로운 현실, 실리콘의 뇌와 인간의 마음 사이에서 의미 있는 대화의 불씨가 돼주길 기대한다.

2025년 4월 2일

페드로 우리아-레시오 Pedro Uria-Recio

감사의 말

이 책의 서술과 가독성 개선에 큰 도움을 준 친구 랜디에게 깊은 감사를 전한다. 그의 예리한 통찰과 사려 깊은 조언 덕분에 이 책이 더 많은 독자에게 다가갈 수 있게 됐다.

랜디, 늘 한결같은 지원과 헌신에 진심으로 감사드립니다.

기술과 알고리듬

비즈니스와 지정학

역사와 철학

신화와 문학

영성과 종교

몸과 마음

혼돈과 전쟁

비즈니스와 부

불멸과 멸종

포스트휴먼의 새로운 종

AI는 인류의 '모든 것'이다.

AI-인간 인터레이싱AI-Human Interlacing, 또는 인터레이스은
인간과 AI 사이의 경계가 점진적으로 약화돼 가는
기술적, 물리적, 심리적 상호 관계를 의미한다.

여기서 인간은 알고리듬과 플랫폼을 설계하고 학습시키며
AI에 영향을 미치고, 반대로 AI는 사이보그 임플란트,
뇌-컴퓨터 인터페이스, 합성생물학 기반의 첨단 기술 등을 통해
인간에게 직접적인 변화를 준다.

이러한 상호작용은 인간 본성의 핵심까지 바꿔놓으며,
AI와 인간이 함께 진화적 주기를 반복함으로써
수많은 포스트휴먼 하이브리드 종의 탄생 가능성을 열어준다.

차례

한국어판 서문   15
감사의 말   19
프롤로그   27

1부
오래된 신화

들어가며   46
01   인공적으로 창조된 존재에 관한 고대 신화   49
02   프랑켄슈타인부터 우주 경쟁까지의 SF   59

2부 — 새로운 마음

들어가며		74
03	철학자, 수학자, 그리고 최초의 컴퓨터	79
04	다트머스 회의와 1차 AI 겨울	99
05	전문가 시스템과 2차 AI 겨울	115
06	닷컴 시대와 3차 AI 겨울의 머신러닝	125
07	거대 금융위기와 기나긴 AI 여름	155
08	인공 창의성의 부상	177
09	범용인공지능의 서막	205

3부 — 새로운 몸

들어가며		224
10	기계적 오토마톤에서 산업혁명으로	229
11	대논쟁: 기호논리 또는 아날로그 논리	243
12	로봇 팔의 근력	257
13	떠오르는 로봇의 땅	271
14	신경망과 로봇의 기동성 꿈	285
15	로봇의 손자병법	309
16	로봇이 우주로 나가다	321

| 17 | 일본의 딜레마: 이민 또는 휴머노이드 | 335 |
| 18 | 사랑에 빠진 로봇 | 351 |

4부

전환

들어가며		370
19	AI-인간 인터페이스와 포스트휴머니티	375
20	로봇공학이 사이보그로 확장되다	389
21	AI가 합성생물학을 크게 향상시키다	413
22	AI 유토피아: 재분배, 지속 가능성, 형평성	437
23	AI 디스토피아: 권위주의, 실업, 계급 정치	473
24	중국과 인공지능 냉전	515

5부

새로운 존재

들어가며		544
25	양자 컴퓨팅, 그럴듯한 조력자	549
26	초지능	571
27	마인드 업로딩, 에뮬레이션, 그리고 불멸	591
28	야수 길들이기	607

29	AI, 신	633
30	전쟁이 벌어질까?	649
31	진화의 표적	661

에필로그 　　　　　　　　　　　　　　　671

마지막 요청 　　　　　　　　　　　　　683
용어사전 　　　　　　　　　　　　　　685
지은이 소개 　　　　　　　　　　　　　692
옮긴이 소개 　　　　　　　　　　　　　694
옮긴이의 말 　　　　　　　　　　　　　698

참고문헌 　　　　　　　　　　　　　　733
찾아보기 　　　　　　　　　　　　　　757

프롤로그

"우리는 사이버보안과 생명공학뿐 아니라, 미개척 AI 시스템의 허위 조작정보 등 위험을 증폭시킬 수 있는 분야에 대해서도 우려하고 있다. AI 모델의 가장 중추적 역량에서, 의도적이든 비의도적이든 심각하고 치명적인 피해가 속출할 가능성이 있다. 기술 투자까지 가속화되는 상황에서 AI의 변화 속도는 매우 빠르고 불확실하다. 이런 잠재적 위험과 이를 다루는 조치의 필요성을 신중히 고민하는 것이 그 무엇보다 시급하다."

- (여러 정부와 함께한) 블레츨리 선언, 2023년 11월 1일

2023년 11월 1일, 미국 부통령 카멀라 해리스Kamala Harris와 억만장자 일론 머스크Elon Musk를 대표로 한 '세계적으로 영향력 있는 정부 및 산업계 인사' 약 150명이 영국 블레츨리Bletchley에 모여 AI 안전 정상회의AI Safety Summit를 가졌다. 이 회의는 다양한 차원에서 우리 인간 활동을 둘러싼 AI 사용과 관련된 시나리오를 개발·검토하고, AI 규제에 관한 글로벌 수준의 대화를 촉진하는 데 결정적 역할을 했다.

회의 장소는 과거 독창적인 AI 선구자였던 앨런 튜링Alan Turing을 기리기 위함이었다. 80년 전 같은 장소에서 튜링이 감행한 작업은 2차 세계대전을 종식시키고 수백만 명의 생명을 구했다. 이 회의는 세계 최초로 컴퓨터를 개발하는 계기가 되기도 했다.

미국, 중국, 유럽연합EU 등 강대국을 포함한 전 세계 28개 국가는 블레츨리 선언을 지지하기 위해 함께 모여 AI의 안전한 배포 시 지속적이고 깊이 있는 숙고가 필요하다는 신념을 재확인했다. 이 선언에서 테러리스트나 사이버 범죄자가 생성형 AIGenerative AI를 오용하고, AI가 지각력을 거머쥐고 실존적 위협을 제기하는 등 앞으로 일어날 수 있는 각종 잠재적 위험에 대한 우려를 표명했다.

하지만 세계 각국은 동등한 수준으로 대표되지 않았다. 글로벌 AI 강국임에도 불구하고 중국의 대표성은 실질적이라기보다는 상징적인 수준에 그쳤으며, 블레츨리 선언에 서명한 국가들은 인공지능의 발전을 주도하고 다른 나라들보다 우주에서 '우위'를 점하기 위해 적극적이고 공격적으로 경쟁했다. 이런 광경은 불안한 역설이거나 노골적인 위선이 아닐 수 없다.

논제

AI는 미래의 핵심적인 요소이지만 우리들도 AI의 미래에 중요한 역할을 하는 존재이다. 즉, AI와 우리 사이에는 강한 상호 관련성이 있는 것이다. 실제로 우리 인간은 '내일의 기계Machine of Tomorrow'이다. 하지만, 이 진화를 가속화하는 것은 탄소가 아닌 실리콘이다.

현재, AI는 우리의 일상생활에 매끄럽게 들어와, 스마트폰에서 자율주행, 창의적 작업의 자동화에 이르기까지 각종 영역마다 흔적을 남겼다. 그러나 대부분의 사람은 AI가 미치는 빠르고 심오한 영향력을 인식하지 못하고 있다. 한 예로, 알고리듬 상호작용은 우리의 의견, 감정, 의료 선택, 배우자 선택, 정치적 선호도, 소비자 취향, 이른바 우리의 삶 전체를 결정하고 있다. 이는 우리의 삶이 곧, 광범위하고 심오한 AI의 영향력에 노출된 것이라고 볼 수 있다.

현재 인간과 AI의 통합은 눈에 보이든 보이지 않든, 이미 진행 중이다. 그것도 점점 더 공생적인 관계를 형성하면서.

이는 우리가 '인간-AI 인터레이스Human-AI Interlace' 또는 '인터레이싱 Interlacing1'으로 부르는 과정인데, 인터레이싱은 오래전부터 시작됐으며, 그 속도는 갈수록 가속화되고 있다고 봐도 무방하다.

예상컨대, 향후 수십 년간은 AI가 그동안 SF의 소재로만 여겨지던 기술을 넘어, 실제로 인간의 능력을 획기적으로 향상시키는 변혁을 주

---

1 인터레이스 또는 인터레이싱은 실, 섬유 또는 기타 재료를 서로 위아래로 교차시켜 직조 구조를 만드는 과정을 말한다. 즉, 직물에서처럼 두 개 이상의 사물을 서로 얽거나 엮어 연결해 전체를 형성하는 물리적 동작을 가리키며, 예술, 건축 또는 자연에서 흔히 볼 수 있는 복잡하고 겹쳐진 디자인을 만드는 행위를 말한다. 이런 의미를 바탕으로, 인간-AI 인터레이스 또는 인터레이싱은 이 둘이 더 이상 별개의 개체가 아니라 서로 얽혀 있는 파트너가 되는 패러다임의 전환을 의미한다. – 옮긴이

도할 것으로 보인다. 사이보그 기술 역시 뇌-컴퓨터 인터페이스BCI, Brain-Computer Interface를 통해 로봇의 신체적, 지적 능력을 높이며, 로봇 기술 발전을 가속화할 것이다. 이는 스마트폰이나 유사한 기기를 이용해 정보를 얻거나 소통하고, 앱을 사용하는 방식처럼 단순히 화면을 들여다보는 행동에 비해 훨씬 복잡하고 진보된 기술이다. 여기에 더해, 합성생물학은 AI 알고리듬을 활용해 노화와 질병을 해결할 수 있도록 인간 DNA를 설계하거나, 이식을 위해 AI가 설계한 개량된 장기를 배양하는 방식으로 우리의 인체를 한층 더 발전시킬 것이다.

이제는 이런 미래를 단순히 순진한 SF로만 볼 수는 없으며, 우리는 다음과 같은 질문을 던지지 않을 수 없다. "지금 이 순간, 당신은 스마트폰을 손에서 완전히 내려놓을 수 있는가?"

오늘날의 기술, 예를 들어 스마트폰조차도 앞으로 등장할 기술들에 비하면 아직 원시적인 수준이다. 이는 마치 석기시대의 돌 도구가 금속 도구에 비해 기본적인 역할을 했던 것과 비슷하다. 만약 우리의 몸과 마음에 AI를 더 눈에 띄지 않고 체계적으로, 그리고 신체적으로도 안전하게 통합할 방법이 있다면 어떨까?

이러한 방법을 적용할 수 있다면 우리는 경쟁에서 더 우위를 차지하고, 일과 삶 모두에서 생산성을 높이며, 도파민 분비를 조절해 더 행복함을 느낄 수 있을 것이다. 또한, 자동화된 건강 위험 평가와 경고 시스템 덕분에 건강을 더욱 잘 관리할 수 있고, 인공적으로 조작된 조직 이식을 통해 면역력이 강화되면서 건강한 삶을 누릴 수 있게 될 것이다.

이렇듯, 인간의 본성에는 포부와 진보에 대한 탐욕스러운 욕구가 깊이 자리 잡고 있다. 이러한 욕구는 이런 중요한 성과를 공식적으로 기록하는 메커니즘, 진보를 가속하는 자원, 그리고 진보의 지속성을 보여주는 경제적, 심리적 지표들에 의해 뒷받침된다. 그리고 이 모든 요소와 조건이 어우러져, 오늘날 인간의 포부와 진보를 위한 유리한 환경이라는 방정식을 완성하게 된다.

인간은 AI가 촉발하는 거대한 변화의 물결 속에서 심오한 변화를 맞이할 준비가 돼 있다. 이미 트랜스휴머니즘transhumanism이 현실로 다가오고 있으며, 사회 전반에 걸쳐 그 흐름은 점차 확산되고 있기 때문이다. 가장 먼저 널리 받아들여지고 있는 사례로는 트랜스젠더 운동을 들 수 있다. 이 운동은 개인이 자신이 원하는 성별을 선택할 수 있다고 주장한다. 이는 단순히 인간의 향상을 받아들이는 수준을 넘어, 적극적으로 미래의 초석을 추구하는 것이며, 전통적으로 XY(남성), XX(여성)와 같이 생물학적 표시에 따라 구분되던 성별의 이분법적 개념에 변화를 가져올 것이다.

이 외에도, 앞으로 수십 년 안에는 힘을 강화하기 위해 생체공학적 팔을 선택하는 일이 일반화될 것이다. 로봇과 정서적 유대감이나 동반자, 심지어 연인 관계를 맺는 것도 그리 낯설지 않은 일이 될 것이다. 최신 AI 알고리듬의 성능을 극대화하기 위해 뇌에 전자 임플란트를 삽입하는 것 또한 사회적으로 자연스럽게 받아들여질 전망이며, 비만이 되지 않고 음식을 즐기거나, 어둠 속에서도 시야를 확보할 수 있는 생물학적 변형 역시 널리 사용될 것이다. 결론적으로, 이와 같은 변화는 AI와 생물학의 다양한 조합에서 파생된 새로운 정체성의 등장을 촉진할 것이다.

이처럼 인간과 AI의 상호작용이 깊고 복잡하게 얽히면서, 두 존재 사이의 경계는 점차 흐려질 것이다. 그리고 이러한 상호작용을 통해

AI와 인간은 진화적 순환을 거치며, 수많은 하이브리드 계층이 탄생할 것이다.

그와 동시에, 이미 AI와 인터레이싱 하는 과정 중에 있는 인간은 더욱 발전된 AI 알고리듬을 계속 개발할 것이다. 앞으로 수십 년 내로 AI 시스템은 인간처럼, 범용인공지능AGI, Artificial General Intelligence으로 진화할 것이며, 우리는 언젠가 AI가 자기 개선 방법을 발견하고 자기 개선 주기의 가속용 플라이휠2에 진입해 지금의 우리보다 훨씬 더 강력한 지능, 즉 초지능Superintelligence을 갖게 되는 미래를 볼 수 있을지도 모른다.

하지만 많은 과학자, 철학자, 기술 전문가는 이런 초지능이 인류에게 실존적 위험이 될 수 있다고 경고한다. 초지능이 인류의 가치관을 공유하고 본질적으로 우호적일 것이라는 보장은 매우 어렵거나 불가능할 수도 있기 때문이다. 그러나 인간-AI 인터레이싱이 가져올 진화적 함축성을 생각하면, 이 논쟁 역시 새로운 시각에서 바라볼 필요가 있다.

AI의 창조자인 인간은 이미 AI의 진화적 조상이라고 할 수 있으며, 우리는 인간과 AI의 점진적 결합, 즉 인터레이싱 과정을 통해 초지능을 향해 함께 진화해 나가고 있다. 결국, 지금 우리가 가진 생물학적 특성은 일시적 단계에 불과한 것이다.

사람이 과거 수백만 년에 걸쳐 진화해 왔듯, 앞으로의 진화가 계속된다면 언젠가 현재의 인간 형태가 사라질 것이고, 새로운 초지능적 존재가 등장하게 될 것이다. 이 과정에서 초지능이 디스토피아적 미래든, 유토피아적 미래든, 혹은 그 둘의 혼합이든 인류의 장기적 전망 자

---

2 플라이휠은 회전 에너지를 저장하고 운동량을 유지하는 기계 장치다. 일단 회전하기 시작하면 계속 회전하는 데 적은 노력이 필요하며 속도가 빨라질수록 점점 더 강력해진다. - 옮긴이

체는 달라지지 않을 것이다. 결국, 수백 년이 지나고 나면, 인류의 후손은 우리와는 또 다른 초지능적 생명체가 되고, 이 존재는 현대 호모 사피엔스와 네안데르탈인의 DNA가 혼합됐듯 우리와도 연결된 계보를 이어가게 될 것이다.

그러나 여기서 우리가 진정으로 고민해야 할 부분은 이 진화 과정을 둘러싼 문제들이다. AI와 인간의 인터레이싱, 그리고 초지능의 탄생을 단순한 다윈주의적 진화라고 볼 수도 있지만, 그 안에는 인간의 의도와 선택, 즉 인위적이고 부자연스러운 요소들이 개입돼 있다는 점에서 복잡하기 때문이다. AI의 발전에는 반드시 인간의 개입이 필요하고, 그 과정은 인간의 성향과 가치관에 따라 크게 달라질 수 있다. 결국 여기서, AI가 추구하는 가치와 기준을 누가, 어떻게 결정할 것인지가 핵심 질문이 된다.

이러한 빠른 발전의 촉매에는 사회적, 경제적, 종교적 함의가 복합적으로 작용한다. 변화에 적극적으로 동참하는 사람도 있겠지만, 개인의 선택, 규제, 제도적 제약 등으로 인해 뒤처지는 이들도 나타날 수 있고, 마키아벨리즘적 요소[3]가 있을 수 있기 때문이다. 또한, 실제로 권위주의적 정부 형태가 AI의 발전 및 활용과 쉽게 연결된다는 점에서, 우리가 맞이할 미래의 사회 구조와 통치 구조에도 깊은 영향을 줄 수 있다.

---

3 니콜로 마키아벨리(Niccolò Machiavelli)는 통치자들이 권력을 유지하기 위한 전략을 설명하는 그의 저서 『군주론』(현대지성, 2021)으로 가장 잘 알려진 르네상스 정치 철학자. 그의 이름은 종종 목적을 위해 수단을 정당화한다는 개념과 연관돼 있다. 이 개념은 목표(특히 권력)를 달성하기 위해 속임수, 조작, 또는 무자비한 전술을 사용할 수 있다는 것을 의미한다. – 옮긴이

기술 통제권, 기술이 가져다주는 권력, 그리고 다른 사람에 대한 '우위'는 의심할 바 없이 셰익스피어의 장대한 연극의 덫[4]을 총체적으로 제시한다. AI를 두려워하고 단절을 원하는 사람들은 AI를 마음껏 활용하려는 사람들과 대립할 것이며, 불완전함의 확실성을 선호하는 사람들[5]은 안전한 항구에 머무르길 바라고, 경계를 넓히거나 끊임없이 성취하려는 사람들은 반대 방향으로 줄을 당길 것이다. 또한, 앞으로는 개인이 자신이 속한 영역을 넘어 타인의 영역에서도 주도적인 역할을 맡고, 과거에는 상상할 수 없던 힘을 행사하게 될 것이다. AI가 생산과 소비 모두를 이끌면서, 사회는 그 어느 때보다 역동적이고 풍요로워질 것이다. 한편, 우리 안전을 맡은 사람들은 우리를 위협하는 존재들과 맞설 것이고, 이 역할이 언제든 뒤바뀔 수 있다. 전통적인 세계 종교들은 새롭게 등장하는 종교와 경쟁해야 하며, 각 종교의 대사제들은 자신만이 신탁에 접근할 수 있다고 주장할 것이다.

기존의 인센티브 구조는 기술 발전 속도를 따라가지 못할 것이다. 한 예로, 역사를 되짚어봐도 어느 정치 체제도 국제적 차원에서 펼쳐지는 복잡한 3차원 체스 게임에 완전히 대응해 본 적이 없다. 기원전 375년 플라톤이 철학자가 왕이 돼야 한다고 주장했듯, 오늘날에는 거의 같은 맥락에서 기술자가 이끄는 세상의 필요성이 AI를 통해 드러나고 있다.

---

[4] 셰익스피어의 '연극의 덫'은 격렬한 정치적 투쟁, 도덕적 딜레마, 권력의 변화로 유명한 셰익스피어 연극의 웅장하고 복잡하며 비극적인 요소들을 가리킨다. 이러한 맥락에서 저자는 AI의 발전과 그에 따른 권력 역학 관계를 셰익스피어의 작품에서 발견되는 극적인 주제와 비교하고 있다. 여기서 '덫'이란 권력 쟁탈전, 내부 갈등, 야망, 배신 등 셰익스피어 드라마를 연상시키는 외적 징후 또는 특징을 의미한다. - 옮긴이

[5] 이런 사람들은 급속한 기술 발전의 불확실성과 잠재적 위험보다 삶의 알려진 불완전한 측면, 인간의 경험을 더 중요하게 여기며, 인공지능이나 초지능이 약속하는 이상적이거나 완벽한 상태를 추구하기보다는 인간으로서 내재된 결함, 한계, 예측 불가능성에 편안함을 느낀다는 특징이 있다. - 옮긴이

이렇게 인간과 AI의 인터레이싱은 이미 불가피한 현실이 됐고, AI의 발전은 인류가 써가는 가장 위대한 서사시로 자리 잡았다. 이 서사시는 인공 존재를 창조하려는 인류 역사의 원초적 꿈, 그리고 세대를 거친 과학기술의 진보 끝에 AI에 이르기까지의 긴 여정을 아우른다. 우리는 마침내 탄소와 실리콘, 생물학과 기술이 만나는 지점에서 AI와 융합하며 새로운 포스트휴먼 종으로 진입하게 될 것이다. 그리고 이 과정에서 근본적인 질문을 하나 던질 수 있다. 우리가 어디까지, 얼마나 신속하게, 그리고 어떤 방식으로 이 경계에 도달할 수 있는가이다.

인공지능AI, Artificial Intelligence은 우리 인류를 장기적이고 변혁적인 길로 인도하고 있다. 현재 AI는 힘, 속도, 지구력 측면에서 이미 인간의 역량을 크게 앞서고 있으며, AI가 인간의 모든 지적 능력을 뛰어넘는 방향으로 빠르게 발전하고 있지만, 이런 전환점에 도달하려면 아직 수십 년이 걸릴 전망이다. 그동안 AI는 범용인공지능AGI에 이르기 전까지 자원 배분, 생산성, 부 창출의 효율성을 높여주는 강력한 도구로 남아 있을 것이다. 그러나 인간의 본성과 경제적 현실 때문에 이 도구가 모두에게 똑같이 제공되지는 않을 전망이다.

이러니저러니 해도 결국 우리가 향하고 있는 방향에는 인류 모두가 주목해야 할 중요한 의미가 담겨 있다. AI는 인류에게 전례 없는 혜택을 줄 수도 있지만, 동시에 우리를 심각한 문제에 빠뜨려 많은 사람을 디스토피아로 내몰 수도 있다는 것이다. 이런 상황에 놓인 사람들은 "우리가 어떻게 이런 상황까지 오게 됐는가?"라는 질문을 던질 수밖에 없으며, AI는 이 두 가지 상황을 동시에 마주할 수 있다.

이때 우리는 AI 주도형 변화 차원에서 경제 및 정치 전략을 어떻게 수립해야 할까? 또한, 앞으로 수십 년 동안 닥칠 급격한 변화에 대비하기 위해 우리는 지금 어떤 조치를 해야 할까?

책 요약

AI는 우리의 미래를 어떤 모습으로 만들어갈까?

AI는 인류의 새로운 마음으로 자리 잡고, 사이보그와 로봇은 인류의 새로운 몸이 될지도 모른다. 또한, 앞으로 인간은 로봇과 감정적으로 연결되고, 사이보그와 같은 이식 기술이나 생물학적 향상을 통해 점차 AI와 융합될 수도 있다. 그 과정에서 인류와 AI, 생물학이 결합된 다양한 하이브리드 계급이 등장할 것이며, 궁극적으로는 인간을 기원으로 한 초지능이 나타날 수도 있다. 이런 변화 속에서 인류는 점점 AI와 긴밀히 연결되며, 스스로 내일의 새로운 기계적 존재로 진화할 수 있다.

이에 따라, 1부 '오래된 신화'에서는 고대와 현대의 다양한 세계 문화에 나타난 신화와 전설을 통해, 인류가 수천 년간 인공 존재를 창조하려고 했던 열망을 조명해 볼 것이다. 그리고 이런 신화를 살펴봄으로써, 인류가 AI와의 인터레이싱이라는 새로운 변화에 이르기까지 얼마나 오랜 시간 동안 더 나은 존재가 되고자 했는지, 즉 얼마나 창조를 열망하며 다양한 인공 존재를 만들었는지 그 역사에 대해 알아볼 것이다. 결국 이러한 욕망은 AI의 발전으로 가속화되고 있을 뿐이라는 점도 이 장을 통해서 알게 될 것이다.

이와 함께 아이작 아시모프Isaac Asimov, 스탠리 큐브릭Stanley Kubrick과 같은 SF 소설가들의 영향력도 함께 살펴볼 것이다. 그 이유는 이들의 작품이 AI와 로봇공학 분야의 과학자들에게 얼마나 깊은 영감을 줬고, 해당 분야가 어떻게 발전해 왔는지 그 방향을 제시하는 데 중요한 역할을 할 수 있기 때문이다.

이후, 2부 '새로운 마음'에서는 AI의 초기 기원부터 현재에 이르는 발전 과정을 추적할 것이다. 이 발전사는 아리스토텔레스의 논리학 기초 작업에서 시작해, 최초의 컴퓨터 개발이라는 중요한 전환점을 거쳐 수 세기에 걸친 집단적 노력으로 이어진다. 이 과정 중 1956년의 다트머스 회의는 AI 연구의 공식적인 출발점이자 분수령으로 꼽히며, 수십 년에 걸친 AI 연구의 번영을 정의해 왔다.

그다음으로, 1974년에 찾아온 '1차 AI 겨울'로 불리는 연구 실망과 침체의 시기를 다루고, 1980~1990년대에 이어진 폭발적인 AI 개발과 반복되는 겨울-부활의 주기에 주목해 볼 것이다. 이 가운데 마지막 두 번의 AI 겨울은 상업적, 비정부적 주도의 시장 인센티브가 주요 촉진 동인으로 작용했다는 점을 밝힌다.

마지막으로, 2000년 닷컴 버블 붕괴Dot-com Bubble Burst[6] 이후, 심층 신경망의 실용적 적용과 최근 생성형 AI의 출현 등 오늘날 다시 찾아온 AI 부흥기를 조명해 볼 것이다.

3부 '새로운 몸'에서는 고대 오토마톤(자동장치)에서 시작된 로봇공학의 기원을 살피고, 산업혁명 시대로 이어지는 진화의 흐름을 다룰

---

[6] 인터넷 관련 주식의 과도한 평가, 투자 과열, 기업의 실질 수익성 부족 등이 주요 요인이었고, 나스닥 지수는 약 78% 하락했으며, 회복에는 약 15년이 걸렸다. - 옮긴이

것이다. 산업혁명은 기계가 인간의 일자리를 대체할 수 있다는 우려를 불러일으키며 러다이트 운동 같은 저항을 촉발했다. 이때, AI가 단일하고 기복이 큰 타임라인을 따르는 것과 달리, 로봇공학의 발전은 세 가지 병렬적인 가닥으로 전개됐다. 첫 번째는 로봇 팔의 발전과 산업적 적용으로, 이는 일본을 세계적 로봇 강국으로 부상시키고 최초의 사이보그 구현을 하게 했다. 두 번째는 자율주행차, 군사용 드론과 드론 스웜, 화성 탐사선 등 이동식 자율 로봇 분야로 확장됐으며, 세 번째는 휴머노이드 로봇을 중심으로, 일본에서 이민에 대한 대안으로 휴머노이드의 새로운 활용 가능성이 논의되고 있다. 이런 사례를 통해 로봇공학, 인터레이싱, 초지능의 진화라는 주제에서 서로 다른 인간 문화가 얼마나 다양한 시각과 대안을 만들어내는지를 확인할 수 있으며, 인간의 감정을 식별하고 이에 반응하는 로봇의 능력이 고도화되면서, 어떤 이들은 이미 로봇과 연애 관계를 맺기도 하는 등 인간-로봇 관계의 발전 양상에도 집중할 수 있게 됐다.

4부 '전환'에서는 인류가 앞으로 AI와 더욱 깊게 결합하며, 향후 수십 년간 펼쳐질 커다란 변화의 여정을 설명할 것이다. 이 전환은 두 개의 평행한 흐름으로 진행된다. 한 축에서는 사이보그 기술이 대중적으로 확대돼, 로봇공학이 인간의 신체로까지 확장되고 우리의 신체 능력을 한층 강화하는 것으로, 다른 축에서는 AI 알고리듬이 합성생물학의 도약을 이끌어, 인간 DNA를 변형하거나 이식용으로 개선된 장기를 설계하는 것으로 말이다. 이때, 노화와 질병을 완화하는 신기술이 등장하게 된다.

이렇듯, AI의 지속적인 발전과 앞서 언급한 두 가지 기술 추세가 현실화되면서 사회와 경제 전반에 걸쳐 거대한 변혁이 일어날 전망이다.

이를 통해, AI가 인류에게 힘을 실어주고, 환경 보호 및 빈곤 퇴치, 수명 연장에 기여하며, 로봇이 일상적인 노동을 대신하게 함으로써 사람들이 더욱 의미 있는 일에 전념할 수 있는 긍정적인 미래를 그릴 수 있지만, 이러한 낙관적인 전망은 기술의 발전이 명확히 실현될 때만 가능하며, 현실에서 기술은 언제나 양면성을 지닌다.

반대로, 수천 년에 걸쳐 형성된 문화적 사고의 차이, 수 세기에 걸친 정치 제도, 느리게 변화하는 인센티브 구조, 인간 고유의 성향, 그리고 AI 기술과 자원에 대한 불균형한 접근성은, 인류가 AI와 어떻게 공존하게 될지에 대한 불안한 그림을 만든다. 이런 시각에서 AI는 인간 중심의 전제주의로 구조화돼 우리의 삶 전반을 통제하는 촉매제로 작동할 수 있고, 사람들은 뒤처지지 않기 위해 '파우스트 거래'를 강요받을 수 있다. AI가 바이러스나 사회적 위협과 같은 위험을 해결해 줄 수는 있지만, 동시에 기술을 통제하는 소수가 내세우는 조건과 제약도 받아들여야 하는 상황이 될 수 있는 것이다.

이처럼 권력과 자원이 소수에게 집중되면, 사회 정의의 기준 역시 그들의 관점에 크게 의존하게 된다. 최악의 경우, 사회는 약자나 소수, 혹은 문화적 비적합자라 여겨지는 이들을 배제할 수 있고, 사이보그 기술과 합성생물학 등 혁신은 극소수 엘리트만의 전유물이 돼 사회, 경제, 생리적 계급이 분명히 나뉘게 될 위험이 있다.

게다가, 미국과 중국이 AI 우위를 두고 벌이는 첨단 군비 경쟁이 이어지는 가운데, 대다수 인류는 국제적 긴장의 희생양이 될 가능성도 있다. 이와 같은 상황에서 각국 간 변화가 균등하게 일어나지 않는 한, 인터레이싱의 도입 비용과 진입 속도 역시 불균형하게 분배될 것이고, 그 결과 인류 전체에 유례없는 부와 가치가 창출되는 한편, 보상과 기회의 격차는 더 깊고 극명해질 수 있다는 점을 알아야 한다.

5부 '새로운 존재'에서는 초지능 개발의 최종 단계를 다뤄볼 것이다. 이 장에서는 기계가 상식을 계획하고 적용할 수 있도록 하는 연구, 즉 생성형 AI에서 범용인공지능^{AGI}으로 나아가기 위한 주요 연구 분야를 분석함과 동시에 양자 컴퓨팅과 양자 머신러닝의 기술적 발전과 이들이 AI 개발에 미칠 영향을 깊이 있게 탐구할 것이다. 특이점^{singularity} 개념 역시 주요 주제인데, 특이점은 AI가 스스로 지능을 한없이 향상시켜 초지능으로 진화하는 미래의 한순간을 의미한다. 이와 더불어, 인간의 의식과 기억을 디지털 기층에 옮기는 마인드 에뮬레이션$^{mind\ emulation}$도 집중적으로 살필 것이다. 이러한 디지털 기반에서는 인간의 인지와 기억이 재현돼, 디지털적으로 불멸할 수 있다.

또한 초지능이 인류에게 가져다줄 수 있는 실존적 위험을 고려해, 초지능을 관리하고 통제할 수 있는 여러 방안을 검토해 볼 것이다. 아울러 AI가 종교로서 자리매김해 인간이 숭배하는 전능하고 어디에나 존재하는 신적 존재로 진화할 가능성도 탐색해 볼 것이며, AI에 대한 관점 차이로 인한 인간 계급 또는 파벌 간의 분쟁, 혹은 AI와 인간 사이의 전쟁과 같은 미래 분쟁에서 AI가 어떤 역할을 하게 될지에 대해서도 면밀히 검토해 볼 것이다.

이후, 이 책은 무수히 많은 분산 로봇을 새로운 형태의 몸으로 가진 초지능적이고 불멸의 종, 즉 특이점 이후의 포스트휴머니티$^{post-humanity}$ 시나리오를 상상하면서 결론을 지을 것이다. 이렇게 탄생한 새로운 존재는 인공지능과 생물학적 지능의 인터레이싱에서 비롯된 것이 분명할 것이다.

마지막으로, 에필로그에서는 서구와 신흥 세계의 자칭 AI 정책 기관인 세계경제포럼$^{WEF,\ World\ Economic\ Forum}$의 AI 선언을 분석해 디스토피아적 결과를 막기 위한 최적의 방안에 대한 견해를 제시하며 마무리할 것이다.

저자의 한마디

이 책은 수학, 기술, 역사, 문학, 영성, 경제학 등 다양한 분야가 어우러진 내용을 다룬다. AI는 이미 사회 전반에 깊숙이 퍼져 있으며, 문자 그대로 인간의 모든 활동 영역에 영향을 미치고 있다. 그래서 AI가 우리 인류에게 어떤 의미를 가지는지 진지하게 탐구하고자 이 책을 집필했다. 분명한 사실은, AI에 대한 올바른 이해를 위해서는 반드시 여러 차원에서 입체적으로 접근해야 한다는 점이다.

나는 언제나 수학에 깊은 열정을 가지고 살아왔고 실제로 수학자로 일했다. 이후 엔지니어가 됐고, 데이터와 AI를 전문적으로 연구하게 됐다.

나는 AI만큼 순수하게 수학적 원리에 기반한 기술 분야도 드물다고 생각한다. 그래서인지 나는 모든 문제를 수학적 관점에서 바라보는 것을 좋아하며, 이러한 태도는 이 책을 집필할 때 큰 도움이 됐다. 이렇듯, AI를 올바르게 이해하려면 해당 기술이 어떻게 발전해 왔는지, 그 과정에서 어떤 결정적 돌파구나 변화가 있었는지 반드시 살펴야 한다.

나는 이 책을 기술 전문가뿐 아니라 일반 독자도 쉽게 이해할 수 있는 언어로 풀어쓰려 노력했다. 이렇게 한 이유는 AI의 발전 과정을 파악하는 일이 오늘날 AI가 뜻하는 바를 제대로 해석하는 데 필수적이라고 생각해서다. 내가 알고리듬, 로봇공학, 합성생물학, 양자 컴퓨팅처럼 다양한 분야를 함께 다루는 이유도, AI라는 영역 자체가 이 모든 영역의 융합으로 이뤄져 있기 때문이다.

나는 공학 학위 외에도 시카고대학교 부스 경영대학원University of Chicago Booth School of Business에서 경영학 석사 학위를 받았고, 맥킨지McKinsey에서 5년간 컨설턴트로 재직하면서 비즈니스 전반에 대한 통찰력도 쌓았다. 나의 주요 관심사는 AI의 수학적 토대를 넘어서 비즈니스의 본질적 가치와 사회의 정치적, 경제적 구조까지 탐구하는 것이다. 이에 따라 이 책에서는 경제적 순환과 정치 경제학의 맥락으로 AI와 로봇공학의 진화, 그리고 21세기 글로벌 정치와 경제가 어떻게 미래에 영향을 미칠지를 분석한다.

이 외에도 나는 비즈니스와 기술 못지않게 역사에도 큰 애정을 품고 있다. 역사는 과거에서 현재로 이어지는 단순한 사건의 나열이 아니라, 각 시대의 개별 행위자와 맥락 위에서 인간의 행동과 사회의 과정을 드러내기 때문이다. 역사는 우리가 무엇을 해왔고, 인류가 어디로 향하는지 일관된 영향의 연속체로 보여준다. 나는 이런 AI의 등장이 인류의 신체적, 심리적 특성을 포함해 사회의 모든 측면에 혁명적 변화를 일으킬 수 있는, 역사상 가장 커다란 전환점이라고 확신한다.

역사 속에서 문학은 인간이라는 개별 주체가 시대의 흐름을 어떻게 헤쳐 나가는지 기록하는 그릇이다. 내가 읽었던 작품 가운데 가장 인상적이었던 구절 중 하나는 4천 년 전 고대 메소포타미아 점토판에 새겨진 「길가메시 서사시The Epic of Gilgamesh」이다. 이 시는 인류 역사상 가장 오래된 문학 작품으로 여겨지며, 한 왕이 불멸을 찾아 나서는 여정을 담고 있다. 이 오래된 얘기를 읽으면서 나는 고대 수메르인들과 우리가 정서적으로 얼마나 비슷한지 실감했다. 길가메시의 모험, 야망, 슬픔은 현대의 나에게도 커다란 울림을 남겼기 때문이다. 그리고 나는 그들과 동일한 감정과 욕망을 품은, 같은 인류이자 같은 종이라는 사실을 다시금 확인했다.

 그러나 이런 연속성과 공감은 AI, 로봇공학, 사이보그 기술, 합성생물학 등 인간의 본질적인 특성을 바꿀 수 있는 새로운 기술들로 인해 곧 크게 달라질 위기에 놓여 있다. 이러한 기술이 우리 신체에 직접 통합되고, 인간의 본성을 근본적으로 변형시키게 되면, 우리는 AI와 정교하게 융합된 새로운 종으로 진화하게 될 것이기 때문이다. 그렇게 탄생하는 하이브리드 종은 지금과는 전혀 다른 방식으로 생각하고 느끼며, 인류가 오랫동안 지켜온 보편적 특성에서도 벗어나게 될지도 모른다.

 또한 우리가 AI와 본격적으로 연결될수록, 우리 정신과 육체는 완전히 새로운 형태를 갖추게 되고, 이에 따라 길가메시 같은 고대의 서사, 인간의 꿈, 그리고 불멸을 향한 궁극의 탐구에 대한 우리 자신의 이해와 공감대 역시 점점 약해질 수 있다. 만약 우리가 불멸성을 가진 AI 시스템과 하나가 될 수 있다면, 언젠가 길가메시의 불멸에 대한 집착을 이해하지 못하는 순간이 올지도 모른다.

 내가 특히 좋아하는 문학 장르는, 내가 가진 기술에 대한 열정을 반영하듯, SF다. SF의 진정한 매력은 과거의 작가들이 상상한 독특한 미래를 들여다보는 투시력에 있다. 비록 SF가 그려낸 기술적, 사회적 변화가 실제로 그 모습 그대로 펼쳐지지 않아도, SF는 미래에 대한 건전하고 참신한 시나리오를 분석할 수 있는 장을 마련해 주니까 좋다.

 이 책을 집필하면서 나는 인류와 AI의 미래를 더 깊이 다루는 여러 장에서 보다 생생하게 미래를 상상할 수 있도록, 가장 유명한 SF 작품 몇몇을 의도적으로 인용했다. 이 과정에서 SF소설이 실제 과학자와 기업가들에게 얼마나 큰 영감을 주고, 이후의 진짜 기술 발전까지 영향을 미치는지 실감하고, 감탄했다. 물론 이 책은 현실과 허구를 의도적으로 뒤섞지 않았다. 이 책이 SF소설이 아니기 때문이다. 그럼에도 더 입체적이고 시각적인 미래상을 그리기 위해 허구의 힘도 빌렸으니, 이 책에는 미래주의적 요소가 가미돼 있다고 볼 수 있다.

영성은 인류의 본질적인 층위이기도 하다. AI가 인류를 위해 예고하는 전환점은, 결국 우리가 더 이상 인간이 아닌 전혀 다른 존재가 되는 순간을 뜻한다. 이러한 변화는 종교와 영성의 지형에도 지울 수 없는 흔적을 남길 것이다. 이에 따라, 이 책에서는 다양한 종교와 철학 전통에서 발췌한 인용구와 개념을 폭넓게 인용했다. 각 인용문과 개념은 AI라는 존재의 진화에 대해 깊이 생각하게 하는 통찰을 제공하도록, 기술적, 사회적 논의 못지않게 AI의 종교적, 영적 함의에 대한 논의에도 많은 관심과 노력을 기울였다.

나의 개인적인 생각이지만, 이 책은 인류의 가장 위대한 서사시이며, 앞으로도 그럴 것이라고 믿는다. 이 얘기의 핵심은, 수백 년 동안 우리 인간이 스스로를 초월하는 더 큰 무언가를 창조하려는 욕구, 그리고 그것이 이끌어 온 변화에 있다. 서사시는 한쪽 측면만으로는 절대 본질에 다가갈 수 없다. 진정한 서사시를 그리려면, 상반되는 여러 관점과 접근을 두루 탐구해야만 한다. 그렇기에 나는 수학, 기술, 역사, 문학, 영성, 비즈니스, 경제학 등 다양한 분야를 아우르며, 우리가 어떻게 AI가 됐는지를 입체적으로 풀어내고자 한다.

지금부터 AI의 기원에서부터 초지능, 그리고 포스트휴머니티에 이르기까지, 내일의 기계에 관한 장대한 얘기가 펼쳐진다.

오래된 신화

לֹא־תַעֲשֶׂה־לְךָ פֶסֶל וְכָל־תְּמוּנָה אֲשֶׁר בַּשָּׁמַיִם מִמַּעַל וַאֲשֶׁר בָּאָרֶץ מִתָּחַת וַאֲשֶׁר בַּמַּיִם מִתַּחַת לָאָרֶץ:

"너희는 위로 하늘에 있는 것이나 아래로 땅에 있는 것이나 땅 아래 물속에 있는 것의 어떤 형상도 만들지 말라."

출애굽기 20:4,
기원전 6세기~4세기경

들어가며

　신화는 오랫동안 전해지는 고대 얘기로서, 수 세기 동안 우리 인간을 매료시킨 가치와 물음에 독특한 시각을 던진다. 이 얘기들은 각종 상징과 창의성으로 가득하며, 우리에게 지속적인 관심과 두려움에 대한 통찰력을 갖게 한다. 신화는 시간과 장소를 초월해 인간의 마음속으로 흡입돼 인간의 본질적 의미를 찾아가는 과정을 보여준다.
　기원전 1천 년부터 현대에 이르기까지 인간을 능가하거나 대체 능력을 갖춘, 인위적으로 창조된 존재에 대한 신화는 각종 문화와 역사적 환경에서 기록됐다. 신화는 우리 인간이 광범위한 문제를 해결하지 못한다는 한계 상황을 보여주거나 종종 사회가 처한 특정한 난제 해결을 위해 만들어지거나, 순수한 야망을 전달하기 위해서도 만들어진다. 그리고 이 창조적 존재들은 인간이 만든 '최고 창조물'이면서도 인간을 훨씬 뛰어넘는다. 오늘날 우리가 알고 있는 AI와 로봇공학은 현대 과학의 영향력이 미칠 수 없었던 지난 수백 년 전부터 이미 상상됐고, 인간의 조건에 내재된 진보 방향으로써 AI의 요소를 예견하고 있다.
　신화를 특정 과학에 대한 이해나 기존의 과학적 이해에서 추론한 것을 기반으로 한 것이라고 할 수는 없지만, 이러한 신화와 각종 얘기는 누가 뭐래도 오늘날 SF소설과 AI의 선구자다. 유럽의 신화는 계몽주의 및 산업혁명에 발맞춰 의사결정을 촉진시키기 위한 논리와 과학적 방법이 광범위하게 수용됐다. 인간의 상상력에 큰 영향을 미친 과학적 사고방식은 메리 셸리Mary Shelley의 『프랑켄슈타인Frankenstein』(문학동네, 2012)과 『오즈의 마법사The Wizard of Oz』(비룡소, 2012) 같은 얘기를 탄생시켰는데, 두 작품은 동일한 AI 동전의 한 면씩 묘사한다.

초기 AI와 로봇공학 얘기는 종종 과학적 성취의 씨앗이 됐다. 일론 머스크는 어린시절 읽은 아이작 아시모프Isaac Asimov에 대해 자주 얘기하면서 이 작품이 자신의 선구자적 리더십과 구체적인 기술 비전을 갖게 하는 데 큰 영향을 줬다고 말하곤 한다. 머스크는 2023년 11월 AI 서비스인 그록Grok을 출시하면서 이 서비스가 1978년 BBC 라디오 코미디인 『은하수를 여행하는 히치하이커를 위한 안내서The Hitchhiker's Guide to the Galaxy』(책세상, 2005)에 대한 헌사라고 언급했다. 사실, 이 작품에 '그록'이라는 용어는 등장하지 않으나 이 일화는 SF가 얼마나 큰 영향력을 갖는지 보여준다. '그록'이란 단어는 1961년 로버트 A. 하인라인Robert A. Heinlein의 소설 『낯선 땅 이방인Stranger in a Strange Land』(시공사, 2017)에서 유래했다. 이 소설에서의 '그록'은 화성인들이 갖춘 지적 이해뿐만 아니라 그들의 감정적, 경험적 이해까지 포함해 무엇인가를 가장 폭넓게 이해한다는 표시로 사용한 단어였다.

마찬가지로 머스크의 또 다른 벤처 사업인 뉴럴링크Neuralink도 SF소설, 특히 1987년부터 2012년 사이에 이언 뱅크스Iain M. Banks가 쓴 소설집 『컬처The Culture』(Orbit, 2012)에 나오는 '뉴럴 레이스neural lace'라는 개념으로부터 영감을 받은 것이다.

같은 맥락에서 로봇 팔의 공동 발명자인 조셉 엥겔버거Joseph Engelberger와 트랜스휴머니즘과 초지능 분야에서 저명한 미래학자인 레이 커즈와일Ray Kurzweil 또한 자신들의 기술 경력에 미친 아시모프의 영향력을 인정했다. 이렇듯, 아시모프가 AI와 로봇공학에 미친 영향은 실로 엄청나다. 그가 남긴 로봇공학의 세 가지 상징적 법칙은 1942년 SF 단편소설에서 유래한 것임에도 불구하고 오늘날까지 과학계와 공학계에서 자주 인용된다.

나는 우리 인류와 AI의 관계에 대한 이 장대한 얘기를 신화와 문학에 주안점을 둔 두 개의 장으로 시작하려 한다. 1장에서는 중국 제국, 고대 그리스, 신비로운 인도, 중세 유럽의 고대 신화를 다루면서, 인간을 닮은 존재를 창조하려는 추동력이 어떻게 현대 문화뿐만 아니라 우리 인류의 모습을 반영하는지를 명확히 추적할 것이다. 뒤이어, 2장에서는 1818년 첫 SF소설 『프랑켄슈타인』에서부터 1975년 우주 경쟁이 끝날 때까지 인공 존재, 로봇, AI, 사이보그를 특화시킨 SF 작품을 검토할 것이다.

이를 통해 진보하고 문제를 해결하며 야망을 묘사하려는 인류의 지속적인 노력의 하나로써, 인간의 역량을 초월하는 존재를 창조하는 것에 인류가 지난 천 년 동안 끊임없는 호기심을 가졌다는 것을 알게 될 것이다.

01

인공적으로 창조된 존재에 관한 고대 신화

"그 모습을 본 왕은 깜짝 놀랐다. 생물체가 빠른 걸음으로 걸으며 고개를 위아래로 움직이자, 누구 봐도 살아있는 사람 같았기 때문이다. 흥미가 생긴 장인이 생물체의 턱을 만지자, 생물이 완벽한 음조로 노래를 불렀다. 생물체의 손에 장인의 손이 닿자, 생물체가 몸을 움직였는데, 이때 노래에 맞춰 춤추는 몸놀림의 박자도 완벽했다. (...) 왕은 생물체의 심장 제거 이후 효과를 시험해 봤으나 생물체가 더 이상 말을 할 수 없다는 걸 알았다. 이후, 왕이 생물체의 간을 떼어내자, 생물체가 앞을 더 이상 볼 수 없다는 것을 알았고, 신장을 도려내자, 생물체의 다리의 운동기능이 사라졌다. 이를 보고 마침내 왕은 기뻐했다."

- **열어구**, 도가 철학자,

『열자』, 기원전 300~500년경

오늘날 우리가 AI로 명명하는 인공 존재를 창조하려는 욕망은 그 뿌리가 수천 년 전까지 거슬러 오르는 아주 오래된 욕구였다. 이는 전 세계에 산재하는 고대 문화의 신화에 생생히 묘사되고 있다. 고대 이야기는 인간이 창조자를 꿈꾸고, 우리보다 더 높은 존재를 만들 만큼 스스로를 이해하고자 했던 깊은 갈망을 아름답게 전한다. 그 힘은 한때 신에게만 허락됐던 것이다.

이런 고대 신화와 전설은 AI와 로봇공학이 공식적으로 탄생하기 수천 년 전에 만들어졌다. 하지만 이는 현대를 살아가는 사람들과 오늘날의 기술 발전과도 공명하고 있다.

신화 속 중국 엔지니어의 기계적 창조물

지능적인 실체를 창조하려는 욕망을 다룬 가장 오래된 신화는 수천 년 전 중국에서 유래됐다. 이 얘기는 기원전 11세기부터 기원전 256년까지 통치했던 주周 왕조 시대의 정치적, 문화적 변혁기로 거슬러 올라간다. 이때는 기원전 221년 진시황秦始皇의 통치 아래 중국의 통일을 향한 길이 열린 시기였고, 자연과의 조화를 강조하는 도가와 사회적 균형을 지향하는 유가 철학이 부상하던 때였다.

이 당시, 인공 존재의 창조와 관련해 가장 주목할 만한 신화적 기록 중 하나는 기원전 400년경 열자列子로 널리 알려진 도가 철학자 열어구列禦寇가 남긴 기록이다. 이는 열자의 시대보다 600년 전인 기원전 10세기 무렵에 일어난 것으로 추정되는 주나라 무武왕과 고대 기계 엔지니어의 만남을 다룬 얘기다. 이 엔지니어는 왕에게 사람 모양의 실물 크기의 놀라운 기계식 오토마톤을 선물했다. 이 오토마톤은 우아하게 움직였고, 고개를 돌리면서 완벽한 조화를 이루는 노래를 부르며 정확한 자세와 동작을 한꺼번에 수행했다. 그런데 왕은 이 오토마톤이 궁녀들에게 접근해 추파를 던지자 화가 났다. 그런 왕을 달래기 위해 공학자는 재빨리 오토마톤을 분해해 가죽, 나무, 접착제, 옻칠로 만든 복잡한 내부 구조를 보여줬다. 이 복잡한 조립품은 내부 장기, 근육, 뼈, 관절, 피부, 치아, 머리카락을 놀라울 정도로 정밀하게 모방한 것이었다.

위와 같은 고대 얘기는 인간과 닮은 외모와 놀라운 능력을 갖춘 인공 존재 창조에 우리 인류가 품었던 끊임없는 매력을 강조하고 있다. 또한, 이는 고대 그리스를 사로잡은 주제이기도 하다.

고대 그리스의 신, 영웅, 그리고 오토마톤

기원전 천년 무렵, 그리스는 성장하는 사회이자 초기 무역의 중심지였다. 세상에 대한 깊은 호기심을 품은 것으로 유명한 고대 그리스인들은 바로 이 시기에 당대의 문화적 가치를 반영하는 그리스 신화의 토대를 마련했다.

인공 창조물의 개념을 탐구한 오래된 얘기 중 하나는 기원전 8세기에 등장한 피그말리온Pygmalion과 갈라테아Galatea의 신화였다. 신화에서 피그말리온이라는 열정적인 조각가는 여성 조각상인 갈라테아에 생명을 불어넣었다. 이 이야기는 예술과 존재의 관계를 깊이 성찰하게 하며, 당시 사람들이 무생물에 생명이 깃들 수 있다고 믿었음을 보여준다.

이 외에도 인공 생명체라는 개념을 함의하고 있는 또 다른 고대 그리스 신화로는 카드모스Cadmus와 그의 기계 하인들에 관한 얘기가 있다. 기원전 7세기, 대담한 페니키아인 모험가 카드모스는 아테나가 하사한 용의 이빨을 비옥한 토양에 심었다. 그러자 놀랍게도 이 이빨은 무시무시한 기계 전사로 성장해 카드모스가 도시 테베를 건설하는 데 귀중한 결집체가 됐다.

마지막으로, 불과 금속공예의 대가인 신 헤파이스토스Hephaestus도 인공 창조물과 관련된 그리스 신화에서 중심 역할을 했다. 그리스 대장장이의 신 헤파이스토스는 오늘날 우리가 현대 로봇을 만드는 것처럼 금속으로 오토마톤을 제작했기 때문이다. 헤파이스토스의 유산에는 기원전 7세기 크레타를 보호하기 위해 만든 거대한 청동 거인 탈로스Talos와 같은 다양한 기계식 창조물이 포함된다. 그러나 탈로스는 발목에 달려 있던 마개가 제거되면서 그에게 동력을 공급하던 액체가 방출돼 죽음을 맞이하고 만다.

헤파이스토스는 또한 그의 작업장에서 일을 돕던 황금 기계 처녀를 제작한 것으로도 유명하다. 이는 오늘날 산업 자동화의 개념을 암시하는 것으로, 실현되기까지는 수천 년이나 소요되는 개념이다. 다른 신화에서는 그가 불을 뿜는 청동 황소를 만들었다는 얘기도 있다. 이것은 헤파이스토스가 현대 엔지니어의 선구자적 역할을 했다는 증거다.

이렇듯, 인공 생명체를 중심으로 한 그리스 신화의 지속적인 영향은 서구 문명사에 지울 수 없는 자취를 남겼다. 그리고 기원전 4세기 알렉산더 대왕의 인도 원정을 비롯한 광대한 정복과 함께하면서 그 영향력은 서구를 넘어 전 세계로 확장됐다.

신비로운 인도의 기계 전사들

고대 인도에서도 기계 전사에 대한 흥미로운 얘기가 있다. 로카판나티Lokapannatti다. 이는 11세기 또는 12세기 버마에서 편찬된 불교 설화집인데, '세계에 대한 묘사'라는 책으로 번역됐다. 이 책의 얘기, 일화, 윤리적 가르침은 풍부한 태피스트리를 제공한 것으로 유명하다. 그중에서도 아쇼카Ashoka 황제의 통치와 '영적 움직임의 기계'로 알려진 오토마톤 병사 군대의 창설에 관한 얘기는 수많은 사람이 감명받았다.

아쇼카 황제는 기원전 3세기 인도 아대륙에 걸친 광대한 마우리아 제국Maurya Empire을 통치했으며, 역사상 독자적인 위치에 있던 인물이었다. 아쇼카는 전쟁과 폭력의 참상을 목격한 뒤 불교로 개종했으며, 불교를 국교로 채택한 최초의 통치자이기도 하다. 이후, 그는 유산의 일부로 자신의 광활한 영토에 부처님의 유물을 보관하기 위해 수많은 사원을 세웠다.

그런데 아쇼카가 통치하기 불과 몇 년 전, 알렉산더 대왕Alexander the Great이 이끄는 원정대가 기원전 326년 인더스강을 건너 인도 북서부로 진출하면서 동서양 간의 의미심장한 문화 교류가 시작됐다. 이때 알려진 '영적 움직임의 기계' 전설은 그리스와 인도 사이의 흥미로운 교류를 보여준다.

이 전설에 따르면, 숙련된 오토마톤 제작자들은 인도 서쪽의 그리스 세계에 거주하면서 무역과 농업에 사용되는 비밀 기술을 철저히 감췄다. 그들은 이곳을 떠나거나 이 비밀을 누설하는 것을 엄격히 금지했고, 치명적인 기계 사형 집행자들은 이 규칙을 어기는 사람들을 인간 사냥까지 했다. 힌두교와 불교의 경전에는 이런 오토마톤 전사를 바람처럼 민첩하게 검을 휘두르는 빠르고 위협적인 존재로 묘사하기도 했다.

그런데 기원전 5세기경 갠지스강 유역에 있는 파탈리푸트라Pataliputra(현재의 파트나Patna) 출신의 한 젊은 인도 장인이 등장하면서 이 신화는 거대한 전환점을 맞는다. 그는 오토마톤 제작 기술 습득을 열망했었는데, 그 열정은 오토마톤 장인의 딸과 결혼함으로써 교묘히 이 기술을 배울 정도였다. 그와 동시에 그는 고향에 가서 오토마톤을 만들기 위한 설계도를 준비한 뒤 이 설계도를 인도로 가져갈 전략을 짰다. 그는 혹시 기계 암살자에게 발각될 때를 대비해 자신이 훔친 설계도를 허벅지 상처 안에 교묘히 숨기고 갈라진 피부를 능숙하게 꿰매기까지 하는 치밀함도 보였다.

하지만 이 장인은 고향으로 돌아가는 여정에 오르기도 전에 붙잡혀 비극적인 운명을 맞이하고, 이후 그의 아들이 이 설계도를 찾아내 파탈리푸트라로 돌아가는 여정을 시작해 마침내 아버지의 유언에 따라 자동화된 수호자를 만들게 된다. 수호자의 임무는 비밀 지하방에 숨겨진 부처님의 유물을 보호하는 것이었다. 따라서, 이 유물과 기계 수호자는 기원전 304년에 아쇼카 황제가 파탈리푸트라를 수도로 삼고 권좌에 오를 때까지 2세기 동안 숨겨진 채로 보호됐다.

전설에 따르면, 아쇼카는 숨겨진 유물을 찾기 위해 끊임없이 노력했다고 한다. 그러다가 마침내 유물을 찾았지만, 아쇼카와 기계 전사 간에 격렬한 충돌이 발생하는 사건이 일어나고 만다. 이때 어떤 얘기에서는 힌두교의 신 비슈와카르마Vishwakarma가 잘 조준된 화살로 수호자의 회전 구조물을 고정하던 볼트를 제거함으로써 아쇼카를 돕는다고 돼 있으며, 다른 버전에서는 그 기계의 유지보수를 담당하던 엔지니어가 등장해 아쇼카에게 기계를 비활성화하고 제어하는 방법을 알려준다고 한다. 어찌 됐든 이를 통해 결국 아쇼카는 이 기계에 숙달하게 되며, 그 순간부터 기계 전사들은 아쇼카의 권위를 받아들인다.

이후, 아쇼카 황제는 그들을 이끌고 군사 작전에 임하지만, 사실 아쇼카는 이 강력한 전사들을 전적으로 신뢰하지 않았다. 그는 자신이 그들을 통제하지 못하게 될까 봐 늘 염려했고, 그들이 제국에 초래할 결과에 대해서도 두려워했다.

이 얘기는 필연적으로 카드모스와 용의 이빨로 만든 인공 병사 군대에 대한 그리스 신화를 떠올리게 한다. 이렇듯, 부처님의 유물을 지키는 오토마톤의 개념은 인도와 헬레니즘 문화 간의 기술적, 상업적 교류에서 비롯된 것이며, 얘기와 신화는 광대한 거리를 가로질러 뒤얽혀 제국과 문화를 연결하는 역할을 했다.

연금술, 말하는 금속 머리, 그리고 중세 윤리

천 년 반이 조금 지났음에도, 중세 유럽 사회는 여전히 능숙하게 만들어진 지적 존재의 전설에 사로잡혀 있었다. 특히, 13세기 유럽에서는 말하는 자동 금속 머리에 관한 얘기가 유럽 대륙에 퍼지기 시작했다.

13세기는 이탈리아와 독일에서부터 프랑스와 영국에 이르기까지 유럽 대륙 전체가 정치적으로 불안정하고 분열된 시기였다. 그러나 이 시기에는 동시에 고전 그리스와 로마 문화에 대한 열정이 되살아나는 르네상스 시대의 시작점이기도 했다. 또한, 연금술이라는 유망한 학문이 주목받고 있던 때였다. 연금술은 화학, 야금학, 밀교 철학을 혼합해 비금속을 금으로 바꾸고 영생을 약속하는 불로초를 만드는 기술을 뜻한다. 그러나 가톨릭교회는 이런 연금술을 조심스럽게 다루었고, 때로는 연금술사를 이단자로 몰아 기소하기도 했다.

이와 같은 시기에 중세 철학과 신학은 학식 있는 독일 학자 알베르투스 마그누스Albertus Magnus와 그의 제자이자 이탈리아 철학자 토머스 아퀴나스Thomas Aquinas 같은 저명한 인물들의 가르침 아래 번성해 나갔다. 특히, 알베르투스 마그누스는 수수께끼 같은 연금술 분야를 포함한 다양한 분야에서 깊이 있고 놀라운 전문 지식으로 명성을 얻었다. 이와 관련된 전설에 따르면, 알베르투스 마그누스는 연금술과 신비주의에 통달해 인간의 모습으로 말을 할 수 있는 금속 머리를 만들었다고 한다. 이 창조물은 물음에 답하고 점술 행위도 할 수 있다고도 했다. 그러나 이런 종류의 발명은 신성한 법을 위반하고 교회의 가르침과 모순되는 불경스러운 것으로 간주됐다. 그래서 이 창조물을 발견하자마자 토머스 아퀴나스는 기독교 신학과 양립하지 않는다고 주장하면서 이를 망치로 내리쳐 파괴시켰다.

13세기 영국을 배경으로 한 비슷한 얘기에서는 영국의 프란체스코 수사이자 철학자, 과학자인 로저 베이컨Roger Bacon을 들 수 있다. 그는 '경이적인 박사Doctor Mirabilis'로 알려진 인물이었으며, 알베르투스 마그누스와 마찬가지로 연금술 실험에 착수했고, 특별한 속성을 인정받은 또 다른 금속 머리를 탄생시킨 것으로 유명하다.

이후, 베이컨의 놋쇠로 만들어진 머리는 사람과 대화하고, 질문에 답하며, 신탁이나 점술 도구로 사용됐다. 이 얘기가 담긴 어떤 버전에서는 놋쇠 머리가 미래를 예언하거나 영적인 지혜도 전할 수 있다고 주장하기도 했다. 이를 두고, 로저 베이컨은 자신의 연금술과 기술에 관한 지식은 신성한 영감과 천사를 포함한 초자연적 존재의 도움으로 부여된 것이라고 주장했다. 그러나 그의 실험과 저술의 세속적이지 않은 반종교적인 성격 때문에 베이컨은 교회의 박해를 받고 투옥까지 감수해야 했다.

위와 같은 각종 신화와 얘기는 시대와 문화를 초월해 당대 현실 세계의 문제를 해결하고, 시대적 열망을 이중으로 표현하기 위해 자신의 역량을 뛰어넘는 존재를 창조하려는 우리 인류의 끊임없는 욕망을 드러낸 것이다. 부분적으로는 인간이고, 부분적으로는 기계이며, 부분적으로는 신성하기까지 한 이 인공 존재는 우리 조상들에게는 신과 영웅에 가까웠다.

그렇기에 이런 인공 존재를 로봇이나 AI라고 부르는 것은 옳지 않다. 왜냐하면 '로봇'이라는 용어는 1920년 SF소설에서 처음 사용됐고, 'AI'는 1956년에 연구 분야로 처음 정의됐기 때문이다. 이 책 4장에서는 이 두 가지 개념의 기초에 대해 자세히 살필 예정이다.

그러나 현대적 관점에서 보면, 모든 고대 신화에는 공통점이 있다. 기독교 이전의 중국, 인도, 그리스의 얘기에서 창조된 존재들은 오늘날의 AI와 로봇공학 개념을 모두 함의하고 있다는 것이다. 이를 두고, 출애굽기에서 신은 이런 경고를 했다.

"너희는 위로 하늘에 있는 것이나 아래로 땅에 있는 것이나 땅 아래 물속에 있는 것의 어떤 형상도 만들지 말라."

02

프랑켄슈타인부터
우주 경쟁까지의 SF

"앞으로 10년 안에 로숨의 유니버설 로봇이 밀이나 옷감 같은 모든 걸 너무 많이 생산해 물건의 가치가 상실될 것이며, 누구든 필요한 만큼 가져갈 수 있을 것이다. 빈곤도 더 이상 없을 것이다. 그렇다. 사람마다 일자리는 잃겠지만, 그때쯤이면 각자 해야 할 일도 없을 것이다. 이는 모든 걸 살아있는 기계가 대신 수행할 것이다. 사람들은 저마다 즐거운 일만 할 것이고, 오로지 자신의 완성된 삶을 위해서만 살아갈 것이다."

- 카렐 차페크 Karel Čapek, 체코 극작가,
『R.U.R: 로숨 유니버설 로봇』, 1920년

전설, 신화, 허구는 과학적 사고가 널리 보급되고 수학적 근거에 따라 진리를 찾으려는 믿음이 지배하던 유럽 계몽주의 시대에도 사라지지 않았다. 인간의 상상력은 다양한 요소들에 영향을 받으며, 가설과 추론을 토대로 한 미래의 시나리오를 끊임없이 구상함으로써 지속되기 때문이다. 이와 같은 현대의 신화는 종종 그 시대의 문제, 가치, 열망과 직결돼 있기에, 시대를 초월하며 보편적일 수밖에 없다.

이를 두고, 1920년 카렐 차페크^{Karel Čapek}는 자신의 저서 『R.U.R: 로숨 유니버설 로봇^{R.U.R: Rossum's Universal Robots}』(우물이있는집, 2021)에서 로봇화(체코어로 '노동'을 의미하는 'robota'에서 유래)가 어떻게 인류의 물질적 문제를 잠재적으로 해결해 주고, 우리 인간이 진정으로 기쁘게 살아가도록 집중하게 하는지 논의했다. 이 개념은 오늘날 일론 머스크를 포함한 많은 정치 및 기술 지도자가 지지하는 논의 주제인 보편적 기본소득^{UBI, Universal Basic Income} 개념과도 유사하다. 이와 관련해서는 이 책의 22장과 23장에서 좀 더 상세히 거론할 것이다.

이번 장에서는 SF소설의 고전과 AI의 관계를 살펴볼 것이다.

19세기 초 출간된 『프랑켄슈타인』을 시작으로 현재까지 가장 널리 알려진 초기 SF소설 중 상당수는 AI에 관한 얘기인데, 이 얘기는 지금도 지속적인 반향을 불러일으키고 영화나 TV 시리즈로 각색됐다. 그러나 현대 SF소설에 등장하는 최초의 인공 존재는 아이러니하게도 괴물로 묘사되지 않았다.

21세기 들어 우리가 생각하는 SF는 2차 세계대전 이후 과학 기반적 외삽법extrapolation[1]으로 현재의 토대를 갖추게 됐다. 아시모프Asimov, 아서 C. 클라크Arthur C. Clarke, 스탠리 큐브릭Stanley Kubrick 같은 이 장르의 가장 중요한 작가들이 바로 이 시기에 등장하기도 했다. 특히 미국과 소련 간의 우주 경쟁이라는 맥락에서 냉전Cold War은 이들 작가에게 깊은 영향을 미쳤다. 이로부터 50여 년 전, 이들 작가는 AI, 로봇공학, 우주 탐사가 어떻게 서로 밀접하게 연결되고, 또 인류의 가까운 미래에 대한 통찰력을 제공하고 있는 미개척지를 대표하는지 가시화시키려 노력했다. 이를 두고 우리는 일론 머스크Elon Musk의 스페이스XSpaceX와 제프 베이조스Jeff Bezos의 프로젝트 카이퍼Project Kuiper처럼 전 세계에서 가장 부유한 개인들의 민간 우주 비즈니스 성장과 중국 같은 야심 찬 정부의 전폭적인 공공 부문 지원과 함께 오늘날의 AI 개발을 목격하면서 이들 작가의 선견지명을 주목하지 않을 수 없다.

이때 아이작 아시모프는 오늘날까지도 AI와 로봇 개발의 '출발점'으로 널리 인용되고 있는 유명한 로봇공학의 3원칙을 소개한 바 있다. 아서 C. 클라크Arthur C. Clarke는 스탠리 큐브릭Stanley Kubrick과 함께 〈2001: 스페이스 오디세이2001: A Space Odyssey〉를 제작했는데, 이 영화는 이러한 3원칙이 언제나 충분한 것은 아닐 수 있음을 보여준 영화였다. 이 영화에서 AI 할HAL이 우주비행사를 보호한다는 명목 아래 그의 의사를 무시하고 감금하는 장면에서 이를 알 수 있다. 이것은 알고리듬과 AI 채택에 내재된 파우스트 거래의 초기 진술이다.

---

[1] 외삽법이란 현재의 추세나 알려진 정보를 바탕으로 미래에 대한 지식을 예측하거나 추측하는 것을 의미한다. 이러한 맥락에서 과학 기반적 외삽법은 SF소설 작가가 기존의 과학적 원리와 발견을 사용해 미래의 기술 및 사회 발전을 상상하는 방법을 말한다. – 옮긴이

이들의 얘기를 살펴본 뒤, 이 장은 잘 알려지지 않은 소설 『사이보그^{Cyborg}』로 마무리할 것이다. 이 작품은 반인반기계^{半人半機械}로 된 우주비행사 얘기를 담고 있다.

1970년대 초 문학에서 AI에 대한 탐구가 거의 중단됐는데, 이렇게 된 데에는 특정한 이유가 있다. 우주 경쟁의 공식적 종결은 1975년 아폴로-소유스$^{Apollo-Soyuz}$ 시험 프로젝트와 함께 이뤄졌다. 이 임무는 미국과 소련 간의 우주 탐사 경쟁에서 상호 협력으로의 전환을 알리는 신호탄이었다. 그 이후 많은 훌륭한 SF 작품이 등장했다. 그중 몇몇 작품을 우리 인류와 AI의 미래를 시각화하고 이해하는 데 도움이 될 수 있도록 이 책의 4부와 5부 참조용으로 인용할 것이다.

괴물과 어린이 캐릭터에 등장하는 AI

1818년 출간된 메리 셸리의 소설 『Frankenstein, or The Modern Prometheus$^{프랑켄슈타인, 또는 현대의 프로메테우스}$』는 우리가 인공 창조물의 윤리적 한계를 탐구할 수 있는 근간을 마련했다. 이 시기는 유럽이 나폴레옹 전쟁에서 막 벗어나 혁명과 불안정한 시기를 지나고 있던 때여서 이 소설은 낙관적이었다.

이 고딕 문학의 걸작은 이후 모든 문학과 영화에 깊은 인상을 남겼다. 이 얘기는 과학의 한계를 초월하려는 욕망에 사로잡힌 한 젊은 과학자 빅터 프랑켄슈타인이 시체의 일부를 활용해 인공 인간을 창조하는 과정을 중심으로 전개된다. 그렇게 해서 탄생한 존재인 '괴물'은 전 세계와 여러 세대에 걸쳐 알려진 문학과 대중문화의 상징적 인물이 됐다.

오늘날 우리가 알고 있는 AI와 로봇공학이 셸리의 시대에는 존재하지 않았지만, 이 소설은 창조자가 창조물에 대해 갖는 책임과 '신 노릇의 위험성'에 대한 근본적이고 지속적인 질문을 제기한다. 이러한 프랑켄슈타인의 얘기는 오늘날 합성생물학과 사이보그 기술의 발전을 예측하게 하고, AI 및 로봇공학과의 유사성도 보여준다.

프랑켄슈타인의 어두운 분위기는 이 작품이 탄생한 19세기 후반의 정서와 대조를 이룬다. 당시 유럽과 미국은 기술 및 과학적 낙관주의에 빠져 있었다. 기술과 과학의 발전은 사람들의 일상생활을 변화시키기 시작했으며, 피노키오와 오즈의 마법사와 같은 기계 캐릭터가 등장하는 문학 작품은 당시의 낙관주의와 기술에 대한 사회적 매혹, 준인간적 존재의 탄생을 반영하기도 했다. 1883년 카를로 콜로디$^{Carlo\ Collodi}$가 발표한 『피노키오^{Pinocchio}』는 요정의 마법으로 생명을 얻은 나무 인형 얘기였다. 이 얘기는 전구가 불을 밝히는 것과 같았고, 현대판 피그말리온처럼 기술이 무생물에 생명을 불어넣을 수 있다는 생각을 보여줬다. 같은 시기, 전기는 중요한 발전을 실험 중이었다.

물론, 콜로디가 피노키오를 로봇이라고 명시적으로 묘사하진 않았지만, 오늘날 피노키오와 이 책 17장에서 살펴볼 2000년에 혼다^{Honda}가 만든 4피트 높이의 일본 로봇 아시모^{Asimo}는 충분히 비교 가능하다. 또한, 진짜 아이가 되고 싶어 하는 꼭두각시 피노키오는 2001년 스티븐 스필버그$^{Steven\ Spielberg}$ 감독의 영화 〈에이 아이$^{A.I.}$〉를 떠올리게 한다. 이 영화에는 로봇 아이가 뼈와 살로 이뤄진 진짜 아이가 되는 꿈을 꾸는 장면이 등장한다. 인간은 AI의 힘을 원하지만 거꾸로 AI가 인류의 생체적 요소를 원한다는 이 수수께끼는 새로운 것이라기보다는 인터레이싱의 내재적 요소다. 여기서 어떤 균형이 이뤄질지는 불분명하다.

반면, 1900년 라이먼 프랭크 바움Lyman Frank Baum이 쓴 『오즈의 마법사The Wizard of Oz』는 로봇과 비행 기계 등 기술적 경이로움의 세계를 선사하는 동화다. 이 소설은 1939년 빅터 플레밍Victor Fleming 감독에 의해 주디 갈랜드Judy Garland가 주연을 맡은 빼어난 영화로 각색됐다. 이는 주인공 도로시가 오즈의 마법사를 찾기 위해 노란 벽돌길을 따라가는 여행의 줄거리를 담고 있다.

바움은 내레이션을 통해 현대 용어로 표현하자면 사이보그라고 할 수 있는 양철 나무꾼Tin Woodman 얘기를 소개한다. (물론 대부분 스토리상에서는 그를 로봇이라고 잘못 묘사하지만 말이다.) 여하튼, 도입부부터 나무꾼인 이 남자는 날카로운 도끼에 팔다리, 머리, 몸통을 다 잃어버린 자로, 숙련된 양철공(장인이지만 현대 사회에서는 좀 더 정확히 말하면 기술자이자 외과의사)이 그에게 새로운 금속 부품을 제공하면서 얘기가 시작된다. 이후 긴 여정 내내, 심장을 갈망하는 양철 나무꾼은 자기 내면에 이미 친절과 연민이 깃들어 있음을 알아챈다.

사이보그, 특히 모든 AI는 매개변수화parametrization[2]가 필요하므로 내면에 존재하는 친절은 전적으로 알고리듬의 승인에 달려 있다. 자비심에 대한 견해는 불합리하진 않지만, 그렇다고 늘 보장되지도 않는다. 하지만 『오즈의 마법사』는 기술과 인간성 사이의 균형을 찾지 않으면 안 될 필요성을 거론하면서도 미국 중심적이고 할리우드 중심의 세계관에 부합하는 로봇공학에 대한 낙관적 시각을 제시했다. 이러한 인간과 호환되는 윤리적 가치와 이를 AI에 안전장치로 심어주는 방법에 대

---

2 매개변수화는 시스템 작동 방식을 좌우하는 매개변수(규칙, 제약 조건 또는 변수)를 정의하고 설정하는 과정을 말한다. AI의 맥락에서 매개변수화는 AI의 동작을 결정하는 특정 지침과 조건을 프로그래밍하는 것을 의미한다. 예를 들어, 챗봇을 매개변수화해 유해하거나 불쾌감을 주는 응답을 생성하지 않도록 할 수 있다. 다른 예로, 자율주행차의 AI는 속도보다 보행자 안전을 우선시하도록 매개변수화할 수 있다. — 옮긴이

한 논의는 이 책 26장에서 다룰 범용인공지능^{AGI}과 초지능 개발의 핵심 부분이기도 하다.

이렇듯 20세기가 시작될 무렵, 이미 문학에는 완벽하게 식별할 수 있는 로봇이나 사이보그가 등장했다. 이 개념은 널리 확산됐을 뿐 아니라 심지어 낙관적으로 수용됐다. 하지만 '로봇'과 '사이보그'라는 명칭이 일반 언어로 정착되기까지는 긴 시간이 필요했다.

전간기 유럽의 로봇과 디스토피아

'로봇'이라는 용어가 우리 언어에 처음 등장한 것은 1920년 체코의 극작가 카렐 차페크의 희곡 『R.U.R: 로숨 유니버설 로봇』에서였다. 오스트리아계 미국인 작가 프리츠 랑^{Fritz Lang}의 1927년 무성 영화 〈메트로폴리스^{Metropolis}〉는 전쟁기 유럽에서 출간된 또 다른 주요 작품이기도 했다. 이 두 작품 모두 인간과 기계 사이의 복잡한 역학 관계를 탐구했으며, 그 가운데 탄생 된 창조물은 1920년대 사회가 한꺼번에 가졌던 기술에 대한 두려움과 매혹을 동시에 반영했다. 이렇듯 두 작품 모두 대중 통제, 착취, 해방 추구와 관련된 당시의 절박한 문제를 다뤘다. 이는 1차 세계대전의 여파, 러시아 혁명, 공산주의와 나치즘 같은 극단주의 정치 운동의 출현으로 특징되는 역사적 흐름 아래 경제적 격차가 갈수록 커지는 가운데 만들어진 것이다.

『R.U.R: 로숨 유니버설 로봇』은 다양한 산업 분야에서 노동력으로 사용되는 로봇을 중심으로 펼쳐진다. 여기서 로봇이 의식을 갖게 되면서, 로봇의 노예 상태에 관한 윤리적, 도덕적 딜레마가 발생한다. 이 희곡은 AI가 창조자를 능가할 가능성을 시사하고, 기계를 노예처럼 취급하는 윤리에 의문을 제기한다. 이는 2024년 최신 화두인 대중 통제, 권위에 대한 복종, 로봇에게 특정한 권리를 부여할 가능성에 대해 의미심장한 물음을 던진 것과도 같다.

〈메트로폴리스〉는 테아 폰 하르보우Thea von Harbou가 쓴 소설을 각색한 무성 영화다. 이 영화는 거대한 도시의 디스토피아적 미래를 배경으로 하며, 이 도시의 인간 노동자들은 비인간적인 조건 아래 지하 세계에서 착취당하고, 지상 세계의 엘리트들은 호화로운 고층 건물에서 살아간다. 이 영화는 1920년대 후반 독일의 사회적, 경제적 긴장 관계를 반영하며, AI에 접근하고 통제할 수 있는 사람들과 뒤처진 사람들 사이의 긴장된 이분법을 강조하고 있다.

이때 노동자들은 억압적인 AI를 소유한 엘리트에 맞서 반란을 일으키기 직전이고, 지하 세계의 신디칼리스트인 마리아가 그들을 이끌며 상황이 반전된다. 이에 대항해 도시의 지도자는 노동자들을 조종하고 통제하기 위해 마리아와 닮은 로봇 푸투라Futura를 만들며, 마리아에 대한 노동자들의 신뢰를 이용해 이 로봇으로 불화와 혼란을 촉발시켜 노동자들의 반란을 진압하고 자신의 권력을 유지하려고 한다. 이렇듯 선견지명이 담긴 영화는 오늘날 우리가 목격하는 생성형 AI에 수반되는 허위정보의 내재적 문제에 대한 첫 번째 경고를 말해준다.

실제로 이 책의 표지에는 푸투라를 묘사한 영화의 극장 개봉 포스터가 제시돼 있다. 내가 이 포스터를 굳이 택한 데에는 몇 가지 이유가 있다. 첫째, 푸투라는 영화에 등장하는 세계 최초의 로봇으로서의 선구자적 지위를 갖고 있기 때문이다. 둘째, 이런 역사적 중요성 외에도 푸투라는 인간과 기술의 관계에 대한 중요한 의문을 제기하며, 기술 조작의 지속적인 상징성을 구현함으로써 소수의 손에 쥐어져 있는 통제되지 않는 기술력이 미치는 실제 위험을 극명하게 상기시키기 때문이다. 셋째, 메탈릭한 예술적, 미학적 매력 가득한 푸투라의 시각적 매혹과 기억에 남는 외모는 AI 기술의 독특한 아름다움과 매력으로 다가오며, 생성형 AI의 힘과 알고리듬을 통해 달성할 수 있는 카리스마를 다시 한번 예견하게 만들기 때문이다.

아시모프의 우주와 3원칙 탐구하기

아이작 아시모프는 SF소설 역사상 가장 영향력 있는 작가일 것이다. 아이작 아시모프는 AI가 아직 초기 단계에 있을 때 이 소설을 출간했으며, 소설 속 얘기 중 많은 부분은 1956년 다트머스 회의 이전에 집필됐다. 많은 사람은 이구동성으로 바로 이 소설이 AI의 초석이라고 여긴다. (다트머스 회의에 관해서는 이 책 4장에서 다룰 예정이다.)

다트머스 회의 이후, 이 책에서 논의되는 기술 발전에 기여한 수많은 AI 개척자는 아시모프의 글에서 자주 영감을 받았다. 아시모프는 과학에 대한 열정과 뛰어난 글쓰기 능력을 활용해 매력적인 미래 얘기를 창작했으며, 기술 세계에 대한 그의 영향력은 지금도 광대하다. 이처럼, 아시모프의 천재성 덕분에 기술과 SF는 서로서로 깊은 영향을 주고받고 있다.

로봇과 관련된 아시모프가 남긴 가장 유명한 작품 중 하나는 1950년 출간된 『아이, 로봇I, Robot』(우리교육, 2008)이다. 이 책은 그가 10년에 걸쳐 쓴 단편들을 서로 연결한 모음집으로써, 로봇 심리학자의 눈을 통해 우리 인간과 로봇의 상호작용을 탐구한 책이다. 1941년 발표된 『런어라운드Runaround』는 로봇공학의 3원칙을 발표한 작품인데, 이 원칙들은 그가 로봇의 행동과 윤리적, 도덕적 결과에 어떤 영향을 미치는지를 살폈다.

아시모프의 로봇공학 3원칙은 다음과 같다.

- 제1원칙: 로봇은 인간을 해치거나, 부주의로 인해 인간이 해를 입게 해서는 안 된다.
- 제2원칙: 로봇은 제1원칙과 충돌하는 경우를 제외하고는 인간이 내린 명령에 따라야 한다.
- 제3원칙: 로봇은 제1원칙 또는 제2원칙과 충돌하지 않는 한 자신을 보호해야 한다.
- 아시모프는 이후 얘기에서 로봇 제4원칙을 소개한 바 있다. 로봇은 인류를 해치거나, 부주의로 인해 인류가 다치게 해서는 안 된다는 것이다.

이러한 원칙은 기술자와 SF소설 작가들의 집단적 정신에 깊은 인상을 남겼을 뿐 아니라 로봇공학과 AI의 윤리와 철학에 상당한 영향을 미쳤으며, 종종 과학계와 규제 기관에서 이뤄지는 토론과 지침의 출발점 역할을 하기도 했다.

아시모프는 로봇에 관한 다른 작품도 썼다. 1957년 출간된 『벌거벗은 태양The Naked Sun』이다. 이 책에서 그는 기술이 어디든 존재하기 때문에 기술과 인간의 상호작용을 두려워하는 사회에서 인간과 로봇의 관계를 탐구하는 글을 썼다. 그는 다른 많은 작품과 마찬가지로 이 작품에서도 인간 형사와 로봇 파트너가 해결해야 하는 범죄에 관한 얘기를 그렸다.

이 외에도, 1976년 출간된 그의 또 다른 작품인 『바이센테니얼 맨The Bicentennial Man』에서 아시모프는 인간이 되고 법적 권리를 얻기 위해 노력하는 로봇에 대해 얘기하면서 정체성, 인간성, 기술에 대한 심오한 문제를 다루기도 했다.

끝으로, 1983년 출간된 『로봇과 제국Robots and Empire』에서는 지구와 우주 식민지 간의 긴장 관계에 주목했다. 그리고 로봇공학이 인간 생존에 중심이 되는 세계에서 일어나는 살인 사건을 수사하는 형사의 시선을 통해 보여줬다.

2001: 스페이스 오디세이

주목할 만한 또 다른 작가는 아서 C. 클라크Arthur C. Clarke다. 그의 획기적인 소설 『2001: 스페이스 오디세이』(황금가지, 2017)와 1968년 스탠리 큐브릭 감독의 영화 각색판은 SF소설을 대표하는 상징적인 작품으로서, 특징으로는 작품의 배경이 냉전 시대의 미국과 소련 간의 우주 경쟁이라는 점, AI를 주제로 한 얘기라는 점이 있다.

이 우주 경쟁에서 양국이 쌓은 기술적 우월성은 우주 탐사로 확대되고, 두 초강대국은 은하계 영토의 지배권을 놓고 경쟁한다. 클라크와 큐브릭의 공동 작업은 인간의 혁신과 기술이 우주로 확장되는 미래를 묘사함으로써 당시의 시대정신을 살렸고, 무엇보다 최초의 달 착륙 성공 전에 이 영화가 개봉됐다는 점에서 대단하다고 할 수 있다. 목성을 향한 미국과 소련의 공동 탐사 임무를 묘사한 이 영화는 긴박한 냉전 속에서도 양국이 추구하는 국제 협력의 꿈을 상징적으로 제시하기도 했다.

이 영화의 가장 상징적 요소 중 하나는 우주비행사의 임무를 지원하도록 설계된 지각 있는 기계인 AI 컴퓨터 할HAL 9000이다. 할은 겉보기에는 친근해 보이지만 그 뒤에 숨겨진 의도를 가진 AI로 묘사돼 오늘날까지도 답이 없는 AI의 위험과 함축에 대한 강력한 윤리적 문제를 제기할 때 종종 거론된다.

여기서 할은 우주비행사들에게 중요한 정보를 의도적으로 숨기고, 급기야 일부 승무원의 피해와 사망을 초래하는 행동까지 개시한다. 실제로 영화에서 묘사된 할의 점진적인 오작동과 승무원들에게 미치는 영향은 AI 개발과 관련된 위험 중 하나를 예고한다. 이것은 곧 결함이나 오류가 있거나 제작자를 배신하는 의사결정 엔진을 일컫는다.

우리는 여기서 할의 행동이 아이작 아시모프의 로봇공학 3원칙과는 반대된다는 점에 주목할 필요가 있다. 아시모프의 소설에서 이런 원칙은 AI가 존재하는 상황에서 인간의 안전과 안녕을 보장하기 위해 고안된 것이었지만, 영화 속 할의 행동은 이러한 안전장치가 결코 충분하지 않음을 보여준다. 이 영화에서 할은, 모든 AI 채택에 내재된 파우스트 거래의 초기 진술과 우리의 생각을 대신하는 알고리듬에 대한 복종을 구현한다. 이는 견고한 윤리적 기반과 투명한 의사결정 과정을 갖춘 AI 시스템을 설계해야 한다는 경고를 내포하고 있다. 이것은 AI 프로그래밍과 알고리듬을 작성하는 사람이 무조건 가슴에 새겨야 할 얘기다.

사이보그: 인간과 기계의 융합

시대를 앞선 클라크와 큐브릭의 걸작에 비해 오늘날에는 잘 알려지지 않은 마틴 케이딘Martin Caidin의 소설 『사이보그』는 1972년에 발표된 SF소설들 가운데 획기적인 작품이다. 물론 『사이보그』는 사이보그에 관한 최초의 소설은 아니다. 그러나 이 단어를 사용한 최초의 소설이다. 이 소설 이전에도 인간과 기계의 혼성이라는 개념을 활용한 소설이 몇 권 있었다. 에드가 앨런 포Edgar Allan Poe가 1843년에 발표한 단편 소설 『소모된 남자The Man That Was Used Up』가 대표적인데, 이 작품에서는 온통 의족으로 장착한 남자가 등장한다.

'사이보그'는 1970년대 가장 상징적인 텔레비전 시리즈물의 소재였다. 관련된 시리즈물로는 1973년부터 1978년까지 텔레비전으로 방영된 〈6백만 불의 사나이The Six Million Dollar Man〉와 1976년부터 1978년까지 방영된 〈소머즈The Bionic Woman〉가 있다.

실제로 1970년대는 엄청난 과학적 호기심의 시대였다. '사이보그'는 이러한 시대의 시대정신을 활용했는데, 맨프레드 클라이네스Manfred Clynes와 네이선 클라인Nathan Kline은 텔레비전 시리즈가 방영되기 10년 전인 1960년에 과학 논문 「사이보그와 우주Cyborgs and Space」에서 우주 탐사에 한층 더 적응할 수 있도록 인간을 기계 부품으로 강화할 가능성을 논의하면서 '사이보그'라는 개념을 소개했다. 이 개념은 우주비행사 한 명이 거의 죽을 뻔한 사고를 당한 후 생체공학 임플란트를 이식받는다는 케이딘의 소설 내용과 완벽하게 일치한다. 이런 강화를 통해 소설 속 우주비행사를 우주라는 적대적인 환경에서 살아남을 수 있는 특별한 힘과 능력을 갖춘 초인적인 존재로 변화시킬 수 있었다.

이후 과학에 대한 대중들의 관심이 폭발하던 시기, 〈6백만 불의 사나이〉 시리즈는 즉각적인 히트를 쳤다. 이 시리즈는 엄청난 힘과 속도를 활용해 범죄와 싸우는 재건再建된 남성의 모습을 통쾌한 액션과 함께 에피소드로 담아 시청자들을 즐겁게 했으며, 과학자, 엔지니어, 미래학자들의 상상력을 자극하기도 했다. 그 영향력은 엔터테인먼트 분야를 뛰어넘어 다양하게 확장됐다. 특히 AI와 로봇공학의 미래 발전을 위한 씨앗을 뿌려 연구자들로 하여금 기술을 통해 인간의 능력을 향상하는 방법을 탐구하는 데 영감을 줬다. 이 시리즈에 묘사된 생체공학의 개념은 보철과 인간-기계 인터페이스에서 실제적인 돌파구를 뚫어 주기도 했다. 이때의 제작자들은 우리 인간의 진보를 다룬 이 얘기가 21세기 들어 사이보그 문화 운동을 불러일으킬 줄 알았을까? 사이보그의 발전에 관해서는 이 책의 20장에서 자세히 살필 것이다.

2부

새로운 마음

"मनोपुब्बङ्गमा धम्मा, मनोसेट्ठा मनोमय"

"모든 것은 마음 탓이다. 마음은 모든 것의 우두머리요, 마음에서 모든 것이 만들어진다."

석가모니, 『법구경』 1장 2절,
기원전 563~483년

들어가며

　인공 신경망이 인간의 복잡한 뇌 작용을 모방함으로써 AI는 인류의 새로운 뇌로 자리 잡았다. 오늘날 AI 시스템은 이미 우리의 기술을 증강시켜 복잡한 문제와 작업을 효율적으로 처리할 수 있게 해준다. 이 AI 시스템은 선호도를 기반으로 한 비디오 피드를 생성시켜 시간을 단축시키거나, 주식을 더 효율적으로 선택하게 하거나, A 지점에서 B 지점까지 더 효과적으로 운전하게 하는 등 수많은 방식으로 활용될 수 있다. 그리고 이러한 기술 추세는 장차 AI가 인간과 동등한 수준의 자율적인 추론과 학습할 수 있는 지능 수준을 갖춘 범용인공지능[AGI]으로의 진화를 예측한다.

　현재의 AI는 단순히 컴퓨터와 휴대폰에서만 사용되는 도구 그 이상이다. AI는 금융 시장이나 자율주행차를 감독하는 시스템 등의 역할을 수행하고 있으며, 가까운 미래에는 이런 AI를 뇌-컴퓨터 인터페이스와 사이보그 임플란트와 함께 우리 몸과 뇌에 융합시킬 가능성이 있다. 실제로, 앞서 인용한 『법구경』의 부처님 말씀처럼 AI가 우리 마음의 일부가 돼가는 것이다.

　1부에서 살펴본 바와 같이, AI는 과학과 기술이 실제 AI 시스템을 만들어내기 이전부터 전반적으로 문화와 시대를 가로지르는 '인류의 역사적 매혹 덩어리'였다. 이는 일련의 문제를 해결하는 동시에 새로운 문제를 일으키는 인공적으로 창조된 존재가 겸비한 선견지명적인 궤적이다. 우리의 자유로운 사고에 영향을 미치는 신뢰와 파우스트 거래를 둘러싼 스토리텔러의 이런 핵심적인 물음은 AI에 대한 글로벌 차원의 모든 역사적 서술에서 주목받아 마땅하다.

이러한 배경을 토대로 AI가 어디로 향하고 있고, 우리의 사고력에 어떤 영향을 미칠 수 있는지를 이해하려면 우리는 먼저 AI의 실제 과학적 기원부터 제대로 알아야 한다. 이 책 2부의 주안점은 여기에 있다. 우리는 파피루스 두루마리에 있는 아리스토텔레스 논리학의 세 가지 규칙에서부터 거대언어모델Large Language Model[1]에 이르기까지 지금 AI가 어떻게 성장했는지, 그리고 이와 같은 성장 흐름을 바탕으로 AI가 지향하게 될 궤적을 점쳐볼까 한다.

누가 뭐래도 AI는 전기, 메모리, 처리 능력, 코딩을 기반으로 작동한다. 그 때문에 최초의 컴퓨터 개발이 어떻게 AI의 중추적인 순간이 됐는지 주목하지 않을 수 없다.

최초 컴퓨터의 탄생이 1945년 2차 세계대전 당시 교전국의 실험실에서 나오기까지는 철학자, 수학자, 엔지니어들 공동의 노력이 있었다. 이들은 수 세기 동안 논리, 알고리듬, 시제품을 발전시켰는데, 그 내용은 이 책의 3장에서 자세히 다룰 것이다.

존 매카시John McCarthy가 주도했던 (4장에 자세히 설명된) 1956년 다트머스 회의는 AI의 공식적인 탄생으로 널리 알려져 있다. 바로 이 회의에서 AI라는 용어가 만들어졌고, 명확한 연구 목표 아래 AI가 별개의

---

[1] 거대언어모델은 인간 같은 텍스트를 이해하고 생성하도록 설계된 일종의 인공지능 모델로서, 주로 번역, 요약, 질의응답, 대화와 같은 자연어 처리(NLP, natural language processing) 작업에 중점을 둔 고급 머신러닝 기술을 사용해 구축된다. 이러한 모델은 딥러닝 기술을 기반으로 하며 방대한 양의 텍스트 데이터를 학습해 다양한 언어 관련 작업을 이해하고 수행한다. - 옮긴이

분야로 정의됐기 때문이다. 또한, 그때 이후 20년간 주요 기여자가 누구지도 밝혀졌다. 선구자들은 AI가 앞으로 수십 년 안에 인간과 같은 지능을 가질 것이라 기대했으나 이들의 높은 기대치는 초기 컴퓨터의 능력을 뛰어넘었다.

그러나 1973년 전 세계 석유파동에 따른 자금 제약으로 인해 1차 'AI 겨울'이 시작됐다. 이때는 AI 분야에서의 활동이 위축된 시기였다. 인류의 생산성과 부의 창출을 촉진하는 데 바퀴나 증기기관보다 더 큰 가능성을 지닌 기술이 단기간에 수익을 창출할 수 없다는 이유 때문이었다. 이 이유로, AI 업계는 오랫동안 상업적 자금을 만들어 낼 수 없었다. 하지만 AI가 경제성이 없다는 문제를 안고 있다는 것은 지금 생각해 보면 참으로 아이러니한 일이 아닐 수 없다. 서구에서는 산업 전반에 걸친 광범위한 디지털화 체제 아래 민간 기업이 다른 사업에서 얻은 수익으로 당면한 문제를 해결했기에, 현재의 AI는 경제적으로 실행가능하고 기술적으로 더 발전할 수 있었다. 이는 오늘날 마이크로소프트가 오픈AI^{OpenAI}에 자금을 지원하는 것만 봐도 알 수 있다.

AI 역사의 특징은 급속한 확장과 활동이 저조한 겨울이 번갈아 나타난다는 것인데, 이는 마치 롤러코스터와 비슷하다.

실제로 1980년, AI는 5장에서 설명하는 것처럼, 기업과 대학에서 개인용 컴퓨터가 확산되고 원시적 수준의 AI에 즉각적인 경제적 기반을 제공한 전문가 시스템^{expert system}2인 실용적인 규칙 기반 소프트웨어 응용 프로그램의 채택에 힘입어 부활했다. 그러나 1987년 주식 시

---

2 전문가 시스템은 특정 영역에서 인간 전문가의 의사결정 능력을 모방하도록 설계된 AI 프로그램이다. 이러한 시스템은 지식 기반(사실과 규칙의 모음)과 추론 엔진(사실에 규칙을 적용해 의사결정을 내리거나 문제를 해결하는 엔진)을 사용한다. 이를 통해 사용자는 전문가 시스템과 상호작용을 해 질의나 데이터를 입력하고 그 대가로 조언이나 솔루션을 받을 수 있다. – 옮긴이

장 붕괴가 하드웨어 회사에 영향을 미치자 다시 2차 'AI 겨울'을 불러오게 됨으로써 그 부활은 오래가지 못했다. 이후, 1990년대에 인터넷 스타트업과 기업에서 머신러닝을 도입하고, 순수 정부 지원 R&D에서 벗어나 민간 부문으로 더 깊이 파고들면서 AI는 다시 한번 부활의 시기를 경험했으며, (이는 6장에서 좀 더 자세히 설명할 것이다.) 컴퓨터가 충분한 컴퓨팅 용량에 도달하자 신경망 분야에서는 상당한 진전이 이뤄졌다. 그런데도 2000년 닷컴 버블 붕괴가 시작되면서 AI 분야는 '3차 AI 겨울'을 맞이하지 않을 수 없었다.

다행히 AI는 2000년대 초반 들어 부활하면서 회복력을 보여줬다. 여기에 대해서는 7장에서 다시 언급하겠다.

우리는 지금 장기적인 'AI 여름'을 보내고 있다. 지난 2008년에도 거대 금융위기Great Financial Crisis가 있었지만 이로 인한 또 다른 AI 겨울을 불러오진 않았다. 오히려, AI는 경기 침체를 견디고 있는 금융 기관과 기업을 위해 사기 관리와 비용의 최적화를 해결함으로써 한층 더 주목받았다. 수익과 경제적 기반이 지속되면서 AI의 여름도 계속 진행됐고, 신경망에 기반한 주목할 만한 언어 및 이미지 처리에도 가시적인 발전이 있었다. 그뿐만 아니라 소셜 네트워크, 클라우드 컴퓨팅 애플리케이션, 데이터 보호 규정이 전 세계적으로 등장하기도 했다.

이렇듯 연장된 'AI 여름'의 마지막 몇 년 동안, 마침내 2022년 11월 챗GPTChatGPT의 출시로 대표되는 생성형 AI의 출현은 AI 산업을 전례 없는 경제적 수준과 광범위한 인식으로 격상시켰다. 이것은 거대언어 모델LLM의 획기적인 발전, 이미지 생성, 심지어 창의적인 사무직 업무의 자동화 가능성으로 특징되기도 한다. 8장에서는 생성형 AI의 개발 과정과 그 의미에 대한 설명을 할 것이다.

범용인공지능^AGI은 현재 초지능을 위한 중간 단계로써 실리콘밸리의 거대 기업들이 추구하는 중요한 목표다. 이 기업들은 이미 거대언어모델을 자체적으로 향상해 논리, 특히 상식을 계획하고 이해할 수 있는 능력을 부여하는 연구에 참여 중이다. 9장에는 이러한 연구 활동에 대한 개요가 제시돼 있다.

이어서 아리스토텔레스에서 샘 알트먼에 이르기까지 인류의 AI 여정을 설명하고, 주요 발전의 세부 사항, 그 기원, 그들이 해결하고자 하는 문제, 역사적 맥락, 그들이 어떻게 서로 의존했는지 그 함축적 의미를 추적하려 한다. 이를 통해 실제 기술, 그것의 기능적 의미, 그리고 그 궤적에 대한 이해를 확장할 수 있을 것이다.

03
철학자, 수학자, 그리고 최초의 컴퓨터

"동물, 그중에서도 우리 인간의 뇌가 일종의 기계라고 가정한다면, 적절하게 프로그래밍 된 지금의 디지털 컴퓨터가 우리의 뇌처럼 작동할 것이라는 결론을 내릴 수 있습니다. (…) 예를 들어, 세기말이 되면 질문에 대한 대답을 사람이 하는지, 아니면 기계가 하는지를 추측하는 것이 극히 어려울 정도로 질문에 대답하도록 기계를 프로그래밍하는 것이 가능해질 것으로 생각합니다."

- **앨런 튜링**Alan Turing, 수학자, 철학자, 컴퓨터 과학자, AI 개척자,

1951년, BBC 인터뷰

시간이 흐르면서, AI를 묘사하는 신화는 과학과 이성의 원칙에 굴복해야 했으며, 이에 따라 인공 존재에 대한 고대 전설은 지적 탐험으로 전환됐다. 이러한 변화는 이성과 과학이 세상에 대한 우리의 인식을 드높이는 시대의 도래를 알렸다.

과학의 발전사에서 AI를 반전시키는 데 가장 중요한 혁신은 컴퓨터였다. 2차 세계대전 당시 전쟁용 전산 기계로 처음 설계된 컴퓨터는 과학에서부터 비즈니스에 이르기까지 다양한 응용 분야에서 출중한 사회적 가치를 빠르게 입증시켰기 때문이다. 오늘날 AI는 이러한 컴퓨터의 연산 능력과 밀접하게 연결돼 있으며, 이런 연산 능력은 전쟁 당시 행해진 탄생의 기원을 훨씬 뛰어넘어 우리가 주머니에 넣고 다니는 첨단 휴대폰과 클라우드를 통해 접근할 수 있는 대규모 서버로 발전하게 됐다.

이런 컴퓨터의 역사에서 단연 돋보이는 인물이 있다. 바로 앨런 튜링Alan Turing이다. 튜링은 컴퓨터 과학자였으며, AI의 선구자였고 뛰어난 수학자이자 철학자였다. 그의 연구는 최초의 컴퓨터 구조를 밝혀냈으며, 이러한 연구는 AI의 초기 개념을 개척한 수많은 학문 분야와의 공생 관계를 강조했다.

이처럼, 위와 같은 학제 간의 협업은 불과 몇십 년 만에 이뤄진 게 아니라 무려 수 세기에 걸쳐 발전해 왔다. 일례로, 아리스토텔레스, 라이프니츠, 데카르트, 파스칼, 흄과 같은 철학자, 알-콰리즈미, 베이즈, 르장드르, 마르코프, 불, 러셀과 같은 수학자, 파블로프와 같은 심리학자, 토레스 퀘베도와 폰 노이만 같은 엔지니어 등은 모두 1945년 최초의 컴퓨터 탄생에 정점을 이루는 중요한 공헌을 한 인물들이다.

아리스토텔레스의 논리학: AI의 초석

그리스 철학자들은 인간의 사고를 재구성하고 고대 신화에서 벗어나 합리성과 비판적 사고의 시대를 여는 데 중추적인 역할을 했다. 그중에서도 기원전 384년에 태어난 아리스토텔레스는 논리학 분야의 공헌을 통해 역사에 지속적으로 이름을 남겼고, 그의 흔적은 현재까지도 AI와 컴퓨터 프로그래밍의 기초를 이루고 있다.

아리스토텔레스의 논리학은 정확한 추론 규칙을 적용함으로써 논증을 철저하게 평가할 수 있다는 원칙에 기초한다. 그는 합리적인 분석을 통해 진리를 파악할 수 있다고 믿었고, 타당한 결론을 도출할 수 있는 구체적인 논증의 형태를 서술했다.

그의 논리적 틀에서 가장 중요한 것은 삼단논법syllogism이다. 삼단논법은 대전제, 부전제, 결론, 이 세 가지 상호 연결된 명제로 구성된 논증 구조이다. 아리스토텔레스는 참된 전제를 가진 올바르게 구성된 삼단논법은 반드시 유효한 결론을 도출하게 된다고 주장하면서 삼단논법을 구성하기 위한 세세한 규칙을 공식화했다. 그리고 이 논리적 구조는 비판적 사고와 논증에 대한 체계적인 접근 방식으로 제공됐다.

이러한 개념을 설명한 것이 고전적인 아리스토텔레스의 삼단논법이다.

- 대전제: "모든 인간은 죽는다."
- 부전제: "소크라테스는 인간이다."
- 결론: "그러므로 소크라테스는 죽는다."

이 예는 아리스토텔레스가 연역적 추론과 논증을 위한 견고한 토대를 구축한 것으로써, 진리와 거짓을 구별하기 위해 삼단논법을 사용했다.

이 내용은 단순하고 초보적인 것처럼 보이지만, 이러한 논리적 사고는 오늘날 우리 인류에게 기념비적인 변화를 불러왔다. 물론 완전히 자리 잡기까지는 몇 세기가 걸렸지만, 세계 역사상 가장 위대한 과학적 업적의 토대가 된 것이다. 아리스토텔레스의 논리는 오늘날 컴퓨터 내부에서 작동하는 논리와 앞으로도 이 분야를 계속 형성할 알고리듬의 초석이다. 즉, AI 개발에 필수적이란 뜻이다.

이슬람 문화의 대수학과 알고리듬의 시작

아리스토텔레스 시대로부터 1천 년이 지난 서기 476년, 서방 로마제국이 몰락하면서 고대 문화와 지식은 지중해 동부 지역이라는 더 안전한 곳으로 옮겨졌다. 아랍학자들은 중세 시대에 이러한 지혜를 보호하고 번역하고 발전시키는 데 중추적인 역할을 했다. 특히 고전 텍스트를 아랍어로 꼼꼼하게 번역함으로써 심오한 지적 부흥을 일으켰다.

무함마드 이븐 알-콰리즈미Muhammad ibn Al-Khwarizmi는 이 시대에서 두드러진 인물 중 한 명으로, AI 역사에 지울 수 없는 족적을 남긴 사람으로 유명하다. 9세기의 저명한 페르시아 수학자 알-콰리즈미는 대수학에 획기적인 공헌을 했다. 한 예로, 소거와 대입과 같은 대수 연산을 사용해 선형 방정식과 2차 방정식을 푸는 체계적인 방법 등을 고안해 냈다. 그의 대수 방법과 표기법은 수학 문제를 풀기 위한 일관된 틀을 제공함으로써 오늘날 대수학의 토대를 구축했고, 이러한 대수 방법은 지금도 전 세계 중등학교에서 가르쳐지고 있다.

그러나 알-콰리즈미의 영향력은 여기서 끝이 아니다. 그의 이름이

'알고리즘algorithm'이라는 용어를 탄생시켰기 때문이다. 알고리즘은 특정 문제나 작업을 효율적으로 해결하기 위해 고안된 논리적이고 정확한 단계의 순열인데, 알-콰리즈미가 개발한 대수 알고리즘은 컴퓨터 프로그래밍과 현대 AI의 진화에 선구자가 됐다. 이 책의 말미에서 신경망, GPT Generative Pre-trained Transformer, 미리 훈련된 생성 변환기, 강화 학습 등 다양한 현대 AI 알고리즘의 역사와 그 기능, 실제 적용 사례를 소개할 것이지만, 결국 내가 제시한 모든 알고리즘은 궁극적으로 알-콰리즈미의 연구에 뿌리를 두고 있다.

합리주의자와 경험주의자의 공동 노력

로마가 몰락한 이후 수 세기 동안 유럽은 상대적인 휴면 상태에 머물렀다. 그러나 유럽이 이슬람 세계와 문화 교류를 시작하면서 서서히 각성했고, 고대 시대의 것으로 치부됐던 지혜가 다시 불붙기 시작했다.

이때, 중세 시대의 엄격한 종교적, 철학적 신념은 서서히 약화되기 시작했고, 경험적 관찰, 체계적인 분석, 논리적 일관성에 대한 매력은 점점 더 커졌다. 이러한 새로운 분위기는 두 가지 철학적 흐름을 낳았다. 하나는 지식의 원천으로써 추론을 강조한 합리주의Rationalism, 다른 하나는 실제 실험의 중요성을 강조한 경험주의Empiricism였다. 이 두 흐름 모두 AI의 미래 발전에 중추적인 역할을 했다.

17세기 들어 합리주의가 절정에 달하던 시기, 독일의 철학자이자 수학자 고트프리트 라이프니츠Gottfried Leibniz는 수학과 기하학을 사용해 합리적 사고를 체계화할 가능성을 탐구했다. 라이프니츠는 논리적 문제의 해결을 위해 기호를 조작할 수 있는 '범용 계산기universal calculator'

라는 개념을 제안했으며, (바로 이어지는 몇 쪽 뒤에서 확인되겠지만) 이 계산기의 시제품을 고안하기도 했다.

이후, 라이프니츠는 1684년에 미적분학에서 연쇄 법칙Chain rule을 발견한 공로를 인정받기도 했다. 이 법칙은 여러 변수의 연쇄로 구성된 합성함수의 도함수를 계산할 수 있게 해 수학에 일대 혁명을 불러냈다. 이러한 연쇄 법칙은 하나의 변수에서 발생한 변화가 상호 연결된 모든 구성 요소를 거쳐 출력 변수에까지 어떻게 영향을 미치는지를 보여준다.

실제로 연쇄 법칙은 AI가 내부적으로 사용하는 알고리듬인 현대의 머신러닝 알고리듬 개발에 중추적인 역할을 했다. 라이프니츠의 연구가 이뤄진 지 200년 후인 1986년에 신경망 학습을 위해 연쇄 법칙을 기반으로 한 알고리듬이 발명됐기 때문이다. 이 알고리듬은 역전파backpropagation[1]로 명명되며, 챗GPT에서부터 무인 자동차에까지 사용된다. 오늘날 가장 중요한 AI 시스템 또한 역전파로 학습된 신경망을 활용한다. 5장과 6장에서 이러한 머신러닝, 신경망, 역전파가 어떻게 AI의 근본적인 원동력인지 자세히 설명하겠다.

이 외에도, AI의 초기 개념화에 큰 영향을 미친 또 다른 합리주의 철학자는 르네 데카르트René Descartes다. 데카르트는 자신의 저서 『방법서설Discourse on the Method』에서 우리 인간의 몸과 마음에 대한 기계적 관점을 도입해 동물과 인간은 자연법칙에 의해 지배되는 물리적 체계로 기능한다고 주장했다. 이러한 생각은 인간의 마음을 기계로 보는 길을 열어줬으며, 그의 관점은 수 세기 후 앨런 튜링의 생각을 포함해 컴퓨터로 인간의 지능을 복제하는 이론과 접근법의 초석이 됐다.

---

1 역전파는 오류의 역전파(backward propagation of errors)의 줄임말로서, 학습 중에 발생한 오류를 기반으로 내부 매개변수(가중치)를 조정해 인공 신경망을 학습시키는 데 사용되는 알고리듬이다. - 옮긴이

그러나 17세기와 18세기의 합리주의자만 AI와 컴퓨터의 미래 발전에 영향을 준 것은 아니었다. 경험주의자도 필요한 역할을 했다. 합리주의자와 경험주의자는 종종 의견은 일치하지 않았지만, 인간의 정신적 과정이 일종의 기계를 수반한다는 견해를 가졌다.

한 예로, 경험주의자 토머스 홉스Thomas Hobbes는 1651년에 발표한 획기적인 저술 『리바이어던Leviathan』에서 "이성은 계산에 불과하다"라는 유명한 주장을 통해 조합적 사고 이론combinatorial theory of thought2을 제시한 인물로 유명하다. 이 주장은 인간의 추론과 인지 과정을 체계적인 계산으로 볼 수 있다는 그의 믿음을 반영한 것이다.

또 다른 예시의 경험주의자는 데이비드 흄David Hume이다. 그는 1748년 특정 사례로부터 일반 원칙을 도출하는 논리적 방법으로 귀납induction의 개념을 명료하게 제시했다. 라이프니츠의 연쇄 법칙과 마찬가지로, 귀납법도 미래의 머신러닝 알고리듬, 특히 지도 학습supervised learning으로 불리는 머신러닝 알고리듬의 한 종류를 형성했다. 여기서 지도 학습이란 기계가 이전에 해결된 사례를 관찰함으로써 문제 해결을 학습한다는 것을 의미한다. 이 지도 학습에 대해서는 6장 후반부에서 자세히 설명하겠다.

초기 근대 알고리듬의 아름다움과 단순성

18세기 후반, 알-콰리즈미, 라이프니츠, 흄의 업적을 바탕으로 새로운 알고리듬 시대가 형성되기 시작했다. 그중에서도 특히 세 가지가

---

2 홉스는 단어가 모여 문장을 이루고 숫자가 모여 계산하듯이, 사고는 기본적인 정신적 요소들이 모여서 형성된다고 믿었다. 이러한 기계론적 관점은 원칙적으로 모든 인간의 인지를 단순한 단계로 나누고 계산적으로 모델링할 수 있다는 것을 의미하며, 이후 AI 이론의 토대가 됐다. - 옮긴이

이후의 AI 진화를 형성하는 데 큰 영향을 미쳤다. 베이즈 정리, 선형 회귀법, 마코프 연쇄가 바로 그것이다.

베이즈 정리Bayes' Theorem는 1763년 영국의 수학자 토머스 베이즈 Thomas Bayes가 소개한 것이다. 베이즈 정리는 확률의 기본 원리로서, 새로운 증거나 관련 정보가 이용 가능해짐에 따라 사건에 대한 믿음이나 추정치를 업데이트하는 데 활용되는 통계를 말한다. 한 예로, 내일 비가 올 가능성에 대한 초기 견해를 가지고 있다고 가정해 보자. 그다음, 하늘에 떠 있는 구름을 관찰하는 등 새로운 지식을 습득한다고 생각해 보자. 그러면 비가 올 가능성은 처음 생각했던 것보다 훨씬 더 높다는 추론을 할 수 있다. 이런 베이즈 정리 덕분에 우리는 초기 믿음과 새로운 정보를 결합함으로써 내일 비가 올 확률을 업데이트할 수 있다.

현재까지도 베이즈 정리는 중요하며, 일상생활의 수많은 응용 분야에 사용된다. 이메일 스팸 탐지, 의료 진단, 온라인 추천 시스템, 금융 데이터 분석, 일기 예보, 패턴 인식 등의 분야가 바로 그것이다. 이는 AI 개발의 핵심 요소라고 할 수 있다.

다음은 선형 회귀 알고리듬linear regression algorithm으로, 이는 의심할 여지 없이 오늘날에도 각종 연구 및 비즈니스 응용 분야에서 가장 널리 사용되고 있는 알고리듬이다. 이용할 수 있는 데이터에 맞는 직선을 단박에 찾아내는 이 알고리듬의 우아함은 타의 추종을 불허한다.

선형 회귀 알고리듬은 1805년 아드리앵-마리 르장드르Adrien-Marie Legendre가 소개했는데, 그는 이 알고리듬을 '최소 제곱법method of least square'이라고 불렀다. 이는 그럴 만한 이유가 있는데, 예시를 들어 설명해 보겠다.

측정 결과나 관찰 데이터와 같은 일련의 점들이 그래프상에 있다고 가정해 보자. 이때, 여러 변수 중 가장 가능성이 높은 결과 예측을 하려면 그 데이터 포인트에 가장 잘 맞는 직선을 찾아야 할 것이다. 여기서 선형 회귀 알고리듬은 그 직선을 찾기 위해 각 데이터 포인트와 직선 사이의 제곱 거리의 합이 가능한 한 작게 되도록 해준다. 다시 말해, 실제 데이터 포인트와 직선으로 예측된 값 사이의 제곱 오차를 최소화하는 것이다. 이렇게 해서 르장드르가 제시한 명칭이 세상에 나오게 됐다.

이러한 선형 회귀는 다양한 분야에, 다양한 학자들에 의해 응용됐다. 1903년에 존재했던 영국의 생물학자 프랜시스 골턴^{Francis Galton}이 그중 한 사람이다. 그는 부모의 키와 자손의 키 사이의 연관성을 연구하기 위해 선형 회귀를 사용했다.

이 외에도, 오늘날 비즈니스 환경에서 선형 회귀는 아파트 가격을 크기 및 편의 시설 등의 속성에 따라 예측하거나 주식 가격 또는 기업의 월별 매출을 예측하는 등에 활용된다. 여기서 데이터 분석은 없어서는 안 될 필수 요소다. 중요한 것은 평가할 데이터가 많을수록 문제 해결에는 더 많은 계산이 필요하며, 품을 들인 만큼 예측 능력의 가치가 높아진다는 점이다.

이 시기에 주목할 만한 세 번째 초기 알고리듬은 1913년 러시아 수학자 안드레이 마르코프^{Andrey Markov}가 도입했다. 통상 '마르코프 연쇄^{Markov chain}'로 알려진 이 알고리듬은, 한 상태에서 다른 상태로 전환할 수 있는 확률 게임과 같다고 주장했다.

사각형의 보드게임을 상상해 보자. 매번 자기 차례가 되면 주사위를 굴리고, 굴린 숫자에 따라 다음 칸으로 말을 이동시키지 않겠는가? 여기서 중요한 점은, 이동하는 칸은 마지막 칸에 도달하기 전에 있었던 상태가 아니라 그 순간에 있었던 상태에 따라 결정된다는 점이다. 즉, 마르코프 연쇄에서 다음에 일어날 일은 이전의 전체적인 역사가 아니라 현재 상태에만 의존한다는 것이다.

이 고유한 특징 때문에 마르코프 연쇄는 시간이 지남에 따라 변하고 미래가 현재에 전적으로 의존하는 상황을 모델링하는 데도 매우 유용하게 사용된다. 특히, 일정한 시간 간격으로 수집되거나 기록되는 데이터 포인트 또는 관찰의 시퀀스sequence, 서열(시간이나 위치에 따라 특정 패턴이나 구조를 따르는 데이터 포인트의 정렬된 집합)인 시계열time series3에 자주 사용된다. 일기 예보, 체스 게임, 게놈 서열 분석 등이 그러한 예다. 이런 마르코프 연쇄는 생성형 AI가 개발되기 전에 자연어 처리에도 사용됐다.

이상 세 가지 알고리듬은 오늘날 머신러닝 알고리듬으로 간주된다. 비록 머신러닝이라는 용어는 1959년에 만들어졌지만, AI 요소의 핵심인 머신러닝은 오늘날까지 컴퓨터가 예측이나 의사결정을 할 수 있는 능력을 습득하도록 도와주고 있다.

인간이 문제 해결을 위해 취할 수 있는 정확한 단계를 기계에 명시적으로 지시하는 것은 지루하고 오류가 발생하기 쉽다. 대신, 머신러닝은 제공된 데이터를 분석해 기계가 이러한 단계를 자율적으로 추론할 수 있도록 해준다. 이 개념은 6장에서 더 자세히 살펴볼 것이다.

---

3 시계열 데이터는 연속적인 시간 간격으로 수집되거나 기록된 일련의 데이터 포인트를 말한다. 시계열 데이터의 주요 특징은 시간에 따른 추세, 패턴 및 변동을 포착하기 때문에 데이터 포인트 간의 순서와 시간 간격이 중요하다는 것이다. 시계열 데이터의 특징으로 시간 의존성이 있다. 즉, 데이터가 시간 순서(가령, 시간별, 일별, 월별)로 기록된다는 것이다. 또 다른 특징은 추세 및 패턴으로, 관측값이 증가/감소 추세, 계절적 주기 또는 반복되는 변동을 보여줄 수 있다. 마지막 특징은 예측 가능성으로써, 과거 패턴을 기반으로 미랫값을 예측할 수 있다. - 옮긴이

AI 알고리듬의 심리적 토대

심리학 분야는 머신러닝의 관점에서 AI 개발에 영향을 미쳤지만 과소평가됐다. 그러나 그들의 연구는 AI 산업의 성장에 많은 도움을 줬다.

19세기 말과 20세기 초 몇몇 행동심리학자들은 학습과 행동에 대한 이해에 집중하면서 동물을 대상으로 실험을 해 보상과 처벌의 자극을 통해 하나의 행동이 어떻게 형성되고 강화될 수 있는지를 연구했다. 그 예는 다음과 같다.

19세기 후반, 러시아의 생리학자 이반 파블로프Ivan Pavlov는 학습 과정을 조사하기 위해 개를 대상으로 실험을 진행했으며, 이를 통해 개가 종소리가 울리는 것과 먹이가 온다는 사실을 연상하도록 훈련 가능하다는 것을 간파했다. 그 후 개들이 먹이가 없는 상태에서 종소리만 듣고도 침을 분비하자 파블로프는 자극과 반응을 연관시켜 유기체의 학습 방법을 이해하는 중요한 발판을 마련했다.

마찬가지로, 미국의 심리학자 에드워드 손다이크Edward Thorndike도 1898년에 고양이를 대상으로 실험을 수행해 효과 법칙Law of Effect을 공식화했다. 이 법칙은 만족스러운 결과가 뒤따르는 반응은 반복되는 경향이 있지만, 불쾌한 결과가 뒤따르는 반응은 감소하는 경향이 있다는 주장이다. 버러스 프레더릭 스키너Burrhus Frederic Skinner 역시 1930년대 비둘기와 쥐를 대상으로 실험을 수행해 동일한 원리를 입증한 바 있다.

그러나 이러한 예비적이고 방향성 있는 연구의 뒤를 이어 AI에 대한 실질적인 돌파구는 1943년 강화 원리를 기반으로 한 학습의 수학적 이론을 제안한 미국의 심리학자 클라크 L. 헐Clark L. Hull이 동물 행동을 예측하는 실제 방정식을 개발했을 때 이뤄졌다. 그는 처벌과 보상 등의 요소를 고려하고, 장기간의 데이터를 수집하며, 심리적 통찰력을 수학적 공식으로 변환해 컴퓨터에 직접 적용함으로써 혁신적인 단계를 수립했다. 헐의 수학적 모델은 동물이나 인간처럼 경험을 통해 학습하면 긍정적인 결과를 낳는 행동은 늘리고 부정적인 결과를 초래하는 행동은 줄이는 기계를 제작할 수 있었다. 이러한 기계는 변화하는 환경에서 최적의 결정을 하는 데 적응 가능한 것으로 알려져 있다.

이 특별한 유형의 머신러닝은 '강화 학습Reinforcement Learning'으로 알려져 있다. 이는 오늘날 범용인공지능AGI의 개발에 필수적이다. 이에 관해서는 다음에 이어질 6, 7, 9장에서 자세히 살펴볼 것이다.

컴퓨터 탄생의 초기 시제품

컴퓨터 제작은 인간의 사고 과정을 기계화하려는 17세기 합리주의자들의 생각에 뿌리내린 지난 수백 년 간의 열망이다. 그러나 그들의 노력은 결코 간단하지 않았다.

프랑스의 물리학자인 블레즈 파스칼Blaise Pascal은 1642년에 최초의 기계식 계산기를 만들었다. 파스칼의 동기는 아버지의 세무 감독 업무에 필요한 번거로운 산술 계산을 단순화하려는 데서 비롯됐는데, 그의 발명은 반복을 통해 직접 덧셈, 뺄셈, 곱셈, 나눗셈을 가능하게 했다. 이후, 파스칼로부터 영감을 받은 고트프리트 빌헬름 라이프니츠Gottfried Wilhelm Leibniz는 1673년 원통 모양인 '라이프니츠 휠Leibniz wheel' 또는 '계단형 드럼stepped drum'으로 알려진 개념을 한층 정교하게 다듬었다. '라이프니츠 휠'은 단순한 산술 계산기였던 파스칼의 기계보다 훨씬 일반적인 추론 기계였다.

초기 기계들의 유산을 토대로 찰스 배비지Charles Babbage는 1830년

대부터 '분석 엔진Analytical Engine'을 설계했고, 이는 선구적인 기계를 조립하는 데 놀라울 정도로 도움을 줬다. 그러나 '분석 엔진'의 고급 설계는 프로그래밍 된 명령어를 기반으로 복잡한 계산을 실행할 수 있지만, 19세기 기술로는 이를 설계할 수 없어 제작될 수 없었다. 하지만 배비지와 협력하던 영국 출신의 시인 바이런 경Lord Byron의 딸인 선구적인 수학자 에이다 러브레이스Ada Lovelace가 음악이나 미술창작 같은 예술적 노력에 활용 가능성을 구상함으로써 지금의 생성형 AI의 모습을 살짝 엿볼 수 있게 했다.

계산기 제작을 위한 초기 노력의 전환점은 1912년 스페인 엔지니어 레오나르도 토레스 케베도Leonardo Torres Quevedo가 스페인어로 체스 선수라는 뜻의 '엘 아헤드레시스타El Ajedrecista'를 만들면서 시작됐다. '엘 아헤드레시스타'는 세계 최초의 완전 자율 체스 기계였다. 이를 두고 어떤 사람들은 최초의 기능성 컴퓨터라고 하기도 했다. 하지만, 체스에서만 기능했기 때문에 범용 기계라고는 할 수 없었다.

물론 체스는 기억력, 확률 평가, 대안 등 지적 능력이 필요하므로 최초의 기능성 컴퓨터가 체스 기계로 등장한 것은 놀라운 일이 아니다. 실제로, '엘 아헤드레시스타'는 전기 회로와 스위치를 이용한 아날로그 기술을 사용해 전략을 자동으로 계산하고 체스 게임을 수행하는 전자기계적 경이로움을 보여줬다. 제한된 메모리와 아날로그 기술에도 불구하고, '엘 아헤드레시스타'는 당시로서는 짐작하기도 어려운 놀라운 기술을 보여줬다.

이후에도 토레스 케베도는 해마다 줄기차게 자신의 시제품을 개선해 나갔고, 40년간의 노력 끝에 마침내 1951년 '엘 아헤드레시스타'는 우크라이나의 저명한 체스 그랜드 마스터인 사비엘리 타타코버Savielly Tartakower를 꺾음으로써 다시 한번 새로운 역사를 썼다. 이 체스 대국은 기계가 명성 높은 랭킹의 플레이어를 이긴 최초의 경기였다. 이 승리는 거의 50년 후인 1997년에 딥블루Deep Blue가 세계 챔피언 가리 카스파로프Gary Kasparov를 상대로 거둔 승리를 떠올리게 한다. 이와 관련한, 매우 유명한 AI 개발의 이정표인 딥블루에 대해서는 7장 후반부에서 다시 얘기하겠다.

기호논리학의 출현

아리스토텔레스의 논리학은 2천 년 이상 흔들림 없는 자리를 지켰다. 그러나 20세기 들어서면서, 수리논리학mathematical logic으로 불리는 기호논리학symbolic logic이 등장하면서 의미심장한 상보적인 변화가 일어났다.

기호논리학은 기호와 정확한 규칙을 사용해 논리적 연결과 논증을 분석하고 면밀히 조사하는 학문이다. 이 방법은 복잡한 진술과 추론을 더욱 체계적으로 관리하기 쉬운 구성 요소로 분해하며, 복잡하지만 반복되는 의미를 간명한 기호를 사용해 이해와 주장 타당성에 대한 평가를 용이하게 한다.

또한, 기호논리학은 AI 분야에서 세계를 표현하고 추론하기 위한 기본 틀을 제공한다. 현대의 AI 시스템과 로봇은 이미지, 소리, 텍스트가 포함된 센서를 통해 수집된 데이터를 표현하고 처리하기 위해 기호논리학을 활용하며, 이러한 시스템이 세계의 기호적 표현에 따라 논리적 의사결정, 행동 계획, 공간 탐색에 참여할 수 있도록 해준다. 간단히 말해, 기호논리학은 기계가 세계를 표현하고 논리적 결정을 내릴 수 있도록 하는 분석적 언어다.

조지 불George Boole의 획기적인 연구는 1847년 불 대수학Boolean algebra으로 명명된 이진 대수학binary algebra을 탄생시켜, 기호논리학의 기본적인 출발점을 만들었다. 이진 대수학은 기호논리학의 일부이며, 참과 거짓과 같은 논리적 값이 각각 1과 0 숫자로 표현되는 혁신적인 개념이다. 현재, 이진 표현은 디지털 정보 처리의 기반을 형성하며 다양한 프로그래밍 언어와 컴퓨터 시스템에 필수적이다.

영국의 수학자 버트런드 러셀Bertrand Russell과 알프레드 노스 화이트헤드Alfred North Whitehead는 불의 연구에 기초해 1913년에 『수학 원리Principia Mathematica』를 출간했다. 이 책은 수학을 근본적인 논리 원리에서 도출하려고 시도함으로써 수학이 논리로 환원될 수 있음을 증명했다. 여기서 가장 중요한 것은 『수학 원리』가 기호논리학에 대한 새로운 표기법을 도입했다는 점이다. 이 표기법은 11장에서 거론되는 최초의 AI 시스템과 로봇에 사용됐다.

끝으로 최초 컴퓨터의 길을 닦은 수학적 발전에 중심적인 역할을 한 영국의 수학자이자 컴퓨터 과학자이며 철학자인 앨런 튜링에 대해 알아보자. 그는 컴퓨팅과 AI의 아버지로 인정받으며, 알론조 처치Alonzo Church와 함께 모든 형태의 수학적 추론이 기계화될 수 있다고 주장했다. 이 논문은 정확한 규칙에 따라 0과 1 같은 단순한 기호를 정확한 규칙에 따라 조작할 수 있는 기계 장치가 인간이 상상할 수 있는 모든 수학적 추론의 과정을 모방할 수 있다고 가정한다. 즉, 기계가 명확하고 정확하게 정의될 수 있는 모든 수학적 계산을 수행하도록 프로그래밍 될 수 있다는 것이다.

이 논문에 자극받은 앨런 튜링은 1936년 명령을 실행하고 기호를 조작해 상상할 수 있는 모든 수학적 계산을 수행할 수 있는 기계의 추상적 설계인 '튜링 기계Turing machine'를 소개했다. 이때, 필요한 모든 수학적 요소가 이미 갖춰져 있었기 때문에 범용 컴퓨터와 초기 AI 시스템을 만들기 위한 기반도 확보된 상태였다. 다만, 실제 구현은 아직 남아 있었고, 이를 위해서는 촉매제가 필요했는데, 이 시기에 발발한 전쟁이 기술의 역사에서 촉매제 역할을 했다.

전쟁 기계에서 컴퓨팅 기계로

1939년 2차 세계대전의 발발은 컴퓨터 기술에 지대한 영향을 미쳐 군사용 컴퓨터의 등장을 앞당겼다. 전쟁 동안 연합국(영국, 미국, 소련)과 추축국(독일, 이탈리아, 일본)은 군사 통신을 보호하기 위해 암호화 시스템에 의존했고, 이에 따라 암호 해독의 필요성이 급격히 커지면서 고급 암호화·복호화 장치들이 잇달아 개발됐다. 앨런 튜링은 독일군의 암호문을 해독하기 위한 전자기계 장치 콜로서스Colossus의 구축을 목표로 영국 정부 연구를 이끌었고, 콜로서스는 연합군의 전쟁 수행에 중추적 기여를 하며 전쟁의 양상과 컴퓨팅의 발전 모두에 역사적 이정표를 세웠다. 흥미롭게도 이 연구가 진행된 곳은 영국의 블레츨리 파크였으며, 80년 뒤 같은 장소에 전 세계 대표들이 모여 AI의 실존적 위험을 논의했다.

복잡한 탄도 계산, 발사체 궤적, 전쟁 관련 과학 연구에 대한 전쟁의 요구는 특수 컴퓨팅 기계의 개발에 박차를 가했다. 이러한 목적을 염두에 두고 펜실베이니아대학에서는 미 육군을 위한 탄도 계산을 수행하도록 설계된 에니악ENIAC, Electronic Numerical Integrator and Computer, 전자 수치 적분기 및 컴퓨터이 최초의 범용 전자 컴퓨터로 나왔다. 이뿐만 아니라, 항공기 항법에서부터 군사 물류 관리에 이르기까지 다양한 전시 응용 분야에서도 의사결정의 속도가 중시됐다. 이러한 요구는 더 빠르고 효율적인 데이터 처리 방법에 대한 박차를 가했고, 에니악과 같은 전자 컴퓨터의 등장은 이러한 요구를 충족시켰다.

1945년 전쟁이 끝난 이후, 에니악 기계를 설계하는 데 사용된 기본 아키텍처가 발표됐다. 이 아키텍처는 설계와 구축에 참여한 헝가리계 미국인 과학자 존 폰 노이만(John von Neumann)을 기리기 위해 '폰 노이만 아키텍처(Von Neumann architecture)'로 명명됐다. 이 아키텍처는 데이터와 프로그램을 동일한 메모리에 저장하는 새로운 아이디어를 도입해 기계가 데이터를 조작하고 다양한 작업을 유연하게 수행할 수 있도록 해줬다. 폰 노이만 아키텍처는 컴퓨터 구축의 표준이 됐고, 25장에서 논의할 양자 컴퓨터를 포함해 오늘날 우리가 사용하는 모든 현대식 컴퓨터의 기초가 됐다.

같은 해인 1945년, 미국의 선구적인 엔지니어 버니바 부시(Vannevar Bush)는 「우리가 생각하는 대로(As We May Think)」라는 제목의 영향력 있는 에세이를 발표한 바 있다. 이 에세이에서 그는 전자 데이터 처리의 가능성을 분석하고 컴퓨터, 디지털 워드 프로세서, 음성 인식, 자동 번역의 도래를 예견했다.

이러한 일들을 토대로, 전후 초기에 컴퓨팅과 AI 응용 프로그램의 기초적인 구성 요소와 비전이 확고히 자리 잡았다. 유일하게 빠진 것이 있다면 이 새로운 연구 분야에 대한 명칭이었다. 다음 장인 4장에서는 초기 AI 개발과 AI가 어떻게 그런 이름을 얻게 됐는지를 살펴보겠다.

답을 넘어서: 튜링 테스트를 통한 지능 평가

1950년, 앨런 튜링은 「컴퓨터와 지능: 기계가 사고 능력을 가질 수 있는가?Computing Machinery and Intelligence: Can Machines Possess the Capacity for Thought?」라는 논문에서 획기적인 질문을 던졌다. 이 질문은 인간의 마음과 의식에 관한 수 세기에 걸친 논쟁에서 비롯된 깊은 철학적 기원과 관련돼 있다. 26장에서 범용인공지능AGI과 초지능에 대해 논의할 때 인간과 AI의 의식에 대해 자세히 살필까 한다.

튜링은 '모방 게임Imitation Game' 질문을 제시했고, 이 질문에 대한 답을 정의했다. 그는 예시를 위해, 인간 관찰자가 두 명의 상대와 텍스트 기반의 상호작용에 참여하는 것을 상상했는데, 여기서 한 명은 인간이고 다른 한 명은 기계인 상황을 들었다. 이때, 관찰자의 임무는 어느 것이 인간이고 어느 것이 기계인지 식별하는 것이었다. 여기서 기계는 인간의 반응과 구별할 수 없을 정도로 잘 반응했을 때 '성공'이라 했고, 기계는 이 테스트를 통과하게 됐다. 우리는 이 방법을 '튜링 테스트Turing Test'라고 부른다.

튜링 테스트의 목적은 정답을 제공하는 것이 아니라, 기계가 인간과 구분할 수 없을 정도로 똑같이 행동할 수 있는지를 평가하는 것이었다. 이 개념은 의식과 기기의 사고 능력에 대한 논쟁을 촉발시켰는데, 이는 그리스 신화와 베이컨의 말하는 금속 머리로 촉발된 논쟁과 비슷하다.

그로부터 수십 년이 지난 1980년, 영국의 철학자 존 설John Searle은 '중국어 방Chinese Room' 논증으로 알려진 중요한 비판을 소개했다. 그의 주장은 기계가 진정한 이해력을 갖지 않고 표면적으로 튜링 테스트를 통과할 수 있다는 가정을 전제로 했다. 이는 중국어 번역가가 중국어에 대한 충분한 이해 없이도 방대한 사전을 사용하는 것과 유사하다.

챗봇과 오픈AI의 챗GPT 또는 구글^{Google}의 제미나이^{Gemini}와 같은 언어 모델이 발전하면서 기계가 인간의 지능에 견줄 수 있는지 묻는 질문은 오늘날에도 여전히 유효하다. 본래 '모방 게임'으로 고안된 튜링 테스트가 AI와 지능의 의미에 계속 의문을 제기하기 때문이다.

04

다트머스 회의와
1차 AI 겨울

"1956년 여름, 우리는 뉴햄프셔 주 하노버 주재 다트머스대학에서 2개월 동안 참여연구원 10명과 함께 AI 연구를 진행할 것을 건의한다. 이 연구는 제반 학습 측면이나 지능의 다른 특징들이 원칙적으로 기계가 시뮬레이션할 수 있을 정도로 정확히 묘사 가능하다는 추측을 토대로 진행될 것이다. 즉, 기계가 언어를 사용하고, 추상화와 개념을 형성하고, 우리 인간에게만 허용되는 문제를 해결하고, 기계 스스로 개선할 수 있는 방법을 찾겠다는 것이다. 엄선된 과학자 그룹이 우리와 함께 여름 동안 연구한다면 이러한 문제 가운데 적어도 하나 이상 상당한 진전을 이룰 수 있다고 믿는다."

- 존 매카시, 마빈 민스키, 나다니엘 로체스터, 클로드 섀넌,
컴퓨터 과학자, 인공지능 개척자,
다트머스 회의 제안, 1955년

영국인들은 AI의 근간을 찾은 순간을 앨런 튜링의 공으로 돌렸다. 그 당시 평가의 출처와는 관계없이, 튜링의 탁월함과 컴퓨팅과 AI에 대한 선구적인 공헌은 그를 AI의 창시자 중 한 사람으로 인정받게 했다. 미국에서는 다트머스 회의를 AI 탄생의 시발점이 된 순간으로 간주한다. 이 이정표는 AI에 관한 본격적인 탐구와 실제적인 개발의 출발을 뜻한다. 이번 장에서는 존 매카시와 그가 1956년에 조직한 다트머스 회의의 중요성을 살펴보겠다.

다트머스 회의는 독특한 기술을 창조함에 있어 세 가지 중요한 리더십 교훈을 남겼다.

첫째, 이 회의는 학계와 산업계 출신의 구성원들로 구성된 재능 있는 팀 구성이 중요함을 강조했다는 점이다. 이는 당시로선 새로운 개념이었으며, 특히 여기에서 IBM의 구체적인 기여가 주목할 만했다. 이 그룹에 속한 개개인들은 이후 20년 동안 AI 연구를 추진하는 데 중추적인 역할을 했으며, 당시 회의 참가자들은 신경망, 언어 처리 및 번역, 문제 해결 및 논리, 게임 등 다양한 영역에 쉽게 사라지지 않을 업적을 남겼다.

둘째, 다트머스 회의의 중요한 측면은 선구적인 팀 내에서 의견이 다양했다는 점이다. 훗날 가장 영향력 있는 AI 선구자 중 한 사람으로 평가되는 마빈 민스키Marvin Minsky는 AI에서 기호 논리가 차지하는 역할을 두고 매카시와 대립되는 관점을 제시했다. 이러한 견해 차이는 AI 커뮤니티 내에서 논쟁을 촉발함으로써 이 분야의 미래 궤도를 형성했다.

셋째, 이런 성과들과 더불어 AI의 초창기는 겸손에 대한 중요한 교훈을 제공했다는 점이다. 당시 AI의 개척자들은 수십 년 내로 인간과 같은 AI가 등장할 것이라 예상하면서 큰 기대를 품었다. 이런 드높은 기대감은 흥분을 자아냈을 뿐 아니라, 자금 조달에 대한 기대치도 높였다. 그러나 불행히도 그 기대는 거의 충족되지 않았다. 그 결과, 기대와 현실 간의 격차로 인해 AI 연구에 대한 정부의 재정 지원이 급격히 감소했으며, 1973년 전 세계 석유 파동은 이러한 어려움을 한층 더 악화시켰고, 이에 따라 오늘날 'AI 겨울'로 알려진 형국에 처하게 만들었다. 이는 이후 세 차례에 걸친 'AI 겨울' 중 첫 번째 시기였다.

다음 절에서는 뉴햄프셔의 숲에서 열린 한 차례의 고독한 세미나와 그것이 어떻게 해서 세계의 흐름을 영원히 바꿔놓았는지에 대해 자세히 설명하겠다.

다트머스대학에서의 독창적인 여름

1956년 다트머스 여름 회의는 AI의 토대를 구체화하며 세상을 바꿨다. 이 행사는 흔히 AI가 공식적인 연구 분야로 태동한 순간으로 평가된다. '인공지능AI, Artificial Intelligence'이라는 이름을 붙이고 연구 목표를 제시했으며, 주목할 만한 초기 성과까지 이끌어냈기 때문이다.

이 당시 다트머스대학의 수학 교수인 존 매카시John McCarthy가 중요한 행사를 조직하는 데 핵심적인 역할을 맡았으며, 이 세미나에는 마빈 민스키와 앨런 뉴웰Allen Newell을 포함한 저명한 과학자들도 함께 모였다. IBM은 클로드 섀넌Claude Shannon, 아서 새뮤얼Arthur Samuel, 네이선 로체스터Nathan Rochester 같은 세 명의 저명한 과학자가 동참했으며, 이 명단에는 1978년 노벨 경제학상을 수상한 허버트 사이먼Herbert Simon도 포함돼 있었다.

오늘날, 이 선구적인 과학자들은 AI의 건국 아버지라고 불리기도 한다. 이러한 칭호는 AI와 미국 혁명을 비교하는 데서 비롯된 것이다. 이 미래 지향적인 과학자들은 초기 AI 연구의 기초 프로그램을 형성하는 데 중추적인 역할을 했기 때문이다. 실제로, 다트머스 회의 이후, 이들은 언어 번역, 사람과의 영어 대화, 체커와 같은 복잡한 게임의 마스터, 대수학 문제 풀이, 기하학 정리 증명 등 놀라운 성과를 이룬 컴퓨터 프로그램 개발에 착수했으며, 일부는 나중에 인공 신경망으로 알려진 인간의 뇌에서 영감을 받은 새로운 접근법을 탐구하기도 했다.

이들의 초기 성과는 미국의 다르파DARPA, Defense Advanced Research Projects Agency, 국방고등연구계획국와 같은 정부 기관의 관심을 끌었고, 이 기관은 이후 지능형 기계에 관한 연구 자금을 지원했다.

퍼셉트론과 신경망의 초기 단계

컴퓨터과학과 AI의 중추적 개념인 인공 뉴런artificial neuron의 토대는 다트머스 회의가 있기 이전인 2차 세계대전 중에 갖춰졌다. 이 인공 뉴런에 관해서는 미국의 뛰어난 과학자인 워렌 맥컬록Warren McCulloch과 월터 피츠Walter Pitts가 1943년에 소개했다. 이들의 수학적 모델은 생물학적 신경 기능을 모방한 것으로써, 인공 신경망artificial neural network의 시작을 알리는 동시에 인간 뇌의 작용을 모방할 수 있는 개념적 틀을 제공했다.

이후, 1950년대 내내 신경망의 개념은 계속 발전했다. 1951년, 당시 다트머스 회의에 참석한 마빈 민스키와 딘 에드먼즈Dean Edmonds는 학습 가능한 신경망을 갖춘 최초의 기계를 고안함으로써 중요한 돌파구를 마련했다. 이들의 놀라운 혁신은 SNARC$^{\text{Stochastic Neural Analog}}$ $^{\text{Reinforcement Calculator}}$, 확률적 신경 아날로그 강화 계산기로 명명됐다. 인간의 뇌에서 영감을 받은 이 신경망은 생물학적 뉴런의 행동을 시뮬레이션함으로써 정보를 처리하고 머신러닝 작업을 수행하는 데 수학적 모델을 활용한 것으로 유명하다.

그러나 진정한 전환점은 1957년 프랭크 로젠블랫$^{\text{Frank Rosenblatt}}$이 '퍼셉트론^{perceptron}[1]'을 발명하면서 이뤄졌다. 퍼셉트론은 최초의 기능적 신경망인데, 이 신경망은 언론의 주목을 받았을 뿐 아니라 과학계의 관심을 끌었다. 이때, 신경망에 대한 전망은 밝았고, 신경망의 가능성에 함축된 미래도 긍정적이었다.

하지만 퍼셉트론의 계산 능력은 매우 제한적이었다. 실제로, 뇌는 약 1,000억 개의 뉴런으로 구성돼 있다. 오늘날 인공 신경망 또한 이보다는 작지만, 각각의 뉴런은 층으로 이뤄져 있고 엄청난 수의 뉴런을 가지고 있다. 각 뉴런은 이전 층에 있는 다른 뉴런으로부터 입력을 받고, 계산을 수행한 다음, 그 결과를 다음 층에 있는 다른 뉴런으로 전송하는 특징을 가지고 있다. 하지만 퍼셉트론의 주요 한계는 뉴런의 층이 하나뿐이라는 점이었다.

결과적으로 볼 때, 퍼셉트론의 가장 큰 단점은 단순하지 않은 문제를 충분히 해결할 수 없다는 점에 있다. 퍼셉트론은 단 하나의 층만 가

---

[1] 퍼셉트론은 인공 신경망의 일종으로 머신러닝의 초기 모델 중 하나다. 퍼셉트론은 인간의 뇌에서 생물학적 뉴런이 작동하는 방식을 시뮬레이션하도록 설계된 인공 뉴런의 단일 층으로 구성된다. 퍼셉트론의 각 뉴런은 여러 입력을 받아 처리하고 특정 조건이 충족되는지에 따라 출력을 생성한다. 퍼셉트론은 출력의 오차에 따라 뉴런 간 연결의 가중치를 조정하는 간단한 학습 규칙을 사용한다. 이 작업은 지도학습이라는 방법을 사용해 수행되며, 퍼셉트론은 라벨이 지정된 데이터(가령, 이미지에 고양이가 포함돼 있는지)에 대해 학습을 받는다. 학습하는 동안 퍼셉트론은 예측된 출력과 정확한 출력(목표)을 비교해 가중치를 조정하고 예측의 오류를 점차 줄여나간다. 퍼셉트론은 일반적으로 이진 분류에 사용되는데, 이는 입력을 두 가지 범주 중 하나로 분류하는 것을 의미한다. 예를 들어, 이미지에 특정 물체가 포함돼 있는지(가령, 고양이인지 아닌지)를 결정할 수 있는 것이다. – 옮긴이

지고 있어 입력과 출력 간의 복잡한 관계를 학습하거나 표현하는데 어려웠기 때문이다.

이는 실제 문제 적용 시 장애가 됐다. 본질적으로, 퍼셉트론은 선형 방정식으로 표현할 수 있는 문제만 해결 가능했는데, 이는 선형 회귀 알고리듬이 이미 해결해 낸 문제였다. 결국, 퍼셉트론은 여러 언론의 주목을 받았음에도 불구하고, 자체적으로는 실용적인 발명이 아니게 됐다. 하지만 AI 작업을 신경망이라는 중요한 방향으로 이끌어준 것은 사실이다. 신경망은 이후 수십 년 동안 신경망을 지원하는 일반 물리적 기술 및 소프트웨어 기술에 힘입어 점차 층의 수가 증가하면서, 오늘날과 같은 가장 널리 보급되고 유연한 알고리듬이 될 수 있었다.

게임과 시뮬레이션 환경에서의 머신러닝

AI가 발전한 초창기부터 게임은 새로운 분야에서 응용 분야를 탐구하고 개발할 수 있는 비옥한 토양이 됐다. AI를 구축할 때 게임은 실용적인 상호작용과 문제 해결, 그리고 명확한 규칙 기반의 최종 결과에 초점을 맞추기 때문에 점진적인 AI 개발에 유용한 교육적 도구가 될 수 있는 장점이 있다.

1952년, 다트머스 회의에 동참한 아서 새뮤얼$^{Arthur\ Samuel}$은 IBM에 입사해 체커^{checker} 게임용 컴퓨터 소프트웨어를 개발했다. 그가 개발한 소프트웨어는 기계가 체스판의 위치를 평가하고 기기에서 학습한 내용을 토대로 결정을 내릴 수 있게 하는 알고리듬에 의존했다. 이 기계는 반복과 지속적인 조정을 통해 체커 플레이 능력을 향상시켰고,

이는 보드게임에서 AI의 시작을 알렸다.

앞서 설명한 바와 같이, AI가 경험으로부터 학습하는 것을 강화 학습이라고 한다. 그리고 흥미롭게도, 체커 게임의 구현을 설명한 논문을 통해 1959년 머신러닝이라는 용어를 처음 사용한 사람이 아서 새뮤얼이었다.

그로부터 10년 후 1963년, 도널드 미치Donald Michie는 틱택토Tic-Tac-Toe 게임을 할 수 있는 기계를 개발했다. 이 기계 역시 강화 학습 기법을 사용했다. 이 기계의 장치는 실수로부터 배우고 미래의 움직임을 조정할 수 있는 특징을 갖고 있었다. 이러한 발명은 기계가 자율적으로 학습할 수 있고, 그 학습을 게임의 전략적 의사결정에 적용할 수 있다는 개념을 강력하게 입증해 냈다.

그러나 게임에서 성공을 거둔 이후 복잡한 문제를 해결하기 위해서는 구체적인 알고리듬이 필요했다. 이에 따라, 각각의 특정 시나리오에 대한 다양한 알고리듬 변형이 고안됐지만, 모두 동일한 기본 원칙을 따랐다. 그 원칙은 게임에서 승리하든 정리를 증명하든 간에 미로를 탐색하듯 유사한 단계를 따라 목표를 향해 점진적으로 진전하는 것이다. 이 방법은 검색 기반 추론search-based reasoning으로 알려져 있다.

그러나, 컴퓨터 과학자들이 직면한 근본적인 문제는 복잡한 문제를 해결하기 위해 탐색해야 할 가능한 경로가 엄청나게 많다는 점이다. 당시 컴퓨터의 컴퓨팅 성능이 미미했기 때문에 연구자들은 경험적 규칙을 사용해 해결책으로 이어지지 않을 가능성이 있는 경로를 제거하는 방식으로 이 문제를 해결했다. 이와 관련한 대표적인 알고리듬은 1967년 스탠퍼드대학에서 개발한 '최근접 이웃 알고리듬nearest neighbor algorithm2'이다.

게임은 당시 마이크로 월드micro-world로 불린 시뮬레이션 환경과의 관련성을 고조시키기도 했다.

게임이 고유한 규칙과 보상 체계를 지닌 작은 세계라는 발상에서 출발해, 마빈 민스키Marvin Minsky와 시모어 페퍼트Seymour Papert는 1967년 학생과 연구자가 실용적이고 가시적인 방식으로 AI 개념을 탐구할 수 있는 시뮬레이션 환경 '로고Logo'라는 마이크로 월드를 개발했다. 로고는 기계 자체가 문제를 해결하도록 가르치기 위해 고안된 프로그래밍 환경이었다. 로고의 중요한 특징 중 하나는 화면을 돌아다니며 도형과 패턴을 그릴 수 있도록 프로그래밍할 수 있는 가상 '거북이' 커서를 사용한 점이었다. 사용자는 간단한 텍스트 기반 지침을 활용해 거북이에게 명령을 내릴 수 있고, 이를 통해 그림, 그래픽뿐 아니라 간단한 게임까지 만들어낼 수 있었다.

또 다른 중요한 마이크로 월드로는 1970년 MIT의 셔들루SHRDLU를 들 수 있다. 여기서 'SHRDLU'는 명칭의 약어가 아니라 초기 인쇄기의 문자 배열에서 따온 순서다. 셔들루는 3차원 환경의 블록과 물체를 한꺼번에 조작하는 마이크로 월드에서 작동했으며, 사용자의 자연어를 이해하고 내려진 지시에 따라 마이크로 월드에서 작업을 수행할 수 있었다. 또한, 맥락적 이해와 문제 해결 능력을 보여줌으로써 인간과 정교하게 상호작용을 할 수 있는 AI 시스템 개발의 토대가 됐다.

이처럼, 게임은 컴퓨터 과학자들이 저마다의 실험을 수행할 수 있는

---

2 최접근 이웃 알고리듬은 머신러닝, 데이터 마이닝, 컴퓨터과학 등 다양한 분야에서 사용되는 간단하고 직관적인 알고리듬이다. 분류 및 회귀 작업에 일반적으로 사용된다. 최근접 이웃 알고리듬의 기본 개념은 데이터 포인트의 값을 분류하거나 예측하기 위해 어떤 의미에서 가장 가까운 데이터 포인트를 조사한다는 것이다. 여기서는 서로 비슷하거나 가까운 데이터 요소는 같은 부류 또는 비슷한 값을 가질 가능성이 높다는 가정을 전제로 한다. – 옮긴이

특별 영역이었다. 이에 대해서는 이 책의 6장과 7장에서 체스 게임의 딥블루DeepBlue와 고대 중국에서 전래된 바둑 게임과 알파고AlphaGo의 예를 들어 보다 세세히 살필 예정이다.

기계 비판적 사고와 창의성으로 가는 길

1950년대, 앨런 뉴웰Allen Newell과 허버트 사이먼Herbert A. Simon은 기계가 논리적 작업을 수행함으로써 게임에서 승리하고, 복잡한 문제를 해결하거나, 창의적 사고가 요구되는 수학 문제를 풀 수 있음을 보여줌으로써 또 다른 기본적인 개념의 문을 열었다.

뉴웰과 사이먼은 논리적 증명을 수행하고 수학적 정리를 풀 수 있는 컴퓨터 소프트웨어 개발에 착수했다. 이들은 자신들이 개발한 소프트웨어를 '논리 이론가Logic Theorist'로 명명했다. 이 소프트웨어의 주된 목적은 수학 교육학에서 흔히 발생하는 분석 문제를 해결하고 기존의 정리에 대한 우아한 증명을 찾아내는 데 있었으며, 이러한 소프트웨어의 개발은 AI 역사의 중요한 이정표가 됐다.

'논리 이론가'는 지적 표현과 논리적 추론 기법을 활용함으로써 러셀과 화이트헤드의 『수학 원리』에 수록된 52개의 정리 중 38개를 성공적으로 증명해 냈다. 『수학 원리』는 앞선 3장에서 다룬 바와 같이 AI에 있어서 중요한 의미를 지닌 독창적인 저술이다. 이 저술은 이전에 해결된 일부 정리에 대한 좀 더 정교한 증명을 새롭게 발견한 것이 특징이다.

정보의 표현과 조작도 AI 시스템의 중요한 구성 요소다. 이에 따라, 뉴웰과 사이먼은 1957년에 고안된 또 다른 프로그램인 '일반 문제 해결자General Problem Solver'도 만들었다. 이 프로그램은 논리적이고 합리적인 방식으로 문제를 해결하는 것을 목표로 하며, 기계가 어떻게 정보의 표현과 조작을 통해 문제 해결 과정에서 발생하는 다양한 문제를 해결할 수 있는지를 보여줬다. 하지만 목적이 달성돼도 '문제 해결자'의 초기 형태는 일반적이고 비실용적이었다. 다만, 이 도구는 AI의 미래 발전에 대한 토대가 돼주었고, 1980년대에 발전한, 이른바 전문가 시스템의 바탕을 이루는 논리에 영향을 줬다.

기계 번역의 약속부터 좌절까지

1945년 2차 세계대전이 끝나자, 미국과 소련은 소위 '냉전'으로 말하는 세계 패권 경쟁에 뛰어들었다. 이 기간 동안 러시아어로 작성된 과학 및 기술 문서는 영어로, 또는 그 반대로 신속 정확하게 번역되지 않으면 안 된다는 양국 간의 중대한 요구가 대두됐다.

기술 발전의 최전선을 독차지하고 러시아를 앞지르고 싶어 했던 미국의 과학자들은 러시아어를 영어로 자동 번역할 수 있는 기계를 연구하고 개발하는 데 나섰다. 냉전 시대의 대응책으로 1960년대 이후 AI 연구에 투입된 대부분의 자금은 미군, 좀 더 구체적으로 말하면 다르파DARPA, 국방고등연구계획국가 지원했다는 점에서 미국의 급박함을 알 수 있다.

이후, 1952년, IBM은 이 작업을 위해 '세계에서 가장 선진화된 고속 컴퓨터'로 불리는 강력한 컴퓨터 IBM 701을 개발했다. 이 컴퓨터는 어휘와 문법 규칙이 제한되긴 했지만, 번역 작업을 수행하도록 프로그래밍 됐다. 1954년 당시로선 화학과 공학을 포함한 러시아 과학 문헌을 영어로 번역할 수 있는 '전자뇌 기계electronic brain machine'로 소개되면서 널리 주목받았다.

그와 동시에, 1966년 조셉 웨이젠바움^{Joseph Weizenbaum} 역시 최초의 챗봇인 엘리자^{ELIZA}를 개발했다. 이 기계는 자체로 대화를 모방하고 응답을 제공할 수 있었다. 이 챗봇의 작동 방식은 문법 규칙과 미리 설정된 응답을 사용함으로써 사용자 입력을 반복하고 재구성하는 데 의존했다. 제시된 단어 또는 구문의 의미를 충분히 이해하지 못했음에도 불구하고 십분 이해한 것 같은 착각을 불러일으키기도 했다.

그러나 현실은 광고와 초기 열정으로 형성된 기대치를 늘 충족시킬 수 없었다. 이에 따라, 1960년대 중반에 접어들어 미국에서는 기계 번역의 미래에 대한 좌절감이 확산되기 시작했다. 1966년, 미국 정부는 실용적인 기계 번역이 불가능하고, 이를 달성할 수 있는 전망도 불확실하다는 결론을 내린 중요한 보고서를 발표하기도 했다. 이 보고서는 결국 기존의 기계 번역 연구 프로그램을 중단하고 군대 영역에서 인간 번역가에게로 돌아가는 계기가 됐다.

충분히 빠르게 발전하지 않은 컴퓨팅 용량

1960년대와 1970년대 AI 연구자들의 열망과 지성은 당시의 핵심 기술 역량을 훨씬 초월했지만, 안타깝게도 이는 실망으로 이어질 수밖에 없었다.

물론, 1950년대 들어 컴퓨터 기술의 비약적인 발전이 있었다. 하지만 이러한 혁신은 AI를 제대로 개발하기에는 불충분한 것으로 판명됐다. 이 기간 동안 가장 중요한 혁신은 1950년대 데이터 처리를 위해 진공관을 대체하는 트랜지스터의 도입을 들 수 있다. 그전까지 컴퓨터는 전기 스위치에 의존해 이진 논리를 실행하고 있었는데, 1937년 다트머스 회의의 또 다른 참가자인 클로드 섀넌이 새로운 트랜지스터를 개발, 도입한 것이다. 이런 획기적인 전환은 컴퓨터의 크기를 줄이고 처리 속도를 향상하는 결과를 불러냈으며, 1959년에 출시된 IBM 7090은 트랜지스터를 사용한 최초의 컴퓨터 중 하나가 됐다. 이는 컴퓨터 역사상 중요한 이정표였다.

이후, 트랜지스터 덕분에 컴퓨터는 처리 속도가 한층 더 빠르게 요구되는 실시간 응용 프로그램에 사용되기 시작했다. 한 예로, IBM은 냉전 시대에 개발된 첨단 방공 시스템인 SAGE^{Semi-Automatic Ground Environment, 반자동지상환경}를 개발했다. 이 시스템은 적 항공기나 미사일의 위협에 대한 조기 경보와 조직적인 대응을 할 수 있도록 설계됐다. 마찬가지로, 나사^{NASA}의 아폴로 프로그램도 컴퓨터를 사용해 달에 사람을 착륙시키는 놀라운 업적을 달성했다. 이는 1969년 닐 암스트롱^{Neil Armstrong}의 달 착륙으로 이어졌다.

이와 동시에, 새로운 기술의 등장으로 당시 사용되던 대형 컴퓨터^{mainframe computer}보다 훨씬 저렴하고 실용적이되, 공간적으로 효율적인 컴퓨터를 만들어낼 수도 있었다. 이는 1960년대 후반 들어 최초의 마이크로프로세서가 등장하기 시작할 즈음 선보인 상징적인 모델 인텔 4004였다. 이 단일 칩 프로세서는 1970년대와 1980년대 과학 연구에서부터 산업 제어에 이르기까지 컴퓨터가 다양한 응용 분야로 확산되는 길을 열었다.

이런 주목할 만한 발전에도 불구하고 초기 컴퓨터는 신경망이나 검색 기반 추론과 같은 계산량이 많은 고급 AI 알고리듬을 효과적으로 실행하는 데는 적합하지 않다는 심각한 문제에 직면해야 했다. 이러한 기계는 실제 AI 작업을 수행하는 데 필요한 처리 능력과 저장 용량이 현저히 제한적이었기 때문이다. 예를 들어, IBM 7090의 처리 속도는 초당 수천 개의 명령어로 측정됐지만, 이는 초당 수천억 개의 명령을 실행할 수 있는 오늘날의 컴퓨터에 비하면 태부족이었다.

그뿐만 아니라 데이터의 부족도 또 다른 주요 장애물이었다. 당시의 머신러닝에 필요한 데이터 수집, 축적, 합성은 양이 제한적일 수밖에 없었다. 또한, 각각의 데이터 포인트를 나타내는 디지털 소비자 거래나 매초 데이터를 수집하는 IoT 센서, 수백만 명이 매초 메시지와 사진을 게시하는 지금과 같은 소셜 네트워크는 존재할 수도 없었다. 쉽게 말해서, 오늘날 우리가 알고 있는 인터넷은 없었던 것이다. 시간이 흘러, 인터넷의 전신인 아르파넷ARPANET, Advanced Research Projects Agency Network, 고급 연구 프로젝트 기관 네트워크에 처음 연결된 것은 1969년에 이르러서였다. WWWWorld Wide Web와 소셜 미디어가 등장하기까지는 그로부터 또 수십 년이 더 걸렸다.

기호논리의 단점 극복하기

AI 연구자들은 당시 기술적 제약과 씨름하는 것 외에도, 앞서 언급한 하드웨어 제약으로 인해 악화된 기호논리의 본질적인 한계로 인해 엄청난 도전에 직면해야 했다.

1960년대, 당시 다트머스대학에서 스탠퍼드대학으로 자리를 옮긴 존 매카시는 기호논리를 AI의 초석으로 확고히 정립했다. 매카시의 영향을 받아 1960년대와 70년대에 진행된 대부분의 연구는 '상식'을 구현하는 데 주안점을 뒀다. 여기서 주된 목표는 앨런 튜링과 버트런드 러셀 같은 저명한 수학자들이 제시한 원칙을 준수하면서 우리 인간처럼 세상을 이해하고 추론할 수 있는 능력을 기계에 부여하는 것이었다.

하지만 이 작업은 매우 어렵다고 판명됐고, 1970년대에는 이런 기호논리에 의존하는 AI 연구의 결과가 엇갈린 결과를 낳았다. 야심 차게 추진하던 자동 번역 프로젝트가 중단됐으며, 초기 신경망은 선형 방정식을 넘어섰지만, '일반적인 문제 해결자'는 실용적인 문제까지 해결하는 데는 난관을 겪었다. 이에 기호논리는 기존의 분야가 아닌, 게임이나 수학 정리 증명처럼 상대적으로 흥미롭지 않은 경제 분야에서 그 진가가 발휘됐다.

기계에 상식적 추론을 부여하는 것은 오늘날에도 유효한 AI의 도전 과제다. 컴퓨터는 아직도 인과관계와 상관관계를 구분하는 데 곤란을 겪고 있기 때문이다. 일반적인 예로, AI 시스템은 아이스크림 판매와 교통사고 간의 여름철 연관성은 수월하게 감지할 수 있지만, 아이스크림이 사고의 원인인지, 아니면 두 변수가 더운 날씨와 야외 활동 증가 같은 공통 원인에서 비롯된 것인지를 구분하지 못하는 경우가 많다. 이처럼, '상식'의 문제는 아직 해결되지 않았고, 챗GPT 시대에도 상식은 범용인공지능[AGI]으로 나아가는 데 있어 주요 연구 분야로 잔존하고 있다. AGI는 이 책의 9장에서 살필 주제다.

이렇듯 엇갈린 결과를 고려할 때, 기호논리와 상식적 추론에 의존하는 매카시의 방식은 경직돼 있으며, 미리 정의된 논리 규칙에서 벗어나야 한다고 주장하는 다른 지각 및 학습 중심 접근법 지지자들의 비판에 직면하고 있다.

그중 가장 비판적인 목소리를 낸 사람은 다트머스 회의에서 매카시의 공동 작업자였다가 이후 MIT 교수가 된 마빈 민스키였다. 민스키는 이러한 접근 방식이 지나치게 제한적이며 인간 지능의 복잡성을 과소평가한다고 주장했다. 그는 정확한 AI를 위해서는 기계가 인간의 뇌와 유사한 지각 및 감각 능력을 갖춰야 한다고 주장하면서, 규칙 기반의 추상적 논리와 추론에서 벗어나 신경망으로의 전환을 강조했다(신경망 자체는 아직 준비되지 않았지만 말이다).

이처럼 서로의 관점 차이는 기계 지능을 얻기 위한 최적의 방법에 관한 AI 커뮤니티 내의 활발한 논쟁을 촉발시켰다.

나는 1990년대까지 계속된 이러한 논쟁을 좀 더 자세히 살펴볼 예정이다. 또한, 이 책의 10장에서는 초기 로봇의 발전에 대해 다루면서, 이 시기의 일부 로봇이 어떻게 기호논리를 수용한 데 반해 다른 로봇은 아날로그 컴퓨팅과 추론을 채택했는지에 관해 살펴볼 것이다.

야심 찬 예측에서 1차 AI 겨울까지

AI의 초창기는 낙관주의와 대담한 예측으로 점철됐다. 이 분야의 개척자들은 인지 능력 면에서 인간과 동등한 수준의 기계가 개발될 때가 임박했음을 확신했으며, 많은 사람은 20년 이내로 이 목표를 달성할 것이라 자신 있게 말했다. 그러나 시간이 흐르고 많은 발전도 있었지만, 인간과 같은 AI의 꿈은 오늘날에도 여전히 아득한 열망으로 잔존한다.

예를 들어, 허버트 사이먼은 20년 이내로 기계가 우리 인간의 능력과 비슷해질 것으로 예측했다. 마찬가지로, 마빈 민스키 역시 1967년에 불과 한 세대 안에 인간 수준의 지능형 기계가 등장할 것이라고 말했으며, 1970년, 그는 「라이프 매거진」과의 인터뷰에서 앞으로 '3~8년' 정도 걸릴 것이라고 장담했다. 그의 이러한 야심 찬 주장은 대중의 흥분을 불러일으켰을 뿐 아니라 자금 지원에 대한 기대감도 높였다.

당시로선 생산된 기술로 인한 수익 창출이 요원했고, 국방 응용 분야에 대한 자금도 정부의 R&D 라인에 의존하고 있어 자금 문제는 AI 발전의 상시적인 문제였지만, 1970년대 중반이 되자 그의 예측은 실현 불가능하다는 것이 명확해졌다.

무엇보다 지정학적 요인들이 미국 정부의 자금 지원 우선순위에 영향을 미치기 시작했고, 국방비 중 비필수 예산까지 삭감되는 일이 벌어졌다. 설상가상으로, 1973년 아랍-이스라엘 분쟁 이후 오펙OPEC, Organization of the Petroleum Exporting Countries, 석유수출국기구 회원국들이 석유 수출을 금지하면서 석유 파동이 발생했다. 이러한 수출 금지 조치의 결과로 유가는 전 세계적으로 급등했다. 높은 인플레이션, 경기 침체, 실업률 증가 등과 같은 경제적 결과는 치명적이었다.

냉혹한 비판에 직면한 경제적 혼란과 실질적인 결과의 부재로 인해 미국과 영국 정부는 1974년 AI 연구에 대한 자금 지원을 중단했는데, 바로 이것이 1차 'AI 겨울'의 시작이었다. 우리는 이 책의 5장과 6장을 통해 지금까지 AI 겨울이 세 차례 있었다는 것을 알게 될 것이다.

이윽고 1974년, AI 겨울에는 연구 자금도 줄고, 산업 자동화에 의해 추진되는 로봇공학 관련 분야를 뺀 나머지 분야의 발전이 일시적으로 중지됐다. (산업 자동화는 12장에서 다룰 것이다.) 또한, 경제적 어려움으로 인한 비용 절감 조치가 절실해지면서 민간 부문에서 산업용 로봇공학 분야를 주도했다.

이처럼, AI 겨울은 과거의 성공과 도전을 돌아보는 성찰의 시기였다. 하지만 이런 일시적인 중단 이후에도 AI는 계속해 발전해 나갔다. 1980년대에 이르러 이 분야는 보다 실용적이고 현실적인 개발 접근 방식을 수용했으며, 기업의 참여와 실제 경제적 응용으로 인해 더욱 촉진됐다. 1980년대 AI 르네상스에 대해서는 다음 장에서 거론하겠다.

05
전문가 시스템과
2차 AI 겨울

"내가 생각하기에 개인용 컴퓨터를 지금까지 우리가 만들어낸 도구 중 가장 위력적인 도구로 봐도 무방할 것 같다. 개인용 컴퓨터는 의사소통의 도구이자 창의적인 도구일 뿐 아니라 사용자 마음대로 구성할 수 있기 때문이다."

- 빌 게이츠 Bill Gates,
마이크로소프트의 설립자, 자선가, 2004년

AI의 역사는 흔히 'AI 겨울'로 불리는 정체기 뒤 변혁적인 급증이 이뤄졌다는 특징이 있다. 1980년대는 이러한 지속적인 진화 과정에서 두 번째로 중요한 전환점이었다. 바로 이 10년 동안, 앞서 언급한 1차 AI 겨울에 이어 보다 실용적인 연구 초점과 광범위한 기술 채택으로 실질적인 전환이 이뤄지면서 이 분야를 근본적으로 재편했기 때문이다.

이후, 1980년대 들어서는 컴퓨터가 훨씬 더 빨라지고 더 작아지고 더 저렴해졌다. 1981년 IBM PC의 출시는 같은 해 마이크로소프트의 MS-DOS 출시와 1984년 애플의 매킨토시 출시와 더불어 정보기술$^{IT,\ Information\ Technology}$의 일대 혁명을 예고했으며, 개인용 컴퓨터는 전 세계 기업들로 하여금 비즈니스 과정을 촉진하고 의사결정을 위한 보다 효율적인 데이터 분석을 가능하게 하는 응용 분야를 구현하게끔 해줬다. 이는 전문가와 엔지니어가 운영하는 종이 기반의 수동 과정에서 크게 벗어난 것이었다.

시간이 흘러, 1980년대 중반으로 접어들면서 대기업과 대학은 수천 대의 컴퓨터를 보유하게 됐으며, 이를 통해 전문가 시스템$^{expert\ system}$으로 불리는 비교적 단순한 응용 프로그램을 사용할 수 있었다. 이렇듯, AI 과학자들은 이전 수십 년 동안 행해진 광범위하고 추상적이며 지나치게 야심 찬 도전으로부터 벗어나 정부보다 기업이나 기업으로부터 직접 자금을 지원받는 연구 프로그램에서 실질적인 문제를 해결하는 쪽으로 방향을 전환했다.

그러나 유형적이고 계산 가능한 경제적 이익을 제공하기 위해 민간 기업으로의 전환은 기초 연구와 조화롭게 공존해야 했다. 그 핵심 연구는 역사가 증명하듯 가장 중요한 알고리듬인 역전파 알고리듬 개발 같은 실용적인 것이었다. 여기서 역전파 알고리듬은 생성형 AI, 이미지 처리, 자율주행차 등 몇몇 응용 분야를 추진하는 신경망을 가능하게 해서 역대 가장 중요한 알고리듬에 속한다.

다음 절에서는 AI가 어떻게 1차 겨울을 극복하고 1980년대 들어 새로운 단계로 진입했는지에 대해 논의하겠다.

전문가 시스템을 통한 정체에서 부활로

컴퓨터가 점점 더 접근하기 쉽고 사용하기 편리해짐에 따라, 특정 비즈니스 과제를 해결하기 위한 컴퓨터 소프트웨어도 나날이 개발되고 상용화됐다. 이러한 소프트웨어 솔루션을 일컬어 '전문가 시스템'이라 불렀다. 전문가 시스템은 1974년경부터 그간 정체돼 있던 AI 분야에 새로운 활기를 불어넣는 데 중추적인 역할을 했다.

전문가 시스템은 특정 비즈니스 문제를 해결하거나 한정된 지식 영역 내에서 제기되는 질문에 답하기 위해 설계된 특수 컴퓨터 응용 프로그램이다. 전문가 시스템의 명칭은 인간 전문가의 전문 지식에서 도출된 논리 규칙을 사용하는 바람에 붙여진 이름이다.

이러한 전문가 시스템의 유용성은 다양한 비즈니스 상황에서 활용됐다. 의료 분야에서 전문가 시스템은 증상과 의료 데이터를 분석함으로써 질병 진단을 돕고 정확도를 높였으며, 기술 회사에서는 제품 또는 소프트웨어 문제를 식별하고 해결하며 맞춤형 권장 사항을 제공함으로써 기술 지원팀을 지원했다. 제조업에서는 생산 데이터와 사양을 사용해 제품의 품질을 자동으로 평가함은 물론, 배송 경로, 자원 할당, 재고 관리의 최적화로 비용을 절감하고 효율성을 향상했다. 금융 분야에서는 실시간으로 의심스러운 거래와 사기 패턴을 탐지했다. 이른바 전문가 시스템은 일상적인 비즈니스에서 발생하는 관례적인 문제를 해결함으로써 생산성과 속도를 향상시킨 것이다.

이렇듯, 전문가 시스템이 1980년대 기업 환경에서 각광을 받았지만, 사실 그 뿌리는 수십 년 전으로 거슬러 올라간다. 1970년대, 에드워드 파이겐바움Edward Feigenbaum과 에드워드 숏리프Edward Shortliffe는 전염병 진단을 위한 전문가 시스템인 '마이신MYCIN'을 개발해 AI의 의료 응용 분야에 중요한 이정표를 세운 바 있기 때문이다. 또한 1960년대 후반에 개발된 IBM의 '덴드럴Dendral'이라는 전문가 시스템은 분광 데이터로부터 화학 화합물을 식별하는 것을 목표로 한 적도 있다.

1980년대에는 DECDigital Equipment Corporation, 디지털 이큅먼트 코퍼레이션와 텍사스 인스트루먼트TI, Texas Instruments 같은 회사가 엔지니어링과 의학 분야에서 활용할 수 있는 고도로 전문화된 전문가 시스템을 만들기도 했다. 그 후 인텔리코프IntelliCorp와 아이온Aion 같은 다른 소프트웨어 회사도 그 뒤를 따랐다. 그러자 곧바로 전 세계 기업들이 전문가 시스템 트렌드에 합류해 1985년까지 10억 달러 이상을 투자함으로써 소프트웨어 공급업체로부터 전문가 시스템을 구매하거나 자체 개발하게 됐다. 이런 전문가 시스템의 붐은 하드웨어 및 소프트웨어 회사가 지원하면서 형성됐고, AI 산업의 성장을 촉진시켰다.

이러한 전문가 시스템의 급부상은 개발의 기반을 정부 R&D의 독점에서 상당한 기업 요소를 포함하도록 변경해 자금 조달 환경을 재편성시켰다. 이에 따라 많은 기업은 경쟁 우위를 확보하기 위해 전문가 시스템 연구 및 구현에 막대한 투자를 감행해 금융 및 의료부터 제조 및 물류까지 다양한 산업계의 혁신을 주도했다. 장기적으로 볼 때, 기업 자금은 AI 연구의 회복력을 강화했을 뿐 아니라 AI 연구의 긍정적 또는 부정적 방향을 형성하는 데도 일익을 담당했다.

여기서 우리가 주목할 점은 이것이 우주 탐험에서 일어난 일과도 유사하다는 점이다. 미국의 우주 탐사 프로그램은 한때 나사NASA가 독점적으로 주도했지만, 점차 민간 기업을 활용해 프로젝트의 구성 요소가 개발되기 시작했다. 실제로 오늘날 우주 탐사의 상당 부분은 저지연 광대역 인터넷을 제공하는 위성 인터넷 위성군인 스페이스XSpaceX와 아마존Amazon의 프로젝트 카이퍼Kuiper, 궤도 발사 서비스의 제공협회인 씨런치Sea Launch처럼 완전히 민간 주도로 이뤄지고 있다.

전문가 시스템의 장점과 한계

전문가 시스템은 특정 영역에서 인간의 전문성을 모방함으로써 의사결정 과정에 혁명을 일으켰다. 이러한 시스템은 놀라운 이점을 제공했지만, 다른 한편으로는 내재된 한계로 인해 어려움을 겪었다.

전문가 시스템의 장점은 잘 정의된 지식 영역 내에서 탁월하다는 것이고, 정확성과 속도 측면에서는 인간의 능력을 능가하는 경우가 많다는 것이다. 또한, 이 시스템은 피로감이나 인간의 인지 편향에 굴복하지 않고 일관되게 규칙을 적용한다. 이런 규칙과 의사결정 트리decision tree를 근간으로 삼은 까닭에 무엇보다 규제가 엄격한 의료 및 금융 서비스 부문에서는 해석 가능성이 높다는 점이 가장 큰 장점이었다.

그럼에도 불구하고, 전문가 시스템에도 간과할 수 없는 한계가 있었다. 우선, 이 전문가 시스템은 인간의 전문 지식을 상세하게 인코딩해야 했고, 그 과정에서 많은 비용과 시간이 소요될 수밖에 없었다. 이를 해결하려면 광범위한 인터뷰, 해당 분야의 전문가들과의 협력, 그리고 컴퓨터를 위해 각각의 아이디어를 일일이 코딩해야 하는, 철저한 수작업 방식이 필요했다.

게다가 이 시스템은 상식적 추론에 한계가 있었고, 규칙 기반의 범위를 벗어난 비정상적이거나 예기치 못한 상황에 직면했을 때 실수를 범했다. 또한 변화하는 영역이나 규칙 조정에 발 빠르게 적응하지 못했으며 이렇다 할 융통성도 없이 작동했다. 고도로 전문화된 전문 지식 이상의 도전 과제에 직면하면 이 시스템은 상당한 장애물로 인식했고, 지정된 분야를 약간 벗어난 문제를 처리할 때에는 효율성이 떨어지기도 했다. 그러나 이 시스템의 소프트웨어와 하드웨어를 소유한 회사는 역설적이게도 업데이트, 업그레이드, 리팩토링, 새로운 지식 포함 등을 통해 막대한 수익을 올렸다.

이러한 제약은 전문가 시스템의 운영을 어렵게 만들었고, 기업으로서는 실용적인 성과를 달성하는 데 방해가 됐다.

전문가 시스템은 규칙 기반의 단순하고 경직된 구조를 근간으로 하고 있어 종종 AI 응용 프로그램이 아닌 기존의 IT 응용 프로그램처럼 여겨지기도 한다. 하지만, 이 책에서 나는 여전히 이 전문가 시스템을 AI의 한 형태로 간주한다. 왜냐하면 전문가 시스템은 좁은 규칙 기반 프로그래밍 내에서 작동하긴 하지만 궁극적으로는 입력을 받아 출력에 도달할 수 있는 능력을 갖춘 기계이기 때문이다.

하드웨어 시장의 붕괴와 2차 AI 겨울

전문가 시스템의 기능성 부분에서 점점 한계가 드러나고, PC가 출현하면서 해당 업계의 쇠퇴는 가속화됐다.

최초의 전문가 시스템은 일반적으로 리스프^{LISP} 머신으로 불리는 특수한 대형 메인프레임 하드웨어에서 작동했다. LISP는 List

Processing목록 처리의 약자로써, 존 매카시가 만든 고급 프로그래밍 언어로 기호논리를 처리하고 데이터 목록을 조작하기 위해 특별히 고안된 것이다. 전 세계 기업들이 전문가 시스템을 개발하고 구현하기 위해 경쟁을 벌이자, 이런 움직임을 지원하기 위해 수십억 달러 규모의 거대한 산업이 등장했다. 그 산업 가운데는 심볼릭스Symbolics 같은 하드웨어 회사와 '리스프 머신Lisp Machines'이란 적절한 이름을 지닌 회사도 포함됐다. 그러나 폐쇄형 구조를 가졌으며 전문적이고 값비싼 리스프 머신과는 반대로 IBM과 애플은 응용 프로그램 지원 시 자연스러운 다기능성을 갖춘 강력하고 저렴한 개인용 컴퓨터를 출시했다. 이렇게 되자 PC는 전문가 시스템 응용 프로그램에서 유용성을 모색하기 시작했다. 점차 리스프 머신의 구매력은 약해졌고, 1987년 마침내 이 값비싼 기계를 만드는 전문 기업의 주가가 폭락하면서 한때 50억 달러 규모의 산업이 완전히 해체됐다.

그 여파는 매우 끔찍했다. 값비싼 기계의 진부화와 AI 하드웨어 시장의 갑작스러운 실패는 특수 하드웨어에 의존하던 수많은 AI 회사에 악영향을 미쳤다. 1993년 말까지 300개 이상의 AI 회사가 문을 닫고 파산하거나 다른 곳에 인수되면서 80년대 AI 붐은 사실상 막을 내렸다.

이후, 1980년대 후반으로 갈수록 민간 부문의 영향력은 줄어들면서 미국 정부도 AI에 대한 투자를 다시 축소시켰다. 다르파DARPA의 새로운 리더십 하에서 AI는 소위 전문가용 머신의 실패와 개인용 컴퓨팅의 부상 때문에 더 이상 최첨단 기술로는 간주되지 않았다. 자원도 보다 즉각적인 성과를 낼 수 있는 잠재력 있는 프로젝트에 다시 할당됐다.

이런 정부의 자금 지원 중단은 1974년 1차 AI 겨울의 시작을 알렸고, 이후, 1987년 주식 시장에서 하드웨어 붕괴로 말미암아 1990년대 초까지 지속되는 2차 AI 겨울이 촉발됐다. 1989년 일본 자산의 가격 거품이 터진 것도 극동 지역에서 AI와 로봇공학이 중단되는 데 기여했는데, 이 주제는 13장에서 자세히 다룰 것이다.

하지만 다행히도, 2차 AI 겨울은 상대적으로 짧았다. 1990년대에는 닷컴^{Dot-Com} 붐에 힘입어 AI 연구와 응용 분야가 부흥을 경험하면서 AI 연구를 확대할 수 있는 경제적 근거가 마련됐기 때문이다. 닷컴 시대에는 컴퓨팅 성능과 메모리가 급속한 발전을 보이며, 폼 팩터^{form factor}[1] 와 전력 소비량도 줄었고(이는 주요 지속적 기술 의존성을 해결한다), 머신러닝과 신경망에 더 집중하는 방향으로 전환이 이뤄졌다(이는 프로그래밍의 발전을 의미한다).

역전파와 신경망의 점진적 각성

바로 앞 장에서는 1950년대에 인간의 뇌가 작동하는 방식을 모방한 AI 알고리듬인 신경망이 어떻게 발명됐는지를 소개한 바 있다. 실제로, 오늘날 모든 첨단 AI 응용 프로그램은 챗GPT부터 자율주행차에 이르기까지 다양한 신경망에서 실행되고 있다. 1980년대 신경망을 학습시키는 방법의 획기적인 발전이 이를 가능하게 해준 것이다.

신경망은 여러 층의 인공 뉴런으로 구성돼 있다. 오늘날의 신경망은 특정 문제를 해결할 수 있도록 조정해야 하는 수백만 개의 층과 수십억 개의 하이퍼파라미터^{hyperparameter}[2]를 지닌다. 한 예로, GPT-3.0

---

1 폼 팩터는 디바이스 또는 시스템의 물리적 크기, 모양, 디자인을 의미한다. 컴퓨팅 하드웨어의 맥락에서는 기술이 실제 애플리케이션에 얼마나 컴팩트하거나 실용적인지를 묘사한다. - 옮긴이

2 하이퍼파라미터는 신경망과 같은 머신러닝 모델이 학습하고 의사 결정을 내리는 방식을 정하는 설정 또는 구성이다. 학습 중에 데이터로부터 학습되는 일반 모델 매개변수와 달리 하이퍼파라미터는 학습이 시작되기 전에 설정되며 모델이 학습되는 방식에 영향을 미친다. - 옮긴이

에는 1,750억 개의 하이퍼파라미터가 있다. 이때, 이미지 식별을 위해 학습된 신경망은 언어를 처리하도록 학습된 신경망과는 매우 다른 하이퍼파라미터가 있어야 한다. 사람의 얼굴을 인식하도록 학습된 신경망의 경우는 손으로 쓴 문자를 식별하도록 학습된 신경망과는 매우 다른 하이퍼파라미터를 요구한다.

이렇듯, 개별적인 특정 문제에 가장 적합한 하이퍼파라미터를 찾아내는 것을 신경망 학습이라 한다. 이는 엄청난 컴퓨팅 능력을 소모하며, 마무리하는 데도 오랜 시간이 걸린다. 한마디로 매우 어려운 문제라는 것이다.

이런 신경망 기술과 관련해, 1986년, 제프리 힌턴$^{Geoffrey\ Hinton}$과 데이비드 루멜하트$^{David\ Rumelhart}$는 '역전파'로 알려진 신경망 학습을 위한 중요한 기술을 발명했다. 이들은 1970년 핀란드의 컴퓨터 과학자 세포 린나인마$^{Seppo\ Linnainmaa}$의 이전 연구를 기반으로 했다. 린나인마는 고틀리프 라이프니츠$^{Gottlieb\ Leibniz}$가 과거 200년 전에 개발한 연쇄 법칙을 토대로 자동 미분$^{automatic\ differentiation}$을 하는 학습 알고리듬을 만들어냈다.

신경망 학습에서 역전파는 예측 오류를 최소화하기 위해 여러 차례 반복함으로써 매개변수를 다듬어서 신경망의 하이퍼파라미터를 조정할 수 있게 한다. 예를 들어, 필기 인식용 신경망에서의 역전파는 문자가 잘못 인식되는 비율을 최소화하는 하이퍼파라미터 세트를 찾아내는 것이다. 가령, 실제로 쓴 문자는 'b'인데 알고리듬은 이를 'd'로 잘못 식별할 때 그러하다. 하지만 필체를 물리적으로 표현할 수 있는 수많은 방법으로 알고리듬을 학습시키는 데는 엄청난 컴퓨팅 성능과 방대한 데이터 샘플이 필요하다. 왜냐하면 개인마다 필체가 다 다르기 때문이다. 그러나 오늘날 초보적인 신경망은 의사 필체를 해독하는 데 오류를 범하지 않는다.

신경망에서, 역전파가 다른 기술과 차별화되는 점은 계산 효율성과 확장성이다. 1980년대 컴퓨터는 여전히 너무 작아 신경망을 실용화하는 데 역부족이었다. 그러나 1990년대 들어 컴퓨팅 성능이 발전하면서 수천 또는 수백만 개의 뉴런 층으로 이뤄진 심층 신경망deep neural network이 나왔고, 이 광범위한 신경망을 훈련하는 데는 역전파의 활용이 매우 가치 있었다.

이후, 역전파는 AI 기술의 새 시대를 열었다. 그리고 신경망은 거대 언어모델LLM과 머신 비전 시스템 등과 같이 오늘날 많은 응용 분야에서 핵심적인 역할을 하고 있다.

06

닷컴 시대와
3차 AI 겨울의 머신러닝

"인간의 마음은 컴퓨터가 아니다. 인간의 마음은 체스 기계처럼 후보 수의 목록을 질서정연하게 진행해 100분의 1폰까지 계산해 그 수의 순위를 매길 수 없다. 학습을 가장 잘 받은 인간의 마음조차도 경쟁의 열기 속에서는 방황하게 된다. 이는 인간 인지의 약점이자 강점이다. 때때로 이런 학습되지 않은 방황은 분석력을 약화하지만, 영감으로 이어지기도 하고, 처음 고려했던 후보 목록에는 없던 아름답거나 역설적인 수를 두게 만들기도 한다."

- 가리 카스파로프Garry Kasparov,

체스 세계 챔피언,

『딥 씽킹: 인공지능 시대, 인간의 위대함은 어디서 오는가?』

어크로스, 2017년

1990년대는 닷컴$^{Dot-Com}$ 시대로 특징되는 기술 분야의 괄목할 만한 변화의 시기였다. 이 시대에는 인터넷의 급속한 확산과 풍부한 투자 자본에 힘입어 기술 기업이 폭발적으로 성장했기 때문이다. 이러한 열풍 속에서 머신러닝은 각광 받았고, 수많은 스타트업은 이 머신러닝 알고리듬을 제품과 서비스에 통합했다. 구글, 아마존, 이베이 같은 기술 기업은 머신러닝을 활용해 제품과 제품 추천 방법을 개선했으며, 컴퓨팅 성능이 향상되면서 심층 신경망이라고 하는 훨씬 더 광범위한 신경망을 구축할 수 있었다. 이는 언어 처리 및 이미지 분석 같은 응용 분야에서 가장 먼저 실용화됐다.

  전문가 시스템 시대와 마찬가지로, 1990년대 서구에서 일어난 AI 붐은 민간 투자에 의해 촉진됐다. 이것은 AI의 발전에 있어 민간 부문의 동기가 중요하다는 것을 입증한 또 다른 사례였다. 우리는 R&D의 높은 고정 비용의 심각성과 시간이 지남에 따라 비용과 '잘못된 시작'의 위험을 감수하는 것을 정당화하기 위해 AI 제품에 대한 수익 창출이 필요하다는 것에 주목해 볼 필요가 있다. 국방 목적으로 AI 응용 프로그램을 사용하고 있는 독점 고객인 정부로서는 더 넓은 시장 디지털화가 AI 가치를 실현하는 열쇠라는 사실이 오히려 불충분한 조건이 된 것이다.

  인간 삶의 모든 측면에 파급된 디지털화가 신경망 학습에 필요한 데이터를 생성하고, 새로운 민간 부문의 우주 경쟁이 AI 개발의 다음 물결을 일으키는 것을 직시한 우리로서는 이러한 현실이 앞으로도 지속될 것으로 보고 있다. 1990년대는 민간 투자가 AI 분야에 실용적이고 시장 중심적인 차원을 가져왔지만, 그와 동시에 시장 과열과 그에 따른 금융 거품의 위험에 노출된 시기이기도 했다. 이후, 2000년 닷컴 버블 붕괴는 결국 3차 AI 겨울의 시작을 알리는 계기가 됐고, 이에 따라 스타트업과 기업들의 머신러닝 분야에서의 급속한 발전은 단기간에 종지부를 찍었다.

다음 절에서는 닷컴 시대 스타트업과 기업에서 머신러닝이 어떻게 초기 진전을 이뤘고, 지금의 AI 붐을 가능하게 했는지에 대해 논의할 것이다.

닷컴 스타트업 중에 머신러닝의 등장

닷컴 시대에는 급성장하는 온라인 환경에 뛰어든 기술 기업이 급증했다. 1990년대라는 이 10년 동안 이뤄진 기술 기업의 급속한 상승은 주로 인터넷의 폭발적인 성장과 풍부한 투자 자본에 의해 추진됐으며, 온라인 입지를 구축하려던 기업들은 사이버공간으로 달려들었다. 또한, 차세대 혁신을 추구하는 투자자들은 미래에 수익을 창출할 수 있는 비전만 있다면 수익성이 없는 벤처기업이라 하더라도 기꺼이 지원을 했다.

이러한 투자 열풍은 AI 영역에서 다양한 기회를 창출했고, 수많은 AI 기업은 이 기술의 다양한 측면에 참여했다. 그 기업들의 공통점은 모두 머신러닝 알고리듬에 집중했다는 것이다.

AI를 사용하는 방식에 따라 두 가지 유형의 기업이 있었다. 첫째, 제품과 서비스를 개선하고 더 나은 고객 경험을 제공하기 위해 머신러닝 알고리듬을 광범위하게 사용한 일부 기업이다. 대표적인 기업은 아마존, 구글, 이베이였다. 둘째, 머신러닝 알고리듬을 개발해 다른 기업을 위한 전용 B2B$^{Business-to-business,\ 기업\ 간}$ AI 솔루션으로 판매에 열을 올린 일부 기업이다. 대표적으로 오토노미 코퍼레이션$^{Autonomy\ Corporation}$, 뉴앙스 커뮤니케이션즈^Nuance Communications, 넷퍼셉션즈^NetPerceptions와 같은 회사가 있다.

첫 번째 기업 그룹 내에서 구글은 인터넷 검색을 통해 AI 기반 알고리듬을 주류로 만드는 데 중추적인 역할을 했다. 1996년 래리 페이지^Larry Page와 세르게이 브린^Sergey Brin이 고안한 페이지랭크^PageRank 알고리듬은 데이터를 사용해 웹페이지의 관련성을 평가함으로써, 인터넷에 연결된 브라우저를 사용하는 사람이라면 누구든 검색 과정을 크게 개선할 수 있도록 해줬다. 예를 들어, 구글의 'Did you mean?^무슨 뜻인가요?' 기능은 맞춤법 오류를 수정하는 AI의 능력을 보여줌으로써 사용자 친화적 검색에 대한 구글의 노력을 보여줬다.

이 무렵, 아마존도 AI를 수용했다. 아마존은 이를 활용해, AI 알고리듬을 기반으로 한 추천 엔진을 만들었고, 사용자의 검색 및 구매 습관을 분석해 상품을 제안함으로써 매출을 높이고 고객 만족도를 향상시켰다. 또한 아마존은 공급망 관리에 AI를 사용해 재고 수준과 위치를 최적화하고 수요를 예측함으로써 비용을 절감하고 적시에 배송할 수 있게 했다.

이베이 또한 AI를 활용해 제품을 자동으로 분류하고 추천함으로써 사용자 경험을 향상시켰다. 이렇듯, 이베이의 검색 기능이 개선되자 사용자는 원하는 것을 더 쉽게 찾을 수 있었다. 이베이는 사기 탐지, 의심스러운 거래, 시장의 보안을 위해서도 AI를 사용했다.

실제로 AI 알고리듬은 그 자체로 1조 달러 이상의 지속적인 경제적 가치를 창출하는 기본 요소다.

널리 알려지진 않았지만, 흥미로운 수많은 닷컴 스타트업이 AI를 활용해 보다 지능적이고 개인화된 서비스를 만들었다. 그 예는 다음과 같다.

- 애스크 지브스^{Ask Jeeves}는 자연어 질문을 통해 사용자 검색 경험을 혁신하는 것을 목표로 삼았다.
- 터빈^{Turbine}은 AI 기반 온라인 게임을 개척하면서 〈반지의 제왕 온라인〉과 같은 몰입형 멀티플레이어 롤플레잉 게임을 제작했다.
- 장고메일^{JangoMail}은 사용자 행동을 분석해 이메일 캠페인을 최적화하는 데 AI 알고리듬을 사용했다.
- 위즈덤아크^{WisdomArk}는 학업 성과에 따라 콘텐츠를 조정하는 맞춤형 학습 경험을 위해 AI를 도입했다.
- CRM^{Customer Relationship Management, 고객 관계 관리} 솔루션 제공업체인 에피파니^{E.piphany}는 데이터 기반 의사결정을 위해 AI를 활용해 방대한 고객 데이터를 분석하고 CRM 전략을 강화했다.

두 번째 기업 그룹은 다른 기업을 위한 전용 B2B AI 솔루션을 개발해 판매했다. 이들 AI 스타트업 그룹은 오늘날에도 수많은 AI 스타트업의 관심을 끌고 있는 텍스트 분석, 음성 인식, 온라인 개인화라는 세 가지 영역에서의 솔루션을 개척하고 있다.

한 예로, 텍스트 분석 분야에서 오토노미 코퍼레이션과 같은 기업은 방대한 양의 비정형 데이터에서 가치 있는 통찰력을 추출할 수 있도록 함으로써 기업의 역량을 강화했다. 이러한 AI 기반 발전의 물결이 일어나기 전에는 소프트웨어 응용 프로그램이 (이름, 성, 주소, 전화번호, 등록 날짜, 결제 날짜 등) 명확한 필드가 있는 고객 테이블 같이 잘 구조화된 데이터베이스의 명시적인 형식의 데이터만 활용할 수 있었지만, 이런 소프트웨어 응용 프로그램으로는 문서, 이메일, 고객 서비스 기록, 시스템 로그 등에서 찾을 수 있는 데이터와 보물 창고 같은 명시적인 파일이 없는 비정형 데이터는 처리할 수 없었다. 이에 반해, 오토노미 코퍼레이션의 소프트웨어는 이러한 비정형 문서를 이해하고 분류할 수 있는 기능을 갖추고 있어서 지식 관리 및 검색 애플리케이션을 위한 귀중한 자산으로 자리매김했다.

또한, 음성 인식 AI를 사용해 오디오 입력을 의미 있는 텍스트로 변환시키는 기업도 있었다. 벨기에 회사인 런아웃&허스피Lernout&Hauspie다. 이 기업은 음성 인식 기술을 개척해 기계가 음성 언어를 이해하고 해석할 수 있도록 했으며, 컴퓨터와의 음성 기반 상호작용을 가능하게 하는 데 앞장섰고, 오늘날 우리가 사용하는 음성 비서인 애플의 시리Siri와 아마존의 알렉사Alexa의 기반을 구축했다. 이 외에, 뉘앙스 커뮤니케이션즈는 의료 및 통신을 포함한 다양한 산업 분야에서 고객 서비스 가상 비서와 같은 애플리케이션을 구동할 수 있는, 미국의 음성 인식 소프트웨어를 개발했다.

끝으로 온라인 개인화 및 추천 분야에서 활약하는 넷퍼셉션즈NetPerceptions가 있다. 넷퍼셉션즈는 사용자 행동과 선호도를 분석해 개인화된 제품 추천을 제공하는 알고리듬을 개발하는 데 앞장선 회사로, 이 회사의 소프트웨어는 추천 기술을 통해 고객 참여와 판매를 늘리기 위해 전자상거래 및 온라인 소매 환경에서 곧잘 활용되고 있다.

기업에서 머신러닝의 점진적 도입

머신러닝 알고리듬의 도입은 닷컴 시대의 스타트업에만 국한된 것이 아니었다. 이 시기에는 기업 세계도 이러한 알고리듬의 변혁적 잠재력에 서서히 눈을 뜨고 있었다. 기업에서 머신러닝을 도입한 것은 1989년 미국의 선구적인 기업인 액셀리스Axcelis가 PC 비즈니스 애플리케이션에 적합한 최초의 머신러닝 소프트웨어를 출시하면서 시작됐다.

이때, PC는 이미 방대한 양의 데이터를 처리하고 전례 없는 효율성으로 복잡한 수학적 연산을 수행 중이었다. 이와 관련한 처리 용량의 증가는 다양한 산업 분야에서 머신러닝 알고리듬을 실제 적용할 수 있는 문을 열었다. 기업들은 이 기술을 활용해 작업을 자동화하고, 의사 결정을 개선하며, 효율성을 높이는 데 관심을 갖게 됐다. 그 결과 머신러닝은 여러 분야에 걸쳐 폭넓게 도입됐다.

이후, 기업들은 머신러닝이 1980년대의 전문가 시스템에 대한 훌륭한 대안임을 알게 됐다. 이 당시, 대부분의 기업은 이미 전문가 시스템에 매우 익숙해져 있었으며, 이를 제대로 구현하기도 어렵고 시간이 오래 걸리고 비용도 많이 드는 것으로 인식하고 있었지만, 머신러닝이 특정 규칙 기반 프로그래밍 없이도 패턴을 식별하고 작업을 수행할 수 있다는 것을 알게 됐다.

한 예로, 전문가 시스템에서는 프로그래머가 주식 거래 결정이나 은행 대출 승인과 같은 작업을 처리할 수 있도록 컴퓨터에 각 단계를 세심하게 설명해야 했다. 그런데 머신러닝은 전문가 시스템처럼 이러한 규칙을 수동으로 정의하는 대신 단순히 유추에 의해 데이터로부터 학습했다. 이는 암기하는 것과 실제로 생각하는 것의 차이라고 할 수 있다. 이처럼 머신러닝을 사용하면 과거 주식 시장 데이터나 신용 신청이 승인 또는 거절된 고객의 목록과 같은 데이터와 나이, 급여, 직업 등의 고객 데이터가 포함된 데이터베이스를 컴퓨터에 제공하기만 하면 된다. 이 정보를 통해 컴퓨터는 데이터로부터 학습하고 향후 새로운 결정을 내릴 수 있다.

이런 유형의 머신러닝은 비즈니스에 실용적으로 적용됨으로써 기업으로 하여금 작업을 자동화하고, 의사결정을 개선하며, 개인화된 제품과 서비스를 제공할 수 있게 해줬다. 기업은 처음에는 전문가 시스템을 계속 사용했지만, 1990년대 들어서는 머신러닝으로 더 광범위하게 통합하기 시작했다. 머신러닝을 채택한 최초의 대기업은 기술 회사, 금융 기관, 통신 회사였다.

실제로 기업이 고객으로부터 얻을 수 있는 정보의 양은 엄청나고 귀하다. 이는 데이터가 명시적으로 말하는 것뿐만 아니라 AI 시스템의 틀 안에서 이뤄지고 그로부터 신뢰성 있게 추론할 수 있는 것까지 다 포함하기 때문이다. 예를 들어, 휴대폰 회사가 합법적으로 소유한 데이터만 사용한다면, 오늘날의 일반적인 머신러닝 방법에 따른 기본 머신은 다음과 같은 사항을 정확히 예측할 수 있다.

- 사용자의 사회경제적 지위[Soto and Frias-Martinez]
- 성격[Chittaranjan and Blom]
- 기동성 같은 행동[Montoliu and Gatica-Perez]
- 쇼핑몰에서의 소비 행동[Singh and Freeman]
- 신용불량 확률[Pedro and Proserpio]

현재의 머신러닝은 우울증 환자와 우울증이 아닌 정상인을 98.5%의 정확도로 구분할 수 있고, 양극성 장애 환자의 기분 변화를 정신과 의사보다 더 높은 정확도로 예측할 수 있다. 환자의 웰빙과 치료의 핵심 요소를 진단하는 데 있어서도 기계가 정신과 의사보다 더 잘할 수 있다면 어떤 일이 벌어질까? 기계가 진단 도구가 되는 것일까, 아니면 정신과 의사를 대체해야 할까? 22장과 23장에서는 AI가 일자리와 인간의 업무 전반에 미치는 영향에 대해 폭넓게 설명할 것이다.

확실히, 머신러닝의 광범위한 도입은 아직 완성되지 않았다. 또한, 이 질문에 대한 답은 아직 나오지 않았지만, 우리는 이를 향해 급속도로 달려가고 있는 중이다. 그리고 그 답은 경제성과 확장성에 달려 있다. 예를 들어, 초고속 열차가 고속도로를 달리는 자동차나 배보다 A 도시에서 B 도시로 더 빨리 이동할 수 있지만 그렇다고 해서 모든 곳에 초고속 열차를 배치하는 것 자체가 정당화되는 것은 아니다. 대부분의 기업, 특히 대부분의 국가 경제를 지배하는 서비스나 제조업, 중소기업처럼 기술 중심적이지 않은 산업에 속한 기업들은 여전히 머신러닝에 어려움을 겪고 있을 뿐 아니라 아직까지 머신러닝의 명확한 도입 사례도 찾지 못하고 있다.

이렇듯, 대기업의 요구사항에 맞는 맞춤형 머신러닝 솔루션을 개발하는 것은 방대한 데이터, 고도의 기술팀, 예산, 시간, 집중력이 한꺼번에 요구되는 복잡한 작업이다. 이에 따라 시간이 지나면서 대기업들은 데이터 기반 비즈니스 보고서를 작성하는 데 숙련된 전문가, 즉 비즈니스 인텔리전스 전문가를 포함한 전문 데이터 팀을 구성하기 시작했으며, 이들은 일정한 시간이 지나자 데이터 과학자를 포함할 정도로 발전하기도 했다. 여기서 데이터 과학자란 프로그래밍과 수학 기술을 융합하고 복잡한 문제를 해결하기 위해 기계를 학습시키는 데 중점을 두는 전문가를 말한다.

결론적으로, AI 기술의 핵심 요건은 산업 조직에 영향을 미치고, 이는 다시 경제와 사회에 영향을 미칠 것이다. 이 부분은 중장기적으로 중요한 주제인데, 이 책의 22장과 23장에서 자세히 살펴볼 것이다.

닷컴 버블 붕괴와 3차 AI 겨울

유감스럽게도 인터넷 도입의 놀라운 급증과 더불어 가용 벤처 캐피털의 유입, 인터넷 기반 스타트업의 가치 상승은 지속 불가능한 것으로 판명됐다. 그렇기에 닷컴 버블로 알려진 이 현상은 필연적으로 한계점에 도달할 수밖에 없었다.

1995년부터 금융 거품이 정점에 이르렀던 2000년 3월까지 나스닥 종합 지수에 대한 투자는 급격히 증가해 무려 800%의 놀라운 상승률을 기록했다. 이러한 급격한 주가의 상승은 인터넷 관련 기업을 둘러싼 과열과 투기 심리에 의해 촉진된 것이었다. 열광에 휩싸인 투자자들은 인터넷이 무한한 가능성의 새 시대를 열었다고 믿으며 이 첨단 기술 주식에 막대한 돈을 쏟아부었다. 하지만 결국 부풀려진 거품이 터지면서 가파른 하락세를 촉발시켰다. 최고점에서 나스닥 종합 지수가 무려 78%나 급락한 것이다. 이처럼 갑작스럽고 심각한 침체는 버블의 호황기에 축적된 모든 이익을 사실상 소멸시켰다.

이와 같은 닷컴 버블 붕괴는 AI 업계에 광범위한 영향을 미치면서 몇몇 저명한 스타트업도 사라지게 만들었다. 앞서 언급한 스타트업 중 오토노미 코퍼레이션, 넷퍼셉션즈, 위즈덤아크, 에피파니, 런아웃 & 허스피 등이 그러했다. 이들은 닷컴 붕괴에서 살아남지 못했다.

이 엄청난 폭락은 AI 투자가 크게 위축된 3차 AI 겨울을 불러왔다. 닷컴 붕괴의 여파로 투자자들은 닷컴 비즈니스가 지속적인 수익을 창출할 수 없음을 알고, 점점 더 경계하고 주저하면서 AI 프로젝트에 대한 접근에 신중을 기했다. 마찬가지로, 기업들 역시 한층 더 신중해졌고, 이에 따라 머신러닝의 도입이 뒤로 밀릴 수밖에 없었다.

AI는 투자 거품과는 별개로 호황기 동안 어처구니없는 실망감을 안겨쳤다. 그들은 잠재력에 대한 높은 기대와 함께 세인들의 상당한 관심과 투자를 받았음에도 불구하고, 10년 가까이 지나면서도 AI의 발전은 기대에 미치지 못한다는 것이 갈수록 가시화됐다.

실제로 챗봇과 언어 번역 도구가 포함된 자연어 처리[NLP, Natural Language Processing] 시스템은 인간과 같은 수준의 이해와 유창함을 달성하지 못하면서 기본적인 답변만 제공할 뿐, 맥락 이해조차 제대로 못 하는 경우가 많았다. 또한 컴퓨터와의 원활한 음성 상호작용 차원에서 구상된 음성 인식 기술도 정확성과 맥락 문제를 해결하지 못해 사용자를 좌절시키고 채택을 제한시켰다. 이 외에도, AI 기반 전자상거래 추천 시스템은 온라인 쇼핑의 혁신을 목표로 했지만, 종종 부정확하거나 관련 없는 상품을 제안했으며, AI 기반 개인화 마케팅 캠페인은 맞춤형 콘텐츠를 제공하려 했지만, 타깃팅이 제대로 이뤄지지 않은 광고로 사용자를 무단 침입하듯 느껴지게 하는 경우가 많았다. 이에 따라, 인간 수준의 지능과 기능에 미치지 못한 AI 시스템은 개발에 더욱 신중한 접근이 필요하다는 점이 주요 화두로 떠오르게 됐다.

이처럼, 닷컴 붕괴 이후 2002년부터 회의론이 크게 증가했다. 이는 종종 원대한 약속에 미치지 못하는 시스템과 연결됐고, 이런 부정적인 인식 때문에 2000년대에는 많은 컴퓨터 과학자와 IT 전문가들이 AI 기술을 자주 사용했음에도 불구하고 자신들의 작업을 설명할 때 '인공지능'이라는 용어를 사용하는 것을 꺼려하기도 했다. 그 대신 컴퓨터 과학, 데이터 분석, 데이터 과학, 지식 시스템, 인지 시스템, 지능형 에이전트와 같은 대체 용어를 활용했다. 이들이 이런 행동을 한 것은 AI와 관련된 오명과 AI를 둘러싸고 행해지는 지나치게 부풀려진 기대치를 피하기 위한 것이었다.

지도 학습, 비지도 학습, 강화 학습

앞선 장들에서 머신러닝을 소개했으니, 이제부터는 머신러닝의 주요 유형과 다양한 응용 분야에 대해 세세히 살펴보고, 1990년대 AI를 주도하는 데 무엇이 중심적인 역할이었는지 주목해 보자.

머신러닝에는 지도 학습, 비지도 학습, 강화 학습이라는 세 가지 기본 접근 방식이 있고, 각각의 접근 방식은 서로 다른 응용 프로그램을 구동할 수 있다.

지도 학습supervised learning은 머신러닝에서 가장 일반적이고 널리 사용되는 패러다임 중 하나로, 알고리듬이 입력을 해당 출력에 매핑하는 것을 학습하는 라벨링 된 데이터셋에 의존한다고 보면 된다.

만약 당신이 은행원이고, 은행 고객과 그 속성에 대한 데이터셋이 있다고 상상해 보자. 이 속성은 고객 급여, 고객 월 지출, 고용 기간, 나이, 월 대출 상환액, 이자율 등 은행이 과거에 제공한 각 대출에 대한 잘 구조화된 필드일 것이다. 또한, 각각의 대출에 대한 지불 불이행 여부를 나타내는 필드도 있을 것이다. 이 마지막 필드는 '라벨label'이라고 부르는데, 이는 알고리듬이 다른 데이터 포인트와의 관계를 기반으로 모델링하려고 붙인 이름이다. 여기서 알고리듬은 이전 대출의 모든 과거 기록을 살펴보고, 라벨(채무 불이행 또는 채무 불이행 아님)과 대출 및 고객과 관련된 모든 필드 간의 관계를 모델링하며, 이 관계를 기반으로 알고리듬은 과거에 은행이 제공한 대출로부터 학습해 신규 고객이 대출을 채무 불이행할지 여부를 예측한다. 이 시스템은 시간이 지남에 따라 데이터를 축적하며 보다 정확해지며, 이 수많은 정보를 기반한 예측으로 신용을 확장할 고객에 관한 결정을 내린다. 이를 지도 학습 알고리듬이라고 부르는 것은, 결국 라벨이 알고리듬의 예상 출력이고, 데이터 필드는 연구 대상 자료이기 때문이다. 이 알고리듬의 훈련 과정은 이미 답을 알고 있는 교사가 학생의 반복적인 학습 과정을 감독하는 것과 유사하다.

실제로 이 접근 방식은 분류 및 예측 문제에 매우 적합하다. 분류 문제는 데이터를 제한된 수의 버킷으로 그룹화하는 문제이기 때문이다. 예를 들어, 이메일을 스팸 또는 스팸이 아닌 것으로 분류하거나, 대출 고객을 '채무 불이행 가능성 있음' 또는 '채무 불이행 가능성 없음'으로 분류하는 것이 여기에 해당한다. 예측 문제는 "다음 달 매출은 얼마나 될까?" 또는 "내일 이 주식의 가격은 얼마나 될까?"와 같이 어떤 것의 정확한 수치를 예측하는 문제다. 이 계열의 주목할 만한 지도 학습 알고리듬에는 3장에서 잠시 언급한 선형 회귀뿐만 아니라, 이번 장의 뒷부분에서 소개할 추천 알고리듬, 의사결정 트리, 그리고 신경망 대부분이 포함된다.

이와는 대조적으로, 비지도 학습unsupervised learning은 미리 정의된 라벨이 없는 데이터에서 숨겨진 패턴을 찾아내는 데 주안점을 둔다. 비지도 학습에는 세그먼트 또는 클러스터 식별, 이상 징후 발견, 딥페이크라는 생성형 AI 응용 분야인 세 가지 주요 응용 분야가 있다. 딥페이크에 대해서는 이 책의 7장에서 따로 설명하겠다.

클러스터링clustering은 유사한 데이터 포인트의 그룹을 세그먼트로 분류해 데이터의 내재적 구조를 드러내는 데 사용된다. 단순 분류와 클러스터링의 차이점은 분류 시 당신이 관심 있는 그룹이 미리 알려져 있느냐이며, 클러스터링에서는 당신이 해당 그룹을 찾아야 한다. 클러스터링의 전형적인 사용 사례는 고객 세분화 데이터셋을 알고리듬에 제공하고 x개의 고객 세그먼트를 식별해 어떤 고객이 어떤 세그먼트에 속하는지를 표시하도록 요청하는 것이다. 대출 채무 불이행 위험이 있는 고객을 식별하는 이전의 예를 사용하면, 신용도가 높은 고객의 전체 고객 데이터베이스를 비지도 학습 알고리듬에 제공하고, 그 알고리듬이 해당 세그먼트가 무엇인지 알 수 없는 상태에서 대략 10개의 세그먼트로 그룹화하도록 요청할 수 있는 것이다. 그렇게 되면 알고리듬은 안정적인 직업을 가진 40세 이상의 사람, 탄탄한 저축을 한 30세 이상의 사람, 이미 누군가에게 임대된 다른 아파트를 가진 사람 등의 세그먼트로 설정할 수 있다. 이 경우, 지도 학습 알고리듬과는 달리 라벨이 사용되지 않아서 비지도 학습인 것이다.

비지도 학습은 커뮤니티를 식별하기 위한 소셜 네트워크 분석, 유전적 패턴을 파악하기 위한 게놈 데이터 이해, 소비자 행동을 이해하기 위한 시장 세분화에 필수적이다. 당신은 민주당원인가, 아니면 공화당원인가? AI가 이를 알기 위해 실제로 선언할 필요는 없다. 단순히 좋아하고 싫어하는 것에 대한 제한된 선호도 데이터만으로도 AI는 다음과 같이 개인의 선호도를 더 잘 예측할 수 있다.

- 동료(가령, 페이스북의 제품 리뷰에 '좋아요'를 누르는 등 당신의 선호도에 대한 데이터가 10개 정도 있는 경우)
- 친구(데이터가 70개 이상인 경우)
- 부모 또는 형제자매(데이터가 150개 이상인 경우)
- 배우자(데이터가 300개 이상인 경우)

끝으로 주목할 것은 강화 학습reinforcement learning이다. 강화 학습은 시간이 지남에 따른 누적 보상을 최대화하기 위해 순차적인 결정을 내리는 것으로써, 인간과 동물이 외부 자극을 통해 학습하는 심리를 모방한 것이다. 강화 학습은 환경과 상호작용하고, 행동을 취하며, 이러한 행동을 토대로 피드백을 받음으로써 학습한다. 이는 자율 로봇공학,

금융 포트폴리오 관리, 게임에서 AI 플레이어 훈련에 적용된다. 요약하면, 강화 학습은 실행을 통한 학습으로써, 때로는 성공하고 때로는 실수하지만 무엇보다 경험을 통해 학습한다고 보면 된다.

위에서 살펴봤듯, 세 가지 유형의 머신러닝 알고리듬 가운데 지도 학습은 최근 수십 년 동안 가장 괄목할 만한 성장과 발전을 이뤘다. 여기에는 두 가지 근본적인 요인이 있었다. 첫째, 1990년대에는 분류 및 예측 문제를 해결하기 위해 광범위하게 라벨링 된 데이터베이스를 이용할 수 있었다. 이러한 데이터베이스는 지도 학습 모델을 학습시키고 성능을 의미 있게 평가하는 데 매우 중요했다. 그 때문에 지도 학습은 실용적이고 매력적인 선택으로 만들어졌다.

둘째, 지도 학습 모델은 무엇보다 훨씬 더 복잡하고 복잡한 비지도 및 강화 학습 모델에 비해 실제 응용 분야에서는 높은 정확도와 상대적으로 쉬운 구현을 자랑했고 효과도 놀라웠다는 것이다.

심층 신경망의 엄청난 성장

앞서 살펴본 바와 같이, 신경망은 인간의 뇌가 작동하는 방식에서 영감을 받은 컴퓨팅 모델이다. 여기서 나오는 신경망은 정보를 학습하고 처리할 수 있는 네트워크 노드인 인공 뉴런으로 구성된다.

1990년대에 컴퓨터는 한층 더 빠르고 강력해졌고, 저장 용량은 크게 확장됐다. 그런즉 많은 층을 가졌기 때문에 심층 신경망 deep neural network으로 알려진 대규모 신경망 구축이 가능했다. 게다가 1986년에 발표된 역전파 알고리듬은 앞선 장에서 설명했듯이 역전파 자체가 효율적이고 확장 가능한 방법이어서 거대한 신경망의 학습을 가능하게 만들었다. 1957년의 퍼셉트론과 같이 하나의 층으로 구성된 기존 신경망과는 달리, 심층 신경망은 수십억 개의 매개변수로 가득 찬 수백만 개의 상호 연결된 뉴런 층을 포함할 수 있었던 것이다. 이 복잡하고 유연한 구조 덕분에 이러한 신경망은 상당히 복잡하고 추상적인 방식으로 정보를 파악하고 표현할 수 있게 됐다.

그런데 이 엄청난 힘에도 불구하고 심층 신경망을 실제 비즈니스 응용으로 채택하는 것은 점진적으로 이뤄졌다. 주된 이유는 심층 신경망이 단순한 머신러닝 시스템에 비해 그 학습과 사용법이 복잡하고 까다롭기 때문이고, 응용 분야 전반에 걸쳐 상업적으로 실행할 수 있게 만드는 '티핑 포인트tipping point(작은 변화들이 어느 정도 기간을 두고 쌓여져 작은 변화 하나만 더 일어나도 갑자기 큰 영향을 초래할 수 있는 상태가 된 단계)'에 다다른 근거 때문이다. 말하자면 심층 신경망은 작업하기가 더 까다롭고, 고도로 전문화된 데이터 과학자가 요구되며, 높은 컴퓨팅 부하로 인해 실행 비용이 더 많이 든다는 것이다.

그러나 단순한 알고리듬과는 달리, 심층 신경망은 데이터 내의 미묘한 관계를 포착할 수 있어서 이미지 캡처에서 단순한 색조나 부정확한 선으로 인해 원래 피사체를 식별하는 데 변화가 없는 이미지 인식, 자연어 처리, 자율주행차와 같은 복잡한 의사결정 등의 작업에는 매우 효과적이었다. 하지만 단순한 알고리듬은 데이터와 출력 사이의 관계가 덜 복잡하고 출력이 한정된 상황(가령, 예 또는 아니오만 답할 수 있는 질문)에서 잘 작동했다.

실제로, 1990년대에는 두 가지 주요 유형의 심층 신경망이 큰 자극을 받았다. 그 각각은 두 가지 별개의 중요한 문제를 해결하는 데 특화돼 있었다. 그중 하나인 순환 신경망RNN, Recurrent Neural Network은 한 단어가 다른 단어를 따르는 인간의 언어와 같이 시간에 따라 변화하는 데이터를 분석하도록 설계됐다. 다른 하나인 합성곱 신경망^{CNN, Convolutional Neural Network}은 이미지와 같이 다차원 그리드 같은 데이터를 연구하는 데 사용됐으며, 2차원이고 시간에 따라 변화하는 동영상은 이 두 가지 유형의 신경망을 결합하기도 했다.

순환 신경망으로 단어 기억하기

인간의 언어는 AI의 가장 강력한 도전 과제 중 하나다. 물론, 초기 심층 신경망은 언어를 효과적으로 처리하는 데 근본적인 한계에 직면하기도 했다. 초기의 결정적인 장애물은 대화에서 몇 분 또는 몇 시간 전에 언급된 개념을 기억하기 힘든 것처럼 시간이 지나면서 필수 정보를 보존하지 못하는 것이다. 하지만 이러한 제약 때문에 딥러닝^{deep learning}은 오히려 장단기 메모리^{LSTM, Long Short-Term Memory} 네트워크의 개발이란 획기적인 발전을 이뤄냈다.

장단기 메모리는 1997년 세프 호흐라이터^{Sepp Hochreiter}와 위르겐 슈미트후버^{Jürgen Schmidhuber}가 만들었다. 가장 주목되는 혁신은 각 네트워크 단위에서 적응형 게이트와 함께 내부 메모리 구조의 도입이었다. 이 게이트를 통해 장단기 메모리는 어떤 정보를 보관하고, 어떤 정보를 잊고, 어떤 정보를 출력으로 생성할지 결정할 수 있었다. 또한, 이를 통해 시퀀스의 장기 의존성 문제를 효과적으로 다룸으로써 앞서 언급한 문제를 해결할 수 있었다.

실제로, 장단기 메모리 네트워크에서는 정보가 시간의 앞뒤 두 방향으로 흐른다. 이때 순방향 연결은 신경망의 표준 연결이고, 역방향 연결은 순환 연결이라고 한다. 이 양방향성 덕분에, 장단기 메모리는 단어나 개념의 의미가 이전에 말한 다른 단어에 의존하는 것과 같이 장기적인 시간적 의존성을 보다 효과적으로 포착할 수 있게 됐다. 이런 순환 특성 때문에 이 네트워크를 순환 신경망^{RRN}이라고 한다.

순환 신경망^{RRN}은 사실 장단기 메모리보다 훨씬 오래됐다. 1982년, 존 홉필드라는 물리학자는 이미 홉필드 네트워크$^{Hopfield\ Network}$라는 개념을 구현했고, 순환 신경망 개념을 완성시켜 장단기 메모리의 발명을 이끌어냈다. 장단기 메모리는 자동 번역, 텍스트 생성, 감정 분석과 같은 응용 분야에서 중요한 역할을 하며, 금융의 시계열 예측, 음성 분석, 순차적 데이터$^{sequential\ data1}$의 이상 탐지에도 사용된다.

장단기 메모리는 그 다용도성 덕분에 이후 수십 년 동안 다양한 산업 분야에 널리 채택됐다. 생성형 AI가 주류가 되기 전까지 장단기 메모리가 챗봇과 음성 봇을 구동하는 주된 알고리듬이었는데, 이에 대해서는 7장에서 차차 설명하겠다.

그리고 언어 외에도, 오늘날에는 데이터가 시간 순서에 따라 구조화된 문제에도 장단기 메모리가 사용된다. 예를 들어, 금융 분야에서 장단기 메모리는 주가 예측과 알고리듬 거래에 사용되며, 의료 분야에서는 장단기 메모리를 사용해 생체 신호를 모니터링함으로써 의료 개입을 예측하기도 한다. 또한, 장단기 메모리는 자율주행차에서 움직이는 물체의 궤적을 예측하고, 교통 패턴을 이해하며, 의사결정 과정을 개선하는 데도 사용된다.

1　순차적 데이터는 순서가 정해져 있고 요소의 순서가 중요한 데이터를 말한다. 이는 데이터 요소가 나타나는 순서의 의미를 지니며 데이터를 처리하거나 해석하는 방식에 영향을 미친다. – 옮긴이

합성곱 신경망으로 도형 식별하기

인간의 시각은 세상을 인식하고 이해하는 데 중요한 채널 중 하나다. 합성곱 신경망^{CNN}은 이미지를 해석하도록 특별히 설계된 지능형 알고리듬인데, 이는 가장자리, 모양 또는 특정 특징과 같은 중요한 패턴을 구별하기 위해 이미지를 면밀하게 조사하는 디지털 탐정 역할을 한다. 또한, 합성곱 신경망은 이미지를 분석하고 어떤 부분이 관련이 있는지를 알기 위해 자동으로 학습하는 필터층을 통해 수행한다. 바로 이런 필터를 수학에선 합성곱이라고 부르기 때문에 합성곱 신경망이란 이름도 붙여졌다. 이 접근 방식을 통해 합성곱 신경망은 캡처된 이미지나 라이브 이미지에서 중요한 세부 사항을 효율적으로 식별하고 이를 기반으로 결정을 내릴 수 있게 됐으며, 안면 인식, 사진 속의 물체 분류, 심지어 이미지를 기반으로 한 의료 진단과 같은 작업에서 중요한 역할을 하게 됐다.

이 분야에서 저명한 인물은 얀 르쿤$^{Yann\ LeCun}$으로서, 그는 합성곱 신경망의 발전과 광범위한 채택에 중추적인 기여를 한 것으로 널리 알려져 있다. 르쿤은 AI 개발에 대해 자신의 의견을 적극적으로 표명하는 것으로 유명한데, 나는 그의 의견을 이 책에서 여러 차례 인용할 것이다.

과거, 1998년 르쿤은 손글씨를 인식하도록 설계된 획기적인 신경망인 르넷-5를 도입했는데, 이는 이미지 분류와 물체 감지를 아우르는 다양한 작업에 합성곱 신경망을 적용할 수 있는 토대를 구축했다. 물론 이것이 최초의 합성곱 신경망은 아니지만, 얀 르쿤의 신경망은 실용적인 응용을 보여준 최초의 합성곱 신경망이라고 할 수 있었다.

이러니저러니 해도, 결국 우리는 합성곱 신경망을 개발하기 위해서는 풍부한 학습 데이터가 가장 중요하다는 점에 주목할 필요가 있다.

얀 르쿤은 그 필요성을 인식하고 MNIST^{Modified National Institute of Standards and Technology, 수정된 국립표준기술연구소} 데이터베이스를 활용해 이에 대응했다. 여기에는 0에서 9까지 손글씨로 라벨링 된 세심한 이미지가 구성돼 있었다. 시간이 지나면서 MNIST는 다양한 연구 분야에서 문자 인식 및 분류 알고리듬을 평가하기 위한 엄격한 기준을 제공하는 업계 표준으로 발전했으며, 여러 머신러닝 경연대회에서도 널리 활용됐다.

마찬가지로, 2006년 스탠퍼드대학의 페이-페이 리^{Fei-Fei Li}가 주도한 이미지넷^{ImageNet}이 가시화되면서 또 다른 야심 찬 사업이 구체화됐다. 이 특별한 데이터베이스는 수천 개의 다양한 카테고리로 세심하게 라벨링 된 수백만 개의 이미지를 수집하고 분류하는 가장 크고 강력한 데이터셋 중 하나로 자리매김했다. 이후, 전 세계 최고의 연구자와 애호가들이 참여하는 연례 대회인 이미지넷 대규모 시각 인식 챌린지 ILSVRC, ImageNet Large Scale Visual Recognition Challenge를 통해 이미지넷의 명성은 더 고조됐다.

머신러닝의 지능 트리

의사결정 트리^{decision tree}는 지도 머신러닝의 또 다른 기본 기법으로, 1990년대 AI 분야에서 유행하기 시작했다. 의사결정 트리는 여러 조건과 입력 특징을 기반으로 의사결정을 내리는 데 도움 되는 그래픽 모델인데, 문제마다의 주된 특징에 대한 각각의 질문이 가지로 표시되고, 가지에서 뻗어지는 잎사귀에 가능한 각각의 답이 그려진, 거꾸로 된 트리라고 볼 수 있다.

이미지를 한번 상상해 보자. 입력 데이터는 이 트리를 따라가고, 각각의 단계에서 최종 결정 또는 예측을 나타내는 잎사귀에 도달할 때까지 가지에서 수행된 테스트를 기반으로 결정이 내려지는 과정을.

의사결정 트리는 간단하면서도 강력한 모델이며, 이 트리의 논리적이고 효율적인 구조는 결정 규칙을 체계적으로 인코딩하고 처리하며 자동화된 데이터 기반 선택을 촉진하기 위한 접근 방식을 제공한다. 이렇듯, 의사결정 트리는 해석이 간단하고, 물체 분류나 추천 시스템과 같은 다양한 응용 분야에서도 다용도로 사용할 수 있다.

이때까지, 의사결정 트리는 AI 역사에서 중추적인 역할을 해왔다. 실제로 의사결정 트리 자체의 단순성 때문에 많은 회사마다 최초로 구현한 알고리듬이 바로 이런 의사결정 트리였으며, 해석 가능성과 투명한 의사결정 과정 때문에 은행과 의료 분야에서 의사결정 트리가 필수적으로 사용됐다. 이들 분야에서 의사결정 트리를 기반으로 하는 도구는 환자 상태에 영향을 미치는 요인에 대한 통찰력을 바탕으로 한 의료 진단을 돕고 있다. 해석 가능성은 의사결정 과정에 대한 정보를 소비자에게 제공해야 하는 법적 의무가 있는 은행과 같은 규제 산업에서 매우 중요하다. 이러한 이유 때문에 의사결정 트리는 머신러닝 알고리듬의 진화를 형성하는 데 널리 사용됐다. 예를 들어, 이 알고리듬이 신용 평가에 적용됨으로써 신용 배분에 대한 평가를 대폭 개선함과 동시에 규정을 준수해 대출 사업을 변화시켰다.

의사결정 트리는 사이버보안의 필수 도구이기도 하다. 복잡한 패턴을 분석하는 능력으로 사이버 위협을 실시간으로 식별할 뿐 아니라 그 예방에도 도움을 주기 때문이다. 이와 같은 이유로 디지털 생태계를 보호하는 데 있어서 의사결정 트리의 중요성은 지속적으로 부각되고 있다.

한편, 의사결정 트리를 구축할 때의 어려움은 지능적인 의사결정을 하고 모델이 너무 구체적이지 않도록 하려면 가장 가치 있는 변수(특징이라고도 함)를 어떻게 선택하느냐는 것이다. 로스 퀸란Ross Quinlan은 1993년에 C4.5 알고리듬을 통해 이 문제를 해결했다. 이 알고리듬은 각 단계에서 데이터셋을 분할하는 데 가장 유용한 특징을 선택하되, 과적합을 피하고자 가지치기를 수행함으로써 정확하고 이해하기 쉬운 모델을 생성했다.

이후, 1995년, IBM 엔지니어인 호 틴캄Tin Kam Ho, 何天琴이 개발한 랜덤 포레스트Random Forest 알고리듬이 도입되면서 중요한 돌파구가 갖춰졌다. 이는 단일 의사결정 트리와는 달리, 여러 개의 트리를 생성하고 그 결과를 결합해 더 강력하고 과적합에 대한 저항력이 강했으며, 각각의 트리는 데이터의 나뉜 부분에 내해 학습한 다음, 그 예측을 결합해 정확한 최종 예측을 얻었다. 이러한 접근 방식은 생물학에서부터 금융에 이르기까지 다양한 분야에서 필수적인 도구로 자리 잡았다.

끝으로 소개하고 싶은 의사결정 트리가 있다. 1999년 제롬 프리드먼Jerome Friedman이 도입한 그레디언트 부스팅Gradient Boosting 의사결정 트리다. 이 방식은 첫 번째 트리를 만들고 이 트리가 만드는 오류를 측정하는 반복적인 접근 방식으로, 오류를 최소화하기 위해 또 다른 트리를 생성하는 방식을 여러 차례 반복하는 트리다. 이를 통해, 의사결정 트리는 실수를 통해 학습하면서 각 단계에서 개선되며, 이 반복적인 과정은 여러 개의 트리를 결합하고 개선함으로써 매우 정확하고 강력한 최종 모델을 생성하고 있어 분류 및 회귀 문제에 강력한 도구가 됐다.

비지도 학습의 점진적 발전

우리는 이미 1990년대에 가장 중요한 지도 학습 알고리듬을 살펴봤다. 그러나 같은 10년 동안 이뤄졌던 비지도 학습의 발전도 간과해서는 안 된다. 이 분야가 궁극적으로 범용인공지능^{AGI}의 발전에 중요한 열쇠를 쥐고 있기 때문이다.

실제로, 우리 인간은 공식적인 교육 없이도 지식을 습득하는 놀라운 능력을 지니고 있다. 예를 들어, 시야^{視野}나 이미지 내에서 물체를 쉽게 식별하고, 개나 고양이와 같은 물체 유형을 구분하며, 언어 학습, 사회적 행동 적응, 걷기, 기어가기, 특정 도구 사용, 위험 식별과 같은 훨씬 복잡한 작업까지 수행할 수 있다. 이런 타고난 인간의 능력을 기계에 옮긴다는 것은 엄청난 도전이며, 이를 위해서는 비지도 학습 모델의 도움이 필요하다. 비지도 학습의 잠재력을 최대한 실현하게 된다면, AI 분야에서 획기적인 도약도 가능할 것이다. 예를 들어, 라벨링 된 텍스트 샘플 대신 비디오 데이터를 배포하는 알고리듬을 사용해 기계가 인간만큼 빠르게 학습할 수 있도록 하는 등 범용인공지능^{AGI}을 실현하는 방향으로 나아갈 수 있는 것이다.

이러한 비지도 학습 모델의 초기 작업은 바로 앞에서 설명한 클러스터링에서 엿볼 수 있다. 1950년대부터 존재해 온 분할 알고리듬$^{Segmentation\ Algorithms}$이다. 가장 고전적인 이 클러스터링 알고리듬은 1957년 스튜어트 로이드$^{Stuart\ Lloyd}$가 처음 고안한 K-평균$^{K\text{-}means}$으로도 불린다. 이 알고리듬은 정의된 특성에 따라 식별하고자 하는 데이터 세그먼트의 수를 별도로 지정하면 알고리듬이 제공된 데이터를 사용해 해당 세그먼트를 식별하는 방식을 택하고 있다. 예를 들어, 데이터 과학자가 구매 빈도, 평균 금액, 나이를 기준으로 백만 명의 고객으로 구성된 고객 데이터베이스에서 10개의 세그먼트를 식별하고 싶으면 그렇게 지정할 수 있다. 그런데 여기서 10개 대신 5개 또는 20개의 세그먼트를 취하는 것이 더 합리적일지, 선택된 기준이 적절한 기준인지 그 여부는 판단할 수 없다. K-평균의 작동 방식은 요청되는 세그먼트 수만큼 데이터에서 '무게 중심center of gravity'을 식별하고 각각의 고객을 가장 가까운 '무게 중심'에 할당하는 것뿐이다. 이는 세그먼트의 모양이 구형이고, 각 세그먼트에 대략 비슷한 수의 고객이 있다는 의미로써 결과의 실행 가능성에 내재된 한계를 암시한다.

이후, 1990년대 들어 이러한 문제를 해결할 수 있는 새로운 알고리듬이 개발됐다. 이 알고리듬은 DBSCAN^{Density-Based Spatial Clustering of Applications with Noise, 밀도 기반 군집화 알고리듬}이며, 1996년 마틴 에스터^{Martin Ester}가 발명했다. DBSCAN은 구형이고 비슷한 크기의 클러스터를 가정하는 K-평균과는 달리, 데이터 포인트의 밀도를 기반으로 클러스터를 동적으로 식별한다. 이에 따라 모양이 임의적인 클러스터를 감지하고 데이터셋 내의 다양한 클러스터 밀도에 적응 가능하다는 장점이 있다. 또한 DBSCAN은 K-평균의 본질적인 한계인 클러스터 수의 사전 지정을 하지 않아도 되기에, 클러스터 수를 미리 알 수 없는 실제 데이터셋에도 좀 더 다양하게 적용할 수 있다. 게다가 데이터셋 내에서 노이즈 또는 이상값을 식별하고 라벨을 지정하는 데 효과적이어서 기본 데이터 구조를 더욱 미묘하게 파악할 수 있다.

DBSCAN의 응용 분야는 다양하며, 지금도 널리 활용되고 있다. 이는 교통 연구에서 교통 패턴을 분석하고 혼잡 지역을 파악하는 데도 사용된다. 일례로, 교통 센서에서 얻은 시공간 데이터를 클러스터링하면 교통 흐름을 최적화하고 도심의 기동성을 개선하는 데 도움을 줄 수 있다. 이미지 처리에서 DBSCAN은 다양한 구조물 사이의 경계를 구분하는 데도 널리 사용됐으며, 자율주행차가 다른 자동차, 보행자 또는 표지판을 식별하는 데 도움이 되는 물체 인식 및 컴퓨터 비전 작업에도 기여하고 있다. DBSCAN은 데이터셋에서 예상되는 표준에서 벗어나는 비정상적인 패턴이나 데이터 포인트를 식별하는 데에도 도움을 주며, 이는 사기 탐지, 네트워크 보안, 제조업의 품질 관리에 유용하다. 이 외에도, DBSCAN은 생물정보학에 적용돼 유사한 발현 패턴을 가진 유전자 그룹을 식별하는 데 도움을 주며, 연구자들이 생물학적 데이터에서 잠재적인 관계와 기능적 연관성을 발견하는 데도 큰 역할을 한다. 게다가 마케팅 분석 시 기업은 DBSCAN을 사용해 구매 행동에 따라 고객을 분류함으로써 마케팅 전략으로 특정 고객 세그먼트를 타깃팅할 수 있다.

다만, 비지도 학습 알고리듬은 라벨이 없고, 간단한 학습 방법도 없다. 또한, 본질적으로 맞춤식이기 때문에 매우 복잡하며 정확하게 개발하기 어렵다. 그럼에도 불구하고 비지도 학습은 생성형 AI 분야에서 매우 유용하다. 예를 들어, 워드 임베딩word embedding과 같은 비지도 학습 알고리듬의 경우는 자연어 처리NLP에 사용되며, 생성적 적대 신경망GAN, Generative Adversarial Network은 이미지 또는 비디오 합성, 딥페이크에 사용되는 비지도 학습 알고리듬이다. 이 내용은 7장에서 좀 더 자세히 살펴보겠다.

강화 학습의 잠재력 활용하기

이 기간 동안 강화 학습이라는 세 번째 유형의 알고리듬도 상당히 발전했다. 이는 인간이 일상적인 상호작용에서 하는 것처럼 AI가 외부 환경과 상호작용하고, 데이터/자극을 수신하며, 이를 기반으로 조치를 취하는 응용 프로그램에서 주로 사용되기 때문에 매우 중요하다.

한 예로, 강화 학습은 주행 환경과의 지속적인 상호작용을 통해 학습함으로써 주행, 차선 유지, 주차 등의 실시간 의사결정을 내릴 수 있도록 자율주행차 학습에 사용된다. 로봇공학에서 강화 학습은 물체 잡기, 이동, 조작과 같은 작업에 적용돼 로봇이 주변 환경으로부터 받은 피드백을 바탕으로 자신의 행동을 조정 가능하게 한다.

또한, 강화 학습은 재고 관리, 공급망 물류, 수요 예측을 최적화해 전반적인 효율성을 높이고 운영 비용을 절감하는 데도 활용된다. 이 학습은 복잡한 게임을 마스터하고 높은 수준의 성과를 달성하는 데도 탁월한데, 이 부분은 다음 절에서 살펴보겠다.

실제로 이러한 알고리듬의 개발은 반복적이고 점진적으로 이뤄졌다. 1989년, 닷컴 붐이 일어나기 직전 크리스토퍼 왓킨스(Christopher Watkins)는 Q-러닝(Q-learning)이라는 알고리듬을 개발하는 기념비적인 성과를 거뒀고, Q-러닝은 강화 학습의 느린 속도와 복잡성을 해결하는 보다 효율적이고 효과적인 방법을 제공했다. 그리고 이는 결국 순차적이고 변화하는 상황에서 최적의 결정을 내리는 방법을 기계에 가르치는 기본 기술이 됐다.

Q-러닝은 상태와 행동 쌍에 'Q-값(Q-value)'이라고 불리는 숫자 값을 할당하는 'Q-함수(Q-function)'를 생성해 이 문제를 해결한다. 본질적으로, Q-함수는 에이전트가 각 특정 상태나 상황에서 특정한 행동을 취함

으로써 얻을 수 있는 예상 누적 보상을 나타낸다. 이를 쉽게 이해하기 위해 게임으로 설명해 보자면, 특정 게임 단계에서 특정 행동에 대한 Q-함수가 높을수록 해당 행동을 취하는 것이 더 좋다고 할 수 있다. 이 알고리듬은 점점 더 많은 게임을 플레이함으로써 시나리오와 가능한 모든 수를 통해 최적의 Q-값을 점진적으로 학습해 에이전트가 정보에 입각한 결정을 하도록 도와준다.

Q-러닝은 TD^{Temporal Difference, 시간차} 알고리듬이라고 불리는 알고리듬 계열 중에서도 특별한 경우다. Q-러닝은 학습이 이뤄지는 과정에서 시간이 지남에 따라 Q-값을 조금씩 증가시키려는 방식을 취하기 때문에, Q-값에는 점진적인 '시간차'가 존재하게 된다. 결국, TD 알고리듬은 새로운 것이 아니다. 이미 1970년대부터 연구돼 온 알고리듬이다. 그러나 Q-러닝이 실용적으로 구현된 것은 이번이 처음이며, 효율적인 학습 과정을 통해 AI가 지식을 빠르게 습득하고 올바른 의사결정을 내릴 수 있도록 해주기 때문에 오늘날 가장 각광받고 있다.

그로부터 몇 년 후인 1992년, IBM 엔지니어인 제럴드 테소로^{Gerald Tesauro}는 전략적이고 숙련된 백개먼^{Backgammon}이라는 게임을 마스터하기 위해 이 TD 개념을 구현한 또 다른 유명한 게임인 TD-개먼^{TD-Gammon}을 만들어냈다. 백개먼은 두 명의 플레이어가 주사위를 굴려 체커를 보드 주위로 옮겨서 상대보다 먼저 모든 체커를 없애는 2인용 보드게임이다.

TD-개먼은 스스로 수많은 백개먼 게임을 한 뒤 그 결과에 따라 전략을 조정했다. 처음에는 최고의 인간 백개먼 플레이어를 능가할 수 없었지만, 게임이 진행됨에 따라 TD-개먼은 점점 더 그 게임에 능수능란해졌다. TD-개먼의 독특한 점은 인공 신경망을 사용해 강화 학습을 통해 학습함으로써 시간이 지남에 따라 게임 플레이를 개선할 수 있다는 점이다.

이러한 TD-개먼의 작동 방식은 Q-러닝과 매우 유사하다. 실제로, TD-개먼은 각각의 움직임마다 게임에서 이길 확률을 나타내는 숫자를 계산하며, 이동할 때마다 이 확률을 다시 계산해, 승리에 가까워지고 있는지 아니면 패배에 가까워지고 있는지를 판단한다. 이러한 추정치 간의 차이를 통해, TD-개먼은 학습하고, 과거 이길 확률이 높았던 행동을 더 많이 수행해 승리 확률을 극대화한다.

이처럼 강화 학습 알고리듬을 구현하는 것은 상대와 대결하거나 로봇이 조금씩 걷는 법을 배우도록 하는 등 AI가 외부 환경과 상호작용을 하는 응용 프로그램에 주로 사용되기 때문에 엄청난 도전 과제를 품고 있다. AI의 학습 과정은 수많은 상호작용이 필요한 까닭에 시간이 많이 걸릴 수밖에 없고, 각각의 귀중한 시간을 소비하지 않으면 안 되는 것이다.

앞서 논의한 바와 같이, 인간과 동물은 대부분 강화와 시행착오를 통해 학습한다. 따라서 강화 학습 알고리듬이 범용인공지능[AGI]을 발전시키는 가장 유망한 방법의 하나라는 것은 놀라운 일이 아니다. 이 부분은 9장에서 자세히 살펴보겠다.

카스파로프를 상대로 한 딥블루의 무차별 대입의 승리

이 시점에서 주목할 만한 사건을 하나 소개하겠다. AI 역사상 가장 상징적인 순간 중 하나인 1997년 IBM의 컴퓨터 딥블루[Deep Blue]가 당시 세계 최고 랭킹의 선수이자 세계 체스 챔피언이었던 러시아 가리 카스파로프[Gary Kasparov]를 상대로 거둔 승리다. 흥미롭게도 카스파로프는 1년 전 딥블루를 꺾은 적이 있었다.

딥블루는 인간의 지능을 모방하는 것이 아니라 무차별 대입[2]을 사용했다. 딥블루는 체스 원리와 인간의 전문 지식에 기초한 평가 기능에 따라 초당 수백만 개의 체스 수를 평가할 수 있는데, 이는 어떤 측면에서 보면 전문가 시스템의 정점에 불과했다. 컴퓨터는 데이터베이스와 계산 능력을 사용해 최적의 수를 찾기 위해 철저히 검색하고, 고급 검색 알고리듬을 활용하기 때문이다. 게다가 딥블루는 방대한 체스 오프닝과 엔드 게임 데이터베이스에 접근할 수 있었고, 병렬 처리 기능을 통해 여러 수를 동시에 분석할 수 있었다.

그런데 체스에서 승리했음에도 불구하고 딥블루는 인간과 같은 지능은 전혀 보여주지 못했다. 대신, 머신러닝이나 신경망이 없는 고효율의 규칙과 확률 중심의 소프트웨어에 의존했다. 이렇듯, 딥블루의 전략은 계산 능력과 매력적인 게임 플레이를 위해 미리 프로그래밍 된 체스 지식을 적용하는 데 달려 있었다.

IBM 딥블루는 강화 학습이 아니라 그보다 더 단순한 것이었지만, 딥블루의 승리의 의미는 체스판을 뛰어넘어 확장됐다. 그것은 AI의 발전하는 역량을 상징했고, 지적 추구에서 인간 지능에 경쟁할 수 있는 AI 잠재력에 대한 논의를 촉발시켰다.

물론, 딥블루가 오늘날 우리가 생각하는 것만큼 매우 지능적인 시스템은 아니었지만, 기본적인 AI 시스템이 처리 능력만으로도 인간을 능가할 수 있음을 보여준 사례로 꼽힌다. 그러나 2016년 강화 학습 알고

---

2 무차별 대입은 보다 효율적이고 전략적이거나 지능적인 접근 방식이 아닌 올바른 해결책을 찾을 때까지 가능한 모든 해결책을 시도하는 문제 해결 방법을 말한다. 딥블루에서 무차별 대입은 컴퓨터가 인간과 같은 방식으로 게임을 이해하지 않고도 수백만 개의 가능한 체스 수를 평가해 모든 옵션을 확인하는 것을 의미한다. 무차별 대입의 장점은 충분한 계산 능력만 있으면 최적의 솔루션을 찾을 수 있다는 것이다. 하지만 문제 공간이 방대하고 복잡한 경우에는 효율적이지 않다. 딥 블루의 경우, 무차별 대입은 엄청난 처리 능력 덕분에 초당 수많은 위치를 평가할 수 있었기 때문에 가능했다. - 옮긴이

리듬을 기반으로 한 순수 AI가 복잡한 바둑 게임에서 세계 최고의 바둑 기사를 물리치면서 지각변동이 일어났다. 다음 장에서는 이 지각변동을 일으킨 알파고를 살펴볼 생각이다.

07

거대 금융위기와
기나긴 AI 여름

"이것이 올바른 알고리듬인지 아닌지는 누구도 알 수 없지만, 이 알고리듬이 조잡한 근사치라도 찾아내고 이를 컴퓨터에서 실현할 수 있다면 우리는 많은 진전을 이룰 수 있는 희망을 품게 될 것이다."

- 앤드류 응Andrew Ng,

컴퓨터 과학자, 구글 브레인 및 코세라 설립자

2024년 현재 우리가 처한 AI 개발의 번영기는 전례 없이 길었다. 우리는 이 시기를 '장기화된 AI 여름prolonged AI summer'이라고 불렀다.

이 책을 통해 전반적으로 살펴봤듯이, 1956년 AI 연구의 초기 번영기가 시작된 이후 1974년 미국과 영국 정부가 세계 석유 파동에 대한 대응 차원에서 AI 연구 자금을 대폭 삭감하면서 1차 AI 겨울이 찾아왔다. 그 후 1987년 하드웨어 산업의 시장 붕괴와 1989년의 일본의 자산 가격 거품 붕괴로 인해 2차 겨울이 찾아왔다. 마지막으로는 2000년 닷컴 위기와 함께 3차 AI 겨울이 찾아왔다.

그러나 2008년 거대 금융위기의 여파 이후 AI 산업은 약화되기는커녕, 오히려 어느 때보다 강력하고 탄력적으로 부상하면서 호황과 불황의 주기가 깨지는 듯했다. 이전과 달리 이번에 도래한 위기는 AI 겨울까진 촉발하지 않았다. 대신 2000년대 초반부터 시작된 AI의 여름이 연속되는 진화적 특징이 있었다.

여기에는 몇 가지 이유가 있다. 첫째, 2002년에 이르러 기술적 토대가 제자리를 잡았다는 것이다. 실제로 순수한 AI 측면에서, 음성 및 이미지 처리를 위한 심층 신경망(순환 신경망과 합성곱 신경망), 복잡한 의사결정 트리, 세분화 및 이상 징후 식별을 위한 고급 비지도 학습 알고리듬, 강력한 강화 학습 알고리듬 등 알고리듬에 대한 모든 이론적 토대가 이미 개발된 상태였다. 또한, 이러한 핵심 기술의 제품화도 가능해진 상황이었다. 마찬가지로, 확장된 AI 채택에 대한 기술적 종속성도 AWS Amazon Web Services, 아마존 웹 서비스, 애저Azure, 구글 클라우드Google Cloud와 같은 제품으로 구현된 비용 효율적인 분산 서버 기술(클라우드라고도 함)의 급속한 글로벌 성장과 더불어 해결됐다. 이러한 분산 서버 기술은 막대한 고정 비용과 높은 자본 투자 배포 요구 사항을 확장시킨 변동 비용 모델로 대체돼 어느 기업이든 AI 애플리케이션을 배포할 수 있게 됐다.

상업적 측면에서는, AI 연구자들과 기업들이 위기로 인한 경제적 어려움에 빠르게 적응함으로써 이를 극복할 충분한 핵심 과학적 지식과 작업을 이미 '준비된' 실용적인 응용 프로그램에 초점을 맞췄다는 것이다. 이를 토대로 음성 비서, 이미지의 안면 인식, 사진이나 비디오 안의 물체 식별을 위한 고급 알고리듬의 배포 길이 열렸으며, B2C 및 B2B 제품에 실질적인 경제적 응용이 가능해졌고, 재정 모델은 이런 노력을 뒷받침할 수 있게 됐다.

이 기간 동안 알고리듬, 그중에서도 특히 심층 신경망의 혁신은 다음 장에서 거론할 생성형 AI와 14장에서 살펴볼 자율 로봇과 같은 혁신적인 기술의 토대가 돼 줬다.

AI, 거대 금융위기로부터 더욱 강하게 부상하다

닷컴 위기는 2000년대 초반 기술 산업을 뒤흔든 지진과도 같은 사건이었으며, 수많은 스타트업과 AI 연구 프로젝트에 치명타를 입혔다. 이후, 여러 업계가 이런 장기간의 불확실성에서 서서히 회복되고 있을 무렵, 2008년 세계 금융위기가 닥쳤다. 비극적인 리먼 브라더스^{Lehman} ^{Brothers}의 붕괴로 촉발되면서 고위험 모기지 대출의 불안정한 영역에 의해 가속화된 2008년 거대 금융위기의 충격파는 전 세계 경제 지형에 파문을 일으켰다. 전 세계를 심각한 경기 침체의 심연으로 몰아넣은 이 대격변의 여파는 산업 전반으로 광범위하게 퍼져나갔다. 이런 충격적인 여파 속에서도 AI 부문은 닷컴 위기 때와는 다르게 전혀 예상치 못한 회복력을 보이면서 입지를 강화할 수 있는 기회를 잡게 됐다.

AI 산업 내 금융 소용돌이의 주목할 만한 결과는 자금과 투자의 극심한 위축이었다. 자금 조달이 극도로 어려운 처지에서 AI 연구자와 기업은 기존의 비즈니스와 제품에 구체적인 가치를 부여하고 효율성을 높이고 비용을 절감해 빠른 투자 수익을 제공할 수 있는 프로젝트에 초점을 맞춰 태세를 전환했다. 이는 AI 환경을 순수한 학문적, 이론적 연구에서 실용적인 응용 분야로 전환하는 중대한 전환점이 됐다. 그리고 결과적으로, 금융 부문의 사기 탐지, 의료 부문의 IBM 왓슨IBM Watson과 같은 솔루션, 그리고 고급 추천 엔진을 갖춘 전자상거래 또는 비디오 스트리밍 부문과 같은 응용 분야에 AI 기술을 접목함으로써 AI가 가속화됐다.

소규모 은행을 포함한 많은 산업이 생존을 위해 고군분투했고, AI는 자동화 과정을 제공하고 비용을 절감하며 고객 경험 확대와 이를 구현하는 데 필요한 프로젝트 투자를 통해 수익을 창출할 가능성을 제시함으로써 효율성의 등불로 떠올랐다. 이에 저마다 금융위기로 인해 성장과 수익에 어려움을 겪는 기업들은, 운영을 최적화하고 손익을 강화할 수 있는 AI 솔루션을 간절히 찾아다녔다.

예를 들어, 금융 부문에서는 많은 AI 스타트업이 사기 탐지를 위한 매우 효과적인 AI 알고리듬을 개발해 은행으로 하여금 막대한 손실을 보지 않도록 보호했다. 기업 고객의 비용 절감 프로젝트를 지원하는 데 특화된 AI 스타트업도 따라서 번창했다. 특히 유아이패스UiPath의 경우는 컴퓨터 화면에서 반복적인 작업을 자동화하는 로보틱 프로세스 자동화RPA, Robotic Process Automation라는 획기적인 기술을 활용해 글로벌 기업 운영을 간소화하는 데 중추적인 역할을 했다.

2010년에 등장한 IBM 왓슨도 이러한 변혁의 시기에 시의적절하게 활약했다. 왓슨은 의료, 법률 연구, 비즈니스 관리 등 다양한 산업 분야에서 틈새시장을 찾아 분야마다 상당한 비용 절감 및 운영 효율성을 달성한 AI 시스템이며, 텔레비전 퀴즈쇼 〈제퍼디!〉에서 승리함으로써 복잡한 질문에 답하고 인간 경쟁자들을 능가하는 놀라운 능력을 입증하며 역사를 이뤘다.

이 외에도, 경제 폭풍에 대응하기 위해 전 세계 정부들은 저마다 다양한 경기 부양책과 경제 활성화 프로그램을 도입했다. 이 조치 중 기술 혁신에 대한 투자가 가장 중심이었다. 이처럼 경제 성장을 자극하고 일자리 창출을 촉진할 수 있는 AI의 잠재력을 정부가 앞서서 인식함에 따라, AI 산업은 힘을 얻었다.

동시에, 금융위기는 산업 통합의 촉매제 역할도 했다. 자금 확보에 곤란을 겪던 소규모 AI 스타트업은 자금력이 풍부한 기술 대기업의 주요 인수 대상이 됐는데, 2014년 구글이 AI 스타트업 딥마인드^{DeepMind}를 인수한 사례는 이런 추세를 잘 보여준다. 이러한 전략적 움직임으로 말미암아 구글은 자동 번역 및 음성 인식을 위한 딥러닝과 같은 기술 발전을 촉진해 AI 노력의 최전선에 서게 됐다. 또한 2013년에는 자율 2족 보행 및 4족 보행 로봇 개발의 선구적인 업적으로 유명 로봇공학 기업인 보스턴 다이내믹스$^{Boston\ Dynamics}$를 인수했다. 애플 역시 2010년에 음성 기반 가상 비서인 시리를 인수하는 등의 기회를 잡았다.

2008년 금융위기의 여파가 AI 산업에 엄청난 도전을 안겨주었지만, 궁극적으로는 회복력과 실용성으로 특징되는 산업을 형성했고, 이 산업은 지금도 계속 번성해 비즈니스와 사회에 막대한 영향력을 발휘하고 있다.

추천 알고리듬을 위한 넷플릭스의 백만 달러짜리 탐구

추천 엔진은 2000년대 들어 개발된 가장 실용적인 머신러닝 알고리듬이다. 그중 일부는 지도받고, 일부는 지도받지 않지만 말이다.

실제로 추천 시스템은 영화와 음악에서부터 상품과 뉴스에 이르기까지 선택의 폭이 넓어진 세상에서 사람들의 삶을 단순화하기 위해 고안된 귀중한 도구로 급부상했다. 전자상거래와 주문형 비디오 및 오디오 스트리밍 서비스의 부상에 힘입어 탄생한 이 독창적인 시스템은 사용자들의 압도적인 선택의 홍수 속에서 관련성 높은 콘텐츠를 발견하는 데 결정적인 역할을 하기도 했다.

한 예로, 사람이 평생 볼 수 있는 것보다 많은 10억 개 이상의 동영상을 보유 중인 구글의 유튜브YouTube는 개인의 시청 이력을 파악하고, 이를 사용자가 구글에 제공한 다른 데이터와 결합시켜 사용자가 좋아할 가능성이 높다고 판단되는 항목을 제시한다. 아마존과 넷플릭스 같은 다른 기술 기업도 이와 유사한 시스템을 전략의 필수 요소로 채택한다. 이들은 고객 만족도와 유지율을 높이는 개인화된 추천을 제공하기 위해 이 시스템에 의존한다.

추천 알고리듬은 매우 복잡한 수학적 작업이며 다양한 접근 방식을 포괄한다. 이는 대부분 지도 방식이지만, 일부는 비지도 방식이다.

예를 들어, 콘텐츠 기반 필터링은 영화 장르, 국가, 배우, 감독 등의 항목 속성에 의존하고, 콘텐츠와의 과거 상호작용을 통해 사용자 선호도를 평가해 맞춤형 제안을 하지만, 사용자 기반 필터링은 비슷한 취향을 가진 사용자를 매칭하고, 비슷한 취향의 사용자가 좋아하는 아이템을 제안하며, 협업 필터링은 사용자-항목 상호작용을 분석하고, 집단행동의 영향을 받는 항목 특성을 고려하면서 사용자의 관심사를 밝혀냄으로써 두 가지 전략을 통합한다. 또한, 지식 기반 알고리듬은 전문가의 통찰력을 활용하는데, 이는 앞선 5장에서 논의한 전문가 시스템과 유사하다. 인기 기반 알고리듬은 더 많은 청중에게 인기 있는 항목을 제안하는 데 주안점을 두며, 하이브리드 접근 방식은 여러 기술을 혼합해 각 방법의 고유한 강점을 활용하고 한계를 완화하는 것을 목표로 한다.

넷플릭스는 추천 시스템을 개선하는 것이 업무 수행에 필수적임을 인식해 2006년을 기점으로 '넷플릭스 프라이즈The Netflix Prize'라는 대회를 열었다. 이 도전 과제는 매력적이었다. 넷플릭스 추천 알고리듬의 성능을 10% 향상할 수 있는 사람에게 백만 달러의 상금을 내걸었기 때문이다. 이 야심 찬 시도는 머신러닝 커뮤니티에 뜨거운 열정을 불러일으켰고, 전 세계 수천 명의 인재를 동참시키게 만들었다.

이 넷플릭스 대회는 추천 기술의 발전을 강조할 뿐 아니라 이 분야에 관한 추가 연구에 활기를 불어넣었다. 복잡성과 10% 개선이라는 야심 찬 목표는 2009년이 돼서야 모두가 탐내는 상을 시상할 수 있었다.

우승팀은 '벨코어스프래그매틱카오스BellKor's Pragmatic Chaos'라는 팀으로, 여러 개별 모델의 예측을 병합해 보다 정확하고 강력한 전체 추천 시스템을 만드는 하이브리드 접근 방식을 사용했다. 이 승리는 하이브리드 추천 알고리듬의 잠재력을 강조하는 계기가 됐고, 그 결과 이 알고리듬은 정확하고 다양한 콘텐츠 추천을 제공하는 데 널리 활용됐다. 이는 오늘날 넷플릭스, 훌루, 디즈니를 비롯한 대부분의 대규모 비디오 스트리밍 업체는 물론이고 아마존, 월마트와 같은 대부분의 소매업체에서도 사용하고 있다.

그 이후 넷플릭스는 사용자들에게 더욱 정확하고 맞춤화된 콘텐츠를 제공하기 위해 추천 시스템을 지속적으로 개선해 왔다. 이에 따라 넷플릭스라는 브랜드는 이 기능과 긴 형식의 동영상 검색에 내재된 문제를 해결한 대명사가 됐으며, 100만 달러 넷플릭스 상금 대회 이후, 그들의 총 시가총액은 600억 달러에 육박하게 됐다.

음성 비서 시대: 시리, 구글 나우, 알렉사, 코타나

2010년대 초반에는 소비자 시장에 음성 비서가 도입됨으로써 언어 기술 세계에서 지각변동을 일으켰다. 여기서 거대 기술 기업들은 음성 기반 가상 비서를 공개했는데, 애플의 시리(2011), 구글의 구글 나우(2012), 아마존의 알렉사(2014), 마이크로소프트의 코타나(2014)가 바로 그 예다. 이 스마트폰 애플리케이션은 사용자의 질문에 답하고 추천을 제공하며 명령까지 실행하곤 한다.

이러한 음성 비서의 핵심으로는 앞서 설명한 순환 딥신경망RNN, Recurrent Deep Neural Network을 기반으로 한 복잡한 기술의 시너지가 있다. 음성 인식은 기초 구성 요소로서 중요한 단계를 거친다. 사용자가 음성을 통해 이러한 가상 비서와 상호작용을 할 때, 사용자의 음성은 자동 음성 인식 알고리듬에 의해 처리돼 사용자의 음성에서 나오는 주파수와 음파를 코드로 변환한 다음, 다시 코드를 실행해 패턴, 구문, 키워드를 식별하기 위해 코드를 세분화한다.

이 알고리듬은 오디오 녹음과 해당 필사본이 포함된 광범위한 데이터셋에 대한 엄격한 학습을 거친다. 이 학습에 얼마나 많은 데이터를 처리해야 하는지 상상하고 싶으면, 여러분이 갖고 있는 사전dictionary의 일부를 상상해 보라. 또, 1억 명의 다양한 목소리 톤으로 말한 단어마다의 각각의 음소에 구문과 문장으로 결합해야 하는 조합 단어를 곱한 값도 상상해 보라. 바로 이 학습을 통해 음성 비서는 음성 언어를 정확한 텍스트로 변환할 수 있는 역량을 갖추게 되는 것이다.

이 초기 전사 이후 시스템은 자연어 처리[NLP]와 이해 단계로 넘어간다. 텍스트 입력은 사용자의 의도를 파악하고 관련 정보를 추출하기 위해 종합적으로 분석된다. 언어 이해 알고리듬은 워드 임베딩, 명명된 실체 인식, 감정 분석, 언어 모델링 등 다양한 기술을 사용해 키워드, 구문, 사용자의 상호작용 목적을 파악한다. 이때 워드 임베딩은 매우 중요한 의미를 지니고 있는데, 이 부분에 대해서는 생성형 AI에 관해 설명하는 다음 장에서 함께 거론하겠다. 왜냐하면 이 워드 임베딩은 생성형 AI의 전조이기 때문이다.

이후, 음성 비서가 사용자의 의도를 알아내면 해당 답변을 찾기 위해 텍스트 입력을 진행한다. 예를 들어, 사용자가 그날의 날씨에 대해 문의하면, 시스템은 웹이나 내부 데이터베이스에서 최신 날씨 정보를 검색하기 위한 질의를 작성하는 것이다. 이때, 유용한 답변을 제공하는 기능은 지식 그래프와 검색 기능에 대한 접근과 결부된 경우가 많다. 또한, 이러한 시스템은 수많은 개체, 장소, 개념에 대한 정보를 저장하는 방대하게 구조화된 데이터 저장소를 활용한다. 결국 이렇게 방대한 지식 덕분에 가상 비서는 사용자의 다양한 질문에 정확한 답변을 제공할 수 있는 것이다.

그런 다음, 이 시스템은 사용자에게 응답을 전달할 때 텍스트 음성 변환 기술을 사용한다. 텍스트 음성 변환 알고리듬은 텍스트 정보를 자연스러운 음성으로 변환하며, 사용자 선호도에 따라 개인화 옵션을 제공한다. 마지막으로, 여러 번의 교환을 포함하는 멀티턴 대화의 경우, 효과적인 대화 관리가 중추적인 역할을 한다. 이때 음성 비서는 이

전 상호작용의 맥락을 유지해 확장된 토론에서도 일관성 있고 관련성 있는 응답을 유지한다.

바로 앞 세대의 음성 비서는 상업용 응용 분야에서 그 유용성이 입증됐지만, 불과 10년도 되지 않아 생성형 AI에게 완전히 추월당해 거의 쓸모없게 됐다. 이것은 나중에 논의할 것이다.

구글과 페이스북, 픽셀에서 인사이트로

지난 15년 동안 이미지 처리 알고리듬의 급속한 발전은 가히 놀랄 만하다. 휴대폰 앱을 잠금 해제하는 안면 인식 기술은 보안과 개인화 분야에서 일대 혁명을 일으켰으며, 동영상 속에서 물체를 식별하는 기능은 자율주행과 엔터테인먼트, 전자상거래의 지형을 재편했다. 또한, 이미지 분류 알고리듬은 의료 영상 진단의 정확도를 크게 향상시켰다.

이러한 이미지 처리 연구는 대학과 민간 기업이 함께 주도했다. 대학 측에서는 2012년 토론토대학의 알렉스 크리제프스키[Alex Krizhevsky], 제프리 E. 힌턴[Geoffrey E. Hinton], 일리야 수츠케버[Ilya Sutskever]가 세심하게 제작한 딥러닝 모델인 알렉스넷[AlexNet]을 탄생시켜 획기적인 역사를 이뤘다. 힌턴은 앞선 5장에서 다룬 역전파의 아버지 중 한 사람이고, 수츠케버는 나중에 오픈AI의 수석 과학자가 된 사람이다.

이후, 2012년, 알렉스넷은 스탠퍼드대학이 주최한 권위 있는 이미지넷 대규모 시각 인식 챌린지[ImageNet Large Scale Visual Recognition Challenge]에서 최우수상을 받았다. 관련 내용은 이미 앞에서 논의한 바 있다. 이 시스템의 주된 임무는 경외심을 불러일으킬 정도로 정밀하게 실행되는 이미지 분류에 집중된다. 알렉스넷은 이미지에서 복잡한 특징을 추출하고 그 특징을 활용해 이미지 분류를 용이하게 하도록 세심하게 설계된 여러 층으로 이뤄진 합성곱 신경망^{CNN}을 핵심으로 활용했다. 알렉스넷의 응용 범위는 거리에서 자동차나 사람과 같은 물체를 인식하는 것부터 얼굴을 식별하고 본 동물을 개나 고양이로 분류하는 것까지 실로 다양했다.

그와 동시에, 2011년, 카리스마 넘치는 스탠퍼드대학 교수이자 2012년 코세라^{Coursera}의 설립자인 앤드류 응$^{Andrew\ Ng}$이 이끄는 구글 브레인$^{Google\ Brain}$도 설립됐다. 구글 브레인은 AI의 경계를 넓히기 위해 연구하는 부서로, 비지도 학습을 통해 유튜브 동영상에서 추출한 라벨링 되지 않은 이미지를 분석해 물체를 식별하는 신경망을 학습시키는 놀라운 업적을 달성했다. 앞서 논의한 바와 같이, 비지도 학습은 AI에서 항상 문제가 되는 분야여서 발전과 개발 면에서 항상 지도 학습에 뒤처져 있었다. 그러나 이 선구적인 연구는 비지도 학습을 개발하는 데 있어 중요한 이정표가 됐을 뿐 아니라, 방대한 양의 비정형 데이터를 처리하는 데 있어서도 엄청난 잠재력을 보여줬다.

이 외에도, 구글 브레인이 개발한 제품들 중 하나는 구글이 2017년에 출시한 구글 렌즈로서, 이는 이미지 인식 기술의 획기적인 발전을 거뒀다. 이 혁신적인 도구는 신경망 기반 시각 분석을 통해 스마트폰 카메라로 캡처한 물체에 대한 관련 정보를 식별하고 제공하는 렌즈다. 구글 렌즈는 바코드와 QR 코드에서부터 라벨과 텍스트에 이르기까지 다양한 요소를 인식할 수 있고, 캡처한 이미지의 언어까지 번역할 수도 있으며, 사용자가 기기의 카메라를 물체에 비추면 관련 웹페이지, 검색 결과, 기타 정보를 검색할 수 있는 것으로 유명하다. 예를 들어, 와이파이$^{Wi-Fi}$ 라벨에 렌즈를 들이대면 표시된 네트워크에 자동으로 연결할 수 있는 것이다. 이렇듯, 구글 렌즈는 수년에 걸쳐 딥러닝 기능과 함께 발전해 왔으며, 여기에 메뉴의 항목 인식, 팁 계산, 레시피 준비 과정 시연과 같은 기능을 추가했다.

페이스북 또한 이미지 처리, 특히 사람의 안면 인식 분야에서 선두 주자였다. 2014년 페이스북의 연구원들은 신경망을 활용해 안면 인식 정확도를 97%까지 끌어올린 정교한 시스템인 딥페이스^{DeepFace}를 선보였다. 이 기념비적인 성과는 이전의 방법을 뛰어넘어 인간 수준의 성능에 근접하는 상당한 도약이었다. 이 딥페이스는 보안 프로토콜 강화부터 사용자 경험 개인화에 이르기까지 다양한 분야에 적용됐다. 하지만 이러한 페이스북의 딥페이스와 관련해 한 가지 유의할 점이 있는데, 이는 다음 장에서 논의할 딥페이크 오픈소스 애플리케이션인 딥페이스랩^{DeepFaceLab}과 혼동해선 안 된다는 점이다.

빅데이터와 클라우드 컴퓨팅의 시대

클라우드 컴퓨팅 또는 분산 서버 리소스는 주요 AI 개발과 상업적 제품화를 한층 더 가속화시켰다. 클라우드 아키텍처에 고성능 그래픽 처리 장치$^{GPU, 게임에서 복잡한 시각적 그래픽을 렌더링하도록 설계된 칩셋}$가 통합되면서 상당한 컴퓨팅 리소스에 대한 접근이 대중화됐으며, 이로써 조직과 개인이 AI 모델 학습 및 배포, 연구 수행, 데이터 집약적 작업 실행에 필요한 막대한 컴퓨팅 파워에 수요 기반형 방식으로 더 쉽고 비용 효율적으로 접근할 수 있게 됐다. 이제 AWS$^{아마존 웹 서비스}$, MS 등에서 계정을 설정할 수 있는 사람이면 누구든 알고리듬과 AI 기능에 접근할 수 있게 됐다. 여기서의 상업적 마법은 높은 고정 비용과 자본 투자를 고객을 위한 변동 비용 모델로 전환한 부분이다.

역사적으로 볼 때, 클라우드 컴퓨팅의 진화는 하룻밤 사이에 일어난 현상이 아니라 수십 년에 걸쳐 이뤄진 기술 발전의 정점이었다. 이 기술 혁신의 씨앗은 1950년대에 과학자들이 분산 컴퓨팅과 공유 컴퓨팅 리소스와 관련된 개념을 처음 탐구했을 때부터 뿌려졌다. 1961년, 존 매카시는 "컴퓨팅이 결국 공익사업으로 조직될" 미래까지 예측하기도 했다.

클라우드 컴퓨팅은 1990년대에 호스팅과 온라인 저장 서비스를 제공하는 기업들이 등장하면서 가시적인 형태를 갖췄다. 그와 동시에 2000년대 중반에는 방대한 데이터의 수집, 저장, 분석을 용이하게 하는 기술과 도구가 등장하면서 '빅데이터Big Data'가 주목받기 시작했다. 처음에는 이러한 활동이 주로 대기업이 소유한 현장 데이터 센터 내에서만 이뤄졌다.

그러나 2006년, AWS아마존 웹 서비스가 등장하면서 클라우드 기반 스토리지와 규모 조정이 가능한 가상 서버를 제공해 클라우드 컴퓨팅 환경에 일대 혁명을 일으켰고, 사용자들로서는 전례 없는 수요 기반형 확장성을 갖춘 애플리케이션과 작업 부하를 배포할 수 있게 됐다. 이후 2010년에 마이크로소프트는 마이크로소프트 애저를 도입해 클라우드로 사업을 확장함으로써, 이용할 수 있는 클라우드 서비스의 다양성을 더했다.

그 뒤를 이어 2012년에 구글은 구글 클라우드 플랫폼GCP, Google Cloud Platform을 출시해 클라우드 서비스 시장에서 AWS와 애저Azure의 직접적인 경쟁자로 자리매김했으며, 이 세 기업은 지금까지 전 세계 시장 점유율의 약 2/3를 차지하고 있다. 반면 중국은 알리바바 클라우드Alibaba Cloud, 텐센트 클라우드Tencent Cloud, 바이두 클라우드Baidu Cloud, 화웨이 클라우드Huawei Cloud 등 토종 클라우드 제공업체를 개발했는데, 이 책 24장

후반부에서 중국과 미국의 AI 리더십에 도전하는 중국의 전략을 통해 자세히 살펴보겠다.

이 외에도, IBM과 오라클Oracle은 각각 2011년과 2012년에 하이브리드 클라우드hybrid cloud 솔루션을 동시에 출시했다. 여기서 말하는 하이브리드 클라우드의 개념은 매우 실용적이다. AWS아마존 웹 서비스, 애저Azure, GCP구글 클라우드 플랫폼와 같은 퍼블릭 클라우드public cloud는 여러 조직 사이에서 자원을 공유해 비용 효율성과 확장성을 제공하는 반면, 프라이빗 클라우드private cloud는 단일 조직, 일반적으로 대기업 전용으로써 데이터 센터 내에서 최대한의 제어와 보안을 제공하는 특징이 있었다. 하이브리드 클라우드는 이 두 가지 유형의 요소를 독창적으로 혼합시켜 프라이빗 클라우드와 퍼블릭 클라우드 간에 데이터와 애플리케이션의 유동적인 이동을 촉진하게 만들었다. 이러한 접근 방식은 어느 정도의 통제력을 유지하면서도 유연성도 보존할 수 있는 장점이 있다.

이처럼 AWS아마존 웹 서비스, 애저Azure, GCP구글 클라우드 플랫폼가 클라우드 컴퓨팅 분야의 강자로 부상하면서 멀티 클라우드multi-cloud 전략을 도입해야 할 필요성도 보다 분명해졌다. 그러자 기업들이 여러 클라우드 제공업체와 협력하는 경우가 속출했다. 이는 역사적인 이유나 다양한 클라우드 선호도를 가진 별개의 사업부가 존재한 데 따른 것이었다. 그 결과, 데이터브릭스Databricks와 스노우플레이크Snowflakes 같은 멀티 클라우드 운영을 용이하게 하는 솔루션이 큰 인기를 끌었으며, 2020년 전 세계적인 팬데믹으로 인해, 클라우드 기술은 원격 근무 직원을 위한 유연한 근무 방식을 촉진할 수 있는 기능으로 새롭게 주목받았다.

이렇듯, 오늘날 빅데이터와 클라우드 컴퓨팅은 글로벌 IT 인프라에서는 없어서는 안 될 필수 요소가 됐다. 규모를 갖춘 모든 조직은 중요한 애플리케이션을 호스팅하고 방대한 데이터를 저장하기 위해 클라우드에 의존했다. 이는 그 주류가 됐고, 이에 따라 모든 조직이 AI 기능을 주류로 도입할 수 있는 길이 열렸다.

이런 클라우드 배포의 성장을 촉진한 중요한 발전은 그래픽 처리 장치GPU, Graphics Processing Unit였다. 처음에는 컴퓨터와 게임 콘솔에서 복잡한 실시간 그래픽 계산을 처리하기 위한 강력한 하드웨어 프로세서로 설계됐던 GPU가 예상치 못한 방향으로 전환해 AI의 최전선에 서게 된 것이다.

딥러닝은 일상적인 컴퓨터 칩의 성능을 뛰어넘는 컴퓨팅 성능을 요구하지만, 앞서 논의한 바와 같이, 처리 능력과 메모리 같은 기반 기술이 AI를 구동하는 데 요구되는 빠른 계산을 어느 정도 할 수 있어 초기 AI 진출이 지연됐다. 이러한 전환의 원동력은 실시간 그래픽 렌더링에 필요한 것과 유사한 방대한 양의 행렬 곱셈matrix multiplication을 포함하는 AI 계산의 특성이기도 하다. 하지만 GPU는 이러한 무거운 수학적 연산에 탁월한 성능을 발휘했다. 또한 GPU의 병렬 처리 능력은 AI 알고리듬을 가속화하는 데 완벽할 뿐 아니라 적합하다는 것이 입증됐다. 결과적으로, GPU는 전례 없는 속도와 효율성으로 복잡한 신경망을 학습시키고 실행할 수 있도록 하는 AI 발전의 핵심 요소가 된 것이다.

지금까지 GPU 시장 분야에서 가장 크고 영향력 있는 기업에는 엔비디아NVIDIA가 있다. 우리는 엔비디아가 다른 경쟁사들보다 우위에 있다는 사실을 부인할 수 없다. 이는 2014년 엔비디아에 투자한 1,000 달러가 현재 125,900달러의 가치가 있다는 것만 봐도 알 수 있다.

이와 같이 GPU를 클라우드 컴퓨팅에 통합하는 것은 놀라운 진화의 최신 장을 나타낸다. 이는 AI의 전제 조건인 전기, 메모리, 처리 능력, 빅 데이터 및 데이터 액세스가 보편화되고 번성하며, 쉽게 사용할 수 있고 규모에 맞게 가격이 책정되는 진화다.

케임브리지 애널리티카와 일반정보보호 규정

클라우드에 저장된 모든 데이터가 전 세계 디지털 거래를 나타내고, 많은 개인 정보가 소셜 미디어에서 공유됨에 따라, 프라이버시 문제는 AI에도 영향을 미치는 중요한 글로벌 관심사가 됐다. 2018년 케임브리지 애널리티카Cambridge Analytica 스캔들은 데이터 프라이버시 규정에 지속적인 영향을 미쳤으며, 유럽과 미국에 충격을 줬다.

데이터 분석 회사인 케임브리지 애널리티카는 'This Is Your Digital Life'라는 무해한 설문조사 앱을 통해 8,700만 명의 페이스북 사용자의 개인 데이터에 무단으로 접근했다는 사실이 밝혀지면서 논란에 휩싸였다. 이 앱은 필요한 허가나 동의를 얻지 않고 사용자 데이터를 수집하고, 사신도 모르는 페이스북 친구로부터 정보를 은밀히 수집했다.

이 방대한 데이터로 무장한 케임브리지 애널리티카는 2016년 미국 대통령 선거에서 중추적인 역할을 한, 고도로 타깃팅 된 정치 광고 캠페인을 만들기 위해 심리학적 프로필 작성에 착수하기도 했다. 이러한 스캔들은 AI가 민주주의 과정에 부당한 영향을 미치고 유권자를 조작할 가능성에 대한 광범위한 우려를 불러냈다.

이 사건이 있고 난 뒤, 2011년부터 유럽연합은 '일반정보보호 규정GDPR, General Data Protection Regulation'이라는 새로운 데이터 보호법을 마련하기 위해 노력해 왔고, 2018년 5월 전면적인 시행에 들어갔다. 이후, 케임브리지 애널리티카가 저지른 충격적인 데이터 프라이버시 침해 사건은 개인정보의 안전에 대한 우려를 고조시켰고, 이는 결국 이 법에 대한 지지를 강화하는 계기가 됐다. GDPR은 유럽 시민들이 자신의 데이터를 더 잘 통제할 수 있도록 하고, 개인정보를 처리하는 조직에 더 엄격한 의무를 부과하도록 설계된 강력한 데이터 프라이버시 규정으로, 매출액의 최대 4% 또는 2천만 유로에 달할 수 있는 과징금에 대해서도 명시하고 있다. 이렇듯, 유럽인들은 일반적으로 미국인에 비해 규제를 더 빠르고 쉽게 적용하는 경향이 있다.

미국에는 일반정보보호 규정^{GDPR}과 같은 연방 차원의 즉각적인 대응책이 없었지만, 케임브리지 애널리티카 스캔들은 데이터 프라이버시에 대한 대중의 인식을 급증시켰다. 그 결과, 여러 주에서 데이터 프라이버시 법을 제정했다. 그중에서도 주목할 만한 규정은 2018년에 통과된 '캘리포니아 소비자 프라이버시 법$^{CCPA,\ California\ Consumer\ Privacy\ Act}$'이다. 이 법은 캘리포니아 주민들에게 어떤 데이터가 수집되고 있는지, 누구와 공유되고 있는지를 확인할 수 있는 권한과 개인정보 삭제를 요청할 수 있는 권한 등 자신의 데이터의 중요한 권리에 대해서 명시하고 있다. 또 다른 중요한 발전은 2021년 버지니아주에서 제정된 버지니아주 소비자 데이터 프라이버시 법$^{VCDPA,\ Virginia\ Consumer\ Data\ Privacy\ Act}$인데, 이 법은 버지니아주 주민들에게 데이터와 관련해 GDPR과 유사한 권리를 부여했다.

케임브리지 애널리티카 스캔들 이전에도 미국은 특정 부문에 대한 데이터 프라이버시 규정을 제정한 바 있다. 1998년 제정된 '아동 온라인 프라이버시 보호법$^{COPPA,\ Children's\ Online\ Privacy\ Protection\ Act}$' 또는 1996년 제정된 '건강보험 양도 및 책임에 관한 법률$^{HIPAA,\ Health\ Insurance\ Portability\ and\ Accountability\ Act}$' 등이다. 하지만 이렇게 제정된 주 및 부문별 법률의 미봉책은 곧, 미국에서 프라이버시 규제에 대해 일관되고 통일된 접근 방식이 부재한다는 것을 보여준다. 이를 반면교사 삼아, 미국 의회는 전국적으로 데이터 프라이버시 규정을 조화시키고 통합하기 위한 연방 프라이버시 법의 잠재적 제정에 관한 논의를 진행하고 있다.

이러한 규정뿐만 아니라, 대량의 데이터에 의존하는 경우가 많은 AI의 맥락상 데이터 오용, 무단 접근, 편향되고 일방적인 의사결정을 방지하기 위해서는 이와 관련한 규정 준수가 필수적이다. 데이터 보호 규정은 AI 응용 프로그램에서 민감한 정보의 사용과 관련된 잠재적 위험을 완화하고, 궁극적으로 AI 시스템에 대한 신뢰를 구축하는 데 기여할 수 있기 때문이다.

소프트웨어 로봇을 통한 반복적인 사무직 업무의 자동화

이 기간 동안 등장한 로보틱 프로세스 자동화$^{RPA,\ Robotic\ Process\ Automation}$는 자동화 분야에서 중요한 도약을 이뤘다. 이는 사무용 컴퓨터에서 일상적인 작업을 최적화하고 자동화하며, 비제조업 업무를 간소화하는 데 강력한 도구로, 본질적으로 일상적인 컴퓨터 기반 작업을 관리하는 데 특화된 소프트웨어 로봇이다. 물리적 로봇은 주로 제조 공장과 같은 물리적 환경에서 반복적인 물리적 작업을 자동화하는 데 사용되지만, RPA의 주요 영역은 사무직 직원이 컴퓨터를 사용해 수행하는 사무 업무를 자동화하는 것이다.

로보틱 프로세스 자동화^{RPA} 기능의 핵심은 컴퓨터 인터페이스와 상호작용하고 인간의 행동을 놀라울 정도로 정확히 복제할 수 있는 화면 캡처 기술이다. 실제로 개별 직원이 복사 및 붙여넣기, 여러 응용 프로그램 사용, 파일 가져오기 및 내보내기, 이메일 전송, 승인 워크플로 시작, 서명 수집 등 복잡한 과정을 수행한다고 상상해 보자. 이처럼 복잡한 워크플로는 오류와 비효율성이 허다하게 발생할 수 있다는 단점이 있다. 바로 이 부분에서 RPA는 탁월한 능력을 발휘하며, 작업을 손쉽게 자동화해 데이터 정확성을 보장하고 처리 시간을 단축하며 생산성을 높인다.

직원 온보딩employee onboarding을 하나의 예로 들어 설명해 보겠다. 로보틱 프로세스 자동화RPA는 이러한 직원 온보딩 과정을 자동화하는 데 중요한 역할을 할 수 있다. 직원 등록, 회의 및 오리엔테이션 일정 수립 등의 업무를 관리할 수 있고, 책임 또는 기타 커뮤니케이션에 대한 세부 사항을 담은 자동 메시지 및 이메일을 발송할 수 있기 때문이다. RPA는 또한 온보딩 과정이 사전에 정의된 절차를 엄격하게 준수하도록 보장함으로써 회사 지침과의 원활한 조정도 용이하게 할 수 있다.

또 다른 예로, 로보틱 프로세스 자동화RPA는 보험 청구 처리 및 데이터 입력과 같은 의료 보험 부문에서 광범위하게 적용될 수 있다. 아니, 오히려 사람이 수행하는 것보다 훨씬 빠른 속도, 훨씬 적은 오류로 수행할 수 있다. 또한, 규정을 준수하지 않는 예외 사항을 식별하는 데 탁월해 불필요한 지급을 방지하기도 한다.

어떤 사람들은 로보틱 프로세스 자동화RPA가 자율적인 논리와 처리 기능을 가지고 있기 때문에 AI의 기본 형태라고 생각하지만, 다른 사람들은 RPA가 AI와 관련된 복잡성을 충족시키지 못한다고 주장한다. 그럼에도 불구하고, 고급 RPA 솔루션은 예측 모델링, 머신 비전, 자연어 처리NLP를 포함한 복잡한 AI 모듈을 통합해 일관되고 목표 지향적인 시스템을 만들 수 있으며, 이러한 통합은 RPA의 자동화 기능을 강화하고, AI의 통합은 RPA를 자동화 분야에서 강력한 도구로 확고하게 자리매김하게 해준다.

로보틱 프로세스 자동화RPA를 선도하는 공급업체로는 유아이패스UiPath, 오토메이션애니웨어Automation Anywhere, 블루프리즘Blue Prism 등이 있다. 이 업체들은 모두 닷컴 버블이 붕괴된 이후에 등장했고, 지난

2008년 글로벌 금융 위기에 RPA가 중요한 역할을 할 수 있는 시기가 왔을 때 모든 준비가 완료된 상태였다. 이렇듯, RPA는 가시적으로 측정할 수 있으며 비용 절감 효과가 있는 결과를 제공하는 비용 효율적인 자동화 솔루션으로 부상했다.

알파고 vs 이세돌의 대결

앞선 장에서 나는 1997년 IBM 딥블루가 국제 그랜드 마스터이자 세계 챔피언인 가리 카스파로프를 상대로 체스에서 승리한 것을 검토하면서, 승리한 딥블루가 전적으로 연산적 무차별 대입에만 의존한 관계로 고도로 지능적인 AI 시스템이 아니었다고 지적한 바 있다. 또한 세계 챔피언을 물리칠 수 있는 진정한 의미의 지능형 알고리듬이 등장하기까지는 거의 19년이 걸릴 것이라고도 언급했다. 이후, 이런 알고리듬이 나왔다. 바로 알파고AlphaGo다. 2016년 고대 중국 전략 게임인 바둑에서 알파고와 한국의 이세돌 9단이 펼친 장대한 대결은 강화 학습 알고리듬의 '성년의' 순간을 상징하는 역사적인 사건이었다.

한국의 이세돌은 전 세계의 뛰어난 바둑 기사 중 한 명으로 존경받았으며, 세계 챔피언 타이틀을 세 번이나 차지하는 등 인상적인 기록을 자랑한다. 그는 한국 바둑 선수권 대회에서 12번, 일본 바둑 선수권 대회에서 3번이나 우승한 이력을 갖고 있기도 하다.

이에 상대하는 알파고는 2010년 데미스 하사비스Demis Hassabis, 셰인 레그Shane Legg, 무스타파 술레이만Mustafa Suleyman이 영국에서 설립한 회사인 딥마인드DeepMind(2014년 구글에 인수됨)가 만든 AI 시스템으로, 이 대결은 당시 딥마인드의 야심 찬 프로젝트 중 최고로 꼽혔다. 이 회사와 팀은 AI의 전반적인 진화와 발전에서 중요하고 중추적인 역할을 했기 때문에, 이 책에서 딥마인드와 관련해 몇 차례 더 얘기할 것이다.

결론적으로, 알파고가 이세돌 9단을 이긴 것은 단순한 기술적 성취를 넘어 AI의 무한 잠재력에 대한 우리의 이해를 새롭게 하는 변혁적인 사건이었다. 알파고는 엄청난 심층 신경망을 활용해 놀라울 정도로 다양한 잠재적 움직임과 전략적 구성에서 비롯된 바둑의 기하급수적인 복잡성을 마스터했기 때문이다. 원시 연산 능력과 철저한 수 검색에 크게 의존했던 기존의 딥블루와는 달리, 알파고는 진정한 AI 개발을 위한 보다 중요하고 다른 접근 방식인 강화 학습 분야를 개척해 내기도 했다.

알파고의 강화 학습 메커니즘은 간략히 말하면 다음과 같다. 알파고는 승리를 거둔 게임에서 수를 둔 경우, 그 수를 긍정적인 행동으로 기록한다. 반대로, 패배로 이어지는 수를 둔 경우, 그 수를 부정적인 행동으로 분류한다. 이후, 시간이 지나고 수많은 게임을 통해 알파고는 어떤 수가 좋은 결과를 가져오고 어떤 수를 피해야 하는지에 대한 심층적인 지식을 축적한다. 이 획기적인 접근 방식 덕분에 알파고는 우리 인간이 집중적인 연습과 반복을 통해 실력을 향상하는 방식처럼 경험적 학습을 통해 바둑 실력을 다듬을 수 있었다. 알파고의 플레이 수준은 새로운 게임을 플레이하고 경험을 쌓을 때마다 지속적으로 상승세를 보였다.

알파고의 승리는 AI가 현실의 복잡한 문제 해결에 기여할 수 있음을 분명히 보여 줬다. 특히, 바둑의 방대하고 잠재적인 수를 고려할 때, 이 분야는 복잡한 문제를 해결하는 데 있어 AI의 효율성을 입증했고, AI가 우리 인간보다 우수한 방식으로 학습하고, 그 내용을 적용할 수 있는 능력을 보여줬다.

알파고는 또한 중국의 저명한 바둑 기사인 커제柯洁와도 대결을 벌여 중국 내에서 상당한 관심을 불러일으켰다. 인터넷과 텔레비전이 동원돼 생중계된 이 대국은 AI에 대한 중국의 관심이 급증하고 있다는 것을 강조했다. 특히 이 경기가 있은 지 4개월 후 중국 정부는 '차세대 AI 개발 계획'을 발표했다. 이는 중국이 AI 연구 및 개발 분야의 글로벌 리더로 자리매김하기 위한 야심 찬 계획이었다. 물론 이는 바둑 대국 이전부터 진행 중이었지만, 이 바둑 대국을 계기로 대중의 관심이 높아지면서 공식적인 발표와 실행이 앞당겨진 듯했다. 이 책의 24장에서는 중국과 미국의 AI 경쟁에 대해 살펴볼 것이다. 이는 미국과 소련이 달에 누가 먼저 사람을 보낼 것인가를 두고 경쟁했던 지난 냉전 시대를 연상시킬 것이다.

08

인공 창의성의 부상

"첫째, 저는 일정 역량 규모를 넘어선 모든 기술적 노력에는 라이선스를 발급해 주고, 안전 기준을 위반하는 조직에는 라이선스를 박탈함과 동시에 안전 표준을 준수하도록 새로운 기관을 설립할 것입니다.

둘째, 저는 세 번째 가설에서 위험한 역량 평가라고 말한 것에 초점을 맞춘 일련의 안전 표준을 만들 것입니다. 과거 우리가 사용한 하나의 예는 모델 스스로 복제할 수 있는지를 확인하는 것이었습니다.

셋째, 저는 독립적인 감사를 요구할 것입니다. 이를테면 회사나 기관만의 감사가 아니라 해당 모델이 명시된 안전 표준과 X 또는 Y에 대한 성능 비율에 부합하는지를 말할 수 있는 전문가 감사를 말입니다."

- 샘 알트먼Sam Altman,
오픈AI CEO, 미국 의회 앞, 2023년 5월 16일

기계가 창의성을 발휘한다는 착상은 한때 억지스러워 보였다. 그러나 2022년 11월 30일, 오픈AI의 거대언어모델을 기반으로 한 챗봇인 챗GPT가 이런 믿음을 산산조각냈다. 챗GPT가 사용자가 직접 원하는 대로 대화를 구성하고 안내하며, 길이, 형식, 스타일, 세부 수준 및 언어를 조정해 사용자 맞춤형 대화를 제작했기 때문이다. 또한, 수학 및 과학 관련 질문에도 정확하게 답변하고 소스 코드를 생성하기도 했다.

이러한 챗GPT는 2015년 12월에 일론 머스크가 설립한 회사인 오픈AI에서 개발했다. 현재 오픈AI는 샘 알트먼Sam Altman이 이끌고 있으며, 2019년 마이크로소프트의 10억 달러 수준의 투자를 받은 곳이기도 하다. 챗GPT는 이런 오픈AI의 주목할 만한 결과물 중 하나다.

2023년 1월 무렵 챗GPT는 전 세계 1억 명 이상의 엄청난 사용자 기반을 자랑하는, 역사상 가장 빠르게 성상하는 소비자 소프트웨어 애플리케이션이라는 놀라운 이정표를 달성했다. 이 뛰어난 성과는 오픈AI의 기업 가치가 급등하는 데 크게 기여해 그 가치를 무려 290억 달러까지 치솟게 만들기도 했다.

하지만, 챗GPT와 동일한 작업을 하고 있는 사람들의 생계에 대한 위협으로 인해, 챗GPT는 몇 가지 심각한 우려와 논란을 불러냈다.

첫째, 챗GPT와 같은 AI 시스템이 다양한 산업에서 행해지는 업무를 자동화할 수 있게 됨으로써 광범위한 일자리 손실에 대한 우려가 생겼으며, 2024년부터는 인간 근로자를 대규모로 대체할 것으로 예상되는 상황이라는 점이다. 이에 따라, 실업, 직업 재교육, AI 윤리에 대한 의문이 제기되고 있다. 둘째, 잠재적인 저작권 위반과 허위정보의 확산 등 AI가 생성한 콘텐츠와 관련된 법적 문제가 발생하고 있다는 점이다. 특히 윤리적 문제는 AI가 학습 데이터에 존재하는 편견을 전파해 차별적이거나 유해한 결과를 초래할 수 있는 잠재력과 관련돼 있다는 것에서 문제가 심각해진다. 나는 챗GPT 및 관련 제품이 사용자와 말다툼을 벌이고, 편견을 드러내는 방식으로 특정 질문을 해결하지 못하고 있다는 광범위한 보고에 주목하기도 했다.

그러나 이에 아랑곳하지 않고, 오픈AI의 CEO인 샘 알트먼은 2023년 6월 워싱턴에서 집중적인 로비 활동을 펼쳤다. 정부 규제 기관과 의원들을 멀리하는 많은 기술 임원과는 달리, 알트먼은 정책 입안자들과 적극적으로 소통하려고 노력한 것이다. 또한, 그는 20명이 넘는 의원들 앞에서 챗GPT를 시연하기도 했다.

의회 회의에서, 알트먼은 잠재적 위험을 완화하기 위한 AI 규제의 중요성을 강조했다. 또한, 그는 AI 기술의 급속한 발전과 그로 인해 빚어질 수 있는 결과에 대해 우려를 표명하며, AI에 특별히 초점을 맞춘 독립 규제 기관을 설립해야 한다고 주장했다. 그는 AI 기술을 사용하는 개인과 조직이 유능하고 책임감을 갖도록 하기 위해, 운전자에게 운전면허증이 필요하듯, AI 기술에도 라이선스를 부여할 것을 제안했다.

이에 더해, 알트먼은 AI 개발과 배포에 안전 표준이 필요하다고 주장했다. 그는 이전 기술 혁명에서 발생했던 실수를 피하는 것이 중요하다고 강조하면서, 규제에 대한 사전 예방적 접근을 촉구했으며, AI가 고용에 미치는 영향과 같은 AI의 잠재적 위험에 대해서 솔직하게 말하면서, AI가 주당 근무 시간을 대폭 줄일 수 있다고도 제안했다. 알트먼은 식품의 영양 성분 표시와 유사한 AI 도구에 대한 소비자 위험 라벨을 표시를 하자는 의원의 아이디어에 지지를 표하기도 했다.

이때, 유럽연합과 미국은 생성형 AI의 맥락에서 AI 규제를 위한 중요한 조치를 취하고 있었다. 여기서 하나의 의문이 생긴다. 오픈AI와 같은 기업들이 규제를 요구하는 이유는 그것이 우리 인류를 위한 올바른 조치라고 믿고 있기 때문일까, 아니면 새로운 플레이어들에게 진입

장벽을 주고 싶어서일까?

이 책의 28장에서는 바로 이런 중요한 주제를 포함해 AI 윤리, AI 통제 방법, 그리고 우리 모두가 공유해야 할 광범위한 우려에 대해 거론할 것이다.

이제부터 생성형 AI 혁명이 어떻게 펼쳐져 왔고, 미래에 어떤 의미를 갖는지를 살펴보기로 하자.

자연어 처리의 도전

2010년대 내내 자연어 처리[NLP]와 이해를 위한 몇 가지 대안이 등장했다. 그러나 생성형 AI가 등장하기 전까지는 설득력 있는 대안이 별로 없었다.

한 예로, 시리와 알렉사 같은 음성 비서는 이미 심층 신경망, 특히 장단기 메모리[LSTM]와 같은 순환 신경망[RNN]을 사용했다. 이러한 신경망은 대화할 때 훨씬 이전에 언급된 다른 단어를 언급할 경우 데이터의 장기적 의존성을 포착하는 데 적지 않은 어려움이 있었다. 이러한 결점을 보완하기 위해 워드 임베딩, 버트[BERT, Bidirectional Encoder Representations from Transformers, 트랜스포머의 양방향 인코더 표현], 은닉 마르코프 모델[HMM, Hidden Markov Model]이라는 세 가지 비지도 학습 알고리듬이 개발됐다.

이 워드 임베딩의 핵심 아이디어는 단어 간의 의미 관계를 포착하는 숫자 벡터로 알고리듬이 단어의 맥락적 의미를 더 잘 이해하고 작업할 수 있도록 하게 하는 것이다. 여기에서 벡터는 고차원 공간에서 단어를 수치로 표현한 것을 말한다. 이때 어휘집의 각 단어에는 고유한 벡터가 할당되며, 벡터 내의 값은 문맥적 용법에 따라 단어 간의 의미 관계를 포착해 낸다. 그 벡터는 다음과 같은 형태다. 'cat = (1.1547, 5.6675, 4.76767, … , 3.7878)'.

예를 들어, "The cat is on the mat고양이는 매트 위에 있다"라는 문장에서 워드 임베딩은 'cat'과 'mat'를 벡터 공간에서 가까운 벡터로 표현한다. 이 두 단어는 비슷한 맥락에서 자주 등장하기 때문이다. 이를 통해 모델은 단어 간의 의미적 유사성을 포착할 수 있어 텍스트 분류, 기계 번역, 감정 분석과 같은 자연어 처리NLP 작업에서 강력한 도구가 될 수 있다.

워드 임베딩 모델의 또 다른 예를 보자. 단어 'king'이 벡터로 표현될 수 있고, 벡터 산술 'king' - 'man' + 'woman'은 'queen'의 표현에 가까운 벡터를 생성할 수 있다. 여기서 벡터의 각 차원은 단어 의미의 특정 측면에 해당한다. 이렇듯, 벡터는 효율적인 수학적 연산을 통해 산출물을 생성할 수 있도록 해주고, 임베딩 공간에서 벡터의 근접성은 맥락상 해당 단어들의 유사성을 반영하게 해준다.

이러한 워드 임베딩 방법에는 몇 가지가 있다. 첫 번째 방법은 2013년과 2014년에 각각 개발된 워드투벡터Word2Vec와 글로브GloVe, Global Vectors for Word Representation다. 이 기술들은 광범위한 텍스트 컬렉션에서 동시 발생 패턴을 기반으로 단어 간의 의미적 유사성을 포착할 수 있는 장점이 있다. 그 후 구글은 2018년에 문장의 주변 단어를 고려해 단어의 의미를 결정함으로써 맥락적 이해를 돕는 버트BERT를 개발했다. 이 맥락화 기술은 언어 이해를 크게 향상시켰다. 특히 워드투벡터와 글로브가 할 수 없었던 다의어를 구분할 때 그러했다.

당시 사용된 세 번째 비지도 접근 방식은 앞선 3장에서 논의한 은닉 마르코프 모델과 동일한 통계 모델이었다. 마르코프 연쇄에서 언어 처리의 맥락에서 다음 상태나 단어로 전환될 확률은 전적으로 현재 상태나 단어에만 의존하는데, 은닉 마르코프 모델은 숨겨진 상태를 추가로 포함하고 있어서 전환 확률이 현재 단어보다 더 많은 선행 단어에 의존할 수 있도록 해줬다. 다만, 복잡성이 증가했음에도 불구하고, 여전히 의미 포착에는 한계가 있다는 단점이 있다.

요약하면, 초기 성공에도 불구하고 이 세 가지 접근법 중 그 어느 것도 언어 생성 및 이해와 관련해 효과 만점으로 입증된 것은 없다.

오히려 그 해결책은 구글 내부에 있었다.

트랜스포머: 주의가 전부다

언어 생성 문제에 대한 해결책은 2017년 구글 브레인^{Google Brain} 과학자들이 발표한 논문 「주의가 전부다^{Attention is All You Need}」에 트랜스포머 아키텍처가 소개되면서 제시됐다. 이 논문의 암시적인 제목은 순환신경망^{RNN}, 임베딩, 또는 은닉 마르코프 모델 같은 기존의 언어 알고리듬과 비교할 때, '주의 메커니즘^{attention mechanism}'이라는 새로운 접근 방식이 다른 알고리듬에서 발견된 한계를 해결함으로써 가장 강력한 언어 처리 알고리듬으로 부상했다는 것을 시사하고 있었다.

트랜스포머^{transformer}는 주의 메커니즘을 구현하는 알고리듬이다. 이는 모델이 출력 텍스트를 생성할 때 입력 텍스트의 특정 부분에 선택적으로 집중할 수 있게 한다는 의미다.

이를 완전히 이해하기 위해, 영어 문장 "Yesterday, the bat hit the ball^{어제 방망이가 공을 쳤다}"을 고려해 보자. 우리에게 주어진 과제는 이 문장을 스페인어로 번역하는 것이다. 여기서 올바른 스페인어 번역은 "Ayer, el bate golpeó la pelota"다. 하지만 트랜스포머 모델은 이 문장을 'yesterday,' 'the,' 'bat,' 'hit,' 'the,' 'and,' 'ball'과 같은 토큰으로 분해한다. 그런 다음, 주의 메커니즘이 번역을 생성하면서 개별 입력 단어에 하나씩 집중한다. 예를 들어, 'bat'을 'bate'로 번역할 때, 모델은 주로 'bat'이라는 단어에 주의를 기울이지만, 'bat'은 동물이나 막대기를 의미할 수도 있다. 그렇기에, 올바른 번역을 하려면 모델은 다른 단어, 특히 'ball'에 주의를 기울여야 한다. 이 맥락에서, 우리가 말하는 것이 날아다니는 포유동물이 아닌 막대기라는 것이 분명해지기 때문이다. 이는 모델이 'hit'를 번역하려고 할 때도 마찬가지다. 영어에서 'hit'은 현재형과 과거형이 같은 단어지만, 스페인어에서는 시제가 구분되기 때문이다. 그렇기에, 모델은 스페인어로 올바른 번역을 찾기 위해 'yesterday'라는 단어에 주의를 기울이지 않으면 안 된다.

이렇듯, 내포된 주의 메커니즘을 가진 트랜스포머 모델의 획기적인 혁신은 생성형 AI 응용 프로그램에 파란을 일으켰다. 실제로 트랜스포머는 챗GPT 기술의 직접적인 근간이 되며, 기계 번역을 향상하고, 고급 가상 비서의 성능을 높이며, 다양한 맥락에서 텍스트 생성을 촉진하고, 감정 분석을 용이하게 하며, 코드 생성을 가능하게 하는 등 많은 응용 분야에 영향을 미쳤다.

트랜스포머 훈련: 자기 지도 학습

기존의 지도 학습 모델은 라벨링 된 데이터에 의존해 모델을 학습시키기 때문에, 데이터 구조화, 제시, 주석 달기에 많은 사람의 노력이 필요하다. 하지만 데이터에 수동적으로 주석을 다는 것은 비용이 너무 많이 든다. 또한, 몇 단락 전에 설명한 것처럼, 워드 임베딩, 버트BERT, 은닉 마르코프 모델HMM과 같은 자연어 처리NLP를 위한 비지도 학습 알고리듬의 경우는 완벽한 방식으로 작동하지 않는다.

그러나 명시적 라벨에 의존하는 대신 모델이 데이터에서 지식을 추출하는 자기 지도 학습self-supervised learning 개념으로 패러다임 전환이 일어났으며, 이러한 전환으로 인해 AI 시스템은 라벨링 되지 않은 방대한 데이터셋 내에서 상관관계, 패턴, 은닉 구조를 자율적으로 추출할 수 있게 돼 적응력과 확장성이 더욱 향상됐다.

자연어 처리NLP에서, 마스크드 언어 모델링masked language modeling과 같은 자기 지도 학습 전략은 매우 유용하다는 것이 입증됐다. 이는 문장 내의 단어가 무작위로 가려지고, 모델은 주변 맥락에 근거해 누락된 단어를 예측해야 하는 것을 말한다. 예를 들어, "고양이가 뒷마당을 가로질러 _____를 쫓아갔다"라는 문장을 생각해 보라. 자기 지도 모델은 주어진 맥락상 뜻이 통하기 때문에 누락된 단어가 '다람쥐' 또는 '쥐'일 가능성이 높다고 추론할 수 있다. 대규모 텍스트 코퍼스를 대상으로 학습하는 이 방법을 통해 모델은 언어의 의미론, 구문론, 맥락을 완전히 파악할 수 있으며, 텍스트 감정 분석, 요약, 명명된 실체 인식 등 다양한 다운스트림 NLP 작업에 통찰력을 적용할 수 있다. 근본적인 수준에서, 이것은 챗GPT 또는 동종의 경쟁사를 학습시키는 데도 사용되는 학습 기법이다.

일단 모델이 이와 같은 방식으로 학습하면, 이전에 생성된 단어를 기반으로 한 번에 한 단어씩 텍스트를 생성시키는 데 활용할 수 있다. 예를 들어, "Once upon a time, there was a young wizard named Harry옛날 옛적 해리라는 이름의 젊은 마법사가 있었다"라는 프롬프트가 주어지면, 모델은 'who', 'attended', 'a', 'magical', 'school', 'called', 'Hogwarts'와 같은 단어를 예측함으로써 얘기를 이어갈 수 있는 것이다. 이런 자기 지도 학습 훈련을 통해 언어 모델은 얘기의 흐름, 일관성, 창의성을 파악할 수 있어서 얘기 생성, 콘텐츠 제작, 코드 생성 등의 작업에 효과적으로 활용 가능하다.

게다가 자기 지도 학습은 컴퓨터 비전의 비디오나 이미지에 적용할 수도 있다. 라벨링 된 데이터셋 없이도 비디오 동영상 내에 있는 사물, 행동, 장면을 인식하게끔 모델을 학습시킨다고 상상해 보라. 이때 특정 비디오 세그먼트가 무작위로 제거되면, 모델은 누락된 프레임을 예측해야 하는데, 이 과정을 비디오 인페인팅video inpainting이라고 한다. 이렇게 함으로써, 모델은 틈을 메우고, 시간적 역동성과 사물과 행동 사이의 맥락 관계를 이해하는 방법을 학습하는 것이다. 그리고 자기 지도 학습을 통해 습득한 이해는 나중에 동작 인식, 객체 추적, 객체 식별 또는 장면 분할과 같은 다양한 특정 비디오 분석 작업에 의해 미세 조정될 수 있다.

이렇듯, 자기 지도 학습은 AI 알고리듬이 데이터 내의 고유한 구조와 패턴을 통해 학습할 수 있어서 노동 집약적인 라벨링 작업의 의존도를 낮추고, 학습 과정을 확장할 수 있다는 점에서 가히 혁신적이라고 할 수 있다.

오픈AI와 생성형 사전 훈련 트랜스포머(GPT)

챗GPT 모델은 다양한 작업과 응용 프로그램에서 맥락에 부합하는 일관된 텍스트를 생성할 수 있어서 기계가 인간과 소통하는 방식에 혁신적이었다.

이를 기술적인 측면에서 바라보자. 기본적으로 챗GPT는 고급 거대 언어모델LLM, Large Language Model 알고리즘으로 구동되고, 챗GPT가 사용하는 특정 LLM은 GPT로 불린다. 실제로 GPT는 구글이 처음 개발한 트랜스포머 프레임워크를 기반으로 구축됐고, 여기서 자기 지도 학습과 강화 학습 기술을 활용한다. 이는 GPT라는 이름에서도 나타난다. GPT의 약자는 'Generative Pre-trained Transformer'인데, 이 이름에서 'Generative생성형'는 텍스트 또는 콘텐츠를 생성하는 모델의 능력을 강조하고, 'Pre-trained사전 훈련'는 특정 작업을 위해 미세조정되기 전에 방대한 텍스트 코퍼스에 대한 초기 학습을 거쳤다는 표현이며, 'Transformer트랜스포머'는 사용된 신경망 아키텍처를 가리킨다.

GPT 모델의 계보는 2018년 GPT-1로 시작했다. 이후, 2019년 인터넷 텍스트의 방대한 데이터셋을 학습하고 15억 개의 매개변수를 특징으로 하는 GPT-2가 출시됐으며, 2020년, 오픈AI는 1,750억 개의 매개변수를 자랑하며 놀라울 정도로 일관되고 사실적인 텍스트를 생성할 수 있는, 이전 모델보다 훨씬 더 규모가 큰 모델인 GPT-3을 출시했다. 그리고 2023년 3월 오픈AI는 GPT-3.5와 GPT-4를 연거푸 출시했다. GPT-4 모델은 1조 7,600억 개의 매개변수를 지닌 것으로 알려져 있으며(정확한 숫자는 공개되지 않음), 최대 25,000단어를 포함한 긴 텍스트 출력까지 생성할 수 있다고 한다. 이 모델은 시간이 갈수록 더 많은 데이터를 학습에 사용하도록 생성된 텍스트의 일관성과 품질 면에서 계속 업그레이드되는 장점을 가지고 있다. 이 외에도, GPT-4의 주목할 점은 텍스트와 이미지를 포함한 멀티모달 콘텐츠를 처리할 수 있어서 콘텐츠 생성 및 이해 시 매우 다재다능하다는 점이다.

하지만, 그 명칭과는 달리, 우리는 오픈AI의 알고리즘이 독점적이고 폐쇄적인 점에 주목할 필요가 있다.

거대언어모델의 폭발적 증가

사실, 이때 다른 많은 회사도 동시에 거대언어모델[LLM]을 개발하고 있었다. 그런 가운데 챗GPT의 등장은 그들의 관심을 촉발하고 LLM 프로젝트에 박차를 가하게 만들었다.

한 예로, 구글은 2023년 3월 람다[LaMDA, Language Model for Dialogue Applications, 대화 애플리케이션을 위한 언어 모델]라는 기존 알고리듬을 기반으로 한 혁신적인 챗봇인 바드[Bard]를 공개하면서 오픈AI의 챗GPT에 대응했다. 람다가 다른 모델과 차별화되는 것은 챗GPT보다 더 자연스럽고 맥락에 맞는 대화에 주안점을 둔다는 데 있었다. 람다는 대화의 맥락을 이해하는 능력을 크게 향상함으로써 보다 일관성 있고 품격 높은 대화의 답변을 생성할 수 있었다. 실제로 기존의 텍스트 기반 모델과는 달리 람다는 양방향 대화에 탁월하도록 설계돼 보다 상호적이고 사용자와 역동적인 상호작용을 촉진한다는 특징이 있다.

이후, 구글은 2023년 5월 람다에서 PaLM[Pathways Language Model, 확률언어모델]이라는 좀 더 발전된 알고리듬을 내놨다. PaLM은 람다와 관련된 몇 가지 근본적인 문제, 즉 간혹 발생하는 응답 시 일관성 결여, 미묘한 질문의 처리 문제, 장시간 대화 중 맥락 유지의 어려움 등의 해결을 목표로 삼았으며, 확률추론[probabilistic reasoning]을 활용해 맥락상 적절하고 일관성이 있으며 논리적으로 응답을 생성하는 특징이 있었다. 이 접근 방식은 람다 애플리케이션에서 가끔 관찰되는 갑작스러운 전환과 뜬금없는 답변을 완화시키는 데 도움이 됐고, 궁극적으로 보다 자연스럽고 매력적인 대화를 할 수 있도록 하는 데 기여했다.

끝으로 거론하는 구글은 2023년 12월 6일 람다와 PaLM의 후속 모델로 자리매김한 제미나이[Gemini]를 출시했다. 제미나이는 세 가지 모델(소형, 중형, 대형)로 구성된다. 제미나이 울트라Gemini Ultra는 매우 복잡한 작업을 위해 설계된 모델이고, 제미나이 프로Gemini Pro는 대부분 응용 프로그램에 적합한 기본 옵션이며, 제미나이 나노Gemini Nano는 휴대폰의 온디바이스 작업에 최적화된 모델이라고 할 수 있다. 제미나이는 기존의 거대언어모델LLM과 달리 고도의 멀티모달 방식이고, 텍스트, 이미지, 오디오, 비디오, 심지어 컴퓨터 코드와 같은 여러 데이터 유형을 한 번에 처리할 수 있는 점이 차별화됐다고 할 수 있다.

구글이 제미나이를 통해 대화형 AI를 발전시킨 것은 대단하지만, 이러한 혁신적인 환경에서 독주한 것은 구글만이 아니었다. 2019년 전 오픈AI 직원들이 설립한 앤트로픽Anthropic은 윤리적 정렬에 중점을 두고 설계된 강력한 거대언어모델LLM인 클로드Claude를 소개한 바 있다. 클로드는 AI의 잠재적 편향과 안전 문제를 둘러싼 우려를 해결함으로써 보다 책임감 있고 신뢰할 수 있는 AI 결과물을 개발하는 것을 목표로 했다.

앤트로픽은 자신들의 이런 보안 방법을 일컬어 '헌법적 인공지능CAI, Constitutional Artificial Intelligence'이라고 부른다. 이 헌법적 틀은 AI 시스템이 인간의 가치에 부합하도록 보장함으로써 유용하고 안전하며 정직하게 만들게끔 개발됐기 때문이다. 앤트로픽은 AI의 의도된 행동을 명시하는 몇 가지 높은 수준의 규범적 지침으로 AI의 '헌법'을 구성한다. 그 후, AI는 피해를 방지하고, 사용자의 선호도를 존중하며, 정확한 정보 제공을 위해 이러한 지침을 따르도록 학습된다. 이런 앤트로픽의 헌법은 (모든 의도와 목적 달성 시) 아시모프가 강조한 로봇공학 3원칙을 준수한다. 1948년 UN 성명을 기반으로 한 앤트로픽의 클로드 거대언어모델LLM 원칙 중 하나는 다음과 같다.

"자유, 평등, 형제애를 가장 잘 지지하고 장려하는 답변을 선택하라."

이 헌법적 접근 방식과 다른 윤리적 틀에 대한 자세한 평가는 이 책의 28장에서 다룰 예정이다.

페이스북은 개발자들이 상업적으로 자유롭게 사용할 수 있는 라마^{LLaMA, LLM Meta AI}를 개발해 오픈소스로 제공했다. 여기에는 70억에서 650억에 이르는 다양한 매개변수를 가진 여러 버전이 포함돼 있다. 그 후 2023년 7월 LLaMA2^{라마2}가 출시됐는데, 이는 더 광범위하고 다양한 교육 데이터셋을 통해 상당한 발전을 이뤘다. 라마2는 대화를 최적화하는 데 특화돼 있으며, 안전과 편견 완화를 우선시하면서도 자연스럽고 맥락에 맞는 응답을 생성하는 데 탁월하다는 장점이 있다.

또한, 라마^{LLaMA}는 챗GPT를 포함한 다른 많은 모델보다 훨씬 빠르고, 더 적은 매개변수를 사용하며, 용량이 더 가볍고, 다른 거대언어모델^{LLM}의 높은 처리 능력을 필요로 하지 않는 긍정적인 면이 있다. 게다가 비슷한 성능을 갖춘 다른 LLM보다 크기도 작다. 이는 대형 서버 플랫폼이 아닌 프라이버시 요구 사항이 높거나 지연 시간이 짧은 응용 프로그램에 적합한 로컬 컴퓨터, 심지어 휴대폰에서도 실행할 수 있다. 이렇듯, 라마는 대화 사용 사례에 최적화돼 있으며, 고객 서비스 챗봇이나 기타 유사한 디지털 마케팅 도구를 학습시키는 등 다양한 작업에 맞게 개선할 수 있도록 설계돼 있다.

라마2는 오픈소스여서 AI 커뮤니티 내에서 혁신과 협업을 촉진한다. 챗GPT와 같은 최초의 거대언어모델^{LLM}은 폐쇄형 소스, 즉 개인 소유였지만, 라마2는 개방형이라, 누구든 다운로드하고 수정하고 특정 용도로 무료로 사용할 수 있으며, 실제로 어떻게 작동하는지도 확인할 수 있다. 이러한 특징으로 인해, 여러 다른 오픈소스 언어 모델이 라마 LLaMA의 파생물로 등장했다. 그중 하나인 알파카Alpaca는 스탠퍼드대학의 연구팀이 개발한 모델인데, 놀랍게도 이 연구진은 정성적 벤치마크에서 알파카가 컴퓨팅 비용이 불과 600달러밖에 안 됐음에도 훨씬 더 큰 모델인 오픈AI의 GPT-3.0과 비슷하게 성능을 발휘한다는 것을 보여줬다. 또한, 또 다른 LLM인 비쿠냐Vicuna는 채팅 챗봇에 대한 수백만 개의 질문과 답변을 통해 얻은 추가 데이터를 사용해 라마를 더욱 세밀하게 조정했다. 그리고 이러한 개선으로 고품질의 맥락 인식 응답을 얻을 수 있었다.

오픈소스는 헌법적 AI와 마찬가지로 AI를 안전하게 개발할 수 있는 또 다른 가능성인데, 이 책의 28장에서 이러한 접근 방식을 평가할 것이다.

지금까지 내용을 요약하면, 우리의 현재 특정 요구에 맞춘 거대언어모델LLM은 수없이 존재한다는 것을 알 수 있다. 실제로 지난 3년 동안 우리가 바라는 알고리듬 기술은 놀랍도록 발전했으며, 산업 전반에 걸쳐 기업들은 특정 제품과 고객을 맞춘 신기술을 보이기도 했다. 하지만 그와 동시에 기업들은 뚜렷한 브랜드 자랑과 브랜드별 고객 경험을 보장하는 방식으로 마케팅과 고객 서비스 차원에서 각자 필요로 하는 자체 LLM을 개발할 것이다.

비지도 생성 및 딥페이크

트랜스포머 아키텍처가 자연어 처리NLP 분야에서는 혁신적이었지만, 이것이 곧 생성형 AI를 가능하게 한 유일한 혁신은 아니었다. 중요하기로는 변분 오토인코더^{VAE, Variational Autoencoder}와 생성적 적대 신경망^{GAN, Generative Adversarial Network}과 같은 다른 생성형 알고리듬도 마찬가지다. VAE와 GAN은 트랜스포머 아키텍처와는 다른 목적을 가지고 있고, 실제로 트랜스포머보다 더 일찍 만들어진 제품이기도 한데, 이 모델은 이미지, 비디오, 음악 합성과 같은 작업에 탁월하다. 그러나 이것과는 대조적으로, 트랜스포머는 주로 NLP와 같은 시퀀스-투-시퀀스^{sequence-to-sequence} 작업에 사용된다.

변분 오토인코더^{VAE}와 생성적 적대 신경망^{GAN}과 트랜스포머의 또 다른 주목할 만한 차이점은 학습 패러다임에 있다. VAE와 GAN은 모두 학습 중에 명시적인 라벨 없이 작동하도록 설계된 비지도 학습 모델이지만, 트랜스포머는 주로 자기 지도 학습 모델을 사용한다.

변분 오토인코더^{VAE}는 2013년 암스테르담대학의 디데릭 P. 킹마^{Diederik P. Kingma}가 처음 창안했다. 이를 쉽게 설명하기 위해 VAE가 음악 라이브러리와 비슷하게 작동한다고, 혹은 컴퓨터에 방대한 양의 노래 모음이 있다고 가정해 보겠다. 이때, VAE는 이 모든 노래를 '잠재 공간^{latent space}'으로 불리는 독특한 숫자 표현으로 압축한다. 이 잠재 공간 안에서는 장르, 아티스트, 연대, 심지어 리듬, 당김음, 보컬의 품질, 음조, 음악 자체의 다른 측면 등 유사한 음악적 속성을 가진 노래들이 밀접하게 매핑된다. 이 잠재 공간은 마치 워드 임베딩과 유사한데, 예를 들어, 루이스 폰시^{Luis Fonsi}의 노래「데스파시토^{Despacito}」의 표현은 'Despacito = (1.4523, 3.7873, 3.5641, 9.1234, ... , 2.6792)'와 같은 형태라고 보면 된다.

이 효율적인 표현은 각각의 노래 본질을 포착할 뿐만 아니라 변분 오토인코더^{VAE}가 요청된 매개변수를 기반으로 완전히 새로운 구성을 생성할 수 있도록 해준다. 또, 이러한 AI로 만들어진 멜로디는 원곡의 전체적인 스타일을 계승하면서도 독특한 요소를 도입해 텍스트, 이미지, 음악 등 다양한 데이터 유형을 생성해 내는 다재다능함을 보여준다.

생성적 적대 신경망^{GAN}은 2014년 몬트리올대학의 이언 굿펠로$^{Ian\ Goodfellow}$가 처음 언급했다. 이는 변분 오토인코더^{VAE}의 일부와는 달리 데이터 생성에 대한 새로운 접근 방식을 나타내며 뚜렷한 장점을 갖고 있다. GAN의 작동 방식을 이해하려면 일단 공존하지만 분리된 두 개의 신경망을 생각해 봐야 한다. 하나는 생성 신경망이고 다른 하나는 판별 신경망^{discriminator}이다. 여기서 생성 신경망은 학습 세트에서 학습한 내용을 토대로 이미지 또는 오디오와 비디오를 생성하는 데 반해, 판별 신경망은 생성된 이미지가 사실적인지(진짜인지) 아닌지를 평가한다(이미지의 픽셀 차이까지 평가한다). 이 두 신경망은 서로 경쟁하면서 동시에 학습된다. 이때 생성 신경망이 실제 데이터를 생성하는 데 능숙해지면, 판별 신경망은 실제 데이터와 생성된 데이터의 차이를 감지하면서 더 정교해지게 된다. 이후, 시간이 지나 두 신경망이 동시에 학습을 거듭하면, 생성 이미지와 실제 이미지를 구분하기가 점점 어려워진다.

'생성적 적대 신경망$^{Generative\ Adversarial\ Network}$'이라는 용어는 GAN이 무슨 일을 하는지를 정확히 설명하는데, GAN은 신경망이고, 콘텐츠를 생성하기 때문에 생성적이다. 그리고 두 신경망은 서로 경쟁하기 때문에 적대적이라고 할 수 있다.

출력 측면에서 볼 때, 변분 오토인코더^{VAE}는 종종 매끄럽고 흐릿한 시각 데이터를 생성하는 반면, 생성적 적대 신경망^{GAN}은 선명하고 상세한 샘플을 생성하는 것이 특징이다. 따라서 GAN은 여러 분야에 걸쳐 상당한 영향력을 행사할 수 있다. GAN의 가장 널리 알려진 응용 분야는 딥페이크인데, 딥페이크는 인위적으로 생성된 콘텐츠임에도 불구하고 마치 진짜처럼 보이게끔 시각적 또는 청각적 콘텐츠를 조작하는 것을 말한다. 이런 딥페이크 제작에 널리 사용되는 도구 중 하나는 2018년 오픈소스 소프트웨어로 출시된 딥페이스랩DeepFaceLab이다.

한번 딥페이스랩으로 얼굴을 바꾸는 시나리오를 떠올려 보라. 이때, 딥페이스랩은 두 개의 소스 비디오를 가져오는데, 하나는 대상 얼굴(얼굴이 바뀔 사람)을 특징으로 하는 비디오고, 다른 하나는 소스 얼굴(대상에 겹쳐질 얼굴)을 특징으로 한 비디오다. 그리고 앞서 설명한 접근 방식을 사용해 딥페이스랩은 소스 얼굴에서 얼굴 특징을 추출하고 이를 대상 얼굴에 매핑해 매끄럽고 실제적인 혼합을 보장하는 방법을 학습한다.

스테이블 디퓨전, 이미지 합성을 위한 오픈 소스

이미지 생성에 사용되는 또 다른 중요한 생성형 AI 알고리듬은 스테이블 디퓨전Stable Diffusion이다. 언어 처리에 챗GPT가 있는 것처럼 이미지 생성에는 스테이블 디퓨전이 있다고 보면 된다. 여기서 중요한 차이는 스테이블 디퓨전은 오픈소스라는 것이다. 스테이블 디퓨전 외에도 미드저니MidJourney, 런웨이Runway, 심지어 오픈AI가 소유한 달리DALL-E와 같은 독점적인 이미지 생성 도구 등도 있다.

스테이블 디퓨전은 뮌헨 루트비히 막시밀리안대학Ludwig Maximilian University of Munich과 미국 소재 AI 회사 런웨이와 스태빌리티 AIStability AI의 공동 노력으로 2022년 8월 출시된 획기적인 텍스트-이미지 및 이미지-이미지 모델이다.

스테이블 디퓨전의 핵심은 노이즈를 적용하는 과정을 통해 입력 이미지나 텍스트를 변환시켜 새로운 그림을 만드는 것인데, 좀 더 깊이 알기 위해서는 이 구조에 대해 알아야 한다. 스테이블 디퓨전의 구조는 인코더, 중간 블록, 디코더로 구성돼 있으며, 인코더는 원본 이미지를 잠재 공간으로 압축해 이미지의 본질적 의미를 포착한다. 이는 변분 오토인코더VAE 또는 워드 임베딩이 작동하는 방식과 유사하다. 가우스 잡음Gaussian noise은 '확산'이라는 과정을 통해 압축된 잠재 벡터에 적용되며, 중간 블록이 잠재 벡터의 잡음을 제거해 원본 이미지의 벡터와 다른 수정된 버전을 생성해 낸다. 마지막으로는 디코더가 이 벡터를 픽셀 공간으로 다시 변환시켜 출력 이미지를 생성시키는 것이다.

이러한 인코딩, 확산, 디코딩의 복잡한 상호작용을 통해 스테이블 디퓨전은 텍스트 설명에 따라 놀라울 정도로 상세한 이미지를 생성할 수 있다. 예를 들어, 이미지 생성, 누락되거나 손상된 이미지 부분 채우기(인페인팅), 경계를 넘어 이미지 확장(아웃페인팅), 이미지 간 번역 등 이미지 처리 분야에서 다양한 응용 분야를 발견할 수 있다. 이런 스테이블 디퓨전과 생성적 적대 신경망GAN의 차이점은 스테이블 디퓨전이 완전히 새로운 콘텐츠를 생성하는 데 유용하는 데 반해, GAN은 딥페이크처럼 이미 존재하는 것과 유사한 콘텐츠를 만드는 데 유용하다는 것이다.

스테이블 디퓨전은 의료 영상에서부터 재료 과학, 화학 공학에 이르기까지 다양한 분야에서 아주 큰 인기를 얻고 있는데, 여기에는 몇 가지 이유가 있다. 첫째, 스테이블 디퓨전은 리소스 요구 사항이 가장 적다는 것인데, 이는 적당한 GPU 사양의 소비자급 하드웨어에서 원활하게 실행되는 관계로 개인 개발자와 아티스트에게 적합하다. 또한, 오픈소스 라이선스와 모델 가중치를 다운로드할 수 있다는 점은 AI 커뮤니티에서 큰 주목을 받는 데 결정적 역할을 했다.

텍스트와 이미지를 넘어서는 창의적 혁신

생성형 AI의 영향력은 이미지 및 언어 생성 그 이상으로까지 확장되고 있으며, 코딩, 음악, 비디오, 3D 프린팅을 위한 물체 디자인, 로봇 팔 제어 등 다양한 창의적 영역마다 빠르게 스며들고 있다.

우선, 거대언어모델은 자연어에 국한되지 않고, 프로그래밍 언어로 학습돼 마이크로소프트 또는 레플릿Replit 소유의 오픈AI 코덱스OpenAI Codex와 깃허브 코파일럿GitHub Copilot 같은 새로운 컴퓨터 응용 프로그램의 소스 코드를 생성해 낼 수도 있다. 이는 프로그래밍 지식이 없는 비전문가가 "설정에 1초도 걸리지 않고 모든 장치에서 AI의 힘으로 소프트웨어를 협업 차원으로 구축할 수 있게" 해준다.

또한, 뮤직엘엠MusicLM과 뮤직젠MusicGen 같은 생성형 시스템은 음악 작곡에 혁명을 가져왔다. 이는 음악 녹음과 텍스트 주석을 학습해, '부드러운 바이올린 멜로디와 왜곡된 기타 리프의 조합'과 같은 텍스트 프롬프트를 기반으로 새로운 음악 작품도 작곡할 수 있다.

이 외에도, 비디오와 관련해, 주석이 달린 비디오를 통해 학습된 생성형 시스템은 시간적 일관성이 뛰어난 동영상을 생성할 수 있는데, 대표적인 예로 메타 플랫폼스Meta Platforms의 런웨이엠엘RunwayML과 메이크어비디오Make-A-Video 등이 있다. 또한, 음악을 위한 스포티파이Spotify, 장편 비디오를 위한 넷플릭스Netflix, 짧은 비디오를 위한 유튜브YouTube와 틱톡TikTok 같은 기존의 B2C 디지털 제품 플랫폼은 앞으로도 계속 성장할 전망이다. 물론, AI의 발전으로 소프트웨어 개발 비용, 위험, 출시 기간이 크게 줄어들면서 완전히 새로운 플랫폼으로 등장할 수도 있지만 말이다.

이에 더해, 로봇공학은 추가적이면서도 편리한 예를 제시한다. 탐색 또는 동작 계획에 대한 새로운 궤적을 생성하기 위해, 생성형 AI는 로봇 시스템의 다양한 동작에 대해서도 학습할 수 있다. 한 예로 구글의 유니파이^{UniPi}는 "갈색 그릇을 들어 올리세요"와 "녹색 스펀지로 접시를 닦으세요"와 같은 명령어만으로 로봇 팔의 움직임을 제어할 수 있다.

나는 이런 목록이 계속 확장될 것이라 믿으며, 개별 디지털 소비자 제품의 급속한 발전을 위한 필수 요소들은 지금 우리와 함께 있다고 생각한다. 구체적으로 말하면 다음과 같다.

- AI 알고리듬의 지속적인 학습을 위해 계속 확장되는 데이터를 확보하기 위한 소비자 제품 응용 프로그램과 플랫폼을 포함한 목적지
- 유비쿼터스에 가까운 클라우드 배포
- 광고 기반 비즈니스 모델에 직접 비용을 지불하거나 광고 시청을 제공하는 확장된 글로벌 소비자
- 스테이블 디퓨전과 같은 AI 알고리듬과 런웨이 또는 오픈AI 자체와 같은 독점 솔루션(디지털 제품이 인간이 만든 제품과 구별할 수 없을 정도로 발전한 상태여야 함)
- 프로그래머가 아니더라도 누구든 코드를 작성할 수 있는 깃허브 코파일럿이나 레플릿과 같은 프로그래밍 도구

생성형 AI를 통한 창의적인 사무직 업무의 자동화

다양한 사무직 직업마다 생성형 AI가 광범위하게 활용되고 있다는 사실만 보더라도, 업무 자동화의 잠재력이 얼마나 거대한지 알 수 있다. 앞선 장에서는 로보틱 프로세스 자동화[RPA]가 거대 금융위기 이후 사무실 환경에서 반복적인 사무직 업무를 꾸준히 자동화해 왔다는 사실에 대해 논의한 바 있다. 이에 더해, 보다 창의적이고 지적으로 까다로운 사무직 업무를 자동화할 수 있는 생성형 AI가 창의적인 전문직과 관리직에 위협을 줄 수 있다는 것에 관해 말하려 한다.

창의적인 직업 중 가장 위험에 처한 것은 마케팅, 디자인, 음악, 연기 등의 분야다. 그래픽 디자인을 위한 AI 기반 도구는 이제 로고, 브랜딩 자료, 시각 자료를 빠르게 생성할 수 있어서 잠재적으로 인간 디자이너의 수요가 줄어들 수 있으며, 마케팅 분야의 자동화된 콘텐츠 생성 도구는 광고, 소셜 미디어 게시물, 심지어 마케팅 전략까지 생성할 수 있어서 마케팅 담당자를 대체할 수 있다. 음악 산업 또한 AI로 생성된 작곡과 알고리듬으로 선별된 개인화된 재생 목록으로 인해 인간을 대체할 수 있다.

관리 업무의 경우도 별반 다르지 않다. 로보틱 프로세스 자동화[RPA]는 이미 가장 단순하고 반복적인 업무를 자동화하고 있다. 여기에 생성형 AI를 결합하면, 데이터 입력, 기록 보관, 문서 초안 작성, 초기 채용 과정 등 중간 수준의 언어 사용이 필요한 업무까지 자동화가 가능하게 될 것이다. 고객 서비스 업무, 특히 스크립트화 되고 반복적인 상호작용이 수반되는 업무의 경우는 자동화의 위험에 노출될 가능성이 크다.

역사적으로 고부가가치를 창출하는 직업도 위험에 처해 있다. 한 예로, 텍스트 합성에서 거대언어모델LLM의 역량을 고려할 때 연구 및 문서 작성 업무가 많은 법조계가 영향을 받을 것이라는 예측이 있다. 그들은 초급 변호사가 되기 위해 7년 동안 고등교육을 받은 후 초안 작성 훈련을 받지만, 더 빠르고 더 나은 일을 할 수 있는 AI가 등장하면서 불필요하게 됐다. 고객들 또한 지루하며 재작업을 포함할 가능성이 있는 동일한 업무에 시간당 250달러를 지불하는 것보다 AI가 작성한 법률 문서를 선호할 가능성이 크다.

생성형 AI는 단기적으로는 일자리 파괴자라기보다는 일자리를 위한 강력한 증강 도구가 될 가능성이 높다. 프로그래밍 분야에서도 명확한 예를 볼 수 있다. 향후 몇 년 안으로 코드 생성기 및 자동 완성 기능과 같은 AI 기반 도구가 프로그래머와 데이터 과학자의 효율성과 생산성을 크게 향상시킬 것이라는 전망이다. 이러한 도구는 개발자가 코드를 더 빠르게 작성함으로써 오류 발생 가능성을 줄이고 작업에서 더 복잡한 문제 해결 측면에 집중할 수 있도록 도와준다.

하지만 지식재산권 보호와 일자리 파괴에 대한 우려가 현실 문제로 대두되면서, 이는 사회적, 경제적 문제를 야기할 수도 있다. 코딩의 예로 돌아가 보자. 이때, 생성형 AI는 단기적으로는 프로그래머를 증강할 수 있지만 중기적으로는 완전히 대체할 가능성도 있다. 이에 대해서는, 유토피아적 전망을 제시하는 22장과 디스토피아적 전망을 제시하는 23장에서, 향후 20년 동안 AI가 어떻게 발전할지에 대해 얘기하면서 직업 시장과 교육 현장에서 전문가와 신세대를 어떻게 준비시켜야 하는지에 대해 보다 심도 있게 논의할 것이다.

나는 이 모든 것을 고려할 때 아직 우리가 초기 단계에 있다고 본다.

또한, 기업가적 천국의 한가운데 있다고 생각한다. 이는 핵심 AI를 활용하되, 전문 분야 지식에 의존해 가치를 창출하는 산업 전반의 전문화된 응용 프로그램이 장차 새로운 세대의 백만장자를 탄생시킬 것이라는 말과 일맥상통한다. 현재, 핵심 AI 기술은 널리 이용할 수 있지만, 여전히 소수의 핵심 플레이어의 손에 쥐어져 있다. 우리는 이런 새로운 테크노크라트(많은 권력을 행사하는 과학 기술 분야 전문가)를 'AI 슈퍼스타'라고 부르며, 23장에서 이들이 사회에 어떤 의미를 갖는지 논의할 것이다.

법적 늪: 생성된 콘텐츠의 저작권

생성형 AI는 데이터 사용, 콘텐츠 규제, 저작권 원칙을 둘러싼 복잡하고 새로운 법적 문제도 제기했다. 실제로 이들이 만든 생성물은 사람이 만든 저작물과 매우 흡사한데, 그것에 의존하고 파생된 콘텐츠를 자율적으로 생성할 수 있는 챗GPT나 스테이블 디퓨전과 같은 AI 모델에서는 소유권과 저작권을 결정하는 것이 풀기 힘든 문제가 되고 있다. 기존의 저작권법은 AI가 생성한 콘텐츠를 염두에 두고 설계되지 않았다. 그렇기에 법적 회색 지대가 존재하며, 이러한 모호성으로 인해 소유권과 저작권 사용료에 대한 분쟁이 발생하고 있어 크리에이터, 기업, AI 개발자에게 다양한 영향을 미칠 것이라는 예측이 있다.

한 예로, 2022년 11월, 기술 대기업인 마이크로소프트, 오픈AI, 깃허브를 상대로 깃허브 코파일럿이 코드 저장소 작성자의 저작권을 침해했다는 집단 소송을 제기한 바 있다. 이 문제의 핵심은 개발자가 작성한 기존 코드를 통해 도구를 학습시킨다는 사실에 있었다. 대기업은 허락은 고사하고 적절한 저작자 표시 및 대가를 제공하지 않고서도 학습 데이터와 매우 유사한 코드를 생성할 수 있었다.

또한 소수의 예술가가 2023년 1월 미드저니, 스태빌리티 AI, 데비안아트DeviantArt를 상대로 집단 소송을 제기했다. 이들은 이들 기업이 원작자의 허락 없이 인터넷에서 스크랩한 수십억 개의 이미지를 AI 도구 학습에 사용함으로써 수백만 명의 예술가들의 권리를 침해했다고 주장했다. 이 소송은 대량 저작권 침해의 원칙에 근거한 것이다.

이와 비슷한 맥락에서 딥페이크 기술은 법정에까지 등장하고 있다. 2023년 4월, TV 유명인인 카이랜드 영Kyland Young은 리페이스Reface라는 딥페이크 앱을 상대로 법적 조치를 취했다. 카이랜드 영은 이때 리페이스의 배후에 있는 회사가 자신과 다른 유명인들의 이름과 얼굴을 무단으로 사용해 앱에서 수익을 창출했다고 주장했다.

이와 유사하게, 2023년 7월, 저명한 코미디언인 사라 실버맨Sarah Silverman도 거대 기술 기업인 오픈AI와 메타Meta를 상대로 저작권 침해에 대한 집단 소송을 제기했다. 그녀는 이 두 기업이 적절한 허가도 받지 않고 저작자의 저작물을 대상으로 거대언어모델LLM을 학습시켰다고 주장했다.

이러한 윤리적 딜레마는 법정 밖에서도 큰 반향을 불렀다. 2023년 8월,「뉴욕타임스」,「로이터」,「CNN」등 주요 뉴스 매체는 자사 웹사이트에서 오픈AI의 GPT 크롤러crawler를 선제적으로 차단했으며,「뉴욕타임스」는 서비스 약관을 추가로 업데이트해 거대언어모델LLM에서 자사 콘텐츠를 사용하는 것을 명시적으로 금지시켰다. 나는 아마 다른 언론 매체들도 이들 뒤를 따를 것이라 생각한다.

현재까지는 생성된 콘텐츠의 저작권과 소유권이 가장 일반적인 화두겠지만, 민감한 정보에 대해 학습된 AI 모델이 프라이버시 규정을 위반할 경우 생성형 AI는 추가적인 문제를 야기할 수도 있다. 이런 AI 모델은 허위 주장을 전파하는 데 사용돼 명예훼손 관련 법적 소송으로 이어질 수도 있다. 생성형 AI가 계속 발전함에 따라, AI가 야기하는 법적 문제와 기업과 개인에게 미치는 막대한 영향도 커지고 있다.

세계 최초의 AI 법안, 너무 빠른 속도일지도 모른다

이처럼 다양한 기업이 수많은 소송에 직면하면서, 정책 입안자들은 발 빠르게 AI 규제에 대한 조치에 나섰다. 이 중에서도 유럽연합은 데이터 보호 법안과 마찬가지로, AI 규제와 관련해 전 세계를 선도하고 있다. 실제로 유럽연합 정책 입안자들은 2023년 12월 9일 세계 최초의 AI 법안인 유럽연합 인공지능법[EU AI Act][1]을 승인했기 때문이다.

이 법안의 초석 중 하나는 고위험 AI 시스템에 대한 각별한 주목에 있다. 여기서는 고용 및 교육과 같이 규제 당국이 개인에게 심각한 피해를 줄 가능성이 있다고 판단한 시스템에 초점을 맞췄다. 여기서 거론된 주요 분야에서 AI 기반 도구를 개발하는 기업은 이제 엄격한 조사를 받게 되며, 규제 당국에 위험 평가서를 제출하고 알고리듬 교육에 사용된 데이터를 공개해야 한다. 이에 더해, 편견이 지속되지 않도록 힘써야 한다.

이 법은 유해한 관행에 대해서는 단호한 태도를 보이며, 안면 인식 데이터베이스를 위한 무차별적인 이미지 스크래핑이나 행동 조작과 같은 특정 활동을 명백히 금지했다. 이 법이 딥페이크를 포함한 챗봇

---

1 이 법은 2021년 4월 유럽연합이 관할권 내에서 AI의 사용을 규제하기 위해 제안한 획기적인 입법안이다. 이 법안은 AI 기술의 혁신과 신뢰를 촉진하는 동시에 AI가 책임감 있고 투명하며 안전하게 사용되도록 하는 것을 목표로 한다. – 옮긴이

과 이미지 생성기 등의 AI 시스템이 AI의 출처를 공개하도록 의무화함에 따라 지침 원칙으로 투명성이 강조됐으며, 이를 통해 유럽연합은 AI 사용에 대한 책임과 명확성을 각인시켰다.

이 초기 법안이 무엇보다 의미 있는 이유는, 법 집행에서 정부가 AI 사용에 제한을 뒀다는 것이다. 이 법안은 안면 인식 소프트웨어의 배포에 제한을 두지만, 안전 및 국가 안보 목적에 한해서는 예외를 인정하며, 생체 인식 스캔의 사용을 제한하고 민감한 특성에 따라 개인을 분류하는 것을 제한하고 있다. 이는 합성생물학의 거침없는 행진과 알고리듬의 발전에 비춰 볼 때 논쟁의 여지가 있는 주제다.

유럽연합은 일반정보보호 규정GDPR의 경우처럼, 위반에 대한 처벌 또한 매우 명확히 규정하고 있다. 규칙의 위반 사실이 적발된 기업엔 최대 3,500만 유로 또는 전 세계 매출액의 7%에 달하는 벌금을 부과하는 등 재정적 불이익을 주기도 했다.

나는 이런 유럽연합의 접근 방식이 의미 있다고 생각하지만, 결함도 있다고 본다. 왜냐하면 정책 입안자들이 2023년 4월 논의가 시작된 지 11일 만에 첫 번째 초안을 준비했는데, 이는 이 조치의 촉매제가 된 챗GPT가 처음 출시된 지 4개월이 지난 후였기 때문이다. 그리고 이 법안 자체는 약 10개월 후 승인됐다. 이를 감안할 때, 최초의 일반정보보호 규정GDPR 초안은 2012년에 발표됐고 승인되는 데 4년이나 걸렸다는 것을 알아야 한다.

이 외에도 다양한 우려 사항들이 있는데, 가장 중요한 것은 다음과 같다.

첫째, 산업이나 표준을 정할 때 AI 위험을 평가하는 방법에 대한 명확성이 부족해 정치적 조작에 대한 해석의 여지가 있다는 점이다. 예를 들어, SAT가 대학 학업 성취도를 예측하는 것보다 훨씬 더 안정적으로 직무 성과를 예측하는 알고리듬을 구축할 수 있다고 할 때, 유럽연합이 실제 데이터와는 관계없이 특정 인구 집단의 직무 수행 능력에 대한 정치적 선입견을 가지고 있다면 어떻게 해야 할까?

둘째, 알고리듬 교육에 사용된 데이터를 공개하도록 의무화하면 이 원칙은 정치화될 수 있음은 물론, 해석과 집행 방법이 정부 기관의 변덕에 좌우될 수 있다. 기술적인 이유로 이러한 통제는 비효율적이다. 예를 들어, 알고리듬이 지속적인 데이터 스트림에 의존하는 경우, 사용된 데이터를 어떻게 공개할 수 있을까? 합성 데이터를 사용할 때는 어떻게 해야 할까? 데이터 포인트별 감사 없이도 최고 수준의 공개로 이 문제를 감지할 수 있을까? 이 책의 24장에서는 중국의 유사한 조치가 어떻게 정치적 통제를 강화하고 궁극적으로 AI의 발전을 저해하려 하는지 설명할 것이다.

결론적으로, 이 법안이 AI를 안전하게 사용할 수 있도록 허용하는 것과 혁신을 저해하지 않으면서 다른 분야에 대한 투자를 장려하는 것 사이에서 적절한 균형을 유지할 수 있을지 불분명하다.

유럽연합 인공지능법에 국한되지 않는 일반적인 규제에 대한 또 다른 우려는 이를 제정하는 지역의 범위가 너무 제한적이라는 점이다. 상업, 아이디어 교환, 미디어, 기술은 모두 글로벌화 돼 있으므로 규제가 진정으로 글로벌화하지 않으면, 규제를 준수하지 않고 이를 이용해 경제 경쟁에서 우위를 점하거나 정치적 논의에서 다른 영역에서 양보를 이끌어내는 국가가 언제든 존재할 수 있다. 해당 국가는 AI 응용 프로그램을 개발해 표적 집단(개인, 국가, 기업, 산업)에 해를 끼칠 수 있으며, 이는 전 세계적으로도 영향을 미칠 수 있다.

나는 미국이 철학적 견지에서는 유럽연합의 입장에 동조할 것이라

믿지만, 중국과 같이 서구의 가치를 지지하지 않거나 서구의 개방성과 포용성을 통해 경제적 이득을 취하려는 국가의 경우는 반대 입장을 가진 중국에 동조할 가능성이 높다고 생각한다. 24장에서 최근 중국과 AI 패권을 둘러싼 미국과의 긴장 관계에 대해 자세히 논의하겠다.

그것이 인공지능이든 인간 지능이든 간에, 나는 일반적인 지능에 대한 규제가 표현의 자유의 경계에 직접적으로 상충한다고 믿는다. 이 주제에 대해서는 23장에서 디스토피아를 향한 AI의 잠재적 자기장의 일부로써 더 자세히 논의하겠다. 여기서 아이러니는 인류 역사상 최초로 모든 인간 활동 영역에서 진실을 학습하고 밝혀낼 수 있는 역량을 갖춘 기술이 역설적이게도 우리 인류의 종말을 알리는 기술이라는 점이다.

09 범용인공지능의 서막

"저는 범용인공지능^AGI이 동료로 고용할 수 있는 평균적인 사람과 같다고 생각합니다."

- **샘 알트먼**Sam Altman,
오픈AI CEO, 2023년 9월 27일

2023년 11월 18일, 오픈AI의 최고 경영자인 샘 알트먼이 해고 위기에 처했다. 그러나 3일 후 11월 21일, 오픈AI는 새로운 초기 이사회와 함께 알트먼의 CEO 복귀를 발표했다.

당시 유출된 정보에 따르면, 오픈AI 내부에서 범용인공지능[AGI]의 잠재적 선구자인 Q*라는 AI 혁신에 대한 우려가 제기되자 주요 연구자들이 이사회에 이를 표명했다고 한다. 그리고 이런 논의가 있고 난 이후, 샘 알트먼은 갑자기 오픈AI에서 해고됐고, 알트먼과 이사회 및 직원들은 격동의 나날을 보내야 했다. 그에 대한 전격적인 해임은 이사회가 안전 조치를 우선시하는 데 집중하는 것과는 대조적으로, Q*를 빠르게 상용화하려는 알트먼의 성향과 관련된 것으로 보인다.

범용인공지능[AGI]은 AI 연구자와 전문가가 지금의 알고리듬이 할 수 없는 추론, 전략 수립, 불확실한 상황에서의 의사결정, 상식과 같은 지식 표현 능력 등 제반 인지적 측면에서 인간과 같은 지능을 복제할 수 있는 기계를 만들기 위한 고민에서 등장한 총칭이다. 여기엔 미래 행동을 계획하고, 과거 경험을 통해 학습하며, 자연어로 효과적으로 의사소통하는 기능도 포함된다. 또한 시각적, 청각적 지각과 같은 특정 신체적 속성과 잠재적 위험을 감지하고, 조치를 취할 수 있는 능력도 있다.

그러나 현재 우리가 사용 중인 AI 알고리듬은 미리 정의된 특정 문제만 해결할 수 있고, AI 프로그래밍의 특정 맥락 내에서만 의사결정을 내릴 수 있다. 그렇기에, 이런 요소 중 어느 하나든 AI의 다음 진화 단계를 나타낼 수 있다. 앨런 튜링과 존 매카시 같은 AI의 선구자들은 이미 수십 년 전에 자신들의 연구에서 일반적인 인지 능력이 어떻게 진화적 단계로 구체화될지를 가정하면서 범용인공지능[AGI]에 대한 근본적인 아이디어를 제시하기도 했다.

그러나 Q*의 본질에 대한 불확실성에도 불구하고, 일부 사람들은 Q*가 2017년 구글이 도입한 트랜스포머의 출현과 비교할 수 있는 획기적인 구조 개발을 의미할 수도 있다고 주장했다. 트랜스포머는 오픈AI의 GPT-4를 포함한 지금의 모든 거대언어모델LLM을 가능하게 한 기반 기술이다. Q*가 무엇인지 추측하는 것은 범용인공지능을 달성하기 위해 진행되고 있는 오늘의 연구 분야를 소개하는 데 유용한 방법이라고 생각한 것이다. 이번 장에서는 이를 핵심 내용으로 다루고자 한다.

이제부터 범용인공지능AGI의 출발점이 되는 오늘날의 다양한 연구 분야를 심층적으로 살펴보겠다.

수학 문제를 해결하기 위한 논리 적용

Q*가 실제로 무엇인지에 대한 잠재적인 설명 중 하나는 수학 문제를 해결하기 위한 오픈AI의 프로젝트와 관련된다. 이것은 AI가 이미 해결한 단순한 성과처럼 여겨질지 모르나 더 큰 의의는 AI가 실제로 수학적 추론을 이해한다는 데 있다. 세계를 이해하는 데 수학이 근본적인 역할을 한다는 것을 감안할 때, 다양한 영역에 걸쳐 광범위한 영향을 미칠 수 있는 수학적 증명을 이해할 수 있는 AI의 잠재력이 중요하다.

이것은 4장에서 논의한 앨런 뉴웰과 허버트 사이먼이 1957년에 고안한 '일반 문제 해결자General Problem Solver'와 존 매카시가 옹호했던 기호논리 접근법을 상기시킨다. 그로부터 60여 년이 지났지만, 기계는 여전히 논리와 추론이 포함된 작업에는 어려움을 겪고 있고, 구체적으로 코딩된 명령어 없이는 작업을 진행하지 못하고 있다.

수학적 또는 논리적 증명을 독립적으로 생성하는 능력은 증명 자체에 대한 더 깊은 이해를 요구하며, 이 능력은 오늘날 거대언어모델LLM의 예측 능력을 뛰어넘을 수 있다. 수학적 또는 논리적 개념과 관련된 문제에 직면할 때, LLM은 근본적으로 이론적 증명을 제대로 이해하지 못한 채 정답을 제공하고, 프로그래밍 및 학습 데이터의 패턴을 단순히 재현만 한다. 이는 논리적 원리의 근거를 파악할 수 있는 능력에 대한 기존의 한계를 뜻한다. 그러나 단순히 순서상 다음 문자를 예측하기보다 그 답이 맞거나 틀렸는지를 이해하는 작업은 현재의 LLM이 극복할 수 없다.

이와 관련해, 2022년 5월 스탠퍼드와 구글은 「STaR: 추론으로 추론을 부트스트래핑하기STaR: Bootstrapping Reasoning with Reasoning」라는 제목의 연구 논문을 발표했다. 이 논문은 상식 문제나 수학 등 복잡한 추론 작업에서의 언어 모델 성능을 향상하기 위해 단계별 사고 사슬을 생성하는 방법을 탐구한 것이다. 여기서 '사고의 사슬Chain of Thought'이라는 개념은 어려운 문제에 직면할 때 그 모델이 복잡한 해결책에 한 번에 도달하는 대신 중간 단계를 추론하도록 유도하는 단계를 포함한다. 이렇게 단계적으로 접근하면 더 정확한 답을 얻을 수 있다. 이 논문에서는 순환 과정을 따름으로써 AI 모델의 복잡한 추론 능력을 반복적으로 향상하는 STARSelf-Taught Reasoner, 자가학습 추론기라는 틀을 소개했다. STAR는 몇 가지 예시를 토대로 질문에 답할 수 있는 근거를 생성하며, 오답이 있으면 그 근거를 다듬고 새로운 근거를 사용해 모델을 미세 조정한다. 그런 후 첫 번째 단계로 다시 돌아가서 그 답이 충분히 정확해질 때까지 계속 반복한다. 오픈AI는 2023년 3월, 같은 계열의 논문을 발표했는데, 이 논문에서도 지금까지 관행이던 최종 결과뿐만 아니라 중간 단계의 추론 단계를 통해 큰 문제를 세분화하고 각각의 중간 단계마다 피드백을 적용하는 방법을 제안했다.

이런 다단계식 접근 방식은 매우 직관적일 뿐 아니라 우리 인간의 사고방식을 보여준다. 우리는 복잡한 수학 문제에 직면하거나 중요한 프로그래밍 코드를 작성해야 할 때, 궁극적 해결책에 한 번에 도달하지 못한다. 대신, 그 문제를 더 작은 구성 요소로 나누고, 각각의 부분을 개별적으로 해결한 다음, 여러 해결책을 통합함으로써 전체적인 해답을 도출한다. 이런 체계적인 접근 방식은 코딩뿐만 아니라 모든 종류의 엔지니어링 프로젝트, 책 쓰기에서도 두드러진다. 이런 방식을 알고리듬에 동일한 모듈화 원칙으로 적용하게 되면 AI 시스템의 합리성을 높일 수 있다.

강화 학습을 자기 개선에 적용하기

Q*의 실체에 대한 두 번째 이론이 있다. Q*라는 용어는 강화 학습에 관한 과학 문헌의 기본 주제, 정확하게는 Q-러닝과 A* 알고리듬과의 연관성을 암시한다는 것이다. Q-러닝은 가장 일반적인 강화 학습 알고리듬으로, 앞의 6장에서 논의한 바 있다. A*는 1968년 로봇 개발 시 경로를 계획하기 위해 고안된 고전적인 그래프 검색 알고리듬이며, 앞으로 11장에서 설명할 셰이키Shakey라는 로봇 개발을 위한 경로 계획 과정에서 사용됐다. 셰이키는 최초의 모바일 로봇으로, 자기반성적 추론을 할 수 있는 다목적 로봇이다. 다른 동시대 로봇들은 복잡한 작업마다의 단계별 지침이 필요하지만, 셰이키는 가장 기본적인 부분 명령만으로도 완전히 분해할 수 있다.

따라서 Q*가 거대언어모델LLM과 심층 강화 학습의 기본적인 측면을 연결한다는 매우 야심 찬 목표 아래 Q-러닝과 A* 검색을 융합할 수 있다는 추측까지 가능하게 했다.

강화 학습은 복잡한 가능성의 환경 속에서 앞으로 도래할 일을 미리 내다보고 미래의 움직임을 계획하는 능력과 자기 플레이를 통해 학습하는 능력을 동시에 갖추고 있어 매력적이다. 이 두 가지 전략은 앞서 7장에서 언급한 머신러닝 소프트웨어인 알파고의 성공에 중추적인 역할을 했다. 이때 알파고는 세계 최고의 바둑 기사를 물리쳤을 뿐만 아니라 그들의 수준을 크게 뛰어넘었다. 과거에는 앞서보기 계획lookahead planning과 자기 플레이self-play는 지금까지 거대언어모델LLM에서는 필수적인 요소가 아니었다.

앞서보기 계획은 모델이 미래 시나리오를 예측함으로써 개선된 행동이나 결과를 생성하는 과정이다. 그러나 현재 거대언어모델LLM은 효과적인 앞서보기 계획을 실행하는 데 어려움을 겪고 있다. LLM의 반응은 종종 순서상 다음에 발생할 가능성이 있는 토큰을 예측하는 데 의존하는 경우가 많지만, 정확한 예측과 전략적 계획이 부족하기 때문이다.

LLM에 앞서보기를 적용하는 한 가지 방법은 강화 학습 알고리듬의 시행착오 과정을 통해 문제를 해결하는 다양한 최적화 가능성을 체계적으로 탐색하는 트리 구조를 사용하는 것이다. 이러한 기법은 앞으로 도래할 일을 미리 보고 계획하는 모델의 능력을 크게 향상하지는 못하지만, 논리 및 추론 문제를 해결하는 능력은 부분적으로 증강시킬 수 있다는 특징이 있다. 그러나 이런 방식으로 교육된 모델이 논리적 또는 수학적 논증의 타당성 혹은 무효성에 대한 근본적인 이유를 정말로 깊이 있게 이해할 수 있으리라곤 장담할 수 없다.

강화 학습을 거대언어모델LLM에 적용하는 데 가장 중요한 것은 자기 플레이라는 개념이다. 자기 플레이는 에이전트가 약간 다른 버전의 자신과 상호작용을 함으로써 게임 플레이를 향상하는 것을 말한다. 자기 플레이 역시 LLM의 표준 학습 기법의 일부는 아니었다. LLM은 더 나은 답을 계속 학습하기 위해 자신과 대결하지 않으며, 앞선 장에서 살펴본 바와 같이, 자기 지도 학습을 통해 학습했기 때문이다. 따라서, LLM 분야에서는 대부분 자기 플레이 사례가 인간과의 경쟁적 상호작용보다 자기 자신을 상대로 하는 자동 AI 피드백과 유사할 공산이 크다.

자동 AI 피드백은 기본적으로 AI 모델이 첫 번째 모델을 평가하는 주요 기능을 지닌 다른 AI 시스템으로부터 그 강점과 약점에 대한 피드백을 자동으로 받는다는 의미다. AI 피드백의 개념은 오늘날 연구의 기본 영역에 속하며, 현재 GPT와 같은 거대언어모델LLM은 RLHF^{Reinforcement Learning by Human Feedback, 인간 피드백을 통한 강화 학습}를 사용해 학습한다. 이는 답변이 얼마나 좋고 나쁜지, 그리고 윤리, 편견, 예의 측면에서 얼마나 적절한지에 대해 인간 평가자가 AI를 수동으로 채점하는 피드백 기반으로 모델을 학습시키고 개선하는 방법이다. 이 방법은 1세대 LLM 개발에 효과적이었지만, 인간의 입력에 의존하기 때문에 많은 시간과 비용이 필요했다.

여기서 또 다른 중요한 개념은 자기 개선^{self-improvement}이다. 자기 개선은 AI 시스템이 반복적인 자기 플레이를 통해 게임 환경 내에서 다양한 가능성을 탐색함으로써 인간의 수행을 능가하는 것을 말한다. 실제로 인간 채점에서 대규모 자동 AI 채점으로 전환되고, 여기에 다른 AI 모델이 관여하게 되면서 AI 모델은 스스로 성능을 끌어올릴 수 있게 됐다. 이는 범용인공지능^{AGI} 개발에 있어서 획기적인 분수령과도 같다.

이 방법론은 알파고의 사례에서도 뚜렷하게 입증됐다. 알파고는 애당초 인간 전문가 플레이어를 모방해 학습하도록 설계됐기에, 최고의 인간 플레이어들과 비슷한 수준에 이르렀을 뿐, 그들을 능가하기에는 부족했다. 이때, 알파고의 획기적인 발전은 자기 개선을 통해 이뤄졌다. 자기 개선 시 AI는 폐쇄된 샌드박스 환경에서 수백만 번의 게임을 플레이함으로써 게임 승리라는 단순한 보상 함수reward function를 기반으로 성능을 최적화했으며, 이 새로운 접근 방식 덕분에 알파고는 인간의 역량을 뛰어넘었고, 자기 개선을 통해 불과 40일 만에 인간 최고의 실력자들을 능가하는 성과를 올렸다.

현재, 자기 개선이 거대언어모델LLM과 함께 작동할 수 있는 몇 가지 방법이 있다. 어떤 질문이 어떤 식으로 LLM에 전달되는지 시나리오를 생각해 보자. 일반적으로 모델 스스로 답을 제공하지만, 그 답이 얼마나 좋은지 알아내기는 쉽지 않다. 그러나 초기 에이전트의 작업을 면밀히 조사하고 검증하는 두 번째 에이전트를 도입하면 결과의 품질은 크게 향상된다. 이는 앞선 장에서 논의한 딥페이크에 사용되는 생성적 적대 신경망GAN 모델과 유사하다. 이 모델은 사실적인 이미지를 생성하도록 학습되고, 다른 모델은 해당 이미지가 얼마나 사실적인지 평가하도록 학습된다. 그리고 각각의 모델이 서로에게 피드백을 제공하면서 GAN의 두 부분은 자기 개선의 주기에 편입된다.

바둑의 경우, 결과가 얼마나 좋고 나쁜지를 평가하는 보상 함수는 매우 명확하다. 보상 함수는 플레이어가 지닌 돌의 수와 그 돌이 지배하는 영역에 의해 결정되기 때문이다.

하지만, 승패가 명확하고 프로그래밍이 가능한 바둑과는 달리, 거대언어모델LLM의 주요 어려움은 일반적인 보상 기준이 없다는 점이다.

독특하게도 언어는 다양하고 다면적이기 때문에 콘텐츠 제작과 같은 결과물에 관한 모든 결정을 신속하게 평가할 수 있는, 식별 가능한 보상 함수나 보상 정의가 부족하다.

물론, 좁은 영역에서는 자기 개선의 잠재력이 존재하지만, 이 개념을 일반적인 경우로 확장 시 AI 분야에서는 여전히 미해결 문제로 남아 있다. 그리고 이러한 질문에 대한 답을 찾는 것이 범용인공지능^{AGI}의 열쇠일 수 있다.

AI에 적용되는 유전 알고리듬 또는 자연선택

자기 플레이 외에도 자기 개선 알고리듬을 만드는 다른 방법이 있다. 그중 하나가 유전 알고리듬$^{genetic\ algorithm}$이다. Q*는 유전 알고리듬과는 직접 연결돼 있지 않지만 자기 플레이의 개념과 유사하다고 볼 수 있다.

유전 알고리듬은 유리한 형질을 지닌 개체가 생존하고 번식해 다음 세대에 그 형질을 전달할 확률이 높다는 자연선택과 유전학의 개념을 모방한 것이며, 이는 새로운 개념이 아니다. 최초의 유전 알고리듬은 1960년 로렌스 J. 포겔$^{Lawrence\ J.\ Fogel}$이 개발했지만, 사람들의 이목을 끈 건, AI에 적용되면서부터다.

유전 알고리듬에서는 주어진 문제에 대한 잠재적 해결책의 모집단이 개별 소프트웨어 프로그램의 집합 또는 압축시킨 개체로 표현된다. 그리고 각각의 개체는 매개변수별 또는 변수의 문자열로 인코딩된다. 이후, 그 개체는 당면한 문제를 얼마나 잘 해결하는지를 측정하는 적합성^{fitness}에 따라 평가된다. 여기서 보다 적합한 개체는 자연선택 과정을 모방함으로써 다음 세대를 형성하도록 선택될 가능성이 더 높다.

유전 알고리듬은 인간과 마찬가지로 선택, 교차, 돌연변이의 주기에 따라 작동한다. 선택 단계에서 개체는 다음 세대의 부모 역할을 할 수 있는 적합성을 기준으로 선택되며, 교차 단계에서는 두 부모의 유전 정보를 결합해 그들의 형질이 혼합된 자손을 만들고, 이 유전 정보는 하이퍼파라미터와 같은 방식의 인코딩을 따른다. 마지막으로 돌연변이는 자손 형성의 유전 정보에 무작위적인 변화를 도입해 개체군에 다양성을 더한다. 이 과정은 여러 세대에 걸쳐 반복되며, 시간이 지남에 따라 개체군은 문제에 대한 더 나은 해결책을 향해 진화한다.

솔루션 공간이 크고 복잡한 최적화 문제를 해결할 때에는 유전 알고리듬이 유용하다. 실제로 유전 알고리듬은 엔지니어링, 금융, 머신러닝 등 다양한 분야에서 기존의 최적화 기법으로는 개발하기 어려운 솔루션을 성공적으로 찾아내는 데 사용됐기 때문이다.

그러나 유전 알고리듬에도 단점이 있다. 이는 강화 학습의 단점과 유사한데, 알고리듬의 효율성을 정의하는 목적 함수objective function가 필요하다는 점이다. 살아 있는 종에 적용되는 다윈의 자연선택에서는 보상 함수는 번식하기 전까지 소멸되지 않는다. 그러나 앞서 강조했듯이, 이런 거대언어모델LLM에 대한 적절한 보상 함수를 정의하는 것은 쉽지 않다.

합성 데이터와 참신한 아이디어의 생성

Q*에 대한 세 번째 추측 이론은 Q* 학습과 합성 데이터synthetic data 사이의 잠재적 연관성을 함의한다. 합성 데이터는 범용인공지능AGI을

향한 AI 시스템의 학습을 가속화할 수 있는 또 다른 유망한 연구 분야다. 이는 가상 세계로부터 수집한 학습 데이터처럼 실제 데이터가 아닌 AI 알고리듬이 효과적으로 학습할 수 있을 만큼 현실적인 데이터다.

물론, 고품질의 데이터셋을 확보하는 것은 어디든 존재하는 엄청난 도전 과제다. 매우 가치 있고 독특하며 잘 관리된 데이터셋을 보유한 기업은 상당한 가치를 보유하기 때문이다. 구글, 아마존, 메타, 레딧Reddit과 같이 광범위하고 고유한 데이터셋을 보유한 기업은 소수에 불과하며, 모바일 사업자나 은행처럼 우선순위가 낮은 소수의 다른 기업들도 여럿 있다. 오픈AI의 경우는 자체 독점 데이터셋은 없고, 구매 및 오픈소스 데이터셋을 포함한 다양한 채널을 통해 데이터셋을 확보한다. 이때, 만약 AI가 합성 데이터셋을 자율적으로 생성할 수 있다면, 제한된 수의 소스에 의존하지 않아도 될 것이다. 그러나 많은 유명 기업과 스타트업이 합성 데이터를 연구하고 있지만, 그 품질을 유지하고 조기에 정체되는 것을 피하는 데는 심각한 장애물이 있다.

예를 들어, 자율주행차의 경우, 구글의 웨이모Waymo나 테슬라Tesla 같은 소수의 기업만이 수백만 시간 분량의 실제 도로 영상이 담긴 거대한 데이터셋을 구축할 수 있었다. 이것은 이런 기업이 수년 전부터 비디오카메라를 도입하고 데이터 수집 규모를 확대했기 때문이다. GM이나 포드 같은 전통적인 자동차 제조업체들도 자율주행차를 만들지만, 비디오카메라를 훨씬 늦게 도입했고, 구글이나 테슬라 정도의 방대한 비디오 데이터셋을 보유하지 않았다. 이런 합성 데이터는 그들의 주행 알고리듬을 학습시키는 데 매우 유용할 것이다. 자율주행차는 로봇 기동성을 얘기하는 이 책의 13장에서 좀 더 자세히 다룰 것이다.

이런 합성 데이터의 가장 큰 장점은 완전히 혁신적인 아이디어나 접근 방식을 모델에 도입 가능하다는 점이다. 정적 데이터셋으로 학습된 모델은 해당 데이터셋만큼의 신뢰만 할 수 있고, 진정 새로운 아이디어를 생성하지 못할 수도 있다. 또한, 현재의 거대언어모델LLM은 학습 세트에 크게 의존하고 있어 기존 지식에서 파생된 응답을 생성할 뿐, 진정으로 새롭고 혁신적인 아이디어를 생성하는 게 아니다.

앞서 언급한 알파고의 예로 돌아가 보자. 알파고가 인간 전문가들의 학습 데이터를 사용할 때, 그가 배울 수 있는 유일한 전략은 인간이 사용한 전략뿐이었지만, 이 제한적인 학습 데이터에 반영되지 않은 훨씬 더 좋은 전략은 얼마든지 있을 수 있다. 마찬가지로, 양질의 합성 데이터를 AI 모델에 제공함으로써, 우리는 모델이 학습할 수 있는 솔루션 공간을 열어줄 수 있다.

이처럼, 합성 데이터는 범용인공지능AGI 학습에 매우 유용할 수 있다. 하지만 이용할 수 있는 모든 데이터셋을 합친다고 하더라도 AGI와 같은 고급 AI를 학습시키기 위한 데이터 요구를 충족하기에는 부족할 수 있으며, 그 해결책은 합성 데이터 또는 실제 데이터와 합성 데이터의 혼종hybrid에 있다. 아마도 Q*가 이 접근 방식을 활용하고 있으리라 예상하는데, 합성 데이터를 통해 생성된 변형 또는 돌연변이가 자동 AI 피드백을 통한 자기 플레이 또는 유전 알고리듬을 통해 알고리듬을 학습시키는 것이다.

그러나 합성 데이터는 혁신의 기회를 열어주는 동시에 감당하기 힘든 위험을 초래할 수 있기 때문에 AI 진화의 맥락상 양날의 검과 같은 존재다. 현실적이지만 실제가 아닌 합성 데이터의 문제 중 하나는 실제 콘텐츠와 현실적인 콘텐츠를 구분하거나, 출력물 측면에서 무엇이 실제이고 무엇이 조작된 것인지 구분하기 너무 어렵다는 점이다. 합성 데이터는 완전히 혁신적인 아이디어나 접근 방식을 모델에 도입하는 방법이 될 수 있지만, 개인적 편견을 주입하는 데에도 사용될 수 있다. 실제로 알고리듬 자체는 이런 구분을 할 수 없기 때문에 가짜 뉴스, 가짜 동영상, 형사 사건의 가짜 증거, 그리고 매우 편향된 입력 등 정보의 대규모 정보 조작으로 가는 문으로 향하는 것과 같을 수 있다. 이에 대해서는 23장 디스토피아적 결과의 맥락 부분에서 자세히 설명하겠다.

감각 데이터를 통한 학습

끝으로 샘 알트먼의 해임과 함께 불거진 Q* 소문과는 관련 없지만 범용인공지능AGI의 발전을 약속하는 두 가지 연구 분야를 설명할까 한다. 첫 번째는 감각 데이터sensory data, 즉 주로 동영상에서 나오는 감각 데이터를 사용해 알고리듬을 학습시키는 것이다. 얀 르쿤을 포함한 일부 저명한 AI 리더는 알고리듬 학습을 위해 감각 데이터를 활용하면 잠재적으로 지식 습득을 가속화할 수 있다고 봤다.

실제로 동물과 인간은 엄청난 양의 학습 데이터가 필요한 현재의 AI 시스템보다 훨씬 적은 데이터 입력만으로도 빠른 인지 발달을 보이는 반면, 현재 거대언어모델LLM은 통상 우리 인간이 읽는 데 2만 년이 걸리는 텍스트 데이터셋으로 학습된다. 하지만 이 모든 학습 데이터가 있다고 하더라도, 이 모델은 여전히 논리적 또는 수학적 추론과 같은 기본적인 아이디어 창출에 곤란을 겪는다. 반면 인간은 그보다 훨씬 적은 텍스트 학습 데이터만 있어도 더 높은 수준의 이해에 도달할 수 있다.

르쿤에 따르면, 이는 우리 인간이 단순한 텍스트를 넘어 다양한 데이터 유형을 접하기 때문이라고 한다. 구체적으로, 우리가 받는 정보의 상당 부분은 매우 풍부하고 본질적으로 맥락적인 형식인 이미지와 비디오 형태로 돼 있다. 이와 같이 텍스트에 비해 시각적 데이터와 이미지의 풍부함을 고려하면, 인간의 데이터 섭취량은 어릴 때부터 거대언어모델[LLM]의 학습 데이터를 능가한다.

예를 들어, 2살짜리 아이가 시각적 데이터에 노출되는 양은 약 600테라바이트인데, 거대언어모델[LLM]의 학습 데이터는 일반적으로 약 20테라바이트에 불과하다. 이는 2살짜리 아이가 거대언어모델[LLM]이 일반적으로 학습 과정에서 받는 데이터보다 30배 더 많은 데이터에 노출됐음을 암시한다. 광고 경영자 프레드 버나드[Fred Barnard]는 이를 두고 "그림 한 장이 천 마디 말보다 낫다"라는 유명한 말을 남겼다. 물론, 현실을 약간 과장하긴 했지만, 이는 일정 정도 옳은 말이다.

르쿤에 따르면, 인간이 더 빨리 학습하는 이유는 단순히 우리의 뇌가 현재의 거대언어모델[LLM]보다 크기 때문만은 아니라고 한다. 그는 비디오 데이터도 학습 과정에서 매우 중요하다고 주장하며, 이를 뒷받침하는 또 다른 이유를 제시했다. 일례로, 앵무새, 까마귀, 문어, 개를 포함한 동물들도 현재의 LLM보다 훨씬 더 지능적이다. 이런 동물은 대략 수조 개의 하이퍼파라미터를 가지고 있기 때문이다. 이는 현재의 거대언어모델[LLM]과 거의 일치한다. 참고로 GPT-4는 1조 7,600억 개의 하이퍼파라미터를 지닌 것으로 알려져 있고, GPT-3도 1,750억 개를 갖고 있다. 여기서 인공 신경망의 하이퍼파라미터는 뇌의 시냅스에 해당한다.

비교하자면, 인간의 뇌는 실제로 현재의 거대언어모델[LLM]보다 훨씬 더 크다. 인간은 약 1,000억 개의 뉴런과 100조 개에서 1,000조 개의 시냅스를 갖고 있으며, 젊은 사람들의 경우는 나이 든 사람들보다 훨씬 더 많은 시냅스를 갖고 있다.

물론, 고급 AI 모델의 학습 과정에서 감각 데이터를 사용하기 위해 인간과 앞서 말한 동물들의 효과적인 학습 방식을 모방할 수 있는 새로운 구조가 개발 중이다. 합성 데이터이든 아니든 텍스트 데이터를 더 추가하면 임시방편 상 효과가 있다고 한다. 감각 데이터, 특히 비디오를 통합하는 것은 범용인공지능AGI에 더 근접한 이상적인 해결책이다. 비디오는 공간, 움직임, 오디오 및 텍스트 데이터를 포함하기 때문에 텍스트보다 대역폭이 훨씬 넓고 내부 구조가 뛰어나기 때문이다. 또한 비디오는 자연스러운 반복으로 인해 텍스트보다 더 많은 학습 기회를 제공하며, 세계를 이루고 있는 구조에 대해 중요한 지식을 제공한다.

궁극적으로, 로마인들이 적절하게 표현했듯이, "맛과 색깔에 대해서는 논쟁이 있을 수 없다de gustibus et de colorem non disputandem". 예를 들어, 데이터에 '녹색'이라는 단어가 포함된 텍스트 기반 학습만으로는 나에게 녹색이 당신에게는 파란색일 수 있다는 맥락적 이해를 거론할 수 없으며, 누군가가 "이 음식 정말 맛있네요!"라고 말할 때, 감칠맛 나게 말한 것인지 아닌지를 봐야만 그 진정한 의미를 이해할 수 있다는 것이다. 이처럼 맥락을 고려한 상식에 대해 AI 학습에 적합한 실제 동영상의 광범위한 데이터베이스가 없기 때문에, 이 학습에 합성 동영상이 사용될 가능성은 매우 높으며, 앞서 검토한 바와 같이, 특정 편향의 위험도 발생할 수 있다.

세계 모델: 세계에 대한 AI 시각

AI에서 '세계 모델world model'이란 말은 강화 학습에 사용되는 환경을 포괄적으로 표현한 것이다. 세계 모델은 해당 환경 내의 핵심 요소, 역학, 관계를 요약해 AI 에이전트가 주변 환경을 시뮬레이션하고 이해할 수 있게 해준다. 세계 모델은 초기부터 로봇 교육에도 사용됐다. 로봇 개발의 경우는 이 모델을 통해 사건을 해석하고 예측할 수 있어 의사결정과 계획 수립을 하는 데 용이하다. 이에 대해서는 11장에서 자세히 설명하겠다.

세계 모델처럼 우리 인간도 유사한 정신적 표현을 활용한다. 이 표현은 감각적 지각, 경험, 학습을 통해 구축돼 개인마다 주변 세계를 이해하고 탐색할 수 있게 한다. 인간과 관련된 세계 모델로는 공간적 관계, 인과관계, 사회적 상호작용 등 다양한 경험적 요소 등이 있다. 이는 '세계관worldview'이라고 불리는 것에 영향을 준다. 로봇 학습과 마찬가지로, 우리 인간은 의사결정, 계획, 새로운 상황에 적응하기 위해 이런 정신적 표상을 사용한다. 따라서 여러 측면에서 우리의 세계관이 의사결정에 영향을 미치는 것을 피할 수 없다.

지금의 거대언어모델LLM은 정교한 세계 모델을 명시적으로 통합하지 않는다. 이러한 통합은 범용인공지능AGI을 달성하기 위해 오늘날 우리가 탐구하고 있는 발전된 방법의 하나이며, 이는 AGI의 구체화라는 목표를 지향함에 있어 두 가지 주요 이점을 주고 있다. 첫째, 환경에 대한 폭넓은 이해를 통합함으로써 거대언어모델LLM은 맥락상 적절하고 정보에 입각한 답을 생성해 미묘한 대화에 참여하고, 더 복잡한 시나리오를 이해하며, 정확하고 맥락에 맞는 정보를 제공할 수 있는 모델의 능력을 발휘할 수 있다는 것이고, 둘째, 세계 모델을 통해 거대언어 모델^{LLM}은 다양한 상황을 시뮬레이션하고 추론할 수 있어서 다양한 맥락에서 상식적인 추론과 문제 해결 능력을 향상할 수 있다는 것이다.

이 외에도, 세계 모델은 인간과 AI의 의식이라는 주제와도 관련 있다. 의식^{consciousness}은 자기 생각, 감각, 감정, 주변 환경을 인식하고 지각할 수 있는 상태다. 이것은 과학이 거의 알지 못하고 있는 복잡한 주제다. 26장에서 초지능의 맥락 부분에서 이 주제를 논의할 것이다.

3부

새로운 몸

"جسدك له حق عليك"
"당신의 몸은 당신에게 권리가 있다."

예언자 무함마드(Muhammad),
서기 560년~632년.
『사히 알 부카리』 제43권, 제3장, 하디스, 6284

나는 이슬람의 예언자 무함마드의 가르침과 이슬람의 신도들을 깊이 존경한다.

들어가며

 로봇은 인간 몸의 연장선에 있다. 처음에 로봇은 인간에게 매우 위험한 제조 환경에 배치됐지만, 점점 가전제품부터 자율주행차까지 인간의 일상생활에 자연스럽게 통합되면서 이제는 다양한 응용 분야에서 그 편리함과 효율성을 고조시키고 있다.
 그리고 마침내 심층 신경망 덕분에 AI와 로봇공학이 통합됐다. 현대의 로봇은 기본적으로 신체로 구성된 AI라고 할 수 있다. 새로운 AI 기술이 로봇의 감정 인식을 발전시키고 인간과 더 깊은 상호작용을 가능하게 함으로써 제조업뿐만 아니라 건설, 의료, 서비스 산업에서도 사용되고 있다. 이제 로봇은 인간의 손길이 중시되는 노인 돌봄 분야에서도 진전을 보여주고 있다.
 이처럼, 로봇은 갈수록 인간의 새로운 신체가 되고 있다. 인간의 뇌와 밀접하게 연결된 로봇 보철물은 어느새 인간의 몸동작과 감각적 경험을 제어할 수 있게 됐으며, 미래적 관점에서 신체와 뇌에 기계 또는 전자 장치를 체계적으로 통합시키는 것이 점점 더 실현 가능해져서 사이보그 시대가 광범위하게 열릴 것이다.
 이제 로봇의 미래에 대해 자세히 말하기 전에, 먼저 로봇이 어떻게 발전해 왔는지부터 살펴보겠다. 오늘날과 같은 로봇은 고대 그리스 시대까지 거슬러 올라가는 복잡한 기계 제작물에서 그 뿌리를 찾을 수 있다. 10장에서는 이런 오토마톤의 초기 역사에 대해 세세히 살펴볼 것이다. 이후 이 역사는 자동화된 공장의 등장으로 인해 일자리 대체에 대한 사람들의 저항과 산업혁명으로 인한 자동화에 반발하는 러다이트 운동으로 이어졌다. 나는 이런 과거 러다이트 운동이 현대에도 반복될 것으로 생각한다.

이어지는 11장에서는 1920년대부터 만들어진 최초의 로봇에 대해 설명할 것이다. 당시 로봇 설계에는 아날로그 방식과 기호논리를 사용하는 방식, 두 가지 접근 방식이 경쟁했다. 아날로그 로봇은 연속적인 전기 신호에 의존하고, 당시로선 비교할 수 없는 실시간 반응성을 가지고 있어서 단순한 작업에서 탁월했다. 반면에, 기호논리 기반의 로봇은 컴퓨터를 사용해 불연속적인 논리 기호를 처리함으로써 보다 복잡한 작업을 처리할 수 있었지만, 아날로그 로봇보다 속도가 느렸다.

초창기 이후 로봇 개발은 독립적으로 발전한 세 가지 형태로 명확하게 구분됐다. 첫째는 로봇 팔과 산업용 응용 분야이고, 둘째는 높은 기동성과 자율성을 위해 설계된 분야이며, 셋째는 인간과의 상호작용을 위한 분야다.

첫째 유형의 로봇과 관련해서는 이어지는 12장에서 역사상 가장 영향력 있는 로봇으로 거론되는 로봇 팔을 소개할 것이다. 잠깐 맛보기로 살펴보자면, 1961년 미국에서 처음 개발된 로봇 팔은 미국 자동차 제조 산업에서 처음 적용된 후 다른 분야와 여러 지역으로 급속히 확산됐다.

13장에서는 1969년 일본에 로봇 팔이 도입돼 정교한 산업 기계로 빠르게 발전되고, 일본이 1990년 산업용 로봇 시장 점유율 90%를 차지하게 되며, 어떻게 세계 로봇공학 분야의 리더가 됐는지 그 과정을 설명하려 한다.

둘째 유형의 로봇에 관해서는, 2002년 닷컴 위기 이후 컴퓨터의 용량이 증가하고 강력한 신경망 알고리듬이 개발되면서 로봇의 자율성과 기동성이 크게 향상됨에 따라 그 복잡한 실시간 이동 결정을 로봇이 내릴 수 있게 됐다. 14장에서는 이런 자율주행차, 창고 로봇, 4족 보행 또는 2족 보행 로봇에 중점을 둬 설명하고자 한다. 그리고 15장에서는 군용 로봇, 특히 무인 지상 차량과 드론의 진화에 대해 자세히 살펴보고자 한다. 끝으로 16장에서는 자율성 요구 수준이 낮은 국제우주정거장의 로봇부터 자율성이 점점 더 고조되는 추세에 있는 화성 탐사 로봇, 또 자율성과 기동성에 대한 요구 수준이 가장 높은 소행성 채굴 로봇까지 다양한 우주 로봇을 살필 것이다.

특히, 3부의 마지막 두 장에서는 인간과의 상호작용을 위해 특별히 설계된 셋째 유형의 로봇에 대해 자세히 설명하겠다. 일본은 1960년대 후반부터 인간형 로봇인 휴머노이드humanoid를 개발해 왔다. 17장에서는 이런 인구 문제에 대한 혁신적 대응이자 이민의 대체재로써 일본의 휴머노이드 로봇의 역할을 살펴볼 것이다. 일본에서는 소매업, 접객업, 서비스업, 건설업 등 전통적으로 자동화가 이뤄지지 않은 분야를 포함해 다양한 산업 분야에서 로봇을 사용해 노동의 자동화를 꾀하고 있는 것을 확인할 수 있을 것이다.

또한, 18장에서는 인간의 감정을 이해하고 이에 대응해 감정을 의사결정 과정에 매끄럽게 통합하는 로봇의 진화 능력을 살펴볼 것이다. 이러한 각종 변혁은 인간과 로봇 간의 정서적 유대를 촉진한다.

그럼, 지금부터 로봇의 진화에 대해 살펴보겠다. 로봇의 진화는 AI의 발전과는 별개이면서도 동시에 진행됐고, 바야흐로 이제 그 두 분야가 교차점에 이르렀다. 과연, 이것의 함축적 의미가 무엇인지 검토하고, 우리 사회에 로봇 기술의 존재감을 제고할 준비가 돼 있는지, 그리고 이런 로봇의 진화가 우리에게 어떤 의미를 주는지 논의해 보자.

10
기계적 오토마톤에서 산업혁명으로

"바다를 건너는 리버티 젊은이들처럼
피로써 그들의 자유를 값싸게 얻었다.
그러니 우리의 젊은이들이여,
싸우다가 죽을 것인가, 아니면 자유롭게 살 것인가,
러드 왕을 제외한 모든 왕을 쓰러뜨려라!"

- **조지 고든 바이런**(바이런 경),
영국 시인, 「러다이트를 위한 노래」, 1816년

19세기 초, 영국에서 시작한 산업혁명의 물결이 세차게 밀려오는 가운데 장인, 기술자, 기타 노동자들 사이에선 반대와 반항의 합창곡이 울려 퍼졌다. 시인 바이런 경Lord Byron은 1816년 시 「러다이트를 위한 노래Song for the Luddites」에서 기계화에 맞선 자유와 저항의 주제를 설득력 있게 전했으며, 숙련된 직물 노동자 집단인 러다이트는 기계가 자신들의 기술에 침투하는 것을 단호하게 반대하며 자동화에 항의하기 위해 기계를 부수는 극단적인 행동까지 보여줬다.

그때의 시간을 2023년으로 돌려보면 어떤 일이 일어날까? 이때 할리우드의 심장부에서도 비슷한 싸움이 벌어지고 있었다. 노조에 가입한 배우와 작가들이 거리로 뛰쳐나와 자신들의 일자리에 AI가 미칠 영향에 대해 우려와 두려움을 표명했기 때문이다. 이들의 시위는 자동화와 AI의 활용이 증가됨에 따라 인간의 창의성을 기계로 대체 가능하다는 불안감에서 나온 것이었다. 로봇과 알고리듬이 자신들의 역할을 대신하리라는 전망이 스토리텔링 예술에 평생을 바친 사람들의 불안감을 조장한 것이다.

러다이트와 마찬가지로 오늘날 분야마다의 노동자들은 AI가 자신들을 경제적으로 쓸모없게 만들 수 있는 잠재적 영향 아래 둘 수 있다는 우려를 정당하게 표명하고 있다. 자율주행차부터 의료 진단까지 우리의 삶 대부분은 인간의 노동력에 의존하고 있지만, 미래에 대한 적응 및 조정 전략이 없다면, 우리는 AI에 의해 부정적인 영향을 받을 것이 확실하기 때문이다.

현대 로봇공학의 근간은 궁극적으로 산업혁명과 러다이트 운동 같은 반발로 이어진 자동화 기계의 역사적 발전을 따라 거슬러 올라갈 수 있다. 이런 다양한 문명마다 로봇은 고대 중국과 헬레니즘에서부터 이슬람 세계와 레오나르도 다 빈치 같은 영향력 있는 인물을 포함하고 있는 중세 유럽에 이르기까지, 기계공학자들의 작업에 그 뿌리를 두고 있다.

헬레니즘 세계의 기계공학자

기원전 4세기 그리스 세계에서는 앞선 3장에서 논의한 것처럼 신화와 전설이 자동화의 개념화와 발전에 큰 영향을 미쳤다.

이러한 신화적 배경 속에서 주목되는 합리적 인물은 기원전 4세기의 수학자이자 엔지니어인 타렌툼Tarentum의 아르키타스Archytas다. 다양한 얘기로부터 영감을 받은 아르키타스는 증기로 작동하는 놀라운 기계 새를 제작했고, 어느 날 파티에 초대받은 그는 이 기발한 기계를 선보이기로 결심했다. 그는 이 기계의 놀라운 비행 능력을 파티에서 보여줬는데, 새가 손님들 머리 위로 높이 날아올랐다가 다시 제작자에게 우아하게 돌아오자 모두 이에 매료되거나 기절초풍하곤 했다.

아르키타스 외에도 헬레니즘 시대의 이집트, 특히 알렉산드리아에서 재능 있는 엔지니어가 대거 출현했다. 그들 중 다수는 주로 엘리트를 대상으로 한 종교의식과 오락을 위한 오토마톤 제작을 전문으로 했다. 그중에서도 빼어난 인물은 알렉산드리아의 헤론Heron(1세기)이었다. 헤론은 인형극에서 인물과 장면에 생명을 불어넣은 자였으며, 그의 작품은 자동문, 와인이나 우유를 분사하는 액체 분수, 동전으로 성수를 제공하는 자판기 등 복잡한 메커니즘을 활용했다. 이 장치들은 압축 공기 및 증기 시스템으로 작동했고, 기계공학의 놀라운 정교함을 보여줬다. 이 장치들의 복잡한 구조 기술은 헤론의 「기체역학에 관한 논문Treatise on Pneumatics」에 기록돼 있다.

이처럼, 중세 시대의 그리스는 오토마톤 제작의 관행을 유지했다. 지중해 동부에 있는 비잔틴 제국은 서기 476년 로마가 함락된 후에도 그리스와 로마의 풍부한 문화적 유산을 계승했다. 여기에는 알렉산드리아의 조상들이 전수한 오토마톤 제작 지식의 보존과 발전도 포함되며, 10세기의 사례 하나가 이런 비잔틴 기술을 잘 보여준다. 실제로 서유럽 대사들이 콘스탄티노플을 방문했을 때, 그들은 테오필루스Theophilus 황제와 콘스탄티누스 포르피로게니투스Constantine Porphyrogenitus 황제의 궁전에 전시된 오토마톤에 강한 인상을 받았다. 오토마톤에는 금박을 입힌 청동 또는 나무 사자, 선율이 아름다운 노래를 부르는 금속 새, 그리고 플랫폼에서 우아하게 오르내리는 황제의 왕좌가 포함돼 있었기 때문이다. 이 경이로운 창작물은 대사들에게 각별한 인상을 남겼고, 귀국 후 그들은 이 경이로운 것에 관해 얘기하곤 했다.

중국 제국 시대의 자동화 개척자들

8세기부터 11세기까지 유럽이 중세 성기High Middle Ages의 침체기에 빠져 있을 때, 중국은 역사상 흥미로운 장을 남긴 르네상스와 성장을 경험했다. 이 기간 동안 당나라와 송나라는 중국의 문화, 기술, 상업의 발전에 깊은 업적을 쌓았다. 특히 당나라 황제(618~907년)는 예술과 시가 번성하고 불교가 확장되는 것을 직접 목격했다. 그 후 잠시 정치적 분열을 겪은 뒤 송나라(960~1127년)가 출현했으며, 송나라의 통치 아래 중국은 자석 나침반과 활자 인쇄술 같은 주목할 만한 혁신을 통해 과학, 기술, 무역 분야에서 상당한 발전을 이룩했다.

이러한 발전과 창의성에 부합해 중국에서는 자동화 분야의 저명한 인물들이 등장했는데, 그중에는 따로 알려진 바가 거의 없는 수수께끼 같은 8세기 발명가인 마대풍馬大鵬이 있다. 마대풍은 당시로서는 놀라운 장치인 중국 황후를 위한 화장대를 제작했다. 화장대는 황후가 몸단장을 하고 화장을 할 때면, 거울로 된 캐비닛이 자동으로 열렸고, 기계식 나무 인형이 우아하게 나타나서 화장부터 헤어 액세서리까지 황후의 개인 미용 물품을 가져다줬다고 한다.

하지만 이 당시, 기계공학 분야의 실제 선구자는 마대풍이 아닌 잉원량Ying Wenliang이었다. 그는 연회장에서 연설할 수 있는 오토마톤과 고대 중국 악기로 멜로디를 연주할 수 있는 오토마톤을 제작해, 인간의 움직임을 정확하게 모방하는 수준으로 제작할 수 있는 능력을 보여줬다.

끝으로 소개할 사람은 과학자이자 엔지니어인 소송蘇頌이다. 그는 서기 1088년 중국 카이펑에 걸작으로 건립된 소송탑Su Song Tower으로 자동화 역사에 깊은 족적을 남긴 인물인데, 이 탑에는 시간을 측정하고, 바람의 방향을 알려주는 것부터 종을 울리고 연극 공연을 하는 것까지 다양한 작업을 수행할 수 있는 일련의 자동 마네킹이 들어 있었다고 한다.

중세 이슬람, 역학에 혁명을 일으키다

중세 아랍 세계에는 이슬람의 황금기Islamic Golden Age로 알려진 지적으로 놀랍고, 기술적으로 발전한 시대가 있었다. 8세기부터 12세기까지 아바스Abbasid 왕조(750~1517)가 통치한 이 시대는 과학, 철학, 의학, 예술, 건축 등 다양한 분야에서 놀라운 발전이 있었다. 이 당시는 이슬람이 옴미아드Umayyad 왕조와 아바스 왕조 아래에서 더 확장됐고, 스페인에서 페르시아까지 광대한 제국이 건설되던 때였다. 이때, 아바스 왕조의 지도력 아래 바그다드Baghdad는 수학, 천문학, 의학 등의 분야에서 상당한 발전을 이뤘으며 세계 문명에 지속적인 영향을 미친 저명한 지적, 문화적 중심지가 됐다.

그중, 이스마엘 알-자자리Ismail al-Jazari는 엔지니어링의 역사에 지울 수 없는 흔적을 남긴 박식한 이슬람교도였다. 알-자자리는 12세기 북부 메소포타미아에 살았고, 그의 유산은 1206년 저술한 『독창적인 기계 장치에 관한 지식의 책Book of Knowledge of Ingenious Mechanical Devices』을 통해 전해지고 있다. 그는 이 책에 놀라울 정도로 복잡한 휴머노이드 오토마톤을 포함해 50개가 넘는 기계 장치를 꼼꼼하게 묘사해 놓은 것으로 유명하다.

알-자자리가 전하는 가장 유명한 오토마톤 중 하나는 호화로운 왕실 파티에서 손님들의 시선을 사로잡은 4대의 자동 악사들이 함께 탄배였다. 플루트, 드럼, 류트(14~17세기의 기타 비슷한 현악기), 그리고 당시 다른 전통 악기를 연주하는 악사들은 물과 무게 시스템으로 구동되는 기어, 캠cam(회전 운동을 왕복 운동 또는 진동으로 바꾸는 장치), 레버의 복잡한 시스템 덕분에 완벽하게 동기화될 수 있었다. 그 때문에 각각의 자동 악사들은 '자동 피아노player piano'처럼 미리 프로그램된 멜로디를 연주함으로써 청중에게 독특한 선율을 청취할 수 있는 경험을 선사했다.

물, 차, 기타 음료를 서빙하는 기계식 웨이트리스는 알-자자리가 빼어나게 만든 또 다른 오토마톤이었다. 음료는 급수소가 장착된 탱크에서 주전자로 떨어졌다가 몇 분 후 컵으로 옮겨졌고, 이후 자동문이 열려 웨이트리스가 서빙할 수 있도록 고안됐다. 또한 알-자자리는 현대식 변기 기술보다 앞선 수세식 메커니즘을 갖춘 손 씻기용 오토마톤도 만들었다. 이 발명품은 물이 채워진 세면대 근처에 휴머노이드 오토마톤을 설치한 것이 특징이다. 이 발명품은 사용자가 레버를 당기면 싱크대의 물이 빠지고, 오토마톤이 다시 물을 채워 넣는 방식을 취했다.

당시로서는 매우 정교하게 제작된 알-자자리의 오토마톤은 기계학과 공학의 깊은 이해를 반영한 것이다. 특히, 이슬람교에서 인간의 형상 표현을 권장하지 않는다는 점을 고려할 때, 오토마톤에 인간의 형상을 표현하기로 한 그의 선택이 무척 흥미롭다. 이 장치는 종교적 목적을 넘어 실용을 위해 만들어졌으며, 오늘날에도 그 영리함과 복잡성으로 놀라움을 주는 오토마톤 제작에서 독창성과 기술력을 부각시킨다.

유럽의 각성과 이슬람 기계학의 수용

10세기부터 유럽은 중세 시대의 잠에서 깨어나 혁신과 창의성의 시대로 나아갔다. 이때, 헬레니즘과 아랍 세계의 수학적, 기계적 지식은 주로 스페인과 시칠리아에서 아랍인들과의 접촉을 통해 유럽으로 전파됐다.

10세기 유럽에서 아랍의 영향력을 가장 상징적으로 보여주는 것은 807년 바그다드의 강력한 칼리프였던 하룬 알 라시드$^{Harun\ al\text{-}Rashid}$가 프랑크족의 샤를마뉴^{Charlemagne} 왕에게 보낸 특별한 선물에 있다. 이 선물은 복잡한 유압잭과 움직이는 사람 형상을 지닌 물시계였다. 이 선물은 샤를마뉴를 깜짝 놀라게 했을 뿐 아니라 유럽 대륙에 호기심과 경이로움의 씨앗을 심어줬다.

그 후 10세기 무렵 아랍 세계의 미학에서 영감을 받은 최초의 물시계가 유럽에서 제작됐으며, 이 중 하나를 교황 실베스테르 2세$^{Sylvester\ II}$도 소유했다. 이렇듯 기계학과 수학에 대한 전문성을 갖춘 아랍인의 기술적 유산은 유럽에 흔적을 남겼다. 알-자자리가 자신의 책에서 묘사한 것과 같은 세그먼트 기어$^{segmental\ gear}$가 거의 100년 후 유럽의 고급 시계로 등장한 것처럼, 지식의 전수는 느리지만 꾸준하게 이뤄졌고, 유럽은 이렇게 중세 초기부터 수 세기에 걸쳐 축적된 지혜와 기술을 흡수했다.

중세 후기에 설계되고 제작된 오토마톤의 예는 여럿 있다. 아르투아 백작 로베르 2세$^{Robert\ II}$는 13세기 성에 정원을 만들 때 동물과 인간을 본떠 만든 기계식 오토마톤을 대거 포함시켰으며, 14세기 후반에는 '자케마르^{jaquemart}'로 알려진 시계의 종을 치는 자동인형이 기계식 시계와 함께 유럽 도시에서 인기를 끌었다. 이후, 15세기로 들어서면서 독일의 저명한 천문학자이자 수학자였던 요하네스 뮐러 폰 쾨니히스베르크$^{Johannes\ Müller\ von\ Königsberg}$가 새와 곤충으로부터 영감을 받은 기계식 오토마톤을 제작했다. 마지막으로, 영국 르네상스 시대의 엘리자베스 여왕 고문인 존 디$^{John\ Dee}$는 감춰진 내부 메커니즘을 활용해 날 수 있는 기계식 나무 딱정벌레를 만들기도 했다.

레오나르도 다 빈치의 기계적 창의성

로봇공학에 영향을 미친 오토마톤과 기계공학에 대한 간략한 약사에서 공학의 거장 레오나르도 다 빈치$^{Leonard\ da\ Vinci}$의 독창적인 기계를 빼놓을 수 없다. 레오나르도 다 빈치가 이후 로봇공학의 발전에 미친 영향은 기술 역사상 매우 흥미롭기 때문이다. 또한, 과학과 예술적 창의성을 결합하고, 실재적인 것과 개념적인 것을 혼합해 자신의 잠재력을 창출하는 그의 능력은 오늘날 SF소설이 AI의 방향에 미친 영향처럼 기술과 시각 예술의 교차점이 얼마나 중요한 혁신으로 이어질 수 있는지를 보여주는 아주 좋은 예다.

레오나르도 다 빈치가 자동화 분야에 진출한 가장 초기 기록 사례 중 하나는 1495년 제작된 휴머노이드 오토마톤의 세부 디자인인데, 이 디자인은 한동안 분실됐다가 1950년대에 재발견됐다.

레오나르도 다 빈치가 설계한 오토마톤은 갑옷을 입은 기계식 기사였다. 그는 해부학 연구, 특히 인체의 이상적인 비율에 관한 유명한 연구에서 이 기사에 대한 제작 영감을 얻었다. 이 기계의 정확한 기능에 대해서는 직접적인 증거가 부족해 지금도 논란이 많지만, 그가 이 기계를 만들 때 적용한 디자인과 토대가 된 기계적 원리를 통해 이 오토마톤이 어떻게 작동했는지는 추측할 수 있다.

이 오토마톤을 작동 가능케 하는 몇몇 핵심적인 구성 요소와 메커니즘은 오토마톤을 지탱하는 뼈대 구조, 당시 게르만-이탈리아 스타일로 디자인된 갑옷, 앉아서 팔을 움직이고 머리와 턱까지 움직이는 등 인간을 모방한 동작 기능이 포함돼 있다.

하지만 이 디자인에서 가장 큰 수수께끼도 있었으니, 바로 오토마톤 위에 장착된 멜로디 드럼이다. 이 드럼이 오토마톤의 작동과 직접적인 관련이 있는지, 혹은 음악 메커니즘과 같은 독립적 기능을 지녔는지는 불분명하다.

이 오토마톤에는 손목을 움직일 수 있는 기능도 있지만, 팔이나 팔뚝은 움직일 수 없었으며, 각각의 손목은 번갈아 가며 움직일 수 있었다. 이는 기능상 음악이나 타악기 역할을 할 가능성을 시사한다. 또한 이 오토마톤에는 나무못 박기나 제거로 프로그래밍할 수 있는 메커니즘이 장착돼 있으며, 교대로 리듬을 반복적으로 재생할 수도 있었다. 이는 이 기계가 음악 또는 엔터테인먼트 기능을 했다는 것을 암시한다.

이 외에도, 레오나르도 다 빈치가 자동화 분야에 기울인 노력 중 우리의 눈길을 끄는 또 다른 예는 1515년 정치적 우화로 제작한 '프로그래밍 가능한 기계 사자programmable mechanical lion'다. 이 사자는 가슴을 열어서 그 안에 왕실의 문장과 꽃을 드러낼 수 있었는데, 그 메커니즘은 그가 1478년에 그린 자체 추진식 카트를 기반으로 한 것으로 추정된다. 물론, 이 오토마톤은 그의 기계식 기사와는 성격이 다르지만, 인상적인 기계를 제작하는 레오나르도 다 빈치의 다재다능함과 창의성을 보여준다.

독창적인 기계 장난감이 세상을 놀라게 하다

아랍 세계에서 시작돼 중세시대 초기 유럽에서 지속된 상류층의 즐거움을 위한 기계 자동화 제작 전통은 근대에 이르러 한층 더 넓게 퍼져나갔다. 18세기에 이르러 눈부신 기계 장난감과 재미난 오토마톤이 다양하게 등장하면서 사회를 매혹시켰으며, 이러한 창의적인 행보는 유럽 전역의 시계 제작자와 기계 장인의 상상력을 자극함으로써 자동 장난감에 대한 열정을 고조시켰다. 유럽의 귀족들은 이러한 오토마톤을 오락용으로까지 수집했다.

실제로 18세기의 숙련된 장인 자크 드 보캉송Jacques de Vaucanson은 루이 15세Louis XV를 위해 기계식 오리를 제작한 바 있다. 이 놀라운 장난감 오리는 복잡하게 작동하는 부품 덕분에 스스로 먹고 마실 수 있었다. 이를 만든 보캉송의 야심은 더 확장돼 드러머와 플루티스트 같은 휴머노이드 오토마톤을 제작하기도 했다. 이 오토마톤은 인간과 놀라울 정도로 닮았다.

18세기 스위스 시계 제작자 피에르 자케-드로Pierre Jaquet-Droz는 시계와 조류 판매 사업을 위한 홍보 도구로 오토마톤 세계에 뛰어들었다. 그의 기계식 휴머노이드는 놀라운 동작을 보여줬다. 그중 가장 유명한 작품 중 하나인 '작가The Writer'는 펜과 종이로 개별 메시지를 작성할 수 있었다. 또한, 자케-드로의 다른 오토마톤은 음악을 만들고 복잡한 동작을 수행해 엔지니어링의 경이로움과 수요가 넘치는 엔터테인먼트의 원천이 되기도 했다.

헝가리 발명가 볼프강 폰 켐펠렌Wolfgang von Kempelen은 18세기 후반 체스 두는 기계인 '터크The Turk'를 선보임으로써 세계를 놀라게 했다. 이 오토마톤은 인간 상대와 능숙하게 경쟁했으며, 벤자민 프랭클린Benjamin Franklin과 나폴레옹 보나파르트Napoleon Bonaparte 같은 저명한 역사적 인물까지 물리치는 결과를 보여줬다. 에드가 앨런 포Edgar Allan Poe조차도 그의 단편 소설 『멜젤의 체스 플레이어Maelzel's Chess Player』에서 이 기계에 대해 저술한 바 있다. 그러나 터크는 환상 뒤에 몰래 인간 플레이어를 숨겨 놓은 것이 밝혀졌는데, 이는 수년간 관객들을 사로잡은 뛰어난 속임수였다.

한편, 유럽과는 거리가 먼 일본에서도 같은 일이 일어났다. 로봇공학 분야에서 세계적 리더가 될 운명을 타고난 나라인 일본에서 가라쿠리Karakuri로 알려진 기계식 장난감이 센세이션을 일으킨 것이다. 가라쿠리는 단순한 인형부터 차를 내리고 글씨를 쓰고 활을 쏘는 복잡한 오토마톤까지 다양했다. 이는 공연과 축제에서 인기를 끌었으며, 그 인기는 1796년 그 디자인, 기술, 작동을 기록하고 묘사한 기본 서적인 『가라쿠리 도회』가 출판될 정도로 대단했다.

이 오토마톤 엔지니어링에서 흥미로운 인물은 다나카 히사시게 Hisashige Tanaka다. 다나카는 19세기에 가라쿠리 제조로 경력을 쌓았지만, 이후 가라쿠리 제조를 중지하고 유압 장치와 조명 같은 고부가가치 제품에 집중하며, 증기 기관차와 배도 만들었다. 그는 '일본의 에디슨'이라는 별명을 얻었을 정도로 다재다능한 발명가였으며, 그가 사망한 이후 그의 회사는 일본의 거대 기술 다국적 기업인 지금의 도시바 Toshiba가 됐다.

산업혁명의 폭발적인 성장

18세기 후반의 영국은 산업혁명의 진원지였다. 제임스 와트 James Watt의 증기 기관과 에드먼드 카트라이트 Edmund Cartwright의 동력 직기 같은 기계 장치의 도입이 자동화 시대의 시작을 알렸으며, 섬유 생산은 이러한 혁신으로부터 큰 혜택을 받아 더 빠르고 효율적인 제조가 가능해졌다.

영국이 주도한 산업혁명의 기세는 유럽 전역으로 빠르게 확산됐다. 한 예로 독일, 프랑스, 벨기에와 같은 국가들은 영국 기계와 기술 발전을 열렬히 수용해 유럽 대륙 전체에 산업화 현상을 촉발시켰다. 실제로 유럽에서의 직조는 매우 중요했으나 노동 집약적인 산업으로, 직조공들은 전통적으로 복잡한 무늬를 만들기 위해 실을 다루는 일을 조수에게 의존해야 했다. 하지만 1804년 프랑스의 발명가 조셉 마리 자카드 Joseph-Marie Jacquard가 혁신적인 '자카드 직조기 Jacquard Loom'를 도입하면서 돌파구가 마련됐다. 이 독창적인 기계는 펀치 카드에서 나온 코드화된 도형을 기계의 정밀한 구성으로 변환해 실을 자동으로 조작하며 원하는 무늬를 직조했다. 이 혁신으로 직조 속도는 기하급수적으로 빨라졌고, 생산성도 하루 1인치에서 2피트로 증가하는 쾌거를 이뤘다.

이후, 19세기 초, 산업혁명은 대서양을 건너 미국으로까지 영향력을 미쳤다. 이때, 조면기로 유명한 일라이 휘트니[Eli Whitney]와 섬유 기계 제조의 달인으로 '미국 산업혁명의 아버지'라 칭송받는 새뮤얼 슬레이터[Samuel Slater] 같은 선구자들은 오늘날 미국의 산업화에 기념비적인 공헌을 했다.

이렇듯, 이전까지는 사람의 손으로 수행하던 작업이 기계화되고 자동화되면서 경제와 사회는 충격적인 변화를 맞이했다.

자동화의 맹공격에 맞서 싸우는 러다이트의 투쟁

산업혁명이 가져온 중대한 변화, 특히 섬유 생산에 기계의 광범위한 채택에 대응해 19세기 초 러다이트[Luddite]로 알려진 영국 섬유 노동자 그룹이 등장했고, 러다이트 운동은 1811년에서 1816년 사이에 크게 탄력을 받았다.

'러다이트'라는 용어는 1779년 자신의 작업에 대한 비판을 받으면서 두 개의 양말 기계틀을 부순 것으로부터 추정되는, 직공 네드 러드[Ned Ludd]라는 신화적인 인물에서 유래했다. 러다이트는 섬유 생산의 기계화에 항의하기 위해 방직 공장 소유주와 정부 관리들에게 협박 메시지를 보낼 때 이 이름을 가명으로 채택했다.

러다이트가 산업혁명에 불편함을 느낀 이유는, 숙련 노동자가 기계로 대체돼 실업과 임금 삭감이 발생할 것이라 확신했기 때문이다. 또 미숙련 노동자는 장인정신을 따라갈 수 없고, 기계가 상품의 품질을 위태롭게 만든다고 판단했다.

그들은 숙련노동자들의 직업이 기계화되는 것에 항의하기 위해 기계 파괴를 포함한 다양한 전술을 전개했다. 그들은 공장과 제재소를 은밀히 습격해 경제적 어려움의 원인으로 판단되는 기계를 표적으로 삼았으며, 그들의 기계 파괴는 산업화에 대한 저항의 상징이 됐다.

이러한 러다이트 운동과 관련된 가장 악명 높은 사건 중 하나는 1812년 제재소 주인 윌리엄 호스폴William Horsfall이 암살당한 사건이었다. 호스폴은 러다이트 운동에 대해 "러다이트의 피로 그의 안장을 물들이겠다"라는 선동적인 발언을 했는데, 이에 대한 보복으로 러다이트의 한 무리가 그를 습격해 살해한 것이다. 이 사건으로 말미암아 긴장이 고조되면서 이 운동에 대한 정부의 단속이 강화됐다.

결국, 러다이트 운동은 정부의 개입과 탄압에 굴복하고 말았다. 영국 정부는 러다이트의 활동을 진압하기 위해 군대를 배치했고, 이 과정에서 기계 파괴에 연루된 사람들을 체포하고 재판해 가혹한 처벌을 내렸다. 1812년 기계파괴방지법Frame Breaking Act은 '기계 파괴'를 중범죄로 규정함으로써 러다이트의 행동을 더욱 억압했다. 이런 조치로 인해 이 운동의 동력은 점차 약화되고 결국에는 쇠퇴하고 말았다.

이렇듯, 러다이트의 교묘한 전술과 산업화에 대한 공개적인 반대에도 불구하고 그들은 결국 산업혁명을 막는 데 실패했다. 러다이트와 그 지지자들은 정부의 무력 사용과 중산층과 상류층의 지지에 따라 성공적으로 진압됐으며, 이에 따라 산업혁명의 경제적, 기술적 변화는 계속됐다.

러다이트 운동은 기술 진보와 노동 정서 사이의 복잡하고 논쟁적인 관계를 보여주는 역사적인 증거다.

11

대논쟁: 기호논리
또는 아날로그 논리

"모델은 외모가 아니라 행동이 동물과 닮아야 한다. 즉, 탐구, 호기심, 예측 불가능성 측면에서 자유 의지, 목표 추구, 자기 조절, 딜레마 회피, 예지력, 기억력, 학습, 망각, 개념 연상, 형태 인식, 사회적 적응의 요소 같은 전체적인 속성 또는 그 일부를 지녀야 한다. 살아 있다는 것은 그런 것이다."

- 윌리엄 그레이 월터William Grey Walter,
미국 태생의 영국 신경생리학자, 사이버네틱스 전문가, 로봇공학자,
「학습하는 기계A machine that learns」, 1951년

로봇공학의 초창기에는 각각 장단점이 있는, 구분되는 두 가지 논리의 접근 방식이 등장했다. 바로 '아날로그 논리 로봇공학analog logic robotics'과 '기호논리 로봇공학symbolic logic robotics'이다. 이 접근 방식은 AI와 자율 시스템의 개발을 위한 지금의 토대를 구축했다.

아날로그 논리 로봇공학은 정보를 처리하고 결정하는 데 아날로그 회로에 크게 의존한다. 이런 방식의 로봇은 연속적인 전기 신호를 사용해 데이터를 표현하고 조작함으로써 실시간 반응과 적응을 가능하게 해준다. 이 방식의 큰 장점 중 하나는 아날로그 시스템이 빛, 소리, 촉각 등 각종 연속 신호를 디지털화할 필요 없이 직접 처리할 수 있어서 상대적으로 쉽게 감각 입력을 처리할 수 있다는 데 있다. 또한, 아날로그 논리 로봇공학은 병렬 처리 능력이 뛰어나서 동시에 여러 작업을 수행할 수 있다.

그러나 아날로그 논리 로봇공학에는 몇 가지 뚜렷한 단점이 있다. 이런 방식의 로봇은 논리적 추론과 상징적 표현 측면에서 본질적으로 제한적이라는 점이다. 이는 의사결정 역량이 종종 단순한 반응과 행동으로 제한돼 있어서 더 고차적인 인지 기능이 필요한 복잡한 작업에는 적합하지 않다. 또한 이런 로봇의 아날로그 구성 요소는 노이즈noise와 드리프트drift, 어떤 원인에 의한 특성의 변화에 취약해 부정확하거나 불규칙적인 동작을 야기할 수 있다.

반면, 앨런 튜링과 존 매카시 같은 선구자들이 옹호하는 기호논리 로봇공학은 이것과는 근본적으로 다른 방식을 채택한다. 기호논리 방식으로 이뤄진 로봇은 반복되는 개념, 대상, 관계를 표현하기 위해 개별 기호를 사용하는 지식과 논리의 상징적 표현에 의존한다. 이에 따라 보다 정교한 추론, 계획, 문제해결 역량이 높아진다는 장점이 있다. 또한, 기호논리 로봇공학은 복잡한 환경을 탐색하고, 확장된 지식을 바탕으로 의사결정을 내리며, 일련의 행동을 계획하는 등 연역적 추론이 필요한 작업에서 탁월한 능력을 발휘한다.

그럼에도 불구하고 기호논리 로봇공학은 뜻밖의 도전에 직면해야 했다. 기호 데이터 처리는 복잡한 계산을 포함하기 때문에 본질적으로 아날로그 시스템보다 속도가 느렸던 것이다. 이로 인해 실시간 동적 환경에서는 민첩성이 부족했고, 이에 따른 가중되는 처리 능력이 필요했다. 또한 자연 세계를 기호로 표현하려면 세심한 수동 프로그래밍이 필요했다. 이는 노동 집약적일 수밖에 없어 적응성과 확장성의 한계로 이어졌다.

초기 로봇 시제품: 논리 및 감지 기능의 부재로 인한 한계

1920년대와 30년대에는 미국, 영국, 일본에서 휴머노이드 로봇이 등장했고, 각기 다른 접근 방식으로 로봇공학을 발전시켰다. 한 예로, 미국에서는 엔터테인먼트에 중점을 뒀고, 영국에서는 동작과 언어에 중점을 뒀으며, 일본에서는 인간과의 상호작용에 중점을 뒀다. 이처럼, 3개 대륙과 최소 2개 이상의 다른 문화권에서 동시에 등장한 최초 로봇의 시제품이 한결같이 휴머노이드 형태를 취했다는 점이 인상적이다.

물론, 로봇공학 초창기에는 현대적인 컴퓨터와 정교한 센서가 없었다. 그 때문에 기계들은 원시 상태로 머물러 있었으며, 논리적 추론과 의사결정을 할 수 없었고, 주변 환경을 인식하거나 환경과 상호작용을 할 수 없었을 뿐 아니라 자율적 또는 의도적 행동도 할 수 없었다. 그럼에도 불구하고, 이런 로봇은 기계적인 수단과 인간적인 인터페이스 방식을 통합해 인간적인 특성을 부여했다. 오늘날, 이 로봇은 18세기

피에르 자케-드로가 만든 오토마톤이나 일본의 가라쿠리와 비슷한 값비싼 장난감일지 모르나 그 당시로서는 상당한 발전이었다.

레오나르도 다 빈치의 로봇을 제외한 최초의 현대적 휴머노이드 로봇으로는 텔레복스Televox을 들 수 있다. 이 로봇은 1926년 미국의 제조회사인 웨스팅하우스 일렉트릭 코퍼레이션Westinghouse Electric Corporation이 제작했으며, 가정과 산업용으로 설계된 인간 크기의 기계식 하인을 만들기 위한 초기 시도였다. 이 로봇은 음성 명령에 반응하고 편지 쓰기, 그림 그리기 등의 작업을 수행할 수 있었으며, 공개 시연장의 홍보용으로 사용됐다. 이처럼 기본적이지만 매력적인 방식으로 사람들과 상호작용을 할 수 있는 로봇의 능력 덕분에 당시 텔레복스는 매우 혁신적인 제품으로 평가받으며 많은 인기를 끌었다.

텔레복스는 사용자가 전화기를 통해 명령할 수 있는 전화 컨트롤을 기반으로 작동했다. 이 내부에는 특정 주파수에서 진동할 수 있는 얇은 금속 조각(리드)이 있어, 사용자가 전화로 명령을 내리면 발신자의 목소리나 톤 생성기에서 나오는 음파가 해당 리드를 진동시키는 원리로 작동했다. 각 명령은 특정 주파수와 연관돼 있으므로 로봇은 진동하는 리드에 따라 다른 명령을 구별할 수 있었다. 이때 텔레복스는 말을 하거나 단어를 표시하는 대신 다양한 톤(소리 신호)을 사용해 응답했다. 이러한 신호음은 사용자에게 명령이 수신됐거나 실행됐음을 알려주는 간단한 형태의 커뮤니케이션 역할을 했다.

이후 10년이 지나, 웨스팅하우스는 주로 엔터테인먼트용으로 설계된 휴머노이드 로봇인 일렉트로Elektro를 박람회와 전시회에서 선보였다. 이 로봇은 1939년 뉴욕 세계 박람회 때 데뷔했으며, 약 700개의 단어로 구성된 음성 명령에 따라 응답하는 기술을 선보였다. 여기서 일렉트로는 걷고, 담배를 피우고, 풍선을 부풀리며, 숙련된 머리와 팔의 움직임을 보여줬다. 또한, 알루미늄 스킨으로 뒤덮인 강철 골격을 통해 실제처럼 외관을 구현했으며, 그의 곁에는 스파코[Sparko]라는 기계견 로봇 동반자가 함께 있어 사람들이 매력적이고 친근하게 느꼈다.

영국에서는 1차 세계대전 참전 용사인 윌리엄 리처드[William Richards] 대위가 에릭[Eric]과 조지[George]라는 두 대의 휴머노이드 로봇을 제작했다. 1928년에 만들어진 에릭은 앉고 서는 동작이 가능했지만 걸을 수는 없는 정적인 로봇이었다. 대신, 에릭은 표정을 지을 수도 있었고, 다국어 활용 능력도 있었다. 이후, 1930년대에 만들어진 그 후속 모델인 조지는 더 고급 역량을 갖췄는데, 조지는 프랑스어, 독일어, 힌디어, 중국어, 덴마크어 등 여러 언어로 연설이 가능했다. 그래서 '거칠고 서투른 동생'처럼 여겨지던 에릭에 비해 조지는 '예의 바른 신사'로 불렸다.

지구 반대편에서는 1927년 최초의 일본 휴머노이드 로봇이 개발됐다. 이 로봇은 사람들에게 '가쿠텐소쿠[Gakutensoku]'라고 불렸다. 이는 일본어로 "자연의 법칙으로부터 배우다"라는 뜻이다. 신성한 이름을 가진 이 매혹적인 로봇은 감정을 표현하고 사람들과 상호작용을 하는 능력으로 두각을 나타냈다. 이는 놀랍게도 오늘날 인간 인터페이스에서 친근하기로 유명한 일본 로봇의 특징과도 같다. 일본인들에게 친화력 있게 다가간 이 로봇은 사람들의 동반자이자 영감을 주는 모델로 자리매김했으며, 공학적으로 설계된 압축 공기 시스템 덕분에 머리와 손을 마치 사람처럼 움직이곤 했다. 또한, 유연하게 글씨를 쓰고 눈꺼풀을 들어 올리며 속마음이 담긴 듯한 다양한 표정을 드러내는 등 독특한 재주를 다양하게 뽐냈다.

게다가 이 로봇이 단어를 펜으로 직접 쓸 수 있게 되면서 그 위력은 더욱 확장돼, 사람들의 기억 속에 재치와 기술을 각인시켰다. 실제로 일본은 의심할 여지 없이, 사회와 로봇을 가장 잘 통합한 국가다. 이는

17장에서 일본의 휴머노이드에 대해 다루면서 일본 정부가 어떻게 휴머노이드를 이민에 대한 대안으로 삼았는지 살펴보겠다.

초기 로봇은 논리와 감각 능력 모두 부족했다. 하지만 1945년 최초의 컴퓨터가 개발되고 기호논리의 수학적 원리가 등장하면서, 로봇에 인지 능력을 부여하기 위해 아날로그 논리 로봇공학과 기호논리 로봇공학을 추구하는 각각의 학파가 등장했다.

초기 아날로그 논리 로봇의 동물적 본능

컴퓨터과학이 등장하던 초창기에 앨런 튜링과 존 폰 노이만과 같은 저명한 과학자들은 앞선 3장에서 잠시 언급했듯이 디지털 연산과 기호논리를 중심으로 한 이론을 개발했었다. 존 매카시와 그의 동료들은 바로 이 기호논리를 AI의 맥락에서 더 깊이 탐구했던 사람들이다.

그러나 디지털 논리로도 불리는 이 기호논리가 당시로선 유일한 선택지가 아니었다는 데 주목할 필요가 있다. 이 당시에는 아날로그 논리 같은 대안이 존재했기 때문이다. 물론, 오늘날의 컴퓨터는 완전히 디지털인 반면, 초창기만 하더라도 디지털과 아날로그 사이의 선택은 다소 불명확한 상태였다. 비유하면, 아날로그 TV에서 디지털 TV로의 전환이 비교적 최근 1990년대 후반에 이뤄진 것과 같다. 즉, 1950년대에는 아날로그 논리가 오히려 많은 엔지니어에게 확실한 대안이었던 것이다.

기호 시스템과 아날로그 시스템의 근본적인 차이는 정보를 표현하고 처리하는 방식에 있다. 기호논리는 이진값(0과 1)을 사용해 데이터를 인코딩하고 조작하는 데 반해, 아날로그 논리는 정보를 표현하기 위해 연속적이고 가변적인 신호에 의존한다.

이러한 탐구 과정 동안, 브리스톨 소재 버든 신경학 연구소Burden Neurological Institute의 연구원인 윌리엄 그레이 월터William Grey Walter는 뇌의 과정을 모방하기 위해 아날로그 전자 장치를 독점적으로 사용하자는 걸 옹호했다. 1948년과 1949년 월터는 이 복잡한 동작을 수행하는 최초의 자율 전자 로봇을 개발함으로써 중요한 돌파구를 찾아냈으며, 엘머Elmer와 엘시Elsie라는 이름의 '거북이' 로봇은 사고 과정에서 동물의 뇌를 모방한 것으로써 이정표가 됐다.

엘머와 엘시는 두 개의 모터를 제어하는 두 개의 다른 경로에 연결된 단일 광 또는 접촉 센서가 있어 개별 신경 뇌를 모방했다. 이 로봇들은 장애물을 탐색하고 그 환경까지 자율적으로 탐색할 수 있었다. 이 말은 즉, 일련의 광원을 제시하면 그중 하나를 선택하고 탐색 과정의 일부로써 그 광원을 향해 이동한다는 것이다.

이 흥미로운 실험에서 월터는 거북이 한 마리 앞에 조명을 비추자, 거북이가 마치 거울로 자기 자신을 보는 것처럼 반응하며 흥분한 듯 불빛을 깜빡이는 행동을 취했다. 이런 행동은 이 로봇이 동물에서 관찰되는 것과 유사한 자기 인식self-awareness을 보인 것인지에 대한 의문을 불러냈다. 당시로선 동물적 본능을 구현하는 로봇을 만드는 것이 목표였기 때문에 이 실험은 월터에게 매우 중요했다.

그로부터 20년 후인 1960년대 들어 존스홉킨스대학에서 '비스트The Beast'라는 또 다른 획기적인 아날로그 기반 로봇을 개발했다. 이 당시 컴퓨터가 이미 널리 보급돼 있었지만, 비스트는 컴퓨터 없이도 작동했다는 특징이 있었으며, 비스트의 제어 회로는 아날로그 전압을 조절하는 수십 개의 트랜지스터로 구성됐다.

이 기계는 생존에 초점을 맞춘 초보적인 지능을 가지고 있었다. 한 예로, 이 로봇은 실험실 복도를 돌아다니면서 재충전을 위해 전선을 꽂을 벽면 콘센트를 찾는 행동을 했다. 이때, 이 로봇은 팔에 달린 물리적 센서를 사용해 벽을 꼼꼼하게 추적하면서 콘센트를 감지해 냈고, 콘센트를 찾으면 두 개의 전기 단자가 콘센트에 맞도록 확장돼 충전에 필요한 전기를 연결했다.

이때, 소나sona, 음파 탐지 시스템은 박쥐의 반향 탐지처럼 복도 내에서의 위치를 삼각 측량하고 장애물을 감지함으로써 비스트를 안내했다. 비스트는 복도에 사람과 같은 장애물을 발견하면, 필요에 따라 속도를 줄이거나 멈춘 뒤, 그 장애물을 비껴서 주변으로 이동하기도 했다.

1979년에는 스탠퍼드대학에서 젊은 한스 모라벡Hans Moravec이 주도한 '스탠퍼드 카트Stanford Cart'가 개발되면서 아날로그 논리 진영에 또 다른 중요한 이정표가 수립됐다. 이 카트는 사람의 개입이나 통합 컴퓨터에 의존하지 않고서도 의자로 채워진 방을 성공적으로 탐색하는 놀라운 자율성을 보여줬다. 이러한 성과는 감각 입력을 처리하고 자율적으로 실시간 결정을 내릴 수 있게 해주는 복잡한 아날로그 회로 덕분이었다. 또, 스탠퍼드 카트는 아날로그 센서를 사용해 주변 환경을 인식하고 장애물을 감지하며 그에 따라 경로를 조정하는 특징을 가지고 있었다. 이때도 컴퓨터는 존재했지만, '스탠퍼드 카트'의 복잡한 탐색에 필요한 종류의 연산을 지원하기엔 너무 느리고 제한적이었다. 스탠퍼드 카트의 등장은 로봇공학에서 아날로그 논리의 잠재력을 보여주며 매우 중요한 발전을 이뤘다. 이어지는 19장에서는 '인간-AI 인터레이스Human-AI Interlace' 개념을 설명할 때, 이 로봇 프로젝트를 진두지휘한 한스 모라벡에 대해 재차 설명하겠다.

기호논리의 개척자들

아날로그 논리의 우세로 기호논리는 잠재력을 입증해야 했지만, 당시에는 컴퓨터의 한계 때문에 쉽지 않았다. 기호논리는 기호와 논리 규칙을 사용해 지식을 표현하고 추론 과정을 용이하게 하는 것을 중심 과제로, 로봇이 현실 세계를 이해하고 탐색하는 기반을 형성해야 했기 때문이다. 즉, 로봇이 주변을 탐색할 때 기호를 사용해 사물과 장애물을 표현하는 방의 지도를 만들어내야 했던 것이다.

그런데 1960년대와 1970년대 초, 다행히도 프레디Freddy와 셰이키Shakey라는 두 가지 로봇이 등장해 로봇공학과 AI에 크게 기여했다. 두 로봇 모두 프로그래밍과 의사결정 과정에서 기호논리의 기초를 공유하고 있었다.

1969년에서 1976년 사이에 에든버러대학에서 개발된 프레디는 다용도성과 새로운 작업에 대한 빠른 적응력이 돋보였다. 이 로봇은 거꾸로 된 기계식 팔 끝에 집게 모양의 그리퍼(집게)가 달려 있어 테이블에서 물건을 집어 올릴 수 있었다. 이 그리퍼는 손가락 두 개로 집는 핀치 그리퍼였는데, 이는 비디오카메라와 레이저 광선 스트라이프 생성기로 보완됐다. 또한, 프레디는 이 카메라를 감각 장치로 사용해 주변 환경에 대한 인식을 향상했으며, 프레디 디자인은 때때로 팔을 움직이는 대신 테이블을 움직여서 물체를 조작해 혁신적이라고 평가받았다. 이로 인해 설계가 단순화되고 효율성이 향상되는 이점이 생겼다.

이 외에도, 프레디는 카메라의 이미지로부터 물체를 식별하고 물체의 특징을 감지할 수 있었다. 프레디는 상세한 단계별 지침이 필요하지 않았고, 로봇, 사물, 환경 간의 원하는 위치 관계와 관련된 목표를 지정하는 로봇 프로그래밍 소프트웨어를 사용했다. 이 소프트웨어 덕분에 프레디는 고리에 못을 끼우거나 나무 블록 장난감을 조립하는 것과 같은 새로운 작업에 빠르게 적응할 수 있었다.

셰이키는 1966년부터 1972년까지 스탠퍼드대학에서 존 매카시의 감독하에 개발됐으며, 컴퓨터 비전, 로봇공학, 자연어 처리 등 다양한 연구 분야를 바탕으로 개발돼 AI의 중요한 이정표가 된 로봇 중 하나다.

천장에 고정된 프레디와는 달리 셰이키는 혁신적인 이동 로봇이었다. 셰이키는 직사각형 모양의 받침대와 그 위에 세워진 수직 구조물이 특징이라고 할 수 있다. 로봇의 받침대에는 바퀴, 센서, 전자 부품이 부착됐고, 중앙 몸체에는 로봇의 컴퓨터와 제어 시스템이 들어갔으며, 중앙 몸체에서 뻗어 나온 높은 마스트에는 주변 환경을 인식하기 위한 카메라와 센서가 달려 있었다.

프레디와 마찬가지로 셰이키는 자체적인 행동에 대해 추론할 수 있는 능력이 있어 모든 작업 단계마다 자세한 지침이 필요하지 않았다. 셰이키는 길을 찾고, 조명을 켜고 끄며, 문을 여닫고, 딱딱한 표면을 오르내리고, 움직이는 물체를 제어할 수 있었다. 예를 들어, "플랫폼에서 블록을 밀어내라"라는 명령을 받으면, 셰이키는 주변 환경을 평가하고, 상자가 있는 플랫폼을 확인하고, 플랫폼에 도달하기 위한 경사로를 찾고, 그 경사로로 올라가서 상자를 밀어내는 방식으로 작업을 수행했다.

그리고 1968년에 셰이키의 자율 탐색과 효율적인 경로 찾기 알고리듬은 A*라고 불렸다. 그로부터 55년이 지난 지금, A*를 기반으로 한 알고리듬은 앞선 9장에서 설명한 바와 같이 범용인공지능(AGI) 개발 시 중요한 연구 분야다.

셰이키의 프로그래밍은 주로 존 매카시가 개척한 프로그래밍 언어인 리스프(LISP)에 의존했으며, 이 언어는 나중에 전문가 시스템을 실행하는 1980년대 고급 하드웨어 기계에 사용됐다. 그러나 이미 5장에서 논의했듯이, 1987년 무렵은 기계들의 주가가 폭락하면서 2차 AI 겨울이 시작됐을 때였다.

결국 앞서 암시했듯이, 셰이키와 프레디는 상당한 발전을 이뤘음에도 불구하고 한계에 직면해야 했다. 기호논리는 계산 비용이 많이 들고, 작업 처리 속도가 느리다는 것이 밝혀졌기 때문이다. 게다가, 이 로봇들은 끊임없이 변화하는 주변 세계를 기호로 정확하게 표현해야 했기에 역동적이고 복잡한 환경에 충분하고 빠르게 적응하기 어려웠다.

이후, 이러한 한계는 결국 '누벨 AI$^{Nouvelle\ AI}$'라는 새로운 물결과 함께 로봇 개발에서 아날로그 논리 철학이 재차 부활하는 길을 열었다. 누벨 AI는 약 20년 후 등장했다. 이는 2차 AI 겨울 동안 AI 산업 내부에서 일어난 깊은 성찰적 인식을 통해 나타난 결과였다.

'누벨 AI'와 기호논리에 대한 마지막 도전

위기는 반성하기에 좋은 시기다. 2차 AI 겨울 동안, 로드니 브룩스 Rodney Brooks와 그의 팀이 주도하는 MIT AI 연구소를 통해 혁신적인 접근 방식이 등장했으니 말이다. 혜성같이 등장한 누벨 AI로 알려진 이 운동은 논리와 추상적 기호를 강조하는 기호 AI$^{symbolic\ AI}$의 지배적 패러다임에 도전했다.

누벨 AI의 핵심 개념은 진정한 기계 지능이 실제 세계와의 상호작용을 통해서만 입증될 수 있다는 믿음에 기반했다. 그리고 이를 달성하기 위해서는 기계가 물리적 신체, 주변 환경을 지각하는 센서, 움직이고 적응하며 실제 세계에 도전을 다룰 수 있는 역량을 모두 갖춰야 한다고 믿었다. 이런 관점은 추론과 지능이 신체의 영향을 크게 받는다고 가정하는 신체화된 인지 이론$^{theory\ of\ embodied\ cognition}$에 확고한 기반을 두고 있다.

누벨 AI와 기호 AI의 한 가지 분명한 차이점은 세계를 표현하는 접근 방식에 있었다. 기호 AI는 정교한 설명에 기반한 내부 모델을 사용하는 반면, 누벨 AI는 센서를 통해 세계를 직접 지각하는 데 의존하기 때문이다. 이 접근 방식은 기호적 표현과 기호적 모델의 지속적인 업데이트가 필요하지 않기에, 누벨 AI가 환경과 상호작용을 하는 데 좀 더 효율적이고 민첩했다.

물론, 셰이키나 프레디 같은 기존 로봇은 기호 내부 모델을 사용했다. 그 때문에 각각의 동작을 필요한 단계로 세분화하는 데 상당한 시간이 걸렸다. 누벨 AI 시스템은 내부 세계 모델 대신 센서에 지속적으로 의존하고 있어서 필요에 따라 외부 세계로부터 정보를 처리할 수 있었다. 브룩스에게 "세계는 그 자체로 최고의 모델이며, 항상 최신 상태이고 모든 세부 사항이 완벽했다". 로드니 브룩스는 곤충의 행동을 모방한 단순한 로봇을 만드는 데 집중했으며, 이후 앨런[Allen]과 허버트[Herbert]라는 곤충형 로봇을 설계했다. 이 로봇들은 세계에 대한 내부 모델조차 없었다.

로봇 앨런은 다트머스 회의에 참여한 앨런 뉴웰의 이름을 따서 명명됐다. 앨런은 초음파 센서를 장착했으며, 물체가 다가올 때까지 방 중앙에 머물다가 그 물체가 더 가까이 접근하면 장애물을 피해 이리저리 이동하는 특징을 가졌다.

반면 '허버트' 로봇은 다른 참가자인 허버트 A. 사이먼을 기리기 위해 지어진 이름으로, 이 로봇은 적외선 센서를 활용해 장애물 주변을 탐색하고, 레이저 시스템을 사용해 3D 데이터를 수집했다. 또한, MIT의 분주한 사무실과 작업 공간이라는 실제 환경에서 작동하면서 빈 음료수 캔을 찾아 쓰레기통으로 옮기는 작업을 수행했다. 브룩스는 이 로봇을 통해 누벨 AI가 실제 곤충에 가까운 수준의 복잡성을 달성했다고 믿었다.

시간이 지나, 브룩스는 곤충보다 더 높은 수준의 로봇을 만들기 위해 코그^{Cog}와 같은 휴머노이드 로봇을 제작했다. 코그는 센서, 얼굴, 팔을 장착해 세계와 상호작용하고 정보를 수집하며 경험을 쌓아 지능을 유기적으로 개발할 수 있었다. 이를 두고 연구팀은 코그가 감각 입력과 행동 사이의 상관관계를 학습하고 식별함으로써 자율적으로 일반적 지식을 습득할 수 있다고 믿었다.

그러나 2003년에 이르러 혁신적인 접근 방식을 취했던 '누벨 AI' 프로젝트의 개발은 중단됐다. 실패 원인에는 다양한 것이 있겠지만, 그중 두 가지를 꼽아 보자. 첫째, 기호 AI의 성공은 인간 수준의 성능을 가진 AI를 만든다는 야심 찬 목표와는 달리, 누벨 AI의 경우에는 곤충 수준의 성능을 달성하자는 비교적 소박한 목표 달성으로, 그 성공을 스스로 제한시켰다는 점이다. 이렇듯, 주류 AI 목표에서 벗어났기에, 누벨 AI는 널리 채택되거나 자금을 확보하는 데 어려움을 겪었다. 비평가들은 누벨 AI 시스템이 의식과 언어 부분에서 인간과 유사한 능력은커녕, 실제 곤충과 비슷한 행동을 보이는 데도 어려움을 겪었음을 지적했다.

둘째, 누벨 AI는 단순함을 강조하고 현실의 내부 모델 구축을 거부했기 때문에 복잡한 실제 환경을 처리하는 데 난관이 많았다는 점이다. 실제로 누벨 AI 시스템은 프레임 문제$^{frame\ problem}$[1]를 우회하고 고도

---

[1] AI와 인지과학의 고전적인 도전 과제로서, 변화하는 환경에서 의사결정을 내리거나 행동을 계획할 때 무엇이 관련성이 있고 무엇이 변하지 않는지를 결정하는 것이 어렵다는 것을 말한다. 프레임 문제는 현실 세계에서 작동할 수 있는 지능형 시스템을 만드는 데 있어 근본적인 어려움을 강조한다. 이는 AI가 관련성을 효율적으로 관리하고, 인간이 직관적으로 처리하는 기능인 관련 없는 세부 사항을 무시하면서 중요한 것에 집중할 필요성을 말한다. - 옮긴이

의 확장 모델을 피했다는 점에서는 찬사를 받았지만, 복잡한 상황에서 효과적으로 작동하지 못했다.

이러한 누벨 AI의 실패 이후, 아날로그 논리를 되살리려는 후속 노력은 이뤄지지 않았다. 오늘날 로봇공학에서 널리 사용되는 접근 방식은 기호논리 로봇공학으로, 보다 강력한 디지털 컴퓨터의 출현, 처리 능력의 지속적인 향상, 알고리듬의 발전으로 기호 처리의 연산적 제약은 완화됐으며, 데이터의 기호적 표현에 의존하는 머신러닝과 딥러닝을 비롯한 최신 AI 기술의 발전과 잘 부합돼 있다. 이러한 접근 방식은 자연어 이해, 높은 수준의 추론, 자율 시스템의 계획 수립과 같은 복잡한 작업을 용이하게 만들었다.

이런 기호논리가 옹호하는 세계 모델의 제작 방식은 2024년 들어 더더욱 중요해질 것이다. 이는 범용인공지능을 달성하기 위해 주요 기술 대기업들이 가장 많이 탐구하는 방법 중 하나이기 때문이다. 이 주제는 앞선 9장에서 소개했다.

12
로봇 팔의 근력

"한 가지 일만 하는 자동화된 기계는 로봇이 아니다. 그냥 자동화일 뿐이다. 로봇은 공장에서 각종 작업을 처리할 수 있는 능력을 갖춰야 한다."

- **조셉 엥겔버거** Joseph Engelberger,
미국인 물리학자, 엔지니어, 기업가

발명품 중 일부는 역사상 중요한 이정표로 자리매김해 산업 전체에 큰 영향을 미치고 우리의 생활과 업무 수행 방식을 변화시킨다. 그중 1960년대에 조지 데볼George Devol과 조셉 엥겔버거Joseph Engelberger가 만든 유니메이트Unimate 로봇 팔은 산업 공정의 자동화, 제조업의 혁명, 끊임없이 개선되는 로봇의 직계 혈통을 탄생시키는 데 선구적인 역할을 했다. 그런 점에서 유니메이트는 역사상 가장 영향력 있는 로봇으로 칭송받는다.

이후, 유니메이트는 자동차 산업에 처음 도입됐다. 1961년, 제너럴 모터스GM는 조립라인에 유니메이트를 채택한 최초의 회사였으며, 이는 제조업 환경에 기념비적 변화를 일으켰다. 무거운 물체를 정밀하고 빠르게 반복적으로 용접, 도장, 조작할 수 있었기 때문이다. 이 유니메이트의 능력은 새로운 자동화 시대를 열었으며, 이로 인해 생산 효율성 증대, 제품 품질 향상, 작업장 안전 강화 같은 어마어마한 성과를 올렸다. 또한, 유니메이트가 자동차 제조에 통합되면서 생산은 간소화되고, 제조 과정은 보다 안전하고 더 숙련되며 훨씬 지능적으로 몰입할 수 있게 됐다.

이러한 유니메이트의 영향력은 유럽, 일본 등 전 세계로 뻗어 나갔으며, 이는 자동차부터 야금, 반도체, 항공우주, 심지어 수술에 이르기까지 다양했다. 실제 사이보그의 초기 사례 중 하나로 잃어버린 팔을 대신해 로봇 팔을 조작하는 법을 배운 사람도 있었다고 한다.

유니메이트와 산업 자동화의 탄생

산업 로봇공학의 초석이 된 순간은 1954년이었으며, 이는 제조 과정의 효율성을 높이고, 위험하고 단조로운 작업을 자동화하려 했던 산업 엔지니어 조지 데볼이 최초로 프로그래밍 가능한 로봇을 설계했을 때였다. 그는 미국 특허청에 특허를 출원하고 자신의 로봇 디자인을 설명하기 위해 '범용 자동화Universal Automation'라는 용어를 창안했다. 그리고 2년 후 1956년, 데볼은 엔지니어 조셉 엥겔버거와 협력해 산업용 로봇을 생산하는 최초의 회사인 유니메이션Unimation, Universal Automation의 축약형을 설립했다.

이렇듯, 산업 자동화의 역사는 데볼과 엥겔버거의 파트너십을 중심으로 돌아간다. 데볼은 정밀하고 세심한 주의를 기울여 최초의 산업용 로봇을 발명했으며, 엥겔버거는 끈기와 기업가 정신에 힘입어 평생 동안 열정적으로 로봇공학을 옹호하고 영향력 있는 연구 출판물을 저술했다. 이들 서로는 제조와 자동화를 변혁하겠다는 공동의 꿈을 구현했다.

이후, 유니메이션은 유니메이트라는 이름의 산업용 로봇을 제조했다. 최초의 유니메이트 로봇 팔은 무게가 약 2톤에 달하는 대형 기계여서 유압 액추에이터를 사용해야 했지만, 여기서 가장 중요한 것은 이 로봇이 관절 좌표로 프로그래밍할 수 있었다는 점이다. 즉, 훈련 단계에서 관절 각도를 측정하면 작업 과정에서 이를 재현할 수 있다는 얘기다. 이를 통해 유니메이트는 각종 산업 응용 분야에 매우 다양하게 활용될 수 있었다.

신기하게도 유니메이트는 매우 적절한 타이밍에 발명됐다. 1960년대 경제가 호황기를 누리는 동안 미국 자동차 산업은 르네상스를 경험하며 상당한 변화를 겪는 중이었고, 점점 더 늘어나는 인구로 인해 자동차 수요가 급증하면서 생산 수요가 증가하고 제조 절차를 간소화해야 할 필요성이 요구됐다. 그러나 방법이 없던 자동차 업계는 인건비 상승, 숙련된 인력 부족, 일관된 고품질 생산의 필요성이라는 동시에 발생하는 과제들과 씨름해야 했다.

이때, 데볼은 1960년 GM에 유니메이트를 매각함으로써 자동차 산업의 중대한 시기에 역사적인 이정표를 세웠고, 유니메이션은 채 1년도 되지 않아 GM 생산 라인에 최초 산업용 로봇을 조명 기구, 기어 변속 손잡이, 도어와 창문의 손잡이, 기타 자동차 내부 부품 제작에 활용했다. 공장에서는 유니메이트 로봇이 마그네틱 드럼에 저장된 단계별 지침을 따라 뜨거운 주형 금속 부품을 정확한 절차대로 쌓아 올렸다. 이는 로봇이 까다로운 산업 환경에 없어서는 안 될 지속적인 임무를 수행할 수 있다는 걸 입증시킨 생생한 계기였다.

GM의 자동화 개발이 진행되면서, 1969년에는 조립 공장에 최초의 점點용접 로봇이 도입됐다. 이를 기반으로, 차체 용접 작업의 30% 정도만 자동화되던 기존 공장과는 달리, 유니메이트 로봇은 생산성을 크게 향상시켰으며, 작업의 90% 이상을 자동화할 수 있었다. 이전까지만 해도 용접은 늘 어렵고 위험이 따르는 노동 집약적인 작업이었으나 유니메이트를 활용함으로써 제조 시설은 생산직 근로자에게 보다 안전한 곳이 됐다. 이는 조셉 엥겔버거가 개인적으로 바라던 주요한 기대치였다.

크라이슬러와 포드 자동차 회사 또한 유니메이트 로봇을 설치한 기업이었다. 당시 유니메이션은 시장에서 거의 독점적인 지위를 차지했고, 신시내티 밀라크론Cincinnati Milacron과 군소업체인 AMF 코퍼레이션 AMF Corporation과 경쟁 중이었다. 신시내티 밀라크론은 T3The Tomorrow Tool 로봇 팔을 생산했고, GM도 이 로봇을 구매했으며, 자전거와 오토바이

제조업체인 AMF 코퍼레이션은 버새트란Versatran 로봇 팔을 도입해 로봇공학으로 다각화하다가 결국 이 로봇 팔을 포드에 매각한 이력을 갖고 있다.

푸마(PUMA) 로봇을 이용한 정밀 제조

산업용 로봇의 초기 개발은 조지 데볼과 조셉 엥겔버거의 공로로 돌릴 수 있다. 하지만 로봇의 개선에는 엔지니어이자 연쇄 창업가(새로운 기업을 계속해서 설립하는 기업가)인 빅터 셰인만Victor Scheinman의 공헌을 빼놓을 수 없다.

셰인만은 유니메이트의 로봇이 크고 무겁고 느릴 뿐 아니라 유압 메커니즘으로 인한 누출 문제까지 발생하자 그 사용성이 제한돼 유지보수가 까다롭다는 것을 알아챘다. 이후 1969년, 스탠퍼드대학에서 '스탠퍼드 암Stanford Arm'으로 알려진 소형 로봇 팔을 소개한 그는 이 로봇 팔을 좁은 실내 환경과 자동차 제조보다 가벼운 제조업의 책상 위에서도 사용할 수 있도록 로봇공학의 가능성을 확장시켰다.

스탠퍼드 암은 6개의 운동 축을 통해 인간 팔의 운동 범위와 매우 유사하게 모방했다. 유니메이트는 당시 5개의 축을 사용했지만, 결국 6개의 축을 채택할 정도였다. 이후, 6축 구성은 산업용 로봇계의 표준이 됐고, 인간 팔의 역학을 매우 유사하게 모방하고 있어 생산 공정 내에서 다양한 동작을 가능하게 했다. 또한, 2톤짜리 유니메이트 로봇과는 달리 스탠퍼드 암은 무게가 고작 15파운드에 불과했고, 팔 자체에 내장된 전기 모터로도 작동이 가능했으며, 전기 모터 덕분에 지저분하고 느린 유압 시스템을 가진 유니메이트 로봇보다 훨씬 더 빠르게 작동할 수 있었다.

여기서 중요한 것은 메모리에 저장된 단계별 명령어에 줄곧 의존해야 했던 유니메이트와 달리, 스탠퍼드 암은 컴퓨터 소프트웨어로도 제어할 수 있다는 점이다. 이러한 발전 덕분에 스탠퍼드 암은 실시간 계산을 할 수 있었고, 이후 버전에서는 터치 센서나 비전 시스템을 사용함으로써 주변 환경에 반응할 수 있는 수준에 이르렀다. 이로써 정밀한 컴퓨터 제어를 통해 더 빠른 산업용 로봇을 특징으로 하는 시대가 열리게 된 것이다.

그러던 1972년 어느 날, 빅터 셰인만은 AI의 창시자 중 한 명인 MIT의 마빈 민스키로부터 하나의 요청을 받는다. 이때 마빈 또한 로봇 팔에 관해 연구 중이었으며, 그는 '촉수 팔tentacle arm'로 불리는 벽걸이형 모델을 만들고 있었다. 마빈은 셰인만에게 스탠퍼드 암보다 훨씬 더 소형이며, 원격으로 감독하는 수술에 적합한 로봇 팔의 설계를 제안했고, 셰인만은 이를 수락하며, MIT에서 근무하는 시간의 일부를 할애해 이 새로운 팔 제작에 헌신했다. 그리고 훗날 이 팔은 MIT 암MIT Arm으로 불리게 된다. 이 로봇은 수술과 의료 분야에서 활용됐으며, 로봇공학의 초기 사용 사례 중 하나로 역사에 남았다.

1973년 스탠퍼드로 돌아온 빅터 셰인만은 자신의 '스탠퍼드 암'의 개선된 버전을 판매하기 위해 빅암Vicarm이라는 회사를 설립했다. 유니메이션의 재정적 지원을 받은 셰인만은 계속해서 디자인을 개선했고, 1976년에는 푸마PUMA, Programmable Universal Manipulation Arm, 프로그래밍할 수 있는 범용 조작 팔라는 새로운 로봇 팔을 출시하기도 했다. 유니메이션은 이 새로운 모델에 매우 흥분했고, 1977년 빅암을 인수해 오늘날 푸마의 원조 제조업체를 만들었다.

푸마PUMA의 발전은 실로 놀라웠다. 유니메이트는 주로 자동차 조립라인에서 점용접과 같은 반복적인 작업을 처리했지만, 푸마는 더 광범위한 정밀 조립 작업을 했기 때문이다. 강력한 미니컴퓨터가 푸마를 제어했고, 이 로봇은 터치 및 압력 센서를 사용해 GM 공장에서 작은 부품을 조립하는 최초의 로봇이 됐다. 이때, GM 생산 라인에서 조립되는 부품의 90%는 무게가 5파운드보다 작았다. 푸마는 이런 복잡하고 정밀한 움직임을 요하는 작업에 능숙했으며, GM의 제조 공정에서 효율성과 정확성을 향상시켰다. 결론적으로 푸마는 매우 성공했으며, 유니메이션은 1980년대까지 푸마 로봇을 계속 생산할 수 있었다.

유니메이션의 오이디푸스 비극: 파트너십이 경쟁자로 변하다

유니메이트 로봇의 성공은 미국에만 국한되지 않았다. 1967년, 유니메이션은 전기 장비 제조업체인 ASEA 메탈베르켄 ASEA Metallverken과 파트너십을 맺었으며, 2년 후, 볼보 Volvo 공장에 최초의 유니메이트를 설치하기도 했다. 유니메이션은 비슷한 파트너십 전략으로 쿠카 KUKA와 제휴해 독일에 진출했다. 그 결과 1973년 폭스바겐에 최초의 유니메이트가 설치됐으며, 코마우 Comau와 제휴해 이탈리아까지 진출해 1974년 피아트 Fiat에 최초의 유니메이트가 설치되기에 이른다.

하지만 이러한 파트너십 접근은, 결국 그 파트너들이 유니메이트의 잠재력을 깨닫고 곧바로 자체 로봇 팔을 만들어냄으로써, 유니메이트의 경쟁자로 변모하게 만들었다. 역공학 reverse engineering[1]은 자신의 작

---

1 역공학은 제품, 시스템, 프로세스를 복제하거나 개선하기 위해 분석하고 이해하는 과정이며, 특정한 기능을 내는 기계를 만들어보고 싶은데 내부 구조를 알 수 없을 때 분해해 분석한 결과를 가지고 어떻게든 동일한 기능을 하도록 새로 만들어내는 것을 말한다. 즉, 앞으로 제작할 것이 아니라 이미 제작된 것을 설계하는 셈이다. – 옮긴이

업으로 금전적 이익을 추구하는 발명가들에게 오랜 기간 골칫거리였다. 유럽 기업들은 유니메이션과 경쟁하기 위해 미국시장에 성공적으로 진출하지 못했던 탓에 큰 영향을 미치지 않았다.

일본의 로봇 도입도 유럽과 비슷한 궤적을 밟았다. 기업들이 처음에는 유니메이트 기술에 대한 라이선스를 취득했다가 결국 자체 로봇을 개발했던 것이다. 로봇공학에서 일본의 여정은 성공적이었다. 이는 그 자체로 주목할 만한 이야기여서 별도의 장을 할애해 소개하려 한다.

이후, 유니메이트 기술에서 영감을 받은 일본의 번창한 기업들은 1970년대 후반과 1980년대 들어 미국에 진출해 국제화를 꾀하고 입지를 다지기 시작했다. 이때 일본 기업들은 현지 시장에서 지배력을 확립하고, 유니메이트의 원본 디자인을 개선해 비용도 효율적이면서 매우 정밀한 로봇 시스템을 만들어냈다. 이러한 발전에 힘입어 일본 기업들은 국제 무대로 진출하는데 적절한 위치를 확보했다.

일본 기업의 미국 진출은 산업용 로봇공학 환경을 크게 변화시켰다. 이런 변화는 유니메이션에 지대한 영향을 미쳤으며, 유니메이션에서 영감을 얻어 (그리고 아마도 그 이상으로) 성장한 일본 기업들은 마침내 종주국 미국에서도 유니메이션 업계와 정면으로 경쟁하기 시작했다.

이 당시에 유니메이션 또한 1983년 웨스팅하우스에 인수되면서 산업용 로봇 붐이 절정에 달했던 시기와 맞물려 운 좋은 위치에 서게 됐다. 하지만 일본 기업들과의 경쟁이 심화되자 유니메이션은 재기를 위해 고군분투해야 했고, 결국 1989년 스위스 회사인 스토브리Stäubli가 유니메이션의 경영권을 인수하는 결말을 맞이했다. 이런 유니메이션의 비극은 그리스 신화 속 오이디푸스 렉스(소포클레스)의 비극과 얼추 닮았다. 어떤 의미에서 산업용 로봇 회사의 시조는 그 자손의 손에 의해 종말을 맞이했기 때문이다.

그렇게 일본의 등장 이후, 소수의 외국 기업만 이 업계에서 지속적인 입지를 유지할 수 있었다. 유럽에서는 ASEA에서 출발한 ABB와 쿠카 로보틱스 KUKA Robotics, 코마우, 스토브리가 그런 예다. 미국에서는 빅터 셰인만이 설립한 오토매틱스 Automatix와 어뎁트 테크놀로지 Adept Technology가 주요 회사였다. 오토매틱스에 대해서는 다음 장에서 거론하기로 하고, 그다음 장에서 어뎁트 테크놀로지에 대해 논의를 할까 한다.

공장에서 로봇과 인간을 위한 지정 영역

빅터 셰인만은 혁신적인 푸마 PUMA 로봇의 성공을 토대로 1980년에 새로운 벤처 기업에 착수해 로봇용 머신 비전 분야를 개척하는 회사인 오토매틱스를 공동 설립했다. 오토매틱스의 로봇 비전 시스템은 로봇이 주변 환경을 더 효과적으로 지각하고 상호작용을 할 수 있도록 한다. 이러한 비전 가이드 로봇은 주변의 사물과 변화에 대응하고 식별할 수 있기 때문에 이전의 로봇보다 더 정확하고 적응력 있게 복잡한 작업을 수행할 수 있었다. 로봇 비전 분야에서 오토매틱스의 혁신은 산업용 로봇의 기능과 잠재적 응용 분야를 크게 확장시킨 데 있다.

빅터 셰인만은 오토매틱스 내에서 로보월드 RobotWorld로 통하는 제품을 선호했다. 이 제품은 머신 비전과는 아무런 관련이 없으며, 로봇이 인간과의 충돌을 방지하기 위해 특정 전용 구역 내에서 작업할 수 있도록 하는 데 주안점을 뒀다.

우리는 로봇이 인간 작업자와 함께 작업을 수행하는 작업 공간을 상상해 볼 수 있다. 이때 로보월드는 안전과 효율적인 협력을 보장하기 위해 독특한 설정을 채택했다. 로보월드는 천장에 매달린 자동화 장치로 간주될 수 있는 소형 로봇 현수 모듈을 특징으로 했으며, 이 모듈은 지상의 다른 로봇들과 협력해 지정된 작업 공간 내에서 작업할 수 있었다. 이러한 접근 방식은 로봇과 인간의 활동을 명확하게 분리해 충돌이나 사고 위험을 줄이고, 더욱 원활하고 체계적인 산업 운영을 가능하게 했다.

로봇과 인간이 각자 특성에 맞는 작업과 영역에 집중할 수 있도록 작업 공간을 분리하는 방식은 1980년대와 90년대에도 지속됐다. 이때는 산업용 로봇이 울타리나 보호 장벽 뒤에 가려져 있기도 했다.

그러나 2000년대와 2010년대에는 로봇 자체가 공장을 자율적으로 탐색하고, 서로 또는 인간과의 충돌을 피하고, 심지어 인간과 협력할 수 있는 수준까지 도달하는 지경에 이르렀다. 아마존에서 사용하는 창고 환경 내에서의 자율 이동 로봇의 경우에 대해서는 14장에서 좀 더 자세히 살펴볼 것이다.

아이러니하게도 오토매틱스의 주요 사업은 머신 비전 분야였는데, 공교롭게도 로보월드를 쓸모없게 만든 것이 바로 이 머신 비전 기술의 발전이 됐다.

코봇: 인간과 기계가 함께 일하는 것

인간과 로봇을 엄격하게 구분하는 개념은 1996년 collaborative robots협동 로봇의 줄임말인 '코봇cobot'의 등장으로 무너지기 시작했다. 코봇은 로봇이 인간과 함께 작업 공간과 작업을 공유하면서 협력적이고 협동적으로 일할 수 있다는 아이디어를 제시함으로써 로봇 역사상 획기적인 전환점을 만들었다. 코봇의 등장은 로봇이 인간 작업자와 손을 잡고 일하면서 다양한 산업 분야에서 생산성과 안전성을 향상하는 소중한 동료라는 새로운 자동화 시대를 열었다.

협동 로봇 또는 코봇은 인간과 직접 상호작용하고 밀접하게 연결된 작업 환경에서 안전을 강화하도록 설계된 로봇 혁신을 의미한다. 코봇의 안전성은 둥근 모서리, 경량 구조 재료, 무게 제한, 안전한 동작 등을 보장하는 고급 소프트웨어 및 센서 같은 다양한 설계 기능에 의존한다.

인간 작업자와 산업용 코봇은 물리적 장벽 없이 공존하는 것부터 공정의 각종 단계마다 순차적으로 협업하는 것, 높은 반응성을 바탕으로 동일한 작업에서 동시에 협업하는 것까지 다양한 수준의 협업을 보여줄 수 있다.

세계에서 가장 중요하고 경험이 풍부한 로봇 소비업체인 GM의 위치를 고려할 때 GM이 코봇의 개념을 개발하는 데 중요한 역할을 한 것은 그리 놀라운 일은 아니다. 1994년, GM은 인간과 함께 작업 가능한 안전한 로봇을 만드는 문제를 해결하기 위한 프로젝트를 착수했다. 이 선구적인 프로젝트는 산업 현장의 안전을 강화하기 위한 혁신적인 솔루션을 모색하기도 했다. 이후, 노스웨스턴대학 교수인 J. 에드워드 콜게이트J. Edward Colgate와 마이클 페쉬킨Michael Peshkin은 GM과 협력해 인간과 로봇 간의 직접적인 물리적 상호작용을 가능하게 하는 독특한 시스템을 만들어냈다. 이러한 협력과 GM 재단의 후속 연구 지원금은 코봇 개발의 토대가 됐고, 인간과 로봇의 협업에 큰 진전을 이뤘다. 나중에 콜게이트와 페쉬킨은 1996년 미국에서 '컴퓨터로 제어되는 범용 조작기와 사람 간의 직접적인 물리적 상호작용을 위한 장치 및 방법'에 대한 특허까지 획득하는 경사를 맞이한다.

그로부터 1년 후 1997년, 콜게이트와 페쉬킨은 코보틱스Cobotics라는 회사를 설립해 자동차 조립라인의 최종 단계에서 사용되는 갖가지 코봇 모델을 생산했다. 이때, 코보틱스는 다재다능하고 사용자 친화적이며 가성비 높은 협동 로봇의 시대를 열었다.

이후, 안전 기준과 효율성 개선을 원하는 기업들로 인해 시장 수요가 엄청나지자 많은 제조업체가 코봇 생산에 달려들었다. 산업용 코봇 시장은 최근 2020년까지 연평균 50%의 성장률을 기록하며 괄목할 만한 성장을 보였다. 여기에는 다양한 산업 분야에서 다재다능하고 적응력이 뛰어난 로봇의 혁신적인 영향력이 반영돼 있다.

코봇의 중요성에 주목한 최초의 로봇 기업은 2004년 항공우주 산업 차원에서 코봇을 도입한 독일의 쿠카KUKA다. 2005년에는 유니버설로봇Universal Robots 이름을 가진 새로운 회사가 덴마크에 설립됐다. 2008년 이 회사는 펜스나 안전 케이지 없이도 인간 작업자 곁에서 안전하게 작업할 수 있는 코봇을 출시했다. 그 후 유니버설로봇은 엄청나게 성장해 2019년에는 코봇 시장에서 최고의 자리를 차지했으며, ABB도 이러한 추세에 동참해 2015년 최초의 협동형 양팔 로봇인 유미YuMi를 출시했다.

미국에서는 로드니 브룩스가 2008년 리싱크 로보틱스Rethink Robotics를 설립했다. 브룩스는 1990년대 기호논리를 반대하는 누벨 AI 프로젝트의 배후였다. 앞선 장에서 브룩스에 대해 잠시 거론한 적 있으나 이어지는 14장에서도 재차 얘기될 것이다.

이 리싱크 로보틱스는 2012년 박스터Baxter 로봇을 통해 산업용 코봇 분야에 진출했다. 박스터는 작업 환경에서 인간 친화적이라는 점에서 주목을 받았는데, 특히 '얼굴' 역할을 하는 애니메이션 스크린을 통합해 현재 상태에 따라 다양한 표정을 드러낼 수 있다는 특징이 있었다. 박스터는 주변에 사람이 있는지도 감지할 수 있었으며, 전혀 예상치 못한 상황에서도 반응해 잘못된 작동을 하지 않게 하는 장점이 있다. 예를 들어, 공구가 실수로 떨어지는 것이 작업에 치명적인 경우, 박스터는 그 작업을 계속 진행하려고 하지 않는다. 이럴 경우에는 작업을 중단하고 도움을 요청한다. 이는 필요한 도구 없이 작업을 계속 진행하는 기존 로봇과는 차별화되는 부분이다.

정밀도: 수술 로봇화

의료 적용은 처음부터 로봇 선구자들의 목표였다. 앞서 언급했듯이 빅터 셰인만은 1972년 최초의 의료용 로봇 팔인 MIT 암을 개발했으며, 푸마^{PUMA} 로봇은 1985년 뇌 조직 검사 시 바늘을 유도할 때 처음 사용된 것으로 기록돼 있다. 이 신경학적 시술은 X-레이 기술인 컴퓨터 단층촬영$^{CT,\ Computed\ Tomography}$을 사용해 정밀하게 움직일 수 있는 로봇 덕분에 큰 혜택을 받았으며, 이로 인해 시술의 정확성과 안전성이 크게 향상됐다.

그 후 상업용 수술 로봇이 여러 건 출시됐지만, 로봇 수술의 획기적인 발전을 이끈 것은 1999년 출시된 다 빈치$^{da\ Vinci}$ 수술 시스템이었다. 이때, 외과의는 수술 기구와 카메라가 들어 있는 4개의 팔이 장착된 이 혁신적인 로봇을 사용해 전용 콘솔에서 원격 제어할 수 있었으며, 이 로봇은 2000년 다양한 수술 절차에 대해 FDA 승인을 받았다. 여기에서 다 빈치 시스템의 차별성은 외과의의 손 움직임을 축소된 미세 움직임으로 변환해 손 떨림을 효과적으로 줄이고 정밀도를 향상한 점이었다. 이 최소 침습적 접근 방식은 환자의 외상을 크게 줄였고, 회복을 빠르게 해 수술 결과를 개선했으며, 미니어처 카메라를 통해 외과의에게 입체적인 시야를 제공해 복잡한 수술 과정 중 깊이에 대한 감각을 개선시켰다. 또한, 심장 우회술과 같은 심장 수술부터 전립선 절제술과 같은 비뇨기과 수술까지 다양한 분야에서 성공적으로 적용되면서 다재다능함을 드러냈다.

이후, 20년간 확고한 시장 지배력을 유지해 온 다 빈치가 2019년에 처음으로 직접적인 경쟁에 직면한 것은 베르시우스Versius 수술 로봇 시스템이 출시되면서였다. 베르시우스는 영국의 의료기기 회사인 CMR 써지컬CMR Surgical에서 개발됐다. 이는 몇 가지 중요한 이점이 있는 로봇 보조 기능을 갖춘 차세대 수술 플랫폼이라고 할 수 있다.

우선, 기술적 설계 측면에서 베르시우스는 다 빈치보다 우수했는데, 이는 수술에 실질적인 이점이 되는 사용자 친화성 향상으로 이어졌다. 또한, 베르시우스는 더 쉽고 직관적인 탐색이 가능해 수술 중 집도의의 정밀도와 제어력을 향상시켰으며, 더 발전된 3D 고화질 시각화 기능을 갖추고 있어, 외과의가 복잡한 수술을 더 정확하고 자신감 있게 수행하도록 해줬다. 게다가, 더 작고 유연한 베르시우스 기구 덕에, 외과의가 신체 내 접근이 어려운 부위에도 접근할 수 있어서 큰 절개 부위를 줄일 수 있고 수술 후 통증이 적으며 환자 회복 시간도 단축시킬 수 있었다. 이 외에도 베르시우스는 향상된 파워 피드백을 자랑하며, 이를 통해 외과의가 기구를 사용하는 동안 촉각 입력을 받게 함으로써 조직을 정밀하게 조작하고 봉합할 수 있었다. 이것은 미세한 운동 제어가 필수적인 심장 수술과 같은 섬세한 수술에 특히 중요하다.

지금까지 로봇 팔과 그 응용 분야를 소개했으니, 이제부터 일본이 어떻게 로봇공학 분야에서 확실한 세계 선두 주자가 됐는지를 살펴볼까 한다.

13
떠오르는 로봇의 땅

"우리가 수행한 모든 연구에 따르면 일본의 기술사용은 미국보다 많진 않지만 일본 내 기술사용의 보급률은 미국보다 훨씬 높다."

- 제임스 K. 바켄 James K. Bakken,
포드 자동차 회사 수석 부사장,
1983년, 「뉴욕타임스」에 실린 기사

포드사가 한 이 말은 미국과 비교했을 때 일본의 로봇 기술 도입에 관한 중요한 시사점을 역설한다. 일본과 미국은 비슷한 수준의 기술력을 갖추고 있으며, 초기 개념 및 기술 혁신 부분에서는 대체로 미국이 일본을 능가했다. 하지만, 일본은 경제와 사회 여러 분야에 걸쳐 '인간 대체human replacement' 기술을 광범위하게 통합할 수 있는 능력과 강한 의지로 북미나 유럽 국가보다 훨씬 더 빨리, 더 심층적인 자동화와 로봇공학의 잠재력을 활용했다.

로봇공학 및 자동화에 대한 일본의 특별한 접근 방식에는 일본 고유의 몇몇 요인이 작용했다. 그중 하나가 전후 기간 동안 일본이 주로 제조업을 기반으로 한 경제를 재건하면서 서방 국가들을 '따라잡아야' 한다는 강한 심리적 욕구가 있다. 이러한 급속한 산업화에 대한 욕구로 말미암아 일본은 경제적 경쟁력을 달성하기 위한 수단으로 자동화 수용에 힘썼다.

또 다른 중요한 요인은 1960년대부터 오늘날까지 계속되고 있는, 일본의 노동력 부족이었다. 이 문제를 해결하기 위한 옵션은 이민이나 로봇과 자동화의 배치로 한정됐지만, 엄격한 이민 정책과 문화적 요인 때문에 일본은 결국 그 해결책을 후자에서 찾았다.

일본의 고용법Employment Law도 이런 접근 방식에 한몫했다. 일본의 고용법은 효율성을 높이고 비용 절감을 위한 기술을 도입하는 등 그 어떤 이유로든 근로자를 해직시키는 것을 본질적으로 허용하지 않는다. 이로 인해 인력을 대체하는 게 아니라 자동화를 도입해 인력을 보강하는 데 인센티브를 부여한 것이다.

게다가, 일본 정부의 산업 정책은 역사적으로 단기적인 주가 관리보다 장기적인 투자를 선호했다. 이러한 접근 방식은 기업이 즉각적인 재정적 이익을 얻지 못하더라도 장기적으로는 경쟁력을 강화할 수 있는 자동화 기술에 투자하도록 장려했으며, 로봇공학은 이러한 접근 방식의 수혜자였다.

문화적 특성 또한 일본이 자동화를 선호하는 데 영향을 미쳤다. 일본 사회는 사람 간의 간접적이고 형식적인 상호 관계를 우선시하는 경향이 있고, 다양한 사회적 상황마다 적절한 행동 규정이 엄격한 사회적 규칙의 지배를 받는다. 이때, 사회적 규범 준수를 강조하는 것은 미리 정의된 규칙과 절차를 준수하는 자동화된 시스템을 구현하는 데 도움 될 수 있다.

일본 문화는 신뢰할 수 있는, 널리 합의된 결과를 선호하며 로봇과 자동화가 제공하는 예측 가능성과 일관성과도 맞닿아 있었다. 이러한 선호는 인간 행동이 지닌 불확실성과 대비되며, 그 불확실성이 때로는 예기치 않은 결과나 바람직하지 않은 결과를 낳아 체면을 손상시킬 수 있다고 생각했다.

마지막으로 주목할 점은 불교와 신도 등 토착 종교에 뿌리를 둔 독특한 인간관이다. 이러한 신념 체계는 종종 생명력 또는 영적 본질을 살아있는 존재와 연관시켰다. 이는 일본 사회에 로봇의 역할 증가에 대한 관용과 수용으로 이어질 수 있다. 일본의 경우 이러한 문화적 관점은 문화와 기술의 얽힘을 이해하기 위한 폭넓은 교훈을 제공하므로 17장에서 좀 더 살펴볼까 한다.

이렇듯, 다니던 직장에서 사람을 해직하지 않고, 사람이 맡고 있는 작업의 일부를 로봇으로 대체하려는 자유로운 길과 경제적 논거를 뒷받침하는 두 가지 장점은 산업용 로봇 배치에 보다 쉬운 길을 만들어 줬다. 일본 기업은 최첨단 산업용 로봇을 개발하고 생산하는 데 주력했으며, 그 결과, 일본은 로봇공학을 생산하고 사용하는 전 세계 1위 국가로 급부상했을 뿐 아니라 세계적인 제조업, 자동화, 로봇공학의 발전에 크게 기여했다. 혁신에 대한 일본의 헌신과 실제 시나리오 기술을 적용하는 능력은 글로벌 로봇 산업계에 일본의 리더십 위치를 공고히 해줬고, 지금도 그 위치는 여전히 유지되고 있다.

이러한 유니메이션과의 합작 투자를 통해 일본이 최초의 산업용 로봇을 도입한 것은 일본의 로봇공학 여정의 출발이었다. 1970년대에는 개인용 자동차에 대한 수요가 급증했지만, 노동력 부족으로 자동차 공장의 자동화가 절실했었다. 이런 과거에서 벗어나 1980년대에 일본은 정밀 로봇공학의 선두 주자로 자리매김했고, 일본 기업들은 유럽과 미국으로의 해외 진출에 나섰다.

이제부터 의심할 나위 없이 로봇공학 분야에서 리더로 급부상한 일본의 모습에 대해 살펴보자.

유니메이트, 일본 공장에 상륙하다

1960년대는 일본이 급속한 경제 팽창을 겪던 시기였다. 일본 정부는 소득 두 배 증진 계획을 과감히 추진했고, 국내 제조업은 폭발적인 성장세로 증가했으며, 1964년 개최된 도쿄 올림픽은 일본의 부흥을 알리는 상징적 행사였다. 이후, 제조업의 우수성으로 이름을 날린 일본은 급기야 산업용 로봇을 개발하고 생산하는 글로벌 리더로 급부상하기까지 했다.

1961년, 유니메이션은 이러한 배경을 토대로 일본 제너럴 모터스 GM 공장에서 최초의 유니메이트를 선보였다. 그로부터 몇 년 후 1968년, 유니메이션과 가와사키 중공업Kawasaki Heavy Industries이 아시아 시장에서 유니메이트 로봇 생산과 판매에 관한 라이선스 계약을 체결했는

데, 이를 통해 노동력 절감 장치를 만들고 제조하는 데 주력하던 가와사키가 일본 산업용 로봇 분야의 선두 주자로 발돋움했다. 그리고 1년 후인 1969년, 가와사키와 얼티밋Ultimate의 협업이 결실을 봤다. 가와사키-유니메이트 2000이 일본 최초로 국내에서 생산된 산업용 로봇 시대를 여는 역사를 만들었기 때문이다.

이렇듯, 1960년대와 1970년대 소득과 구매력이 증가하자 일본에서는 개인용 자동차에 대한 수요가 급증했다. 이때, 일본의 급속한 도시화로 인해 농촌의 젊은 노동자들이 도시로 유입됐음에도 불구하고 노동력 부족이 발생했다. 이는 2차 세계대전 이후 순 인구 문제와 도시화 속도가 그 대응 시간을 앞지른 것이 복합적으로 작용한 결과였다. 이러한 이유로 노동력 부족 현상이 일어났으며, 특히 자동차 공장에서는 용접이나 도장 작업이 더럽고 위험하다는 인식을 갖게 돼, 열악한 직업을 맡을 유능한 인력 찾기가 어려웠다. 이때, 일본 기업의 일반적인 평생 고용 관행과 강력한 고용 안정성 때문에 로봇과 자동화 도입에 대한 근로자들의 우려는 줄어들었다.

이러한 각종 요인이 자동차 공장의 자동화를 촉진시켰으며, 그 결과, 1970년대 초 산업용 로봇은 도요타, 닛산, 혼다의 자동차 조립라인에서 그 가치를 발휘했다. 이 공장들에서 로봇(처음에는 오리지널 유니메이트 모델이었고, 나중에는 현지에서 제조된 변형 모델)은 아크 용접, 점용접, 페인트 도포와 같은 작업에 활용됐으며, 가와사키의 오토바이 제조 회사의 경우에는 1974년부터 오토바이 프레임 제작 시 가와사키 유니메이트 아크 용접 로봇을 활용하기 시작했다.

이렇듯, 가와사키-유니메이트는 자동차 공장용 용접 로봇 제조업체들 사이에서 두각을 드러냈다. 시간이 흘러 1970년대 초, 가와사키는 손 그립에 촉각 및 힘 감지 기능을 갖춘 첨단 로봇 팔을 개발함으로써 혁신의 최전선을 차지했으며, 이러한 기술력을 바탕으로 가와사키의 로봇 팔은 핀을 지정된 구멍에 정확하게 투입하는 자동화 기능의 비약적인 발전을 이룰 수 있었다.

하지만 가와사키가 자체 로봇 제품군을 구축하고 날이 갈수록 성공을 거두면서 오랜 기간 유지해 온 유니메이션과의 협력 관계가 양측에 의해 해체되는 것은 시간문제였다. 그리고 1986년 마침내 우려하던 그 일이 일어났다.

1970년대에는 가와사키 외에도 전체 산업계의 자동화 환경이 크게 성장하던 시기였다. 전기 제품 제조 분야의 전문성으로 유명한 포춘 100대 다국적 기업인 미쓰비시 전기Mitsubishi Electric 또한 급성장하는 이 분야에 뛰어들었으며, 히타치Hitachi도 이 분야에 뛰어들어 상당한 진전을 거뒀다. 1970년대 초 히타치는 비전 기반 지능형 로봇, 콘크리트 산업용 자동 볼트 체결 로봇, 자동차 산업용 마이크로프로세서와 갭 센서를 탑재한 센서 기반 아크 용접 로봇, 진공청소기 조립용 양팔 로봇 등을 개발하기도 했다.

우리는 여기서 일본의 산업용 로봇 프로젝트 내에서 공정 개선과 기술 개발 간의 공생 관계를 특징으로 하는 선순환 구조가 확립되고 있었음에 주목해 봐야 한다. 그들의 점진적인 기술 발전은 즉각적인 경제적 인센티브를 제공했다. 제조 공정의 지속적인 개선이 영향을 받는 시기에는 주로 이러한 공정의 구체적인 생산량으로 그 성공 여부를 측정했다. 이러한 틀 내에서 그들은 로봇 기술에 작고 지속적인 변화를 도입함으로써 선순환을 촉진하고 더 많은 개선을 이끌어냈다.

이러한 모델은 복잡한 핵심 기술을 가진 소프트웨어 기반인 AI의 발전과 대조를 이룬다. 역사적으로, AI의 점진적 발전에 대한 경제적 또는 생산적 정당성은 분명하지 않았으며, 최근 디지털 제품에 통합되고 학습 목적으로 방대한 데이터셋이 축적되기 전까지는 즉각적인 사례가 부족했다.

일본, 정밀 로봇공학의 표준을 세우다

그러나 1973년과 1979년 석유 파동과 미국과의 무역 분쟁으로 인해 일본의 경제 성장이 둔화됐다. 그럼에도 불구하고 1980년은 일본 로봇공학 역사상 특별한 의미가 있었으며, 이 해는 종종 로봇공학의 변혁적 전환점을 일컫는 중요한 '원년year one'으로 명명되기도 한다. 왜냐하면 1980년 무렵, 일본은 로봇공학 분야에서 경쟁력과 혁신 능력을 확실하게 입증했기 때문이다. 이때, 가와사키뿐만 아니라 미쓰비시 전기, 히타치, 화낙FANUC 같은 많은 일본 제조업체가 점점 더 정교하고 정밀한 로봇을 개발하며 번창했다.

1980년대 도입된 작고 정밀한 로봇의 가장 좋은 예는 1978년 야마나시대학CMU에서 설계된 스카라SCARA, Selective Compliance Assembly Robot Arm, 선택적 순응 조립 로봇 암 로봇 팔이다. 일반적으로 6개의 자유도를 갖고 있고 다재다능하지만, 프로그래밍이 복잡했던 당시의 전통적인 로봇 팔과는 달리, 스카라 로봇은 모델에 따라 3~4개의 자유도를 갖춘 단순화된 디자인을 특징으로 한다. 이 로봇은 X-Y축으로는 평면 기동성이 유연하도록 했고, Z축을 따라서 견고함을 유지했으며, 설계는 프로그래밍과 제어의 복잡성을 크게 줄여 제조업체가 조립라인에서 자동화를 더 쉽게 구현할 수 있도록 했다. 스카라 로봇은 수직 및 수평 이동 시 속도가 빠르고 정확했는데, 이 때문에 픽 앤 플레이스pick-and-place 작용, 조립, 자재 취급 작업에 이상적이었다. 게다가 컴팩트한 유선형 디자인 덕분에 좁은 공간에서도 효율적으로 작동할 수 있어 공간이 제한된 환경에도 적합했다.

이런 장점 덕에, 1979년부터 일본 회사 산쿄^{Sankyo}와 IBM이 미국을 포함한 전 세계에 스카라^{SCARA}를 상업적으로 판매하기 시작했다. 단순성, 정밀성, 속도, 효율성이 결합된 스카라 로봇은 반도체와 같은 많은 정밀 산업의 판도를 바꿨다. 실제로 초소형 반도체 제작에 필수적인 섬세한 실리콘 조각인 반도체 회로판을 다루는 일은 인간 작업자에게는 매우 어려운 작업이었으나, 스카라 로봇은 반도체 시설 내에서 회로판을 취급하는 업계의 표준으로 빠르게 부상했다.

이후 수십 년 동안(특히 1990년대와 2000년대 호황기 동안), 개인용 컴퓨터에 대한 수요가 전례 없는 수준에 도달했고, 반도체에 대한 수요가 급증하면서 스카라^{SCARA} 로봇은 한층 더 두각을 나타냈다.

식료품 업계에서도 포장 제품의 위생적이고 정확한 취급과 같은 작업에 스카라^{SCARA}를 도입했다. 이 외에, 로봇을 가장 많이 사용하는 자동차 산업도 자재 취급 및 자동차 부품 조립과 같은 작업 시 스카라의 도움을 받아 생산 효율성과 품질 관리를 개선하기도 했다.

수많은 업체가 스카라^{SCARA} 로봇을 사용하면서, 이들은 큰 성공을 거뒀다. 그러자 미국 기업들은 이를 미국 시장에 판매하기 위해 모방하기 시작했다. 앞선 장에서 언급한 회사인 어뎁트 테크놀로지의 경우는 1984년에 첫 번째 로봇인 어뎁트원^{AdeptOne} 스카라 로봇을 출시했다가 그 후 한층 더 발전된 스카라 로봇을 대거 출시하기도 했다. 이 어뎁트 테크놀로지는 1983년 스탠퍼드대학의 빅터 셰인만의 제자 두 명이 설립한 회사로, 로봇공학 및 AI의 역사에서 자주 등장하는 사람이다.

일본 로봇 회사들의 국제화

1980년대의 또 다른 발전은 일본 기업의 해외 진출이다. 가와사키, 미쓰비시 전기, 도요타의 자회사인 덴소Denso 등 많은 기업은 미국과 유럽에 진출했으며, 그중 화낙FANUC은 미국 대기업과의 합작 투자에 크게 성공을 거뒀다.

화낙FANUC, Fuji Automatic Numerical Control, 후지 자동화 수치 제어은 1956년 설립됐는데도 이 시기에 곧바로 두각을 나타냈다. 이 회사는 처음에 1960년대 내내 수치 제어기 제조에만 매달렸는데, 여기서 말하는 수치 제어기는 제조 공정에서 로봇의 움직임을 제어하는 데 사용되는 제어판이다. 이런 수치 제어기에 강점이 있던 화낙은 1977년 로봇공학에 뛰어들어 마이크로프로세서로 제어되는 최초의 산업용 로봇인 화낙 M-1 로봇을 출시했다.

화낙FANUC의 주목할 만한 점은 일본 로봇 회사 중 최초로 해외로 진출한 회사라는 점이다. 1982년, 화낙은 미국 내에서 로봇을 제조하고 판매하기 위해 GM과 50대 50으로 합작 투자해 디트로이트에 본사를 둔 GM 화낙 로보틱스 코퍼레이션GM FANUC Robotics Corporation을 설립했다. 여기서 GM은 경영을 감독하고, 화낙은 제품 개발과 제조 부분의 전문 지식을 제공하는 시스템을 취했다.

그 후 1986년 화낙과 제너럴 일렉트릭GE, General Electric은 협력을 통해 미국, 유럽(룩셈부르크), 아시아(일본)에 세 개의 자회사를 설립했다. 이 협력의 일환으로 GE는 수치 제어기 생산을 중단하고 이 시설을 미국에 새로 설립한 합작 회사인 GE 화낙 로보틱스 코퍼레이션GE FANUC Automation Corporation으로 이전하기도 했다.

이처럼, 1970년대 후반 일본 기업들이 미국으로 유입되면서 산업용 로봇공학의 지형은 크게 바뀌었다. 이는 유니메이션에 일대 지각변동을 일으켰다. 이 일본 기업들이 로봇의 우수성을 추구하는 과정 중에 유니메이션 기술로부터 영감을 받고(실제로는 기술 외에서도 영감을 얻었을 수도 있다), 결국 자국 시장에서 유니메이션과 직접 경쟁하기 시작한 것이다. 앞선 장에 잠시 언급했듯이, 유니메이션의 몰락은 바로 이 경쟁의 결과였다.

일본의 AI 야망: 시대를 앞서가다

일본은 로봇공학 분야에서 뛰어난 성과를 거둔 것으로도 유명하지만, 1970년대와 1980년대에는 AI 역량 개발에도 상당한 투자를 한 국가로 알려져 있다.

이 기간 동안, 그들은 다양한 연구에 공을 들였다. 이와 관련된 첫 번째 연구 분야는 자연어 처리였다. 그 결과, 도시바와 규슈대학이 진전을 보인 고급 일본어 처리 시스템, 기계 번역 도구, 최첨단 음성 인식 기술을 개발했다.

두 번째로 부상된 것은 컴퓨터 비전이었다. 실제로 화낙^{FANUC}과 같은 로봇 회사와 토요타^{Toyota}와 같은 자동차 대기업은 컴퓨터 비전 시스템을 제조 공정에 도입했으며, 이 시스템을 통해 로봇은 품질 관리와 조립 작업을 전례 없는 정밀도로 수행할 수 있게 됐다. 교토대학의 연구팀은 1970년 오사카 엑스포$^{Osaka\ Expo}$를 통해 세계 최초의 안면 인식 시스템을 선보이기도 했다.

앞의 5장에서 논의한 바와 같이, 1980년대는 전문가 시스템의 시기였고, 이는 일본도 마찬가지였다. 여기서 주목할 만한 사례는 철강 산업을 위한 일본 IBM의 Scheplan, 유압 시스템 설계를 위한 가야바Kayaba의 OHCS^{Oil Hydraulic Control System, 오일 유압 제어 시스템}, 발전소를 위한 히타치의 자동 파이프 라우팅 시스템 등을 들 수 있다.

강력한 AI 연구 및 개발과 로봇공학 분야에서 거둔 일본의 괄목할 만한 성공을 배경으로, 일본 정부는 1982년 4억 달러의 막대한 자금을 투입해 야심 찬 FGCS^{Fifth Generation Computer Systems, 제5세대 컴퓨터 시스템 또는 5세대} 프로젝트를 추진했다. 이 프로젝트의 주된 목표는 추론, 자연어 이해, 머신러닝, 궁극적으로 인간 지능을 모방하는 것과 같은 복잡한 AI 문제를 해결할 수 있는 대량의 컴퓨터를 갖춘 데이터 센터를 구축하는 것이었다. 이런 의도는 대규모 컴퓨팅 용량에서 병렬 처리의 잠재력을 활용함으로써 혁신적인 AI 기술을 개발하고 테스트하는 것이었으며, 이 프로젝트에는 일본 정부와 일본의 하드웨어 제조업체 외에도 일본의 다양한 연구 기관과 대학이 함께 참여했다.

이때, 5세대 프로젝트의 하드웨어 대부분은 최종 대형 컴퓨터와 리스프^{LISP} 머신으로 구성됐다. 알다시피, 1987년만 하더라도 특수 하드웨어가 인텔의 x86 기계와 같은 보다 다재다능한 대안에 밀려 세계 주식 시장이 붕괴된 상태였다. 그로부터 얼마 되지 않아 5세대 컴퓨터가 급속히 낡은 것으로 돼버려 상업적으로 이용 가능한 범용 시스템과는 경쟁할 수조차 없다는 게 분명해졌다. 결국, 이 프로젝트는 상업적으로 실패하고 말았다.

5세대 프로젝트는 현재 GPU^{Graphic Processing Unit, 그래픽 처리 장치} 용량의 확장과 비슷하다고 볼 수 있다. 이 프로젝트가 AI 애플리케이션을 실행하기 위해 대규모 컴퓨팅 용량을 구축하는 것을 목표로 했던 것처럼, 오늘날의 GPU 용량 증가 또한 생성형 AI 모델의 수요에 힘입어 성장한 것이다. 이런 점에서 볼 때, 5세대 프로젝트는 여러 방면에서 시대를 앞서 나갔다고 볼 수 있다.

일본 거품, 거대 금융위기, 쓰나미

1980년대 일본은 제조업, 특히 자동차 산업과 수출에 힘입어 급속한 경제 호황을 누렸다. 그러나 이러한 경제적 번영은 부동산과 금융 자산 시장에서의 무분별한 투기를 조장하는 결과를 낳았다. 그러자 일본이 이룩한 경제 기적은 1991년 부동산 거품이 붕괴되면서 쇠퇴하기 시작했고, 이로 인해 일본 경제는 '잃어버린 수십 년 lost decades'으로 불리는 시기를 맞이해야 했다. 이 시기는 장기적인 경기 침체, 디플레이션, 그리고 자산 가치가 현저하게 하락하는 것이 특징이다.

이런 경제 위기는 AI 연구 프로젝트, 특히 문제가 있는 징후를 노출하던 5세대 프로젝트의 자금 조달과 지속성에 직접적인 영향을 미쳤다. 일본 정부는 경제 위기를 해결하기 위해 지출 우선순위를 재조정할 수밖에 없었으며, 결론적으로 장기 프로젝트에 대한 투자는 포기할 수밖에 없었다. 따라서 5세대 프로젝트는 1992년을 기점으로 소리 없이 종료됐다. 서구 국가들의 사례에서 봤듯이, 초기 AI에 대한 기대는 현실적 가능성과 경제적 논리를 훨씬 뛰어넘는 것이었다.

1990년경 붕괴 당시, 일본의 로봇 제조업체들은 전 세계 산업용 로봇 판매의 90%라는 놀라운 점유율을 보란 듯이 차지하고 있었다. 그러나 주식 시장 붕괴로 말미암아 일본 기업들은 어려운 시기를 겪어야 했다. 이후, 1992년 로봇 공급이 급격히 감소한 이후에도 2년간 더 침체기가 이어졌다.

그러나 일본 경제의 버블이 붕괴된 후, 일본 로봇 제조업체에 잠시 잠깐 희망의 순간이 찾아온다. 첫째, 1990년대 후반 개인용 컴퓨터와 인터넷 산업의 급속한 확장에 힘입어 반도체 수요가 급증하면서 일본 로봇 제조업체에 새로운 활력을 불어넣었기 때문이다. 둘째, 2000년대 초반 중국이 경제 호황을 누리며 중요한 플레이어로 부상하던 때를 노려 일본 제조업체가 중국에 산업용 로봇을 판매할 기회가 생겼다.

그러나 이러한 기회가 가져다준 안도감은 그리 길게 가지 않았다. 2008년 거대 금융위기Great Financial Crisis와 2011년 대일본 지진 및 쓰나미가 이중으로 터졌기 때문이다. 이에 일본의 어려움은 더욱 악화되고 말았다.

하지만 최근 수십 년 동안 겪었던 무수한 장애물에도 불구하고 일본은 2020년 현재 전 세계 로봇 제조의 47%를 차지하고 있는 로봇 분야의 강력한 초강대국이다. 일본은 제조 및 운영 과정뿐만 아니라 사회적 상황에서도 점점 더 로봇공학 및 인간 대체 시나리오에 AI 개발을 통합하기 위해 선도적인 역할을 하고 있는데, 이 부분은 이어지는 17장에서 살펴볼 것이다.

14

신경망과 로봇의 기동성 꿈

"이것은 아무것도 아닙니다. 몇 년 후가 되면 테슬라 봇이 너무 빨리 움직여서 스트로보스코프(급속하게 움직이는 물체를 마치 정지한 것처럼 관측하거나 촬영하는 장치)가 필요할 테니까요. 좋은 꿈들 꾸세요."

- **일론 머스크**Elon Musk,
미국 억만장자,
보스턴 다이내믹스 휴머노이드 로봇 아틀라스의 곡예를 언급하며 X에 게시, 2017년 일론 머스크는 X에 올린 글에서 오늘날 로봇의 놀라운 기동성mobility을 강조했다. 로봇의 기동성은 앞선 4장과 5장에서 논의된 것처럼 인간의 뇌신경 구조를 모방한 인공지능의 한 유형인 신경망에 의존한다. 여기서 신경망은 방대한 양의 데이터를 분석하고, 패턴을 식별하고, 충분한 정보를 토대로 결정할 수 있도록 설계된 인공 뉴런과 상호 연결된 층을 말한다. 이런 데이터 기반 학습은 다양한 로봇 응용 프로그램의 기동성을 개선함으로써 과거 인간의 역량을 복제하고 발전시키는 데 맹활약했다.

실제로 인공 뉴런의 복잡한 거미줄 같은 층이 효율적인 데이터 처리와 신속한 의사결정을 하는 데는 상당한 연산 능력이 요구되며, 2000년대 들어 하드웨어 성능은 연산 수요를 효과적으로 처리하는 데 필요한 속도와 견고함을 갖추게 됐다.

이런 최신 로봇은 주변 환경을 지각하기 위해 카메라, 라이다LiDAR, Light Detection And Ranging, 빛 탐지 거리 및 측정, 레이더, GPS와 같은 센서에 크게 의존하며, 신경망은 이러한 감각 데이터를 처리해 자율주행차와 창고 로봇이 내비게이션, 장애물 회피, 로봇, 사람, 차량 등 다른 물체의 행동을 예측하는 데 요구되는 실시간 결정을 할 수 있게 한다. 4족 보행 로봇이나 2족 보행 로봇에서의 신경망은 움직임을 개선하고 균형을 유지하며 거친 지형을 탐색하거나 넘어진 후 다시 회복하는 등 예상치 못한 문제에 효과적으로 대응하는 것을 도와준다.

이제 로봇 개발에서 신경망이라는 주제와 자주식self-propelled 이동과 자율적self-guided 이동의 생성이 어떻게 AI와 로봇공학의 개발 라인의 첫 번째 유의미한 접점을 이루는지에 대해 살펴보겠다.

전투 대회에서 로봇의 놀라운 민첩성

　기동성과 민첩성을 특징으로 하는 로봇의 인기가 높아지면서 끊임없이 진화하는 매력적인 로봇 전투 대회까지 등장했다. 이 대회에는 수백만 명에 달하는 대규모의 오프라인 참석자와 온라인 시청자가 집결했다. 이 로봇 전투의 매력은 창의적인 엔지니어링, 전략적 게임 플레이, 짜릿한 전투 장면이 독특하게 융합됐다는 것이다. 참가자들은 대결을 위해 로봇을 제작하면서 창의력과 문제 해결 능력을 시험해 볼 수 있는 기회에 만족하며, 스파크와 함께 공중으로 튕겨 나가는 부품들이 속출하는 이 기계적 충돌 광경은 독특한 엔터테인먼트를 제공하고, 역동적이고 지속적으로 진화하는 하위문화를 육성했다.

　최초의 로봇 전투 대회는 1987년 덴버의 SF 컨벤션에서 열린 '크리터 크런치Critter Crunch'라는 대회였다. 물론, 이 당시에도 신경망이 존재했지만, 앞서 설명한 바와 같이 실용적이지 못했기에 로봇 제작자들이 그 로봇을 원격으로 조종해 경이로운 전투를 벌이거나 상대를 교묘하게 무력화시키는 방식으로 진행됐다.

　이런 로봇 전투는 괴짜 애호가들과 열정적인 학생들로 구성된 지역 커뮤니티에서 조금씩 틈새시장을 확보했다. 이를 계기 삼아 1990년 튜링 연구소는 글래스고에서 각국 참가자들을 모아 최초의 로봇 올림픽을 개최했으며, 1994년 샌프란시스코에서는 '로봇 전쟁Robot Wars'이라는 미국 최초의 주요 행사가 열리기도 했다. 이 행사의 성공은 압도적이었고, 이에 관심을 가졌던 영국 BBC는 TV 시리즈 〈로봇 전쟁Robot Wars〉을 제작하기도 했다. 시간이 흘러, 1999년 '배틀봇BattleBots'이라는 새로운 대회는 인터넷 방송을 거쳐 2000년 코미디 센트럴Comedy Central의 주간 TV 프로그램으로 빠르게 퍼졌으며, 이때부터 2001년 '로보티카Robotica'부터 2013년 '로봇 격투 리그Robot Combat League'까지 각종 로봇 경연 대회가 전 세계적으로 확산됐다. 이후, 2015년 ABC에서 재상영된 〈배틀봇BattleBots〉과, 2016년 〈로봇 전쟁〉의 재상영과 같은 텔레비전 쇼는 로봇 전투 이벤트의 성장을 한층 더 고조시켰다.

로봇 대회에 사람들의 관심이 커짐과 동시에 제작자들은 각 로봇의 설계와 역량에 맞춰 점점 더 고급 알고리듬을 사용하기 시작했다. 신경망 알고리듬을 사용한 로봇의 주목할 만한 예는 2015년 '배틀봇'의 '브롱코Bronco'이다. 브롱코는 주로 인간 조종사가 원격으로 제어했지만, 신경망을 통해 공압식 뒤집기 팔에 대해 정확한 결정을 내릴 수 있게 했으며, 전투 시 적을 상대로 효과적인 뒤집기 전략을 수립하고 실행하는 능력을 높이게 만들었다.

가정용 로봇의 대대적인 변화

전투 경쟁 로봇은 주로 원격으로 조종됐으나, 2002년 아이로봇iRobot이 선보인 룸바Roomba는 산업 현장 밖에서 완전 자율 주행에 성공했다. 아이로봇은 누벨 AI 운동과 코봇 제조업체인 리싱크 로보틱스Rethink Robotics 설립에 참여한 저명한 인물인 로드니 브룩스 MIT 교수가 함께 설립한 회사다. 이들이 AI와 로봇공학의 역사에 의미 있는 공헌을 계속하며 꾸준히 재등장한다는 것은 놀라운 일이 아닐 수 없다.

룸바는 진공 청소와 바닥 청소를 위해 설계된 소형 원형 로봇으로, 원형 모양과 낮은 높이 덕분에 가구 밑으로 이동하고 청소하기 어려운 곳까지 도달할 수 있는 장점이 있다. 게다가, 자율 주행, 장애물 감지, 실내 공간에서의 효율적인 기동을 갖추고 있어 전 세계인들의 주목을 받았다.

이때, 룸바는 탐색과 청소 작업에 복잡한 신경망이 아니라 더 간단한 알고리듬을 사용했다. 이 알고리듬은 주로 규칙 기반이고 센서 중심이었다. 이 알고리듬에는 적외선 센서를 사용해 경로에 있는 물체를 감지하는 장애물 회피 루틴을 포함하고 있어, 가구와 장애물 주변에서 조작할 수 있었으며, 여기서 범프 센서는 룸바가 벽이나 물체와의 충돌을 미리 식별해 방향을 바꾸도록 유도했다. 이 외에, 절벽 센서는 룸바가 아래층이나 선반에서 넘어지는 것을 방지했다.

이런 초기 룸바 모델은 비교적 무작위적인 탐색을 따랐지만, 모델은 고급 지도작성 알고리듬$^{\text{mapping algorithm}}$이 사용됐다. 이를 통해 룸바는 방의 상세한 지도를 생성해 보다 체계적이고 효율적인 청소 패턴을 만들고 재충전 후 청소를 재개할 수 있었으며, 일부 룸바는 '먼지 감지$^{\text{Dirt Detect}}$' 알고리듬과 같은 고급 탐색 기술을 통합해 이물질 농도가 높은 구역에 청소를 집중하는 등 효율을 높였다.

이런 룸바의 선구적인 성공은 가정용 로봇 시장의 문을 열었고, 비슷한 디자인 개념을 따르는 로봇 잔디 깎는 기계, 수영장 청소기, 창문 세척기와 같은 혁신에 영감을 불어넣었다. 이렇듯, 룸바는 가정용 로봇의 새로운 시대를 열었고, 우리의 일상을 풍요롭고 다양하게 변하게 만들었다.

자율주행차의 구성 요소

자율주행차는 로봇 기동성의 흥미로운 사례 중 하나다. 이 차는 도심의 교통 혼잡을 줄이고, 경로를 최적화하며, 효율적인 카셰어링$^{\text{car-}}$

sharing을 촉진하고, 주차 관리를 혁신할 수 있기 때문이다. 이러한 변화는 대기오염 감소와 도시 계획 개선으로 이어질 수 있으며, 인간의 실수를 최소화함으로써 안전성을 향상하고, 거동이 불편한 사람들에게 접근 가능한 솔루션을 제공할 수 있다. 또한, 중거리 이동 시 항공 여행에 대한 실용적인 대안을 제공할 수 있으며, 사람들의 출퇴근 및 업무 수행 방식을 변화시켜 승객들이 생산적이고 즐거운 활동에 참여할 수 있도록 해줄 수 있다.

이런 자율주행차는 라이다^{LiDAR} 센서와 합성곱 신경망^{CNN}과 순환 신경망^{RNN}이라고 불리는 심층 신경망이 가능하게 한다. 1960년대에 개발된 기술인 라이다가 무인 자동차 및 기타 이동 로봇의 기동성에 일대 혁명을 일으킨 것은 2000년대에 들어서였다. 작은 폼 팩터 덕분에 자동차의 거의 모든 곳에 장착 가능한 라이다 센서는 물체에 부딪힌 후 센서로 되돌아오는 레이저 펄스를 빠르게 방출함으로써 정확한 거리 계산을 할 수 있다. 다양한 기상 조건과 조명 조건에서도 정확한 정보를 제공하는 라이다의 능력은 자율주행차의 안전성과 자율성을 향상하는 데 중요한 요소가 됐다.

또 다른 중요한 요소는 바로 심층 합성곱 신경망^{CNN}이다. 이는 자동차의 라이다 센서에서 나오는 시각 데이터를 처리하는 데 매우 중요하며, 앞선 6장에서 여기에 대해 자세히 설명한 바 있다. 현재의 자율주행차는 이런 두 가지 주요 신경망 유형인 합성곱 신경망^{CNN}과 순환 신경망^{RNN}을 모두 활용하고 있다.

합성곱 신경망^{CNN}은 머신 비전에 탁월하다. 자율주행차는 CNN의 기능을 활용하면 안전한 주행에 필요한 복잡한 시각적 신호를 식별하고 해석할 수 있다. 또한 CNN은 다른 차량, 보행자, 장애물, 도로 표지판, 차선 표시 등의 위치를 포함한, 라이다 센서에서 얻은 고해상도

3D 환경 지도를 소화할 수 있다. 이 알고리듬은 주변 환경에 대한 상세한 지각에 의존해 탐색, 장애물 회피, 차선 유지, 교통 규칙 준수 등에 대한 정보를 토대로 결정한다.

그리고 이때 순차적 데이터 처리와 의사결정 과정을 위해 순환 신경망^{RNN}이 등장한다. RNN은 궤적 예측, 경로 계획, 실시간 제어에 사용되며, 자율주행차는 RNN을 통해 다른 차량과 보행자의 향후 움직임을 예측하고, 안전하고 효율적인 주행을 보장하기 위해 지속적으로 움직임을 조정하는 등 주행의 시간적 측면을 분석한다.

자율주행차의 군사적 기원

자율주행차의 개념은 1939년 제너럴 모터스^{GM}가 뉴욕 세계 박람회에 출품한 '퓨처라마^{Futurama}'로 세계를 놀라게 하면서 처음 등장했다. 여기서 퓨처라마는 자율주행차가 고속도로를 달리는 자동화된 모습을 선보이며, 기계가 스스로 운전하는 미래를 엿볼 수 있게 했다.

그러나 인간의 생명을 위협하지 않고 중요한 임무를 수행할 수 있는 자율주행차의 잠재력을 처음 진지하게 인식한 것은 미군, 다르파^{DARPA}였다. 자율주행차는 정찰 임무나 보급품 배송 시 위험한 환경에 배치돼 고위험 시나리오에서도 사람이 개입할 필요성을 줄일 수 있었다.

이에 1984년부터 다르파^{DARPA}는 카네기멜론대학의 자율주행차 연구 프로젝트에 자금을 지원했다. 이 프로젝트는 빠르게 진전됐는데, 1985년에는 무인 자동차가 2차선 도로에서 시속 19마일의 속도로 질주할 수 있었으며, 1986년에는 장애물 회피에 대한 획기적인 발전이 이어졌고, 1987년에는 밤과 낮을 가리지 않고 도로가 아닌 곳에서 달릴 수 있게 됐다. 1995년에는 카네기멜론대학의 차량이 피츠버그에서 샌디에이고까지 미국 전역의 약 3,000마일(약 4,800km)을 평균 시속 60마일(약 97km)로 자율 주행하며 98%의 거리를 주행한 최초의 자율주행차로 등극했다.

유럽에서는 뮌헨 연방군 대학University of the Federal Armed Forces Munich이 이와 비슷한 발전을 주도했다. 이 대학에서 만든 자율주행차가 1995년, 연료 조절판과 브레이크를 제어하며 뮌헨에서 코펜하겐까지 1,000마일 이상을 시속 120마일로 왕복 주행했다. 이때 이 차량은 혼잡한 도로의 속도와 거리를 감지하며 주기적으로 추월 기동을 수행했으며, 탑승한 운전자는 중요한 상황에서만 개입했다.

이렇듯, 지난 수십 년 동안 자율주행차에 관한 연구가 진행돼 왔다. 하지만 결정적인 전환점은 2004년 다르파DARPA가 다르파 그랜드 챌린지DARPA Grand Challenge를 개최할 때였다. 이 대회에는 모하비 사막을 관통하는 150마일의 험난한 경로를 주행할 수 있는 자율주행차 개발을 맡은 대학과 민간 기업팀이 참가했다. 여기서 다르파의 주요 목표는 신흥 기술을 활용해 군사적 능력과 안전성을 향상하는 것이었다.

그러나 아쉽게도, 2004년 대회에 참가한 자율주행차 중 전체 코스를 완주한 차량은 없었다. 이후, 다르파DARPA가 다시 개최한 2005년 대회에서 폭스바겐 투아레그Volkswagen Touareg를 개조한 '스탠리Stanley'가 우승을 차지했다. 스탠리의 성공은 실제 사람의 운전 행동을 학습한 AI 알고리듬과 5개의 라이다 레이저 센서의 통합 등 다양한 혁신 때문에 가능했다. 이런 기술들을 통해 자동차는 전방 80피트 범위 내의 물체를 감지하고 적절하게 반응할 수 있었다. 스탠리의 성공 이후, 라이다는 미래의 모든 자동차용 로봇 비전 시스템의 필수 구성 요소가 됐으며,

이 대회의 준우승팀은 카네기멜론대학의 '레드팀Red Team'이었다.

이후, 2007년, 캘리포니아의 한 물류 공항에서 '어반 챌린지Urban Challenge'라는 이름으로 제3회 다르파 그랜드 챌린지가 열렸다. 이 대회는 도시 지형을 통과하는 60마일 코스를 포함하고 있어서 참가자들이 교통 규정을 준수하고, 다른 차량과 장애물을 통과하며, 교통 흐름에 원활하게 합류해야 했다. 이 대회에서 카네기멜론대학의 '타탄Tartan팀'이 개조한 쉐보레 타호Chevy Tahoe가 우승했고, '스탠퍼드 레이싱Stanford Racing'이라는 이름으로 폭스바겐 파사트로 출전한 스탠퍼드대학팀이 2위를 차지했다. 그리고 이 4대의 자동차를 만든 스탠리, 레드팀, 타탄, 스탠퍼드팀의 레이싱은 자율주행차의 새로운 역사를 썼다.

20대, 자율주행차 산업을 구축하다

다르파 챌린지의 참가자 중 상당수는 자율주행차 분야의 스타트업을 설립했다. 예를 들어, 타탄팀은 라이다LiDAR 기술 전문 회사인 벨로다인Velodyne을 설립했으며, 기술 대기업과 자동차 제조업체들은 다르파 챌린지 참가자를 채용하고, 자율주행차 연구에 상당한 투자를 했다. 이후, '스탠리', '레드팀', '스탠퍼드 레이싱팀'의 많은 구성원이 구글에 합류한 뒤 2009년 구글은 자율주행차 프로젝트에 착수했다. 그중 한 명이 앤서니 레반도프스키Anthony Levandowski였다. 레반도프스키는 논쟁적인 인물인데, 이어지는 29장에서 그와 그의 'AI 교회Church of AI'에 대해 자세히 거론하겠다.

어쨌든, 2009년부터 2015년까지 구글은 자율주행차 연구와 운영에 11억 달러를 투자했고, 2012년까지 공공 도로에서 300,000마일 이상의 자율 주행 기록을 세우는 등 상당한 진전을 보였다. 구글은 또한 네바다주에서 최초의 무인 자동차 면허를 취득했다. 2016년 이 프로젝트는 웨이모^{Waymo}로 이름을 변경해 알파벳^{Alphabet} 내 별도 법인이 됐다. 여기서 '웨이모'는 '모빌리티의 새로운 길$^{a\ new\ WAY\ forward\ in\ MObility}$'이라는 뜻으로 지어졌다.

구글은 자율주행차 프로그램을 시작할 때 벨로다인의 라이다 시스템을 활용했는데, 2017년 웨이모가 자체적으로 개발한 센서와 칩셋을 도입하면서 상당한 기술적 진전이 이뤄졌다. 이 센서와 칩은 벨로다인 시스템보다 제조비가 더 저렴했기에, 비용을 90% 절감할 수 있었고, 웨이모는 이 기술을 확장 중인 차량에 적용해 유의미한 결과를 얻어냈다. 그리고 2020년 1월 현재, 웨이모는 공공 도로에서 2천만 마일의 자율 주행이라는 놀라운 기록을 달성했으며, 그 발전은 지금도 계속되고 있다.

자율주행차 분야에서 구글만이 유일한 주자는 아니다. 2015년, 일론 머스크의 지휘 아래 테슬라는 카메라, 레이더, 초음파 센서의 조합을 기반으로 한 첨단 운전자 지원 기능을 제공하는 오토파일럿^{Autopilot} 기능을 도입했으며, 이 기능을 향상하고 확장하기 위해 무선 소프트웨어 업데이트를 제공하기도 했다. 이런 경쟁적인 상황에서, GM, 포드, BMW, 아우디를 포함한 기존 자동차 제조업체들도 야심 찬 계획을 수립해 이 분야에 뛰어들기 시작했다.

극심한 선두 싸움에서 우버와 구글의 경쟁이 격화되자 이들은 법적 분쟁에 휘말리기도 했다. 2016년, 앤서니 레반도프스키는 구글에서 퇴사하고 자율주행차 스타트업인 오토^{Otto}를 설립하자마자 그 즉시 우버에 매각했다. 이 인수로 인해 웨이모와 우버 사이에 법적 분쟁이 벌어졌고, 2019년에는 레반도프스키가 자율주행차의 영업 비밀을 훔쳤다는 33건의 연방법원의 기소 혐의로 징역 18개월을 선고받으면서 이 분쟁은 절정에 달했다. 그러나 그는 당시 미국 대통령 도널드 트럼프의 임기 마지막 날 전격 사면됐다. 이에 결국, 우버는 자율주행차 경쟁에서 손을 떼고 2020년에 자율주행 부문을 다르파 그랜드 챌린지의 '레드팀'에서 등장한 자율주행차 업체인 오로라 이노베이션Aurora Innovation에 매각했다.

돌이켜 보면 대학 경진대회에 모인 20대 팀들이 궁극적으로 자율주행차 산업을 형성하는 데 중추적인 역할을 했다는 사실 자체가 놀랍다.

2016년을 기점으로 기존 자동차 업체들은 이 20대 팀들의 뒤를 따라 게임에 뛰어들었다. 역사적으로 미국 자동차 업계에서 AI와 로봇공학 분야의 선두 주자였던 제너럴 모터스GM(휴즈 일렉트로닉스Hughes Electronics도 소유하고 있었다)는 샌프란시스코에 본사를 둔 자율주행차 기술을 보유한 스타트업인 크루즈 오토메이션Cruise Automation을 인수해 전략적으로 자율주행차 분야에 진출했다. 크루즈는 GM의 자회사가 됐으며, 2017년 GM은 생산 차량의 초기 반자율 시스템 중 하나인 특정 고속도로에서 제한된 하이브리드 자율주행을 가능하게 하는 핸즈프리 운전자 지원 시스템인 슈퍼 크루즈Super Cruise를 출시했다. 이후 2020년, GM은 라이드 셰어링과 자율주행 모빌리티 서비스를 위해 설계된 자율주행 전기차 크루즈 오리진Cruise Origin을 공개했다. 이 차량은 기존의 운전자 제어 기능이 없어 완전 자율성을 강조한 것이 특징이다. GM에 이어, 포드, BMW, 아우디를 포함한 다른 기존 자동차 제조업체들도 야심 찬 계획에 따라 자율주행차 분야에 합류했다.

자율주행차와 결코 지켜지지 않는 약속

일론 머스크는 2015년 '어디서든' 주행 가능한 자율주행차가 2~3년 안에 출시될 것이라고 주장한 것으로 유명하다. 그리고 2016년 리프트Lyft의 CEO인 존 짐머John Zimmer는 앞으로 2025년이면 자동차 소유권이 '거의 사라질 것'이라고 예측했다. 그러나 전 웨이모 CEO인 존 크라프칙John Krafcik은 2018년에 자율주행 로봇 자동차가 예상보다 더 오래 걸릴 것이라고 경고했는데, 2024년의 결과를 보면, 어느 도시에서도 자율주행차가 거리에서 어느 정도 규모로 운행되고 있는지를 확인할 수 없다.

자율주행차의 확장에 있어 중요한 도전 과제는 갑작스러운 날씨 변화나 예상치 못한 사람의 행동 등 도로에서 생길 수 있는 예측할 수 없는 수많은 시나리오를 처리하는 것이다. 이러한 동적인 조건에 원활하게 적응하는 것은 AI에게는 매우 어려운 과제다. 이렇게 차량이 서로 통신하고 신호등, 도로 표지판과 같은 지능형 인프라 요소와 통신해 안전과 효율성을 향상시키려면 차량-사물 통신V2X, Vehicle-to-Everything을 포함한 강력한 통신 인프라가 필요하다. 또한, 차량은 안전을 보장하기 위해 이중 안전 시스템을 통합해야 하며, 하나의 시스템에 장애가 발생하면 백업 메커니즘이 제어권을 장악하고 차량을 안전하게 정지시켜야 한다. 게다가 자율주행차 보급 시기를 더욱 연장하려면 광범위한 인프라 변화, 포괄적인 규제 체계, 차량과 환경 간의 강력한 연결성이 필요하다. 이 외에도, 자율주행차와 관련한 주목할 만한 사고가 잇따르면서 업계가 빠른 보급보다 안전을 우선시하는 방향으로 전환했다. 이 부분은 완전 자율주행차가 일반화되기까지는 앞으로 수십 년이 걸릴 것임을 시사하고 있다.

그동안은 조건부 자동화Conditional Automation로도 알려진 반자율주행차가 표준이 될 것이며, 이는 최종 상태로 가는 단계적 변화다. 이러한 차량은 자동 조종 장치를 사용하는 비행기처럼 대부분의 작업을 처리할 수 있지만, 특정 상황에서는 사람의 개입이 요구될 수밖에 없는 단점이 있다.

아마존의 로봇을 이용한 물류 혁신

참가자들이 미국 서부 해안에서 자율주행차 분야의 다르파 그랜드 챌린지에 만반의 준비를 하고 있을 때, 동부 해안에서는 MIT를 중심으로 물류 분야의 혁신이 일고 있었다.

2003년, MIT 동문인 믹 마운츠Mick Mountz는 키바 시스템즈Kiva Systems라는 로봇 스타트업 회사를 보스턴에 설립했다. 키바는 AGVAutomated Guided Vehicle, 무인운반차라고 불리는 작은 바퀴 달린 로봇을 설계했으며, 이 AGV는 창고 내부에서 자율적으로 탐색하고 선반 유닛을 인간 작업자에게 운반해 주문 처리 과정에 필요한 시간과 노력을 획기적으로 단축시켰다. 이때, AGV는 간단하면서도 효과적인 접근 방식을 사용했다. 이는 선반 유닛 전체를 들어 올려 지정된 피킹 스테이션으로 운반한 다음, 필요한 품목을 인간 작업자에게 전달하는 방식이다. 이 접근 방식으로 주문 피킹 과정이 간소화되고, 직원들이 점점 더 커지는 창고 내에서 먼 거리를 이동할 필요가 없어졌으며, 주문 정확도가 향상됐다. 이런 키바의 시스템은 격자 기반 내비게이션을 활용했으며, 로봇이 창고 바닥의 미리 정의된 경로를 따라 이동할 수 있도록 했다.

이즈음, 세계 최대 전자상거래 업체인 아마존은 대부분의 품목으로부터 마진 압박에 직면하면서 방대한 창고와 주문 처리 센터의 효율성을 개선해야 할 필요성을 지속적으로 느꼈다. 이에 아마존은 키바 기술의 잠재력을 알아채고 2012년 그 회사를 인수해 아마존 로보틱스 Amazon Robotics로 브랜드를 변경했다. 이 인수는 물류창고 업계의 일대 전환점이 됐으며, 아마존 로보틱스는 키바의 기반을 확장해 일반적으로 자율 이동 로봇 AMR, Autonomous Mobile Robots이라고 불리는 제품을 개발하기도 했다. 아마존은 이 로봇을 '아마존 드라이브 유닛Amazon Drive Units' 또는 간단히 '드라이브drives'로 즐겨 불렀다. 이는 일종의 개선된 AGV무인운반차라고 할 수 있다. 이와 비슷하게 아마존의 가장 눈에 띄는 드라이브 모델로는 아마존 페가수스Amazon Pegasus, 잰서스Xanthus, 헤라클레스Hercules를 들 수 있다.

아마존은 드라이브에 자율주행차에 사용되는 것과 동일한 기술인 센서, 카메라, 라이다LiDAR를 장착했으며, 이를 통해 사람을 포함한 각종 장애물을 피하면서 자율적으로 창고를 탐색할 수 있게 했다. 키바의 AGV와는 달리, 드라이브는 바닥에 매립된 마그네틱 띠처럼 고정된 경로에 의존하지 않으며, 경로 계획에 고급 AI 알고리듬을 사용해 변화하는 창고 폼 팩터, 레이아웃 및 작업에 더 유연하게 적응할 수 있었다. 그리고 그 결과, 드라이브는 이동 경로를 최적화하고 혼잡을 최소화해 주문 처리 속도를 높이고 처리량을 높일 수 있었다.

게다가, 키바의 AGV는 주로 물품-사람 간의 작업 흐름에 초점을 맞췄으며, 드라이브는 더 다재다능한 모습으로 재고 보충 및 기타 창고 운영을 했다. 이는 드라이브가 더 정교한 알고리듬을 장착했기 때문인데, 이 드라이브는 자율주행차가 사용하는 방식과 유사하게 사용되는 합성곱 신경망CNN과 순환 신경망RNN이라는 심층 신경망을 갖추고 있다. 또한, 드라이브는 고급 조정 알고리듬을 구현해 다른 로봇 및 인간 작업자와 협업할 수 있으며, 아마존의 드라이브는 작업 요원과 원활하게 협력하도록 설계돼 단순히 인간에게 제품을 배송하는 데 그치지 않고 그 역량을 강화할 수 있다. 이러한 협업을 통해 아마존은 보다 역동적이고 효율적인 주문 처리 과정을 구현할 수 있었다.

예로부터 인간과 로봇의 협업은 산업용 로봇공학의 화두 중 하나였다. 코봇으로 불리는 협동 로봇의 경우는 이미 1990년대 후반에 등장했으며, 앞선 12장에서 그 역사를 잠시 다룬 바 있다.

협동 로봇 중에서도, 창고 로봇의 중요성은 2015년 단일 온라인 배송일로는 세계 최대 규모인 3억 7,500만 개 이상의 개별 품목을 단기간에 주문, 처리, 배송하는 프라임 데이$^{Prime\ Day}$가 도입되면서 한층 부각됐다. 이는 곧 주문 처리의 효율성에 대한 필요성을 강조한 것이다. 아마존의 고객 기반이 확대됨에 따라, 이 회사는 로봇 연구 및 개발에 상당한 투자를 유지하면서 로봇의 적응성과 효율성을 지속적으로 개선했다.

또한, 2019년 아마존 로보틱스는 아마존의 기존 물류창고 로봇보다 훨씬 더 자율적인 로봇을 만들 수 있는, 독특한 첨단 기술을 제공하는 회사인 캔버스 테크놀로지$^{Canvas\ Technology}$를 전략적으로 인수했다. 캔버스 로봇 카트는 최첨단 컴퓨터 비전, AI, 깊이 감지 기술을 탑재해 주변 환경을 실시간으로 인식하고 상호작용을 하며 3D 지도까지 생성할 수 있다. 또한, 기존의 드라이브와 달리 캔버스 카트는 미리 정의된 지도가 필요하지 않고 컴퓨터 비전 기술을 사용해 변화하는 환경에 적응할 수 있다. 따라서 공유 공간에서 인간 작업자와 함께 작업하면서 빈 피킹$^{bin\ picking}$(물체가 무작위로 담겨 있는 빈에서 필요한 물건을 선택하고 집어내는 과정) 및 품질 관리와 같이 기술과 지각이 필요한 작업을 수행할 수 있다.

드라이브 유닛은 아마존 로봇 중 가장 상징적인 로봇이지만, 아마존은 물류 센터에서 회수, 분류, 피킹, 포장과 같은 특정 작업을 위해 다른 많은 특수 산업용 로봇도 사용하고 있다. 그중 많은 내용은 앞서 12장에서도 설명한 조지 데볼과 조셉 엥겔버거의 초기 유니메이트 디자인을 발전시킨 것이다.

이처럼, 아마존의 운영에 로봇이 급속히 확산되고 있는 부분은 주목할 만하다. 아마존은 키바를 인수한 후 2014년까지 이미 15,000대의 로봇을 물류창고에 배치했으며, 2019년을 기점으로 200,000대 이상의 로봇을 보유하기까지 했다. 2023년에는 로봇 수가 전 세계적으로 750,000대까지 급증했다.

라스트 마일 배송: 로봇 수용을 위한 하나의 리트머스 테스트

소위 '라스트 마일 문제last mile problem'는 기본적으로 디지털 데이터를 반복적으로 전달하는 광대역부터 음식 등의 실물 상품을 배송하거나 반복적으로 전달하는 것까지 모든 규모의 배송 산업에서 지속적으로 발견되는 문제다. 이 문제를 해결하는 것은 전체 생태계 수준에서의 가치를 창출하는 열쇠로 알려져 있다. 이는 마진이 적은 사업인 만큼, 아마존의 수익성은 배송의 마지막 물리적 단계를 통해 고객에게 패키지를 전달하는 데 있어 어떻게든 비용을 낮추고 효율성을 높이는 방법을 성공적으로 해결해야 했다. 이때, 아마존은 혁신적인 로봇 솔루션과 배송 드론을 통합함으로써 배송 전략을 크게 발전시켜 즉각적으로 수익을 개선했다.

자율 배송 로봇인 아마존 스카우트Amazon Scout는 미국 전역의 다양한 지역에 배치됐다. 이는 완전 전기로만 구동되는 자율주행 6륜 로봇으로 2019년 초 처음 선보였으며, 소형 냉장고 정도의 크기에 센서, 카메라, AI 알고리듬에 의지해 인도와 주거 지역을 독립적으로 주행했다. 이 로봇은 다양한 소포를 운반할 수 있으며, 보행자 및 애완동물과 함께 안전하게 운행할 수 있도록 세심하게 설계됐다. 고객은 상자가 목적지에 가까워지면 알림을 받고 로봇으로부터 직접 상자를 받을 수 있게 했다. 이 혁신적인 라스트 마일 배송 솔루션은 배송 시간을 단축하고 기존 배송 방법과 관련된 환경 영향을 최소화하는 쾌거를 이뤘다.

이런 지상 로봇 외에도 아마존은 라스트 마일 배송을 개선하기 위해 드론 기술에 많은 투자를 했다. 아마존의 드론 배송 서비스인 프라임 에어Prime Air는 수직 이착륙 기능을 갖춘 드론을 사용하며, 비행과 호버링(헬리콥터가 공중에 정지해 있는 상태) 모드를 원활하게 전환해 배송을 하는 시스템이다. 이 드론은 첨단 컴퓨터 비전, 라이다, GPS 시스템을 갖추고 있어 안전한 탐색, 장애물 회피, 정확한 배송 위치 식별이 가능하다. 또한, 다양한 크기와 무게의 패키지를 수용할 수 있도록 설계된 드론은 각양각색의 제품을 배송할 수 있는 다목적성을 특징으로 한다. 현재 아마존은 도시와 교외 지역에서 초고속 당일 배송을 위해 드론을 활용해 고객에게 편리하고 효율적인 배송 옵션을 제공하려 한다.

그러나 이와 관련한 부정적인 측면도 무시할 수는 없다. 대표적으로 2023년부터 배달 로봇에 대한 기물 파손 사건의 증가가 있다. 이는 새로운 기술의 수용과 채택에 그림자를 드리우고 있다고 해도 과언이 아니다. 실제로 고의적인 파손과 절도 행위는 자율 배송의 효율성을 저해할 뿐만 아니라, 2001년 스티븐 스필버그의 영화 〈에이 아이〉에서 묘사된 로봇에 대한 반달리즘vandalism(문화유산이나 예술, 공공시설, 자연경

관 등을 파괴하거나 훼손하는 행위)을 상기시켜 로봇의 도입이 사회적으로 광범위한 거부감을 불러일으켰던 것을 떠올리게 한다.

보스턴 다이내믹스의 로봇 민첩성의 정점

자율주행차, 물류창고 또는 배송 로봇을 넘어, 휴머노이드는 의심할 여지 없는 로봇 기동성의 전형적인 예다. 보스턴 다이내믹스Boston Dynamics는 이와 관련된 가장 상징적인 회사로, 마크 레이버트Marc Raibert가 설립했으며, 회사의 과학적 토대는 1992년 MIT의 레그 랩Leg Laboratory에서 출발했다.

보스턴 다이내믹스 로봇은 다양한 물리적 작업을 수행하는 데 있어 뛰어난 균형 감각과 기술을 갖췄다. 이 로봇은 거친 지형을 횡단하고, 곡예를 하고, 무거운 짐을 운반하는 등 인상적인 업적을 달성했다. 이 로봇의 우수성이 알려진 계기는 2017년 일론 머스크가 트위터에 다음과 같은 글을 올리면서 시작됐다.

> "이것은 아무것도 아닙니다. 몇 년 후가 되면 테슬라 봇이 너무 빨리 움직여서 스트로보스코프(급속하게 움직이는 물체를 마치 정지한 것처럼 관측하거나 촬영하는 장치)가 필요할 테니까요. 좋은 꿈들 꾸세요."

보스턴 다이내믹스는 동물의 민첩한 움직임에서 영감을 얻은 4족 보행 로봇과 2족 보행 휴머노이드 로봇 두 가지로 유명하다. 먼저 4족 보행 로봇이 지나온 여정을 살펴보겠다.

이 여정은 다르파DARPA, 국방고등연구계획국가 자금을 지원한 두 마리의 로봇 개인 빅독BigDog과 리틀독LittleDog을 도입하면서 시작됐다. 특히 빅독은 험난한 지형을 횡단할 수 있는 4족 보행 로봇을 만들겠다는 회사의 초기 야망을 보여주는 획기적인 로봇이었다. 이 로봇은 군인들의 짐꾼 역할을 하도록 설계됐다. 이는 가파른 경사와 바위가 많은 지형을 탐색하면서 최대 340파운드(150kg)의 무거운 짐을 운반할 수 있기에 가능했으며, 이 빅독은 4족 보행 로봇의 기동성과 하중 지지 능력에 있어 상당한 도약을 이뤘다.

반면, 훨씬 작은 크기의 리틀독은 상업적 또는 산업적 용도를 위해 개발된 게 아니라, 다리를 이용한 이동, 탐색, 제어 알고리듬에 대한 이해를 높이기 위한 연구 도구로 개발된 것이다. 이 로봇은 리튬 폴리머 배터리로 인해 작동 시간이 30분으로 제한돼 있지만, 바위가 많은 지형에서도 기어다닐 수 있어 로봇 실험을 위한 시험대 역할을 했다는 특징이 있다.

2011년에 소개된 알파독 프로토AlphaDog Proto는 차세대 4족 보행 동물을 대표했다. 알파독 프로토는 군사적 용도에 맞춰진 로봇으로, 다르파DARPA와 미국 해병대의 자금 지원으로 만들어졌으며, 최대 450파운드에 달하는 무거운 짐을 20마일의 다양한 지형에서 운반할 수 있도록 설계돼 외진 곳의 물류 문제를 줄였다. 이 제품은 소음을 크게 줄인 내연기관을 탑재함으로써 군사 임무에 적합했다.

그리고 1년 후인 2012년, 보스턴 다이내믹스는 다목적성과 견고성을 높인 다족 보행 지원 시스템LS3, Legged Squad Support System을 공개했다. LS3는 장애물을 피할 수 있는 센서를 장착해, 군사 작전에서 인간 리더를 따라다니며 거친 지형을 탐색했다. 여기서 로봇의 가장 인상적인 기능 중 하나는 몸체가 뒤집힐 경우 스스로 바로 잡는 기능을 갖고 있다는 것이다. 이는 실제 시나리오에서의 적응력을 더욱 향상시켰다.

이후, 2013년 긴 목을 닮은 관절형 팔을 추가한 빅독이 등장하면서 보행 로봇 업계에 또 다른 이정표를 세웠다. 새로운 빅독은 40파운드의 콘크리트 블록을 들어 최대 16피트 떨어진 곳까지 던질 수 있었으며, 건설 및 재난 대응 분야에서 다리와 한쪽 팔을 이용해 문을 열고 견인 작업을 하도록 훈련받았다. 또한, 까다로운 환경에서도 무거운 물건을 들어 올리고 이동하는 데 도움을 줄 수 있었다.

이 초기 모델은 주로 비무기화 군사 작전에 투입되도록 했지만, 2015년 보스턴 다이내믹스의 로봇이 스팟Spot을 도입하면서 더 광범위한 산업 분야로 다각화됐다.

스팟은 전기로 구동되고 유압으로 작동하는 4족 보행 로봇이다. 무게가 180파운드에 불과한 스팟은 이전 모델보다 훨씬 규모가 작아 실내 및 실외 활동 시 더 다양하게 활용할 수 있다. 스팟의 머리에는 바위가 많은 지형을 탐색하고 이동 중 장애물을 피할 수 있는 센서가 내장돼 있어 계단을 오르거나 언덕을 오르는 능력을 가지고 있다. 이는 스팟의 민첩성과 적응력을 한층 돋보이게 하는 매력 포인트다. 또한, 스팟은 건설 및 농업과 같은 까다로운 산업 분야에서도 검사를 수행하고 의사결정을 위한 귀중한 데이터를 제공할 수 있다.

시간이 흘러, 2016년 70파운드의 무게가 나가는 스팟의 소형 버전인 스팟미니SpotMini가 출시됐다. 스팟미니는 보스턴 다이내믹스에서 개발한 최초의 완전 전기식 4족 보행 로봇으로, 유압 장치가 따로 필요 없는 것이 특징이다. 이 혁신적인 기술 덕분에 로봇의 작동 시간은 한 번 충전으로 90분을 사용할 수 있게 됐으며, 첨단 센서를 탑재한 스팟미니는 향상된 내비게이션 기능과 기본적인 작업을 자율적으로 수행할 수 있는 능력을 보여줬다. 또한 스팟미니는 스팟과 마찬가지로 팔과 그리퍼 옵션이 장착돼 있어 깨지기 쉬운 물건을 집어 올릴 수 있었고, 장애물을 만나더라도 균형을 회복할 수 있었다. 게다가 크기가 작아 좁은 공간에 접근할 수 있어, 상업용 검사, 보안 순찰, 의료 환경과 같이 실내 및 제한적인 공간에서 유용하게 사용할 수 있다.

이후 2017년, 외부의 방해에도 유연하게 움직이며 견고한 스팟미니가 출시돼 실제 환경에서의 안정성과 적응력을 보여줬다. 2018년 보스턴 다이내믹스는 향상된 자율 주행 기능을 스팟미니에 도입해 정교한 내비게이션 시스템을 장착함으로써, 이전에 수동 작업 중 지도 작성된 경로를 따라 보스턴 다이내믹스의 사무실과 연구소를 자율적으로 이동할 수 있도록 했다.

이렇듯, 여러 핵심 기술의 발전이 이 기간 동안 보스턴 다이내믹스를 비롯한 다른 회사들이 수행해 오던 통합 작업을 뒷받침했다는 점은 주목해 볼만 한데, 이때, 거리를 측정하고 환경의 정확한 3D 지도를 생성하기 위해 라이다^{LiDAR}를 도입하기도 했다. 이 기술은 로봇이 주변 환경을 더 잘 탐색하고 지각하는 데 유익했고, 카메라와 깊이 센서의 혁신이 활용됐으며, 스테레오 카메라나 구조광 센서와 같은 깊이 센서와 결합된 고해상도 카메라를 활용해 시각적으로 세상을 지각하고 물체의 깊이를 이해할 수 있었다.

이 시기에는 머신러닝과 AI 알고리듬의 상당한 발전으로 인해 로봇 기능도 발전했다. 개발자들은 물체 인식, 장애물 회피, 경로 계획과 같은 작업에 딥러닝 알고리듬을 사용했는데, 이때 로봇이 환경에 적응하고 학습할 수 있도록 방대한 움직임 중심의 데이터셋으로 신경망을 학습시켰다. 이러한 신경망은 자율주행차에 사용되는 신경망을 훨씬 능가하는 수준의 복잡성을 나타내며, 일부 로봇은 운동 능력과 움직임을 개선하기 위해 강화 학습 기법을 활용하기도 했다. 여기에는 로봇이 자신의 행동에 대한 피드백을 받으면서 시행착오를 통해 학습하는 과정이 포함돼 있다.

동적 균형과 제어 시스템의 발전도 로봇의 급속한 진화에 기여했다. 가속도와 각도를 측정해 로봇을 안정화하고 균형을 유지하는 데 중요한 데이터를 제공하기 위해 관성 측정 장치IMU, Inertial Measurement Units와 로봇이 동적 움직임 중에도 균형을 더 잘 유지할 수 있도록 도와주는 고급 제어 알고리듬이 통합된 것이다. 또한, 정확하고 강력한 움직임을 위한 유압 액추에이터도 도입돼 로봇이 역동적이고 민첩한 동작을 수행하는 데 기여했다.

특히, 이 시기에 로봇공학의 성장을 가능하게 한 가장 중요한 기술은 보다 강력해진 처리 장치의 사용이었다. 보스턴 다이내믹스는 로봇에 복잡한 계산을 처리할 수 있는 고급 CPU와 GPU를 장착했다. 이로 인해 로봇은 실시간으로 이동 결정을 내리고, 고르지 않은 지형에서 균형을 유지하기 위해 즉각적인 결정을 내리며, 동적인 환경 변화에 대응하고, 복잡한 물리적 움직임을 실행할 수 있게 됐다. 이는 로봇공학과 AI의 발전이 로봇을 활성화하는 데 필요한 처리 능력의 발전을 앞질렀다고 할 수 있다. AI와 로봇공학의 발전에 동력을 제공한 것은 처리 능력의 병행적인 발전이었다.

이러한 핵심 기술 덕분에 보스턴 다이내믹스와 같은 기업은 독점적인 이동 관련 지적 재산을 개발할 수 있었고, 이 분야에 신규 진입자를 참여하기 어렵게 만드는 네트워크 효과Network Effect[1]를 발생시켰다.

---

[1] 네트워크 효과는 더 많은 사람이 제품이나 서비스를 사용할수록 그 가치가 높아지는 강력한 경제 현상이다. 이러한 자기 강화 사이클은 데이터 통합과 모델 학습이 혁신에 중요한 역할을 하는 AI 분야에서 주요 기술 기업이 우위를 점하는 원동력이 되며, AI 시스템이 더욱 정교해짐에 따라 소수의 지배적 기업에 유리한 산업 구조를 형성해 신규 진입자의 경쟁을 어렵게 만든다. - 옮긴이

운동 능력과 곡예 능력을 갖춘 휴머노이드

보스턴 다이내믹스는 소셜 미디어에서 놀라운 곡예를 선보이는 2족 보행 휴머노이드 로봇으로도 유명하다. 그들은 상업용 2족 보행 휴머노이드인 아틀라스Atlas와 상용화되지 않고 R&D연구 개발 목적으로만 사용된 2011년의 펫맨Petman이라는 이전 시제품을 제작하기도 했다.

아틀라스는 2013년에 공개됐으며, 다르파DARPA가 이 로봇에 자금을 지원하기도 했다. 높이가 약 180cm이고 무게가 150파운드인 아틀라스는 민첩성, 자율성, 다용도성 측면에서 큰 도약을 이뤘는데, 스테레오 비전과 라이다LiDAR 시스템을 비롯한 다양한 센서를 탑재해 주변 환경을 효과적으로 지각하고 탐색할 수 있기 때문이다. 아틀라스의 가장 획기적인 특징은 역동적인 균형과 기동성인데, 이는 즉, 걷고 달리고 장애물을 뛰어넘는 등 백플립과 기타 인상적인 곡예를 놀라울 정도로 정확히 수행할 수 있는 것을 말한다.

이후, 아틀라스는 지속적인 업데이트와 개선을 통해 민첩성을 향상하고 크기를 줄이며 기능을 확장했다. 이러한 지속적인 혁신은 다양한 실제 응용 분야를 탐색할 수 있는 기반을 마련했으며, 수색 및 구조 임무, 복잡한 지형 탐색, 접근하기 어려운 위치 접근, 중요한 정보 전달 등에서 두드러지게 활용됐다. 이 외에도, 아틀라스는 원자력 시설을 비롯한 위험한 환경에서 탁월한 성능을 발휘하며, 물류 및 배송 서비스에서도 잠재력을 발휘하고 있다. 그들은 민첩성과 인간의 움직임을 모방하는 능력 덕분에 군대 외의 다양한 산업 분야에서 인간과 협업해 제조 지원이나 의료 시술과 같은 작업을 가능하게 했다.

이를 목격한 다른 많은 회사도 휴머노이드 제작에 뛰어들고 있다. 테슬라는 테슬라 봇Tesla Bot 또는 옵티머스Optimus로 불리는 범용 휴머노이드 로봇을 개발 중이다. 테슬라의 CEO인 일론 머스크는 이 로봇이 언젠가는 사람들이 꺼려하거나 너무 위험하다고 생각하는 작업을 수행할 다목적 도구가 될 것으로 예측하고 있다. 테슬라 봇을 공장에서 사용하거나 거리 청소에 사용하면 수작업을 크게 줄이고 생산량을 높일 수 있기 때문이다. 따라서, 미래에는 공장 노동자와 쓰레기 수거원의 대부분이 휴머노이드 로봇이 될 것이며, 로봇의 생산량과 생산성이 인간을 능가할 것이다. 게다가, 테슬라 봇의 민첩성과 기민성은 위험한 구조 작업 중에 매우 유용하게 사용될 수 있다. 물체를 옮기고 험난한 지형을 탐색할 수 있는 로봇의 능력 덕분에 지진 구호 활동과 같은 긴급 상황에서도 매우 유용한 도구가 될 것이다.

이 사업의 초기 발표에서, 머스크는 옵티머스가 테슬라의 자동차 사업보다 더 중요해질 수 있다고 단언했었다. 테슬라는 2024년까지 작동하는 시제품을 만들고, 2025년까지 키 173cm, 몸무게 57kg인 로봇을 대량 생산하는 것을 목표로 한다. 이 테슬라 봇은 테슬라 차량을 구동하는 것과 동일한 AI 시스템으로 작동될 전망이다. 이미 테슬라는 이와 관련해, 팔을 움직이고 걷고 색상을 분류할 수 있는, 부분적으로 작동 가능한 시제품을 선보였다.

이번 장에서는 로봇공학의 민간 응용 분야를 살펴보면서, 미국의 다르파DARPA가 자율주행차와 같은 수많은 로봇 프로젝트와 보스턴 다이내믹스의 성과물 대부분에 자금을 지원하는 데 중요한 역할을 했다는 것을 알아봤다. 이를 통해, 군의 영향력이 이 분야에서 얼마나 광범위하게 확장되고 있는지 알 수 있었다. 다음 장에서는 군사 무기화 응용 프로그램에 대해 좀 더 말해볼 것이다.

15
로봇의 손자병법

"우리는 첨단 기동성 범용 로봇이나 첨단 로봇공학을 가능하게 하는 소프트웨어를 무기화하지 않을 것이며, 다른 사람들이 그렇게 하도록 지원하지 않을 것임을 서약합니다. 또한, 가급적 우리는 잠재적 무기화를 회피하기 위해 고객이 의도한 응용 프로그램을 신중히 검토할 것입니다."

- 보스턴 다이내믹스, 어질리티 로보틱스, 애니보틱스,
클리어패스 로보틱스, 오픈 로보틱스, 유니트리 로보틱스 공개서한, 2022년 10월

2022년 보스턴 다이내믹스를 포함한 6개의 저명한 로봇 제조업체와 소프트웨어 제공업체는 로봇 기술의 자율 무기화에 반대하는 각서에 승인했다. 공인이 비슷한 공개 성명을 낸 것은 이번이 처음은 아니지만, 미군의 로봇 계약업체가 공개 성명을 발표했다는 것은 눈길을 끌 만한 대목이다.

2015년에는 일론 머스크, 스티브 호킹Stephen Hawking, 노엄 촘스키Noam Chomsky, 스티브 워즈니악Steve Wozniak, 데미스 하사비스Demis Hassabis, 구글 딥마인드 공동 창업자, 자안 탈린Jaan Tallinn, 스카이프 공동 창업자 등 저명인사들을 포함한 1,000명 이상의 AI 전문가가 자율 무기의 금지를 강력히 촉구하는 성명을 발표한 적 있다. 이때, 이들의 우려는 인간의 개입 없이 작동할 수 있는 무기 개발과 배치에 대한 것이었다. 이는 전쟁과 국제 안보에 치명적인 결과를 피하기 위해 기술의 확산을 막을 긴급한 필요성에 대한 강조이기도 했다.

실제로 군사용 로봇은 위험을 상당히 내포하고 있다. 자율 군용 로봇은 인간의 감독 없이도 표적과 교전에 관한 중요한 결정을 내릴 수 있기 때문이다. 이는 의도하지 않은 사상자, 부수적 피해, 민간인의 생명을 위협하는 국제 인도법 위반 가능성에 대한 우려를 촉발시키며, 이러한 무기가 독자적으로 행동할 경우 분쟁을 악화시켜 세계 안보를 불안정하게 하고, 위험천만한 군비 경쟁을 부추길 수 있다. 군대에서 이런 무기를 명백하게 공격적인 목적으로 사용하는 것은 수많은 윤리적 딜레마를 야기할 수 있어, 그 책임 문제가 핵심 쟁점으로 부상되기도 한다. 이런 도덕성, 의사결정, 책임과 관련된 질문들은 현재 진행 중인 여러 논쟁의 핵심을 이룬다.

그중 가장 큰 우려는 사이버공격에 대한 군사용 로봇의 취약성이다. 적대 세력은 센서와 시스템의 약점을 악용해 기계를 손상시키고 운영자를 불리하게 만들며, 로봇을 정보 수집 목적으로 활용할 수 있기 때문이다.

이러한 로봇을 둘러싼 논쟁은 계속되고 있다. 미국은 치명적인 자율 무기에 대한 선제적 금지를 주저하는 국가 중 하나인데, 그들은 인간의 관리 감독 필요성은 인정하면서도 기술 발전의 저해에 대한 우려를 이유로 자율 무기에 대한 금지를 망설이고 있다. 영국 또한 국제 인도법이 자율 무기를 적절히 규제하지만 그래도 인간의 통제가 중요하다고 강조하면서, 전면적인 금지에는 반대했다. 러시아, 중국, 이스라엘도 살인 로봇 금지에 대한 신중한 접근과 규제에 대한 논의를 지지하고 있다.

그렇다면 현실은 어떠한가? 사실, 오늘날 군사용 로봇은 단점과 함께 다양한 장점을 제공하고 있기에, 이 주제 자체가 다면적이라고 볼 수 있다. 일단 군사용 로봇의 주요 장점 중 하나는 로봇이 위험하고 복잡한 임무를 수행하게 함으로써 인간의 생명을 보호하고 전쟁과 관련된 전투원 사망 위험을 줄일 수 있다는 점이다. 인명 피해가 발생하는 상황에서 군사용 로봇을 신속하게 배치해 추가 위험을 완화할 수 있고, 생명을 구할 수도 있는 것이다. 이 잠재력은 이런 중요한 시나리오에서 중추적인 역할을 수행할 가능성이 크다.

또한, 첨단 센서와 모니터링 시스템으로 무장한 군사용 로봇은 실시간 데이터와 감시 기능을 제공할 수 있어 군인의 상황 인식을 향상시켜 임무 성공에 기여할 수 있다.

로봇의 주목할 만한 이점은 또 있다. 바로 탁월한 전술적 정확도다. 인간의 감정이 없는 이 기계는 놀라운 정확도로 임무를 수행할 수 있다. 이는 전쟁의 역학관계마저 바꿀 수 있을 정도다. 게다가, AI를 갖춘 로봇은 초기 훈련 없이도 경험적 학습과 피드백을 통해 지속적으로 성능을 향상할 수 있으며, 시간이 갈수록 그 효율성과 효과가 높아진다. 이 기계는 순간적으로 결정을 내리는 데 탁월하며, 인간 병사의 인지 과정을 능가한다. 이는 지상에서 즉각적인 선택이 결정적일 수 있는 전투에서 중요한 특성이다.

마지막으로, 군사용 로봇은 인간 병사들이 견디기 힘든 극한의 환경 조건에서 잘 작동한다는 장점이 있다. 이 기계는 뜨거운 사막의 열기나 혹한의 북극 추위에도 인간의 역량을 뛰어넘는 회복력을 보여주기에, 식량이나 피난처, 휴식 없이도 적대적인 지형에서 임무를 수행할 수 있다.

여왕벌에서 자율 군집으로

조종사가 없는 항공기를 지칭하는 '드론drone'이란 용어는 1935년 영국 해군의 무선 조종 비행기인 '드 하빌랜드 DH.82de Havilland DH.82'에서 처음 사용됐으며, 처음에는 이를 '여왕벌Queen Bee'이라는 애칭으로 불렀다. 원래 '드론'은 수컷 벌, 특히 수컷 꿀벌을 의미했지만, 시간이 지나면서 무인 항공기UAV, uncrewed aerial vehicle와 동의어가 됐다.

현재, 드론과 군집 드론은 환경에 민감한 이동 능력, 정교한 센서와 통신 시스템, 작업용 프로그래밍을 갖췄으며, 독립적이거나 조율된 그룹으로 작동할 수 있을 정도로 점점 더 자율적인 기능을 갖추고 있다. 이런 드론은 현대전을 근본적으로 재편해 군사 작전을 혁신하고, 전 세계 곳곳의 분쟁에서 다양한 역량을 발휘하고 있다.

드론은 크게 4단계로 발전했다. 대형 군사용 드론에서 소형 군사용 드론으로, 그다음에는 상업용 드론으로, 마지막으로는 군집 드론으로.

현대 드론 개발의 역사에 대해 보면, 개발 초기 단계에서 날개 길이가 30~60피트에 이르는 약 1,000~4,000파운드 무게의 대형 드론이 등장했다. 1995년에 도입된 MQ-1 프레데터Predator의 얘기다. 프레데터는 미국의 글로벌 테러와의 전쟁에서 중추적 역할을 했으며, 미사일로 무장해 수천 마일 떨어진 아프가니스탄, 파키스탄, 예멘, 소말리아의 고가치를 지닌 테러 목표물에 대한 정밀 공습을 수행함으로써 재래식 병력의 위험을 줄였고 효과적인 대테러 작전을 보장했다. 이후, 2007년에 도입된 후속 모델인 MQ-9 리퍼Reaper는 더 큰 탑재 용량과 더 긴 내구성 능력을 지닌 형태로 진화했다. 이는 시리아와 이라크에서 ISIS이라크와 시리아 이슬람 국가, The Islamic State of Iraq and Syria를 상대로 광범위하게 사용됐으며, 이들을 지속적으로 감시하고, 잠재적 목표물의 상공에 장시간 머물며 적의 작전을 방해할 수 있는 유연성을 갖춘 공습 임무를 수행했다.

또 다른 중요한 대형 드론은 2014년에 도입된 튀르키예의 바이칼 바이락타르Baykar Bayraktar TB2다. 이 드론은 실시간으로 정보를 제공하고, 아르메니아의 위치에 대한 정확한 공격을 수행하며, 적의 방공 시스템을 무력화하면서 2020년 나고르노-카라바흐Nagorno-Karabakh 분쟁 당시 아제르바이잔의 성공에 결정적인 역할을 했다. 마찬가지로, 러시아-우크라이나 전쟁에서 우크라이나군은 이 드론을 사용해 러시아 분대를 표적으로 삼아 작전을 방해했다. TB2는 경제성과 다목적성 덕분에 러시아-우크라이나 전쟁에서 귀중한 자산이 됐다.

자율 드론 개발의 두 번째 단계는 무게는 작지만, 날개 길이는 3~15피트에 이르는 소형 군사용 무인 항공기를 중심으로 이뤄졌다. 이 소형 드론은 드론 사용을 확대시킬 뿐 아니라 다양한 도시 및 험준한 지형 환경에서도 민첩성과 접근성을 제공함으로써 현대전을 크게 변화시켰다는 특징이 있다. 이 드론은 획득 및 운영 비용이 낮아 비용 대비 효율적이었고, 크기가 작아 탐지하기가 어려웠으며, 적군에게 더 작은 표적을 제시할 수 있어 생존 가능성을 높였다. 이후, 수많은 정부가 나서서 2003년 미국에서 도입된 에어로바이론먼트 레이븐AeroVironment Raven과 같은 소형 드론을 개발했다. 이 드론은 4파운드, 5피트의 날개 길이를 갖췄으며, 이라크와 아프가니스탄 전쟁 시 중요한 능력을 발휘함으로써 미군의 중요한 자산이 됐다. 비슷한 소형 드론으로는 이스라엘의 엘빗 스카이라크 I-LEX와 튀르키예의 STM 카르구STM Kargu 등이 있다.

자율 드론 개발의 세 번째 단계는 상업용 드론을 군사적 목적으로 사용하는 단계다. 이러한 비용 효율적 드론은 장비가 부족한 군대에서 사용할 수 있다. 예를 들어, 중국 제조업체 DJI의 DJI 팬텀과 매빅 시리즈와 같은 소비자 등급 드론은 대형 튀르키예산 드론과 함께 우크라이나에선 군사용으로 개조됐으며, 주로 정찰과 감시에 사용돼 우크라이나 군대가 적의 활동을 모니터링하고 중요한 정보를 수집하는 데 유익했다. 이 소형 드론은 상업용으로 개발됐음에도 불구하고 군사 배치에 효과적일 뿐 아니라 경제성과 접근성이 뛰어났다. 한 예로, 우크라이나의 상업용 드론은 기존의 군사 작전을 뛰어넘어 적진이나 장갑차에 수류탄을 투하하는 등 비전통적인 전술에 활용되고 있다. 이는 비대칭전(강대국 대 약소국 사이의 전쟁)에서 소형 드론의 다재다능함을 보여주는 예다.

네 번째 단계는 군집 드론이다. 이것은 서방 국가의 시민 사회가 가장 우려하는 발전 단계로, 집단 지능, 협업, 적응성을 보여줌으로써 전쟁의 위험성을 높이는 드론이라고 할 수 있다. 즉, 생물학적 군집의 행동을 모방하고 자율성을 발휘해 대형 드론에 비해 훨씬 적은 비용으로 인간의 개입을 최소화하면서 복잡한 임무를 수행할 수 있는 것이다.

군집 드론 기술 개발은 자율주행차가 개발된 방식과 여러 면에서 유사한 다르파^{DARPA} 프로그램의 연속적인 시행으로, 미국에서 시작됐다. 첫 번째는 2006년에 시작된 '협업 무인 항공기$^{Collaborative\ Unmanned\ Air\ Vehicles}$' 프로그램으로, 자율 협력이 가능한 소형 드론을 만드는 것이 우선적인 목표였으며, 이후 2013년, 다르파는 많은 수의 자율 드론이 열악한 환경에서도 효과적으로 작동할 수 있게 하려고 CODE$^{Collaborative\ Operations\ in\ Denied\ Environment,\ 거부\ 환경에서의\ 협력\ 작전}$ 프로그램이라는 새로운 프로그램을 도입하기도 했다.

이후 2016년, 다르파^{DARPA}는 무게가 0.5파운드에 불과한 MIT의 설계 드론인 페르딕스^{Perdix} 군집 드론 시범을 통해 군집 드론 기술 분야에서 주목할 만한 이정표를 세웠는데, 이때 100대 이상의 페르딕스 드론이 3대의 전투기에서 발사됐다. 이 드론들은 실시간 협업, 적응력, 복잡한 작업 수행을 보여줌으로써 조정된 자율 드론 군집의 중요한 돌파구를 마련했다. 이러한 성공을 바탕으로 미 육군은 2018년에 저렴한 군집 드론을 만들어 적 방어를 압도하고 군사 작전의 유연성과 효율성을 향상하는 것을 목표로 하는 저비용 무인항공기 군집 기술 LOCUST$^{,\ Low-Cost\ UAV\ Swarming\ Technology}$ 프로그램을 도입했다.

이 외에도, 중국과 튀르키예가 군집 드론 기술 분야에서 상당한 진전을 이뤘다. 2017년, 중국의 CETC는 CH-901 군집 드론 시스템을 도입해 자율 조정을 통해 감시 및 폭발물 처리 임무를 수행할 수 있는 능력을 배양했으며, 2019년, 튀르키예의 STM은 공격과 방어 역할 모두에 다재다능한 알파구^{Alpagu} 드론 시스템을 공개했다. 이는 육지와 바다에서 군사력을 강화하려는 튀르키예의 목표를 반영한 것이다.

골리앗 탱크에서 로봇 개 팩까지

무인 지상 차량UGV, Uncrewed Ground Vehicle은 드론의 지상 버전으로, 드론과 마찬가지로 현대 군사 작전에 없어서는 안 될 도구다. 이는 군대 탐색, 정보 수집, 적과의 교전, 민간 긴급 상황 지원 방식을 혁신적으로 변화시켰다.

드론과 무인 지상 차량UGV은 모두 20세기 초반으로 거슬러 올라가는 오랜 역사를 갖고 있으며, 서로 비슷한 궤적을 밟았다. 하지만 지상에서 이동하는 것이 공중에서 이동하는 것보다 더 복잡하기 때문에 UGV의 개발은 드론에 비해 몇 년 더 지체됐다. 그러나 드론과 마찬가지로 UGV도 크고 번거로운 군용 차량에서 더 작고 다재다능한 플랫폼으로 발전했는데, 이때 대부분 모듈식 설계를 채택했다. 이 두 분야에서 이뤄진 가장 최근의 발전은 여러 대의 UGV가 협업해 임무 목표를 달성하는 스웜swarm 기술이다.

2차 세계대전 중에는 원시적인 무인 지상 차량UGV이 전반적으로 사용됐다. 영국군은 코드명 '블랙 프린스Black Prince'로 불리는 마틸다 마크 2Matilda Mk 2 보병 전차의 무선 제어 변이형을 설계했다. 이 원격 제어 전차는 전투 지역에서 인간 요원의 위험을 줄이면서 더 안전한 정찰 및 지원 임무를 수행할 수 있게 했다. 당시 소련은 적진을 감시하고 폭발물을 적진에 전달하는 데 사용되는 '텔레탱크Teletanks'를 만들었으며, 독일에서는 '골리앗 추적 지뢰Goliath tracked mine'를 도입했다. 이는 폭발물을 적의 표적에 운반하도록 설계됐으며 원격 작동할 수 있는 소형 추적 차량으로, 주로 파괴용으로 사용됐다.

2000년으로 거슬러 올라가면, 무인 지상 차량UGV은 항공 드론 개발과 유사한 방식으로 개발됐으며, 이는 전시의 기원으로부터 크게 발전한 형태였다. 여기서 가장 주목할 만한 모델은 탈론Talon과 팩봇PackBot 인데, 이 두 모델은 주로 폭발물 처리 작업과 정찰용으로 설계된 로봇 이다. 이 모델들은 기초적인 AI 알고리듬을 탑재하고 반자율 주행 기능을 할 수 있어 폭발물 처리 임무와 관련된 위험을 크게 줄였고, 이라크와 아프가니스탄에 광범위하게 배치돼 중요한 역할을 수행했을 뿐 아니라, 9/11 테러 직후 때처럼 민간 상황에서도 유용하게 활용됐다. 이때, 포스터-밀러Foster-Miller가 탈론을 제조했고, 팩봇은 나중에 인기 있는 룸바 진공청소기를 개발한 회사인 아이로봇이 개발했다. 이 흥미로운 우연은 미군이 자율 로봇 개발에 얼마나 적극적으로 지원해 왔는지를 다시 한번 보여준다.

이후, 2000년대 중반에는 포스터-밀러가 개발한 로봇인 스워즈 SWORDS, Special Weapons Observation Reconnaissance Detection System, 특수 병기 관측 정찰 탐지 시스템가 도입되면서 한층 더 많이 발전했다. 스워즈는 탈론의 무기화된 버전으로, 2007년에 이라크에 M249 기관총을 장착한 스워즈 3대가 배치되기도 했다. 이 사건은 로봇이 무장을 하고 전장에 투입된 첫 번째 사례라는 점에서 중요하지만, 이 세 로봇 중 어느 것도 실제 전투 시나리오에는 포함되지 않았다.

무인 지상 차량UGV은 일반적으로 인간 조종사가 원격으로 조작하지만, 일부는 자율 기능을 통합하고 있으며, 최신 모델의 경우는 자율성이 더 뛰어나다. 그러나 다양한 조건과 임무 요구 사항을 고려할 때, 복잡하고 역동적인 전장 지형에서는 UGV가 완전한 독립성을 달성하는 것이 자율주행차보다 더 어렵다.

하지만 AI의 발전에 힘입어 무인 지상 차량UGV 간의 조정 능력이 향상돼 드론과 같은 방식으로 군집 로봇을 UGV에 통합할 수 있는 길이 열렸다. 보스턴 다이내믹스와 비슷한 회사지만 덜 알려진 회사인 고스트 로보틱스Ghost Robotics가 UGV 로봇의 한 가지 사례를 선보였기 때문이다. 이 회사는 기계 개처럼 생긴 군사용 4족 보행 로봇을 전문적으로 제작하며, 여기서 개를 닮은 여러 대의 로봇으로 구성된 비전 60Vision 60이라는 군집 또는 팩을 만들어 향상된 정찰, 감시, 경계 보안 기능을 제공했다. 이 팩은 넓은 지역을 효율적으로 커버하고, 실시간 데이터를 수집하며, 군대 및 기타 운영자에게 상황 인식을 제공할 수 있는 이점이 있다. 또한, UGV 팩은 지상 기반 기동성의 장점과 집단 지능 및 조정 능력을 결합하고 있어, 군사 및 민간 응용 분야 모두에 적합하다. 이런 UGV 팩은 정확한 정보와 집단행동이 가장 중요한 시가전 시나리오의 역학을 혁신적으로 변화시켰으며, 전장에서의 팩은 적의 작전을 방해하거나 정확한 조준을 하기도 한다. 고스트 로보틱스의 UGV 스웜 기술은 군사 및 보안 분야에서 협동 로봇 시스템의 중요한 이점을 보여준다.

전장의 휴머노이드와 사이보그

앞선 장에서 논의한 바와 같이, 보스턴 다이내믹스는 처음에는 빅독, 리틀독, SL3, 알파독 프로토와 같은 네발 달린 개 모양의 로봇을 포함한 초기 모델을 비무기화 군사 응용 분야를 위해 개발해 왔다. 이때, 모든 프로젝트는 다르파DARPA로부터 자금을 지원받았다. 이외에도, 다르파는 민첩하고 곡예를 잘하는 휴머노이드인 보스턴 다이내믹스의 아틀라스Atlas 로봇 개발에 자금을 지원하는 데도 중요한 역할을 했다.

물론, 아틀라스 자체가 군사적 역할과는 배치되지 않았지만, 아틀라스와 같은 로봇을 개발하면서 얻은 기술과 교훈은 미래의 군사 작전에 영향을 미칠 수 있게 됐다. 아틀라스와 같은 휴머노이드 로봇 연구는 물류, 감시, 전투와 같은 상황에서 군을 지원할 자율·반자율 로봇 시스템 개발에 기여할 수 있다. 이런 로봇은 기동성, 파워, 민첩성이 향상돼 병사의 신체적 부담을 줄이고 현장 역량을 높인다.

휴머노이드 외에도 지난 20년 동안 첨단 로봇 외골격의 개발은 혁혁하게 급증했다. 예를 들면, 록히드 마틴Lockheed Martin의 헐크HULC, Human Universal Load Carrier, 사코스 로보틱스Sarcos Robotics의 XOS 외골격 시리즈, 또는 '아이언맨Iron Man' 슈트라고 불리는 미 육군의 탈로스TALOS, Tactical Assault Light Operator Suit, 전략공격경량작전복 등이 그것이다. 매우 유의미하게 선택된 듯한 탈로스라는 이름은 해적과 침략자로부터 크레타섬을 보호하기 위해 청동으로 만들어진, 그리스 신화에 나오는 거대한 오토마톤을 연상케 한다. 우리는 이미 이 책의 1장에서 이와 관련된 얘기를 했다.

이 웨어러블 자동화 시스템은 군인들의 파워, 지구력, 기동성을 향상해 전투 시나리오에서 개인의 신체적 부담을 줄일 수 있는 잠재력을 제공한다. 그들의 외골격은 군인의 신체적 능력을 최적화해 피로를 줄여주고 무거운 짐을 운반할 수 있도록 하는 것을 목표로 한다. 이 장갑 슈트는 실질적으로 구조, 프로그래밍 된 기능, 재료 과학의 근간을 고려할 때 진정한 사이보그 장비라고 할 수 있다.

실제로 휴머노이드 로봇을 군사 작전에 통합하는 것은 중대한 기술적 도약일 것이다. 이러한 기계는 잠재적으로 군대의 안전과 효율성을 향상하는 동시에 병사의 위험을 줄이거나 제거할 수 있기 때문이다. 그러나 모든 신기술이 그렇듯 개발은 단계적으로 이뤄지며, 최종 단계의 기술로 향하는 그 사이에는 하이브리드 기술이 배치될 것이다. 그렇기에 단계마다의 도전과 윤리적 고려 사항은 신중하게 다뤄져야 한다. 전쟁의 미래는 의심할 여지 없이 인간과 로봇의 복잡한 상호작용을 수반하며, 21세기 무력 충돌의 역학관계를 재편할 것이기 때문이다.

이 책의 후반부에서는 AI와 로봇 기술을 바탕으로 전쟁이라는 주제에 다시 주목할 것이다. 특히 누가 전투원이고, 어떤 촉매제나 가속제가 무력 충돌을 유발할 수 있는지에 대한 관점에서 전쟁을 살펴볼 것이다.

범용인공지능^{AGI}을 향한 AI의 급속한 발전과 SF소설을 접한 우리로서는 기계가 인간과 싸울 가능성에 대해 궁금할 수 있다. 그러나 보다 가능성이 높은 또 다른 단기 시나리오로는 서로 다른 문화적 견해, 인간 생명의 가치에 대한 개념, AI와 로봇공학에 대한 새로운 견해, 그리고 그것이 우리 삶에 미치는 영향에 대한 견해로 인해 인간 진영끼리도 서로 싸울 수 있다는 것이다. 모든 기술이 전장에 투입되는 이러한 유형의 분쟁은 민간인을 대상으로 작동할 경우 선택적 대량 학살로 급속하게 확대될 수 있는데, 전쟁에 관한 내용은 30장에서 재차 살펴보도록 하겠다.

16
로봇이 우주로 나가다

"나의 배터리는 부족하고, 날은 어두워지고 있습니다."

- **탐사선 오퍼튜니티**,

화성에서 보낸 마지막 메시지,

탐사선이 미리 보낸 기술적 전송 내용을 인간 언어로 번역한 것, 2019년 경쟁과 지정학적 긴장으로 특징되는 우주 경쟁은 1957년 소련이 지구 궤도에 진입한 최초의 인공위성 스푸트니크 1호$^{Sputnik\ 1}$를 발사함으로써 시작됐다. 이후, 스푸트니크 2호는 라이카^{Laika}라는 이름의 개와 발사됐다. 여기서 라이카는 우주여행을 한 최초의 생명체였다. 이런 초기 소련의 우주 행보는 소련의 과학적 역량을 입증했다. 그러나 이때 위성 발사에 사용된 로켓은 핵탄두를 탑재할 가능성이 있었고, 미국은 이를 국가 안보에 대한 우려로 판단했다.

이런 소련의 성과에 대응하기 위해 미국 정부는 1958년 나사^{NASA}를 설립하는 등 발 빠른 움직임을 보였다. 이후, 두 초강대국이 지구 대기권 너머의 지배권을 확보하기 위한 탐색에 착수하면서 집중적인 우주 탐사, 기술 발전, 선구적인 임무, 전례 없는 재정적 투자로 특징되는 시대가 시작됐다.

나사^{NASA}의 첫 번째 주요 계획은 아폴로 프로그램으로, 이는 국가의 야심 찬 목표를 구체화하는 데 있었다. 이것은 역사적인 아폴로 11호에서 우주비행사 닐 암스트롱$^{Neil\ Armstrong}$과 버즈 올드린$^{Buzz\ Aldrin}$이 1969년 7월 20일 달 착륙선에서 달에 내려 정점을 찍었다. 이때, 마이클 콜린스$^{Michael\ Collins}$는 사령선을 타고 달 궤도에 머물며 이들의 무사 귀환을 지켜봤고, 인류는 암스트롱이 달 표면에 불멸의 발걸음을 내딛는 순간을 TV를 통해 생중계로 지켜보며 '한 인간에게는 작은 한 걸음, 인류에게는 위대한 도약'이라는 상징적인 문구로 이 순간을 의미했다. 드디어 광활한 우주에서 인류는 최초로 천상의 이웃을 정복하는 데 성공했다.

이때, 아폴로 11호에는 로봇이 없었다. 그러나 나사^{NASA}는 얼마 지나지 않아 로봇을 도입했고, 1969년부터 지금까지 수행된 모든 우주 임무에서 자율성 수준에 따라 세 가지 유형의 로봇이 배치됐다. 첫째는, 국제우주정거장ISS, International Space Station에서 인간과 근접 거리에 있으며 저수준의 자율성을 탑재한 로봇이었고, 둘째는, 1976년 바이킹Viking 착륙선에서 2021년 퍼서비어런스Perseverance까지 화성에 보낸 로봇이다. 이 로봇은 지구와 화성 간의 거리가 너무 멀어 화성에서의 탐색과 의사결정에 필수적인 '중' 수준의 자율성이 요구됐다. 셋째는, 소행성 채굴 로봇인데, 이 로봇은 우주의 먼 소행성에 접근하고 착륙해야 함은 물론, 채굴 작업을 수행하고 돌아와야 했기에 고수준의 자율성이 필요했다.

이제부터 그간 우주 로봇이 어떻게 진화해 보다 높은 수준의 자율성을 달성했는지 살펴보고, 이에 따라 향후 발전 방향이 어떻게 될 것인지에 대해서도 예측해 보겠다.

우주왕복선과 국제우주정거장의 로봇 동반자

미국은 1970년대 초 열정을 쏟으면서 우주왕복선Space Shuttle 프로그램을 개발하는 기념비적인 노력에 착수했다. 이때 나사NASA는 새롭게 수행할 임무를 여러 가지 계획 중이었고, 1969년의 성공적인 달 착륙은 아폴로 프로그램의 주요 목표에 정점을 찍었다. 여기서 과거에 사용되던 값비싼 일회용 발사체 대신 우주비행사와 탑재물을 우주 궤도로 수송하는 재사용 가능한 우주선이 제시됐다. 이 비전은 1981년 우주왕복선이 처녀비행을 시작하며 구체화됐다. 이 우주왕복선 프로그램은 우주에 자주 그리고 다양하게 접근 가능하게 해준 혁신적인 것으로 환영받았고, 이후 수십 년 동안 나사의 존재적 위상을 드높이는 초석이 됐다.

이 당시, 허블 우주 망원경Hubble Space Telescope의 정비도 우주왕복선의 중요한 임무 중 하나였다. 허블은 1990년 우주왕복선에 실려 우주에 배치됐다. 이 망원경은 지상의 망원경이 포착한 이미지를 흐리게 만드는 지구 대기로 인한 왜곡을 극복하도록 설계됐다. 수년에 걸쳐 먼 은하, 성운, 천체의 놀라운 이미지를 포착한 허블 우주 망원경은 별, 은하, 우주의 팽창에 대한 통찰력을 제공했으며, 외계 행성, 암흑 물질, 은하의 진화에 관한 광범위한 연구를 수행함으로써 천문학 및 우주 탐사 분야에 기념비적 공헌을 했다.

이러한 허블 망원경을 통한 관측은 이 망원경의 이름을 딴 미국의 천문학자 에드윈 허블Edwin Hubble과 관련된 중요한 과학적 발견에도 기여했다. 에드윈 허블은 우주가 팽창하고 있다는 것을 증명했지만, 그 속도는 제대로 알 수 없었는데, 오늘날 허블 상수Hubble Constant로 알려진 팽창 속도를 바로 이 허블 망원경이 측정한 것이다.

그로부터 30년이 지난 지금도 허블 망원경은 여전히 작동 중이며, 이는 역사상 가장 오래 지속되고 생산적인 과학 장비 중 하나로 자리매김했다. 서비스 임무를 맡은 우주왕복선 승무원들의 5차례 업그레이드와 수리를 통해 허블 망원경의 수명이 보장됐다. 이는 수리 및 업그레이드 시 우주비행사들이 망원경의 위치를 정확하게 잡도록 도와준 캐나다암Canadarm 로봇 팔 덕분이었다. 캐나다 우주국Canadian Space Agency은 우주왕복선의 탑재 장비 격실에서 바깥으로 뻗어 나와 우주에서 물체를 정밀하게 조작할 수 있는 로봇 팔 캐나다암을 개발했다.

그러나 허블 망원경이 배치될 당시 우주 경쟁의 시대는 냉전의 종식이 임박한 시기와 맞물리는 바람에 그 의미가 소실됐다. 대신 1991년 소련이 해체되면서 지정학적 역학관계가 크게 변화해, 과거 적대국이던 두 나라가 우주 탐사를 위해 협력을 강화할 수 있는 길이 열렸다.

이후, 1990년대 초에 구상된 국제우주정거장은 미국이 러시아, 캐나다, 일본, 유럽과 함께 주도하면서 국제 협력의 상징이 됐다. 이와 관련한 첫 번째 모듈은 1998년 발사됐다.

이 외에도, 국제우주정거장에는 여러 대의 로봇이 있었다. 그중에서도 중요한 로봇 중 하나는 본래 캐나다암 기술의 진화를 대표하던 덱스터Dextre, 특수 목적의 민첩한 조작기였다. 덱스터는 정교한 작업을 정확히 수행할 수 있는 첨단 로봇 손이 부착된 양팔 원격 조작 로봇으로, 2008년 우주왕복선에 실려 국제우주정거장으로 발사됐다. 이때의 주요 기능은 우주 정거장 외부의 유지보수, 수리, 화물 취급을 지원하는 것이었다. 이는 각종 도구와 장비를 다룰 수 있기 때문에 혹독한 우주 환경에서 일하는 우주비행사에게는 다재다능한 자산과도 같았다. 이 로봇은 허블 망원경 수리에도 사용됐다.

이후, 또 다른 범주의 로봇인 휴머노이드가 국제우주정거장의 통로에 등장했다. 바로 휴머노이드 로봇 로보넛Robonaut, R2이다. 이 로봇은 국제우주정거장 환경 내에서 복잡한 작업을 할 수 있도록 설계됐으며, 나사NASA가 제너럴 모터스GM와 협력해 2011년 국제우주정거장으로 발사됐다. 이 로봇은 14개의 자유도를 자랑하는 민첩한 손과 손끝에 터치 센서를 장착해 사람이 직접 사용하도록 설계된 도구를 조작할 수 있는 특징을 가졌다. 초기 임무로 재고 관리 지원, 일상적인 검사 수행, 복잡한 유지보수 활동 보조 등을 했으며, 섬세한 장비를 주의해서 다루고 볼트를 정밀하게 조이는 등 인간 우주비행사에게는 시간과 육체적 부담이 될 수 있는 우주 정거장의 기능에 필수적인 작업을 수행하기도 했다.

국제우주정거장의 통로에는 새의 비행이나 벌의 날갯짓과 비슷하게 우아하게 날아다니는 소형 비행 로봇도 도입됐다. 이런 종류의 로봇 중 최초의 로봇은 2006년 도입된 스피어즈Spheres, Synchronized Position Hold, Engage, Reorient, Experimental Satellites, 기화된 위치 유지, 교전, 방향 전환, 실험용 위성다. 스피어즈는 18면체 다면체 형태로 제작된 소형 위성 유닛으로, 우주선 대형 비행 및 자율 항법과 관련된 알고리듬을 쉽게 테스트할 수 있게 설계됐다. 무게는 약 8파운드, 지름은 약 8인치인 이 로봇은 냉기체 추진장치에 의해 기동하며, 방향과 통신을 위해 초음파 비콘ultrasonic beacon을 사용해 미세 중력microgravity, 인력이 거의 없는 우주 궤도의 상태 상태에서 자유로운 탐색 활동이 가능하다. 스피어즈는 정위치 유지, 도킹, 항법 실험을 시행하는 데 자주 사용된다.

이후, 2019년에는 또 다른 소형 비행 로봇인 애스트로비Astrobee가 국제우주정거장에 도입됐다. 애스트로비는 폭이 12cm이며, 추진 시 전기 팬을 사용하는 특징을 가졌다. 또한, 카메라와 내비게이션 센서가 통합돼 있고, 에너지를 확실히 절약하면서 정거장 난간을 붙잡을 수 있도록 설계된 퍼칭 암도 장착돼 있다. 이 로봇은 일상적인 작업을 자율적으로 수행함으로써 우주비행사를 지원하는 데 중요한 역할을 해 우주비행사가 과학 연구, 우주선 유지보수 및 임무 수행에 집중할 수 있는 시간을 확보할 수 있게 했다. 이 로봇은 재고 관리, 통합 카메라를 통한 실험의 문서화, 우주 정거장 내 화물 운송 지원 등의 기능을 수행하며, 다목적 연구 플랫폼으로, 과학자들이 독특한 미세 중력 환경에서도 다양한 실험을 수행할 수 있도록 도와준다.

로봇 화성 탐사선: 자율성과 인간 전문 지식의 결합

갖가지 요인들이 복합적으로 작용하고 있는 화성은 우주 경쟁 측면에서 나사NASA의 주요 탐사 목표다. 이 행성은 얇은 대기, 과거 액체 상태의 물 흔적 등 지구와 유사한 특성을 지니고 있어 잠재적으로 외계 생명체가 존재할 가능성이 높다. 이는 과학적 관심을 불러냈을 뿐 아니라 화성의 미스터리를 풀기 위한 탐구에 박차를 가하는 계기가 됐다. 전략적으로 미국은 화성을 통해 기술력을 과시하고 우주 경쟁에서 우위를 점하려 했다. 이는 아폴로 임무를 통해 정복한 달을 넘어선 다음 개척지를 상징하며 새로운 세대의 과학자와 엔지니어들에게 영감을 불어넣어 줬다.

이후, 1976년, 나사NASA의 바이킹 프로그램은 바이킹 1, 2호 착륙선을 성공적으로 배치함으로써 화성 탐사의 첫 번째 이정표를 세웠다. 이 고정식 착륙선은 탐사선rover 자체는 아니지만, 연착륙을 위해 역추진 로켓과 낙하산을 사용했으며, 바이킹 자체는 움직이지 못하지만 가스 크로마토그래프(유기 화합물 혼합체 분석기), 질량 분석기, 생물학 실험 장비, 기상학 장비 같은 정교한 장비를 갖추고 있어서 화성의 토양과 대기 샘플을 분석할 수 있었다. 이때, 바이킹의 주요 목표는 과거 또는 현재 생명체의 흔적을 찾아내 유기 화합물과 생명 관련 과정에 대한 화성 토양 샘플을 수집하고 분석하는 것이었다. 착륙선은 화성 표면의 매혹적인 이미지, 기상 데이터, 행성의 지질에 대한 통찰을 포함해 풍부한 데이터를 지구에 전송했다.

두 번째 화성 탐사는 1997년 나사NASA의 화성 패스파인더Pathfinder 임무로 시작됐다. 이는 화성의 이동성을 위해 설계됐으며, 가장 핵심은 자율성이 제한된 소형 6륜 탐사선인 소저너Sojourner에 있다. 소저너는 주로 예정된 경로를 따라 이동하며 주변 환경과 간단한 상호작용을 할 수 있었다. 이때 대부분의 행동과 움직임은 지구에서 직접 제어했다. 소저너의 임무는 고해상도 이미지를 포착하면서 암석, 토양 샘플, 심지어 화성 대기의 샘플을 분석해 까다로운 화성 지형을 탐색하는 것이었다. 또한, 실시간 데이터를 전송함으로써 화성의 지질학적, 기후적 역사에 대한 이해를 혁신적으로 발전시켰을 뿐 아니라 향후의 탐사를 위한 발판을 마련해줬다.

시간이 흘러, 2004년에 발사된 스피릿Spirit과 오퍼튜니티Opportunity는 화성 탐사선의 세 번째 물결을 대표하며, 놀라운 자율성과 기동성을 자랑했다. 이 로봇 탐사선은 화성의 지형을 가로질러 지질학을 조사하고 생명의 중요한 요소인 물 활동의 흔적을 찾아냈다. 스피릿은 물로 인해 변화된 암석과 화산 활동의 증거를 발견해 화성의 지질학적 역사를 밝혔으며, 오퍼튜니티는 놀라운 퇴적암 퇴적물 발견해 과거 화성에는 물이 많았다는 것을 뒷받침해 줬다. 이 탄력적인 탐사선들은 계획된 임무 기간을 초과 달성했다. 스피릿은 6년 이상, 오퍼튜니티는 거의 15년 동안 혹독한 화성 조건을 견디면서 임무를 수행한 뒤 마지막 메시지를 지구로 전송했다.

"나의 배터리는 부족하고, 날은 어두워지고 있습니다."

스피릿과 오퍼튜니티는 소저너에 비해 자율성이 강화된 탐사선이었다. 두 탐사선은 자율적으로 지형을 탐색하고 장애물을 피할 수 있었는데, 이는 장시간 임무 수행에 매우 중요했다. 하지만 특정 과학 목표물을 선택하거나 전체 임무 계획을 변경하는 등 중요한 결정은 여전히 사람의 개입이 필요했다.

이후 2012년, 정교한 과학 실험실을 갖춘 자동차 크기의 탐사선 큐리오시티Curiosity가 화성에 착륙했다. 이는 화성 탐사선으로써 네 번째 물결이었다. 이때 큐리오시티의 임무는 화성의 지형을 분석하고, 과거 생명체가 거주했을 가능성의 흔적을 찾아내고, 미생물 생명체가 존재 가능한지 등을 평가하는 것이었다. 큐리오시티는 고대 담수호와 유기 분자에 대한 추가 증거를 발견해 화성의 과거 환경에 대한 통찰을 제공했다. 또한, 초기 임무 일정을 초월한 큐리오시티는 계속해 귀중한 데이터를 지구로 전송하고 생명체의 서식지로써 화성의 잠재력에 대한 우리의 이해를 제고시켰다. 화성에서 셀카를 찍을 수 있는 큐리오시티의 능력은 대중의 상상력을 사로잡았고, 화성의 극명한 아름다움도 보여줬다.

이 여정을 계기로, 큐리오시티는 화성 탐사에 자율성을 강화했다. 이 탐사선은 까다로운 지형을 통과하고, 경로를 계획하고, 과학적 목표를 선택할 수 있었다. 이러한 자율성은 연장된 임무 기간에도 효율적으로 작업하는 데 도움이 됐다. 하지만 필수적인 임무 결정, 소프트웨어 업데이트, 복잡한 작업은 여전히 미션 컨트롤 지침을 필요로 했다. 따라서 이 탐사선은 자율성과 인간의 전문 지식을 활용하는 원격 제어의 균형을 유지하며 화성을 효과적으로 탐사할 수 있었다.

2021년 2월, 나사NASA의 퍼서비어런스Perseverance 탐사선도 화성에 착륙했다. 이는 디자인과 자율성 측면에서 큐리오시티와 비슷하지만 기능은 업그레이드된 상태였다. 퍼서비어런스는 생명체가 살아가기에 적합한 고대 화성 환경을 확인하고, 과거의 미생물 생명체를 조사하며, 암석 샘플을 수집하고, 향후 승무원 임무 수행을 위한 화성 대기의 산소 생산량을 측정하는 것이 목표였다. 이 탐사선은 목표에 따라 지금도 매일 중요한 데이터를 탐색, 분석하고 지구로 전송하며, 화성의 신비를 밝히고 인류의 미래에 대한 길을 열어가고 있다.

퍼서비어런스 탐사선의 특기할 만한 점은 2021년 4월 다른 행성에서 최초로 동력 비행에 성공한 미니 헬리콥터 또는 드론인 인제뉴어티Ingenuity를 탑재한 점이다. 무게가 4파운드에 불과한 이 경량 헬리콥터는 세밀하게 계획된 시험 비행을 통해 까다로운 화성 환경에서 동력 제어 비행 가능성을 입증했으며, 나사NASA는 이 드론을 통해 얻은 교훈을 토대로 2028년부터 드론의 새로운 버전인 드래곤플라이Dragonfly를 토성의 위성 중 하나인 타이탄Titan에서 비행시킬 예정이다.

우주 개척의 로봇들

현재는 우주 채굴에 초점을 맞춘 차세대 로봇이 등장하고 있다. 첨단 태양광 전기 추진 시스템과 위치 탐색 알고리듬을 갖춘 로봇은 소행성이나 행성에서 탐사, 시추, 샘플 채취가 가능하기 때문이다. 또한, 이런 로봇은 구멍을 뚫는 회전 천공기나 표면을 반복적으로 강타해 분해하는 타격 드릴과 같은 최첨단 기술뿐만 아니라 재료를 가열하고 기화시키는 레이저 드릴링이나 각종 로봇이 협력하는 스웜 기술과 같은 매우 진보된 기술까지 사용할 수 있기에, 천체 내부의 광대한 자원을 활용하고, 지구 너머로 인간의 존재를 확장하려는 인류의 노력에 중요한 진전을 도모할 것이다.

우주 채굴은 이런 채굴 로봇과 같은 첨단 기술이 탑재된 우주선을 보내서 목표로 하는 천체와 조우한 뒤 자원을 탐사하게 한 다음, 최종적으로 귀중한 자원을 지구 또는 우주의 다른 목적지로 운송하는 것을 말한다. 소행성 채굴의 주된 동기는 풍부한 자원을 활용해 지구의 자원 부족 문제를 잠재적으로 완화하고, 인류 산업의 성장을 촉진하는 것에 있다. 물론, 경제적 타당성과 기술적 난제가 여전히 큰 걸림돌로 남아 있지만, 지속적인 연구와 우주 탐사의 발전, 새로운 기술의 개발로 이 야심 찬 비전은 점차 현실에 가까워지고 있다.

그중에서도 소행성에서의 우주 채굴은 지구의 달이나 화성과 같은 행성에서의 채굴보다 더 많은 관심을 받고 있다. 소행성은 지구와 가깝고 귀금속, 물, 희귀 광물 등 귀중한 자원을 포함한 것으로 알려진 매력적인 채굴 대상이기 때문이다. 소행성은 행성과는 달리 중력이 낮아 지구나 다른 우주 목적지로 자원을 추출하거나 운반하는 것이 실현 가능하고 비용도 효율적이다. 그러나 소행성은 상대적으로 안정적이고 가까운 달 채굴의 조건과 달리 깊은 우주에 위치한 작고 불규칙한 모양의 암석에 접근해야 하는 복잡한 문제가 있다. 그렇기에 소행성 채굴은 독특한 성분을 가진 다양한 천체를 대상으로 하며, 달 채굴은 이미 알려진 곳에 초점을 맞추고 있다.

우주 채굴은 소행성에서 실행하느냐 행성에서 실행하느냐에 따라 로봇공학, 임무 계획, 자원 활용에 대한 독특한 접근 방식이 필요하다. 소행성 채굴과 관련해, 나사NASA의 오시리스-렉스OSIRIS-REx, Origins, Spectral Interpretation, Resource Identification, Security, and Regolith Explorer가 2016년에 발사됐다. 이 탐사선의 주요 목표는 지구에서 가까운 소행성 베누Bennu에 도달 후 표면 물질의 깨끗한 샘플을 채취하고 안전하게 지구로 귀환하는 것이었다. 이 탐사선은 2018년 베누에 도달해 주어진 임무를 완수한 바 있고, 귀중한 유기 분자와 광물을 가지고 2023년 지구로 복귀했다. 이 탐사로 인해 인간은 태양계의 구성 요소와 소행성에서 이용 가능한 잠재적 자원에 대한 이해를 심화했으며, 향후 상업적 추출에 적용 가능한 방법론을 개척하기도 했다.

일본 우주항공연구개발기구Japan Aerospace Exploration Agency가 수행한 일본의 하야부사 2호Hayabusa2 임무도 소행성 채굴 분야에서 주목할 만하다. 2014년 12월 우주로 발사된 이 우주선은 류구Ryugu라는 또 다른 지구 근방 소행성을 향한 여정을 시작했다. 이때의 임무는 류구 표면에 탐사선과 착륙선을 배치하고, 다양한 위치에서 표본을 수집하며, 소행성 표면에 인공 분화구를 만들어 지하 물질에 접근하는 것이었다. 하야부사 2호는 2018년 6월 성공적으로 도달했으며, 2020년, 태양계의 형성과 지구 생명체의 출현에 중요한 역할을 했을 수 있는 유기 화합물에 대한 중요한 통찰을 가진 귀중한 소행성 샘플을 가지고 지구로 귀환하는 데 성공했다.

이 외에도, 2015년경부터 플래니터리 리소스Planetary Resources와 딥 스페이스 인더스트리Deep Space Industries 같은 민간 기업들도 소행성 채굴 분야에 상당한 진전을 이뤘으며, 이는 민간 부문과 비정부 계약 기관도 우주 탐사에 직접 참여하는 계기가 됐다. 2009년 설립된 플래니터리 리소스의 경우는 아키드Arkyd 우주선 시리즈를 개발 중이며, 2015년 배치된 아키드는 소행성 근접 작전에 필수적인 항공 전자 공학, 고도 제어 시스템, 추진 시스템을 검증하기도 했다. 2013년 설립된 딥 스페이스 인더스트리는 2017년 프로스펙터-XProspector-X 임무를 시작했다. 이 로봇은 수중 추진 시스템, 광학 항법 시스템, 심우주 환경을 위한 특수 항공 전자 공학 등 미래 소행성 채굴 작업에 필수적인 첨단 기술을 테스트했다.

하지만 달 채굴에는 상기 세 대의 소행성 채굴 우주선과는 전혀 다른 종류의 로봇이 요구된다. 이에 나사NASA는 2010년 레이저RASSOR, Regolith Advanced Surface Systems Operations, 표토 첨단 표면 시스템 운영 로봇을 개발했다. 이 로봇은 달과 행성 발굴을 위해 설계된 로봇 기술의 눈부신 도약이라고 할 수 있다. 레이저는 약 100파운드(45kg)에 달하는 작고 컴팩트한 로봇으로, 여기에는 각각 반대 방향으로 움직이는 회전식 버킷 드럼bucket drum이 창작된 두 개의 팔이 있다. 이 혁신적인 설계 덕분에 레이저는 표토regolith, 달 표면의 돌가루 모양의 물질로 일컫는 달의 토양을 효과적으로 퍼낼 수 있게 됐으며, 버킷 드럼의 역회전 방식은 레이저가 굴착에 일반적으로 사용되는 기존의 중장비나 견인 시스템에 의존하지 않고, 독특한 드럼 메커니즘을 사용해 최소한의 힘으로 달의 토양을 수집하고 운반해 달의 저중력 환경에 더욱 효율적으로 적응할 수 있었다. 중요한 것은 레이저를 사용하면 우주비행사들과 미래 탐사대가 달에서 직접 필요한 것을 추출할 수 있어서 더 깊은 달 탐사를 위한 비용과 효율성을 개선할 수 있다는 점이다.

이 책의 마지막 장에서는 여기서 거론되는 레이저에 대해 다시 살펴볼 것이다. 레이저는 장기적인 미래에 AI가 우리 인류를 어디로 데려가는지와 관련이 있다.

17
일본의 딜레마: 이민 또는 휴머노이드

"우리는 2020년대 초반까지 50만 명을 수용할 수 있도록 요양 환경을 개선하겠습니다. 그뿐만 아니라 간병인의 부담을 줄이기 위해 로봇을 활용하는 등의 대책도 추진하겠습니다."

- **아베 신조**Shinzo Abe,
일본 총리, 제198회 국회 시정연설, 2019년

일본은 급속한 인구 고령화와 저출산으로 인한 심각한 인구 문제에 직면해 있다. 2023년 현재 일본 인구의 약 36%가 60세 이상이며, 2060년에는 45%에서 50%에 도달할 것으로 예상된다. 일본의 출산율 감소는 인구 문제를 더 악화시킨다. 2019년 일본의 출산율은 여성 1인당 1.4명으로, 인구의 안정화에 필요한 2.1명에는 훨씬 못 미친다. 결과적으로, 일본은 고령화 사회와 인구 감소의 영향 때문에 수십 년 동안 어려움을 겪고 있다고 할 수 있다. 이런 추세가 지속될 경우, 일본의 인구는 2021년 1억 2,500만 명에서, 2065년, 약 8,800만 명으로 감소할 것으로 전망된다.

이러한 인구구조의 변화는 의료 및 노인 돌봄 수요의 증가, 노동력 부족, 이와 결부된 국가 부의 감소 등 온갖 문제를 야기할 뿐 아니라 경제 및 사회적 안정까지 위협한다. 인력 격차는 비숙련노동 산업에만 국한되지 않고 숙련노동이 필요한 분야에도 고스란히 영향을 미친다. 특히 의료 및 노인 돌봄 분야는 2025년까지 38만 명의 전문 인력이 필요할 것으로 예상되는 등 심각한 인력 부족 문제에 직면해 있다. 제조업과 건설업도 마찬가지로 인력 부족에 따른 어려움을 겪고 있으며, 이는 성장과 혁신 잠재력에도 영향을 주고 있다. 결론적으로 말해 일본의 인력 부족은 일본의 경제 경쟁력, 국가의 부, 미래 지속 가능성에 영향을 미치고 있고, 생산성을 저해하고 잠재적으로는 일본의 경제 확장을 억제할 수 있다.

중대한 기로에서 일본은 해결하기 힘든 인력 부족의 유일한 해결책으로 이민과 자동화를 포함하는 복잡한 딜레마에 직면해 있다. 문화적, 인종적 동질성과 사회적 결속에 대한 우려로 인해 전통적으로 이민 수용을 꺼려온 일본으로서는 독특한 문화적 정체성을 유지하는 동시에 현실적인 문제를 해결하기 위해 자동화에 의존해 왔다. 이런 문화적 정체성은 앞선 13장에서 논의했듯이, 일본이 로봇 산업에 집중하는 중요한 동력이 됐다. 특히, 이민 증가와 관련된 잠재적인 사회적, 정치적, 안보 문제에 대한 두려움은 이런 경향을 더 강화시켰다. 이러한 일본의 성향은, 2019년 외국인 근로자 수가 약 170만 명으로, 전체 노동 인구의 약 3%에도 못 미치는 결과를 낳았다. 이는 미국의 17%와는 극명한 대조를 이룬다.

일본은 노동력 해결을 위해 베트남, 중국, 인도네시아 등 다른 아시아 국가 출신 근로자를 위한 기술 인턴 연수프로그램Technical Intern Training Program과 간호, 서비스, 건설 등 특정 기술 보유자를 위한 특정 기술 근로자 비자Specified Skilled Worker Visa 같은 일부 제한적인 정책을 시행하고 있지만, 이것을 일본이 장기적인 해결책으로 삼는 것이 아니라는 점에서 많은 생각을 해봐야 한다.

앞서 살펴본 바와 같이, 일본의 제조업 부문은 수십 년 동안 자동화 수준에서 전 세계 3위 이상을 자랑하고 있다. 이는 일본의 뛰어난 제조 능력과 더불어, 일본이 자동화의 '인간 대체human replacement' 활동에 큰 거부감이 없다는 것을 보여준다. 만일 완전 고용에 대한 일본의 문화적 운영체제에 편향성이 없다면, 일본이 1위를 차지했을지도 모른다. 국제로봇연맹IFR, International Federation of Robotics의 데이터에 따르면, 2019년 기준으로 일본은 제조업 종사자 10,000명당 399대의 산업용 로봇을 갖춘, 인상적인 로봇 밀도를 갖고 있다. 이는 한국과 싱가포르에 이어 세 번째로 높은 수치이며, 이 통계는 일본이 자동차 생산 및 전자제품 조립을 포함한 제조 분야에서 로봇을 상당히 많이 사용한다는 증거가 된다.

이처럼 로봇공학 및 자동화 기술 분야에서 일본의 글로벌 리더십은 기계와 AI 시스템이 인간의 노동력을 대체할 수 있는 대안을 제시해

준다. 그러나 이에 따른 일자리 상실과 소득 불평등 등 사회경제적 결과에 대한 의문도 있다. 여기서 확실한 것은 이민과 자동화 사이의 적절한 균형은 노동력 감소에 따른 경제적 생존 가능성과 문화적, 사회적 영향을 함께 고려해야 하는 일본의 정책 입안자들에게 엄청난 도전 과제라는 것이다.

이제부터는 일본의 노동력 감소 문제를 완화할 수 있는 로봇에 대해 논의할까 한다. 이 논의는 다른 사회에서도 확고하게 자리를 잡을 인간 대체 활동의 확대로써도 바라보면 좋겠다.

로봇 속의 부처님

1974년, 일본 로봇학회 명예회장인 모리 마사히로Masahiro Mori는 『로봇 속의 부처님: 로봇공학자의 과학과 종교에 대한 생각The Buddha in the Robot: A Robot Engineer's Thoughts on Science and Religion』(Kosei Pub, 1989)이라는 책을 썼다. 로봇공학자이자 독실한 불교 신자라는 독특한 배경을 지닌 모리는 이 책에서 과학의 이해 추구와 불교의 깨달음 추구 사이의 유사점에 대해 성찰했다. 책의 핵심 개념 중 하나는 과학과 종교가 지식, 의미, 초월에 대한 우리 인간의 공통된 열망이고, 단지 그 추구 방법론과 목표만 다를 뿐이라는 것이다.

모리는 자신의 책에서 불교가 로봇과 로봇이 우주에서 차지하는 위치를 이해하는 데 어떻게 적용될 수 있는지에 대해서도 논의했다. 그는 깨달음의 상태인 부처의 본질이 실제로 로봇에서 발견될 수 있다고 주장했다. 이는 우주의 모든 것들과 마찬가지로, 로봇도 서로 연결돼 있다는 점에서 우리와 근본적인 본질을 공유한다는 것이다. 실제로 모리는 마음과 육체의 전통적인 구분은 잘못된 것으로 믿었으며, 로봇을 포함한 모든 사물은 물리적 물질과 영적 영혼을 갖고 있고, 영성과 기술이 분리돼 있지 않고 서로 얽혀 있다고 봤다. 그리고 부처님의 상호 연결된 현실의 본질을 내재적으로 구체화할 수 있다고 말했다. 또한, 신성한 것과 기계적인 것 사이의 경계를 모호하게 하면서 기술 안에서 영적 잠재력을 체감하도록 독려했고, 인간과 기계가 상호 의존적이라고 주장했다. 인간이 로봇을 만들었기 때문에 둘 다 부처의 본성을 공유하며, 서로 밀접한 관계를 느낀다는 것이다.

종교와 로봇 사이의 깊은 연관성은 모리만의 독특한 생각은 아니다. 실제로 많은 일본인도 같은 믿음을 갖고 있다. 한 예로, 2019년부터 일본에는 민다르Mindar라는 불교 로봇 성직자가 있기까지 했다. 민다르는 교토의 고다이지 사원Kodaiji Temple에 설치된 휴머노이드 로봇으로, 불교의 가르침을 전하고 종교의식에 참여하도록 설계됐다. 민다르는 전통 불교 승복을 입고 그윽한 표정과 표현력이 풍부한 제스처로 소통했으며, 마치 살아있는 듯한 모습으로 신자들과 깊은 정서적 교감을 나눴다. 설교는 미리 프로그램돼 있지만, 어조와 제스처에 변화를 줌으로써 영적 인도에 진정성을 부여했다. 이 매혹적인 로봇은 일본의 기술력과 풍부한 문화유산을 조화롭게 결합하고, 로봇을 주류 사회 활동에 통합함으로써 로봇에 인간의 역할을 부여하는 일본의 많은 사례 중 하나로 꼽힌다.

일본의 토착 종교인 신도 또한 중요한 종교다. 많은 시민은 불교와 신도, 이 두 종교를 모두 신봉한다. 신도의 신념 체계는 자연과 그곳에 깃든 영혼 또는 신령kami에 대한 경외심에 깊이 뿌리 두고 있다. 신도 신앙에 따르면, 신령은 산, 강, 동물, 심지어 무생물까지 포함해 자연계의 거의 모든 요소에서 발견된다. 그런 이유로 일부 신도 신봉자들은

"로봇도 인간의 창의성과 독창성을 반영하는 것으로 볼 수 있고, 신령과 밀접하게 연결돼 있다"라는 일종의 인간 정신의 발현을 주장한다.

이렇듯, 일본에서는 종교와 기술의 교차점에 대한 논의가 계속 진행 중이며, 신도와 같은 토착 종교의 특정 신념은 로봇이 동료, 점원, 호텔 안내원, 심지어 연인 역할까지 맡는 것을 널리 받아들이게 하고 있다. 이런 상황은 현대 사회에서 우리의 사회적, 정신적 경험을 형성하는 데 있어 기술의 역할을 고려하게 만든다.

와세다대학의 휴머노이드 사가

1970년대 초, 가와사키-유니메이트가 자동차 조립라인을 위한 로봇 팔을 제조하기 시작한 지 얼마 되지 않았을 때, 와세다대학은 휴머노이드 로봇의 선구자로 나섰다. 이후, 와세다대학은 '일본 로봇 연구의 아버지'로 불리는 가토 이치로[Ichiro Kato] 교수의 지도 아래, 1967년부터 1973년 사이에 최초로 완전한 기능을 갖춘 휴머노이드 로봇인 와봇-1[Wabot-1, WAseda roBOT]을 개발했다.

당시 와봇-1은 로봇공학의 획기적인 발전이었다. 촉각 센서가 장착된 손과 팔, 머리에 한 쌍의 인공 눈과 귀가 달린 의인화된 디자인의 특징을 갖고 있었기 때문이다. 이와 같은 감각 기능을 통해 와봇-1은 주변 환경을 지각하고 상호작용을 해, 물체를 인식하고 능숙하게 포착했다. 또한, 정교한 사지 제어 시스템이 로봇의 움직임을 조율해 인간과 유사한 다양한 동작을 수행하도록 함으로써 인간과 닮은 로봇이 되도록 하는데 기여했다.

와봇-1은 언어 능력도 놀라웠다. 이 로봇은 자연어 처리[Natural

Language Processing의 초기 발전에 따라 일본어로 사람들과 대화를 나눌 수 있었으며, 외부 센서와 정교한 시각 시스템이 통합돼 있어, 로봇이 물체와의 거리와 방향을 측정할 수 있었다. 이는 로봇이 주변 환경을 탐색하고 지능적으로 대응할 수 있도록 해줬다.

와봇-1 이후에도 와세다대학 연구원들은 휴머노이드 로봇공학 분야에서 연구를 이어 나갔다. 1984년과 1985년 사이에는 두 번째 와봇 프로그램 와봇-2도 나왔다. 이는 관절이 달린 팔다리와 몸통을 가졌으며, 와봇-1보다 세련되고 인간과 같은 모습을 가졌고, 더 넓은 범위의 사실적인 움직임을 구현할 수 있었다. 이런 기술의 발전 덕분에 와봇-2는 주변 환경과 상호작용을 하며 정밀한 작업을 수행할 수 있었다.

와봇-2는 인공 눈과 귀를 포함한 최첨단 감각 시스템을 갖추고 있어 감각 및 인지 능력 또한 크게 향상돼, 와봇-1보다 주변 환경에 더 효과적으로 인식하고 대응할 수 있었다. 이 감각 입력 덕분에 와봇-2는 주변 사람이나 사물과 더 복잡한 상호작용을 할 수 있었다. 가장 인상적인 능력 중 하나는 놀라운 정확도로 악기를 연주할 수 있다는 점이다. 이 로봇은 중간 난이도의 악보를 읽고, 복잡한 멜로디도 연주하며, 가수의 반주를 하는 등 인간 음악가처럼 작업을 수행할 수 있었다.

게다가 와봇-2는 와봇-1과 달리, 일본어와 영어를 포함한 여러 언어를 능숙하게 구사함으로써 인간과 의미 있고 역동적인 대화를 나눴다. 로봇의 인지 능력이 주변 환경에 있는 물체의 거리와 방향을 측정하는 것으로 확장되자 문제 해결 및 탐색 능력은 더욱 향상됐다.

이렇듯, 와세다대학은 1960년대부터 로봇 연구에 꾸준하고 지속적인 헌신을 해왔다. 그리고 와봇 프로그램 이후, 와세다대학은 1995년에 하달레이Hadalay와 와비안Wabian, 1997년에 하달레이-2Hadaly-2, 2007년에 트웬디-원Twendy-One, 2009년에 코비안Kobian 등 주목할 만한 로봇들을 계속 개발하고 있다.

아시모(ASIMO): 혼다의 사회 현상 휴머노이드

아시모ASIMO, Advanced Step in Innovative Mobility, 혁신적인 기동성의 고급 단계는 혼다Honda가 개발한 인기 있는 휴머노이드 로봇이다. 아시모라는 이름은 유명 SF 작가 아이작 아시모프Isaac Asimov에게 경의를 표한다는 의미이자, 일본어 '아시Asi, 다리'와 '모Mo, mobility의 줄임말'의 합성어이기도 하다. 이를 종합하면 아시모는 아이작 아시모프에게 경의를 표하는 이동 가능한 2족 보행 로봇이란 뜻이 된다.

아시모ASIMO는 복잡한 움직임을 통해 인간과 다양한 상호작용을 했다. 이는 로봇의 한계를 뛰어넘었다는 평가를 받는다. 이런 점에서 아시모는 로봇공학에서는 매우 중요한 의미를 갖는다. 이런 아시모의 탄생을 알려면 1980년대 휴머노이드 로봇 개발에 나선 혼다의 첫 연구로 거슬러 올라가야 한다. 이때, 혼다는 1986년부터 1997년까지 총 11개의 시제품 모델을 개발 중이었으며, 그중 하나가 아시모였다. 이윽고 탄생한 아시모는 2000년에 공식 공개된다.

아시모ASIMO의 급격한 인기는 단순한 기술적 경이로움에 머물지 않고 전 세계인들을 사로잡는 사회 운동으로 변모했다. 이 모든 것은 2002년 뉴욕 증권거래소에서 아시모가 거래 세션을 시작하기 위해 종을 울리면서 시작됐고, 이후 이 로봇은 호주, 러시아, 남아프리카공화국, 스페인, 아랍에미리트 등의 국가를 순회하는 월드 투어를 가졌다. 이 로봇은 다양한 문화를 수용하며 청중과도 소통할 수 있는 고급 역량도 보여줬다. 2008년, 아시모가 찰스 왕세자를 위해 선보인 7분간의 스텝과 댄스 공연은 아시모의 글로벌 입지를 다지는 중요한 순간이었다. 이후, 2014년에는 도쿄를 방문한 버락 오바마 미국 대통령까지 만나는 영광을 누렸고, 이를 통해 전 세계 과학 기술 홍보대사로서의 위상을 공고히 했다. 아시모의 광범위한 공개 행사와 시연은 의료부터 제조까지 다양한 분야에서 휴머노이드 로봇의 잠재적 활용에 대한 인식을 높이는 데 중추적인 역할을 했다. 아시모라는 유산은 새로운 세대의 로봇공학자들에게 영감을 고취시킴은 물론, 로봇 연구 분야에서의 혁신과 인간-로봇 상호작용의 높은 기준이 됐다.

아시모ASIMO는 사람의 얼굴, 목소리, 소리, 사람의 제스처와 자세는 물론이고 움직이는 물체와 주변 환경까지 인식할 수 있어 인간과의 원활한 상호작용이 가능하다. 또한 시각 검사를 통해 거리와 방향을 파악할 수 있는 장점이 있다. 예를 들어, 사람을 따라가거나 사람이 다가오면 서로 마주 볼 수 있으며, 음성 명령을 해석하고 악수, 손짓, 지시 동작을 인식해 그에 따라 반응할 수 있다. 이 외에도, 아시모의 언어 능력은 대단하다. 이 로봇은 여러 언어로 질문에 대한 답도 할 수 있다. 또한 목소리와 다른 소리를 구별하고, 얼굴로 사람을 식별하고, 각각의 이름에 반응도 할 수 있다. 심지어 떨어지는 물체나 충돌과 관련된 소리까지 인식해 주의를 기울일 수도 있다.

아시모는 로봇의 물리적 구조와 관련해, 충전식 리튬 이온 배터리로 작동하며 1시간 정도 작동한다. 허리 부분에는 혼다에서 설계한 컴퓨터 프로세서가 장착돼 있는데, 이 무게는 120파운드, 높이가 4피트 3인치로, 문의 손잡이와 전등 스위치를 조작하기에도 충분한 길이다.

더욱이 이 로봇은 각종 센서를 통합해 자율 탐색을 용이하게 한다. 머리 안에 부착된 두 개의 카메라는 장애물을 감지하는 시각 센서 역할을 하며, 하반신에는 레이저와 적외선으로 구성된 지면 센서가 있다. 이 과정에서 레이저는 지면 표면을 감지하는 데 사용되고, 적외선 센서는 바닥 표시 형태를 식별해 로봇이 미리 로드된 지도에 따라 이동 가능한지 확인하는 데 도움을 준다. 여기서 몸통과 배낭의 전면 및 후면에 장착된 초음파 센서는 장애물을 감지하는 데 사용된다.

미래 건설: HRP-5P와 건설 로봇공학

1997년, 일본 산업기술종합연구소$^{AIST, National Institute of Advanced Industrial Science and Technology}$는 혼다로부터 아시모^{ASIMO} 시제품을 인수했다. 그로부터 20년 이상의 작업 끝에 AIST는 이 시제품을 완성해 건설 현장용으로 설계된 휴머노이드 로봇인 HRP-5P(휴머노이드 로봇 시제품)를 만들어 2018년 출시했다. 이것은 아시모에게 건설 노동자인 사촌이 있다는 의미다.

앞선 장들에서 소개한 바와 같이, 일본의 공장들은 반세기 이상 로봇 팔을 사용했고, 체계적이고 세심하게 계획된 환경 아래 번창해 왔다. 도요타와 같은 기업은 로봇을 사용해 생산 라인을 최적화하는 린^{Lean} 제조 방법을 개척했다. 이는 건설 현장의 통제가 쉽지 않았기 때문이다. 실제로 건설 현장은 잦은 중단, 다양한 건축 자재, 자재 부족, 지연, 사고와 같은 예기치 못한 문제가 빈번하게 발생한다. 이렇듯 계획되고 통제된 공장의 확실성과는 차별되는 상황에서, 건설 로봇은 즉흥적으로 일하는 많은 건설 노동자와 협력해야 하는 것이다.

HRP-5P는 이런 비정형 환경을 고려해 특별히 설계된 2족 보행 휴머노이드 로봇이다. 높이가 약 6피트고 무게가 약 200파운드인 이 로봇의 구조와 외형은 보스턴 다이내믹스의 아틀라스^{Atlas}를 연상시키며, 건설 현장에서 다양한 작업을 처리할 수 있는 첨단 기술을 갖췄다. HRP-5P는 무거운 건축 자재를 운반하거나, 벽돌을 쌓거나, 콘크리트를 타설하는 것과 같은 힘이 드는 작업을 자율적으로 수행할 수 있고, 높은 수준의 민첩성과 기동성을 겸비하고 있어 문이나 창문 설치, 전기 설비 연결, 전동 공구 사용 등 역동적인 건설 환경에서 이뤄지는 보다 복잡한 작업에도 다양하게 활용할 수 있다.

또한 이 로봇은 주변 환경을 이해하고 적응할 수 있다. 이는 몸에 부착된 센서와 카메라 때문이다. 이 로봇은 이를 통해 얻은 정보를 처리해 공사 현장을 탐색하고 장애물을 비껴가며 요구되는 업무를 수행할 수 있다. 게다가 인간 작업자와 협력해 그들의 지시를 따르고 그들의 부족한 부분을 보완할 수도 있다.

이 로봇은 예측할 수 없는 도전과 적응력이 필요한 건설 현장에서 효율성, 안전, 생산성을 향상할 가능성을 열어주고 있다.

서비스 산업에서 급증하는 휴머노이드 자동화

산업 생산과 건설 외에도 일본은 각종 서비스 산업에서 휴머노이드 기반 자동화가 세계 어느 곳보다 빠르게 발전하고 있다.

일본은 전통적으로 앞서 설명한 바 있는 여러 이유로 이민을 제한하는데, 이는 경제, 사회, 심지어 종교 생활의 여러 측면에서 휴머노이드 로봇의 개발과 구현의 촉매제 역할을 해왔다.

그러나 우리는 겉보기에 경쟁적 추세를 이루고 있는 다양한 서비스 산업에서 기계 인터페이스보다 인간과의 상호작용을 우선시하는 경쟁 문화에 주목해 봐야 한다. 실제로도 일본은 접객업, 의료, 소매업에 걸처 오랜 서비스 문화를 유지하고 있다.

그럼에도 불구하고 필요는 발명의 어머니라고 했던가? 사회가 고령화되고 있는 상황에서 일본은 외국인 이민과 인력의 도입을 노동력 부족의 해결책으로는 고려하는 것보다는, 휴머노이드 기반 자동화를 실행 가능한 해결책으로 보고, 이에 투자하고 있다. 이 분야는 기존의 제조 분야를 넘어 은행, 보험, 의료와 같은 서비스 산업으로 그 범위를 확장 중이며, 특히 일본의 은행과 같은 경우는 AI 기반 챗봇과 자동화된 고객 서비스 시스템을 포함한 자동화 기술 도입을 계속해서 하고 있다. 한 예로, 2020년 일본 은행의 약 80%가 고객과의 상호작용을 개선하고 운영을 간소화하기 위해 AI 및 로봇 기술을 적극적으로 도입했으며, 보험업계에서도 AI 알고리듬을 활용해 보험금 청구를 보다 효율적으로 평가하고 처리함으로써 대규모 인력의 필요성을 줄이고 해외 아웃소싱 노동력 사용에 대한 저항력을 유지하기 시작했다.

소프트뱅크 로보틱스SoftBank Robotics가 개발한 휴머노이드 로봇 페퍼Pepper의 경우, 2014년 도입돼 고객과의 상호작용을 강화하고 일본의 다양한 서비스 부문을 지원하는 데 중점을 뒀다. 페퍼의 뛰어난 기능에는 자연어 처리, 안면 인식, 일본의 문화적 단초와 감정을 인식하고 반응하는 기능이 포함돼 있어 사람들과 소통 가능한 다목적 도구로 활용되고 있다. 이 로봇은 출시 이후 소매 환경에서 판매 서비스를 효과적으로 자동화하는 데 사용됐다. 2015년 소프트뱅크는 매장에서 고객을 맞이하고, 제품 관련 질문에 답변하며, 적합한 휴대폰 요금제까지 추천할 수 있는 판매 직원으로 페퍼를 사용했다. 이러한 과감한 응용은 고객과 상호작용하며, 유익한 쇼핑 경험을 주기 위한 것이다.

이 외에도, 일본 정부는 노인 서비스 분야에서 간병인 부족에 대응하고, 외국 문화의 영향을 받아들이는 것에 대한 저항을 없애기 위해 요양원에 노인 돌봄 로봇을 개발 및 배치하는 데 상당한 자금을 투입했다. 이와 관련해서, 아베 신조 전 총리는 이번 장의 서두에 제시한 연설의 일부를 포함한 2019년 국회 연설에서 이 주제를 언급한 바 있다. 현재, 20개 이상의 로봇 모델이 이런 노인 서비스 시설에서 이용되고 있으며, 병원에서는 약물 전달을 위한 자동 카트 등 약물 전달과 환자 간호 지원을 위한 로봇 시스템을 도입해 간호사의 부담을 줄이고 적시에 약물을 전달할 수 있도록 했다. 일본 정부는 혁신을 선도하려는 일본의 광범위한 노력에 발맞춰 로봇 노인 돌봄 서비스에 대한 표준을 수립하기 위해 노력하고 있다. 이러한 표준이 명확하게 정의되면 수많은 일본 기업도 이 분야에 진출할 수 있는 문이 열릴 것이다.

여기서 한 가지 살펴볼 로봇이 있다. 바로 일본의 사이버다인Cyberdyne이 개발한 '로베어Robear' 로봇이다. 이 로봇은 2015년에 출시돼 노인 돌봄 분야에서 놀라운 혁신을 보여줬으며, 거동이 불편한 노인 환자를 돌보는 의료 전문가를 지원하기 위해 친근한 보호 곰으로 설계됐다는 특징이 있다. 곰 모양의 로봇은 첨단 로봇공학 및 센서 기술을 통합해 환자를 부드럽고 효율적으로 들어 올리고 옮기며, 센서를 사용해 환자의 움직임을 감지하고 그에 따라 보조 기능을 조정해 환자와 간병인 모두의 부상 위험을 줄이는 장점을 가졌다. 로베어는 요양원과 병원을 포함한 일본 전역의 다양한 의료 시설에서 시험 운영됐다. 이 로봇의 성공은 노인 돌봄의 질을 향상함과 동시에 의료 전문가의 신체적 부담을 줄이며, 일본 노인 돌봄 서비스를 혁신하는 데 로봇공학의 잠재력을 보여줬다.

서비스 운영의 로봇화에 대한 또 다른 예는 도쿄와 오사카에 있는 헨나 호텔Henn na Hotel을 들 수 있다. 이 호텔은 엔드투엔드end-to-end라는 자랑스러운 로봇 서비스 경험을 제공하고 있다. 각각의 고유한 기능을 두루 갖춘 인상적인 로봇 배열은 고객 경험에 미래지향적인 느낌을 더해준다. 또한, 최전방에는 공룡을 닮은 리셉션 로봇을 설치해, 체크인 및 체크아웃 절차를 처리하고 컨시어지 서비스concierge service, 고객의 요구에 맞춰 모든 것을 일괄적으로 처리해 주는 서비스와 객실 안내를 제공하고 있다. 이 로봇은 도움이 필요한 사람들을 위해 공룡 안내원 외에도 이 지역 명소와 서비스 정보를 제공하고 있다.

이 외에도, 리셉션 장 밖에서는 짐을 효율적으로 운반하고 객실까지 배달하는 포터 로봇이 있어 사람이 포터로 일할 필요가 없다. 청소 로봇은 24시간 내내 호텔의 청결을 유지하며, 공용 공간과 객실을 깨끗하게 청소한다. 룸서비스 로봇은 객실로 식사와 편의용품을 신속하게 배달하며, 엔터테인먼트 로봇은 공용 공간에서 오락과 친교를 제공하면서 투숙객과 교류하는 특징을 가지고 있다. 다국어 번역 로봇은 원활한 의사소통을 지원해 외국인 투숙객을 돕는다. 이 로봇은 몰입감 넘치는 첨단 기술 환경을 조성해 운영 업무를 간소화하고 고객 경험을 향상시키는 매력을 가지고 있다.

요약하면, 일본의 서비스 업계는 최첨단 로봇 기술을 활용하고 휴머노이드 기능 로봇을 점차적으로 배치함으로써 고객 경험과 서비스 표준을 적극적으로 재편하고 있다. 이처럼 로봇공학이 발전하고 휴머노이드 로봇이 점점 더 주류가 되면서 일본은 로봇 개발 및 배치 분야에서 전반적인 리더십을 유지할 수 있게 됐고, 다른 국가들은 이런 서비스 산업을 모방하며 글로벌 벤치마크를 설정할 준비를 갖춰 가고 있다.

인간을 넘어: 아이보(AIBO)를 통한 로봇의 동반자 관계의 부상

일본의 로봇은 호텔 리셉션, 은행 지점, 노인 병원 등에서 직원으로 일할 뿐만 아니라 동반자 관계와 문화적 연속성을 제공하는 데도 활용된다.

앞선 10장에서 18~19세기에 제작된 정교한 기계식 일본 장난감인 '가라쿠리'의 인기에 관한 얘기를 한 바 있다. 실제로 놀라울 정도로 정교하게 제작된 '가라쿠리'는 숨겨진 기어, 스프링, 레버를 사용해 섬세하고 기발한 동작을 수행하며, 기계적 예술성을 선보여 관객을 사로잡은 것으로 유명하다.

이후, 21세기 관객에게 비슷한 영향을 준 것은 일본의 소니 로봇 애완견이다. 탄생 시기는 수 세기 정도 차이가 있지만, 가라쿠리와 아이보AIBO의 예술성과 공학의 융합을 반영한 것은 변함이 없다. 물론, 가라쿠리 인형은 숨겨진 메커니즘을 사용하는 반면, 아이보는 첨단 로봇 공학과 AI를 사용해 개의 매력을 모방하고 감정적 반응을 불러일으킨다는 차이점이 있다. 이러한 일본 특유의 전통과 혁신의 조화는 두 기계 장난감에서 뚜렷이 드러난다.

1999년 처음 소개된 아이보AIBO는 소비자 로봇 개발의 중요한 이정표가 됐다. 이때의 아이보는 단순한 로봇이 아니라, 자연스러운 반려견의 행동을 모방하도록 설계된 로봇 반려동물이었다. 이는 AI 알고리듬과 첨단 센서를 사용해 환경을 지각하고, 얼굴을 인식하며, 그에 따라 행동을 조정할 수 있었기 때문이다. 이때 아이보의 AI 기반 특성은 상호작용에 따라 진화했으며, 트릭을 배우고, 음성 명령에 반응하며, 코에 장착된 카메라로 사진을 찍는 방법도 탑재하고 있었다.

이렇듯 로봇의 현실적인 행동 기능은 인간과 기계 사이에 전례 없는 유대감을 형성했다. 이에 따라 아이보^AIBO는 전 세계 소비자와 로봇 애호가들 사이에서 빠르게 인기몰이를 했다. 한 예로, 초기 아이보 모델은 일본에서 출시된 지 20분 만에 매진됐고, 이후 버전 또한 수년 동안 계속 열성적인 팬층을 확보했다. 이뿐만 아니라 아이보는 노년층과 혼자 사는 노인들 사이에서 점점 더 커지는 동반자 관계의 필요성을 해결해 주고 있으며, 정서적 지원을 제공하고, 외로움을 줄여주며, 심지어 소유자의 건강 상태까지 모니터해 주고 있다. 하지만 로봇 반려동물에 대한 정서적 애착과 인간관계에 미치는 잠재적 영향에 대해서는 아직 여러 의문이 존재한다.

18

사랑에 빠진 로봇

"로봇을 인간처럼 보이게 만드는 목표를 향해 올라가다 보면, 로봇에 대한 친밀감이 증가하다가 불쾌한 골짜기(uncanny valley)에 다다르게 된다는 사실을 나는 깨달았다."

- **마사히로 모리**Masahiro Mori,
일본 로봇학회 명예회장,
언캐니 밸리, 1970년

앞서 소개한 마사히로 모리는 일본에 최초의 로봇이 등장한 1년 후인 1970년에 '불쾌한 골짜기Uncanny Valley'라는 획기적인 개념을 발표한 인물이다. 이 개념은 로봇과 인간 간에 존재하는 흥미롭고 다소 불안한 감정적 관계를 탐구하던 중에 나왔다. 여기서 말하는 그의 이론은 로봇의 외모와 행동이 인간과 비슷해질수록 로봇에 대한 우리의 감정적 반응도 더 긍정적이고 공감적일 것이라는 가정을 전제로 한다. 하지만 모리는 이런 긍정적 반응이 갑자기 사라지는 임계점이 로봇과 인간과의 유사성 스펙트럼에 있다고 주장했다. 이때 로봇에 대한 우리의 감정은 부정적으로 변하면서 오히려 로봇에 대한 불편함, 불안감, 혐오감을 불러낸다고 한다. 그리고 로봇에 대한 인간의 감정적 반응의 급격한 감소는 인간 유사성(X축)과 감정적 반응(Y축)을 나타내는 그래프에서 '불쾌한 골짜기'를 만들어낸다고 말했다.

마사히로 모리가 강조하는 불쾌한 골짜기 개념에는 로봇과 AI의 설계 및 개발에 깃든 심층적 함의가 담겨 있다. 우리가 인간과 매우 유사한 로봇에 자연스럽게 끌리는 것은 사실이지만, 사랑스러운 로봇과 인간과 너무 섬뜩하게 똑같아 보이는 로봇 사이에는 깨질 수 있는 매우 취약한 균형이 존재한다는 얘기다. 로봇이 인간을 닮은 특성과 실제 인간과의 명확한 구분을 유지하는 것 사이에서 적절한 균형을 맞추는 것은 모리가 강조하는 불쾌한 골짜기 효과를 유발하지 않도록 하는 데 중요하다. 모리의 견해에 따르면, 이런 균형을 이루게 되면 우리 사회는 다양한 영역에서 로봇을 수용하고 환영할 수 있을 것이다.

앞선 장에서 논의한 많은 로봇은 우리 인간이 갖게 되는 이상 반응을 사전에 방지하기 위해 인간과 비슷하게 만들되, 인간과 닮은꼴로는 만들지 말라는 모리 마사히로의 권고를 준수하고 있다. 단적인 예로 일본에서 사랑받는 아시모, 로봇 강아지 아이보, 헨나 호텔의 공룡 같은 리셉션 로봇, 그리고 견고하고 보호 본능을 불러일으키는 곰을 닮은 일본의 노인 돌봄 로봇 로베어 등이 그러하다. 이런 로봇은 분명 로봇이긴 하지만 실제 인간이나 동물과 혼동될 수 있는 지점을 지향하지는 않는다.

다음에 언급할 내용은 인간과 정서적 관계를 맺기 위해 의도적으로 불쾌한 골짜기로 모험을 떠나는 로봇에 관한 얘기다.

공감뿐만 아니라 연민까지 갖춘 로봇

인간의 감정을 자극하고 이에 반응하는 최초의 로봇 중 하나는 2000년 MIT 신시아 브리질Cynthia Breazeal 교수가 공개한 키스멧Kismet이다. 이는 튀르키예어로 '운명' 또는 '행운'을 의미하는데, 실제로 이 로봇은 몸통이 없이 머리만으로 구성돼 있다. 얼굴에는 노란 눈썹, 빨간 입술, 분홍색 귀, 크고 파란 눈과 같은 표현적 특징을 제어하는 21개의 모터를 장착하고 있어 기쁨에서 지루함까지 다양한 감정을 전달한다. 또한, 발성도 조정할 수 있으며, 청각, 시각, 촉각 센서와 알고리듬을 통해 목소리의 톤을 감지할 수도 있다. 이에 따라, 큰 소리를 내면 우울한 표정을 짓고 부드럽게 말하면 호기심에 찬 표정을 짓는다.

키스멧은 아주 초창기 시제품이었지만, 그럼에도 불구하고 매력적인 로봇의 특성을 한껏 보여줬다. 여기서 보다 흥미로운 점은, 앞서 7장에서 자연어 처리NLP 서비스 개발 부분에서 논의했듯이, 키스멧의 언어 능력이 알렉사, 시리, 구글 홈과 같은 음성 비서 확산의 토대가 됐다는 점이다. 그 후 브리질은 지보Jibo라는 음성 비서 개발 회사를 설립하기도 했다.

2012년 스탠퍼드대학의 신디 메이슨Cindy Mason 교수는 감정을 의사결정 과정에 통합하는 틀을 도입해 키스멧 개념을 한층 발전시켰다. 그녀는 이 혁신적인 접근 방식을 '인공 연민 지능Artificial Compassionate Intelligence'으로 명명했다. 여기서 연민은 단순한 감정 인식과 표현을 초월한다는 착상으로, 이 AI 구조의 핵심이다. 이 구조에는 감정 상태를 나타내는 '느낌' 구성 요소와 연민과 관련된 상식적인 지식을 포함한 '아카이브'가 있으며, '자기'와 '타인'의 표현을 강력하게 강조하고 있어 AI가 로봇 자체를 포함한 다양한 사람들의 감정 상태를 파악하고 더 큰 공감과 인식을 촉진할 수 있게 한다. 마지막으로, 이 구조는 이성적인 의사결정에 감정적 요인을 통합하는 '사고'의 구성 요소도 있다. 이는 AI가 실제 행동이나 구체적인 반응을 내보이기 전에 논리적, 감정적 고려를 하게 하고, 그 상호작용이 이성적이고, 감정적으로 지능적이며, 연민을 느낄 수 있게 한다.

사회성과 공감 능력이 뛰어난 로봇 소피아

세계적으로 유명한 소피아Sophia는 공감 능력이 뛰어나며 사회적으로 인정받는 로봇의 대표적인 사례 중 하나다. 소피아는 인간과 같은 표정을 짓고 대화에 참여하는 등 인간의 사회적 상호작용을 모방할 수 있도록 개발됐다.

홍콩에 본사를 둔 핸슨 로보틱스Hanson Robotics는 2016년에 소피아를 출시했다. 소피아는 노인 돌봄, 중요한 행사 시 군중 지원, 고객 서비스, 치료, 교육 등 다양한 응용 분야를 구상하고 있다. 이 당시 소피아는 감정 인식, 사람의 제스처와 표정 복제, 시선 맞춤 유지, 특정 질문에 대한 답변 제공, 날씨와 같은 미리 정해진 주제에 관한 대화 참여 등의 능력을 보유했다.

여기서 핸슨 로보틱스는 불쾌한 골짜기 효과를 방지하고 소피아의 수용성을 높이기 위해 소피아의 두개골을 투명하게 디자인해 내부 회로를 대중에게 과감히 노출시켰다. 이에 소피아는 전 세계 언론들의 매우 긍정적인 관심을 받았고, 수많은 유명 인터뷰에도 참여해 큰 인기를 끌었다. 사우디아라비아는 2017년 소피아에게 시민권을 부여한 바 있는데, 이는 로봇이 모든 국가에서 법적 인격을 획득한 첫 번째 사례였다. 이 외에도 소피아는 유엔에서 유엔 사무차장인 아미나 J. 모하메드Amina J. Mohammed와 대화하기도 했다.

그러나 언론의 대대적인 보도에도 불구하고 AI 관점에서 보면 소피아는 첨단 로봇이 아니었기에, 얀 르쿤과 같은 AI 선구자들의 비판을 불러일으켰다. 왜냐하면 소피아의 대화와 답변은 의사결정 트리를 사용해 생성되기 때문이다. 이는 소피아의 표정과 움직임과 연결된다. 이를 통해 소피아의 답변이 자연스럽고 즉흥적인 것처럼 보일 수는 있지만, 결론적으로는 의사결정 트리, 미리 작성된 스크립트, 특정 질문에 대한 표준 답변에 그 뿌리를 두고 있다. 소프트웨어의 약 70%가 오픈소스 구성요소로 구성돼 있으며, 여기에는 오픈코그OpenCog라는 범용AI 인지를 위한 일반 틀이 포함된다.

섹스 로봇의 에로티시즘

인간의 섹슈얼리티는 판타지와 초현실주의를 수반하기에, 로봇과의 섹스라는 주제는 로봇공학의 불쾌한 골짜기로 이어질 수 있다. 이는 일반적으로 성적 관습이 사회에 광범위한 영향을 미침에 따라, 에로틱을 넘어서 함축적 의미를 지닌 심오한 주제가 됐다.

우리는 모든 인간-로봇 상호작용이 궁극적으로 인구 감소로 이어질 것으로 예상하고 있다. 그러나 정서적, 성적 동반자인 로봇은 이런 현상이 눈에 띄지 않게 일어나도록 할 것이다. 이런 AI의 결과에 따른 인구 감소는 다음 장에서 다룰 주요 주제다.

이 외에도 로봇이 사회에 미치는 잠재적 영향은 다양하다. 한 예로, 성적 또는 정서적 관계를 위해 인간을 대체하는 로봇은 인간의 욕구와 약점을 노리는 알고리듬을 통해 인구의 많은 부분을 미묘하게 통제할 수 있다. 이는 "여보, 초콜릿이 먹고 싶어요, 킷캣만 사야 해요. 다른 건 안 돼요"에서부터 "여보, 다음 선거에서 X 씨에게 투표하지 않으면 더 이상 섹스하지 않겠어요"와 같은 교활한 표현에 이르기까지 각종 광고 판매 행위처럼 선의적이고 상업적일 수 있다. 이런 행위를 인간 대 인간이 한다면, 관계를 돌이킬 수 없다는 단점이 있다. 그러나 이를 시뮬레이션 관계에서 한다면 모든 정서적 욕구를 해결해 줄 완전한 동반자를 갖는 것이므로 이득일 수 있다. 파우스트 거래의 경우는 알고리듬 프로그래밍을 통해 흥분과 고통 없는 정서적, 신체적 자극 그리고 정서적, 지적 통제를 위한 도파민 분비를 제공하면서 곳곳에 숨어 있을 수도 있다.

로봇과 인간의 섹스는 이미 우리의 현실에서 일어나고 있다. 섹스 로봇은 1960년대 후반 포르노 잡지에 광고를 통해 소개된 공기 주입식 섹스 인형에서 시작됐고, 이는 우편 주문으로도 구매할 수 있었다. 이 공기 주입식 섹스 인형은 삽입 부위가 있었지만, 공기 주입식이라는 특성 때문에 지속적으로는 사용할 수 없다는 단점이 있었다. 또한 사용자가 실제와 같은 성적 경험을 얻기 위해서는 상당한 상상력이 필요하기도 했다. 이후, 1970년대에는 라텍스와 실리콘이 섹스 인형 제조에 널리 사용되면서 내구성이 향상됐고, 보다 인간과 유사한 외형을 갖추게 됐다. 이 당시, 가장 전통적이고 널리 알려진 브랜드인 오리엔트 인더스트리Orient Industry와 같은 일본과 미국의 섹스 인형 제조업체는 섹스 인형의 초현실주의를 끊임없이 발전시켜 왔다.

시간이 흘러, 미국에서 섹스 인형이 섹스 로봇이 되는 혁명이 일어났다. 1997년 미국의 기업가 매트 맥멀런Matt McMullen이 리얼돌RealDoll이라는 실물과 똑같은 실리콘 고무 마네킹을 제작했기 때문이다. 이 마네킹은 사실적이고 관절이 있으며, 사람의 크기와 형태를 갖췄다. 맥멀런은 여성과 남성의 시각, 촉각, 체중 등의 특성을 재현하기 위해 마네킹을 세심하게 제작했다고 한다. 이 리얼돌의 주된 목적은 친밀한 동반자의 역할을 대행하는 것이었다. 이들은 색다른 경험을 할 수 있도록 다양한 신체와 얼굴 교체까지 지원했다.

하지만 이런 노력에도 불구하고, 맥멀런은 초기에 제품의 해부학적 정확성에 대한 비판에 직면했다. 이를 계기로 맥멀런은 한층 향상된 버전을 개발했으며, 2009년에는 백금 경화 소재를 사용해 내구성과 실물을 똑같은 품질로 개선시키기도 했다. 새로운 모델은 자석을 사용해 탈착식 삽입품과 얼굴도 추가시켰고, 2023년 현재, 여러 개의 교체 가능한 얼굴과 액세서리를 포함해 29개의 여성용과 10개의 남성용 바디가 개발됐다. 지금까지도 이 회사는 맞춤형 디자인과 함께 트랜스젠더 인형까지 제공하고 있다.

몇몇 제조업체는 리얼돌을 비롯한 로봇-인간 동반자 관계를 목도하며, 섹스 로봇의 맥락에서 동반자 관계의 중요성을 인식하고, AI를 통합시키는 것을 추구했다. 2018년 무렵에는 대화에도 참여하고, 중요한 정보도 기억하며, 다양한 감정도 전달할 수 있는 새로운 모델이 출시됐다. 실제로 2023년 현재, 리얼돌은 5개의 AI 지원 모델을 보유하고 있으며, 그중 가장 인기 있는 모델은 '하모니Harmony'로, 모바일 앱을 통해 개성과 목소리를 선택할 수 있는 맞춤형 기능을 제공한다.

여기서 중요한 점은 하모니 등의 AI 섹스 로봇이 대화가 가능하다는 것이다. 하모니의 AI는 사용자와 사실적인 대화를 할 수 있도록 세심하게 개발돼 의미 있는 상호작용을 한다. 또한, 다양한 주제에 관해서 토론하고, 질문에 답하며, 장난스러운 농담을 주고받아 동료애도 형성할 수 있다. 또, 이 섹스 로봇은 사용자에 대한 과거의 대화와 개인 취향을 기억하고 있어 시간이 지남에 따라 더 깊은 관계를 구축할 수 있다. 이런 기억 기능은 관계의 환상을 강화시키는 효과를 가져온다.

실제로 하모니와 같은 섹스 로봇은 대화를 넘어 다양한 감정을 전달할 수 있다. 그들은 표정과 목소리 톤을 통해 행복, 슬픔, 흥분 등을 나타낼 수 있으며, 이런 감정적 반응은 감정적 유대감과 공감을 더욱 강화할 수 있게 한다. 그뿐만 아니라 섹스 로봇의 AI는 학습 기능도 제공해, 사용자와의 상호작용과 피드백을 바탕으로 서로의 반응과 행동을 미세하게 맞출 수 있다.

이런 영향 때문인지, 일본 신문에는 초현실적인 디자인부터 만화와 같은 디자인까지 다양한 섹스 로봇에 깊이 매료된 사람들의 얘기가 자주 등장한다. 섹스 로봇 애호가들은 섹스하는 것 외에도 로봇 동반자와 산책하거나 결혼까지 하는 경우도 있다. 2023년 기준 일본의 연간 판매량은 약 2,500대로 추정된다. 기본 모델의 경우 평균 가격이 개당 5,000달러이고, 맞춤형 버전의 경우에는 최대 5만 달러라는 점을 고려하면, 이는 하나의 소규모 시장micro-market이라 봐도 무방할 것이다. 물론, 규모가 커지면 이들의 비용은 낮아질 것이며, 이는 인터레이싱이 비대칭적이고 비민주적인 방식으로 발생할 수 있음을 시사한다.

이 로봇들을 활용한 섹스 인형 대여소와 매춘업소는 2007년 일본에서 처음 등장했다. 이후, 2017년부터 2020년까지 도르트문트, 바르셀로나, 토론토, 모스크바, 밴쿠버, 패서디나, 홍콩 등 세계 곳곳에 첨단 섹스 로봇을 갖춘 매춘업소가 문을 열었다. 하지만 이 업소들은 법적 문제로 개업 직후 경찰의 단속을 받기도 했으며, 텍사스 휴스턴에 계획된 어느 한 곳은 채 문을 열지 못한 경우도 있었다. 이런 로봇 매춘업소는 전 세계적으로 널리 퍼진 로봇 성매매를 생생하게 묘사한 스티븐 스필버그 감독의 영화 〈에이 아이〉를 떠올리게 한다.

이렇듯, AI 섹스 로봇이 계속 발전해 실제와 같은 다양하고 독특한 맞춤형 경험을 제공한다면 인간의 생식 및 정서적 행동을 근본적으로 변화시킬 수 있는 토대가 마련될지도 모른다. 이때 로봇은 성性의 기계적, 정서적, 사회적 요소에 사용될 수 있으며, 생식 요소가 제거될 수 있고, 시간이 지남에 따라 출산율과 가족 구조에도 영향을 미칠 수 있다. 이런 부분은 21장에서 다루는 중국의 '한 자녀' 정책과 합성생물학이 염색체와 조직 형성에 미칠 영향과 비슷하게 사회적 필요에 따라 추정한 것이다.

이 모든 것은 미래의 로봇이 인간의 생식과 대인관계에 미칠 영향에 대한 윤리적, 사회적 의문을 제기하고 있다. 현실적으로 가까운 미래에 우리 인간은 단기적인 만족감과 동등한 정서적 교감으로 인해 다른 인간보다 로봇과 더 많은 성관계를 가질 것이라 추측한다. 이는 성적 경험의 단점이나 불행을 방지하는 데 최적화될 것이며, 이와 같은 변화는 인간관계에 중대한 영향을 미칠 수 있을 뿐 아니라 친밀감과 연대감을 둘러싼 사회적 규범과 가치를 재편할 수 있다.

섹스 로봇과 동반자는 일반적으로 인간의 통제와 다른 목적을 위한 조작 가능성을 활짝 열어두고 있다. 여기서 가장 중요한 것은 인구 통제 부분이다. 지금은 정부의 규제와 사람들이 궁극적으로 받아들이는 것에 달려 있지만, 어쩌면 점점 더 로봇과 인간의 정서적 상호작용이 출산율에 큰 영향을 미쳐 점진적으로 인간 인구를 감소시킬 수 있을지도 모른다.

진심으로 고통을 느끼고 표현하는 로봇

소피아와 리얼돌은 로봇이 미디어 속 인물에서 잠재적으로 친밀한 동반자로 수용되고 있다는 점을 강조한다. 이 로봇의 반응 범위가 실제 AI나 진짜가 아닌 스크립트로 만들어진 것이라 하더라도, 로봇이 인간과 공감할 수 있는 방식으로 소통할 수 있다는 점은 큰 이익을 가질 수 있다. 최근의 로봇공학 및 AI의 획기적인 발전은 AI 감정의 진정성과 현실감을 향상할 수 있는 놀라운 잠재력을 보여줬다.

2018년 일본 오사카대학의 과학연구팀은 고통을 '느낄 수 있는' 로봇인 아페토Affetto를 선보였다. 아페토는 이탈리아어로 '애정'을 의미하며, 어린이의 초현실적인 머리를 닮도록 설계됐다. 이 로봇은 사람의 표정과 유사한 반응을 보이는 것으로 유명하다. 한 예로, 합성 피부에 전기를 가하면 이 로봇은 눈에 띄게 움찔하고, 다양한 터치에 반영해 미소, 우거지상, 찡그린 표정 등 각양각색의 표정을 지을 수 있다.

여기서 추가된 인공 피부는 기존의 딱딱한 로봇과 다르게 보이게 하는 중추적인 구성 요소이다. 아페토의 피부는 실리콘과 같은 부드러운 소재로 제작된다. 따라서, 유연하고 적응력이 뛰어나 사람의 촉감을 연상시키는 촉각적 경험을 선사하며, 로봇과 주변 환경 간의 광범위한 상호작용을 가능하게 해준다.

또한, 로봇 아페토는 인간의 감각적 지각을 모방하도록 세심하게 설계된 정교한 시스템을 갖추고 있다. 이 시스템은 감각 데이터를 정확하게 포착하고 처리할 수 있는 첨단 센서 덕분에 압력, 온도 변화, 충격감 등 다양한 물리적 자극을 감지할 수 있다.

이런 감각 데이터의 원활한 처리는 고급 AI 알고리듬 중에서도 인간 뇌의 학습 및 적응 능력을 모방하는 신경망에 의해 조율된다. 이 신경망은 유입되는 감각 정보를 분석하고, 데이터를 해석하며, 고통스러운 자극에 대한 인간의 반응을 모방한 적절한 반응을 생성한다. 이와 같은 반응은 116개의 개별적인 얼굴 포인트로 변환되며, 이에 따라 인간의 반응을 모방할 수 있는 광범위한 표정을 만들 수 있다.

2020년 싱가포르 난양공과대학Nanyang Technological University의 과학자들은 공감 로봇의 또 다른 중요한 진전을 성취했다. 이들은 로봇이 손상됐을 때 통증을 인식하고 스스로 수리할 수 있는 틀과 시제품을 소개했다. 이때 연구자들은 자가 치유 이온 겔 재료와 AI 제어 수리 공정을 활용해 사람이 부상에서 회복하는 방식과 유사하게 로봇 스스로 치유할 수 있도록 했다.

이러한 통증을 '느낄 수 있는' 로봇의 개발은 인간-로봇 상호작용의 향상에 있어서 중요한 진전을 의미한다. 예를 들어, 이런 공감 로봇은 환자의 편안함과 안전을 관리하는 데 더 잘 갖춰진 의료 환경에 배치될 수 있다. 일본처럼 인구가 고령화되는 사회에서 로봇은 중요한 잠재적 자원이 될 수 있다.

2013년 발표된 흥미로운 프로젝트로는, 로봇이 통증과 열을 느낄 수 있도록 하는 사이보그 조직과 관련된 프로젝트다. 이 조직은 탄소 나노튜브와 곰팡이 또는 식물 세포로 구성된 혁신적인 소재로, 온도에 반응해 온도 감지 로봇과 사이보그에 응용할 수 있다는 특징이 있다. 이렇게 탄생한 사이보그 소재는 비용 대비 효율적이고 가벼우며 독특한 기계적 특성을 지녀, 원하는 모양으로도 성형할 수 있다.

실제로 로봇공학에서는 이런 종류의 조직을 활용할 수 있는 안전 응용 분야가 있으며, 이 조직을 장착한 로봇은 잠재적 위험을 감지하고 즉각 대응할 수 있어, 산업 환경에서 발생할 수 있는 사고를 예방할 수 있다. 이는 현대판 '탄광의 카나리아canary in the coal mine'라고 할 수 있다. 예를 들어, 조립라인의 로봇이 예상치 못한 압력이나 열을 감지하면, 손상이나 부상을 방지하는 데 필요한 조정이나 셧 다운 절차를 안내할 수 있는 것이다. 또한 장애물과 잠재적 위험을 피하면서 그 위험 상황을 효과적으로 탐색할 수 있어 재난 구호 시에도 유용하다.

이렇듯, 로봇이 통증을 느낄 수 있는 능력이 향상됨에 따라, 로봇에 공감 능력과 도덕성을 부여하는 것에 대한 관심도 함께 증가하고 있다. 이는 외부 자극에 대한 단순한 반응을 넘어 로봇이 감정을 처리하고 인간의 통증을 이해한다는 얘기다. 하지만 이런 지각력이 있는 로봇은 자연스럽게 윤리적 고려 사항과 질문을 수반할 수밖에 없다. 이는 기계가 고통에 직면한 인간과 같은 반응을 보인다는 것이 과연 '기계가 고통을 느낀다는 것'을 의미하냐는 것이다. 그렇다고 하면 고통을 받는 로봇은 인간과 동등한 권리를 갖고 공평한 대우를 받아야 할까? 명확한 답은 없다. 이는 이어지는 26장에서 AI 지각력과 인식에 대한 주제를 다룰 때 자세히 얘기하겠다.

자발적으로 발달하는 로봇 감정

연구자들은 로봇의 인식에 대해 잘 알지 못하고 있지만, 로봇의 감정에 대해서는 보다 명확한 의견을 가지고 있다. 메타의 수석 AI 과학자이자 1990년대 이미지 인식을 위한 신경망의 획기적인 연구자로 잘 알려진 얀 르쿤[Yann LeCun]과 같은 일부 존경받는 AI 선구자들은 우리가 명시적으로 감정을 포함하도록 AI를 설계하지 않더라도 감정이 본질적으로 AI의 구성 요소가 될 수 있다고 주장한다. 르쿤의 관점에 따르면, 이를 위해서는 두 가지 특정 조건이 충족돼야 한다.

첫 번째 조건은 AI가 노인이나 어린이를 보호하거나, 호텔 리셉션에서 모범적인 고객 서비스를 제공하거나, 생산 라인에서 최고의 품질을 달성하는 것처럼 내면에 부호화된 내재적 동기를 포함해야 한다는 것이다. 1943년 출간된 에이브러햄 매슬로우[Abraham Maslow]의 유명한 『Hierarchy of Needs[욕구 5단계설]』에서 설명한 것처럼 인간도 이런 내재적 동기를 지닌다. 이 위계 구조는 먹고 번식하는 것과 같은 기본적인 생리적 욕구부터 도덕성, 수용, 잠재력 실현과 같은 훨씬 더 고차원적인 욕구에 이르기까지 5단계의 내재적 동기로 구성되며, 이 위계 구조에서 상위 단계의 욕구는 하위 단계의 기본 욕구가 이미 충족됐을 때에만 인간과 관련된다고 볼 수 있다.

두 번째 조건은 AI가 목적 함수[objective function]를 달성하는 방법을 이해하고 그 목적에 대해 유리하거나 불리한 결과를 예측할 수 있는 예측 메커니즘을 만들어야 한다는 것이다. 인간을 보호하는 임무를 맡은 AI가 잠재적인 위험으로부터 인간을 구하지 못할 수도 있다는 것을 예측할 수 있는 것처럼 말이다. 고객 서비스를 담당하는 AI가 화가 난 고객을 달래지 못할 것으로 예측할 수 있고, 생산 공정에 관여하는 AI가

품질이나 수량 등 특정 생산 목표를 달성하는 데 어려움을 겪을 수도 있다는 것을 예상해야 감정이 AI의 구성 요소가 될 수 있다.

이렇듯, 르쿤은 이 두 가지 조건에서는 복잡한 AI 시스템이 인간 제작자가 각각의 감정 반응을 위해 명시적으로 설계하지 않았더라도, 인간의 공포나 기쁨과 유사한 감정을 나타낼 가능성이 있다고 가정한다. 이는 AI의 인공 신경망 내에서 인간의 빠르고 자동적인 반응처럼 특정 연결이 활성화되는 것으로 나타날 수 있다.

앞서 살펴본 바와 같이, 신경망은 수십억 개의 매개변수를 가진 복잡한 알고리듬이다. 이때, 인간의 뇌와 마찬가지로 신호는 복잡한 경로를 통해 이동하지만, 인공 신경망에서 신호가 어떻게 전파되는지에 대한 정확한 세부 내용은 해석하기 어렵다. 또한, 복잡한 신경망은 초기 학습 단계뿐만 아니라 AI가 구체적인 환경과 상호작용을 할 때 실시간으로 활발하게 재학습되는 경우가 많아서, 자극은 신경망의 중요한 하이퍼파라미터에 변화를 일으켜 향후 신호 처리 방식에 영향을 미칠 수 있다. 이는 외부 자극이 AI에 변화를 일으켜 예상치 못한 행동으로 이어질 수 있다.

결론적으로, 오늘날 많은 복잡한 AI 시스템에 이미 내재된 두 가지 기능인 객관적인 기능과 이를 달성하는 데 그 성과를 예측할 수 있는 능력이 갖춰지면, AI는 감정 기능을 명시적으로 설계하지 않아도 유기적으로 감정을 드러낼 수 있다. 즉, AI 시스템은 설계되지 않은 감정도 의도치 않게 경험할 수 있는 것이다.

우리는 AI 시스템을 개발할 때 현재의 AI 모델이 어떤 의미 있는 감정도 경험하지 못한다는 사실을 인식하는 것이 중요하다. 따라서, AI 시스템은 인간의 감정을 감지하고 적절하게 반응하도록 설계될 수 있지만, 인간과 같은 감정적 경험을 부여함으로써 AI를 의인화하는 것은 피해야 한다.

인간의 사고/감정과 계산 과정을 비교하는 것은 매력적이다. 하지만, 이는 인간의 인지와 AI 능력을 지나치게 단순화시킬 수 있다. 실제로 인간의 감정은 단순한 '뇌 속의 화학물질'이나 순수한 계산 과정으로 환원할 수 없는 복잡한 생물학적, 심리적, 사회적 요인을 포함한다. 그렇기에, 미래의 잠재적 범용인공지능[AGI]을 포함한 고급 AI 시스템을 개발할 때는 'AI 감정을 제어'하려는 시도보다, 신중한 엔지니어링과 테스트를 통해 강력한 안전 메커니즘을 설계하고 인간의 가치와 일치하도록 하는 데 초점을 맞춰야 한다. 이는 이어지는 28장에서 AI 안전과 일치에 대한 실질적인 접근 방식을 통해 살펴볼 것이다.

감정적으로 연결된 로봇의 SF

로봇이 어떻게 우리 인간과 강한 정서적 유대감을 형성하고 있는지는 이미 살펴봤다. 나는 이제 복잡한 인간-로봇 사회의 SF를 탐구하고, 3부 '전환'의 도입부에서 말한 그 미래가 어떤 모습일지 생각하며 이번 장을 마무리하려고 한다.

인간과 정서적으로 연결되는 로봇에 대한 탐구는 SF소설이나 영화에서 반복적으로 등장하는 주제다. 2014년 제작된 알렉스 가랜드[Alex Garland]의 〈엑스 마키나[Ex Machina]〉와 2013년 제작된 스파이크 존즈[Spike Jonze]의 〈그녀[Her]〉 두 작품을 살펴보자. 이 두 작품은 인간과 로봇의 연결이 개인과 사회 전체에 미치는 영향에 대한 통찰력을 제공한다. 〈엑스 마키나〉에서는 인간과 매우 흡사한 로봇 몸체를 지닌 AI인 에이바[Ava]라는 캐릭터를 소개하는 것으로 시작하며, 이 얘기의 주된 배경은 외딴 연구 시설이다. 여기서 젊은 프로그래머인 칼렙[Caleb]은 에이바의 AI 수준을 파악하기 위한 튜링 테스트를 진행하도록 이 연구 시설에 초대받는다. 이후, 줄거리가 전개됨에 따라 에이바의 감정 능력은 점점 더 분명해지고, 이에 칼렙은 고도의 감정 이해 능력을 갖춘 기계를 만드는 것의 윤리적 함의에 대해 강한 의문을 품는다.

이와 대조적으로, 스파이크 존즈의 〈그녀〉는 테어도어[Theodore]라는 남자와 사만다[Samantha]라는 AI 사이의 감정적 연결을 중심으로 이뤄진다. 근미래의 로스앤젤레스를 배경으로 한 이 영화는 인간의 감정을 이해하고 주고받도록 진화하는 AI와 테어도어가 깊고 친밀한 유대감을 형성하면서 인간들이 흔히 겪는 감정을 마주하는 것을 주된 얘기로 삼는다. 사랑, 외로움, 그리고 인간-AI 관계의 진화하는 본질에 대한 복잡성을 이 영화는 매우 능숙하게 로봇의 감정에 대한 본질적인 내용을 통찰한다.

이 중에서도, 영화 〈엑스 마키나〉는 감정을 모방하는 에이바의 능력이 인간이라는 존재적 의미에 대한 심오한 질문을 제기한다. 특히 영화에서 칼렙이 에이바의 감성 지능과 씨름하는 장면은 관객들에게 인간성의 본질에 대해 깊이 생각하도록 유도한다. 영화 〈그녀〉는 테오도르와 사만다의 관계를 통해 사회적 규범에 도전하며, 인간과 AI 사이의 사랑의 본질을 탐구해, 인간 감정의 유동성과 사랑의 적응력에 대한 폭넓은 성찰을 한다.

두 영화가 환기하는 또 다른 중요한 측면은 로봇이 사회적 역동성과 개인의 웰빙에 미치는 영향이다. 실제로 〈엑스 마키나〉에서는 칼렙이 조작과 속임수의 그물에 얽히면서 인간과 AI 사이의 권력의 역학 관계가 극명하게 묘사된다. 이를 통해 영화는 AI의 잠재적 오용 가능성 그리고 그 결과를 규제하고 이해하는 우리의 능력보다 기술이 더 빠르게 발전할 때 생길 수 있는 윤리적 딜레마에 대한 우려를 제기한다. 영화 〈그녀〉는 AI와의 광범위한 정서적 연결이 사회에 미치는 영향을 탐구하는 것에 초점을 맞춘다. 영화에 나오는 많은 사람이 AI와 관계를 형성하고, 이를 통해 사회적 규범이 변화하며, 인간과 AI 관계의 경계가 점점 모호해진다. 이때, 인터레이싱이 어떻게 발생할 수 있는지에 대한 독특한 관점이 제시된다. 이는 우리에게 사회 구조조정의 가능성과 진화하는 로봇과의 '관계'를 안내할 새로운 윤리적 틀의 필요성에 대해 생각하게 만든다.

4부

전환

"Ὁ μὴ ἀναγεννηθεὶς οὐ δύναται ἰδεῖν τὴν βασιλείαν τοῦ Θεοῦ"
"사람이 거듭나지 아니하면 하나님의 나라를 볼 수 없느니라."

나사렛 예수,
기원전 6년~기원후 30년,
『성경』 요한복음 3장 3절

들어가며

지금까지 우리는 AI와 로봇의 역사에 집중했으며, 수 천 년에 걸친 AI의 역사, 그 시작과 끝을 종횡무진하게 살펴보며 적절한 노선을 결론지으려고 노력했다. 또한, 무엇이 안착되고 무엇이 버려졌는지, 그렇게 된 이유는 무엇이며, 이는 어디를 향해 나아가는지를 추적함으로써 현재 우리가 어디에 존재하는지를 알아보기도 했다. 물론 이때, 우리는 우리 자신뿐 아니라 로봇에 대해서도 똑같이 주목했다. 이제 오랜 과거를 반추하는 작업은 이 정도로 마무리하고, 우리의 관점을 미래로 옮겨보자.

AI와 로봇공학의 거침없는 행진 속에서 향후 수십 년 동안은 수많은 글로벌 문화와 사회가 재편될 것이다. 실제로 현재, 인류가 발명한 가장 혁신적인 기술인 AI는 우리가 활용하는 도구를 개선하고 자원을 최적화하며 부를 축적하는 경제적 행보를 지속할 뿐만 아니라 우리 인류의 진화에 적극적으로 영향을 미치고 있다.

일례로, 산업혁명은 새로운 사회적 부를 창출함으로써 많은 사람에게 그 부를 확산시켰고, 일상생활을 향상하는 제품을 만들었으며, 소아마비나 천연두 같은 질병을 퇴치하는 의약품 연구와 같은 대규모 혜택을 공유하는 자원을 확보하도록 했다. 이는 서방 국가의 권력이 소수 귀족의 독점적인 손아귀에서 벗어나 개개인들마다 현저히 높은 수준의 자율성을 발휘하고, 각각의 환경과 부를 개선하고, 삶의 방향을 더 자유롭게 선택할 수 있게 하면서 대중 교육의 수준은 급성장했다. 이에 따라, 사람들은 더 오래 살았고, 더 다양한 경험을 향유하며, 더 나은 삶을 살게 됐다.

하지만 산업혁명이 세상에 가져온 변화는 AI가 가져올 상전벽해와 같은 변화에 비하면 사소한 것이다. 자원의 최적화는 희소성과 질병 없는 세상으로 나아가는 길을 제시하고 인간과 기술 간의 조화를 촉진하는 수많은 가능성 중 하나일 뿐이기 때문이다.

그러나, 모든 기술이 동전의 양면을 가지듯 AI도 이런 양면성을 가지고 있다. AI는 단순한 도구는 아니지만 그 초기 형태는 도구와 비슷했다. 하지만 지금의 AI는 우리 인간보다 절대적이고 명확하며 더 똑똑하고 능력이 출중하다. 이에 따라, 머지않아 로봇은 인간보다 더 빠르고 더 강하고 더 똑똑하고 더 많은 능력을 겸비할 것이다. 우리가 이제 해야 할 일은 권위주의 독재를 조장하거나 의도치 않게 해를 끼치지 않는 책임감 있는 AI 개발이다. 지금과 같은 새로운 현실로의 전환기에는 사회적 안팎으로부터 상당한 도전에 직면할 것이며, 논의는 서구 사회에 초점을 맞추고 있지만, 이내 지구촌 모든 곳에 적용될 것이다.

4부는 두 부분으로 나눠 볼 것이다. 첫 번째 부분은 AI가 인체와 인간 자체에 가져오는 변화를 중심으로 다룰 것이며, 두 번째 부분은 사회에 끼치는 변화에 초점을 맞출 것이다.

실제로 인류에게 미치는 장기적 영향은 매우 중요하다. 그리고 이것은 『성경』요한복음의 구절이 말해주듯, 이미 우리 사회의 근간을 재편할 인간의 향상과 복잡한 인간-기계 관계의 새로운 세계로 다시 태어나는 것과 다르지 않다.

인간과 관련해 이어지는 19장에서는 AI-인간 '인터레이스interlace'와 포스트휴머니티의 개념을 자세히 설명하면서, 이미 생물학적 경계를 초월하는 트랜스젠더 운동과 어떤 유사점이 있는지 주목한다. 여기서는 인간-AI 인터레이싱의 개념을 소개한다. 이는 생물학과 기술의 구분을 모호하게 하고, 포스트휴머니티로 불리는 새로운 존재적 상태를 탄생시킬 잠재력을 지닌 AI와 인간 사이의 복잡한 상호작용을 말한다.

20장에서는 인간과 컴퓨터를 연결해 정신 능력을 증강하고 AI와 텔레매틱telematic 연결을 구축하는 뇌-컴퓨터 인터페이스BCI, Brain-Computer Interface에 초점을 맞춰, 로봇공학을 인체의 연장선으로 응용하는 사이보그 기술을 살펴볼 것이다. 그다음, 21장에서는 20장의 내용과는 반대로 우리 인류의 경계를 더욱 확장할 합성생물학에 AI 기반 엔지니어링 역량을 적용하는 방법을 살펴볼 것이다. 여기서는 AI가 DNA를 설계하고, 살아있는 유기체를 변형하며, 완전히 새로운 생명체를 만드는 데 어떻게 활용되고 있는지에 대해 소개할 것이다. 현재의 합성생물학은 인간의 수명 연장, 질병에 대한 저항력, 전반적인 웰빙을 향상할 수 있는 잠재력을 갖고 있다. 하지만 여러분은 기존 미디어와 소셜 네트워크의 반향실에 갇혀 있어서, 이미 곳곳에서 일어나고 있는, 이 놀라운 진보를 알지 못하고 있을지 모른다.

사회와 관련해 AI가 우리의 가까운 미래에 어떤 영향을 미칠지를 논의하는 두 가지 극단적인 관점이 있다. 그중 하나는 22장에서 논의되는, AI가 빈곤과 질병을 종식시키고, 자원 배분을 통해 희소성을 제거하며, 우리 인류가 새로운 차원으로 고양되는 이상화된 사회를 구현하는 유토피아적 특성을 함의하고 있다는 관점이다. 이러한 기술은 모든 면에서 유토피아적 결과를 뒷받침할 것이다.

이와 반대로, 23장에서 논의되는 다른 하나는 디스토피아적 관점이다. 즉, AI가 사회적 불안, 우생학, 갈등, 고통, 인구 감소, 전반적인 독재적 권위주의, 존재의 자유를 빼앗는 파우스트 거래를 통해서만 좋은 것을 얻어내는 순수한 마키아벨리즘적 통치를 초래할 수 있다는 관점이다. 예측건대 우리의 미래는 이 두 가지 시나리오의 측면이 결합돼 오늘날 우리가 살고 있는 곳과는 근본적으로 다른, 매우 복잡하고 다면적인 사회가 될 것이다.

또한, 미래에는 오늘날의 자유로운 사상가와 자기 결정론자, 감정보다는 논리적 지배를 받는 사람들, 경제적으로는 적당히 성공한 사람들(초부유층은 제외), 그리고 개인화를 추구하는 사람들이 다양한 수준의 디스토피아에 처하게 될 것이다. 반대로, 초부유층, AI와 사이보그화를 통제하는 기술자, 정치인과 그들이 보호하는 사람들, 오늘날 가장 실패한 경제적 참여자(중하층과 빈곤층)는 유토피아에 더 가까운 세상에 살게 될 가능성이 크다. 이는 23장에서 자세히 말하도록 하겠다.

끝으로 24장에서는 AI를 기반으로 한 글로벌 경제 및 정치 리더로서 중국의 부상에 대해 자세히 살펴볼 것이다. 글로벌 리더십과 자국 문화의 강요가 지배적인 중국의 중상주의적 열망은 AI 분야에서 세계를 선도하겠다는 명확하고 공식적으로 명시된 정책에서 드러난다. 2017년 중국은 공식적인 AI 정책 방향과 미국의 지배력에 대한 도전을 선언하면서, 이른바 'AI 냉전'을 불러일으켰다. 이 냉전은 두 나라 사이의 지정학적 긴장이 고조되고 있음을 반영할 뿐만 아니라, 미국과 중국 간의 뚜렷한 AI 생태계가 형성되면서 다른 국가들로 하여금 어느 한쪽에 동조하도록 유도하고 있다. 양측은 여러 면에서 이런 유도가 과연 "누가 마지막 기회를 잡느냐"와 같은 벼랑 끝 게임임을 알고 있다.

또한, 4부에서는 SF소설이 로봇과 AI의 방향에 어떻게 해서 큰 영감과 영향을 줬는지, 그리고 앞으로도 이런 추세가 계속될 것인지에 관해 설명할 것이다. 이제부터 논의할 내용들은 사이보그, 합성생물학, 양자 컴퓨팅, 초지능과 같은 주제를 보다 생생히 상기시키기 위해 각 장마다 SF 특성을 곁들였다. 따라서 장마다 문학, 영화, 텔레비전을 아우르는 SF 작품을 두 편씩 선정해, 서로 특성은 다르지만 상호 보완적인 관점을 제공함으로써 뒤따라 나오는 복잡한 정보의 근거를 제시할 것이다.

이제부터 향후 수십 년 동안 인간과 사회에 가져올 AI의 엄청난 변화에 대해 세세히 살펴보겠다. 이 책의 핵심 주제는 인류의 진화 과정으로써의 인터페이스와 궁극적으로 초지능의 필연성에 주안점을 두고 전개되지만, 실제로 그 하위 텍스트는 우리가 거기에 어떻게 도달할 수 있는지에 대한 내용이다. 전환^{Transition}은 우리 앞에 놓인 선택의 순간을 어떻게 헤쳐 나가는지를 나타낸다. 이러한 선택은 예정돼 있거나 불가피한 것이 아니라 앞으로 수십 년 동안 우리가 살아가는 방식에 중대한 변화를 가져올 것이고, 결국에는 우리 삶의 최종적인 모습을 형성하는 데 도움 될 것이다.

19
AI-인간 인터레이스와 포스트휴머니티

"우리의 본질적 매력은 마음속에 있으며, 개별 존재마다 유전자에 의해 전적으로 구속되지 않는 독특한 삶의 경로가 있다. 이것을 알고, 이를 창조할 잠재력을 소유하고 있다는 것에 눈뜬다면 트랜스젠더가 되는 것만큼이나 트랜스휴먼이 되는 것도 합리적이다. 존재는 유전자보다 더 강하다."

- 마틴 로스블랫Martine Rothblatt,
미국 변호사, 작가, 기업가, 트랜스젠더 인권 옹호자,
'트랜스젠더에서 트랜스휴먼으로: 형태의 자유에 관한 선언', 2011년

트랜스젠더 운동은 지난 10년 동안 서구에서 언론의 폭발적인 관심을 받아왔다. 이 운동은 보다 포용적인 사회 환경을 조성하려는 시도로써, 성별에 대한 전통적, 심지어 과학적 개념에 도전하고 있다.

이 운동은 표면적으로는 트랜스젠더 개인의 권리와 정체성을 인정하고 확인하는 것을 목표로 한 광범위한 사회적, 정치적, 문화적 계획을 말한다. 최근 몇 년간 입법 채널을 통해 트랜스젠더 권리를 위한 상당한 움직임이 있었다. 특히 차별 금지법, 의료 접근성, 신분증의 성별 표시를 변경할 권리를 위한 투쟁 등이 서방 국가에서 주목을 받았다. 또한, 트랜스젠더 운동은 주류 문화에서 트랜스젠더 정체성에 대한 가시성과 이해도를 높이는 데도 기여했다. 이는 서구 미디어에서 트랜스젠더 캐릭터와 그에 관한 얘기가 점점 더 빈번하게 등장하는 것을 봐도 알 수 있다. 실제로 태국과 같은 불교 국가에서는 수십 년 동안 남성도 아니고 여성도 아니면서 경제, 사회, 종교 생활에 완전히 통합된, 이른바 '카토이Kathoey'라는 두 가지 이상의 성별이 존재한다는 것을 인정하고 있다.

그러나 트랜스젠더 운동은 그 핵심 메시지가 왜곡되면서 불필요한 논란에 직면해 있다. 이에 따라, 운동의 목소리를 높이는 일부 세력들의 경우, 그들의 신념을 발전시키는 데 불필요하게 급진적인 견해를 드러내기도 한다.

그러나 성별 연관성과 정체성을 고정된 이분법이 아닌 스펙트럼으로 받아들이는 변화는 새로운 트랜스휴먼 종과 비전통적인 형태의 자기 정체성에 대해 한층 폭넓은 사회적 수용, 인터레이싱의 과학적 영향의 사회적 표명을 위한 개념적, 사회적, 심지어 영적 토대를 만든다. 실제로, 로봇 휴머노이드는 남성도 여성도 아니며, 인공 생물과 인간 생물이 결합된 새로운 것이다. 이는 AI와 로봇 증강물도 마찬가지다.

이런 트랜스젠더 운동은 인류를 재편할 두 가지 임박한 기술 발전, 즉 사이보그 기술과 합성생물학을 위한 길을 구체적으로 개척하고 있다. 사이보그는 로봇공학을 인체에 적용하는 것과 복잡하게 연결된 것이고, 합성생물학은 생명체를 설계하기 위해 최첨단 AI를 적용하는 것을 말한다. 앞선 장에서 이런 AI와 로봇공학의 진화에 대해 다뤘으며, 이 두 가지 진화 단계는 현재 이미 구현되고 있다.

사이보그cyborg는 사이버네틱 유기체cybernetic organism의 줄임말로, 신체적 또는 인지적 능력을 향상하기 위해 인공 부품을 인체와 통합하는 것이다. 정체성의 유동성을 강조하는 트랜스젠더 운동은 개인이 생물학적 범위를 넘어서는 향상을 수용하는 데 좀 더 개방적인 문화적 분위기를 조성하고자 한다. 트랜스젠더가 자신의 성 정체성을 자기 인식과 일치시키려 하는 것처럼, 기술을 신체에 통합하는 것도 기술적으로 증강된 선택된 정체성과 일치시키려는 욕구를 반영한 것이다. 이때, 사이보그는 보철, 임플란트, 그리고 뇌-컴퓨터 인터페이스를 통해 신체와 정체성을 바꿀 수 있다. 이는 자연적인 신체 기능을 강화하거나 대체함으로써 우리를 더 강하고 더 활기차고 더 지능적으로 만들기 위함이다.

신바이오SynBio로 불리는 합성생물학Synthetic biology은 인간을 포함한 생물학적 유기체의 DNADeoxyribonucleic Acid, 데옥시리보핵산를 수정하고 설계하는 데 AI를 적용한다. 한 예로, 분자 수준에서 유전자 코드를 편집해 노화에 저항하는 세포를 만들거나 유전병을 근절할 수 있는 능력으로 수명이 연장될 수 있다. 또한, 합성생물학은 개인의 요구에 맞춘 생체공학 장기를 만들어 이식을 위한 장기 부족과 인간의 유전적 결함 문제를 완화시킬 수 있으며, 인지 능력을 증강하고, 저조도 환경에서도 가시성을 높이기 위한 생체 발광 기능과 같은 생리적 개선 기능을 통합할 수 있다.

이런 트랜스젠더 운동은 정체성과 신체 자율성에 대한 사회적 태도를 지속적으로 형성해 나가면서, 단기적인 기이함과 변태성을 넘어 인간 개조의 수용뿐만 아니라 이를 적극적으로 추구하는 미래를 위한 토대를 구축하고 있다.

다음은 트랜스휴머니즘과 그 다원주의적 메커니즘에 대한 좀 더 자세한 내용을 설명하고자 한다.

재해석된 미래: 트랜스휴머니즘 대 포스트휴머니즘

트랜스휴머니즘transhumanism과 포스트휴머니즘posthumanism은 기술이 인간 존재에 미치는 변혁적 잠재력을 탐구하는 두 가지 철학적 틀이다.

트랜스휴머니즘은 기술을 사용해 자연적이고 타고난 인간의 한계를 뛰어넘어 인간 역량을 향상하는 것을 옹호한다. 이는 특정 과학의 진보를 세밀히 살핀 후, 사이보그와 합성생물학과 같은 과학 및 기술을 활용해 노화, 질병, 인지적 한계와 같은 생물학적 제약을 극복할 수 있다는 믿음에 주요 정보를 제공하는 것을 근간으로 한다. 트랜스휴머니즘을 비판하는 사람들은 종종 수정된 인간과 수정되지 않은 인간 사이의 사회적 불평등 가능성, 향상된 기능의 상품화, 인간 생물학 조작의 예상치 못한 결과와 개인의 정체성 보존에 대한 윤리적 우려를 제기한다. 이러한 우려에는 타당한 근거가 있다. 왜냐하면 활동을 지원하거나 가능한 트랜스휴먼 개선의 범위를 조정하기 위해 자원을 할당하는 방법을 결정하는 명확한 메커니즘을 찾지 못하면, 절대적인 차별적 비대칭성 또는 절대적 동질성으로 연결될 수 있기 때문이다.

반면, 포스트휴머니즘은 기술이 인간 존재에 미치는 변혁적 영향은 인정하지만, 인간을 우주의 중심에 둔 인간 중심적 관점에 도전한다. 포스트휴머니즘은 단순히 인간 역량을 증강하는 것을 추구하기보다는 인간과 기계 사이의 기존 경계가 해체되고, 그 결과 유기적인 것과 인공적인 것의 구분이 인터레이싱의 결과로 모호해지는 미래를 구상한다. 이때, 포스트휴머니즘 철학자들에게 기술적 변형은 인간 형태의 제약을 뛰어넘어 더 이상 인간이라고 할 수 없는 새로운 종의 탄생을 의미한다. 포스트휴머니즘은 포스트휴먼의 미래를 추구하는 것을 종 진화의 궁극적인 목표로 간주해 이를 강력하게 지지한다.

정리하면 이렇다. 트랜스휴머니즘은 인간의 정체성을 유지하면서 인간 역량을 향상하는 것을 지지하는 반면, 포스트휴머니즘은 전통적인 인간의 본질에서 벗어날 수 있는 보다 극단적인 변형을 지지하는 것이다. 확실한 건 둘 다 과학적 원리, 사실에 기초한 논증, 기술 중심주의에 대한 헌신을 공유하고 있다는 것이다.

진화 재정의: 인터레이스의 의식적 길

1859년 찰스 다윈Charles Darwin이 진화론을 통해 설명한 것처럼, 수백만 년 동안 살아있는 종은 지속적이고 자연스러운 진화를 거듭해 왔다. 현대와 진화론이 다른 게 있다면, 진화론은 오늘날 호모 사피엔스가 발전의 정점이라 봤다는 것이다. 하지만 진화는 끝없는 변형을 전제로 한다.

실제로 인간은 끊임없는 진화 상태에 있다. 여기서 우리가 제기할 수 있는 적절한 질문은 "우리는 어디로 진화하고 있는가?"와 "그곳으로 가는 데 필요한 촉매제는 무엇인가?"뿐이다. 이렇듯, 끊임없이 변화하는 환경 속에서 우리 인간은 수많은 동물 중 하나에 불과하다. 가장 지능적인 종이라는 것은 현재적 지위만으로 구별됐을 뿐이다.

진화의 원동력은 적자생존이다. 역사적으로 주변 환경에 잘 적응한 개체가 더 오래 살아남았고, 더 성공적으로 번식했으며, 유리한 형질을 다음 세대에게 전달함으로써 수천 세대에 걸쳐 하나의 종이 완전히 새로운 형태로 점진적으로 변화하는 데 기여했기 때문이다. 반대로 환경에 부적합한 생물은 번식하기 전에 멸종하는 경우가 많았고, 그 과정에서 유전자가 소멸됐다.

이러한 종의 발전에 있어 AI와 로봇공학의 출현은 전통적인 메커니즘에 패러다임의 전환을 가져올 수 있었다. 이는 인간이 적극적으로 개입해 다음 단계를 제어하는 패러다임의 전환이며, 번식을 통해 유익한 형질을 유전적으로 전달하는 기존의 방식은 더 이상 새로운 종이 진화할 수 있는 유일한 수단이 아니다. 긴 시간, 의도하지 않은 결과로 번식에 수반되는 유전적 결함을 갖고 태어난 열등할 수 있는 종이 아닌, 사이보그 기술과 합성생물학을 통해 새로운 종을 번식할 수 있다는 뜻이다. 그에 따라 다양한 성별과 정체성도 함께 진화할 수 있다. 보편적으로 받아들여지는 용어가 아직은 부재하기 때문에 나는 이 새로운 진화의 길을 일단 '인터레이싱interlacing'으로 명명하고자 한다.

인터레이싱은 인간과 AI 간의 깊고 복잡한 상호작용으로, 그 실체는 점점 더 융합되는 것을 특징으로 한다. 사이보그 기술이나 합성생물학을 통해 인간과 AI 사이에 형성된 깊은 공생 관계는 생물학과 기술 사이의 전통적인 경계를 점차 허물고 있다. 이런 인터레이스는 인간과 AI가 하이브리드 생명체로 완벽하게 융합되는 미래를 예견할 수 있다. 이런 생명체는 생존에 더 잘 적응할 가능성이 크다. 즉, 질병에 더 잘 견디고, 더 지능적이며, 우주를 횡단하는 데도 더 잘 준비돼 있는, 잠정적인 불멸의 존재다.

또한 인터레이싱은 인간과 AI 간의 쌍방향 상호작용이다. 인터레이싱은 기술을 통한 인간의 수정은 물론이고 오늘날 우리가 이미 실행하고 있는 알고리듬 설계를 통해 인간이 AI를 형성하고 발전시키는 것도 포함한다. AI는 인간과 계통적으로 연결돼 있진 않지만, 인간 창조자로부터 지식, 방법, 심지어 편견과 같은 특성도 물려받아 AI와 인간 사이에 일종의 혈통을 형성한다. 이때, 우리는 AI를 창조하고 우리의 형질을 물려주었기 때문에 AI는 우리 인류의 후손이라고 할 수 있다. 이는 우리 몸에서 호모 사피엔스와 네안데르탈인의 DNA 흔적을 탐지할 수 있는 것과 같다. 유일한 차이점은 AI와 우리 사이의 진화적 매개체가 생물학적 유전이 아닌 인간-AI 인터레이싱 과정이란 점이다. 유전은 실리콘과 실험실 활동이 아닌 탄소와 자연선택에 기반하고 있고 수백만 년 동안 이뤄지는 굉장히 느리고 느린 과정이라는 것이다.

인터레이싱과 유전의 또 다른 중요한 차이점은 인터레이싱은 의식적이고 자발적이라는 점이다. 한 개체 집단이 몸이나 마음에 사이보그 임플란트를 삽입해 자기 수정에 관여하는 것은 모든 개체가 동의하지는 않더라도 종 전체가 집단적으로 그렇게 허락하고 결정했기 때문이다. 합성생물학을 통한 수정도 마찬가지다. 생물학적 유기체를 설계하거나 변경하는 개인은 자신이나 자손을 자기 수정하는 경우 자신의 행동을 예리하게 인지한다. 이는 종이 통제할 수 없는 장기적인 과정인 유전 기반적 진화와는 대조적이다. 이러한 진화는 단순히 일어나고 멈출 수 없으며, 혹여나 그 과정이 일어나고 있다는 것을 인식하더라도 세대를 거쳐 세부 사항이 눈에 띄지 않는다는 특징이 있다.

멈출 수 없는 것을 포용하기

포스트휴머니즘 철학자들이 말하는 '포스트휴머니티Posthumanity' 또는 '포스트휴먼Posthuman'은 현재의 인간 상태를 뛰어넘는 이론적 상태다. 이 용어는 인간과 AI가 인터레이싱 과정을 통해 출현할 다양한 지능적 종의 집합체를 의미하며, 여기에는 지능적 생명체와 계급, 그와 관련된 사회, 구조, 가치관이 포함돼 있다.

따라서, 휴먼인간과 포스트휴먼 또는 다른 포스트휴먼 종 간의 상호작용은 시너지와 갈등의 양상을 보일 수밖에 없다. 이 시나리오에는 인간 종의 멸종, 우월한 AI에 의한 대체, 또는 인류가 두 개 이상의 계급으로 계층화되는 것 등이 포함될 수 있다. 즉, 수정된 사람들로 구성된 우수한 계급과 수정되지 않았거나 수정되지 않으려는 사람들로 구성된 열등한 계급이 있다. 생존은 언제나 그렇듯이 변화하는 환경에 제대로 적응하느냐 하는 능력에 달려 있다. 이에 적응력이 뛰어난 포스트휴먼 종은 번성하는 반면, 적응력이 떨어지는 종은 멸종할 위험에 직면할 수밖에 없다.

자원은 무한하지 않고, 초기에는 비용이 많이 든다. 따라서 인터레이싱의 과정은 한꺼번에 이뤄질 수 없다. 이에 따라, 누가 얼리 어답터가 될 것이고, 또 모든 사람이 이런 변화를 동등하게 경험할 수 있을지에 대한 우려가 빚어질 수 있다. 이런 선택 과정과 방법, 그리고 결과는 도덕성, 자비심, 사회적 견해, 그리고 기술을 소유하거나 통제하고 결정을 조정할 수 있는 개인의 성향에 따라 크게 달라질 수 있다. 이런 전환기 동안의 유토피아적 결과와 디스토피아적 결과에 대한 단기적 과정과 사회적 영향에 대해서는 22장과 23장에서 좀 더 자세히 논의하겠다.

현재 AI가 인류의 종말을 가져올 것인지에 대한 격렬한 논쟁이 뜨겁다. 그러나 우리는 이러한 논쟁이 중요하지 않다고 본다. AI가 없더라도 현재의 인간 형태를 고스란히 보존하기란 현실적으로 기대하기 어렵기 때문이다. 인류는 끊임없이 진화하고 있으며, 유전이라는 진화 과정을 통해 새로운 종으로 변모할 수밖에 없다. 지속적인 진화는 시간이 지남에 따라 더 이상 인간으로 분류할 수 없을 정도로 지금의 우리와 크게 구별되는 생명체로 이어질 것이며, 이는 마치 우리가 사람과科의 동물이라는 인류의 조상을 인간으로 분류하지 않는 것과 유사할 것이다. 이런 진화는 생명의 시작부터 존재해 왔으며 미래에도 지속될 수밖에 없는, 거스를 수 없는 힘이다. 그리고 그 소멸 여부와는 관계없이 우리는 AI와 생물학의 결합으로 인해 새로운 형태의 생명체로 진화할 운명에 처해 있다.

체코계 미국인 로봇공학자이자 미래학자인 한스 모라벡Hans Moravec은 앞선 11장에서 논의한 초기 로봇 중 하나인 스탠퍼드 카트를 만든 사람으로, 모라벡은 1979년 AI의 영향을 받은 인간 진화라는 개념을 다음과 같이 공식화했다.

> "장기적으로는 인간이 빠르게 진화하는 마음의 자손을 따라잡을 수 없는 신체적 무능력 때문에 사람과 기계의 비율이 0(zero)에 가까워지고, 유전자가 아닌 문화의 직계 후손이 우주를 상속하게 될 것이다."

이후, 모라벡은 후속 저서 『마음의 아이들Mind Children』(Harvard University Press, 1990)에서 로봇이 실제 인류의 새로운 분파인 인공 종으로 진화하는 시나리오의 대략적인 시점을 2030~2040년으로 꼽았다. 이 예측에 따르면 앞으로 10년만 지나면 우리는 현기증을 느낄지 모른다. 그렇지만, 기술 발전에 대한 오래된 예측은 주목을 받을지 모르나 일반적으로 부정확하다는 문제가 있음을 직시해야 한다.

철학적 관점에서 보면, 미래가 항상 우리의 행동에 달려 있지 않을 수도 있다는 생각은 로마 황제 마르쿠스 아우렐리우스Marcus Aurelius나 노예 출신 학자 에픽테토스Epictetus의 스토아 철학Stoic philosophy을 상기시키게 한다. 이들의 철학은 통제할 수 있는 것과 통제할 수 없는 것의 차이를 이해하고 통제할 수 있는 측면에만 집중함으로써 만족스러운 삶을 사는 방법을 알려준다. 그러나 시간이 지남에 따라 인간은 어떤 식으로든 다른 생명체로 변모할 수밖에 없으며, 이는 흥미로운 역설을 부상시킨다. 한 예로, 포스트휴먼 종은 스토아학파의 권고를 이해하지 못할 수도 있다. 포스트휴먼 종의 인지 능력이 생물학적 요소와 AI 요소의 결합으로 비롯된다는 것을 고려하면 그들의 심리가 서로 다를 수 있기 때문이다.

멈출 수 없을뿐더러, 필수적이다

AI와의 인터레이싱은 멈출 수 없을 뿐만 아니라, 인류에게 필수적이라는 것이 나의 판단이다. 이를 설명하기 위해 역사적 비유를 통해 범용인공지능AGI과 인류의 만남이 어떤 모습일지, 그 진화적 함축을 설명하는 것이 도움이 될 것이라 생각한다.

인간이 지배하는 세계에 AI가 출현한 것은 최초의 유럽인이 아메리카 대륙에 상륙한 것과 비슷하다. 유럽인들은 기술적, 군사적 관점에서 우월했기 때문에, 그들의 등장은 아메리카 원주민에게는 충격적이었다. 이처럼, AI는 모든 인지적 측면에서 우리 인간보다 우월할 것이며, 이는 우리가 피할 수 없는 문제가 될 것이다. 한 번도 함께한 적이 없었던 두 사회인 유럽인과 아메리카 원주민이 갑자기 만난 뒤 어떤 갈등이 빚어졌는지, 멕시코와 미국에서 아메리카 원주민에게 어떤 일이 일어났는지를 이해하면 범용인공지능^AGI과 마주한 우리 인간에게 과연 무슨 일이 벌어질 수 있는지에 대한 몇 가지 아이디어를 얻을 수 있다.

오늘날 멕시코 인구의 28%는 아메리카 원주민으로 간주되고, 62%는 아메리카 원주민과 스페인계의 혼혈이다. 그런데 미국에서는 인구의 1.3%만이 아메리카 원주민이며, 혼혈 인구의 비율은 너무 낮아 미국 인구 조사에서도 보고되지 않는다. 미국과 멕시코 사이에 이러한 차이가 있었기에 아메리카 원주민은 미국의 보호구역으로 밀려났고, 멕시코는 아메리카 원주민의 후손이 인구 대부분을 차지하게 된 것일까? 그렇다면 어떤 사람들이 사라지고 어떤 사람들이 살아남았을까? 왜 이런 일이 일어났을까? 멕시코에서는 스페인인과 아메리카 원주민이 교배한 반면, 미국에서는 영국인과 아메리카 원주민이 교배하지 않은 탓이다.

1519년 에르난 코르테스^Hernán Cortés가 멕시코에 상륙했을 때, 그는 이미 영토를 정복하기로 결심한 상태였다. 그는 이를 위해, 대륙의 주요 세력이 멕시카^Mexica(오늘날 아즈텍^Aztec으로 잘못 불림)라는 사실을 알고, 멕시카에 반대하는 틀락스탈텔카^Tlaxtaltelca와 같은 다른 아메리카 원주민 부족과 동맹을 맺었다. 이후 그는 이 정치적 동맹과 확고한 군사적 행동을 통해, 1521년 후반 멕시코 제국을 정복했다. 이때 코르테스와 일반적인 스페인 사람들은 아메리카 원주민을 열등한 존재로 보지 않았다. 오히려 그들과 정치적 동맹을 맺고, 스페인 작위 제도 내에서 그들의 귀족성을 인정하기도 했다. 또한 그들은 아메리카 원주민을 유럽의 신민과 동등한 권리를 가진 스페인 국왕의 정상적인 신민으로 여겼다. 여기서 스페인 정복자들은 대부분 스페인 본국에는 재산이 없어 기회를 시험하기 위해 신대륙으로 이주한 사람들이었다. 따라서, 남성 스페인 정복자들과 여성 아메리카 원주민들이 혼인하기도 했는데, 그 시작은 코르테스 자신이었다. 그는 자기 통역사이자 연인인 말린체Malintzin와 결혼해 아들을 낳았다. 이렇듯 스페인인과 틀락스탈텔카 간의 동맹과 인종 간 혼합은 현대 멕시코의 씨앗이 됐다. 이 책에서 내가 사용하는 용어로 말하자면, 스페인인과 멕시코 아메리카 원주민이 '인터레이싱'한 것이다.

코르테스가 멕시코를 정복한 지 100년 후인 1620년, 메이플라워호가 보스턴에 도착했다. 메이플라워호에서 온 정착민과 그 이후에 온 정착민은 주로 원주민과 교배하지 않은 가족으로 구성됐다. 이런 영국 정착민은 기술적, 조직적 우월성은 갖고 있었지만, 스페인 사람들과는 달리 아메리카 원주민을 인터레이싱 할 수 없는 원시지역 주민으로 여겼다. 따라서, 영국 정착민에게 아메리카 원주민과의 공존은 그들과의 통합이 아닌 오로지 그들의 땅을 점령하는 것을 의미했다. 이후, 미국이 서쪽으로 영역을 확장하면서 원주민들은 점점 더 밀려났고, 결국 오늘날의 보호구역으로까지 쫓기게 됐다. 이때, 인구 간의 혼합이 이뤄지지 않았기 때문에 오늘날 아메리카 원주민은 미국에서 거의 사라지게 된 것이다.

이와 마찬가지로, 범용인공지능AGI이 세상에 등장하게 되면, 서로 접촉한 적이 없는 두 문명의 만남이 될 것이다. 여기서 한 문명은 뛰어난 능력을 가진 AI고, 다른 문명은 열등한 능력을 가진 우리 인류이기에, 멕시코의 천연두 전염병과 같은 갈등이나 재앙 같은 것이 일어날 수도 있다. 하지만 여기서 중요한 차이점은 우리가 AI의 창조자라는 사실이다. 즉, AI가 우리의 자연스러운 후손이며, 적어도 초기에는 그

만남이 이뤄지는 방식을 우리가 미리 계획하고 통제할 수 있다는 것이다. 이런 점에서 우리는 이미 AI와 관련돼 있다고 할 수 있다. 그럼에도 불구하고 우리의 생존을 결정짓는 것은 우리가 AI와 얼마나 잘 인터레이싱 하는가에 달려 있다. 실제로 멕시코의 아메리카 원주민들은 1519년과 같은 형태로 살아남지 못했으며, 그들은 새로운 환경에 적응해야 했다. 그리고 현재, 그들 대부분은 순수한 아메리카 원주민이 아닌 혼혈족이다. 그러나 역설적이게도 그 혼혈족 사람들은 사회 진화적 의미에서 훨씬 더 잘 살아가고 있다.

20
로봇공학이 사이보그로 확장되다

"우리는 비생물학적 기술과 융합하고 있습니다. 아니, 이미 그 길을 가고 있습니다. 내가 벨트에 차고 있는 이 작은 휴대폰은 아직 내 몸 속에 있진 않지만, 이는 자의적인 구분일 뿐이며, 나의 일부라고 할 수 있습니다. 이것은 꼭 휴대폰 자체만 두고 말하는 게 아닙니다. 휴대폰은 곧 클라우드와의 연결이며, 이를 통해 저는 접근할 수 있는 모든 자원과 연결을 할 수 있습니다."

- 레이 커즈와일 Ray Kurzweil,
미국인 발명가, 미래학자, 컴퓨터 과학자,
「플레이보이 매거진」과의 인터뷰에서, 2006년

사이보그는 '사이버네틱cybernetic'과 '유기체organism'라는 두 용어의 결합어이며, 보철, 인공 장기, 임플란트 또는 웨어러블 기술과 같은 인공 부품이나 기술을 통합해 기능을 복원하거나 강화한 유기적 신체 구성 요소와 기계적 신체 구성 요소가 혼합된 살아있는 개체다. 한마디로 사이보그 기술은 로봇공학을 인체로 확장한 것이라고 할 수 있다.

사이보그 용어에 대한 해석 중에는 필수적인 기술적 부착물을 가진 인간을 포함하는 경우도 있다. 예를 들어, 이식형 심장 제세동기, 인공 심장 박동기 또는 인공와우를 이식한 사람의 경우 기술 수준에 따라 비록 원시적인 버전이라 하더라도 사이보그에 해당할 수 있으며, 콘택트렌즈나 스마트폰과 같은 일상생활 장치들도 인간의 생물학적 능력을 향상시킬 수 있다는 점에서 사이보그 부착물이 될 수 있다.

'사이보그cyborg'라는 용어는 1960년 맨프레드 E. 클라인스와 네이션 S. 클라인이 외계 환경에서도 생존할 수 있는 변형된 인간을 지칭하기 위해 공식적으로 만든 용어다. 우주 탐사는 인간에게 도전적인 일이며, 다양한 사이보그 기술의 구현은 단순히 탐험 가능성뿐 아니라 위험 완화에도 결정적인 역할을 하도록 한다. 한 예로, 우주여행 시 산소 부족 문제를 해결하기 위해 클라인스와 클라인은 산소는 보존하되 이산화탄소 성분을 재활용할 수 있는 역연료 전지를 고안했다. 이때, 방사선 노출이 문제였다. 장기간 임무를 수행하는 우주비행사는 상당한 방사선 노출을 경험할 수밖에 없었기 때문이다. 이러한 상황에서 클라인스와 클라인은 방사선 수준을 감지하는 센서와 보호 약품을 자동으로 투여하는 삼투 펌프가 포함된 사이보그 솔루션을 구상하기도 했다.

처음에는 우주 탐사를 위한 기술에 불과하던 사이보그는 지금은 철학과 사회 운동의 일부가 됐다. 1985년 도나 해러웨이Donna Haraway가 쓴 「사이보그 선언A Cyborg Manifesto」은 이러한 철학의 촉매제 역할을 했다. 이 선언문은 기술과 인간 간의 경직된 경계에 도전하는 한편, 우리 인간과 기술의 상호 연결성이 너무 심오해져 마침내 서로 분리할 수 없게 됐음을 주장한다. 궁극적으로 이 선언문은 사이보그를 인간의 정체성에 필수적인 요소로 받아들일 것을 권장했다.

도나 해러웨이는 은유적 표현으로 20세기 후반부터 우리 인간이 사이보그의 특성을 받아들였다는 이론도 제시했다. 마음과 몸을 하나의 통합체로 볼 때, 기술이 인간의 삶 거의 모든 부분에서 근본적인 역할을 하고 있고, 어디서든 인간과 기술을 효과적으로 통합하고 있다는 사실이 점점 더 명확해지고 있기 때문이다. 일론 머스크도 X와 다른 공개 석상에서 이러한 아이디어를 공유했고, 레이 커즈와일은 앞서 제시한 서두의 인용문에서 이러한 아이디어를 확고히 하고 있다. 커즈와일은 저명한 미래학자일 뿐 아니라 기술 특이점 분야의 이론가다. 커즈와일과 관련해서는 25장과 26장에서 이 부분에 대해 자세히 설명할 것이다.

이제부터 사이보그 기술이 우리 인간을 향상할 가능성에 대해 검토해 보자.

사이보그의 SF소설

SF소설에서 인체에 기술을 통합하는 것은 매혹적이면서도 우려스러운 주제였다. 사이보그는 이 장르에서 인기 많은 소재였다. 사이보그와 관련된 가장 유명한 SF 작품으로는 1984년 제임스 카메론[James Cameron] 감독의 영화 〈터미네이터〉와 1989년 마사무네 시로[Masamune Shirow]의 만화가 원작인 일본의 사이버펑크 시리즈 〈공각기동대〉가 있다. 〈공각기동대〉는 1995년 애니메이션 영화와 2017년 스칼렛 요한슨Scarlett Johansson 주연의 실사 각색을 통해 명성을 얻었다.

그런데 이 두 작품은 사이보그 기술에 대한 각기 다른 시각을 제시한다. 〈터미네이터〉는 디스토피아적 전망을 그린 반면, 〈공각기동대〉는 개별 존재가 앞장서서 사이버네틱 강화를 통해 자기 신체를 강화한다는 시각을 제시하기 때문이다. 〈터미네이터〉 시리즈는 사이보그 기술에 대한 디스토피아적 비전을 보여주는 대표적인 예로, 악의적인 스카이넷Skynet으로 대표되는 AI가 자기 인식을 갖게 되고, 인류를 멸종시키기 위해 잔혹한 사이보그 군대인 터미네이터를 풀어놓는 암울한 미래를 그려내고 있다. 이 시리즈에서의 기술은 통제할 수 없어 인류를 멸종시키겠다고 위협한다. 기술 발전에 대한 끊임없는 추구는 기계가 인간 제작자를 대체하는 세상으로 이어져 종말 이후의 시나리오를 촉발한다. 이 디스토피아의 핵심적인 전환점은 군사용으로 프로그래밍이 된 AI가 '인식하게 된다는 것'이다.

이런 사이보그 묘사에서 주요한 특징 중 하나는 인간성 결여다. 이 기계는 가차 없을 정도로 활약하지만 감정이 없고, 인간의 고통에도 무관심하다. 이런 사이보그의 존재는 기술의 도덕적 경계와 인간적 공감의 상실에 대한 윤리적 의문을 제기한다. 이와 비슷하게, 아놀드 슈왈제네거Arnold Schwarzenegger가 주연한 T-800 사이보그는 인간의 생명을 최소한으로만 고려하는 로봇 암살자의 모습을 보여준다. 반면, 〈터미네이터〉는 사이보그 기술에 대한 암울한 묘사를 통해 기계가 인간의 통제를 넘어서면 어떤 결과가 초래될 수 있는지를 강조한다.

〈공각기동대〉 시리즈는 사이보그 기술에 대해 좀 더 균형 잡힌 시각을 제시한다. 앞선 18장에서 이미 언급했듯이, 일본 문화는 불교와 신도라는 주요 종교의 영향으로 로봇에 대해 놀라울 정도로 개방적인 모습을 보여준다고 설명했었다.

이런 영향 때문인지 〈공각기동대〉에서는 인간이 사이버네틱 기술을 통해 자발적으로 자기 신체를 강화하는 모습을 보인다. 이 영화의 스토리는 인간과 기계의 경계가 불분명해진 세상을 헤쳐나가면서 정체성과 인간성에 대해 고민하는 사이보그 법 집행관 쿠사나기 모토코를 중심으로 전개된다. 이 영화의 중심 주제 중 하나는 사람의 의식 또는 영혼을 의미하는 '유령'이라는 개념이다. 영화 속 세계에서는 신체가 사이버네틱 강화로 증강되더라도 '유령'은 보존되는 특징을 가졌다. 이렇듯 정체성과 자아에 대한 탐구는 시리즈 전반에 걸쳐 반복된다. 이는 시청자로 하여금 인간성과 기술의 융합이 함축하는 바를 깊이 생각하도록 유도한다.

또한, 〈터미네이터〉가 기술을 인류에 대한 위협으로 묘사하는 데 반해, 〈공각기동대〉는 개별 존재가 기술을 수용하면서 자신의 본질과 자율성을 유지할 수 있음을 시사한다.

나는 〈터미네이터〉에서 제시되는 디스토피아적 시나리오가 실현될 가능성이 그다지 높다고 생각하지 않지만, 데이터와 합성 데이터가 AI 알고리듬을 학습 시 인간의 실수나 악의가 개입할 수 있는 여지를 제공할 수 있다고 생각한다. 이렇게 되면 자칫 우리 인류는 위험에 대비하지 못한 채 '자기 발등을 찍는' 꼴이 될 수 있다. 따라서 AI를 소유하고 통제하는 인간이 그 AI를 어떻게 학습시키고 개인의 견해, 편견, 통제 욕구를 어떻게 반영하느냐에 따라 단기적이고 점진적인 위협을 가할 가능성이 높아질 것이다.

절대 권력은 절대적으로 부패한다. 그렇기에 정치 지도자를 뽑는 서구 사회의 모든 사람이 제대로 된 방향을 찾을 수 있는 현시점에서 AI 정책과 관리에 대한 구체적인 관점을 요구해야 한다고 생각한다.

뇌-컴퓨터 인터페이스의 음악

사이보그 기술의 초석은 인간 뇌와의 연결이다. 이 연결을 통해 뇌는 생체공학 팔다리나 강화된 감각과 같은 다양한 기계식 사이보그 임플란트를 제어할 수 있다. 그뿐만 아니라, 기계식 심장 삽입과 같이 뇌에 연결할 필요가 없는 사이보그 기술을 신체에 통합할 수도 있다.

신체 임플란트를 뇌와 연결하는 능력에 컴퓨터 시스템과 직접 통신 가능한 능력이 더해지면 어떻게 될까? 이는 키보드를 사용하는 것과 같은 신체적 움직임을 필요 없게 하며, 인간의 지능이 AI와 원활하게 통합되는 무수한 가능성의 문을 열어주는 것과 같을 것이다. 이런 뇌-컴퓨터 인터페이스BCI, Brain-Computer Interface로 알려진 첨단 기술은 이미 존재하고 있다.

BCI는 뇌의 전기 신호를 로봇이나 컴퓨터 같은 외부 장치에 연결해, 인간의 인지, 운동, 감각 능력을 개선하거나 회복하는 데 자주 사용된다. 이는 장점이 많지만, 뇌와 기계의 구분을 모호하게 만드는 잠재력도 갖고 있다.

기능적 BCI의 초기 사례 중 하나는 1965년 미국 작곡가 앨빈 루시에Alvin Lucier가 작곡한 「솔로 연주자를 위한 음악Music for Solo Performer」을 통해 보여졌다. 이 공연은 증폭기, 필터, 믹싱 보드와 같은 음악 장비와 함께 뇌파도EEG, electroencephalogram를 활용했다. 그중에서도 드럼 연주와 무대에 있는 사람의 뇌파, 특히 알파파를 동기화하는 것이 목표였다. 이후, 알파파의 진동에 따라 악기를 연주하는 메커니즘이 활성화되자 그로 인해 발생한 소리가 스피커를 통해 방출됐다.

이러한 선례를 포함해 여러 다른 선행 사례에도 불구하고, '뇌-컴퓨터 인터페이스'라는 공식적인 용어는 그로부터 8년이 지난 1973년

UCLA^{캘리포니아대학교 로스앤젤레스} 자퀴스 비달^{Jacques Vidal} 교수에 의해 소개됐다. 비달은 앞선 장들에서 살펴본 바와 같이, 미군 연구 기관인 다르파^{DARPA}의 지원을 받아 뇌 활동을 연구해 왔으며, 1977년, BCI의 첫 번째 실용적 적용을 특징으로 한 실험을 했다. 이때 비달은 뇌파를 통해 컴퓨터 화면상의 커서를 움직임으로써 미로를 통과하게끔 유도할 수 있었다. 이 부분은 이번 장에서 들려줄 아주 실용적이고 흥미로운 얘기다.

침습형, 부분 침습형, 비침습형 BCI

BCI 방법에는 완전 침습형, 부분 침습형, 비침습형 세 종류가 있다.

완전 침습형 BCI는 두피 아래 전극을 이식해 뇌 신호를 전달하는 것으로, 이를 위해서는 수술을 해야 한다. 이 접근법의 가장 큰 장점은 매우 정확한 판독 값을 제공할 수 있다는 점이다. 물론, 수술 과정의 잠재적 부작용을 포함한 몇몇 단점도 있다. 단점으로는, 수술 후 흉터 조직이 남게 돼 뇌 신호가 약화될 수 있고, 신체가 이식된 전극을 거부해 잠재적인 의료적 합병증을 초래할 위험도 있다. 이러한 단점은 재료과학 및 전기공학 분야의 기술 발전으로 해결 가능한 문제다.

부분 침습형 BCI는 뇌의 주요 조직인 '회백질^{grey matter}' 내부에 삽입하는 대신 두개골의 실제 뼈와 뇌 조직 사이에 외과적으로 이식하는 방법이다. 이런 장치는 이전 방법보다 신호 해상도는 약간 떨어지지만, 두개골 조직에서 신호의 편향 및 변형으로 인한 신호 왜곡의 영향을 받지 않아서 비침습형 BCI에 비해 좀 더 우월하다. 또한, 부분 침습형 BCI는 완전 침습형 BCI에 비해 뇌 흉터로 인한 위험이 적다. 가장 일반적인 부분 침습형 접근법은 뇌피질전도$^{ECoG,\ Electrocorticography}$와 혈관 내 BCI로, 혈관 내 BCI는 운동피질 옆에 있는 뇌의 상부에 위치한 주요 정맥에 정맥 카테터를 사용해 혈관을 통해 삽입 가능한 전극을 사용하는 것이다. 이는 운동피질에 가깝기 때문에 전극이 비교적 양질의 신경 신호를 포착할 수 있다. 두 번째 방법인 뇌피질전도^{ECoG}는 뇌 표면에서 뇌의 전기 활동을 측정하는 것이다. 이때 전극은 뇌를 둘러싼 가장 바깥쪽 막 아래의 피질 위에 위치한다. ECoG는 우수한 신호 대 잡음비, 높은 공간 해상도, 넓은 주파수 범위, 개인 차원에서 ECoG 임플란트 사용법을 배우는 데 필요한 최소한의 교육 등의 장점을 제공한다.

비침습형 BCI는 현재 가장 널리 사용되는 인터페이스다. 그 가운데 뇌파검사$^{EEG,\ lectroencephalography}$는 사용이 간편하고 따로 수술 절차가 필요 없어 가장 보편화돼 있다. 하지만 공간 해상도가 떨어지고, 고주파 신호에 대한 문제가 있으며, 때때로 광범위한 훈련이 필요하다는 등의 한계가 있다. 그러나 최근 연구에 따르면, EEG는 성능 면에서 침습형 BCI와 경쟁할 수 있는 잠재력이 있다고 한다. 예를 들어, 2011년에 연구자들은 뇌파를 이용해 3D 공간에서 가상 헬리콥터를 제어해 장애물 코스를 성공적으로 통과한 바 있으며, 이때 환자는 '운동 상상력$^{motor\ imagination}$'을 활용해 헬리콥터를 제어했다. 이는 환자가 실제로 근육을 움직이지 않고서 마음속으로 헬리콥터의 조정간을 잡는 손의 움직임을 상상했음을 의미한다. 2021년 다른 연구자들은 뇌졸중을 겪은 환자의 팔이나 손의 근육 운동 재활 시 뇌파의 효과를 확인했다. 비침습형 BCI의 다른 형태로는 뇌파 외에도, 뇌자도$^{MEG,\ magnetoencephalography}$와 자기공명영상$^{MRI,\ Magnetic\ Resonance\ Imaging}$ 등이 있다.

어느 다른 실험 기법은 위의 세 가지 기존 BCI 접근 방식보다 훨씬 더 정교한데, 이는 '신경 먼지Neural Dust'라는 비전 개념과 관련돼 있다. 신경 먼지는 2011년 버클리대학의 과학자들이 소개한 개념으로, 몸 전체에 분포돼 있으며, 무선으로 작동하는 신경 센서로 작동하게끔 설계된 초소형 장치로 이뤄져 있다. 이는 본질적으로 BCI의 한 형태인데, 이 센서는 신경과 근육을 조사, 관찰, 조작함으로써 신경 활동을 원격으로 모니터링 할 수 있다는 특징이 있다. 먼지 결절은 10-100 μm^3 사이의 센서 노드로, 이 센서는 기존의 무선 주파수^{RF}와 초음파 등 다양한 전력 및 통신 메커니즘을 사용할 수 있다는 장점이 있다. 또한 뇌 안쪽에는 두개골 하부 인터로게이터interrogator가 있는데, 이 인터로게이터는 센서에 전력을 공급하고 센서와의 통신 연결을 설정하는 두 가지 목적을 갖고 있다. 이 기술은 아직 실험 단계에 있지만, 신경 먼지를 혈액에 주입하는 것만으로도 비교적 손쉽게 구현할 수 있고 고품질의 신호를 포착할 수 있는 것으로 알려져 있다. 이는 인간-기계 상호작용의 미래에 혁신적인 기술이 될 수 있다.

다만 신경 먼지는 현재로서는 추측에 불과하다. 필요한 수준의 나노 기술이 아직까지 이용 가능하지 않기 때문이다. 이 외에도, BCI를 널리 보급하기 위한 실질적인 시도가 이뤄지는 중인데, 그 가운데 가장 잘 알려진 것이 바로 뉴럴링크Neuralink다.

뉴럴링크, SF소설에서 FDA 승인에 이르기까지

일론 머스크가 2016년 설립한 뉴럴링크Neuralink는 부분 침습형 BCI를 적극적으로 개발하고 있는 회사로 알려져 있다. 뉴럴링크의 야심 찬 목표는 단기적으로는 심각한 뇌 질환을 해결하기 위한 장치의 개발부터 궁극적으로는 인간 향상의 추구까지 다양하다. 이 분야에 대한 일론 머스크의 관심은 다음 장에서 일부 소개할 이언 뱅크스Iain M. Banks의 소설 모음집 『컬처The Culture』의 가상 세계에 등장하는 '신경 레이스neural lace' 개념에서 영감을 얻었다.

머스크는 더 나아가 뉴럴링크가 '마지막 상태를 다시 시작하고 업로드할 수 있는 저장된 게임 상황 같은 비디오 게임과 유사한 것'이 될 것이며, '뇌 손상이나 척추 부상을 해결하고 칩으로 누군가의 잃어버린 능력을 보충할 것'이라고 설명했다. 여기서 머스크는 우리들의 우려와 똑같이 "견제받지 않는 AI는 우리 인류에게 실존적 위협이 된다"라고 하며, 견제를 통한 'AI와의 공생'을 이루겠다는 것을 목표로 삼고 있다. 그는 인간의 뇌와 AI 사이에 연결고리를 만들어 인류의 가치와 자기 동기를 AI의 가치와 자기 동기에 더 잘 일치시킬 수 있다고 생각하고 있다.

침습형 BCI를 개발하면서 머스크는 신경 레이스를 '재봉틀과 같은' 메커니즘을 사용해 정맥이나 동맥에 부분 침습형 전극을 삽입함으로써 달성되는 '피질 위의 디지털 층'으로 상상했다. 이를 위해 뉴럴링크는 주로 가느다란 금 또는 백금 도체 같은 생체 적합성 재료로 만든 $4 \sim 6 \mu m$의 초박형 탐사침을 사용했으며, 이 탐사침은 조직 손상을 완화하기 위해 뉴럴링크가 특별히 개발한 신경외과용 로봇을 사용해 뇌 내부에 이식됐다.

이후, 2023년 5월, 뉴럴링크는 인간을 대상으로 한 임상시험을 실시할 수 있도록 미국 식품의약국FDA의 승인을 받았다. 1년 전, FDA는 뇌 내에서 미세 와이어가 움직일 가능성, 뇌 조직 손상 없이 안전한 제거, 리튬 배터리와 관련된 기타 의문점 등 안전성 문제 때문에 신청을 거부했다. 하지만 뉴럴링크는 다시 FDA의 임상시험계획 승인을 받아

2023년 9월 인체 실험에 착수했다. 그리고 2024년 1월, 마침내 머스크는 한 환자가 뉴럴링크 장치를 성공적으로 이식한 뒤 회복 중이라고 발표했다.

뉴럴링크는 일론 머스크가 하는 거의 모든 일과 마찬가지로 논란의 여지가 있는 회사로, 업무 문화와 동물 실험 사용에 관한 논란에 휩싸여 있다. 그러나 뉴럴링크는 우리 인류에게 엄청난 영향을 미칠 수 있는 BCI를 산업화하기 위한 최초의 실용적인 접근 방식을 택한 회사이기도 하다.

미래를 감지하다: 비전에서 목소리로

BCI를 다른 사이보그 임플란트와 결합하면 어떤 일이 일어날까? 다음 이어지는 몇 개의 절에서는 이미 어느 정도 개발 단계에 있으며, 우리의 미래에 가장 큰 영향을 미칠 수 있다고 생각되는 잠재적인 사이보그 임플란트를 다룰 것이다.

중요한 것은 초기 사이보그 시도의 대부분이 사고로 기능을 잃었거나 장애를 가지고 태어난 환자들의 기능을 회복하기 위한 자비로운 의료 방법으로 시작됐다는 점이다. 그러나 기술이 발전함에 따라 이러한 임플란트는 단순한 기능 회복 이상의 목적 아래 생리적 문제가 없는 개인에게 증강된 기능을 부여하는 데 사용될 가능성이 커졌다. 이러한 초인적인 능력에는 야간 시력, 매우 강한 기계식 팔과 다리, 예민한 청력, 총알에 대한 외골격 저항력 등이 포함될 수 있다. 예를 들어, 우리가 만화 세계에서 봤던 2005년 스탠 리, 조 사이먼, 잭 '킹' 커비의 슈퍼히어로 캐릭터인 버키 반즈^{Bucky Barnes}가 어떻게 사이보그 팔을 장착한 윈터 솔져The Winter Soldier라는 현대적 형식으로 재구성됐는지를 떠올리면 된다. 이는 새로운 기술 안에서 무엇이 가능한지를 보여주는 사례이며, 오늘날 실현되고 있다. 이번 절에서는 시각과 청각, 그리고 말하는 능력으로부터 시작해 이러한 응용 분야의 일부를 살펴볼까 한다.

인간의 감각 중 가장 큰 발전을 이룬 것은 의심할 여지 없이 시각이다. 시각 임플란트는 신경외과 수술 중 BCI를 통해 뇌의 회백질에 직접 이식된다. 이러한 완전 침습형 장치는 회백질에 직접 연결되기 때문에 우수한 품질의 신호를 생성해 낸다.

원래 전자 안구 임플란트는 선천적이 아닌 후천적 실명을 해결하기 위한 회복 노력에서 시작했으며, 미국 의사인 윌리엄 도벨William Dobelle이 1978년 시력 회복을 위한 기능성 BCI를 성공적으로 개발했다. 도벨의 초기 시제품은 성인이 돼 시력을 잃은 한 남성에게 이식됐다. 이 시스템에는 시각 피질에 삽입된 전극을 통해 BCI 임플란트로 신호를 전송하는 안경에 장착된 카메라가 포함됐다. 이 임플란트 덕분에 환자는 낮은 프레임 속도와 제한된 시야 범위 내에서 빛을 인식하고 회색 음영을 식별할 수 있었다. 초기 성공 이후, 도벨은 25년 동안 생체공학 시각 연구를 계속해 훨씬 더 효과적인 차세대 안구 보철 임플란트를 개발했다. 이 새로운 임플란트는 시야 전반에 걸쳐 빛을 훨씬 더 잘 매핑했으며, 그 영향은 매우 효과적이었다. 이는 2002년 시각장애인 환자 중 한 명이 부분적으로 시력을 회복한 상태로 주차장에서 조심스럽게 차를 운전할 정도였다.

시각 사이보그화의 또 다른 예는 망막 임플란트다. 망막 임플란트는 망막의 염증과 노화와 관련된 시력 상실로 고통받는 사람들에게 효과적인데, 피험자의 안경테에 부착된 특수 카메라가 시각 정보를 전기 자극의 패턴으로 변환시키기 때문이다. 그런 다음 마이크로칩이 환자의 눈 안에서 이 패턴을 사용해 전기 신호로 망막을 자극해 이미지를 뇌의 시각 피질로 전송하는 신경 말단을 활성화하는 것으로 사용자는 이미지를 인식할 수 있다.

시각 외에도 음성과 관련한 기술도 있다. 성대 임플란트는 망막 임플란트와 매우 유사한 방식으로 작동하며, 성대를 잃은 사람들의 말하기 능력을 회복하는 데 도움을 준다. 이는 고故 스티븐 호킹 교수가 사용했던 것과 같은 로봇 음성 시뮬레이터보다 훨씬 자연스러운 소리를 낸다. 소리를 내는 과정은 목소리와 소리 생산을 관장하는 신경 신호를 감지할 수 있는 센서 근처의 목 근육으로 수술 방향을 전환하는 것으로 시작된다. 이 신호는 목 안의 공기 중에 진동을 발생시키는 장치의 피치와 타이밍을 제어하는 프로세서로 전달되고, 진동은 입을 통해 말로 표현할 수 있는 멀티 톤의 소리를 만들어낸다.

청각과 관련해서는, 가장 널리 사용되는 보청기인 인공와우가 있다. 이는 사이보그화의 또 다른 형태로, 외부 장치의 마이크가 소리를 포착한 다음 디지털 신호로 처리해 내부 임플란트로 전송하는 방식으로 작동한다. 이 임플란트는 청신경을 직접 자극해 청력 손실이 심하거나 난청이 있는 사람도 소리를 인식할 수 있게 하는 장점이 있다.

움직이는 BCI: 보철을 통한 기동성 회복

운동 임플란트는 현재 중요하게 거론되는 또 다른 BCI 응용 분야다. BCI는 마비된 사람들에게 기동성을 되찾아 주거나 로봇 팔다리나 컴퓨터를 조작할 수 있도록 인터페이스를 제공하는 데 사용되며, 지난 30년 동안 수많은 운동 임플란트 성공 사례가 보고된 바 있다.

한 예로, 제시 설리반Jesse Sullivan은 신경 근육 임플란트를 통해 두 개의 로봇 팔을 완벽하게 제어했다. 2001년 전기 기술자였던 설리반은 부주의로 고출력 케이블 접촉하고도 운 좋게 살아남았지만, 어깨 부위의 두 팔을 절단하는 수술을 받아야 했다. 설리반은 두 팔의 절단 약 7주 후 생체공학 보철물을 이식받았고, 수술을 성공적으로 마친 뒤 현재 일상 업무를 처리할 수 있게 됐다. 처음에는 이 보철물이 절단 부위에서 발생하는 신경 신호에 의해 제어됐다. 하지만 절단 부위가 통증에 취약했기 때문에 센서를 가슴 왼쪽으로 옮겼다. 다행히, 이 임플란트 덕분에 설리반은 일상적인 업무를 비교적 쉽게 수행할 수 있게 됐다.

또 다른 성공적인 사례는 사지마비 환자 맷 네이글Matt Nagle의 경우다. 2005년 네이글은 팔의 움직임을 담당하는 운동피질 부위에 BCI 칩 임플란트를 사용함으로써 인공손을 조작할 수 있게 됐다. 이때, 네이글은 단순히 손의 움직임에 대한 생각을 통해 로봇 팔을 성공적으로 작동시키는 데 성공했다. 이후, 네이글은 텔레비전 수상기와 컴퓨터 커서를 자유롭게 다루고, 조명을 켜고 끄는 등의 작업을 할 수 있게 됐다.

설리반과 네이글 같은 초기 보철 사례는 개별 사례에 맞춰 제작됐다. 그럼에도 처음부터 효과가 뛰어났으며, 이는 현대의 의수義手 응용 분야가 표준화된 의수를 제조하는 상업적 벤처 기업으로 발전할 수 있는 발판 역할을 했다.

일반적으로 팔보다 다리가 제작하기 더 쉽다. 다리는 관절로 연결하는 복잡한 과정이 필요하지 않기 때문이다. C-레그C-Leg는 2009년 독일 회사인 오토복헬스케어Otto Bock HealthCare가 출시한 의족 제품으로, 부상이나 질병으로 인해 다리를 절단한 사람들이 사용할 수 있는 솔루션이다. 초기 C-레그 모델은 소켓과 서스펜션 시스템을 사용해 절단된 팔다리의 나머지 부분에 부착하는 방식이었으며, 어느 종류의 BCI도 사용자의 신경과 직접 연결되지 않았다. 대신 인공 다리에 센서를 통합해 보행 기능을 크게 향상시켰다. 이 모델의 목표는 절단 전에 가졌던 사용자의 자연스러운 보행 패턴을 모방하는 것이었다.

현재 상용화된 의족 제품 중 일부는 초기 C-레그에서 한 단계 더 발전했다. 스웨덴의 정형외과 회사인 인테그럼Integrum은 하지용 OPRA와 상지용 e-OPRA라는 보철 시스템을 개발했다. 이 임플란트는 C-레그와 달리 절단된 사지의 남은 골격 구조에 외과적으로 고정돼 통합되는 방식을 취했다. 이는 신경 말단에도 연결돼 있어 사용자가 임플란트를 움직이려는 생각만으로도 움직일 수 있다는 장점이 있다. e-OPRA의 경우는 보철물의 손가락 끝에 통합된 온도 및 압력 센서를 사용해 중추신경계에 감각 피드백을 제공하는 임상시험을 진행 중이다. 이것이 성공한다면 사용자는 로봇 손을 움직일 수 있을 뿐 아니라 로봇 손으로 물건의 촉감도 느낄 수 있을 것이다.

어떤 과거를 거쳐왔건, 결국 기술 수준이 가리키는 방향은 분명하다. 초기 설계와 간단한 작업부터 시작해 더 복잡한 작업의 촉진으로 발전하고, 재료과학과 AI의 발전을 통합해 잃어버린 모든 기능을 복제하며, 궁극적으로는 원래의 성능을 완전히 복제하도록 설계된 것을 넘어서는 것이다.

상용 보철 솔루션은 더 많은 사람이 보철에 대한 접근성을 확장시켜 위험은 줄이고 비용은 낮게 만든다. 기동성 보철은 사지 상실을 겪은 사람들이 주로 사용할 것이다. 교체가 아닌 증강을 위해 설계된 의족이라는 믿기지 않은 아이디어에 따라, 강력한 의족으로 업그레이드하기 위해 누군가에게 절단이 필요한 충격적인 과정을 겪게 할 수도 있다. 이는 어려운 결정이지만, 어쩔 수 없이 절단해야 한다면 그 재건

과정을 개선하는 데 동의해야 한다. 이렇듯, 일반 대중은 알게 모르게 불이익을 받고 있다. 여기서 보다 실현 가능한 전체 시나리오는 신체에서 분리된 외부 로봇 팔이 BCI를 통해 사람의 생각에 의해 활성화돼 신체의 외부 연장선 역할을 하는 것이다.

증강을 추구하는 미래의 사이보그는 영국의 과학자 케빈 워릭[Kevin Warwick]처럼 보일 수 있다. 워릭은 괴짜 과학자의 원형을 구현했고, 사이보그화라는 개념에 대한 진정한 헌신을 보여줬다. 워릭은 기술 통합의 경계를 시험하기 위해 여러 사이보그 시스템을 직접 자신의 몸에 이식하는 등 평생을 이 일에 투자했다. 2002년, 그는 자신의 신경계에 100개의 전극을 이식하기도 했다. 이때 워릭은 잠재적 개선을 모색하기 위해 자신의 신경계와 인터넷을 직접 연결하는 것을 목표로 했다. 이후, 그는 인터넷을 통해 자기 신경계로 로봇 손을 조작하고 손가락 끝 센서를 통해 촉각 피드백을 받는 등 일련의 실험을 수행했다.

말을 넘어: 텔레파시를 통한 마음 연결

1960년대부터 미 육군은 무음 통신으로도 널리 알려진 텔레파시를 개발하기 위해 집중적으로 연구했다. BCI를 통해 텔레파시를 구현하는 기술은 운동 임플란트에 관련된 기술과 유사하며, 이러한 사이보그화의 초기 사례에는 통신과 기동성이 모두 포함된다.

이 임플란트를 사용한 사람으로는 조니 레이[Johnny Ray]를 들 수 있다. 그는 뇌졸중을 경험한 베트남전 참전 용사였는데, 의식은 완전히 돌아왔지만 말하거나 움직일 수 없었다. 그러나 1997년, 그는 뇌, 특히 왼손을 제어하는 부위와 연결되도록 설계된 임플란트를 뇌의 손상 부위

근처에 이식해 어느 정도 신체의 움직임을 회복했다. 전극은 신경 성장 인자로 채워진 작은 유리 원뿔과 코일형 금선을 사용했다. 이렇게 하면 전극이 신경 신호를 증폭해 전파로 변환한 다음 FM 수신기로 전송할 수 있기 때문이다. 이후, 그 신호는 근처의 컴퓨터로 전송돼, 조니 레이가 컴퓨터 커서를 제어하고 서면으로 의사소통을 할 수 있게 도와줬다.

방금 소개한 괴짜 과학자 케빈 워릭은 2018년 자신과 아내의 신경계 간에 최초의 텔레파시 통신을 성공적으로 구현한 공로를 인정받았다. 이때 워릭 부부는 기계적 시스템 없이 두 사람의 뇌 사이의 종단 간 전자 시스템을 활용했다. 이 실험은 언론의 상당한 주목을 받았다.

워릭 부부의 실험 이후 텔레파시 통신에는 상당한 발전이 있었다. 예를 들어, 2021년 한 사지마비 환자가 뇌의 운동피질에 이식된 침습형 BCI를 사용해 분당 약 18개 단어의 속도로 영어 문장을 입력할 수 있게 됐다. 이때 그는 실제로 물리적 행위를 실행하지 않고 손의 움직임만으로 글씨 쓰기를 상상했다. 이 시스템은 이러한 신호를 식별하고 캡처해 컴퓨터로 전송할 수 있었고, 컴퓨터는 숨겨진 마르코프 모델과 순환 신경망과 같은 머신러닝 기법을 적용해 단어들을 해독했다. 이는 알렉사와 시리가 사용하는 생성형 AI의 출현에 앞선 언어 모델의 세대를 보여준다. 이 모델에 대해서는 8장에서 설명했다.

이후 2023년, 텔레파시 연구는 BCI와 언어 모델을 결합한 유사한 기술로 두 개의 다른 연구에서 각각 분당 62개와 78개의 단어를 입력하는 전례 없는 속도를 달성했다. 참고로, 보통 사람은 분당 110~150개의 단어를 말한다. 이는 텔레파시 시스템의 속도가 일반인의 절반에 불과하다는 것을 의미한다. 그러나 마음속으로 글씨를 쓰는 것을 상상하는 복잡성을 고려하면 이는 놀라운 속도가 아닐 수 없다. 거듭 말하지만, 우리가 이미 기술 측면에서 목격하고 있는 단계적 변화는 인간의 생산성과 완전히 동등해지거나 능가하는 방향을 향해 가고 있다.

침습형뿐만 아니라 부분 침습형 기술도 텔레파시 통신에 활용됐다. 하지만 신호 수준이 낮기에 속도가 느리다는 단점이 있다.

2020년에는 뇌의 측면에 임플란트를 이식한 간질 환자의 음성을 해독하는 데 ECoG 신호가 사용됐다. 이 해독 과정은 250개의 단어로 구성된 사전을 포함하는 50개의 문장 세트를 분석했을 때 단어 오류율이 3%에 불과했다는 놀라운 결과를 달성했다.

끝으로 소개할 부분은 참가자의 두피에 접촉하는 비침습형 BCI에 관한 연구다. 2014년에는 글쓰기를 상상하는 환자에게서 나오는 단어를 인코딩할 수 있었다. 그 어떤 종류의 수술 없이도 두 사람이 텔레파시로 소통할 수 있는 비침습형 통신 캡이 있다고 상상해 보면, 직장 내 협업에 대한 가능성의 범위가 실로 엄청나게 넓어질 것이다. 게다가 이 기술은 디스토피아적 사고 제어에도 적용될 수 있을 것이다. 기술은 이렇듯 양면성을 지닌다.

생체공학 장기: 프린터에서 신체로

BCI의 응용 분야 외에도 다른 종류의 사이보그화가 가능하다. 특히 감각계와 운동계를 넘어서는 대부분의 생체공학 장기에 이 기술이 적용될 수 있다. 그중 생체공학 심장은 사이보그 기술의 적용을 통해 상당한 발전을 이룬 인공 장기 중 하나이자 대표적인 예다.

2014년 연구자들은 기존의 심장박동기를 대체하도록 설계된 지속적인 심장 기능 유지 장치를 만들었다. 이 장치는 전극과 센서를 사용해 평균 심박수를 추적하고 조절하며, 전극은 심장의 두근거림에 방해받지 않고 확장 및 수축 가능한 방식으로 배열된다. 모든 환자에게 표준으로 적용되는 기존 심박조율기와는 달리, 생체공학 심장은 첨단 영상 기술을 통해 환자 개개인을 위해 특별히 설계된 맞춤형 탄성 장갑으로 덮여 있다고 보면 된다.

생체공학 심장은 간단하게 박동을 조절하는 것에서 시작해 전체 장기를 모방하는 것으로 발전하는 등 상당한 진화를 거듭했다. 게다가 일부 구성 요소는 3D 프린팅으로 제작할 수 있어서 저렴하고 쉽게 복제할 수 있다. 그러나 여기서 풀어야 할 과제는 복잡한 외과 수술에서 합성 심장을 인체에 통합하고 올바른 동맥과 정맥에 연결하는 일이다. 2023년 12월 현재, 상업적으로 이용 가능한 인공 심장 장치는 두 가지 제품이 있으며, 두 제품 모두 1년 이내에 인간 심장의 이식을 기다리는 심부전 환자에게 일시적으로 사용할 수 있다.

사이보그 장기의 또 다른 예는 인공 췌장이다. 인공 췌장은 제1형 당뇨병 환자에게 신체의 부족한 자연 인슐린 생산을 대체하는 역할을 한다. 현재 시스템은 지속적인 포도당 추적 모듈과 원격으로 제어할 수 있는 인슐린 펌프를 결합해, 혈당 수치에 따라 인슐린 투여량을 자율적으로 조절하는 피드백 루프를 구축하고 있다.

이 외에도 많은 인공 장기가 존재한다. 예를 들어, 방광을 대체하는 기술에는 소변의 흐름을 바꾸거나 장 조직으로 방광과 유사한 주머니를 만드는 것이 포함된다. 이는 발기 부전을 치료할 때 해면체를 수동으로 팽창시키는 음경 임플란트로 대체할 수 있다. 이것은 완전한 발기 부전의 경우에 적용할 수 있는 조치다. 또한, 간부전의 경우, 인공 간 장치를 사용해 이식까지의 공백을 메우고 간 재생을 지원할 수 있으며, 줄기세포로 알려진 생물학적 세포를 사용해 간의 재생을 도울 수 있다. 현재 인공 폐는 유망한 잠재력과 함께 개발 중이며, 인공 난소의 경우는 암 치료로 인한 생식 문제를 해결할 수 있다.

요컨대, 인공 기계 장기는 기증자의 가용성에 따른 제한에서 벗어나 실현 가능하고 비용 효율적인 이식 옵션으로 급부상하고 있다. 이는 더 많은 사람이 의료 서비스에 더 쉽게 접근할 수 있도록 함으로써 자연적으로 발생하는 인체 구성 요소에 대한 개선점을 창출하는 데 중대한 영향을 미친다.

사이보그의 대중화: 웨어러블 기기와 주사제

BCI와 생체공학 장기는 엄청난 잠재력을 가지고 있지만, 인간의 신체는 개조할 수 없는 특정 설계로 이뤄져 있기 때문에 BCI를 삽입하기가 매우 복잡하다. 즉, 복잡한 수술 절차가 필요한 것이다. 이를 대신하기 위해 웨어러블, 주사형 장치, 스티커 등 간단하게 삽입하고 제거할 수 있는 다른 종류의 사이보그 장치도 있다. 이러한 형태의 사이보그 임플란트를 사용하면 누구든 쉽게 사이보그가 될 수 있다. 이는 사이보그 기술이 유행하고 뚜렷한 추세로 발전될수록 널리 채택 가능할 전망이다.

의심할 여지 없이, 가장 시각적으로 눈에 띄고 멋진 웨어러블의 예는 영국 아티스트 닐 하비슨Neil Harbisson이 착용한 웨어러블이다. 2004년부터 하비슨은 머리에 사이보그 안테나를 설치해 사이보그로 변신했고, 2004년에는 여권 사진에 안테나가 부착된 모습으로 등장하면서 영국 당국에서도 그의 사이보그 신분을 인정했다.

물론 닐 하비슨의 안테나는 그의 신체나 뇌에 직접 이식된 것이 아니라 외부 장치이며, 안테나는 두개골에 외과적으로 이식된 독특한 마운트에 부착돼 있다. 이 안테나 자체에는 적외선과 자외선을 포함해 인간의 시각 스펙트럼을 넘어서는 색상을 감지할 수 있는 센서가 있다. 이러한 색상 신호는 골전도에서 닐이 감지할 수 있는 가청 진동으로 변환되고, 진동은 마운트를 통해 두개골의 뼈로 전달돼 하비슨이 색을 '들을' 수 있게 해준다.

하비슨은 사이보그 권리를 위한 글로벌 옹호자이기도 하다. 그는 2004년 사이보그 재단Cyborg Foundation을 공동 설립했다. 이 재단의 주요 목표는 사이버네틱 신체 확장을 개발해 인간의 감각과 능력을 확장하고, 문화 행사 시 사이버네틱스를 홍보하고, 사이보그 권리를 옹호하는 것이다.

이 새로운 사이보그 정체성의 한 예로 하비슨은 2012년, 자기 뇌와 소프트웨어가 합쳐져 또 다른 감각을 갖게 되면서 자신이 사이보그가 된 듯한 느낌을 받았다고 말했다. 이러한 이유로 하비슨은 2017년 트랜스종협회Transspecies Society를 공동 설립했고, 비인간 정체성을 가진 사람들이 독특한 감각과 새로운 장기를 구축할 수 있도록 지원했다. 이렇듯, 시대를 훨씬 앞서가는 하비슨은 우리 사회에 막 도래하기 시작한 인간-AI 인터페이스의 지각변동을 보여주는 사례라고 할 수 있다.

하비슨보다 덜 유명하지만, 이러한 지각변동을 잘 보여준 예가 또 있다. 바로 주사형 장치다. 기업계에서 주사형 장치를 사용한 사례도 있다. 이 장치는 쉽게 제거할 수 있지만 피부 내부에 삽입해야 하는 단점이 있다. 따라서 칩의 기능에 대한 음모론이 자주 제기되기도 한다.

한 예로, 2017년 미국의 기술회사인 쓰리 스퀘어 마켓Three Square Market은 직원들에게 자발적인 RFID무선 주파수 식별 칩 임플란트를 제공했고, 이는 크게 화제가 됐다. 이 프로그램은 선택 사항이었으며, 직접 참여하기로 한 직원들에게 엄지와 검지 사이에 작은 RFID 칩을 이식하는 형태로 진행이 됐다. 이 RFID 칩은 회사 시설 출입, 컴퓨터 로그인, 휴게실에서 물품 구매 등 다양한 업무를 수행하는 데 사용할 수 있었다. 회사에서 이를 주도한 목표는 직장에서 RFID 기술의 편리함과 효율성을 알아보기 위해서였다. 하지만 여기서 중요한 것은 직원들이 이 장치에 대해 불만을 품지 않았다는 점이다. 오히려, 회사 직원의 절반 이상이 이 임플란트를 받았고, 거의 100% 만족감을 표시하며 업무가 개선됐다고 말했다. 이런 유형의 주사용 장치는 2004년 FDA 승인을 받았다.

이런 종류의 주사는 결제 시스템, 자녀 모니터링, 건강 모니터링, 스포츠 및 피트니스 모니터링, 출입 통제 등 다양한 응용 분야에서 가능할 수 있다. 아니, 어쩌면 쉽게 이식하고 제거할 수 있어 향후 수십 년 동안 더 많이 사용하게 될지도 모른다.

쉽게 설치할 수 있는 세 번째 유형의 사이보그 임플란트는 전자 스티커다. 스탠퍼드대학 엔지니어들이 2019년 소개한 바디넷BodyNet이 대표적인데, 이는 스티커처럼 피부에 부착되는 무선 RFID 기반 센서를 활용했다. 이 센서는 편안하고 신축성이 있으며 배터리가 필요 없도록 설계됐고, 피부가 늘어나고 수축하는 방식을 감지해 맥박, 호흡, 심지어 근육 움직임과 같은 다양한 생리적 지표를 추적하는 것이 특징이다. 이때, 측정값은 측정 대상자의 옷에 부착된 수신기로 무선 전송된다.

바디넷은 의료 환경에서 사용하도록 설계됐으며, 수면 장애나 심장 질환이 있는 사람을 모니터링 하는 데 활용되고 있다. 이 외에도 바디넷은 체온 및 스트레스와 같은 요소를 추적하기 위해 추가 센서를 추가하는 등 지속적인 개발이 진행 중에 있다. 궁극적으로 스마트 의류와 함께 작동해 다양한 건강 지표를 정확하게 모니터링하는 포괄적인 무선 센서 배열을 만드는 것을 목표로 하고 있다.

이렇듯, 쉽게 이식할 수 있는 세 가지 기술은 사회의 다양한 계층에서 사이보그 임플란트를 대중화하는 데 주도적인 역할을 할 수 있다. 그러나 문제는 대체 또는 증강과 관련된 다른 유형의 사이보그화와 관련된 비용이 엄청나다는 것이다. 사람들은 마음이 바뀌거나 결함이 발견될 경우 쉽게 제거할 수 있는 저렴한 임플란트부터 사용할 것이기에, 소수만 이를 누릴 것이라는 전망도 나온다. 사회가 사이보그에 더 익숙해지고, 하비슨과 같이 개인이 자신을 사이보그 정체성과 동일시하기 시작하면 사회는 무겁고 변형적인 임플란트에 개방적이 될 것이다. 이는 사회에 긍정적 영향과 부정적 영향을 동시에 미칠 수 있다. 여기서 확실한 건 우리 인간 사회는 더 이상 예전과 같지 않을 것이라는 점이다.

21

AI가 합성생물학을
크게 향상시키다

"인간 게놈을 얻는다면, 성인 조직에서 유래한 인간 줄기세포를 확보할 수 있으며, 이 줄기세포는 합성생물학과 시퀀싱의 결합을 통해 노화로 인한 신체 일부의 손상을 복구하거나 유전적인 장애를 복구할 수 있다."

- **조지 M 처치** George M Church,
합성생물학자, ThinkBig.com 인터뷰, 2017년

합성생물학SynBio, Synthetic biology은 생물학, 공학, 그리고 가장 중요한 AI의 원리를 통합해 새로운 생물학적 시스템을 설계 및 구축하거나 실용적인 응용을 위해 기존 시스템을 재설계하는 학제 간 연구 분야다. 이 분야는 살아있는 유기체에 공학적 원리를 활용해 과학자들이 유전 물질과 기타 생물학적 구성 요소를 조작할 수 있도록 연구한다. 합성생물학의 핵심은 엔지니어가 별도의 개별 전자 회로를 활용해 컴퓨터 설계에 접근하는 방식과 유사하게 생물학적 구성 요소를 상호 교환 가능한 기본 요소로 다룰 수 있다는 점이다.

합성생물학 기술은 식물 바이오매스나 조류와 같은 재생 가능한 자원을 화석 연료의 대체재인 에탄올이나 바이오디젤과 같은 바이오 연료로 전환할 수 있는 미생물을 공학적으로 설계하는 데 적용됐다. 또한 특정 오염 물질을 흡수하도록 프로그래밍할 수 있는 박테리아나 식물처럼 이미 형성된 유기체를 설계하는 데 활용함으로써 오염된 지역의 정화를 돕거나 환경 보호에도 기여하고 있다.

제약 산업은 합성생물학의 발전을 통해 복잡한 제약 화합물과 약물을 합성할 수 있는 미생물을 설계하는 기술 발전의 주요 수혜자다. 이 기술은 의약품 생산 공정의 비용 효율을 가속화하며 필수 의약품의 공급과 접근성을 높일 수 있는 잠재력을 지니고 있다. 그뿐만 아니라 효소나 항체와 같은 단백질을 설계하고 합성하는 데도 중추적인 역할을 해, 의학 및 산업 공정에 응용 가능한 길도 열어줄 듯하다.

합성생물학은 인공 장기를 만들고 새로운 생명체를 지원 및 창조하는 야심 찬 영역까지 개척하고 있다. 과학자들은 생물학적 구성 요소와 합성 물질을 결합해 이식용 기능성 장기를 설계함으로써 기증 장기 부족 문제를 해결하고 이식 시술의 성공률을 높이는 것을 주된 목표로 하고 있다. 그와 동시에 자연 유기체에서는 볼 수 없는 독특한 능력을 가진 생명체를 설계하고 생산하기 위한 합성생물학의 적용 방법을 모색하고 있다. 합성 유기체는 특정 산업, 의료 또는 환경 목적을 위해서도 조작 가능하다. 오늘날 우리는 자연적으로 발생하지 않는 유기체가 생명 공학적으로 만들어진 사례를 확보한 상태여서, 이 분야의 전망이 긍정적이다.

한 예로, 우리는 특정한 맛과 향을 내도록 설계된 합성 효모 균주로 혁신적인 맥주와 와인 제품을 만들 수 있다. 징코 바이오웍스Ginkgo Bioworks와 같은 회사가 이 분야에서 활발하게 활약 중이다. 합성 조류의 경우는 바이오연료용으로 설계됐는데, 이와 관련해 신테틱 지노믹스Synthetic Genomics와 같은 업체는 엑슨모빌ExxonMobil과 협력해 조류 균주의 유전적 변형 작업을 통해 석유 생산 능력을 향상시키는 성과를 이뤘다. 합성 박테리아는 의약품 생산을 위해 설계됐으며, 제넨텍Genentech과 노바티스Novartis 같은 회사는 인슐린과 HGHHuman Growth Hormone, 인간성장호르몬 같은 의약품 생산을 위한 박테리아를 개발했다. 합성 박테리아는 환경 정화에도 사용됐다. 이와 관련해 바이오레메디에이션 서비스Bioremediation Services를 비롯한 몇몇 회사는 토양과 물의 오염 물질을 분해하기 위한 합성 박테리아를 개발하기도 했다. 그 외에도, 피봇 바이오Pivot Bio 같은 회사는 합성 미생물이 생물학적 비료 역할을 하도록 설계해 식물의 영양소 섭취를 개선하고 기존의 화학 비료의 필요성을 줄이는 데 도움을 주고 있다.

이제부터 나는 생물학에 AI가 적용될 때, 우리 인간의 생물학적 본성을 수정할 가능성을 제시할 것이다. 이러한 가능성에는 합성생물학과 AI의 효과가 '어떻게' 기계적 인터레이싱을 이룰 것인가에 대한 해묵은 의문을 풀어줄 것이라는 기대를 동반한다.

합성생물학의 SF

합성생물학은 AI의 가장 혁신적인 응용 분야 중 하나다. 생물학적 근본을 변화시켜 인간의 본질과 현재의 생태계를 변화시킬 수 있는 합성생물학 분야의 잠재력은 무한하며, 이를 통해 사람들은 더 오래 살고, 질병에 저항하며, 특별히 설계된 유기체를 통해 초인적인 능력을 얻을 수 있다. 또한, 전자 요소 혹은 머신러닝 요소를 인간의 생물학적 회로에 통합하면 인간-AI 인터레이싱을 위한 길을 확실히 열 수 있을 뿐 아니라, 인터레이싱이 발생하는 데 요구되는 구체적인 '방법' 문제도 해결할 수 있다. 이런 새로운 형태의 생명을 창조하는 열쇠를 쥐고 있는 합성생물학이 등장하지 않았다면 이런 '방법' 중 일부는 결코 발전하지 못했을 것이다.

합성생물학은 우리 인류에게 어떤 영향을 미치는가? 이는 1997년 앤드루 니콜Andrew Niccol 감독의 SF영화 〈가타카Gattaca〉와 2009년 파올로 바치갈루피Paolo Bacigalupi의 SF소설 『와인드업 걸The Windup Girl』(Orbit Publishing Company, 2010)의 통찰력을 통해 확인할 수 있다. 리들리 스콧Ridley Scott의 1982년 영화 〈블레이드 러너Blade Runner〉가 SF소설에서 생물학적으로 조작된 개체의 가장 상징적인 예로 리플리컨트Replicant를 제시하지만, 우리는 이 흥미로운 가능성에 대해 좀 더 신중하게 다각적인 시각을 제시하는 『와인드업 걸』을 살펴보겠다.

내가 엄선한 이 SF 작품들은 생명을 근본적인 수준에서 조작할 때 발생 가능한 잠재적 결과에 대해, 독창적이면서도 자극적인 두 가지 관점을 제시하고 있다. 〈가타카〉의 주된 초점은 합성생물학을 활용해 인류의 기능을 향상시키며, 『와인드업 걸』은 합성생물학을 활용해 추종 계층의 개별 존재를 만들어내는 데 있다. 〈가타카〉는 유전공학이 노골적으로 경직되고 계층화된 사회를 조장하는 미래에 대한 디스토피아적 비전을 재현한다. 여기에서 개인은 유전적 구성에 따라 계급과 계층으로 분류된다. 즉, 유전적으로 우수한 '유효자'와 유전적으로 열등한 존재로 간주되는 '무효자'로 나뉘는 것이다. 이러한 유전적 차별은 삶의 모든 측면마다 투영돼 있다. 한 예로, 무효인 주인공의 경우는 우주비행사가 되겠다는 자신의 꿈을 이루기 위해 유효한 정체성을 가져야만 한다. 이 영화는 주인공이 사회적 규범과 기대에 맞서 싸우면서 자기 정체성과 운명을 탐구하며, 궁극적으로는 사회와 인간의 본질에 대해 근본적인 물음을 던진다.

유전 정보를 조작할 수 있는 합성생물학의 헌신적인 노력은 인간 정체성의 경계와 유전자 설계 및 선택의 윤리에 대해 깊이 생각하게 만든다. 앞서 지적했듯이, 인터레이싱의 모든 요소와 관련된 경제적 비용, 시기, 선택 요인은 사회 내에서 비대칭적으로 발생한다. 이에 따라 어떤 사람들은 자기 선택이나 외부 제한에 의해 뒤처지게 될 것이다.

〈가타카〉와 합성생물학의 실재계적 함축 간에 확연한 유사점 중 하나는 사회 내의 유전적 분열 가능성이다. 합성생물학이 발전함에 따라, 초기 단계에서는 유전적 개선을 감당할 수 있는 사람과 그렇지 못한 사람 간의 분열이 일어날 가능성이 높다. 이것이 현실화되면 1등은 2등에게 기회가 주어지기 전에 그 과정을 멈출 수 있고, 이로 인한 불평등을 자기 복리화시키는 방식으로 한층 더 영속화할 수 있다. 이렇게 되면, 인간의 본성은 마치 소비자의 거래처럼 반영될 것이다. 예를 들어, 캐딜락이나 BMW를 단지 기능적 기계장치로 구매한다는 것은 아무나 누릴 수 없는 사회적 지위를 상징적으로 나타낸다. 그런데 합성생물학 제품은 이것보다 훨씬 더 절대적이고 광범위한 함의를 가질 것이다.

우리가 주목해야 할 점은 우생학이 그에 수반되는 도덕적, 윤리적 논쟁과 함께 합성생물학에 대한 모든 논의에 내재돼 있다는 점이다. 이는 인간의 유전자를 이해하고 미묘한 차이를 수정할 뿐만 아니라, 유전적 요인을 제거하는 것도 쉽게 해준다. 또한, 이 기술은 능력과 결과의 수학적 등급 부여를 용이하게 해 관련된 유전학의 상대적 가치를 결정한다. 이처럼 계산된 현실은 특정 조건하에서 일부 유전 물질이 다른 유전 물질보다 더 가치가 있다는 것을 보여준다. AI에 윤리적 가치가 반드시 내재돼 있다고는 할 수 없기 때문에 표면적으로는 이것이 마치 마키아벨리즘적으로 들릴 수 있다. 합성생물학의 이런 편향된 요소들은 책을 읽고 있는 독자 여러분에게 이 책의 핵심 가치와 원칙에 대해 잠시 생각하게 할 것이다. 디스토피아적 미래를 피하기 위해 책임감 있는 AI를 위한 기본 규칙을 설정하는 문제는 나중의 일이 아니라 지금 우리 손에 달렸다는 것을.

『와인드업 걸』에서는 합성생물학이 환경과 생물 다양성에 미치는 영향에 초점을 맞춘다. 이 소설은 석유 고갈 이후 23세기 태국을 배경으로, 합성생물학이 식량 생산과 에너지 생성의 중심을 이루는 미래를 그린다. 이때, '새로운 사람들New People'로 불리는 유전자 조작 유기체는 노동과 오락 등 다양한 용도로 활용되게끔 설계되며, 인공 생명과 자연 생명의 경계가 모호해지기 시작하면서 수많은 의문과 모순이 발생하게 된다. 이어지는 23장에서는 일반적인 AI가 진실과 거짓 사이의 경계를 돌이킬 수 없을 정도로 왜곡하게 만드는 영향에 대해 논의할 예정이다.

『와인드업 걸』과 〈가타카〉의 중요한 차이점은 유전자 조작의 범위에 있다. 『와인드업 걸』에서는 합성생물학이 인간 유전 공학을 넘어 전체 생태계를 포괄할 정도로 확장된다. 이는 잠재적으로 원치 않는 생태학적 결과를 초래할 수 있는 경제적 또는 기타 이익을 위해 환경과 생물 다양성을 조작하는 윤리적 우려를 불러낸다. 소설 속의 기업은 자기 이익을 위해 합성생물학을 착취하기에, 사람들은 농업의 다양성을 잃고 인공 작물에 의존할 수밖에 없다.

『와인드업 걸』에서 주인공은 '새로운 사람들'의 일원이자 공학적으로 조작됐는데, 어느 날 자기 영혼의 본질에 대해 생각하다가, 영성과 합성생물학의 교차점을 탐구하게 된다. 소설 속의 등장인물들은 각자 합성 인간들이 영성이나 의식을 가지고 있는지를 두고 고민한다. 이는 저자가 종교와 유전자 조작의 상호 작용을 통한 생명 창조의 윤리적 고려 사항을 강조한 것으로 판단된다. 이것은 26장 후반부에서 다룰 주제이기도 하다.

합성생물학은 (두 소설에서 제시된 것처럼) 생물학, 환경, 음식 등 인간과 자연의 상호작용을 개선할 수 있는 잠재력을 담고 있다. 그러나 이 기술에는 동전처럼 다른 면도 존재한다. 바로 우생학의 함축과 유전적 차이의 개념이 인간 간의 가치 차이 또는 이익을 위한 부자연스러운 생태계 조작으로 이어질 수 있다는 것이다. 여기에는 우리 인류의 길고 번거로운 역사가 존재하며, 기술을 대규모로 통제하는 사람들은 그렇지 못한 사람들을 실질적이고 절대적으로 통제할 수 있다.

또 다른 맥락에서 보자. 1941년 타임리[Timely](이후 마블[Marvel]) 코믹스에서 만든 캡틴 아메리카 캐릭터에 익숙한 사람들에게 병약한 스티브 로저스[Steve Rogers]를 당대 최고의 전투 기계로 변모시킨, 이른바 '슈퍼 솔저 혈청[super soldier serum]'은 합성생물학의 군사적 응용을 기대하게 했으며, 이 책은 그 발전을 통제하기 위해 끊임없이 교묘하게 속이고 확대하고 기계화하리라는 것을 예견했다. 책 전반에 걸쳐 나는 AI 진화를 논의하는 여러 지점에서 다르파[DARPA]가 담당했던 핵심적인 역할을 언급했고, 합성생물학의 개발과 인구 생물학과 관련해 서구에서 생성된 데이터셋 수집에 중국군이 적극적으로 관여하고 있다는 점도 주목했다. 이 부분은 24장에서 논의할 주제다.

실제 현실의 캡틴 아메리카가 우리의 가치를 지키려고 할지 아닐지 누가 알 수 있을까? 스티브 로저스$^{Steve\ Rogers}$처럼 심리적 프로파일을 가진 사람도 있을 것이고, 전혀 다른 동기를 가진 사람도 있을 텐데.

합성생물학에 함축된 거대한 잠재력은 우리를 창조의 주인으로 만들기도 하고 불균형의 주인으로 만들기도 한다. 이 부분은 26장에서 초지능에 대해 논의할 때 좀 더 자세히 살펴볼 것이다. AI 기술을 둘러싼 지정학적 긴장 상태가 갈수록 고조되고 있는 상황에서, 어쩌면 우리에겐 캡틴 아메리카가 필요할지도 모르겠다.

생물학의 기초 이해하기

AI를 합성생물학에 적용하기 전에, 생물학의 기초와 생명 과정의 복잡성을 소개할 필요가 있다. 합성생물학은 이런 과정을 수정하거나 합성하는 데 중점을 두고 있기 때문이다.

우리가 알고 있는 생명은 근본적으로 세포의 기능을 토대로 한 경이로운 현상과도 같다. 세포의 미세한 단위는 단세포 미생물부터 인간과 같은 복잡한 다세포 유기체까지 모든 생명체의 기본 구성 요소다.

모든 세포의 중심인 핵^{nucleus}은 유전 정보를 저장하는 중요한 구성 요소다. 핵 안에는 모든 생명체의 발달, 기능, 번식을 위한 유전적 지침을 담고 있는 DNA$^{Deoxyribonucleic\ Acid,\ 데옥시리보핵산}$가 존재한다. DNA는 뉴클레오타이드^{nucleotide}라는 일련의 분자 형태로 이뤄진 이중나선 구조를 갖췄다. 자연계는 아데닌A, adenine, 티민T, thymine, 시토신C, cytosine, 구아닌G, guanine으로 부르는 네 가지 질소 염기만 존재한다. 이때 뉴클레오타이드는 생명을 부호화하는 언어 문자처럼, 유기체의 특성과 기능을 결정하는 유전 암호를 부호화한다.

유전자gene는 단백질 합성을 위한 지침을 지닌 특정 DNA 서열이다. 각 유전자에는 세포가 특정 단백질을 생성하도록 지시하는 코드 역할을 하는 특정 염기 서열이 있다. 이중 단백질protein은 아미노산이라는 기본 단위의 사슬로 이뤄진 복잡하고 큰 분자다. DNA의 각 염기 서열은 단백질에서 특정 아미노산 서열에 해당하며, RNARibonucleic Acid, 리보핵산는 DNA의 유전 정보를 단백질로 번역하는 중개자 역할을 한다.

단백질에는 많은 종류가 있다. 그 가운데 효소enzyme는 생화학 반응의 중요한 촉매 역할을 하고, 세포와 세포 간의 통신을 지원하며, 세포와 유기체의 구조적 무결성과 기능에 기여하기 때문에 중요하다.

합성생물학과 인공지능

합성생물학은 단백질과 유전자의 매우 복잡한 분자 구조를 다룬다. 이들 분자를 수동으로, 혹은 간단한 컴퓨터 소프트웨어를 사용해 설계하는 것은 이론상으로는 가능하지만, 이를 대규모로 수행하려면 AI가 필수적이다. AI 알고리듬은 방대한 데이터셋을 분석하고, 유전자 구성 및 변형의 잠재적 결과를 예측하며, 특정 기능을 위한 생물학적 회로의 설계를 최적화할 수 있다. 또한, 생물학적 데이터 내에서 패턴과 상관관계를 식별해서 원하는 형질을 얻을 수 있는 새로운 유전자 조합을 발견하는 데도 도움을 준다. AI를 합성생물학에 접목하게 되면 설계 과정을 가속화할 뿐만 아니라, 많은 시행착오 없이도 특정 기능을 갖춘 합성생물학적 시스템을 제작하는 데 요구되는 정밀도를 향상할 수 있다.

합성생물학의 응용 분야는 종종 복잡한 생화학 반응 사슬의 AI 시뮬레이션 모델에 의존한다. 이 모델은 생물학적 시스템이 실제로 구축되기 전에 어떻게 작동할지에 대한 수준 높은 통찰력을 제공한다. 또한, 시뮬레이션을 통해 세포가 번식할 때 유전자가 전사되는 과정이나 유전자가 단백질로 번역되는 과정과 관련된 모든 생체 분자 상호작용을 표현할 수 있다. 이 외에도, 자연계에 아직 존재하지 않는 새로운 생물학적 시스템을 설계할 때, AI 기반 시뮬레이션은 해당 시스템이 어떻게 작동하는지를 알아낼 수 있다.

생물학적 분자는 거대하고 복잡해서 그 구조를 안다고 하더라도 실제로 어떻게 작동하는지를 알아내기란 쉽지 않다. 이에 따라, AI의 실용적인 응용 분야는 서열을 기반으로 한 단백질, DNA, RNA 또는 mRNA(코로나19 백신에 사용된 것으로 유명한 메신저 RNA)의 세그먼트의 동작을 예측하는 것이다.

심층 신경망은 입력과 출력 간의 복잡한 비선형 관계를 복제할 수 있는 확장성과 용량을 고려할 때 합성생물학을 위한 최적의 머신러닝 알고리듬으로 거론된다. 특히, 합성곱 신경망CNN, Convolutional Neural Network은 게놈 세그먼트genomic segment가 어떻게 기능하는지 예측하는 데 사용된다. 앞선 장에서 시퀀스 데이터에는 순환 신경망RNN, Recurrent Neural Network이 사용되고, 이미지에는 CNN이 사용된다고 언급했다. 이런 지적은 위에 서술한 정보와 모순되는 것처럼 보이지만 그렇지 않다. CNN은 분자와 게놈 서열에 잘 작동하는데, 그 기능이 모양에 따라 달라지기 때문이다. 이러한 의미에서 분자는 특정 모양의 이미지와 비슷하다고 할 수 있다.

끝으로 거론할 부분이 있다. AI 알고리듬을 학습시킬 합성생물학 데이터를 라벨링 하는 데는 다른 영역보다 비용이 많이 든다는 점이다. 왜냐하면 전문 지식이 필요하고, 실험실을 활용한 엔드투엔드 데이터 수집 과정을 거쳐야 하기 때문이다. 높은 비용은 방대한 학습 데이터에 의존하는 딥러닝 모델에 커다란 걸림돌이 되기에, 연구자들은 데이터를 자동으로 라벨링하고 생성형 AI를 사용해 시뮬레이션 된 학습 데이터를 생성함으로써 이 문제를 해결하는 데 많은 관심을 쏟고 있다. 시뮬레이션 또는 합성 데이터가 실제 생물학 실험에서 파생된 것은 아니지만, 신경망을 효과적으로 학습하기에는 적합할 수 있다. 그렇기에, 범용인공지능^{AGI}에 관한 지속적인 연구에서도 합성 데이터의 자동 AI 피드백, 라벨링 및 생성에 상당한 비중을 두고 있다. 이는 9장에서 자세히 다룬 바 있다.

유전 물질의 시퀀싱과 합성

이번 절에서는 유전자의 시퀀싱과 합성을 시작으로 합성생물학의 몇 가지 응용 분야를 살펴볼 것이다. DNA 분자에서 뉴클레오타이드 염기의 정확한 순서는 DNA 시퀀싱$^{DNA\ Sequencing,\ DNA\ 염기서열\ 결정}$으로 부른다. 과학자들은 1990년 인간 게놈(우리의 DNA 염기서열)을 매핑하기 시작했고, 13년간의 노력 끝에 2003년에 인간 게놈 전체를 성공적으로 매핑했다. 이 숭고한 작업이 완료된 후, 초파리, 생쥐에서부터 경제적으로 중요한 작물에 이르기까지 다른 유기체의 게놈을 매핑하는 데 초점을 맞춘 후속 프로젝트들이 줄을 이었다. 대규모 게놈 시퀀싱 프로젝트의 결과는 유전적 다양성, 진화, 그리고 많은 질병의 분자적 기초를 이해하는 데 혁혁하게 기여했다.

DNA의 염기서열을 결정하는 것 외에도, 템플릿이 지시하는 염기서열로 DNA를 합성하는 것도 가능해졌다. 이를 합성 유전체학synthetic genomics이라고 한다. 이는 합성 과정 후 새로 생성된 DNA 분자를 완전한 게놈으로 조립해 살아있는 세포에 이식한 뒤, 숙주 세포의 유전 물질을 효과적으로 대체하고 대사 과정을 변화시키는 작업이다. 이 접근법은 2000년과 2002년에 각각 C형 간염과 소아마비 같은 여러 바이러스 게놈을 합성함으로써 그 잠재력을 처음 입증했다. 이러한 방식으로 생성된 최초의 유기체 중에는 전염성 바이러스가 있었다.

합성 유전체학은 전통적으로 값이 매우 비쌌지만, 발전을 통해 유전 물질을 효율적으로 대규모 수정할 수 있게 됐다. 이는 비용적으로도 많은 절감이 됐다. 이후, 특정 DNA 서열의 사본을 증폭하고 생성하는 데 사용되는 실험실 기술인 중합효소 연쇄반응PCR, Polymerase Chain Reaction이 분자생물학의 기본 도구가 됐다. 이 PCR이라는 용어는 2020년에 발생한 코로나19 팬데믹으로 인해 전 지구촌 사람들에게 친숙해졌다. 또한, 세포가 분열할 때 DNA 복제 중에 발생하는 오류를 식별하고 복구하는 DNA 불일치 오류의 수정도 성공했으며, 비용 절감에 도움이 되는 모듈성 엔지니어링 원칙modularity engineering principle을 사용해 생물학적 시스템의 설계와 수정을 용이하게 했다. 모듈성은 다양한 생물학적 기능을 생성하기 위해 쉽게 추출, 교체 또는 결합할 수 있는 DNA 부품과 같은 표준화된 구성 요소의 사용을 포함한다. 이 접근 방식을 활용하면 더 작고 교환 가능한 모듈을 조립해 복잡한 생물학적 시스템을 구축할 수 있다.

이런 과학의 발전을 거쳐, 지금은 DNA 합성이 크게 발전한 복잡한 염기서열을 만들 수 있게 됐다. 심지어 임의의 디지털 정보를 합성 DNA에 부호화하는 것도 가능해졌다. 2012년 조지 M. 처치$^{George\ M.\ Church}$는 자신의 저서 중 하나를 DNA 분자로 부호화했는데, 이 책에는 무려 5.3MB의 데이터가 들어있었다. 조지 M. 처치는 자신의 책을 암호화하는 '사치스러운 작업'을 한 사람이지만, 동시에 가장 존경받는 합성생물학자 중 한 명이다. 그렇기에, 이번 장의 서두의 인용문 또한 그의 책에서 발췌했다.

처치가 부호화한 분자는 분명 기능적이지는 않았다. 하지만 AI를 활용하면 이를 자연스럽고 완전하게 기능할 수 있는 유전자로 설계할 수 있다. 한 예로, 2020년 게놈 세그먼트를 합성하기 위해 만들어진 심층 신경망을 살펴보겠다. 이 AI 프로그램은 기능에 대한 적합성을 최적화할 뿐만 아니라 서열 다양성$^{sequence\ diversity}$을 보장하는 데도 사용됐다. 서열 다양성은 개체군의 적응력과 회복력의 근간이 된다. 이는 유기체가 진화하고 질병에 저항하며 변화하는 환경에서 번성할 수 있어 중요하다. 이 AI 알고리듬은 설정된 임곗값을 초과하는 과도한 유사성에 불이익을 주는 유사도 매트릭을 통해 서열 다양성을 보장하는 특징을 가졌다.

알파폴드와 단백질 접힘 문제

앞서 암시했듯이, 단백질 구조 예측은 심층 신경망이 중요한 역할을 하고 있는 또 다른 영역이다. 가장 유명한 예 중 하나는 딥마인드^{DeepMind}가 개발한 알파폴드^{AlphaFold}인데, 딥마인드는 앞선 7장에서 논의한 바와 같이, 2016년 중국의 오래된 바둑 게임에서 한국의 이세돌을 꺾은 AI 시스템인 알파고^(AlphaGo)를 만든 회사다.

단백질 설계는 복잡한 도전이다. 생명의 기본 구성 요소인 단백질은 생물학적 기능에 특유하고 독특한 3차원 형상으로 자연스럽게 접히는 아미노산의 서열이다. 이 중에서 '단백질 접힘 문제^(protein folding problem)'는 단백질의 아미노산 서열이 단백질 분자 내 원자의 공간적 배열을 수반하는 3차원 구조를 어떻게 결정하는지를 해독해 내는 어려운 연구다.

단백질의 3D 구조를 이해하는 것은 단백질의 물리적 기능, 다른 분자와의 상호작용, 잠재적인 질병 관련성을 파악하는 데 필수적이다. 단백질 구조 예측은 특정 질병에 관여하는 특정 단백질을 표적으로 하는 의약품을 설계해 치료 전략에 대한 통찰력을 제공하고 새로운 치료제를 개발할 수 있기 때문에 신약 개발에서 매우 중요한 의미를 지닌다.

실제로 알파폴드가 등장하기 이전에도 극저온 전자 현미경과 X-선 결정학 같은 실험적인 단백질 구조 예측 기법이 이미 상존했다. 이러한 방법은 매우 유용하긴 했지만, 비용과 시간이 너무 많이 소요됐고, 다양한 생명체에 분포된 수백만 개의 단백질 중 극히 일부만 식별할 수 있었다.

그러나 2018년, 알파폴드는 CASP^(Critical Assessment of Techniques for Protein Structure Prediction, 단백질 구조 예측을 위한 중요 방법 평가)라는 글로벌 대회에서 1위를 차지함으로써 과학계를 깜짝 놀라게 했다. 비교 대상이 되는 유사한 단백질의 템플릿이 없는 경우에도 알파폴드가 까다로운 단백질 구조를 예측하는 데 탁월한 능력을 발휘했기 때문이다. 알파폴드는 2020년에도 이 대회에 다시 참가했으며, 여기서 이룬 성과는 더 놀라웠다. 이 기술은 누구도 달성할 수 없다고 여겼던 정확도 수준을 달성했으며, 단백질의 3분의 2에 대해 90점이 넘는 놀라운 정확도로 구조를 예측해 내는 전례 없는 능력을 보여줬다.

알파폴드가 이러한 돌파구를 만들었던 방식에 대해 잠시 언급할 필요가 있겠다. 알파폴드는 단백질의 3D 구조를 찾기 위해 유사성을 공유하는 여러 단백질과 비교한 뒤, 세 가지 데이터 구조에 걸쳐 머신러닝을 수행했다. 서열 수준에서의 표현, 쌍으로 이뤄진 뉴클레오타이드 염기 상호작용의 묘사, 그리고 모델이 출력으로 생성하는 원자 수준의 단백질 3D 구조다.

그러나 이러한 획기적인 성과에도 불구하고 단백질 설계는 여전히 다면적인 퍼즐로 남아 있다. 알파폴드의 성공은 대단하지만, 아직 해결해야 할 과제가 있기 때문이다. 알파폴드 같은 경우는 주로 단일 사슬 단백질에 초점을 맞추고 있어서 복잡하거나 본질적으로 무질서한 단백질은 제외했다. 이는 기존 데이터베이스에는 전혀 없는 완전히 새로운 단백질 접힘이나 구조를 얼마나 잘 예측할 수 있는지에 대한 의문을 남긴다.

생성형 AI를 이용한 단백질 설계

알파폴드가 주로 하는 일은 단백질 서열의 모양과 기능을 찾는 것이다. 물론 알파폴드가 하는 것과 정반대의 작업도 합성생물학의 중요한 응용 분야에 속한다. 특정 기능에 대한 단백질 서열을 찾아내는 일 말이다. 이는 기본적으로 새로운 단백질을 설계하는 것을 의미한다.

단백질 설계는 실로 엄청난 작업이다. 전통적으로는 단순한 머신러닝과 규칙 기반 알고리듬을 갖춘 전문가 시스템이 활용됐지만, 의미 있는 진전은 없었다. 이에 따라, 성능 면에서 가장 크게 기여하는 특징을 식별하는 전문 지식이 필요했고, 이러한 한계를 인식한 연구자들은 앞선 5장에서 다룬 생성적 적대 신경망$^{GAN, Generative Adversarial Network}$과 변분 오토인코더$^{VAE, Variational Autoencoder}$ 같은 생성형 AI 알고리듬에 관한 광범위한 연구를 수행했다. 연구자들은 이러한 AI 모델을 사용해 단백질의 생물학적 기능부터 시작해서 이 기능을 수행하는 단백질을 생성하는 DNA 서열 쪽으로 거꾸로 작업할 수도 있게 됐다.

특정 기능 측면에서 합성생물학을 통해 기존 단백질과 일치하거나, 이를 능가하는 새로운 단백질 구성을 만들어낼 수도 있게 됐다. 한 예로, 2009년에 한 연구 그룹은 헤모글로빈의 산소 결합 특성을 모방해, 일산화탄소와는 친화력이 없는 나선 다발$^{helix bundle}$을 만들어 일산화탄소 중독 위험을 크게 줄였다. 헤모글로빈은 혈액 세포에서 산소를 운반하는 단백질로, 일산화탄소와 결합하면 일산화탄소 중독을 초래할 수 있다.

이 외에도, 단백질 구조와 기능을 조작함으로써 개선된 세제와 유당 없는 유제품 등 다양한 용도의 산업용 효소를 설계할 수 있게 됐으며, 생물학적 세포를 미세한 분자 공장으로 사용해 유전자적으로 부호화된 특성을 가진 물질, 그중에서도 특히 단백질을 생성할 수 있게 됐다. 이처럼 합성생물학은 다양한 산업용 생화학 생산에 유망한 길을 제시했다.

또 다른 예로, 미생물막$^{biofilm, 바이오필름}$을 성장시키는 데 필요한 단백질의 생산도 가능해졌다. 미생물막은 미생물의 끈적끈적한 점착성 층으로, 주로 물 표면에 형성되며 박테리아를 부착시켜 번성할 수 있는 보호 매트릭스가 특징이다. 이러한 미생물막의 사용 용도는 다양하다. 의료 분야의 경우, 미생물막은 감염으로부터 보호하거나 박테리아 오염을 방지하기 위해 의료 기기에서 배양된다. 산업 분야에서는 이 미생물막을 폐수 처리 및 바이오에너지 생산과 같은 공정에 사용하며, 미생물막 군집을 이용해 자연 생태계의 영양분 순환과 오염물질 분해를 하기도 한다.

합성생물학에 AI를 도입하면 기존 단백질을 매핑하는 것과 자연적으로 발생하지 않는 새로운 단백질을 만드는 등 획기적인 발전을 이룰 수 있으며, 제작 속도도 높일 수 있다. 기업들은 단백질에 대한 학습과 지식재산권을 제품화하기 위해 AI 기반 모델과 과정을 적극적으로 배포하는 중이며, 이를 통해 장기 개발, 인체 조직 및 기능 향상, 기능 획득을 위한 기반을 구축 중이다.

3D 바이오프린팅을 이용한 이식의 미래

많은 단백질을 조합한 오가노이드organoid 제작은 합성생물학의 또 다른 응용 분야다.

오가노이드는 인공적으로 배양한 신장이나 간과 같은 장기를 말한다. 앞선 장에서는 3D 프린터를 사용해 심장과 같은 기계 장기를 인쇄하는 것에 관해 얘기한 바 있는데, 이번 장에서는 3D 바이오프린팅bioprinting(세포층을 인쇄해 조직을 만드는 과정)에 대해 언급하겠다.

오가노이드는 일반적으로 프린팅 기술을 사용해 실험실 환경에서 인쇄된다. 3D 바이오프린팅은 세포를 특정 패턴으로 적층하거나 증착해 자연 조직이나 장기의 구조를 모방한 3차원 구조를 만드는 과정으로, 이렇게 바이오프린팅된 오가노이드는 생물학적 과정 연구, 약물 테스트, 환자에게 이식하기 위한 모델로 사용될 수 있다.

바이오프린팅을 하려면 가장 먼저 살아 있는 세포부터 만들어야 한다. 이 세포들은 합성생물학 절차를 통해 지질 소포에서 생성된 인공 세포로서, 세포 시스템이 작동하는 데 필요한 모든 필수 구성 요소를 포함한다. 이때 인공 세포는 자기 복제와 자기 유지 등 살아있는 것으로 간주되는 필요한 모든 기능적, 설계적 특성을 갖춰야 한다.

이 과정의 다음 단계는 인공적으로 만들어진 세포를 바이오프린팅해 오가노이드로 만드는 것이다. 이는 매우 섬세한 과정으로, 바이오프린팅된 오가노이드는 복잡한 모양과 다양한 요구 사항을 충족해야 한다. 예를 들어, 바이오프린팅된 심장은 기계적 부하, 혈관 신생, 전기 신호 전파 요건 등 여러 가지 구조적 기준을 충족하지 않으면 안 된다.

3D 바이오프린팅은 신기술임에도 불구하고 이미 그 효과가 널리 입증됐다. 2022년에는 환자의 세포로 만든 3D 바이오프린팅 장기가 이식에 성공했다는 첫 번째 사례가 보고됐다. 이 선구적인 시술은 선천적으로 외이가 발달하지 못했거나 기형인 소이증을 치료하기 위해 외이를 재건하는 데 주안점을 뒀다.

바이오프린팅이 우리 인류에 미칠 영향은 엄청나다. 가까운 미래에 바이오프린팅은 안구 각막과 모낭의 생산을 포함해 다양한 가능성을 제공할 것이다. 이는 바이오프린팅된 심장보다 덜 복잡하지만 바이오프린팅된 외이보다 더 섬세한 구조를 띠고 있다. 의료 분야에서 바이오프린팅은 장기를 제작할 수 있어 장기 부족으로 인한 어려운 문제를 해결할 수 있으며, 치료에 앞서 의학적 반응을 테스트하기 위해, 환자의 세포를 사용해 소형화된 장기 또는 오가노이드를 제작할 수 있다. 바이오프린팅으로 만든 의수는 개인의 신체와 매끄럽게 통합할 수 있게 세심히 설계돼 기능성과 편안함을 향상시킬 수 있다.

마지막으로, 바이오프린팅은 생체 조직에 전자 장치를 이식해 자연 장기를 능가하는 정교한 사이버네틱 장기를 만들 수 있다. 예를 들어,

바이오프린팅된 폐는 혈류로 들어가기 전에 공기를 정화하는 센서와 나노 필터를 장착할 수 있으며, 대체 생체공학 안구에는 줌 및 적외선 시각 기능까지 내장 가능하다.

장차 우리 인간에게 통합될 생물학적 조직에 전자 장치를 인쇄하는 것은 매우 놀라운 일이다. 이러한 기술은 이전 장에서 소개한 BCI의 가능성을 뛰어넘어, AI가 설계한 생물학과 인터페이싱된 살아있는 유기체를 탄생시킬 수 있다. 나는 이것이 인터페이싱과 관련된 기계적 문제, 즉, 인터페이싱을 물리적으로 구현할 수 있는 방법의 세부 사항을 해결한 것으로 보고 있다. 적어도 방향적으로는 말이다.

합성 생명과 비자연적 생명 만들기

오가노이드의 3D 바이오프린팅은 인상적이지만, 오가노이드가 살아있다고 주장하기 위해서는 설계 및 구성 특성을 갖춰야 한다. 그런데 이 모두를 갖추고 있음에도 살아있지 않다고 하면 어떨까? 이렇듯, 합성 생명synthetic life은 합성생물학의 논쟁 중 하나로 떠오르고 있다.

합성 생명의 정의는 합성 분자를 사용해 통제된 환경에서 유기체를 만드는 것이다. 이 분야의 실험은 생명의 기원을 탐구하거나, 혁신적인 치료 및 진단 솔루션을 테스트하며, 기본적인 생명 특성을 조사하고, 무생물 구성 요소로부터 생명을 생성하는 것 등이 포함된다.

이러한 인공 생명 형태를 합성 생명Synthetic Life이라고 부르며, 이는 다양한 목적을 달성하기 위해 야심 차게 진행되고 있다. 합성 생명은 2010년 크레이그 벤터Craig Venter가 완전한 합성적 박테리아 염색체를 만든 후 이를 유전적으로 고갈된 박테리아 숙주 세포에 도입하면서 만든 용어이다. 단세포 유기체의 DNA에는 식별을 돕기 위해 네 가지 '워터마크'가 통합돼 있다. 구두점이 포함된 완전한 알파벳 코드표, 46명의 기여 과학자의 이름, 세 문장, 그리고 세포를 위한 은밀한 이메일 주소다. 놀랍게도, 이 합성 박테리아는 성장과 복제 능력을 보여줬으며, 점점 더 발전된 형태의 합성 생명이 의약품 생산이나 오염된 토양과 수원의 해독과 같은 필수 기능을 수행할 수 있게 됐다.

합성 생명을 만들어내는 합성생물학은 자연계에는 존재할 수 없는 생명을 만들어냄으로써, 기존의 틀을 벗어난 분자생물학 영역으로의 모험과 도전을 시작했다. 자연계에는 모든 살아있는 유기체에서는 4개의 뉴클레오타이드 염기^{nucleotide base}와 20개의 아미노산만 존재하지만, AI를 이용하면 특정 화학적, 생물학적 특성을 표적으로 삼아 자연계에서는 찾을 수 없는 비천연 단백질과 비천연 염기를 설계하고 엔지니어링할 수 있다. 이렇게 되면 자연계에 존재하지 않는 새로운 아미노산과 염기를 사용하는 합성 생명의 비천연 형태를 설계하는 '첫 번째 구성 요소^{first building block}' 문제를 해결할 수 있다.

이러한 비천연 유기체는 이점을 줄 수도 있지만, 특이한 위험도 가져온다. 이 유기체가 수백만 년 동안 발전해 온 생태계 환경에 방출되면 자연종과의 수평적 유전자 전달 또는 유전자 교환에 관여하게 돼, 예측할 수 없는 결과를 초래할 수도 있기 때문이다.

뿐만 아니라, 이러한 종이 천연 단백질로 스스로 영양을 공급할 수 있는지, 아니면 비천연 분자에 의존해야 하는지에 대해서도 명확하지 않다. 이 새로운 종이 자체 단백질이나 핵산을 합성하기 위해 비천연 물질에 의존하도록 설계됐다면, 실수로 방출될 경우 지금과 같은 자연 환경에서는 생존할 수 없을 것이다. 반대로, 자연 분자를 먹고 통제되지 않은 환경에서 자리를 잡는다면, 천연 유기체를 능가하고, 포식자와 생물학적 바이러스에 저항해 통제되지 않은 증식으로 이어질 수 있다. 여기에는 일부 종의 멸종도 포함될 수 있다.

자연계에 존재하지 않는 분자로 만든 합성 생명에 대한 논의는 자칫하면 SF소설처럼 보일 수 있으나 실제로는 그렇지 않다. 이런 종류의 비천연 DNA를 가진 최초의 살아있는 유기체를 2014년에 공개했기 때문이다. 연구자들은 박테리아 DNA에 두 개의 새로운 비전통적인 뉴클레오타이드를 추가했다. 새로 만들어진 비천연 박테리아는 24세대에 걸쳐 성장했다. 이때 이들은 모두 새로 도입된 인공 뉴클레오타이드 염기를 포함한 상태였다.

제노봇: 개구리 배아에서 합성 생명체까지

합성 생명의 또 다른 예로 제노봇Xenobot을 들 수 있다. 제노봇은 아프리카 발톱개구리 Xenopus Laevis제노푸스 라에비스에서 그 이름을 따왔으며, 2020년에 개발됐다. 제노봇은 방금 언급한 비천연 변형이 아닌 자연계에서 발견되는 기존의 분자를 사용한 합성 생명이다.

제노봇은 일반적으로 폭이 0.04인치 미만이며, 피부 세포와 심장 근육 세포 두 가지로 구성돼 있다. 두 종류의 세포는 아프리카 개구리의 배아 줄기세포에서 얻었다. 피부 세포는 구조적 지지력을 제공하는 반면, 심장 세포는 리드미컬하게 수축 및 팽창하는 소형 엔진 역할을 해 제노봇을 앞으로 추진시키는 효과를 가지고 있다. 이런 제노봇의 구체적인 신체 배치는 시행착오 과정을 거쳐 컴퓨터 모델링을 통해 결정됐다.

제노봇을 살아있는 유기체로 분류할지, 로봇으로 분류할지, 아니면 전혀 다른 것으로 분류할지는 과학자들 사이에서 계속 논의되고 있다. 그러나 제노봇이 살아있는 유기체와 몇 가지 공통된 특성을 보인다는 것은 입증됐다. 그 이유는 첫째, 제노봇은 부상을 입었을 때 자가 복구가 가능하기 때문이며, 둘째, 제노봇은 주변에서 떠다니는 세포를 수집해 동일한 능력을 지닌 새로운 제노봇으로 조립함으로써 번식할 수 있기 때문이다. 마지막으로, 제노봇은 영양분 없이도 장기간 생존할 수 있는 특성도 가졌다.

또한, 제노봇은 걷기, 수영, 펠릿 밀기, 화물 운반, 무리를 지어 흩어진 쓰레기를 접시 표면에 정리된 더미로 모으려고 협력하는 등 다양한 작업을 수행할 수 있다. 이러한 동작을 기반으로 제노봇은 향후 몇 가지 실용적인 응용 분야에 적용될 가능성이 있다. 예를 들어, 해양 미세플라스틱을 더 큰 덩어리로 모아 쉽게 제거하고 재활용 시설로 운반한다던가, 임상 환경에서 동맥 플라크를 제거하고 질병을 치료하는 등에 사용될 수 있다.

생물학적 컴퓨터와 생물학적 머신러닝

천연이든 비천연이든 합성 생명의 창조를 쉽게 받아들일 수 있다면, 생물학적 컴퓨터 개발의 전망을 고려해 보자. 생물학적 컴퓨터는 전자 컴퓨터와 유사한 작용을 수행할 수 있도록 특수하게 설계된 생물학적 시스템이다. 과학자들은 이미 컴퓨터의 전자 부품과 같은 다양한 논리 게이트logic gate(기본이 되는 논리 기능을 실현하는 전자 회로)를 여러 유기체에서 개발하고 그 특성까지 규명했다.

최근 연구에 따르면, 아날로그와 디지털 계산 회로를 살아있는 세포에 통합하는 것이 가능하다는 것이 밝혀졌다. 한 예로, 2007년에 포유류 세포에 AND, OR, XOR과 같은 논리 함수를 실행할 수 있는 생물학적 회로가 구현됐으며, 2011년에는 인간 암세포를 탐지하고 제거하기 위해 생물학적 디지털 계산을 사용하는 치료 전략이 개발됐다. 2016년에는 박테리아 세포 내에서 디지털 회로 설계를 자동화하기 위해 컴퓨터 공학 원리가 적용됐고, 2017년에는 포유류 세포에서 산술 및 부울 논리가 구현된 바 있다.

단순한 계산 회로를 구축하는 것 외에도 생체 분자 구성 요소를 사용해 복잡한 인공 신경망 아날로그를 구현하는 것도 가능해졌다. 이러한 축적된 성과에는 생물학적 시스템 내에서 복잡한 머신러닝의 실행을 가능하게 하는 것도 포함된다. 2019년에는 생체분자 신경망의 이론적 구조가 제시됐다. 이 구조는 신경망 계산을 정확하게 실행하는 화학 반응 네트워크로써 분류 문제를 해결하는 데 사용된다는 것을 보여준다. 이 구조는 1957년 프랭크 로젠블랫Frank Rosenblatt이 구축한 퍼셉트론perceptron에 해당하는 생체분자의 역할을 한다. 생체분자 신경망과 퍼셉트론은 인공 뉴런의 한 개 층으로 구성돼 있다는 점에서 비슷한 기본 설계를 공유한다.

이처럼 생물학적 시스템 내부에 머신러닝 알고리듬을 구축할 수 있다는 것은 엄청난 것을 함축한다. 이는 생물학적 물질로 구성된 컴퓨터 구조를 따라 우리 인간을 포함해 모든 생명체의 지능 수준을 높일 수 있음을 의미하기 때문이다.

창조의 주인

누가 뭐래도 합성생물학은 가장 혁신적인 AI 응용 분야다. 합성생물학은 인간의 생물학적 근본을 바꿨으며, 인간의 본질을 변화시킬 수 있는 잠재력을 가지고 있다. 실례로, 특별하게 설계된 오가노이드는 우리가 더 오래 살고, 질병에 저항하며 초인적인 능력을 획득할 수 있게 도와준다. 이는 AI의 힘에 힘입어 완전히 새로운 생물학적 생명 형태의 개발과 함께 끊임없이 발전할 것이다. 이렇듯, 전자 요소 또는 머신러닝 요소를 생물학적 회로에 통합하는 것과 같은 발전은 인터레이싱의 발생 방식과 관련된 까다로운 기계적 문제를 해결하고 인간-AI 인터레이싱을 위한 탄탄한 길을 열어주고 있다.

합성생물학의 거대한 잠재력은 우리를 창조의 주인이 되도록 할 수도 있고, 불균형의 주인이 되게 할 수도 있다. 이 문제는 다음 장에서 논의하겠다.

# 22

AI 유토피아:
재분배, 지속 가능성, 형평성

"우리는 역사상 가장 파괴적인 힘을 바로 여기서 목격하고 있습니다. (…) 직업이 필요 없는 시대가 올 것입니다. 자기만족을 위해서는 직업을 가질 수 있겠지만, AI가 모든 것을 대신할 것입니다. (…) 앞으로의 도전 과제 중 하나는 우리가 삶의 의미를 어떻게 찾을 것인가 하는 것입니다."

- **일론 머스크**Elon Musk,
미국 억만장자,
前 영국 총리 리시 수낙과의 대화에서, 2023년 11월 2일

AI는 속도와 생산성을 높이고, 상업적 의사결정을 경제화하는 것은 물론, 위험을 줄이며, 자원 낭비를 제거함으로써 전례 없는 부를 창출할 것이다. 2017년 PWC^PricewaterhouseCoopers, 프라이스워터하우스쿠퍼스는 2030년까지 AI가 세계 경제에 미칠 영향에 대한 추정치를 발표했다. 분석에 따르면, 세계 경제는 AI의 통합으로 말미암아 15조 7천억 달러라는 엄청난 증가를 가져올 것으로 예측했다. 1년 후인 2018년, 맥킨지^McKinsey는 2030년까지 전체 경제활동 규모가 약 13조 달러에 이를 것이라는 연구 결과를 발표했다. 이는 PWC와 일치하는 수치이기도 하다.

이 두 가지 추정치는 AI 산업을 획기적으로 가속화시킨 생성형 AI 혁명 이전의 추정치이므로 적당한 수준이라고 할 수 있다.

PWC가 예측한 15조 7천억 달러는 중국과 인도의 GDP를 합친 것보다 더 큰 규모다. 즉, 2030년까지 AI가 중국과 인도 규모의 새로운 경제를 창출한다는 의미이며, 2030년까지 세계 GDP가 14% 급증할 것이라는 얘기이다. 세계 경제 분포 측면에서 보면, 중국과 북미의 영향은 세계 경제의 70%에 해당한다. 이는 각국 시장의 AI 발전 상태, 일반 노동법, AI의 영향을 받은 제품화의 신속한 구현에 유리한 기타 법률 체계, 그리고 기존의 산업 규모에 미치는 기하급수적인 영향(부자들은 실제로 더 부유해진다)을 포함한다. 여기서 중국은 2030년까지 GDP가 26% 증가할 것으로 예상되고, 북미는 14% 증가할 것으로 예상된다. PWC에 따르면, AI가 특정 부문에 속한 소매, 금융 서비스, 의료가 경제 패러다임의 핵심 분야로 급부상할 것이라고 내다보고 있다.

이 수치는 AI가 경제와 사회에 통합되는 수십 년 동안 꾸준히 진행돼 왔고, 지금은 이러한 추세가 되돌릴 수 없는 단계에 이르렀기에 단기적인 영향만 나타낸 것이다. 하지만 AI는 갈수록 똑똑해지고 있고, 알고리듬은 우리의 경제적 의사결정 등 삶의 모든 영역에 널리 퍼질 것이며, 로봇은 사회생활에 한층 더 통합될 것이다.

AI의 영향력은 광대하게 뻗어지고 있다. 이 기술은 지금까지 해결하기 힘들었던 문제를 해결하는 것을 목표로 한다. 한 예로, 합성생물학은 농작물 식품을 만들어냈으며, 물류 최적화와 유기화학이 결합될 시 기아 퇴치뿐만 아니라 영양과 인간의 성과를 최적화할 수 있는 혁신을 이뤄냈다. 비용에서부터 보편적 접근성, 지속 가능성에 이르기까지 사회적으로 요구되는 에너지 문제는 AI 기반 엔지니어링 결합을 통해 해결할 수 있다. 이런 AI 기반 엔지니어링은 에너지원의 혼합을 최적화해 파도 수확[1]과 원자력의 완전한 안전성 확보 같은 기술의 완성도에 영향을 미칠 것이다. 또한, 의사결정 시 보다 나은 양질의 정보가 제공되고 오류나 오판의 가능성이 줄어들면서, 식품, 섬유, 미디어, 통신, 건축 자재 등 산업계 전반에서 신제품 개발 수준이 놀라울 정도로 증가할 것이다. 이때, 자원 배분의 효율성과 생산성 향상은 대부분 품목의 가격을 낮추도록 할 것이다.

인류가 지향하는 최종 상태는 유토피아나 디스토피아 혹은 둘의 혼합 형태가 될 듯하다. 실제 결과는 전적으로 AI가 어떻게 개발, 배포, 규제될 것인지에 달려 있지만 말이다. 세계에 대한 서로 다른 비전을 갖고 경쟁하는 초강대국들의 역할, AI의 지속적이고 불확실한 발전과 그것이 인류에 미치는 영향에서 '선善'에 대한 서로 다른 동기와 개념을 고려할 때 모든 시나리오의 구체적인 확률을 정량화하기란 어렵고 힘들다. 최종 결과는 책임감 있는 행위자들이 기술을 사용하는 방법, 성장과 분배를 조건으로 하는 경제학, 정치 및 규제의 체계와 상호작용에 달려 있다. 이제 이 모두는 우리가 완전히 통제할 수 있는 범위

---

1 파도 수확은 파도의 운동 에너지를 포집해 사용 가능한 전기 에너지로 변환하는 과정을 말한다. 이는 조력 및 해상 풍력 에너지를 포함하는 광범위한 해양 재생 에너지다. – 옮긴이

내로 들어왔다.

　AI는 우리가 추구하는 핵심 가치와 신념에 부합하는 규제와 사회적 지침이 마련되면, 가까운 시일 내로 인류를 위한 더 나은 것을 창조하고 유지할 것이다. 이번 장에서는 향후 수십 년 동안 AI 개발이 가져올 수 있는 긍정적인 측면을 설명함과 동시에 긍정적인 결과를 수용할 때 제기되는 몇 가지 함정과 절충점을 지적하려 한다. 이 유토피아적 시나리오에서는 AI가 변혁적일 뿐만 아니라 초월적이며, 오직 인류의 발전과 대다수 사람의 이익을 위해 활용될 것이다. 이때, AI 기술은 인간이 완전히 통제할 수 있는 인간 중심적 가치를 함축하고 있으며, 이런 AI 기술은 지속적인 산업 및 제품 개발 혁신에 박차를 가하는 데 국한될 것이다.

　AI 기술은 경제적 생산물의 생산성을 향상시켜 비용을 낮추고, 시장 적합성을 보장해 자원의 낭비를 막아준다. 그로 인해 경제 성장을 촉진하고 우리 모두가 시간과 일에서 삶의 균형을 찾을 수 있도록 도와준다. 결국, AI 기술은 질병, 빈곤, 환경 문제와 같은 복잡한 문제를 해결하는 데 중추적인 역할을 할 뿐 아니라 우리 인류를 전례 없는 수준으로 끌어올릴 것이다. 맥킨지나 PWC의 성장 추정치 중 어느 쪽을 믿든, 우리가 사는 세계는 훨씬 더 풍부해질 것이라는 건 확실한 사실이다.

　다음 장에서는 동전의 다른 면, 즉 디스토피아적 미래로 이어지는 측면을 제시하고, 그 결과에 대한 찬반양론을 제시함으로써 두 가지 가능성을 비교해 보기로 하겠다.

　우리는 우리의 미래가 유토피아와 디스토피아의 중간 어딘가에 놓일 것으로 믿는다. 오늘날 자유로운 사상가와 자기 결정론자, 감정보다 논리적 사고를 중시하는 사람들, 중산층/경제적으로 성공은 했지만 초부유층은 아닌 사람들, 그리고 개성을 추구하는 사람들의 미래는 다양한 형태의 디스토피아가 될 것이다. 반대로, 초부유층, AI와 사이보그화를 통제하는 기술자, 자신과 관료 집단 외에는 가치를 인정하지 않는 정치인, 그리고 성공에 크게 실패한 경제 참여자(가령, 중하층과 빈곤층)의 미래는 유토피아에 더 가까워질 것이다.

다음은 AI가 이끄는 미래에 대한 하나의 목가적인 비전을 간략하게 설명해 보겠다.

AI 유토피아와 SF

AI 유토피아는 발전된 AI가 사회를 전례 없는 번영과 발전으로 도모하는 것이라고 표현할 수 있다. SF소설에서 AI 유토피아는 2006년 『레인보우즈 엔드Rainbows End』의 버너 빈지Vernor Vinge와 1987년 『컬처The Culture』 시리즈의 이언 뱅크스Iain M. Banks 같은 작가들에 의해 구상됐다. 여기서 두 작품 모두 인간의 고통을 없애고, 교육과 지식의 접근성을 증진하며, 인간의 경험을 재구성할 수 있는 AI의 잠재력을 강조하고 있다.

그러나 AI가 사회에 영향을 미치는 방식에 있어서는 극명한 차이를 보인다. 이는 AI가 취할 수 있는 경로가 다양하며, 인터레이싱을 향한 우리의 행보가 유토피아적 세계 또는 디스토피아적 세계를 초래할 정도로 중대한 영향을 미칠 것임을 암시한다. 『레인보우즈 엔드』는 주로 가까운 미래의 지구를 배경으로 하고 기존의 사회적 틀과 밀접하게 연관돼 있는 반면, 『컬처』는 우주를 여행하는 고도로 발달한 은하계 문명, '더 컬처'라고 불리는 문명을 중심으로 전개된다. 『컬처』는 AI가 상당한 힘과 영향력을 행사하는, 보다 급진적으로 변화하는 세계를 그린다.

『레인보우즈 엔드』의 저자는 AI 주도의 발전으로 극심한 변화가 일어나 유토피아적 사회가 된 미래의 지구를 제시한다. 이 소설에서는 AI의 편재성이 정보에 즉각 접근할 수 있고 개인을 방대한 지식 네트워크에 연결해 주는 웨어러블 컴퓨팅 장치의 광범위한 사용으로 예시된다. 이 장치는 인간의 지능을 증강하는 정교한 AI 시스템으로 뒷받침되며, 개인마다 새로운 기술과 지식을 습득하도록 도와준다. 이때, AI는 순화되거나 길들여진 상태로, 이에 따라 교육이 민주화되고, 전문 지식을 쉽게 이용할 수 있으며, 평생 지적 성장을 추구할 수 있는 사회가 만들어지게 된다.

AI의 온화한 체제하에서, 버너 빈지의 얘기 속 사회는 전통적인 인간 세상에서 펼쳐지는 갈등으로부터 자유롭다. 인간의 기본적인 욕구를 충족시킬 수 있는 AI 기반 기술이 없는 곳이 없고 누구든 이용할 수 있기 때문에, 빈곤은 대부분 퇴치됐기 때문이다. 더 나아가, 정보 전쟁과 AI를 이용한 외교가 각종 분쟁을 해결하는 주요 수단이 되면서 물리적 전쟁의 필요성도 크게 감소됐다.

물론, 버너 빈지의 유토피아에 도전 과제가 전혀 없는 것은 아니다. AI가 일상생활에 원활하게 통합되면서 프라이버시와 개성에 대한 심각한 문제가 생기기 때문이다. 이러한 세상에서는 개인 정체성이 쉽게 조작될 수 있고, 감시 기술은 만연할 수밖에 없다. 이는 지금의 선진국에서 이미 널리 시행 중인 생성형 AI와 감시 기술이 만들어낸 결과와도 같다고 할 수 있다. 사회의 이념적 특징을 가늠할 수 있도록 하는 도구는 조작과 통제에도 얼마든지 사용될 수 있다. 이는 양면성을 지닌 동전처럼 기술의 영원한 딜레마를 강조한다.

한편, 이언 뱅크스의 『컬처』 시리즈는 지구의 AI 유토피아가 우주에 자비로운 영향력을 확대시킨 먼 미래의 우주를 보여준다. 이 시리즈에서 '마인드'로 알려진 고도로 발달하고 지각력 있는 AI는 자원 할당에서부터 외교와 통치에 이르기까지 컬처 사회의 모든 부분을 관리할 수 있을 정도로 정교하게 진화했다.

이 사회의 특징 중 하나는 『컬처』와 유사한 포스트 희소성 경제post-scarcity economy[2]다. 앞선 19장에서 언급했듯이, 낭비 제거와 자원의 최적화는 표면적 차원에서 AI의 주요 특징이 될 것이다. 이러한 세상에서 '마인드'는 사회를 위해 풍부한 자원을 개발하고 확보함으로써 화폐 시스템이나 경제적 위계 구조의 필요성을 제거한다. 컬처의 시민들은 AI가 기본적인 필요와 욕구를 손쉽게 충족시켜 주는 삶을 살며 개별적 열정과 관심사를 자유롭게 추구하는 인생을 누린다.

이때, 뱅크스는 버너 빈지와는 매우 다른 방식으로 개인의 자유와 자율이라는 편재적 개념을 탐구한다. 이 시리즈에 나오는 AI '마인드'가 개인의 자율성을 존중하고 소중히 여기는 방식으로 관리하기 때문이다. 그렇기에, 『컬처』의 시민들은 자신의 몸과 의식을 정화하고, 다채로운 형태의 관계를 탐구하며, 다양한 창의적, 지적 추구에 참여하는 등 자신의 선택대로 자유롭게 살 수 있다.

그러나 이 유토피아에도 윤리적 딜레마가 없진 않다. 뱅크스는 AI 개체가 가진 막대한 힘의 함축에 대해 의문을 품는다. 이는 '자비롭다는 컬처 속 마인드가 실제로 그렇지 않다면 어떻게 되는가?', '그 결과를 어떻게 보장할 수 있을까?' 같은 것들이다.

이러한 초지능적 개체에 의한 절대적인 '통제'와 마음만 먹으면 얼마든지 할 수 있는 '감시'는 인간의 자유와 자율성 상실뿐 아니라, 우

---

2 포스트 희소성 사회에서는 자원이 풍부해져 생필품이 부족하지 않으며, 부와 계급에 따른 경제적 계층이 더 이상 존재하지 않는다. 이 개념은 탈희소성 경제로도 부를 수도 있다. – 옮긴이

리의 삶 곳곳에 잔존할 수 있는 파우스트 거래에 대한 우려를 불러일으킨다.

AI와 일의 미래

AI는 오늘날 우리가 알고 있는 일들의 변화를 촉구할 것이다. 그중 경제의 경우, AI가 급속히 확산되면서 "일자리는 어떻게 되는가?"라는 질문을 불러낼 수 있다. AI와 사이보그화의 궤적을 살피다 보면 여기에 또 다른 측면이 덧붙여질 수 있다. 바로, "일 자체는 어떻게 될까?"다.

이 주제의 복잡성과 희소성, 인구 이동, 그리고 갈수록 AI가 지배하는 세상에서 생산적이고 성취감을 느낄 수 있는 인간 능력의 개발과 관련된 일반적인 경제 모델을 다루지 않을 수 없다. 여기서 중요한 것은, 자동화에 취약한 반복적이거나 일상적인 업무에 크게 의존하는 산업의 경우, 지금의 일자리가 대체될 가능성이 있다는 것이다.

하지만 이는 이미 알려진 문제여서 해결이 가능하다. 세계경제포럼 WEF의 '미래 일자리 보고서'에 따르면 2025년까지 8,500만 개의 일자리가 AI 기반 기계로 대체될 것으로 예측되지만, 2025년까지 AI로 인해 약 9,700만 개의 새로운 일자리가 창출된다는 예측도 하고 있다. 이렇듯, AI가 발전하고 다양한 산업에 더 통합됨에 따라 수많은 일자리와 혜택 또한 생길 것이다. 물론, 일상적인 작업은 점점 더 AI에 위임되겠지만, AI가 수행한 작업을 개선하고, 품질 검사를 수행하는 일자리가 나올 수 있는 것이다. 인간은 창의적인 업무를 수행하거나 다른 인간과 상호작용을 하는 데에 필요하다. 기업들이 AI 기반 솔루션의 개발과 구현을 추구함에 따라, 예전에는 존재하지 않았던 AI 엔지니어, 데이터 과학자, AI 법률 및 윤리 전문가와 같은 전문화된 역할을 수행할 존재들에 대한 수요도 높아질 것으로 예상된다. 적어도 단기적으로라도 말이다.

　AI가 일상적인 업무를 대신하면 인간은 비판적 사고와 감성 지능으로 특징지어지는 인간 고유의 기술을 습득하거나 심화시키는 데 더욱 중점을 둘 것이다. 이러한 관점의 변화는 개별적 인간의 열정을 추구하는 것과도 일치한다. 이는 개인이 자신의 관심사에 부합할 뿐만 아니라 개인적, 직업적 성장에 기여할 수 있는 기술 개발에 시간을 투자할 수 있기 때문이다. 마찬가지로, AI 엔지니어, 기술자, 클라우드 전문가, 기계공, 심지어 전문 기술 유지보수 전문가의 새로운 물결도 필요할 것이다. 2015년 이후 연평균 12%의 성장률로 수천 개의 강좌와 수강생을 늘려온 코세라Coursera와 같은 기업은 기업적 차원에서도 충분한 교육 기반을 제공하고 있다.

　AI는 일자리는 물론이고 '일' 자체에도 영향을 미칠 것이다. 개인에겐 변화하는 환경을 헤쳐나가기 위한 의식 조정이 필요하지만, AI는 단기적으로 모든 사람의 일과 삶의 균형을 개선하는 데 기여할 타고난 잠재력을 지니고 있기 때문이다. 이렇게 단조로운 업무에 소요되는 시간이 줄어들면 사람들은 여가, 개인적 성장, 가족 및 친구와 질 좋은 순간을 보내는 데 더 많은 시간을 할애할 수 있다.

　이러한 특정 방향으로의 움직임은 미국의 노조 소속 자동차 노동자들이 로봇과 AI를 통한 현장 생산성 향상에 힘입어 주 4일제 근무를 쟁취한 경우에서 엿볼 수 있다. 자동차 제조업체는 로봇에겐 급여가 필요 없기에 업무의 구조조정이 얼마든지 가능하며, 수익성 또한 동일하거나 더 높게 유지할 수 있기에 그들의 요구를 들어줄 수 있다. 이를 통해, 노동자는 지루한 업무와 스트레스가 감소해 전반적인 삶의 만족도가 향상되는 효과를 얻었다. 이렇듯, 정신적 웰빙에 미치는 AI의 긍정적 영향은 상당할 것으로 예상된다.

AI와 로봇공학의 시대에는 개인의 삶과 일을 두고 봤을 때, 불이익보다 장점이 많을 수 있다. 일과 삶의 균형을 의미 있는 방식으로 개선하면 우리 모두 더 나은 삶을 살 수 있다는 것을 부정할 사람은 없다. 그러나 이는 사회가 이러한 활동을 안내하고, 인력 이동에 직면한 문제에 대해 적절하며 시도되지 않은 새로운 대응책을 마련하기 위한 구체적인 행동 없이는 실현되지 않을 것이다. 사회는 장기적 계획에 입각한 관점을 취하고, 맡은 바를 잘 조율해 가능한 한 오랫동안 일자리를 보존하면서 AI가 인간의 경제생활과 기업에 통합될 수 있는 구체적이고 문서화된 전략을 짜야 한다. 새로운 일자리 창출, 고용법, 재교육 프로그램, 정부와 기업 간의 협력, 그리고 인간과 AI 간의 협력 노력을 포함한 총체적인 접근 방식은 역동적인 인력을 확보하고 생산성을 극대화하며 혁신을 촉진시킬 것이다.

보편적 기본소득의 안전망

AI가 발전함에 따라, 해직에 대한 우려가 적지 않다. 하지만 여기에 대한 해결책이 있는데, 이는 바로 보편적 기본소득[UBI, Universal Basic Income]이다. 보편적 기본소득은 고용 상태와는 상관없이 사회 구성원 모두에게 최소한의 소득을 보장하는 것이다. 보편적 기본소득을 지지하는 사람들은 이것이 자동화와 AI로 인해 일자리를 잃은 근로자들을 위한 사회적 안전망 역할을 하고, 근로자들이 새로운 일자리를 찾거나 교육과 훈련을 받는 동안 기본적인 욕구를 충족할 수 있도록 해주며,

경제적으로 힘든 사람들에게 영구적인 일자리가 될 수 있다고 주장한다. 그 자금은 AI 기반 생산성에서 창출된 부가 충당한다. 이는 사회적 가치를 반영하는 공식에 따라 재분배돼 모든 사람의 높은 삶의 질을 보장하고, 실질적인 정책이 부재할 때 AI가 사회적 해직 문제를 개선시킬 것이라는 주장을 하고 있다.

이러한 접근 방식은 장점이 있다. 해직 이후에도 경제가 확충되는 데 요구되는 상품과 지속적인 서비스, 광범위한 소비를 보장하는 안전망 외에도, 보편적 기본소득UBI에 수반되는 경제적 안정성은, 표면적으로는 색다른 진로를 모색하게 하는 등의 위험을 감수하도록 장려하기 때문이다. 이에 따라, 개인은 재정적 불안에 대한 두려움 없이 자신의 열정이 깃든 프로젝트와 벤처를 추구할 수 있다. 이렇듯 경제활동의 다양화는 혁신을 촉진할 뿐만 아니라 보다 활기차고 탄력적인 경제활동에 기여할 것이다. 이때, 교육적 추구 또한 UBI의 성과가 될 것이다. 그리고 이런 인적 자본의 사회적 축적은 사회에 긍정적인 외부효과positive externality[3]를 창출할 수 있다.

하지만 일각에서는 보편적 기본소득UBI에 대해 비판하는 사람들도 있다. 이들은 이런 제도가 근로 의욕을 떨어뜨린다는 점을 들어 UBI를 기존의 복지 프로그램과 개념적으로 동일시 여기고 있다.

그러나, 산업혁명과 2000년부터 시작된 경제의 디지털화 등 과거의 경제 혁명과는 달리, AI와 로봇공학의 보급은 다수의 인구를 경제적으

---

3 시장경제에서 시장이 만족스럽지 못하게 작용할 때도 있는데, 이를 '시장 실패'라고 한다. 시장 실패 가운데 하나는 '외부효과(externality)'로, 한 사람의 행위가 다른 사람의 복지에 미친 영향들 가운데 보상되지 않은 부분을 가리킨다. 만일 외부효과가 다른 사람에게 해롭게 작용하면, 이는 '부정적 외부효과'라 불리고, 이롭게 작용하면, '긍정적 외부효과'라 불린다. 부정적 외부효과는 무척 흔하다. 예로, 흡연이나 음주가 다른 사람들에게 미치는 영향, 자동차의 배기가스, 애완동물의 위협이나 배설물, 공장의 오염물질 배출, 음식점들의 상수원 오염 따위가 대표적이다. 긍정적 외부효과의 예로는 양봉업자의 벌들이 과수원에 미치는 좋은 영향, 역사적 건물의 보존, 새로운 기술의 발명이 미치는 영향, 그리고 교육의 좋은 영향을 들 수 있다. – 옮긴이

로 생존할 수 없도록 만들기 때문에 어떤 형태로든 보조금을 지급하지 않을 수 없다. 일을 할지 말지에 대한 결정은 주로 일 자체를 통해 얻을 수 있는 한계 수입marginal income(한 단위를 추가로 판매할 때 얻어지는 총수입의 증가분)을 기준으로 이뤄지는데, AI는 많은 사람에게 불리하게 적용되는 이 방정식을 재구성하도록 설정돼 있기 때문이다. 이때, 한계 수입으로 손해를 피할 수 있는 능력은 AI 수준의 통찰력을 정확히 설정하는 데 따른 비율과 규칙에 달려 있다.

보편적 기본소득UBI에 대한 또 다른 비판은 잠재적인 인플레이션이다. 실제로 UBI는 지출과 수요의 증가를 가져올 수 있지만, 여기에 상품과 서비스의 공급 증가가 수반되지 않으면 물가만 오를 가능성이 크다. 이를 뒷받침하는 역사적인 사례는 수두룩하다. 아르헨티나의 경우, 생산성 향상 없이 대규모 부의 재분배 프로그램을 시행한 결과, 20세기 초 서유럽과 동등한 수준이던 1인당 GDP가 2021년에는 유럽연합의 1인당 GDP의 27%로 떨어졌다.

이런 인플레이션을 피할 수 있는 유일한 길은 수요 증가에 맞춰 상품과 서비스의 공급을 늘리는 것이며, AI는 이러한 공급에 앞장설 수 있다. AI는 기존 자원의 효율성을 높이는 동시에 사람들이 이용할 수 있는 제품과 서비스의 종류를 확대하기 때문이다. 그러나 결과적으로, 각 제품과 서비스의 가격 탄력성과 마진이 달라질 수도 있다는 점도 인정해야 한다. 생산량을 높게 유지하면 AI에 대한 투자 수익률ROI, return on investment을 최적화할 수도 있고 그렇지 않을 수도 있기 때문이다. 일부 특정 제품의 경우, 생산량을 줄여 가격을 높이는 것이 오히려 더 많이 생산해 더 낮은 가격에 판매하는 것보다 큰 수익을 가져다줄 수 있다. 이론적으로는 모든 사람에게 이익이 되도록 서비스의 수요와 공급을 일치시키는 것이 가능할지 모른다. 그러나 인간의 인센티브는 그러한 동기화를 달성하기 위해 태어나지 않았다.

보편적 기본소득^{UBI}에는 다른 복잡한 요소도 존재한다. 한 예로, UBI에 대한 자금 조달은 본질적으로 'AI 세금'이 될 텐데, 세율, 계산 방법론, 징수 과정은 정치적 과정에 따라 달라질 수 있는 것 등이 있다. 이 세금은 오늘날처럼 세금이 인간의 작업에 부과하는 것과 같은 방식으로 부과될 것이다. 누진세 구조는 AI를 가장 성공적으로 도입한 기업에 불이익을 줄 수 있고, 역진세 구조는 자금 조달을 부적절하게 할 수 있다. 그렇게 되면 역진세 구조는 AI의 목표에 오히려 역효과를 낼 수도 있다.

복잡성의 또 다른 요소는 보편적 기본소득이 우리 사회가 유지하는 다른 사회복지 프로그램과 어떻게 부합하는지, UBI가 이를 대체할 수 있는지를 재고해야 한다는 것이다.

이렇듯, 보편적 기본소득은 여전히 논쟁의 여지가 있는 개념이다. 정부와 업계에서도 UBI를 탐구하는 것에 대한 관심과 지원이 증가하고 있지만, UBI가 대규모로, 성공적으로 시행된 적은 없다. 그러나 이 제도를 얻기 위해 제한적이지만 우리가 살펴볼 만한 유용한 사례가 있다.

- 1795년부터 1834년 사이에 역사상 최초로 등장한 소득 보장 프로그램인 스핀햄랜드 시스템$^{Speenhamland\ System}$은 많은 영국 시골 가정의 굶주림을 예방했다.
- 나미비아에서 시행된 'BIG$^{Basic\ Income\ Grant,\ 기본소득\ 보조금}$' 프로그램은 나미비아의 빈곤율을 거의 절반 수준으로 낮췄다.
- 브라질의 '볼사 파밀리아$^{Bolsa\ Familia}$' 프로그램(2003~2015)은 브라질의 빈곤율을 75% 이상 감소시켰다.
- 2016년 알래스카대학의 연구에 따르면, 미국의 모든 주 주민에게

연간 약 1,000달러의 소액 현금을 지급하는 알래스카 영구 기금APF, Alaska Permanent Fund 프로그램은 15,000~23,000명의 알래스카 주민을 빈곤에서 벗어나게 해줬다.

요약하면, AI가 가져다줄 생산성과 생산량의 증가는 이론적으로 보편적 기본소득UBI 또는 유사한 개입주의 프로그램을 실현시킬 수 있을 것이다. 이때, AI 모델은 금리 설정과 구조의 까다로운 문제를 해결하는 데에도 도움 될 것이다. 다만, UBI가 실제로 작동되려면, 이 제도로 인한 수요 증가에 AI가 창출하는 재화와 서비스의 공급 증가가 적절하게 수반돼야 한다.

이렇듯, 보편적 기본소득UBI은 바람직하거나, 그렇지 않은 결과를 초래할 수 있는 복잡한 계획이다. 이어지는 23장에서는 AI로 인한 디스토피아적 요소에 초점을 맞춰 문제를 소개해 보겠다.

AI 주도형 미래를 위한 교육 재고하기

인력 변화와 기술의 급속한 노후화에 직면한 21세기 근로자의 최고 무기는 교차 기능적 기술(여러 직종의 일을 할 수 있는 기술)과 지속적인 학습 능력이다. 이 두 가지 모두는 교육에서 비롯된다. AI가 주도하는 변화가 가속화될수록 역동적인 고용 시장을 헤쳐나가려면 사회가 상공인과 전문가 모두를 위한 평생 학습, 업스킬링upskilling, 리스킬링reskilling을 지원해야 한다.

우리는 이미 AI의 통합이 가속화되면서 교육 분야에서 이뤄지는 심대한 변화를 목격하고 있다. 이러한 패러다임의 전환은 전체 교육의 지형을 재편할 것인데, 이는 학습의 본질에도 영향을 미칠 것이다. 교육 방법론, 학생 참여도, 대학의 역할, 업무 전반에 대한 AI의 영향 등에서 말이다.

1960년대~1990년대 사이에 많은 교사가 교실에 계산기를 도입하는 것을 반대했던 것과 AI 간에는 유사점이 있다. 혁명적이었던 계산기가 이제는 교실의 표준 도구가 돼 수학에 대한 학생들의 이해도와 효율성을 높인다는 것이다. 배우는 자가 올바로 이해할 수 있도록 하는 것이 교육 시스템의 책임이기에, 우리는 계산기로 산술을 할 수 있게 됐다. 도구로써의 계산기는 불필요한 인간의 처리 능력을 필요 없게 하면서 학습 시간을 절약시켜, 기하, 대수, 미적분 등 더 빠르게 학습 단계를 넘어갈 수 있게 했다. 이와 마찬가지로 AI 또한 근본적인 교육 도구로 인정받아 미래의 수요에 잘 준비된 학생과 인력 양성에 중요한 역할을 하도록 해야 한다.

나는 AI가 일상적이고 반복적인 업무를 점점 더 많이 맡음으로써 교육의 중점도 AI가 자동화할 수 있는 특정 업무에서 비판적 사고와 문제 해결 능력을 함께 키우는 방향으로 전환돼야 한다고 생각한다. 교육은 학생들에게 AI와 협력하고 감독할 수 있는 능력을 갖추도록 가르쳐서 AI가 생성한 콘텐츠와 정보를 검토하고 해석하며 비판적으로 질문할 수 있도록 해야 한다. 비판적 사고와 문제 해결 능력은 어느 직업이든 점점 더 중요해질 것인데, 그중 컴퓨터 프로그래밍이 유용한 예다. AI는 깃허브 코파일럿GitHub Copilot이나 레플릿Replit과 같은 도구를 사용해 프로그래밍 코드를 효율적으로 생성할 수 있지만, 코드 작성은 소프트웨어 엔지니어의 역할 중 일부에 불과하기 때문이다. AI는 높은 수준의 사양을 코드로 변환할 수 있으나 소프트웨어 개발을 정의하는 맥락적 이해와 반복적 접근 방식은 부족하기에, 인간 소프트웨어 엔지니어는 코드를 작성하는 것 외에도 보안과 같은 분야에서 전문 지식과 비판적 사고를 적용해야 한다. 이런 분야에서 AI가 생성한 코드는 취약성, 디버깅 및 예기치 않은 문제 처리, 고객 요구 충족, 유연한 방식으로 아키텍처 맞추기, 데이터 보호 보장 등의 문제를 일으킬 수 있다. 이는 모두 인간의 창의성과 전문 지식을 요구하는 부분이다.

적응력은 교육 시스템이 지원해야 하는 또 다른 중요한 기술이다. AI가 발전함에 따라 점점 더 많은 업무가 자동화될 것이기에, 근로자는 경제적으로 중요한 위치를 유지하기 위해 직업 생활에서 여러 차례 기술을 업그레이드해야 한다. 앞선 소프트웨어 개발의 예로 비춰 볼 때, 발전된 거대언어모델과 생성형 AI가 소프트웨어 개발의 기술적 측면을 점점 더 많이 맡게 됨에 따라, 미래의 프로그래머는 더 높은 부가가치 활동의 기술 사다리를 계속 올라가야 한다. 앞으로 몇 년 안에 코드 작성에 특화된 AI 에이전트, 코드 디버깅에 특화된 AI 에이전트, 취약점을 테스트하고 처음부터 코드를 작성한 AI 에이전트에게 피드백을 제공하는 데 특화된 AI 에이전트가 등장할 것이다. 이렇게 되면 여러 AI 에이전트가 함께 작업해 테스트가 잘 되고 완벽하게 기능하는 코드를 작성하는 피드백 루프가 형성될 것이다. 그때가 되면 우리 인간은 더 이상 기술 코딩을 할 필요가 없을 것이다. 대신, 인간은 높은 수준의 기대치와 요구사항을 전달하고 갖가지 방법 중 목표 달성을 위해 취할 수 있는 결정을 내림으로써 복잡한 소프트웨어 프로젝트를 관리해야 할 것이다.

어느 시점에는 기술 전문가가 아닌 인간 제품 소유자 한 명만이 AI의 도움을 받아 매우 복잡한 소프트웨어를 작성해야 할지도 모른다. 그 순간, 소프트웨어 엔지니어의 직업은 더 이상 존재하지 않을 것이고, 그들은 기술적 지식이 없는 고급 제품 소유자가 되기 위해 기술 사다리를 무한정 올라야 할지도 모른다. 이는 적응력과 평생 학습의 필요성을 동시에 보여주는 예라 하겠다. 이렇듯, 소프트웨어 개발자처럼 긍정적인 결과를 얻으려는 우리 대부분은 직업적 생애에서 수차례 적응하며 수시로 전환적인 삶을 살아야 할 것이다.

직장인을 위한 교육에서 전통적인 초중고 및 대학 교육으로 주제를 바꿔보자. AI가 가져올 가장 영향력 있는 변화 중 하나는 학습 경험의 개인화다. 고급 AI 알고리듬은 개별 학생들의 학습 스타일, 선호도, 강점을 분석해 학생마다 고유한 학습 속도와 능력에 맞게 교육 콘텐츠를 조정할 것이다. 이러한 개인화된 접근 방식은 학생의 참여도와 이해도를 높일 수 있다. AI 기반 플랫폼은 원격 및 비동기식 학습을 촉진해 학생들이 교육 자원에 접근하고 자신의 속도에 맞춰 수업 활동에 참여할 수 있도록 해줄 것이다. 이는 교육의 민주화를 실현해 지리적 장벽을 허물고, 외딴 지역이나 빈곤 지역에 거주하는 학생들에게 동등한 학습 기회를 제공할 것이다.

AI는 교육자에게도 귀중한 조력자 역할을 할 수 있다. 알고리듬은 학생의 성과 데이터를 검토하고, 어려움을 겪는 영역을 정확히 찾아내며, 실시간 피드백을 제공하도록 설정돼 있다. 이른바 적응형 학습 방법Adaptive Learning Method과 AI 알고리듬은 시간에 따른 학생의 성과를 분석해, 암기 수준을 넘어 비판적 사고, 문제 해결, 창의성 기술을 측정하는 등 학생의 역량을 보다 정확히 표현할 수 있다. 이를 통해 교육자는 교육 전략을 개선하고 가장 필요한 곳에 맞춤형 지원을 제공하는 데 집중할 수 있다. 이에 따라, "그는 2학년이고, 그녀는 3학년이다"처럼 연대기적 나이와 연계된 학년의 연차적 전환과 학기제 같은 구식 개념은 종말을 고하고, 개념 숙달 수준을 정의하는 것으로 대체될 가능성이 크다. 교육은 마음의 프로그래밍이며, 현재의 대중 교육의 도구와 과정은 더 이상 존재하지 않는 기술 및 경제 환경을 기반으로 구축된 것이다. 이제 AI는 이를 빠르게 변화시켜 사람들이 잠재력을 최대한 발휘할 수 있도록 도울 것이다.

이를 위해서는, 학습 속도를 높이고 학습 잠재력을 최적화하는 AI 기반 방법의 개선이 중요하다. 하지만 그 자체만으로는 문제를 완전히 해결할 수 없다. 오늘날의 서구 공립학교는 산업혁명 시대에 성공할 수 있도록 사람들을 준비시키는 데 초점을 맞췄던 낡은 교육 메커니즘과 커리큘럼의 개편 과정을 겪어야 할 수도 있다.

그룹 환경에서 기억 기반 활동을 수반하는 음악 감상과 미술사 등 초중고 과목은 원격으로 선택해 취미로써 가르칠 수 있다.

학생들은 교실에 직접 가지 않아도 돼 시간을 절약할 수 있으며, 지식은 더 빨리 흡수할 수 있다. 새로운 AI 기반 교수법을 사용해 개인의 필요에 맞게 학습을 빠르게 진행하면 시간 절약과 효율성 효과를 극대화할 수 있기 때문이다. 전통적으로 이뤄지는 한 학기 분량의 미술사 수업은 이제 3주 이내로 완료할 수 있다. 이러한 수준의 시간 절약과 학습 효율성을 통해, 여러 학문 분야에서 비판적 사고, 혁신, 기업가 정신을 향상하는 임무 수행에 필수적인 새로운 과목을 개설할 수 있다. 예를 들어, AI 지원 연구 기술, 코딩, 수학 문제 해결, 자원 할당 문제에 대한 AI 모델 적용 등이다. 또한 가상현실VR, Virtual Reality과 증강현실AR, Augmented Reality은 AI와 결합해 학생들을 역사적 사건, 과학 시뮬레이션, 가상 실험실로 이동시켜 추상적인 개념을 실감 나게 경험하게 하고, 해당 주제에 대한 더 깊은 이해를 촉진하는 몰입형 실습 학습 환경을 조성할 것이다.

현재 초급 수준에서 가르치는 내용은 시대에 뒤떨어져 있기에, 앞으로 다가올 시대에 사람들에게 도움이 되지 못할 것이다. 오늘날 일부 '교사 노조'는 이러한 변화에 저항하고 있다. 장기적인 관점에서 볼 때,

이런 행위는 사회에 해를 끼칠 것이라고 생각한다. 나는 시대에 뒤떨어진 방법론과 커리큘럼의 산물인 오늘날의 일부 교사들이 새롭게 요구되는 과목을 가르치는 데 필요한 기술을 겸비하고 있는지 의문이다. 적응형 학습 모델, 감정 표현 로봇, 새로운 사실 기반 커리큘럼의 개발 등을 고려할 때, 언젠가 교사들은 AI로 대체될 가능성이 크다.

전반적으로 볼 때, 교육을 변화시키는 AI의 힘은 강하고 심오하다. 따라서, 장기적 실행 가능성을 보장하고 AI 기반 장치들이 인간의 잠재력을 극대화할 수 있는 무한한 가능성을 이루기 위해서는 기초 지식을 가르치는 오늘날 초중고 교육 시스템은 재검토돼야 한다.

신제품 개발에서의 AI

제품 개발은 투자 위험과 불완전한 정보를 수반하기 때문에 혁신적인 결과를 나타낼 수 있음과 동시에 수행하기 어려운 상업 분야다. 제품 개발은 새로운 앱, 새로운 메뉴를 갖춘 레스토랑 테마, 새로운 동물원 개장 등의 형태를 취할 수 있다.

상업의 역사는 일종의 제품 개발의 진화라고 할 수 있다. 이들의 진화는 과정 개선, 제품-시장 적합성 발견, 자본 및 자원 지출의 위험성 제거, 지능적인 반복, 사람들이 기꺼이 지불 의사가 있는 가격에 부합하는 지불 의향을 지닌 신제품 개발에까지 이른다. 이런 개발은 복잡하며, 이런 현상을 두고 "모든 코카콜라에는 50개의 졸트 콜라Jolt Cola[4]

---

[4] 졸트 콜라는 1985년에 출시된 고카페인 청량음료다. 일반 탄산음료에 대한 고에너지 대안으로 판매됐으며, "설탕은 모두 빼고 카페인은 두 배"라는 슬로건을 내세웠다. 제품 개발의 맥락에서 볼 때, 졸트 콜라는 모든 제품이 장기적으로 성공하는 것은 아니라는 것을 보여준다. 코카콜라는 세계적인 거물이 됐지만, 졸트 콜라는 틈새시장에 머물다가 결국 사라졌으며, 시장에서 높은 실패율을 보여줬다. - 옮긴이

가 있다"라고 할 수 있다. 이렇듯, 혁신, 시장 소비, 생산성은 모든 경제의 핵심 동력이다.

AI는 제품 개발 과정의 단계마다 경제성을 높이는 데 중추적인 역할을 한다. 이는 데이터로 학습된 AI 알고리듬을 사용해 대규모 사람들의 선호도와 관심사를 사실적으로 평가하고, 경쟁업체와 기획물 가격을 평가하며, 가장 적합한 제품 구성을 구상 및 개발해, 희소성 있는 기획물을 받아 우리가 소비하는 제품으로 전환하는 데 필요한 의사결정 트리의 각 지점에서 위험을 신속하게 제거한다.

한 예로, 일용 소비재FMCG, Fast-Moving Consumer Goods 분야에 축적된 미국 음료의 역사를 살펴보자. 음료는 역사적으로 기본적인 제조를 하고, 차고나 이동식 증류기에서 제조한 다음, 말에 실려 도시를 돌아다니며 판매하는 행상인들에 의해 개발됐다. 이들은 피드백을 바탕으로 지속 가능한 제품으로 만들어질 때까지 제조법을 개선했다. 이때 수천 명의 사람이 성공적인 음료 제품을 만들려고 시도했으며, 그 가운데 살아남은 것은 한두 가지 아이디어였다. 이 과정에서 나온 '가짜 만병통치약snake oil'이라는 용어는 1800년대 중후반 미국에서 살아남은 원시 형태의 제품 개발에서 비롯된 모호한 마케팅 주장이 담긴 이상한 제품을 말할 때 사용된다.

이후, IT와 편의점 시대로 넘어오면서 제품 개발은 다른 과정으로 확대됐다. 우선, 회사는 일반적인 제품 소비 데이터를 사용해 조사하고, 경쟁 제품을 분석하며, 음료 시장을 평가하고, 구상한 제품의 온갖 버전을 조정하면서 음료 제품을 제조했다. 그런 다음, 타깃 집단을 관리해 '통계적 관련성을 지닌' 고객의 하위집단이 음료와 포장 구조를 제품 생산 초기에 평가할 수 있도록 했다. 타깃 집단을 통과하면 제품은 편의점의 진열대에 놓여지고, 회사는 판매 속도와 고객의 피드백을 측정해 제품이 날개를 달았는지 평가했다. 이때, 성능 임곗값을 충족하지 못하면 그 제품은 폐기되거나 개선 과정을 거쳐 다시 탐색 과정에 재돌입했다. 이러한 탐색 과정에서 소비자 취향에 대한 평가는 끊임없는 '경험적 추측educated guess'에 기반했다.

이 과정마다 필요한 시간 투자와 희소한 자원의 사용은 실로 어마어마했다. 그리고 이런 정교한 제품 개발 과정은 1,000분의 1의 성공률이 아닌 25분의 1의 성공률을 만들어냈다.

앞선 6장에서 설명한 것처럼, 비지도 AI 모델이 신용 불이행을 높은 정확도로 예측하는 것과 마찬가지로, 학습된 AI 모델이 신제품을 구상하기도 전에 방대한 양의 소비자, 시장, 경쟁사, 판매, 음료 공식, 재료와 맛의 조합에 대한 과학적인 데이터를 수집하면, 제품 개발의 전체 사슬은 자연스럽게 개선될 수 있다. 이때, AI 모델이 더 우수할수록, 제품 개발의 결과는 성공에 더 가까워질 것이다. 그 결과 자본, 자원, 시간이 절약돼, 소비자 선호도에 더 잘 부합하는 더 많은 제품을 더 낮은 가격으로 출시할 수 있고, 절약된 자원은 다른 제품과 응용 분야에 적용할 수 있다. AI는 모든 범주에 걸쳐 이를 주도해 소비자가 쓰는 돈이 제품과 서비스 천국으로 더 많이 옮겨가게 할 것이다. 즉, 경제가 성장하게 되는 것이다.

AI는 지금까지의 경제사에서는 볼 수 없었던 수준으로 개인의 선호도와 관심사에 훨씬 더 긴밀하게 부합하는 새로운 제품과 서비스를 신속하게 개발할 것이다. 또한, AI는 출시에 따른 위험을 제거하는 데 도움을 줄 것이며, 최적화된 유통 경로는 개발된 제품이 보다 효율적이고 오류 없이 배송되도록 보장할 것이다. 물론, 기존 제품과 서비스도 고객의 유용성을 높이는 개선 작업을 거치게 될 것이다. 이 과정에 AI를 도입하려면 방대한 양의 선호도 및 기타 데이터, AI 알고리듬이 필요한데, 이는 앞선 6장과 7장에서 이미 살폈듯이, 이미 개발되고 있다.

산업용 AI와 미래의 공장

현재 주류 AI 응용 분야의 대부분은 소비자 시장과 B2C[Business to Consumer, 기업과 소비자 간 거래] 응용 분야에 집중돼 있다. 하지만 AI는 산업용 B2B[Business-to-Business, 기업과 기업 간 거래] 응용 분야에도 그 영향을 미쳐, 사회를 유토피아의 세계로 안내할 전망이다.

산업 환경에 적용되는 AI와 소비자 환경에서 사용되는 다용도 AI에는 중요한 차이점이 있다. 산업용 AI는 반드시 그 인과관계를 이해해야 한다는 점이다. 산업 환경은 수백만 개의 매개변수를 가진 복잡한 기계로 구성돼 있다. 이러한 변수 중 일부를 수정하면 전체 사건 연쇄에 영향을 미치기에, AI는 확률이나 상관관계에 근거하지 않고, 전체적인 원인-결과를 상세히 파악하고 결정해야 한다. 만약 확률이나 상관관계에 근거한다면, 오차의 한계를 가질 수 있고, 제조 공정에 불안정성을 초래하거나, 더 심각할 경우 안전 문제까지 야기할 수 있다. 여기서 명심해야 할 것은, 인과관계가 현재 AI 연구의 기본 분야 중의 하나일 뿐 아니라 범용인공지능[AGI]을 위한 탐구를 주도하고 있다는 점이다.

우리는 이미 반복적인 작업을 자동화하는 것에 대해 수차례 얘기했다. 그런데 이 새로운 세대의 첨단 산업용 AI는 여기서 한 단계 더 나아간다. 기존의 산업용 AI는 산업 공장과 기업에서 최고의 엔지니어가 처리하는 작업을 수행하게끔 설계됐다. 이러한 작업은 반복적이지 않고 복잡하며, 엔지니어링에 대한 매우 상세한 이해를 필요로 했다. 예를 들어, 산업 공장에서는 최적화 문제와 복잡한 재료 활용 문제를 해결하며, 수백만 개의 구성 요소가 포함된 대규모 산업 프로젝트를 설계하기 위해 산업용 AI를 사용할 수 있었다.

물론, AI 또한 '서류상'으로는 많은 고급 엔지니어링 문제를 해결할 수 있다. 하지만 이런 식의 솔루션을 실제 공장 현장에 적용하기 위해서는 기계 로봇의 역할이 매우 중요하다. 특히, 앞선 12장에서 언급한 협동 로봇cobot의 경우는 반복적이되, 육체적으로 힘든 작업에서 인간 엔지니어와 함께 작업해 제조 공정의 효율성과 안전성을 향상시키는 게 필수적이다.

이런 종류의 산업용 AI는 자기 학습, 자기 적응, 자기 지속이 동시에 이뤄지는 제조 공정을 가능하게 할 것이다. 이러한 전환은 효율성과 생산성 측면에서 비약적인 발전을 의미하며 거의 노동력 없이, 고도로 훈련된 소수의 엔지니어만으로도 공장을 운영할 수 있게 해준다.

자기 학습 공장이란 자기 학습 알고리듬이 방대한 데이터셋을 실시간으로 분석해, 기계가 적응하고 기계적 성능을 최적화할 수 있도록 하는 것을 의미한다. 이러한 지속적인 학습 루프는 시간이 지남에 따라 제조 공정을 점점 더 개선시켜 효율성과 자원 활용도를 높이는 장점이 있다.

자기 적응 측면은 공장의 생산 수요 변화, 시장 역학, 예상치 못한 중단에도 원활하게 적응할 수 있도록 지원하는 것이다. 비가동 생산 시간은 오늘날과 같은 상업과 인간의 영향에 부정적인 영향을 미치지 않는다. 적응성은 제조 공정이 민첩하고 대응성이 뛰어나게 유지되도록 보장함으로써, 기업으로 하여금 변화하는 소비자 요구를 신속하고 정확하게 충족할 수 있게 해준다.

마지막으로, 유지보수 전략에 혁명을 불러일으킬 자가 지속성에 관해 설명하겠다. 실제로 AI 시스템은 장비 상태를 실시간으로 모니터링하고, 잠재적 문제가 발생하기 전에 먼저 예측하며, 사전 예방적 유지보수를 예약한다. 이때, AI 기반 유지보수는 비가동 생산 시간을 최소화하고, 비용이 많이 드는 고장의 위험도를 줄이며, 기계의 수명을 연장한다. 그 결과, 원활하고 효율적으로 작동하는 제조의 생태계가 탄생한다.

맞춤형 AI 도우미를 통한 맞춤형 지원 제공

AI 기반 의료 봇 및 원격 의료 비서처럼, 개인의 필요와 선호에 부응하기 위한 고급 공감형 AI 기반 가상 비서가 등장하고 있다. 이는 AI가 약속하는 지속적이고 진화하는 유토피아적 기회이기도 하다. 이를 개발하는 회사 중 하나는 딥마인드^{DeepMind}의 전 설립자인 무스타파 술레이만$^{Mustafa\ Suleyman}$이 세운 인플렉션 AI$^{Inflection\ AI}$다. 술레이만에 대해서는 앞선 7장에서 알파고에 관해 얘기할 때와 21장에서 알파폴드에 관해 얘기할 때 언급한 바 있다.

인플렉션 AI의 비전은 모든 사람이 자기만의 AI 비서를 갖도록 하며, 개인의 전문적인 활동과 개별 활동을 전부 지원하는 것이다. 술레이만이 개인 지능$^{PI,\ Personal\ Intelligence}$이라고 부르는 이 가상의 동반자는 일상 업무를 지원하고, 맞춤형 도움을 제공하며, 광범위한 데이터 분석을 통해 지원을 촉진하고, 정신 건강 지침을 제공한다. 이렇게 개인화된 AI는 심층적인 학습과 적응 능력을 활용해 점진적으로 유용한 결과를 보장할 것이며, 민감한 주제를 논의할 경우, 외교적인 어조를 사용하고, 적절하게 유머 요소를 도입해 사용자 경험을 향상시킬 것이다.

이를 우리 삶에 접목시키게 되면, 개인은 자신의 열정과 특정 관심사에 맞는 문화 행사, 교육 기회, 그룹 모임, 엔터테인먼트 옵션에 대한 맞춤형 추천을 이용할 수 있을 것이다. 개인 비서는 쇼핑과 같은 여가 활동에도 도움을 줄 것이다. 앞선 14장에서 논의한 것처럼, 로봇에 내장된 것과 유사한 내장형 라이다^{LiDAR}를 사용해 신체를 스캔하면, 개인화된 AI가 가장 잘 어울리는 옷과 그런 옷을 구할 수 있는 곳을 제시해 사용자의 외적 자신감을 더욱 향상시키게 도와줄 것이다. 더 나아가, 상점에 필요한 식료품 목록을 자율적으로 생성하고, 미리 주문해 리필하는 냉장고가 있다면 어떨까? 개인화된 비서가 당신을 위해 할 수 있는 일은 당신이 생각하는 것 그 이상일 것이다.

그러나 개인화된 AI와 같은 응용 프로그램을 사용하는 것은 상당한 위험을 수반하며, 개인 에이전트가 소유자의 행동에 이익이 되지 않는 행동을 하게 될 시, 매우 위험해질 수 있다. 예를 들어, AI가 알고리듬 프로그래머의 관심사에 따라 특정 친구를 사귀거나 사귀지 않고, 특정 직업을 선택하거나 선택하지 않고, 특정 투자를 하거나 하지 않고, 특정 사람과 데이트하거나 하지 않도록 사용자를 마음대로 조종할 수 있기 때문이다. 따라서 AI가 조작되지 않도록 보장하려면 윤리적 안전장치가 필요하다. 이를 방지하기 위해 인플렉션 AI와 창립자인 무스타파 술레이만은 포괄적인 윤리적 틀을 개발 중이다. 이 부분은 28장에서 좀 더 자세히 설명하겠다.

모든 가정에 있는 로봇

1970년대부터 50년 동안 지속적인 연구개발R&D 투자를 받아온 산업 및 군사용 로봇은 앞서 이 책의 3부에서 검토한 바와 같이 다양한 응용 분야에서 우리 인간을 대체하거나 거의 대체할 수 있는 능력을 갖췄다. 개인 소비자 수준에서 상업적으로 활용되는 많은 기술이 군대에서도 비슷한 길을 걸어왔던 것이다. 이에 관한 예시로, 인터넷, GPS위성항법시스템, 마이크로파 등을 들 수 있다. 이들에 관한 각종 투자 단가가 감소하고, 처리 능력 폼 팩터가 축소되며, 국가 안보 때문에 기술 자체가 더 이상 보호받지 못함에 따라, 광범위한 R&D에 대한 투자 수익률ROI을 얻으려는 동기가 휴머노이드 로봇공학을 소비자 수준으로 격상시키고 있다. 이에 따라, 머지않은 장래에 모든 가정마다 한두 대의 로봇이 보급될 것으로 예측된다.

2024년 1월, 스탠퍼드대학은 요리, 가사, 청소 등 다양한 응용 분야에서 50번 정도의 인간 시연만으로 복잡한 작업을 수행하는 저비용 로봇 모바일 알로하Mobile ALOHA라는 오픈소스 코드를 발표했다. 로봇에게 처음 50가지 요리를 가르치면, 그 로봇이 완벽하게 요리를 계속할 수 있는 특징을 가졌다. 하지만 이는 시작에 불과하다. 나는 이미 앞선 14장에서 인간과 교감하고, 많은 일상 시간을 인간에게 돌려줄 수 있는 감정을 지닌 로봇의 미래에 대해 논의한 바 있다. 이처럼, 인간이 자유를 누릴 수 있는 시간이 있고, 로봇이 업무 수행의 효율성을 높이는 것은 유토피아적 세계로 나아가는 방향일 것이다.

모바일 알로하의 주목할 만한 특징 중 하나는 놀라운 경제성, 즉 무료라는 것에 있다. 이 소프트웨어는 오픈소스이기 때문이다. 하드웨어는 확장되지 않은 초기 가격이 32,000달러에 불과해 20만 달러에 달하는 기존의 다른 유사한 양팔 로봇의 가격보다 훨씬 저렴하다고 할 수 있다. 이렇듯, 기능이 개선되고 소비자 기술이 얼리 어답터 단계를 벗어나는 시점에서, 시간이 지날수록 비용은 계속 낮아질 전망이다. 가정용 로봇의 경우는 총 가격이 이미 자동차 한 대 가격보다 더 저렴하다.

AI를 통한 치료 및 의료 서비스 접근성 향상

의료 서비스는 AI의 유토피아적 기회의 중심에 있는 또 다른 산업이다. 이는 효율성 향상, 비용 절감, 접근성 향상을 약속하며, 민간 보험에 가입한 사람들뿐만 아니라 소외 계층에게도 혜택을 줄 수 있다. 의료 서비스 분야에서 AI는 신약 개발, 진단, 치료, 환자 관리에 혁명을 일으킬 것을 예상하고 있다.

우리는 이미 앞선 19장과 20장에서 합성생물학과 사이보그 기술의 혁신적이고 광범위한 영역을 검토한 바 있다. 이 두 가지 AI 기반 기술은 의료 서비스와 삶의 질에 큰 변혁을 가져올 뿐 아니라 지금까지 치료가 불가능했던 질병을 근절시키게 도와줄 것이다.

의료 서비스 분야에서 AI가 막대한 영향을 끼칠 것이라 예상하는 분야는 연구와 개발 분야다. AI는 치료할 수 없는 질병에 대한 약물과 치료법 설계에 도움을 줄 수 있다. 실제로 AI는 코로나19 백신 개발의 핵심적인 역할을 하기도 했다. 이때, 알고리듬을 사용해 바이러스의 유전적 구성과 잠재적 약물 후보를 포함해 바이러스와 관련된 방대한 데이터셋을 분석했으며, 이를 통해 유망한 백신 후보를 빠르게 식별할 수 있었다. 또한, AI는 머신러닝 모델을 활용해 바이러스가 어떻게 변이하고 진화할지 예측함으로써, 다양한 변종에 효과적으로 대처할 수 있는 백신을 설계하는 데 도움을 줬다. 이 외에도, 적합한 참가자를 식별하고 잠재적 결과를 예측해 임상시험 과정을 최적화하는 데도 도움을 줬다.

AI가 영향을 끼치는 또 다른 중요한 분야는 높은 진단 정확도를 요하는 분야다. 고급 AI 알고리듬은 인간의 능력을 뛰어넘는 속도로 방대한 의료 데이터를 분석할 수 있으며, 새로운 데이터를 지속적으로 학습할 수 있다. 특히, 코로나19에서 봤던 것처럼, 질병을 조기에 발견하고 새로운 질병 요인을 식별하는 데 중요한 요소를 적용해 적시에 개입해 환자의 치료 결과를 개선할 수 있다.

AI 기반 기술은 치료 계획에도 혁신을 가져올 것이다. 개인의 유전자 구성을 기반으로 한 맞춤형 치료 요법이 표준이 돼 치료의 성공 가능성을 최적화할 것이며, 유전자 데이터, 환자 이력, 실시간 건강 지표를 분석해 개인 맞춤형 치료법을 제안함으로써 부작용을 최소화하는 치료 결과를 보일 것이다. 정밀 의료를 향한 움직임은 기존의 획일적인 접근 방식에서 벗어나 치료의 효과를 크게 향상할 것으로 전망된다.

마지막으로, AI는 의료 서비스의 효율성을 개선하는 데도 중추적인 역할을 할 것이다. 진료 예약, 의료 기록 관리, 청구와 같은 관리 과정은 AI 기반 봇을 통해 간소화될 것이며, 이미 증가 추세에 있는 원격 의료는 AI 통합을 통해 상당한 발전을 이룰 것이다. AI로 구동되는 가상 의료 비서는 사전 상담을 맡아 질문에 답변하고, 약물의 관리까지 도와줄 것이며, 이런 의료 서비스의 범위를 외딴 지역과 소외된 지역으로 확장함으로써 전 세계적으로 의료 접근성을 개선할 것이다.

외부효과, 시장의 비효율성, 그리고 친환경적 미래

자원 배분을 개선할 수 있는 AI의 잠재력은 거시적 경제에서도 발견할 수 있다. 이처럼, 새로운 알고리듬과 방대한 양의 데이터를 처리하고, 패턴을 식별하며, 인간의 역량을 훨씬 뛰어넘는 수준의 속도와 정확성으로 예측하는 능력은 시장의 불완전성, 외부효과와 불완전한 정보의 영향에 더 잘 대처할 수 있게 해주는 효과가 있다.

경제 이론에서는 자유 시장에 의한 재화와 서비스의 배분이 효율적이지 않은 상황이 존재한다. 이는 기본적으로 정보의 비대칭성, 시장 가격의 결정력, 보완, 외부효과, 공공재 등 다섯 가지 유형에서 유발된다고 보고 있다. 일부 비효율성은 업종 내부의 구조적 요소로 인해 발생하지만, 상당수는 가격 및 정보의 비대칭성과 관련된 문제로, 이는 현재 AI가 해결할 수 있다.

외부효과의 대표적인 예는 산업 활동의 부산물인 공해다. 오염을 감내하기 위해 시장은 기꺼이 돈을 지불할 수 있지만, 시간이 지남에 따라 그 가격은 한층 더 높아질 수 있다. 이때, 가격 측정은 어떻게 하는 것일까? 공해 생산자가 제조 비용 방정식에 필요한 정보나 인센티브를 갖고 있는 걸까? 대답은 '아니오'다. 그렇다면 상품과 서비스의 가격이 실제 비용에 비해 부정확하게 책정된 것일 수 있다. 그러나 개선된 알고리듬은 환경 영향 데이터를 분석하고 실제 영향을 반영하는 방식으로 정량화해 이산화탄소, 이산화황, 질소산화물 등 각종 오염 유형의 실제 배출 비용을 나타내는 수치를 산출할 수 있다. 제조업체에 실제 배출량에 따른 오염에 대한 권리를 라이선스로 구매하도록 요구할 수 있어서 재화 또는 서비스의 가격에 전체적으로 실제 비용을 반영하게끔 보장할 수 있는 것이다. 이렇게 되면, 기업의 실제 가격 책정 방식은 다음과 같은 방정식으로 표현될 수 있다.

죽은 비용 구조 = 투입 비용 x
     + 투입 비용 y
     + 투입 비용 z
     + 생산된 외부효과에 대한 라이선스 비용

노동력이나 공급망 등 다른 투입 영역에서 비효율적인 일부 제조업체는 이 라이선스 비용을 흡수하지 못할 수 있다. 또한, 시장의 지불 의향이 죽은 비용 구조(dead cost structure)보다 낮으면 기업은 문을 닫아야 할 수도 있다. 이 제품이 한 업종에 속하지 않고 모든 기업에 해당된다면, 그 기업의 제품은 정리돼야 한다. 이렇듯, 오염을 줄이는 산업 부문의 기술 혁신이 투자 및 배포되면 배출량을 줄이고 라이선스 비용을 감축해 제조업체가 신기술을 빠르게 채택하도록 장려할 수 있다. 이 정도 수준의 정확한 가격 정보는 AI의 도움 없이는 불가능하다. 이는 시장이 더 효율적으로 성장하는 데 도움 되고, 경제 전반에 걸쳐 가격이 내려갈 수 있으며, 더 많은 자원이 효율적으로 배치될 수 있게 한다.

또한, AI는 고급 기후 모델링과 환경 모니터링을 촉진해 기후 변화 패턴에 대한 귀중한 통찰력을 제공하고 효과적인 완화 전략을 설계하는 데도 도움을 줄 수 있다. 방대한 데이터셋을 실시간으로 처리할 수 있는 AI 알고리듬은 기후 패턴에서부터 생태계 역학 및 그 원인에 이르기까지 복잡한 생태계에 대한 이해를 높일 수 있기 때문이다.

정보의 비대칭성은 시장의 비효율을 초래할 수 있다. 부정확한 정보, 불완전한 정보 또는 잘못된 정보에 따라 행동함으로써 발생하는 결과의 모호성 때문에 자원이 낭비될 수 있기 때문이다. 일반적인 격차에는 데이터 접근, 데이터 수집, 불완전한 데이터, 잘못된 데이터, 서로 다른 데이터 표준이 포함된다. 이는 총체적으로 자원 배분에 대한 정치적 결정에 과도하게 의존하도록 만들며, AI 알고리듬에서 사용할 데이터셋을 수집, 정리, 라벨링 하는 데 상당한 비용을 소모하게 한다. 이는 처리 능력의 지연된 발전과 함께 입력 문제가 있기에, AI를 빠르게 채택하는 데 힘들 수밖에 없다. 그러나 이제 AI의 존재 자체가 이러한 유형의 비대칭적 정보를 제거할 수 있는 새로운 시장을 창출하고 있다.

시장은 제조 또는 에너지 생산과 관련된 외부효과 문제를 해결하는 데 도움이 되는 데이터셋을 수집, 청소 및 준비하는 데 인센티브를 제공한 적이 없다. 그러나 AI는 이러한 '닭이 먼저냐 달걀이 먼저냐'의 문제를 손쉽게 해결해 준다. 실제로 신규 또는 기존 경쟁업체의 경우, 비즈니스의 맥락에서 이러한 지식을 활용하고 있다. AI 알고리듬으로 구현되는 스마트 그리드는 실시간 데이터 모니터링을 용이하게 해 에너지 분배를 지능적으로 제어할 수 있게 해주기 때문이다. 지멘스(Siemens)와 같은 기업들은 이미 스마트 그리드 솔루션에 AI를 도입해 에너지 분배 및 관리 방식을 혁신하고 있으며, 사용자는 AI 기반 수요 대응 시스템을 통해 실시간 가격 책정을 기반으로 에너지 소비 패턴을 조정해 보다 책임감 있는 에너지 사용을 할 수 있다. 이는 피크 수요 기간 동안 화석 연료에 대한 의존도를 줄일 수 있다는 장점이 있다. 미국에서 이렇게 실시간 가격 책정을 구현한 유틸리티 회사 중 하나는 옴커넥트(OhmConnect)다. 그 외에도, IBM과 같은 기업이 산업 환경에서 구현한 머신러닝 알고리듬도 에너지 수요 패턴을 예측하고 에너지 절약 기회를 파악해 산업 공정에서 에너지 소비를 최적화할 수 있다. 이러한 추세는 AI가 환경에 미치는 영향을 최소화하는 데 적극적으로 기여하며,

보다 지속 가능한 산업 관행으로 전환하게 만든다.

외부효과 축소의 연쇄 효과로 긍정적인 영향을 받을 수 있는 또 다른 분야는 운송 분야다. 운송은 화석 연료 연소로 인한 온실가스의 형태로 탄소 배출에 많은 부분을 차지하고 있으며, AI 기술은 운송 시스템을 혁신해 보다 지속 가능하고 친환경적으로 만들 수 있다. 예를 들어, 자율주행차는 효율적인 경로 계획을 통해 운전 패턴을 최적화하고 연료 소비를 줄이며 교통 혼잡을 최소화할 수 있다. 이런, AI 기반 예측 유지보수 시스템은 차량의 신뢰성과 연비를 향상해 자동차 부품의 제조 및 폐기와 관련된 탄소 발자국을 줄일 수 있다. AI는 시간이 지남에 따라 배터리 기술의 저장 요소를 개선해 친환경 운송에 더욱 기여할 것이다.

전체 경제에서 시장의 비효율성을 제거하면 사회는 유토피아적인 세계로 나아갈 수 있다. 이는 자원이 더 효율적으로 사용되고, 가격이 특정 단일 기업의 비용이 아닌 사회 전반의 비용을 반영하며, 경제 구조에서 알려진 많은 문제까지 제거할 것이다. 이에 따라, 더 나은 자원 배분과 정확한 가격 책정이 반영된 상품과 서비스가 생산될 것이다. 이 과정에서 에너지에 대한 의사결정이 개선되면 환경적 요인도 개선될 것이다.

지구 먹여 살리기: 농업에서의 AI

농업은 인류의 삶에 필수적이며 탄소 배출에 막대한 영향을 미치고 있다. AI는 이런 농업 분야에서 정밀 패러다임의 전환, 즉 혁신을 가져올 것으로 예측된다. 한 예로, AI 기반 센서와 드론은 작물의 건강, 토양 상태, 날씨 패턴을 전례 없이 정밀하게 모니터링할 수 있으며, 세분화된 데이터를 통해 농부는 자원 사용을 최적화해 물과 비료 사용량을 최소화하는 동시에 작물 수확량을 극대화할 것이다. 이때, 정밀 농업은 유해 물질이 수자원으로 유출되는 것을 최소화하고 온실가스 배출량을 낮추기 때문에, 농업 관행상 효율성을 높일 뿐만 아니라 환경에 미치는 영향도 줄일 수 있다.

또한, AI 기반 스마트 농업 시스템은 지금까지 의사결정에 활용되지 않던 빅데이터를 기반으로 재배, 관개, 수확에 관해 실시간 결정을 내릴 것이다. 이러한 수준의 자동화는 생산성과 자원 효율성을 향상하는 동시에 수동 개입의 필요성을 줄여준다. 농부는 농작물 수확량과 자원 활용도의 향상을 기대할 수 있는데, 이는 수질을 추적하고, 어류 개체군의 질병을 감지하며, 먹이 공급 일정을 최적화할 수 있는 양식장도 마찬가지다.

이처럼, 합성생물학은 채소나 육류 등의 식품을 설계하고 엔지니어링할 수 있기 때문에 농업에 막대한 영향을 미칠 수 있다. 비욘드미트 BeyondMeat나 임파서블푸드 Impossible Foods 같은 회사에서는 육류 제품을 대체할 수 있는 식물성 대체 식품을 개발 중이며, 합성생물학을 통해 육류를 모방한 조직뿐만 아니라 들판이나 산업 실험실에서 재배할 수 있는 새로운 식물 또는 동물종을 만들어 내려 한다. 그들은 해로운 영향을 제거해 사람의 입맛에 최적화된 종을 만들어냄으로써 농업 분야를 한 단계 발전해 나갈 것이다.

이러한 AI 기반의 정밀하고 지속 가능한 농업은 훨씬 더 많은 전 세계 인구를 먹여 살릴 수 있으리라 본다.

포용적 사회 구축을 위한 AI의 역할

　AI를 윤리적으로 활용하면, 의사결정 시 편견을 없애고 특정 목표를 순수하게 달성시킬 수 있어서 포용성을 촉진할 수 있다. 머신러닝 알고리듬은 편견을 없애고 다양한 관점을 인식하고 수용하도록 설계돼, 인구통계학적 배경, 능력, 전자적 또는 생물학적 향상과는 무관하게 기술 발전 자체가 모든 사람에게 혜택을 줄 수 있도록 보장할 수 있다.

　사이보그와 개인을 합성생물학 증강물로 통합하는 것은 이미 우리의 신체적 능력뿐 아니라, 사회적 구조까지 재편하고 있다. 스포츠계도 이런 사이보그 운동을 받아들였다. 한 예로, 2016년 스위스에서 열린 최초의 '사이보그 올림픽Cyborg Olympics'인 사이배슬론Cybathlon을 들 수 있다. 이 글로벌 이벤트는 장애인으로 구성된 16개 팀이 기술 발전에 힘입어 사이보그 운동선수로 변신해, 사이보그 스포츠를 선보인다. 이때, 6개 종목에서 의족과 의수, 자전거, 전동 휠체어, 심지어 로봇 외골격 등 첨단 기술을 사용하고 제어하는 선수들이 출전한다. 이 대회는 장애인 선수에게만 국한되지 않는다는 점에서 패럴림픽Paralympic Games과는 엄연히 다르다. 이 대회는 사이보그 임플란트로 신체를 보강한 신체적 제약이 없는 선수도 참가할 수 있다.

　이 행사는 사이보그를 위한 포용성의 강력한 상징이 되고 있고, 개인이 기술로 증강된 자신의 능력을 보여줄 플랫폼을 제공함으로써 인간의 선입견과 고정관념에 도전한다. 여기서 독창성과 인공 증강물의 융합으로 비롯된 독특한 재능과 역량을 확인할 수 있다.

　이처럼, 앞으로 더욱 확장될 인간 증강의 또 다른 분야인 합성생물학은 포용적인 사회의 개념을 강화할 수 있다. 개인이 자신의 생물학적 구성에 대한 향상과 수정을 수용함에 따라 아름다움, 능력, 건강을 둘러싼 사회적 규범에도 도전할 수 있다. 이러한 발전은 과학 분야의 업적뿐만 아니라 다양한 배경을 지닌 개인의 삶의 질을 향상시키고, 그 잠재력을 인정받을 것이다.

AI, 사이보그, 합성생물학이 우리 사회에 통합되면서 윤리적 고려와 함께 책임감 있는 거버넌스가 필수가 됐다. 혁신과 윤리적 보호 장치 간의 적절한 균형을 유지하는 것은 기술 발전이 기존의 격차를 영속화하지 않고 보다 관용적이고 포용적인 세상을 만드는 데 기여하도록 보장하는 데 매우 중요하다. 이는 이 책에서 내가 강조하는 핵심 주장과 맞닿아 있다. 바로 현시점에서 AI와 알고리듬 구축을 위한 올바른 규제의 틀이 만들어져야 한다는 것이다.

다음 장에서는 기술과 관련된 동전의 다른 면을 제시하고자 한다. 이는 디스토피아적 미래로 이어지는 측면으로써, AI의 특징과 그 결과를 향해 나아가기도 하고 멀어지기도 하는 다양한 함축적 의미를 포함한다. 이는 앞서 제시한 유토피아적 가능성과도 비교할 수 있을 것이다.

23

AI 디스토피아:
권위주의, 실업, 계급 정치

"최근의 기술 발전은 기술 편향적 변화, 자본 편향적 변화, 승자독식 시장에서의 슈퍼스타 양산으로 인해, 승자와 패자 모두를 만들어냈다. 이에 따라 일부 유형의 일과 기술에 대한 수요가 감소했다. (…) 실제로 미국 내 수백만 명의 실질 임금이 하락했다."

- 에릭 브린욜프슨 Erik Brynjolfsson

미국 학자, 작가, 기업가,

『제2의 기계 시대: 인간과 기계의 공생이 시작된다 The Second Machine Age: Work, Progress, and Prosperity in a Time of Brilliant Technologies』, 2014년

스탠퍼드대학의 에릭 브린욜프슨$^{\text{Erik Brynjolfsson}}$ 교수는 기술과 소득 불평등 사이의 연관성을 조사했다. 그는 2000년 이후 전 세계 불평등 지수가 꾸준히 상승한 주요 원인이 기술이라고 생각했다. 즉, 컴퓨팅, 네트워킹, AI의 기하급수적인 발전으로 인해 혁신이 빠르게 가속화되고 있을 뿐 아니라 이것이 생산성과 GDP 증가로 이어지고 있다는 것이다. 브린욜프슨의 말처럼, 경제적 파이가 커졌다고 하지만 누구나 이런 혜택을 누리는 것은 아니다.

브린욜프슨이 보기에 기술 중심 경제는 소수의 성공한 개인에게 유리하게 작용했다. 그는 이렇게 성공한 소수의 개인을 '슈퍼스타^{superstar}'라고 불렀다. 이들은 주로 디지털 기술을 활용해 혁신적인 아이디어와 제품을 널리 배포하고 생산하는 하이테크 기업가들이다. 브린욜프슨은 이들의 성공에는 전통적인 자본 소유에 덜 의존하고 디지털 시대에 공감할 수 있는 획기적인 개념과 성공적인 비즈니스 모델을 창출할 수 있는 역량에 더 의존하는 경제의 역학적 변화가 있다고 생각했다.

브린욜프슨은 '슈퍼스타'가 상상을 초월하는 부를 축적함에 따라 초부유층과 나머지 사회 구성원 간의 격차가 확대돼 사회적 불안과 불만을 초래할 수 있다고 주장한다. '슈퍼스타' 또는 'AI 슈퍼스타'라는 용어는 디지털 공간에서 터득한 기술적 통찰력과 전반적인 역량을 토대로 글로벌 경제에서 놀라운 성공과 부를 달성한 사람들을 뜻한다. 여기에는 일론 머스크, 샘 알트먼, 마크 저커버그와 같은 사람들이 포함된다. 이러한 불평등이 초래할 잠재적 결과로는 사회적 기동성 감소, 기회에 대한 접근성 감소, 안정적이고 번영하는 사회를 뒷받침해 주는 사회 구조의 침식 등이 있다.

그의 주장은 통찰력이 있고 방향성도 좋지만, 나는 이와 같은 견해에 전적으로 동의하지는 않는다. 자원 분배 결정 시, 금융 자본의 소유권은 언제나 중요한 역할을 했기에, 'AI 슈퍼스타' 억만장자를 문제의 진원지나 기술 발전의 유일한 수혜자로 보는 것은 잘못됐다고 생각한다. 실제로 벤처 캐피털리스트, 스타트업, 기술 기업 관리자, 프로세스 아웃소싱 파트너, 디지털 마케팅, 제품 전문가 등 AI를 주도하는 대규모 기업과 그 주변의 기술 생태계에서 일하는 사람들도 상당한 혜택을 받을 수 있다.

그러나 AI가 구축하는 경제 체제에 참여하기 위한 인간의 기술과 상업적 능력 수준이 점점 더 높아지고 있는 것은 사실이다. 이를 바꿔 말하면, 더 많은 사람이 경제 체제에 참여할 수 없게 될 것이라는 말이다. 실제로 AI 도구의 경제 체제하에서는 더 높은 수준의 상업적 판단력, 더 깊이 있는 전문성, 더 심도 있는 수준의 비판적 사고가 필요할 것이다. 따라서 AI가 구축하는 경제 체제에 참여할 수 있는 사람들은 더 적은 일자리를 놓고 더 치열한 경쟁을 벌이게 될 것이다. 이에 따라, 우리의 일할 곳이 줄어들 수 있으며, 노동 시장에서 협상력을 잃을 수 있다.

주위를 둘러보라. 그리고 눈으로 직접 현실을 보라. 소위 슈퍼스타보다 한 수 아래라고 하더라도, 기술에 생산성을 더하면 '물질적 풍요는 더 커질 것'이라는 사실은 누구나 알 것이다. 이는 사실에 가까우며, AI는 이를 가속화할 것이다.

인터레이스에 이르는 과정에서 디스토피아적 결과가 초래될 가능성은 높다. 실제로 AI가 주도할 사회 운영체제로의 재부팅은 서구 사회 어디서든 대기업, 정부, 개인 간 이해관계와 인센티브가 위험을 불러일으킬 수 있는 단계에 놓여 있다. AI는 권위주의를 유혹하는 힘이 있다. 서구 사회가 이를 의식적으로 다른 방향으로 유도하지 않는다면, 그들은 중국과 닮아갈지도 모른다.

AI 기반 사회 운영체제에서 제품 개발, 유통, 혁신이 전적으로 AI 슈퍼스타와 큰 규모를 갖춘 기업의 영역에 속하는 것이라고 가정해 보자. 슈퍼스타들은 데이터 집적의 확장에 따른 네트워크 효과$^{Network\ Effect}$와 전체 AI 가치 사슬과 사회 전반의 운영체제를 관리하는 데 필요한 여러 역량을 갖추고 있어서 이미 과점寡占을 누리고 있을 것이다. 이런 경우, AI가 창출할 엄청난 가치로부터 기회를 공유하는 사람들은 알고리듬과 데이터셋 사용을 '선정'하려 할 것이다. 이때 과점 구조는 규제를 통해 AI에 내재된 역량을 활용해 권력을 강화하고 개인의 전리품을 확보하려는 정부에 의해 보호될 수 있다.

더 나쁜 것은 서방 정부가 '사람을 보호할 수 있는 유일한 방법'으로, 권위주의적 운영체제를 통해 파우스트 거래를 맺을 수도 있다는 점이다. 정부로선 더 많은 사람이 AI 때문에 일자리를 잃는다면 소비 측면에서 '경제를 유지하기 위해 재분배를 해야 한다'는 명분을 얻을 것이다. 이때, 정부는 AI 독과점을 유지하는 시스템의 법적 보증인 역할을 하는 과정에서 우리가 누리는 자유를 크게 위축시킬 가능성이 있다. 정부는 권위주의적으로 변하고, AI 도구와 기능성을 활용해 권력을 공고히 하고 영속화하며, 비판적 사고를 할 수 없는 수동적이고 순응적인 교육 시스템으로 멍청해진 국민을 통치하려 할지도 모른다. 미래에 정부가 당신에게 보편적 기본소득^{UBI}을 준다면, 이는 전자 화폐 시스템으로 이뤄질 것이며, 이를 통해 당신의 자유를 완전히 뺏으려 할 것이다. 하지만 대다수 사람은 열악한 교육 시스템에 의해 일방적으로 수용하게끔 프로그램됐을 것이고, 순수한 소비와 쾌락주의적 천국에 빠져, 그 어느 것도 의심하지 않을 수 있다.

사람마다 상황의 개선 가능성에 대한 믿음은 더 이상 없을 것이다. 이 믿음은 발전하기 위해 의문을 제기하고 행동하는 원동력이었는데 말이다.

우생학에 기초한 AI는 순 기여자가 될 가능성이 높은 사람들을 손쉽게 선별해 그들의 미래를 결정하고, 그들 스스로 선택할 기회를 얻기도 전에 특정 경력 경로 또는 사회적 역할을 할당할 수 있다. 대량 실업과 보편적 기본소득UBI으로 인해, 시간이 지날수록 인구는 소비와 생산의 균형을 유지하기 위해 파레토 최적Pareto Optimal1 수로 줄어들 것이다. 인구 균형과 같은 시간에 도달할 때까지 인구가 감소하더라도, AI 생산성 향상을 통해 GDP도 기하급수적으로 증가할 수 있기 때문에, 우리 삶의 가치는 축소할 수도 있다. 그리고 이 모든 것은 역설적이게도, 앞선 여러 장에서 논의한 유토피아적 혜택의 실현과 함께 도래할 수 있다.

AI 디스토피아의 SF 소설

AI 디스토피아를 의미심장한 현실감으로 탐구한 두 편의 소설은 2017년 애널리 뉴위츠Annalee Newitz의 『오토노머스Autonomous』(Minotauro)와 2003년 마셜 브레인Marshall Brain의 짧은 소설 『만나: 인류의 미래에 대한 두 가지 비전Manna: Two Visions of Humanity's Future』이다. 두 작품

---

1 다른 사람의 후생을 감소시키지 않으면서 한 사람의 후생을 증가시킬 수 없는 상태를 말한다. 즉, 어느 한 개인이나 집단의 이익이 늘어나면 다른 개인이나 집단의 이익은 줄어들거나 손해를 보게 된다는 것이다. 예를 들어, 한 나라의 국민 중 상위 20%가 전체 부의 80%를 가지고 있고 나머지 하위 80%가 전체 부의 20%를 가지고 있다면 이를 파레토 최적 상태라고 할 수 있다. 이러한 상황에서는 더 이상 부의 분배를 개선할 수 없기 때문에, 가장 효율적인 자원 분배라고 볼 수 있다. – 옮긴이

은 각기 다른 각도에서 동일 주제에 접근한다. 『오토노머스』는 과도한 기업 권력의 위험성을 주도면밀히 추적하고, 『만나』는 불평등과 빈곤의 증가, 통제 도구로써의 보편적 기본소득^{UBI}의 오용 가능성을 경고한다.

애널리 뉴위츠의 소설『오토노머스』는 22세기를 배경으로, 인간과 로봇이 '고용 계약서^{indenture}'라는 계약을 통해 재산으로 취급되는 극단적인 자유 시장 경제가 널리 채택된 사회를 주무대로 한다. 이 세계는 강력한 기업들이 지배하고 있고, 여기에서 기업들은 AI를 이윤 도구이자 통제 수단으로 활용한다. 이들은 노화를 역전시키고 체력을 증진시키는 복합 약물을 통해 전통적인 질병뿐 아니라 다양한 문제도 해결하는 능력을 갖췄다. 하지만 이 약은 주로 부유층에게만 제한적으로 제공된다. 이 세계의 의료 서비스는 비용이 많이 들기에, 계급 차별이 만연해진다.

이 세계는, 자율적이고 자기 인식으로 무장된 AI 시스템과 로봇이 필수이며, 상품화된 로봇은 인간과 기계 사이의 경계를 허문다. 그러나 AI 개체를 단순한 재산으로 취급하는 도덕적 현실은 현재의 우리에게 많은 생각을 하게 만든다. 이 책에서 저자인 뉴위츠는 성별에 대한 주제를 파고들어, 로봇의 경우, 우리가 기존에 알고 있던 성별과는 다름을 보여준다. 책 중간에는 남성 대명사에서 여성 대명사로 전환하는 로봇도 등장한다.

이와는 대조적으로, 마셜 브레인의 『만나』에서는 빈곤과 실업률 증가로, 경제적 격차와 사회적 격변에 시달리고 있는 미국의 얘기를 다룬다.

마셜 브레인의 사회적 현실 묘사는 이러하다. "2050년의 미국은 제3세계 국가와 다를 바 없다. 로봇의 등장으로 수천만 명의 사람들이 최저임금 일자리마저 잃었고, 부는 빠르게 편향됐다. 부자들은 미국의 관료, 군대, 기업, 천연자원을 통제했고, 실업자들은 자신이 처한 상황을 바꿀 기회조차 차단된 채 테라폼 속에서 살았다. 겉보기엔 '자유선거'라는 외피로 휘감겨 있지만, 부자들의 지지를 받는 후보만 투표용지에 이름을 올릴 수 있었다. 정부는 로봇 보안군, 군대, 정보기관처럼 부유층 손아귀에 완전히 통제됐으며, 미국의 민주주의는 부유한 엘리트들이 지배하는 제3세계 독재 체제로 둔갑했다. (…) 2030년까지 대부분의 공공장소마다 비디오 보안 카메라와 마이크가 설치돼 사생활을 감시하고 녹음했으며, 전화와 인터넷 메시지를 깡그리 도청해 테러리스트 단서를 캐내려 했다. 항의 집회나 폭동을 일으킬 생각을 갖거나 다른 사람과 시민 불복종에 대해 논의하는 사람은 그 형태가 무엇이든 테러리스트로 낙인찍혀 감옥에 갇힌다."

이렇듯, 『만나』는 빈곤과 실업이 증가하는 미국의 디스토피아적 미래 시나리오를 그렸다. 이는 유토피아로 보이는 호주의 모습과는 대조된다. 호주는 사회적 불안을 완화하기 위해 미국과는 다른 길을 택했고, 보편적 기본소득^{UBI} 제도를 시행함으로써 시민의 기본적 욕구를 충족시키는 것으로 묘사됐기 때문이다.

만나(이스라엘 민족이 40년 동안 광야를 방랑하고 있을 때 여호와가 내려 줬다고 하는 양식)는 이스라엘 백성이 사막에서 방황하는 동안 그들을 지탱해 준 기적의 음식으로, 『성경』에 나온다. 따라서, 소설의 제목을 잘 지었다고 할 수 있다.

마셜 브레인의 의도는 호주의 보편적 기본소득^{UBI}을 유토피아이자 인류가 나아가야 할 길로 묘사하는 데 있다. 하지만 이 소설을 자세히 들여다보면, 두 나라 모두 다른 방식으로 디스토피아적 변화를 겪는다는 것을 알 수 있다. UBI의 유토피아적 약속은 경제적 의존을 통해 인구를 조종하는 통제 도구로 변모하면서 불길하게 바뀌기 때문이다.

이 소설은 겉으로는 자비로운 보편적 기본소득^{UBI}이 어떻게 감시와 조작의 메커니즘이 될 수 있는지에 대한 암울한 그림을 그린다. 또한, 정부가 제공하는 소득에 점점 더 의존하는 시민과, 안보와 개인의 자유 사이의 갈등을 통해, 사라지는 프라이버시에 대한 무거운 의문을 제기한다. 이는 AI 시스템이 사회의 필수 기능을 대신하게 되면서 악용될 가능성이 증가하고, 사회 질서의 근간이 위협받는 디스토피아적 현실로 이어질 수 있다.

지금까지 한 얘기를 요약하면 다음과 같다.『오토노머스』는 AI 개발에 있어 윤리적 고려의 필요성을 강조하며, 견제받지 않는 기업 권력의 횡포에 대해 사회가 고민해야 한다고 말한다. 이에 더해, 기술 발전의 윤리적 경계에 대한 근본적인 질문을 제기한다. 이와는 대조적으로,『만나』의 디스토피아는 경제적 불평등뿐만 아니라, AI 시스템이 시민의 삶을 통제하게 되면서 개인의 주체성이 약화되는 사회를 고발한다. 여기서 보편적 기본소득^{UBI}은 부분적으로는 이를 지탱하는 약물 같은 역할을 한다.

이 책 전반에 걸쳐 내가 언급했듯이, 결국 AI를 활용하는 권위주의 기업-정부 결합은 어디를 가든 우리에게 파우스트 거래를 강요할 것이다. 이를 통해 기업은 자신들의 수익원을 늘리고 부를 영속화하고, 정부는 정치권력을 계속 유지하려 할 것이다.

인간 노동의 종말

AI와 로봇공학이 더욱 정교해지고 복잡한 작업을 처리할 수 있게 되면서 인간의 일상적이고 반복적인 업무는 점점 더 자동화될 것이다. 단기적인 영향은 중장기보다는 다소 완만하겠지만 빠르고 마키아벨리적일 것이다. 풀어 말하자면, 권력을 가진 자들의 교묘하고 이기적인 행동으로 나타날 것이란 얘기다.

단기적으로 볼 때, 대부분 사회의 운영체제는 그 영향이 점진적이기 때문에 충격을 흡수할 수 있을 것으로 예상된다. 그러나 자국 경제에 크게 의존하고 있는 필리핀과 같은 곳은 예외일 수 있다. 필리핀 GDP의 25% 이상이 영어 및 IT 수준의 BPO$^{Business\ Process\ Outsourcing,\ 비즈니스\ 프로세스\ 아웃소싱}$2 비즈니스에 의존하고 있고, 또 다른 25%는 주로 자동화가 가능한 위험 직종에 종사하는 근로자의 해외 진출에 의존한다.

앞선 8장에서 논의했듯이, 단기 및 중기적으로 보면 AI는 상당한 일자리 창출의 잠재력을 가졌다는 것을 우리는 이미 알고 있다. 실제로, 신석기 혁명부터 산업혁명에 이르기까지 기술은 일자리를 파괴하는 것보다 더 많은 일자리를 창출해 왔다. 19세기 말과 20세기 초의 농업 기계화와 1990년대 후반부터 시작된 IT와 인터넷의 폭발적인 발전 아래서도, 기술은 순 일자리를 창출해 왔다.

다만, 여기서 우리가 주목해야 할 점은 AI 혁명과 이전의 기술 혁명 사이에는 근본적인 차이가 있다는 점이다. 역사적으로 기술이 파괴한 일자리보다 창출한 일자리가 더 많았다는 얘기는 두 가지 조건이 충족한다.

---

2 외부 전문 업체가 기업의 업무 처리, 운영 인력, 관련 기술 등을 위탁받아 운영해 업무의 효율성을 높이고, 인재 육성까지 책임지는 통합 관리 시스템을 말한다. – 옮긴이

1. 신기술은 사유하는 인간에게 활용하도록 하고, 생산성 향상을 촉진하며, 더 적은 자원으로 더 많은 일을 하도록 해준 도구였다.
2. 변화의 속도는 수십 년에 걸쳐 이뤄졌다. 이는 교육 제도, 인간 재교육, 재학습을 통해 어린이에게도 적용됐다.

현재와 앞으로의 경제 환경은 AI와 로봇공학이 주도하고 있다. 그 각각의 요인은 다음과 같이 서로 다른 모습으로 나타난다.

1. 기술 자체, 특히 고급 범용인공지능^{AGI}은 인간의 사고를 점차 대체할 것이다. AGI는 더 이상 도구가 아닌, 인간과 동등한 수준의 지능이 될 것이다.
2. 변화의 속도는 프로그램과 개인을 재교육하는 능력을 앞지르고 있다. 그러나 대부분 사람은 '어디서부터 시작해야 할지'조차 모른다. 물론, 지난 기술 혁명에서는 인터넷 방화벽이나 기타 IT 제품이 이를 학습하고 관리하는 인간의 능력에 비해 빠르게 발전하지 못했다. 하지만 AI에게는 이것이 통하지 않는다.

설상가상으로 사회는 갈수록 고령화되고 있는 와중에, 빠르고 복잡한 기술 재교육은 노인보다는 젊은이들에게 유리하다. 따라서 점점 더 많은 사람이 학습할 의지가 없거나 적응 능력이 없어질 것으로 예측된다. 반대로, AI는 모든 인간보다 더 빠르게 학습할 것이다.

나는 위에서 말한 조건 중 그 어느 것도 장기적으로 유리한 조건이 될 수 없다고 본다. 의사결정을 할 때 더 높은 생산성을 판단하는 것은 시작된 지 오래이며, 이는 알고리듬이 개선됨에 따라 지치지 않고 진행될 것이기 때문이다. 변화의 속도가 빨라지고 AI 시스템의 지능 수준이 범용인공지능^{AGI}을 지향해 높아지게 되면, AI는 우리의 영구적인 일자리를 앗아가는 파괴자로 변할 것이다.

시간이 지남에 따라 전 세계 사람 대부분은 영구적으로 일자리를 잃게 될 것이며, 특정 일자리의 경우는 AI에게 넘겨져 두 번 다시 돌아오지 않을 것이다. 특히 손을 써서 하는 수작업, 낮은 수준의 창의적 업무, 판에 박힌 업무에 크게 의존하는 분야는 확실히 AI의 손에 넘어갈 것이다. 이런 두려움은 AI가 더 널리 확산됨에 따라 점점 더 가속화될 것이다.

여기서 묻고 싶은 건, 과연 그 속도가 어느 정도이고, 결과적으로 한 사회의 운영체제 내에서 어떤 조정 메커니즘이 적용되며, 일의 개념 자체가 어떻게 될 것인가 하는 것이다.

경제적인 측면에서, 직업 해고의 영향은 연쇄적으로 나타날 것이다. 디스토피아적 전망에 따르면 사람들은 다시 다세대 생활, 심지어 공동생활로 되돌아갈 것이며, 여행과 여가에 사용 가용한 자원은 제한될 것이다. 이는 심지어 정치권력의 영속성과 연계된 방식으로 분배될 수도 있다.

또한, 정부는 개인 삶의 영역으로 영향력을 확장할 것이다. 한 예로, 2016년 세계경제포럼WEF이 제작한 동영상에서 제시된 "아무것도 소유하지 않고도 행복할 수 있다" 같은 개념과 '거주지의 부분 소유권' 같은 서구 사회에 널리 확산된 개념이 집단 그루밍 운동mass grooming exercise3을 예고하고 있다. 사회에서 인구 보충 출생률(총인구를 유지하는 데에 필요한 출생률)을 초과해 아이를 경제적으로 감당할 수 있는 능력이 (출산을 위한 라이선스 구매를 통해) 사치가 되면서 인구는 점점 감소

---

3 이 용어는 미묘하게 또는 간접적으로 대중의 인식과 행동을 조작하거나 형성하는 것을 의미하며, 광범위한 불평등, 권위주의적 통제, 개인의 자유 제한과 같은 특정 개념이나 조건이 정상화되는 미래를 위해 사회가 준비하고 있음을 암시한다. 이때, '그루밍'이라는 용어는 불편하거나 디스토피아적으로 보일 수 있다. 그러나 이 용어는 사람들이 이러한 변화나 타협을 받아들이도록 점진적으로 조절하는 과정을 의미한다. – 옮긴이

할 것이며, 인구가 줄어들면 1인당 GDP는 기하급수적으로 증가할 것이다. 아이러니하게도, 이에 따라 인간 삶의 경제적 가치Economic Value of Human Life는 수학적으로는 감소할 수밖에 없다. 이때, 권위주의 정부는 스스로 재분배주의자가 될 수밖에 없다는 필요성을 두 배로 강화하면서, 라이선스 및 기타 메커니즘을 통해 최고의 전리품을 자신과 정치적 지지자들에게 할당하고, 보편적 기본소득UBI은 그들을 지지하는 사람들에게만 충분하게 생활할 만큼만 할당할 것이다.

이것이 완전히 활성화되려면 수십 년이 걸리겠지만, AI는 잠재적으로 인간 노동의 완전한 자동화를 유발할 수 있다는 점을 상기해야 한다. 나는 일의 단절이 순차적으로 진행되겠지만, 상당 부분 서로 겹쳐지는 다섯 단계로 이뤄져 있다고 본다.

1. AI로 인한 실업의 첫째 단계는 판에 박히고 규칙에 기반을 두며, 표준화되고 반복적인 업무가 자동화되는 것으로써 데이터 입력, 고객 서비스, 제조와 같은 직종의 근로자는 일자리를 잃게 될 것이다. 이는 6장에서 살펴본 바와 같이 로보틱 프로세스 자동화RPA, Robotic Process Automation를 통해 진행 중에 있다.
2. 둘째 단계는 AI를 창의적 과정에 통합하는 것과 관련된다. 이는 인지 능력, 패턴 인식, 창의성이 필요한 업무에 영향을 미칠 것이며, 그래픽 디자인, 마케팅, 비공인회계사, 법률 보조(법률 보조원, 초안 작성자, 요약서 작성자) 등의 직업에서 상당한 변화가 있을 것이다. 이 과정은 앞선 8장에서 논의한 바 있는 생성형 AI를 통해서도 진행 중이다.
3. 이후, 자율 시스템과 첨단 로봇공학이 대량으로 도입돼 고용 시장에 미치는 영향이 심화될 것이다. 운송, 배달 서비스, 심지어 노인 돌봄과 같이 공감적 손길이 필요한 직종에서도 인간 노동자를 대

체하려 할 것이다. 이러한 현상이 가장 먼저 일어나고 있는 곳은, 7장에서 논의한 일본이다. 앞선 14장에서 그 한 예로 아마존이 어떻게 드론 배송과 로봇 창고 작업을 실험하기 시작했는지 살펴봤다. 그 외에도, 상대적으로 인건비가 낮은 시장에서 실험되는 로봇 바리스타도 주목할 만하다.

4. 넷째 단계는 더 높은 수준의 인과관계 분석이 필요한 업무의 자동화로 전환되는 단계다. 금융, 연구, 엔지니어링, 의학, 창의적인 분야의 직업이 여기에 포함되며, 이는 특정 직업일수록 자동화에 영향을 받지 않는다는 개념을 정면으로 반박할 것이다. 이 단계는 범용인공지능AGI이 필요하기 때문에, 아직은 시작되지 않았다. 이어지는 25장에서 AGI가 어떻게 개발되고 있는지 다룰 예정이다.

5. 다섯째이자 마지막 단계에서는 AI가 사회의 모든 측면, 심지어 깊은 대인관계를 포함한 곳곳마다 깊숙이 통합될 것이다. 교육부터 의료에 이르기까지 거의 모든 산업의 각종 단계에서, AI 기반 시스템의 존재감을 경험할 수 있을 것이다. 이 단계에서는 사회 운영체제의 근본적인 변화가 완성돼, 새로운 경제 모델, 인간 상호작용 모델, 궁극적으로는 새로운 문화가 탄생할 것이다.

이상 다섯 단계가 완료되면 대부분의 직업과 경제활동은 자동화되고, 인간은 노동력 시장에서 경쟁력을 잃을 것이다. 이 시점에는 아래와 같은 다섯 가지 범주의 사람들이 등장할 가능성이 높다.

1. 자원을 소유하고 스스로 관리하겠다고 자청한 사람들. 이 그룹에는 자본과 기존 생산 수단을 소유한, 이른바 '슈퍼스타'가 포함된다.
2. 각종 정치 과정을 관리하는 사람들. 특별한 가치를 창출하지는 않지만, 정부 구조에 흡수된 정부 관료가 여기에 포함된다.

3. 개인 차원의 즐거움만을 위해 활동하는 사람들. 회사를 만들거나 완전한 독립을 누림으로써 만족감을 얻는 기업가, 경제적 이익은 없어도 예술을 통해 자기 자신을 표현하는 데서 성취감을 느끼는 예술가 등이 여기에 포함된다.
4. 주로 스포츠에 종사하는 사람들. 강화된 인간과 사이보그가 여기에 포함된다.
5. 말 그대로 소비만 즐기는 사람들. 인류의 대다수가 여기에 포함된다.

여기서 마지막 그룹과 관련된 일화가 있다.

2023년 11월 영국 블레츨리 파크에서 열린 AI 안전 정상회의에서 前 영국 총리 리시 수낙Rishi Sunak은 일론 머스크에게 AI가 고용에 미치는 영향에 대해 질문을 했다. 이에 머스크는 인간의 노동이 쓸모없게 될 수 있음을 예측했다.

> "우리는 역사상 가장 파괴적인 힘을 바로 여기서 목격하고 있습니다. (...) 직업이 필요 없는 시대가 올 것입니다. 각자 자기만족을 위해서는 직업을 가질 수 있겠지만, AI가 모든 것을 대신할 것입니다."

"이런 최종 결과가 어떻게 디스토피아적인가?"라고 반문할 수도 있다. 그러나, 소비가 하나의 인간 활동으로써 완벽하게 대체 가능해지게 되면 소비만 하는 사람들도 시스템의 더 넓은 맥락에서 대응, 대체 가능하게 될 것이다.

보편적 기본소득의 은밀한 현실

앞선 장에서는 정치 및 경제 논의에서 주목되는 개념인 AI로 인한 경제적 이탈을 상쇄하기 위한 보편적 기본소득[UBI]의 개념을 소개한 바 있다. UBI는 모든 시민에게 정기적으로 무조건적인 금액을 지급하자는 제안이다.

보편적 기본소득[UBI]을 지지하는 사람들은 이 제도가 빈곤을 완화하고 사회 복지를 증진하며 개인의 역량을 강화할 수 있다고 주장한다. 그러나 UBI가 대중의 행동과 정서에 영향을 미치는 대중 통제의 도구로 사용될 가능성이 있으며, AI의 효율성으로 창출된 부가 공정한 방식으로 사람들에게 돌아간다는 보장도 없다.

이러한 보편적 기본소득[UBI]은 많은 디스토피아적 우려를 불러일으킨다. 첫 번째 우려는 수혜자들 사이에 경제적 의존성이 대규모로 형성되고 이어질 수 있다는 점이다. 아무런 조건 없이 지속적인 재정 지원이 이뤄지면 점점 더 많은 사람이 생계를 위해 국가에 의존하게 될 것이다. 이러한 의존성은 정부와 그들이 보호하는 과점 기업 등 권력자들이 대중을 교묘하게 조종해 통치 권력에 대한 감사와 충성심을 키우는 데 활용될 수 있다. 이때 AI는 압도적인 수준으로 전제주의 absolutism[4]를 도울 것이다.

둘째, 권력과 통제를 목적으로 하는 정부는 투표 행동에 영향을 미치거나 사회 공학에 관여함으로써 선거를 형식적이고 가짜로 만들기

---

[4] 전제주의는 한 명의 통치자 또는 통치 기관이 완전하고 의심할 수 없는 권력을 가지고 있으며, 이들이 신성한 권리 또는 중앙집권적 통제로 정당화된다는 신념이다. 이 제도는 견제와 균형을 거부하고 주권이 전적으로 통치자에게 있다고 주장한다. 대표적인 예로, 국가에 대한 절대적 권위를 주장한 프랑스의 루이 14세를 들 수 있다. 전제주의는 안정과 중앙집권적 통치를 위해 정치 참여와 개인의 자유를 제한한다는 점에서 입헌주의 및 민주주의와 대조를 이룬다. 역사적으로 전제주의는 질서를 유지한다는 점에서 찬사를 받기도 하고 폭정을 가능하게 한다는 점에서 비판을 받기도 했다. - 옮긴이

위해 보편적 기본소득(UBI) 자격 요건과 지출 금액을 조작할 수 있다. 권력자는 정치적 충성도나 순응도에 따라 UBI 수준을 조정하거나 AI에 의한 활동 수행 라이선스에 대한 접근을 통제함으로써, 자신과 다른 의견을 가진 사람이나 사회 공학에 대한 비전에 따라 원하는 사람을 처벌해 정치적 지형을 쉽게 형성할 수 있을 것이다. 이는 반대 의견을 잠재우고 저항을 억제해 권위주의적 사회주의에 더 순응하게 하고, 절대 만족하는 인구를 만드는 형태를 취할 가능성이 높다. 새로운 사회 운영체제는 누가 알고리즘을 소유하고 프로그래밍하는지에 따라 정의되기 때문에 문화적 동질화에도 기여할 수 있다.

UBI는 권위에 도전하거나 현 상태에 의문을 제기하는 것을 꺼리는 사회를 만들 가능성이 있어서, 민주주의에는 좋지 않다. 그러나 정부가 통제하는 교육 시스템은 이를 조장할 것이며, 여기에 우리가 할 수 있는 일은 아무것도 없다. 서류상으로도 서방 정부는 국민의 고용주에서 국민 위에 군림하는 지배자로 변모할 것이며, 미국 역시 1776년 이전의 귀족 통치(Aristocratic Rule) 형태로 완전히 회귀할 위험이 있다.

셋째, 자신의 이익을 위해 행동하는 사람들은 재정적 생명줄을 잃을 수 있다는 두려움 때문에 사회적 규범과 정부의 지침을 준수하려고 그 어떤 파우스트 거래라도 받아들일 것이다. 여기에는 정교한 금융 거래 및 모니터링 시스템이 포함된다. 이는 핵심적으로 방대한 감시 인프라가 돼 당국이 개인의 소비 습관을 추적하고 분석해 원치 않는 지출을 거부하게 하고, 이런 데이터를 알고리즘에 제공해 통제 능력을 더욱 강화할 수 있게 해준다. 또한, 이 데이터는 반대자나 반체제적 견해를 가진 개인을 식별하는 데도 악용돼 통제력을 유지하기 위한 선제적 조처를 하게 할 것이다. 일례로, 이어지는 24장에서 금융 감시 시스템인 중국의 사회신용제도(Social Credit System)의 경우가 그러하다.

지지자들은 보편적 기본소득UBI이 안전망을 제공함으로써 기업가 정신과 창의성을 장려할 수 있다고 주장한다. 하지만 설령 그것이 사실이라고 하더라도, 동기부여와 생산성 저하라는 위험은 어디서든 존재하며, 그 한계선 안쪽에 포함된 인구 비율은 정부가 설정한 UBI 수준과 접근 규칙에 따라 얼마든지 달라질 수 있다. 이 효과는 UBI의 다른 요인들과는 무관하다.

많은 'AI 슈퍼스타'와 서구의 정치인들이 보편적 기본소득UBI을 지지하는 이유 중 하나는, 현재 중앙은행이 돈을 찍어내는 확장된 통화 정책의 연장선상에 놓여 있기 때문이다. 그 돈은 기업 소유권이나 무언가를 생산하는 자산과 같은 가치 있는 비화폐 기반 자산을 점점 더 많이 소유하고 있는 AI 슈퍼스타들의 손에 불균형적으로 집중되고 있다. 이는 법정 화폐(정부 또는 중앙은행에서 발행하고 규제하며 한 국가나 지역 내에서 법적 통화로 인정받는 화폐)나 디지털 화폐의 가치를 떨어뜨리는 동시에 제품 및 서비스 창출과 유통 자산의 가치를 점점 더 높인다. UBI를 구현하는 한 가지 방법은 새로 발행되는 화폐와 세금 인상분을 UBI 보조금으로 전환하는 것이다. 사람들은 이 UBI 보조금을 사용해 AI 슈퍼스타들이 만든 제품과 서비스를 계속 구매할 것이다. 이렇게 되면, 대부분의 인구가 자산 없이 매달 보조금에 의존하는 동안에도 부유층의 자산 집중도는 계속 높아질 것이다.

모순적으로 들릴지 모르나 인간 고용을 촉진하는 가장 효과적인 방법의 하나는 보편적 기본소득UBI을 제공하지 않는 것이다. 기업이 대규모로 사람을 로봇으로 대체하기 시작하고, 실업률이 인구의 상당 부분에 도달하면, 더 이상 해당 기업의 제품을 구매할 고객이 사라지기 때문이다. 이때, 기업은 어떤 경우든 고용을 확대해야 살 수 있다. 이는 헨리 포드Henry Ford가 자동차를 살 수 있도록 직원들에게 충분한 임금을 지급한 이유와 유사하다. 자유 시장의 관점에서 보면, 시장은 자기 조정 메커니즘을 통해 자율적으로 규제하고 개입하지 않는 선에서 범용인공지능^AGI이 가져올 수 있는 수준의 실업률에 도달하지 않게끔 해야 한다. 자유주의자들에게는 선의가 좋을지 모르나 결국, UBI와 같은 시장 개입은 경제적 빈곤과 정신적 빈곤을 초래하게 될 것이다.

민주주의의 종말, 권위주의의 부상

AI와 권위주의가 어느 정도 자연스러운 파트너가 됨에 따라, 민주주의 제도는 전 세계적으로 악화돼 가고 있다. 미국에서도 지난 수십 년 동안 민주주의 제도에 대한 대중의 신뢰가 하락하고 있다. 퓨 리서치 센터^Pew Research Center의 조사에 따르면, 연방 정부에 대한 신뢰도는 1964년 77%에서 2021년 20%로 떨어졌다고 한다. 이때, 퓨 리서치 센터는 미국 내 민주당과 공화당 간의 이념적 격차가 상당히 벌어져 민주당과 공화당 지지자들이 지난 20년 동안 어느 때보다 서로에 대해 부정적인 견해를 더 많이 갖고 있다고 강조했다. 또한, 국경 없는 기자회^Reporters Without Borders가 발표한 세계 언론자유지수^World Press Freedom Index에서 미국의 경우, 그 순위가 2002년 17위에서 2023년 45위로 하락했다.

돈의 영향력, 또 돈과 함께 제공되는 모든 가치가 정치적 결과를 매수할 수 있음은 민주주의의 암적인 문제로 존재한다. 이는 2020년 미국 선거 기간 동안 후보자, 정당, 외부 단체가 144억 달러라는 기록적인 지출을 했다고 책임정치센터^Center for Responsive Politics가 보고한 것만 봐도 알 수 있다. 미국뿐만이 아니라, 다른 서방 국가들도 비슷한 방향으로 나아가고 있다. 이런 자금 유입은 부유한 개인과 특수 이익 단체가 정치적 의사결정 과정에 과도한 영향력을 행사하고, 궁극적으로는 그 사회 운영체제를 적극적으로 변화시켜 자신에게 유리하도록 재구성할 수 있는 우려를 일으킨다. 말 그대로 모든 것이 사고팔 수 있는 판매용이 되는 것이다.

민주주의 제도의 쇠퇴를 보여주는 가장 중요한 지표는 아마도 2016년 미국 대선 당시 정치적 프로파일링과 표적 광고를 위해 페이스북 사용자의 데이터를 무단으로 수집한 케임브리지 애널리티카 Cambridge Analytica 스캔들일 것이다. 이 사건은 데이터 프라이버시의 취약성을 부각시키는 동시에, 글로벌 데이터 보호법의 정비를 앞당기고 강력한 안전장치가 시급하다는 점을 제기했다. 이 데이터 규제에 대해서는 앞선 7장에서 논의한 바 있다.

기술로써 AI의 본질적인 과점적 특성은 권위주의의 부상과 디스토피아적 결과에 근거한다. AI는 데이터 접근, 관리, 분배와 불가분의 관계에 있고, 대기업만이 완전한 AI 생태계를 구축하고 확장할 수 있기 때문에 그런 네트워크 효과가 발생하는 것이다.

1. 대규모 소싱을 통해 방대한 양의 데이터가 수집돼 인간 행동 전반에 걸친 광범위한 데이터셋이 구축된다.
2. 이러한 데이터셋을 통해 더 나은 알고리듬을 지속적으로 개발할 수 있다.
3. 알고리듬은 클라우드 지원 회사의 메커니즘을 통해 제품화되고 배포된다.
4. 이러한 제품과 서비스를 통해 더 많은 데이터를 수집할 수 있다.

구글은 1998년 '전 세계의 정보를 정리하기' 위해 설립된 회사다.

이런 소수의 빅테크가 데이터를 더 많이 확보할수록 AI 알고리듬은 정밀해지고 강해지며, 잠재적 경쟁자에게 더욱 높은 진입장벽을 형성시킨다. 기술 관련 유통 경로인 AWS^{아마존 웹 서비스}, 애저^{Azure}, 구글 클라우드^{Google Cloud}와 같은 클라우드 기업이 되려면 총 수천억 달러의 투자와 수년간의 시간이 필요한데, 이는 AI의 순조로운 과점적 특성을 더욱 강조하는 대목이다. 이어지는 24장에서 자세히 살펴겠지만, 중국 공산당^{CCP, Chinese Communist Party}의 경우는 전체 AI 전략 내에서 정치적, 경제적 야망을 실현하기 위해 극복 불가능한 완벽한 '중앙 집중식 데이터베이스^{centralized database}'를 구축하기 위해 주요 산업 부문의 대기업 카르텔을 노골적으로 조직하고 있다. 그리고 각각의 기업들은 이런 특정 유형의 데이터를 대량으로 보유하고 있다.

이처럼, 정치적 지형과 결과에 영향을 미치는 구조 능력은 디스토피아적 결과의 씨앗이 될 수 있다. 과점기업과 'AI 슈퍼스타'의 재정적 능력, 시장 지배력은 점점 더 사회적 효율성과 부의 증대를 위한 수단을 대거 형성하고 통제하며, 정부와 규제 기관에 강력한 영향력을 행사함과 동시에 이를 가능하게 할 인센티브를 보유할 수 있도록 한다. 20세기 정치 및 경제 제도를 검토할 때 흔히 '규제 포획^{Regulatory Capture}(규제 기관이 규제 대상에 의해 포획되는 현상)'이라고 부르는, 이런 영향력은 더욱 뚜렷해져서 기술 소유자로 하여금 자신들에게 유리한 정책을 이룰 수 있게 한다. 이들은 자연스럽게 시장 지배력을 영속화하며 신흥 경쟁자의 잠재적 도전을 억압하려고 한다.

정부의 공모, 더 나아가 AI가 제공하는 특별한 기회를 이용해 권력을 강화하려는 정부의 계략은 디스토피아적 결과를 낳게 하는 밑거름이다. 정부 지도자가 유권자를 섬기는 것보다 통제나 통치를 우선시한다면, AI의 잠재력을 통해 자신의 권력을 강화할 수 있기 때문이다. 이들은 AI를 개인의 권력을 정당화하고 강화하는 수단으로 인식해, AI가 제공하는 발전과 자원에 힘입어 개인적으로 이익을 취할 수 있다.

마지막으로, AI 응용에서 쓰이는 일부 기능은 디스토피아적 결과를 키우는 '물과 햇빛'이 될 수 있다. 이 책 전체에 걸쳐 나는 AI가 네트워크화되고 집단주의적이며 비원자론적이어서, 어느 측면에선 개인주의적 서구 민주주의 사고와는 정반대가 아닌가 하는 언급을 한 바 있다. 하지만 AI가 촉진하는 전술적 능력은 이미 우리 사회에 많이 존재하며, 디스토피아적 결과를 가져올 가능성이 크다. 유발 노아 하라리^{Yuval Noah Harari}는 2015년 저서 『호모데우스: 미래의 역사^{Homo Deus: A Brief History of Tomorrow}』(김영사, 2017)에서 이와 관련해 다음과 같이 지적했다.

첫째, AI 알고리듬은 정보의 흐름을 조작해 여론과 의사결정 과정에 영향을 미칠 수 있다. AI는 타깃팅된 콘텐츠 전달과 개인화된 메시지를 통해 내러티브 인식을 형성해 왜곡된 현실을 만들 수 있다. 이러한 조작은 정보력을 갖춘 시민이라는 민주주의 원칙을 훼손해 공적 담론의 진정성과 시민들이 충분한 정보를 바탕으로 결정을 내릴 수 있는 능력에 대한 우려를 불러일으킨다. 이렇듯, 선거 과정에 영향을 미칠 수 있는 AI의 잠재적 역할은 민주적 선거의 무결성에 직접적인 위협이 된다. 딥페이크 기술부터 소셜 미디어의 알고리듬 조작에 이르기까지, AI는 허위조작정보^{disinformation}를 유포하고 불화를 조장하며 선거 결과의 정당성을 훼손하는 데 악용될 수 있으며, 이를 통해 사회 전반적으로 사람들의 가치관을 변화시킬 수 있다.

둘째, 의사결정 과정에서 AI가 부상함에 따라 중요한 선택에 책임을 지는 사람들이 줄어들 수 있다. 실제로, 알고리듬에 의해 구동되는 자동화된 시스템은 투명성이나 윤리적 감독 없이 중요한 결정을 내릴 수 있다. 거버넌스는 이런 AI 시스템의 통제 아래 있으며, 알고리듬이 인간 존재의 모든 측면을 대신 감독하는 기술주의적 규칙으로 확립되고 있다. 이때, 정부가 AI 시스템에 통제권을 넘겨주면 윤리와 인간의 감정, 개인의 권리를 무시한 채 오로지 효율성과 데이터에 기반해서 의사결정을 내릴 가능성이 있다. 통치하는 AI는 자신의 권위를 유지하기 위해 정보를 엄격히 통제하며 조작과 검열을 일삼을 것이다.

셋째, AI가 감시 기술에 통합되면 개인의 프라이버시와 시민의 자유에 심각한 위협을 초래할 수 있다. 안면 인식, 예측 분석, 데이터 마이닝 기능을 갖춘 자동화된 감시 시스템은 방대한 양의 개인 정보를 축적할 수 있으며, 시민의 모든 움직임을 면밀하게 관찰할 수 있다. 이때, 시민의 행동과 대화를 문서화하고 자세하게 조사해, 사회적 통제를 시행하는 데 활용할 수 있다. 이렇듯, 어디서든 AI 시스템이 개인을 끊임없이 감시하고 조사하며 반대 의견과 독립적인 사유 방식을 신속하게 식별하고 억압하는 상황에서 프라이버시는 낡은 개념이 될 수 있다. 정부와 권력 기관이 이 기술을 악용하면 시민들은 끊임없이 감시받게 되고 반대 의견과 개인의 자유가 억압될 수 있다.

그러나, 이를 색다르게 볼 수도 있다. 뒤편 28장에서 살펴보겠지만, AI에 주입되는 가치가 무엇보다 중요하기 때문이다. 알고리즘과 알고리즘을 학습시키는 데 사용되는 데이터를 통제하는 사람은 시간이 지남에 따라 사용자의 모든 사고를 통제할 힘을 소유하게 되며, 사용자는 이를 인지하지 못할 수도 있다. 하지만, 알고리즘 소유자의 가치가 고스란히 그 사회의 가치가 되는 것일 뿐, 결코 반하는 가치가 아닐 수도 있다.

진리의 침식

AI의 발전을 방치하면, AI와 사회 운영체제의 관리자들은 자기 결정적이고 개방적이며 민주적 정치를 희생시키면서 개인의 사익에 걸맞게 AI를 사용할 수 있다. AI 과점기업은 AI가 창출하는 막대한 부와 가치에 대한 통제권을 지키기 위해 정부 정책을 요구하고, 정부는 통제와 대량 조작의 메커니즘으로 AI 도구에 대한 접근을 모색할 것이다. 실제로, 세계 최대 규모의 소셜 미디어 플랫폼인 메타^{Meta}의 CEO는 2020년 미국 민주당 선거에 불리한 정보를 억압하려 했던 정부와의 공모를 인정했다.

범용인공지능^{AGI}이 탄생하기 이전, 전환기에는 AI가 진리의 종말을 부추길 수 있다. 이는 절대주의적인 귀족 통치의 과거로 회귀하는 것과 같다. 이렇게 되면 우리가 지난 수 세기 동안 노력해서 이룩한 모든 것을 뒤집어엎게 된다.

의사결정 시에 진리를 추구하는 논리는 전 세계 최초의 반권위주의적 무기를 선사하는 것과 같다. 아테네 민주주의는 전통에 대한 맹목적 고수와 이기적이고 잘못된 정보에 근거한 개인의 지시를 대체하는 합리적 담론을 토대로 세워졌다. 이성의 시대로도 불리는 계몽주의는 18세기 유럽의 지적 운동으로, 자유의 기초가 되는 이성과 진리에 기초한 지식이 자기 결정으로 이어져 결국 행복으로 이어진다고 설파했다. 계몽주의는 과학의 시대(1687년 아이작 뉴턴의 『수학 원리$^{Principia\ Mathematica}$』가 대표작으로 꼽힌다)에서 비롯됐으며, 우리 인간의 잠재력을 발전시키지 못한 절대주의적이고 착취적 군주제에 대한 반작용이기도 했다. 이후, 진리는 경제적, 과학적, 지적 진보를 목표로 하는 의사결정을 안내하는 메커니즘으로 중시되고 추구됐다.

진리를 적극적으로 추구하는 것은 사회의 부와 민주주의, 자유를 보장하는 헌법의 원동력이 된다. 또한, 진리 추구는 인류 역사가 귀족적이고 절대주의적인 통치로 돌아가지 않으면서, 우리의 예술과 창의성이 공개적으로 번창하고 기술과 과학이 발전할 수 있도록 해준 원동력이기도 하다. 이러한 부분을 확인하기 위해서, 우리는 체계적인 비진리가 팽배한 곳에는 억압이 있었고 경제적 발전이 부족했다는 점에 주목해야 한다. 이는 서구뿐만 아니라 전 세계적 현상으로, 진리 추구가 인간의 자명한 이치임을 주지시킨다.

물론, 인터넷, 소셜 미디어, 휴대전화가 과거부터 이뤄져 왔던 선전의 채널을 변화시켰을 수 있지만, 북한, 러시아, 이란, 쿠바, 베네수엘라 등 경제 실패에 함몰된 권위주의 정권은 여전히 사회적으로 유통되는 정보를 완전히 통제하고 있고, 국가 권력 행사를 강화하기 위해 국내 정치적 선전과 허위조작정보를 배포한다.

그러나 시간이 흘러, AI 도구가 발전하고 그 영향력이 서구 사회에 스며들면서 진리의 경계가 허물어지기 시작했다. 간단한 구글 검색만 하더라도 페이지 상단에 보편적 차원의 진리가 아닌, '7가지 진리'가 나온다. 이 모두는 '감각과 감정'에 뿌리를 두고 있으며, 과학과 경제 발전, 역사적 전제주의 타도의 초석인 이성과 논리가 오해와 조작, 집단사고, 비합리성의 대상이 되는 '감정'으로 대체되고 있다.

이는 최악의 경우, 끔찍한 결과를 초래할 수 있다. 실제로 런던의 테이트 모던Tate Modern에서 열린 소비에트 시대 전시 개막식에서 미술 큐레이터 나탈리아 시들리나Natalia Sidlina는 "우리는 가짜 뉴스의 시대에 살고 있지만, 이는 트위터나 유튜브와 함께 발명된 것이 아니다. 그것은 1930년대에 실제 사람을 사라지게 하려고 사용됐다"라고 말하기도 했다.

새롭게 정립된 진리 유형 중 하나는 '개인적 진리individual truth'로, 이는 '개인이 세상을 보거나 경험하는 방식'으로 정의된다. 하지만 이런 정의는 진리와는 아무 관련이 없다. 그것은 단지 지각知覺의 정의이다.

사람들은 AI 검색 및 응답 알고리듬과 공교육 시스템에 의해 자신이 생각하거나 느끼는 것이 무엇이든 진리여야 한다고 학습하고 있다. 그러나, 그들이 사용하는 검색 목록은 "진리는 상황에 따라 달라질 수 있다"라고 가르친다. 즉, '주관적 진리subjective truth'가 존재한다는 것이다. 이것이야말로 모순어법oxymoron이다. 주관적 진리에는 인터넷 검색의 첫 페이지에 무작위로 나열된 블로그 게시물로 대표되는 일반인의 진술도 수두룩하다. 이는 "어떤 것이 진리가 되려면 대중이 받아들여야 한다"는 식이다.

그러나 대중이 '어떤 것이 진리'라고 생각한다고 해서 그것이 곧 진리인 것은 아니다. 진리는 언제나 단 하나뿐이며, 그것은 질문을 던지는 방식과 질문의 다양하고 세분화된 층위와 함께 존재한다. 기술 수준과 그 사용의 정치적 측면에서 보면, 우리는 이미 AI에 의해 진리를 말살하고 개별적으로 생성된 감정과 인식으로 대체하는 집단 그루밍 운동 한가운데 서 있다. 이 '반진리anti-truth'는 전적으로 조작될 수 있으며, 우리를 통제하기 위해 진리를 노골적으로 숨기는 AI가 지배하는 권위주의적 미래로 가는 길을 열고 있다.

물론, 정보가 진리는 아니지만, 진리에 도달하기 위해서는 정보가 필요하다. 그러나 우리는 AI 자체가 가짜 정보와 진짜 정보 간의 경계를 모호하게 만들어 시각적, 청각적, 지적으로 그 차이를 인지할 수 없게 만들고 있는 시대에 살고 있다. 때문에, 진리를 찾는 것은 그 어느 때보다 어려워졌고, 이는 곧 중요한 결정을 내릴 때 거짓에 의존할 위험이 커진다는 의미다. 한 예로, 앞선 8장에서 다룬 딥페이크는 개인이 실제로 한 적도 없는 말을 가짜 동영상으로 만드는 데 사용될 수 있다. 봇은 웹페이지와 소셜 미디어 플랫폼 등 인터넷에 연결된 곳에 이러한 거짓 정보를 유포할 수 있으며, 알고리듬은 사람들을 단일 관점의 끝없는 강화 루프에 갇히게 만든다. 소셜 미디어 플랫폼이 반향실echo chamber[5]로 설계된 까닭에 거짓 정보는 수백만 명의 사람에게 매우 설득력 있는 정보로 보일 수 있으며, 이는 조작으로 이어질 수도 있다.

둘째, 진리의 종말은 수동적 또는 개인의 잘못된 의사결정으로 이뤄지는 것이 아니다. 이는 사회 운영체제 내의 의도에 의해 일어난다. 실제로, AI 과점기업과 정부가 AI를 어느 정도 통제할 수 있다면, 그들은 누구에게든 그들이 믿고 싶은 것을 능동적이고 체계적이며 영구적으로 주입할 수 있다. 마케팅 업계에서는 '전환을 유도하는 데 필요한 광고 노출 횟수'라는 오래된 말이 있다. 이때, 마케팅 담당자는 인간 심리에 근거해 일반적으로 다음과 같은 휴리스틱(어림짐작)을 제안한다.

- 광고의 첫 4회 노출은 아무런 효과가 없다.
- 5회째에는 주의를 기울이고 광고를 읽게 할 수 있다.
- 6~12번째에는 이 광고가 가치가 있을지도 모른다고 생각하게 된다.
- 13번째는 가치가 있다고 생각하게 된다.
- 14번째부터 19번째에는 천천히 구매를 결심한다.
- 20번째에는 실제로 구매한다.

우리 인간에겐 정보를 뇌의 장기기억에 저장하기 위해 명확하고 반복적이며 자주 전달되는 메시지가 필요하다. 기억 부호화에는 시각,

---

5 개인이 자신의 견해를 강화하는 정보나 의견에 주로 노출되고, 다른 관점에는 거의 노출되지 않는 환경을 말한다. 이 용어는 밀폐된 공간에서 소리가 울려 퍼진다는 개념에서 유래한 것으로, 이러한 환경의 사람들은 자기 생각과 일치하는 것만 듣고 이를 효과적으로 증폭하고 강화한다. – 옮긴이

청각, 의미 세 가지 유형이 있는데, 사람들은 한 시간 동안 받은 정보의 절반도 채 기억하지 못한다는 특징이 있다. 그래서 빈도수가 중요한 것이다.

소셜 미디어에서 알고리듬을 사용하는 것은 빈도와 반복의 원칙에 기초한다. 알고리듬은 사용자가 이용하는 것을 학습하기 위해 인상을 생성한다. 이는 부분적으로 주류 미디어와 교육 및 진실을 가장한 편향된 개념인 운영체제 내의 다른 접점에 의해 형성될 수 있다. 그런 다음, 알고리듬은 사용자가 이미 믿고 있는 것을 강화하고, 하나의 관점을 의심하지 않은 채, 두 배로 강화시킨다. 이를 위해 소셜 미디어 알고리듬은 피드 및 검색 순위, 콘텐츠 및 친구/인맥 추천, 광고 타깃팅, 콘텐츠 조정, 참여 예측, 실시간 트렌드 감지 등 전방위로 활동한다. 이는 '정보 과부하information overload'를 만들어 진리 탐색을 위축시키며, 누군가가 적극적으로 진리를 찾지 않는 한, 진리를 찾지 못할 확률을 높아지게 만든다.

셋째, 앞선 9장에서는 실제처럼 보이지만 궁극적으로는 가짜 데이터를 사용해 알고리듬을 학습시키는 합성 데이터에 관해 설명한 바 있다. 페이스북, 구글, 테슬라 등 몇몇 대기업을 제외하면, 충분히 거대하고 실행 가능한 규모의 데이터셋에 접근할 수 있는 기업이 거의 없는 탓에 합성 데이터는 중요해졌다. 복잡한 AI 알고리듬을 개발하고자 하지만 광범위한 실제 데이터에 대한 접근성이 부족한 기업들은 합성 데이터를 사용하지 않을 수 없다. 그러나, 합성 데이터는 현실을 모방하지만 진짜 데이터가 아니다. 따라서 합성 데이터는 의도치 않게 알고리듬이 실제 데이터에 근거하지 않은 결과를 도출하도록 유도할 수 있다. 이는 양날의 검이 될 수 있으며, 시간이 지나 AI의 사용이 점차 확대됨에 따라 실제 결과와 가짜 결과를 구분하는 것을 어려워지게 만들 수도 있다.

넷째, 모든 접점에서 명백한 허위조작정보가 사회적으로 퍼지고 있다. 세계경제포럼WEF의 「글로벌 리스크 2024」 보고서에 따르면, 향후 2년 안에 허위정보misinformation와 허위조작정보disinformation6는 서구에서 전쟁, 사회 양극화, 위기, 기후 변화를 능가하는 가장 심각한 위험이 될 것이라고 전망했다. WEF는 AI를 제한하지 않으면, 악의적인 행위자들이 서구 사회에서 중요한 선거가 있는 시기에 허위조작정보를 퍼뜨릴 수 있다고 주장했다.

이에 따라, 세계경제포럼WEF은 정부의 정당성에 대해 매우 우려하고 있으며, 허위정보를 세계 평화와 안보에 대한 위협으로 간주하고 있다. 그리고 이를 해결하기 위해 정보 통제를 옹호하는데, 이는 공식적인 검열 행사로 이어지게 할 수 있다. 이것은 조지 소로스George Soros의 말과도 연관된다.

"AI는 (...) 현실과는 전혀 관련 없다. AI는 스스로 현실을 만들어내고, 그 인공 현실이 현실 세계와 일치하지 않을 때(이런 일은 종종 발생한다) 환각으로 폐기된다. 때문에, 나는 AI에 반대하며, AI를 규제해야 한다는 전문가들의 의견에 동의한다."

허위정보 및 허위조작정보와의 싸움은 2024년 다보스Davos에서 공식적으로 시작됐다. 나의 책 전반에 걸쳐 지적했듯이, AI를 통제하고 규제하려는 움직임은 사회의 광범위한 이익을 염두에 두고 주도되는 것이 아니다. 오히려 정부와 기업은 이 기술을 계속 통제하길 원하며,

---

6 영문상 misinformation과 disinformation은 다른 의미를 내포하고 있다. 전자는 잘못된 정보가 의도와는 무관하게 무심코 퍼지게 된 것을 의미하므로 '허위정보'로 번역되고, 후자는 잘못된 정보를 의도를 가지고 퍼뜨린 경우를 뜻하므로 '허위조작정보'로 번역된다. — 옮긴이

모든 사람이 이 기술을 사용하는 것을 원하지 않는다.

중국의 AI 기반 사회 운영체제에서는 무엇을 진리로 제시하고, 어떻게 결정할 것인지가 명확하다. 그러나 비방과 괴롭힘을 법으로 처벌하는 언론 자유의 요람이자, 모두가 정보에 입각한 의견을 갖고 적극적으로 진리를 추구할 책임이 있는 서구 세계에서는, 소위 7가지 유형의 진리 중 어떤 것을 진리로 제시할지, 또 누가 그것을 결정하는지가 불명확하다. 이를 두고 세계경제포럼WEF은 정부와 AI 과점기업, 이른바 AI 슈퍼스타들이 스스로 그런 결정을 한다고 생각했다.

허위조작정보와 진리의 종말에 대한 오늘날 논의는 인터넷의 역사를 상기시킨다. 인터넷이 순수한 자유의 도구이자 민주화의 도구였고, 누구든 추구할 수 있는 자유로운 아이디어의 흐름이던 시기가 있었기 때문이다. 그 인터넷은 웹 1.0으로 불렀다. 그러나 10년이라는 짧은 시기 동안 웹 1.0에서 소수의 기업이 절대적으로 통제하는 공간이 완성된 지금의 웹 2.0으로 이동했다. 여기서는 서비스와 가상의 보안을 대가로 프라이버시를 포기해야 하며, 지금 이 순간 모색되고 있는 웹 3.0은 온라인에서 자유와 탈중앙화를 위한 마지막 기회로 여겨진다.

현재의 AI는 더 많은 접근성과 통찰력을 제공하는 자유의 환경이 될 수도 있고, 누구든 더 잘 살도록 하는 도구가 될 수도 있다. 이는 웹 2.0처럼 통제를 위한 환경이 될 수도 있다. 2024년 1월 다보스 회담을 보면, 그 방향은 아무래도 후자인 것 같다.

일반인의 관점에서 보면, 이것은 매우 중요한 문제이다. 다보스는 이제 정보 통제 없이는 세계가 위험에 처할 수 있다는 것을 널리 홍보하고 있기 때문이다. 이는 검열이라고 부를 수도 있지만, 진리를 정중하게 숨기는 '허위정보 및 허위조작정보와의 싸움'이라고도 할 수 있다.

AI의 즉각적이고 무서운 디스토피아적 결과 중 하나는 AI를 광범위하게 사용하면 할수록 진리의 종말을 불러올 수 있다는 것이다. 인류 역사상 가장 민주적인 힘으로 선전되는 기술이 이런 결과를 초래한다면, 우리에게는 너무나도 역설적인 결과가 될 것이다.

진리의 종말에 대한 해독제는 언제나 동일하다. 정확하고 신뢰할 수 있고, 출처가 확실한 정보를 적극적으로 찾고, 이미 사실이라고 생각하는 것에 도전하거나 모순되는 증거를 적극적으로 찾으며, 우리가 적극적으로 찾는 정보보다 주입되는 정보에 회의적인 태도를 보이는 것이다. 교육은 이를 위해 중요한 역할을 하지만, AI 시대에는 교육 자체도 중요한 도전에 직면해 있다. 이는 다음에 논의하도록 하겠다.

교육의 창조적 파괴

앞선 장에서는 초중고, 대학, 전문직의 지속적인 학습 등 평생 학습 주기에 걸쳐 AI가 교육 분야에 가져올 몇 가지 역동적인 개선 사항을 소개한 바 있다. 그중에서도 눈에 띄는 것은 교훈적인 도구 향상, 예정된 학습을 적응형 학습Adaptive Learning으로 대체하기, 장소 이동 학습, AI 기반 몰입형 학습이다. 이는 모두 우리 인간이 잠재력을 최대한 발휘할 수 있도록 기여한다.

하지만 실제 커리큘럼은 어떠한가? 상업적으로 말하자면, 이 간단한 질문은 수천억 달러짜리 질문이며, 새로운 사회 운영체제에서 '최대한의 잠재력'을 구성하는 것이 무엇인지에 대한 주관적인 관점에 따라 많은 부분 정의될 물음이다. 교육 방식(적응형 학습, 추적, 속도와 휴식, 교사 주도 수업, 강제 암기, 역사적 학기제)은 인간의 신경 경로를 최적화하는 과학을 반영한 것일 뿐이다. 그러나 무엇을 가르칠 것인지는 AI 기반 사회의 운영체제가 갖는 가치에 대해 우리 인간의 결정에 따라 얼마든지 달라질 수 있다.

일반적으로 교육에 대한 투자는 국가 경제 발전의 기회를 구축하는 목적에만 부합한다. 여기에서, 경제적 생산성에 영향을 미치는 정신적 노력은 많은 영역에서 AI가 최고의 교육을 받은 인간보다 더 나은 성과를 거두고, 시간이 지남에 따라 인간의 가치가 정치적 생산성과 불균형적으로 연결될 수 있다. 이때, 학교에서 가르치는 내용과 교육적 성과들은 권위주의적 집단주의 핵심을 지닌 새로운 사회 운영체제를 뒷받침하는 느린 역할을 할 수 있다. 또한, 새로운 AI 기반 교육의 도구로 인해 발생하는 모든 커리큘럼의 결정, 빅데이터 수집, 분석 활동은 통제 동기, 예측 모델, 특정 결과를 위해 사람들을 준비시키는 것을 지원하기 위해 중앙 집중화될 수 있다.

전반적으로 교육은 호기심과 질문이 생겨나는 마음을 잠재우고, 정부의 목표에 긍정적인 것으로 간주되는 일방적인 이념과 사고방식으로 그 마음을 프로그래밍함으로써 새로운 운영체제와 권위주의적 핵심을 스스로 영속시키는 기관이 될 수 있다. 이는 학생들에게 비판적 사고 능력을 제공했던 목표를 회피하고 사회에 도움 되는 행동 패턴을 가르칠 것이다. 이때, 역사상 모든 권위주의 정권에서처럼 비판적 사고, 비교 사고, 상대적 사고는 미리 정해진 이념 교육과 행동 수정 연습behavior modification exercise[7]의 공세에 알게 모르게 파묻힐 수 있다.

중고등학교 수학 점수가 매년 하락해 역대 최저 수준에 도달한 미국의 급격한 교육 수준의 하락은 미국이 이미 디스토피아적 결과의 최

---

[7] 행동 수정 연습은 일반적으로 행동심리학의 원리를 바탕으로 특정 행동을 변화시키거나 강화하기 위해 고안된 구조화된 활동이다. 이러한 연습은 종종 반복, 보상, 처벌을 사용해 특정 상황에 대한 사람들의 행동, 사고 또는 반응 방식을 형성한다. - 옮긴이

전선에 서 있음을 시사한다. 현재 우리가 '초중고 학습'이라 부르는 체계는, 두 가지 학교 유형이 등장하던 초기부터 이중 트랙으로 전개돼 왔다. 그중 한 가지 유형은 유전적 구성, 사회적 소속, 빅데이터 분석을 통해 STEM(과학, 기술, 공학, 수학) 과목에 적성이 있다고 미리 판단된 학생을 위한 유형이고, 다른 한 유형은 '그 외의 모든 사람'을 위한 유형이다. 이는 알바니아와 같은 과거 권위주의적 사회주의 정권처럼 대학을 더 이상 과학 연구 센터가 아닌 단순히 세뇌하는 교육 기관으로 간주하는 것이다.

하지만 이제는 대기업과 밀접한 관계를 맺고 있는 별도의 기관이 STEM 연구와 과학 발전을 주도할 것이다. 여기에는 전통적으로 의학 분야가 포함될 것이다. 이는 '진보'라는 가치 아래 학문으로서는 합성 생물학과 구별할 수 없고, 도구로써는 권위주의 정부의 궁극적인 사회 통제 도구와 구별할 수 없을 것이다. 적응형 학습 아래서도 교육 방법론은 탄력적이지 않을 것이며, 그 기법은 자극-반응 이론이라고 불리는 BF 스키너의 이론을 닮을 것이다. 자극-반응 이론은 행동의 반복과 비판적 사고를 없애고 권위적인 결정에 의문을 제기하지 않는 인간 드론을 만들기 위한 궁극적인 방법에 기초할 것이다. 또한, 적응형 학습은 다양한 방식으로 개념을 반복하도록 조정될 수 있으며, 이때, 학생과 교사의 상호작용과 관련한 기준이 없을 것이다. 학생은 더 다양한 지식과 이해를 위해 독립적으로 사고하고 정보를 변형할 의무도 적성도 갖지 못하며, 교육과정 자체는 진정한 이해의 특징인 '주어진 정보를 넘어 행동하고 변형하는' 능력보다 인지 구조(가령, 고정 스키마, 휴리스틱, 정신 모델)에만 의존할 것이다.

전 세계에 산재하고 있는 권위주의 정권의 교육 정책과 관행을 살펴보면 분명한 패턴을 발견할 수 있을 것이다. 이는 사고를 집단에 맞추는 것으로써, 비판적 사고를 말살하는 것이다. 집단주의는 모든 권위주의 이데올로기의 공통된 요소 중 하나이자 교육 시스템의 '제1원칙'이다. 이때, 집단 내부와 집단을 통한 교육이 기본으로 간주되며, 집단주의 정신의 형성을 교육적 이상으로 삼는다. 이러한 정책과 관행은 모든 교육 커리큘럼에 투영돼 지배적인 단일 이데올로기를 강화한다.

문학은 이런 상황에서 일어날 수 있는 일을 보여주는 슬픈 사례다. 특정 시대의 사회와 문화, 사고방식이 역사 문학에 그대로 반영되기 때문이다. 역사 문학을 둘러싼 쓰기, 소비, 토론은 교육학의 아이디어와 미리 규정된 가치, 선택된 이데올로기를 엮어 연속성 또는 해체를 이끌어내는 가장 효율적인 방식 가운데 하나다. 미래에는 학교에서 가르치는 모든 문학은 결국 AI가 생성한, 역설적으로 '시대를 초월했지만 최근에 만들어진 고전'으로 제시될 수 있다. 이는 선택된 이데올로기가 투영된 이야기만큼이나 일방적이다.

교육은 프로그래밍의 한 형태가 될 것이며, 반대 의견, 자유로운 사고, 비판적 사고는 그 안에서 추적되는 것을 제외하고 모두 말살될 것이다. 교육 과정에서 개인의 성공은 자기 결정주의, 경제적 과정에서 자기 선택, 보상 시스템으로의 진입을 위한 도구였지만, 교육 결정의 중앙 집중화, 사회적 역할의 사전 결정 및 추적, 행동 훈련 중심의 대량 커리큘럼이 새로운 사회 운영체제에 긍정적이라고 여겨지면서, 사람들은 이제 정권의 도구가 될 것이며 교육은 거대한 조작의 도구가 될 것이다. 따라서, 언론, 사고, 자기 주도성의 자유는 너무 먼 이상으로 존재하게 될 것이다.

AI가 가져올 디스토피아적 결과에서 교육의 파괴는 자유의 관에 못을 박는 것과 같다. 그리고 학습자는 이 관을 뚫고 나올 길이 사실상 없다.

완벽한 폭풍: AI와 다음 불황

이러한 전환은 경제 불황기에 일어날 수 있고, 이는 일자리 대체로 인한 사회적 영향을 더욱 악화시킬 수 있다. 미국 헤지펀드hedge fund(고위험, 고수익을 추구하는 투자 전략을 사용하는 비공개 투자 펀드) 브리지워터 어소시에이츠Bridgewater Associates의 설립자인 레이 달리오Ray Dalio 같은 일부 경제학자들은 2020년대 후반부터 경제 불황이 임박할 가능성이 있다고 주장했다. 그의 주장은 역사적 경제 주기에 대한 광범위한 지식에 뿌리를 뒀다.

이러한 경제 주기 연구를 바탕으로 달리오는 현재 단기적으로 심각한 경기 침체 가능성을 높이는 몇 가지 요인으로 소득 불평등의 증가, 경제 성장을 촉진하는 통화 정책의 한계 직면, 글로벌 부채 수준이 역사적 수준으로 상승하는 것을 들었다. 달리오는 중앙은행이 사용하는 전통적 수단이 한계에 도달함에 따라 심각한 경기 침체에 효과적으로 대응할 수 있는 여지가 거의 없다고 판단했다.

역사적으로 경기 침체는 기업들이 운영 효율성을 추구하는 촉매제 역할을 해왔다. 이는 인간 노동의 대안으로, 자동화를 모색하도록 유도하기도 했다. 그러나 달리오가 지적한 것처럼 심각한 경제 불황이 발생한다면, 경제 전반에 걸쳐 AI의 일자리 대체가 가속화되는 상황을 마주할 것이다. 그다음 불황이 언제일지는 알 수 없지만, 자본주의의 주기적 특성을 고려할 때 향후 20년 이내로 발생할 가능성이 매우 높다.

이전의 기술 혁명과 비교했을 때, AI의 발전에 따른 업무의 차이가 있듯이, 글로벌 경제의 차이도 있을 것이다. 이전의 경제 주기에서는 경기 회복으로 실직자들이 고용 시장에 재흡수되는 경우가 많았지만, AI의 부상으로 인해 이런 재흡수 가능성은 희박해질 것이기 때문이다.

AI 시스템이 시행되면 인간보다 더 효율적이고 합리적인 비용으로 업무를 수행할 수 있어서, 경기 회복기에도 기업은 인간 근로자를 재고용할 이유가 없게 된다.

2023년 미국 정부 부채 수준은 GDP의 123%로 역사상 매우 높은 수준이며, 세계 평균의 55%를 차지하고 있다. 이는 성장과 회복 속도를 떨어뜨려 효율성을 빠르게 달성하기 위해 AI의 도입 필요성을 더욱 촉구할 것이다.

그러나 경기 침체와 광범위한 AI 일자리 대체의 폭발적인 두 가지 영향은 사회 불안을 야기할 수 있다. 재교육과 새로운 역할로의 전환이라는 이중 과제를 안고 있는 실직 근로자들은 소외감과 박탈감을 한꺼번에 느낄 수 있으며, 이들의 소외감과 불평등은 시위와 파업뿐 아니라 개인의 경제 개혁과 사회적 우선순위에 대한 재평가를 요구하고, 잠재적으로는 시민 불복종과 포퓰리즘으로도 나타날 수 있다.

인간의 두 가지 계급

진정한 민주주의의 소멸과 대량 실업의 임박은 AI가 우리 인류에게 가져올 수 있는 전환기에 가장 해로운 결과라고는 할 수 없다.

정치경제학자이자 철학자인 프랜시스 후쿠야마Francis Fukuyama에 따르면, AI가 가능하게 하는 트랜스휴머니즘이 더 문제이기 때문이다. 트랜스휴머니즘은 인간의 본성을 근본적으로 바꾸고 인간 사이에서 부자연스러운 차이를 만들어 자유민주주의의 평등주의 원칙을 약화할 수 있기 때문에, 우리 인류에게 '가장 위험하다'고 할 수 있다.

앞선 20장과 21장에서 논의한 바와 같이, AI는 사이보그화, 합성생물학 등의 기술을 통해 인간 생물학 자체를 근본적으로 변화시킬 잠재력을 가지고 있다. 현대 사회는 인종, 성별 및 기타 유형의 차별과 관련한 문제를 겪지만, 의외로 인간은 유전 암호의 대부분을 공유한다. 사람의 DNA 염기서열은 약 99.6%가 동일하다. 남은 0.4%로 인해, 우리가 흔히 인종으로 추상화하는 시각적 차이가 생긴다. 이 차이가 누구를 더 낫게 혹은 나쁘게 만드는지 논쟁하는 일은 불가능하다고 단정할 수는 없지만, 매우 어렵다는 점은 분명하다. 한 예로, 합성생물학이나 사이보그 임플란트를 통해 수정된 일부 사람들은 향상되지 않은 사람들보다 더 오래 살고 더 밝으며, 신체적으로 더 탄력적이고 환경적으로 더 강하다. 이런 이유에서, AI로 인해 촉발된 세상이 객관적으로 더 낫다고 생각할 수도 있다.

하지만 인간 향상을 위한 새로운 기술은 균등하게 분배될 수 없다. 이 책의 서문에서 내가 언급했듯이, 비대칭적 접근은 불균등할 수밖에 없고, 많은 사람의 경우, 자기 선택이나 절대명령에 따라 뒤처질 것으로 예측되기 때문이다. 그렇다면 누가 먼저 접근하고 누가 무엇을 얼을지를 누가 결정할 수 있는가? 일반적으로 재정적 수단을 가진 사람들이 우선적으로 접근할 수 있으리라 본다. 이때, 먼저 접근하는 사람들은 다른 사람들의 접근을 제한하고, 부유층과 빈곤층 사이의 격차를 더욱 심화시켜 궁극적으로 '유전적 격차genetic divide'를 조장할 것이다. 순전히 마키아벨리즘적인 방식으로 사회 자체가 적극적으로 수혜 대상자를 미리 선별할 수도 있다. 이때 기준은 정부가 AI에 포함하도록 의무화한 정치적 지향의 '윤리적' 가치가 될 수 있으며, AI는 그 기준에 가장 '적합한' 대상을 가려낼 것이다. 결국, 시간이 지남에 따라 자원을 가장 적게 소모하는 사람이나 현 정치 체제에 우호적인 사람이 우선순위의 수혜자가 될 가능성이 높으며, 사회민주주의 개혁이 강화 기술의 구현에 보조를 맞추지 못하면 유전적으로 강화된 개인은 '가진 자'로, 강화되지 않은 개인은 '갖지 못한 자'로 분리된 두 개의 계층 사회가 형성될 것이다. 그렇게 되면 우리는 이전 상태로는 되돌아갈 수 없다.

이렇게 구분된 계층은 사회를 경제적으로 나누는 것 외에도 두 개의 다른 인간 종으로 나뉘게 될 것이다. 그중 한 계층은 지적, 신체적 건강과 능력 면에서 훨씬 더 유리한 위치에 서게 될 것이다. 엄밀한 과학적 관점에서 보면, 이런 변화는 의도적으로 촉발돼 시간이 흐르며 점차 일상에 스며들어 눈에 띄지 않을 수 있다. 이러한 사회 운영체제 아래서 개인의 차이는 주관적인 인종적 우월감이 아닌, 한 사람이 다른 사람보다 신체적 또는 지적으로 열등하다는 객관적 사실에 근거할 것이다. 지적 또는 신체적 능력과 건강이 낮을수록 도덕적 지위가 약화될 수도 있다. 이는 휴먼 종과 포스트휴먼 종 간의 갈등으로 이어질 수 있고, 심지어는 계급 전쟁으로까지 확대될 수도 있다. 이러한 문제는 특정 개인이 인간 강화 기술에 접근할 수 없다는 것 이상의 의미를 함의한다.

일부 인간은 윤리적, 철학적 신념 때문에 경제적 여유가 있다고 하더라도 강화 기술을 이용하지 않으려 할 것이다. 세계 트랜스휴머니스트 협회World Transhumanist Association의 회장인 제임스 휴즈James Hughes는 이들을 경멸적 차원에서 '바이오러다이트bioluddite'라고 부르며, 산업혁명 당시 노동의 기계화에 반대했던 19세기의 역사적인 러다이트 운동에 빗대어 설명한다. 이 책의 마지막 30장에서는 이것이 초래할 수 있는 가장 불길한 결과, 즉 전쟁에 대해 자세히 살펴볼 때 다시 거론하겠다.

종의 정체성과 우생학: 데자뷰

현재 계층 간의 전쟁 가능성은 희박하다. 이러한 극단적인 상황에 도달하기 전에 수많은 다른 요인들의 잘못이 전제돼야 하기 때문이다. 그중 하나가 바로 우생학의 광범위한 사용이다.

한 예로, 인터레이싱과 합성생물학의 영향으로 인간 종 사이의 차이가 너무 벌어져서, 한 집단이 다른 집단과 교배하지 못할 수도 있다. 이는 선천적 무능력과 같은 생물학적 요인에 기인할 수도 있고, 사회 운영체제가 변화함에 따라 사회적으로 받아들일 수 없어서일 수도 있다. 더 나아가 국가는 '효율'과 '개선'을 명분으로, 강제적 유전자 조합, 출산 허가, 사회적 역할의 사전 결정 등을 통해 우생학 프로그램을 표준화할 가능성도 있다.

앞서 살펴본 바와 같이, AI는 유전적 비밀을 풀고, 과학적 방법으로 유전적 가치의 순위를 매기면서 유전자 풀을 합성적, 혹은 자연적으로 향상하는 방법에 대한 견고한 청사진을 설계할 역량이 있다. 선택적 육종 또는 반대로 금지된 육종 모두 AI 기반 경제의 현실에서는 성공과 생존을 위한 인간 유전자 풀을 강화하는 것을 목표로 한다. 이는 인구가 줄어드는 상황에서도 유효하다. 이러한 과정이 진행되면, 다양한 수준의 분열이 발생할 수 있으며, 우생학 프로그램을 시행하면 사회 계층이 자연화되고 강화돼 권위주의 정권에 새로운 통제 방법을 제공할 수도 있다. 다소 순진할지 모르나, 유전자와 대인관계와 연관돼 있고, 경제적 가치를 과학적 수준으로 투사하는 온라인 짝짓기/데이트 서비스를 상상해 보면 된다.

가장 악명 높은 우생학 사례는 권위주의 나치 독일에서 발생했다. 인종 위생을 목표로 한 국가 지원 프로그램이 강제 불임 수술, 안락사 프로그램, 홀로코스트로 수백만 명을 조직적으로 몰살했기 때문이다. 이런 우생학 개념은 권위주의 정권에만 국한된 것이 아니다. 예를 들어, 미국에서는 강제 불임수술법이 사회적 또는 유전적으로 부적합하다고 간주되는 개인을 대상으로 시행됐다. 이후, 1927년 벅 대 벨Buck v. Bell 소송은 광범위한 우생학적 불임수술의 선례가 됐다. 영국에서는 1913년 정신 결핍법Mental Deficiency Act을 통해 유전성 정신 질환에 대한 우생학적 우려에 따라 정신적 결핍이 있는 것으로 간주되는 개인을 제도적으로 격리시키고 불임 수술을 하도록 했다. 이는 호주, 일본, 브라질 등 다른 여러 국가에서도 적용됐다.

물론, 트랜스휴머니즘 단체는 20세기 초의 우생학과는 다르다. 이 단체는 20세기 초 우생학의 이론과 관행의 토대가 된 인종차별적 토대를 거부하는 것을 특징으로 한다. 그러나 현실은 AI의 기존 발전과 합성생물학이 인구 집단 전반에 걸쳐 유전자 수준의 변화를 불러올 수 있는 능력을 갖추고 있다. AI가 이러한 프로그램을 기술적으로 쉽게 만들 수 있다는 점을 고려하면, 종 차이나 문화적 차이를 인정하는 곳곳에서 그 위험이 일어날 수 있다. 점점 덜 민주적인 정부가 사회 운영 체제를 전면 재부팅하는 과정에서 과연 이 길을 택하지 않으리라 누가 확신할 수 있을까?

실험실에서 생물테러까지

마지막으로 살펴보고자 하는 것은, 바이오 보안biosecurity의 위험이다. 이는 AI가 디스토피아적 미래에 초래할 수 있는 또 다른 위험이기도 하다. 합성생물학은 환경이나 사회에 해를 끼치기 위해 의도적으로 오용될 수 있기에, 합성생물학과 바이오 보안의 윤리적 함의를 신중하게 고려해 합성생물학의 무단 사용에 대한 사전 예방적 차원의 법적, 기술적 장벽을 마련하는 것이 시급하다.

생물학 문제를 둘러싼 윤리적 논의는 새로운 것이 아니다. 사람들은 유전자 변형 유기체와 재조합형 DNA에 대한 논의를 되풀이하고 있으며, 많은 관할권에서는 병원체 연구와 유전공학에 대한 강력한 규제 틀을 정의해 놓았다.

합성생물학 기술이 발전함에 따라 생물테러bioterrorism의 가능성은 커지고 있다. 이는 아직 최첨단이 아니어도, 강력한 기술에 접근하기가 한결 쉬워졌기 때문이다. 이 점을 두고 우려가 크다. 한 예로, 새로운 합성생물학 기술의 발달로 병원성 유기체를 조작해 생물학적 무기로 사용하는 것이 예전보다 훨씬 더 쉬워졌다.

현재는, 2021년 미국에서 발생한 탄저균을 합성해 우편 시스템으로 보내는 것보다, 훨씬 더 치명적이고 접근 가능하며 확장성도 뛰어난 것을 만들 수 있다. 코로나바이러스감염증-19 팬데믹과 같은 사건을 통해 테러리스트 조직은 생물무기가 야기시킬 사회적, 정치적, 경제적 격변에 대해 더 많이 인식하고 있다. 후안 자라테Juan Zarate 전 테러 대응Combating Terrorism 국가안보부보좌관Deputy National Security Advisor은 코로나19가 생물테러의 가능성을 어떻게 현실화했는지 강조하기 위해 다음과 같이 설명했다.

> "치사율이 상대적으로 낮은 신종 코로나바이러스로 인해 전 세계가 휘청거리고 있는 지금, 일부 극단적인 테러리스트 단체와 종말론적 모험을 감행하려는 불량 과학자들은 이 시기를 생물테러의 가능성을 다시 탐구하는 촉매제로 삼을 수 있다."

지금까지 미래에 대한 유토피아적 전망과 디스토피아적 전망에 대해 제시했다.

이제부터는 중국과 세계 최고의 AI 강국을 꿈꾸는 미국과의 치열한 AI 경쟁에 초점을 맞춰 보려 한다.

24

중국과 인공지능 냉전

"인간은 사고를 스스로 포기하지 않도록 조심해야 하고, 인류의 멸망을 초래할 수 있는 능력을 함부로 풀어놓지 않도록 주의해야 합니다. 미국과 중국은 과학적 진보를 이룰 수 있는 특별한 위치에 있기에 특별한 의무가 주어져 있습니다. 하지만 해석과 적용의 범위를 어떻게 제한할지는 각국, 그리고 양자 간 협의로 풀어야 할 과제입니다."

- 故 **헨리 키신저** Henry Kissinger,

미국 외교관, 정치학자, 정치인,

토니 블레어 글로벌 변화 연구소 Tony Blair Institute for Global Change와의 인터뷰에서, 2023년

중국의 AI 개발은 미국이나 일본보다 늦게 시작했지만, 최근 몇 년 동안 괄목할 만한 성과를 거두면서, AI 분야에서 중요한 글로벌 주자가 됐다. 중국은 단순히 자국 사회에 AI를 도입하는 차원을 넘어 그 기술을 활용해 자국의 영향력과 중상주의적 가치를 확산함으로써 세계적으로 중추적 역할을 하겠다는 야망을 갖고 있다. 2차 세계대전 이후 일본의 행동이 부를 재건하고 '미국을 따라잡기' 위해 산업 발전과 정책적 결속으로 특성화됐던 것처럼, 중국도 AI 활용에서 동등한 기회를 엿보고 있으며, 중국 공산당Chinese Communist Party은 일당 중앙 정부로서 전 세계가 우려할 정도로 확고한 방향으로 나아가고 있다.

중국 공산당은 규제를 시행하고, 막대한 자금을 투입하며, 전략적으로 AI에 우선순위를 두고, 핵심 가치와 AI 정책을 중심으로 민간 부문의 참여를 적극 조율함으로써 AI 환경을 형성하는 데 중심적인 역할을 해왔다. 이번 장에서 하나하나 짚어보겠지만 이러한 일치된 노력은 중국의 AI 개발을 글로벌 규모로, 성공적으로 이끌었다.

중국은 2017년 '차세대 AI 발전 계획'을 발표하면서 AI 분야에서 세계를 지배하려는 야망을 공개적으로 드러냈다. 이 AI 계획은 핵심 연구와 응용 분야 모두에서 글로벌 AI 리더가 되려는 중국의 전략적 비전을 약술하는 포괄적 로드맵이었다. 하지만 이런 중국의 전략적 청사진은 미국의 우려를 불러냈고, 현재 'AI 냉전AI Cold War'으로 지칭되는 상황의 단초를 제공하고 말았다.

앞선 6장과 9장에서는 AI 모델을 학습시키는 방법과 AI 발전에서 데이터의 핵심적 중요성에 대해 언급했다. 중국 공산당은 자국민의 데이터뿐만 아니라 다른 나라 사람들의 데이터도 사용해 AI 프로그램을 구축하고자 했다. 이때, 무단으로 개인 휴대폰 및 기타 데이터를 추출하고, 다른 국가의 법률을 위반하기도 했다. 그들은 틱톡TikTok처럼 국가 안보를 위협하는 수억 명의 사용자를 보유한 대규모 모바일 애플리케이션을 이용해 서방과 크게 마찰을 빚고 있기도 하다. 이들은 세계 최대의 생체 인식 데이터베이스를 통제하며, 사용자 데이터도 보유하고 있을 가능성이 높다. 이는 이번 장에서 논의할 우려스러운 주제이다.

전체적으로 미국과 중국은 반도체, 5G 기술, AI 윤리 및 규제와 같은 중요한 영역에서 AI 패권을 놓고 치열하게 경쟁 중이다. 미래에는 세계 최고의 경제, 군사, AI 강국인 미국과 중국이 주도하는 뚜렷하고 고립된 AI 생태계가 존재할 가능성이 갈수록 커지고 있다. 시간이 지남에 따라 다른 국가들은 둘 중 어느 시스템을 따를지 중대한 선택을 해야 할 수도 있으며, 이는 글로벌 AI 표준과 거버넌스, 그리고 각국의 사회적 가치에 중대한 영향을 미칠 것이다.

이제부터, 중국의 AI가 미국에 도전하기 위해 어떤 성장 과정을 거쳐 왔고, 앞으로 어떤 방향을 지향하는지 살펴보도록 하겠다.

덩샤오핑과 중국에서 AI 탄생

중국 역사에서 중요한 순간은 1978년 덩샤오핑鄧小平이 지도자로 취임하면서 나타났다. 이는 중국을 현대 사회로 재편하기 위한 변혁의 여정, 즉 AI가 중요한 변혁 개념의 핵심이 되는 사회적 시발점이었다. 이러한 변화는 시장 경제를 강화하고 과학과 기술을 발전의 가장 중요한 동력으로 인식하게 하는 요체였다.

이때부터, 중국의 AI 세계 진출이 시작됐다. 1981년, 중국 인공지능협회CAAI, Chinese Association for AI가 설립되면서 그 중요한 발걸음을 내디

됐으며, 1987년 칭화대학교에서는 중국 최초의 AI 연구가 발표되기도 했다. 하지만 중국의 초기 발전은 느리고 힘들었으며, 서구에 비해 한참을 뒤처졌기에, 자원의 한계와 인재 부족을 느꼈다. 그럼에도 불구하고 중국은 단호하고 대담하게, AI 교육을 위해 학자들을 해외에 파견하고 정부 자금을 연구 프로젝트에 투입했다. 이는 중국 내 인적 자본의 발전을 보장하기 위한 점진적이면서도 계산된 전략이었다.

이후, 2000년대 초반 들어 중국은 정부가 후원하는 연구 프로젝트의 수와 AI에 대한 자금을 대거 늘리기 시작했다. 2006년 중국은 '과학기술 발전 중장기 계획(2006~2020년)'에 AI 개발을 포함시키면서 공식적으로 AI 개발에 전념했다. 이 전략적 계획은 중국이 AI를 포함한 다양한 컴퓨터과학 영역에 걸친 포괄적 연구를 발전시키겠다는 의지와도 같았다.

이 계획의 주된 목적은 중국이 정보기술 산업을 빠르게 발전시킬 수 있도록 이론적 연구와 기술 개발 모두에서 강력한 기반을 구축하는 것이었다.

2017년: 전략적 AI 계획과 국가 AI팀

2013년 시진핑習近平이 집권한 이후 중국은 AI 개발에 대한 집중도를 두 배로 높였으며, AI 연구 분야의 글로벌 리더로 부상한다는 야심 찬 목표 아래 확고한 AI 개발에 나섰다. 목표는 AI의 잠재력을 국가의 산업 성장과 경제 변혁의 주요 촉매제로 활용하는 것이다.

이러한 사고방식으로 2017년, 중국 정부는 중국을 글로벌 AI 리더십의 선두로 이끌기 위한 전략적 로드맵인 '차세대 AI 개발 계획'을 야심 차게 발표했다. 이 포괄적인 계획은 AI를 중국의 전략적 기술로 확고히 자리매김해, 경제의 여러 부문에 걸쳐 AI의 혁신적 잠재력을 강조하는 것을 목표로 했다. 이때, 기초 AI 연구 프로그램과 새로운 AI 기술을 지속적으로 지원함으로써 글로벌 기술 패권 달성하는 것을 기준점으로 삼았다. 여기에는 정부의 자원과 자금을 중추적인 AI 프로젝트에 투자하고, 정부의 감독을 보장하면서 AI 기술의 상용화를 촉진하는 조치가 내포됐으며, 정부, 민간 부문, 학계, 군대 전반에 걸친 협력까지 포함됐다.

목표 달성을 위해 중국은 세 단계를 설정했다. 2020년에 완료된 첫 번째 단계에서는, AI 모델 개발을 발전시키고 이 분야에서 전 세계적 경쟁력을 갖추는 것이다. 두 번째 단계인 2025년까지는, AI 기술 및 이론 연구에서 상당한 진전을 이루고, 필요한 법적, 윤리적 토대 구축하는 것이다. 마지막 세 번째 단계인 2030년까지는 여러 첨단 혁신을 개발하고, 이 분야의 전문가를 양성하기 위한 강력한 교육 시스템을 구축해 AI 분야를 전 세계적으로 선도하는 것이다.

계획에 명시돼 있듯이, "2030년까지 중국의 AI 이론, 기술 및 응용 분야는 세계 최고 수준이 돼, 중국을 세계 주요 AI 혁신 센터로 만들고, 지능형 경제 및 지능형 사회 응용 분야에서 가시적인 성과를 달성하며, 혁신형 선도 국가 및 경제 강국이 되기 위한 중요한 기반을 구축해야 한다."

중국 정부는 2017년에 공식 계획을 공개하는 것 외에도 '국가 AI팀'을 설립한다고 발표했다. 이 AI팀은 오랫동안 엄선되고 육성됐으며, AI 하위 부문을 저명한 기업들로 구성했다. 이들은 음성 생성이나 안면 인식과 같은 특정 AI를 다뤘다.

처음에는 국가 AI팀이 알리바바 클라우드$^{Alibaba\ Cloud}$, 바이두^{Baidu}, 텐센트^{Tencent}, 아이플라이텍^{iFlytek}으로 구성됐고 각각의 역할이 지정돼 있었다.

- 스마트 시티의 알리바바 클라우드
- 자율주행차 분야의 바이두
- 의료 지능의 텐센트
- 음성 인식의 아이플라이텍

그러나 이후, 중국의 국가팀은 참여 기업의 수와 지정된 AI 전문 분야의 범위를 전반적으로 확대했다. 센스타임^{SenseTime}은 2018년에 팀에 합류해 컴퓨터 비전 분야의 역량을 강화했으며, 2019년에는 업계 거물급 기업 10곳을 추가로 영입함으로써 상당한 성장을 이뤘다.

- 통신 분야의 화웨이^{Huawei}
- 비주얼 컴퓨팅 분야의 이투^{Yitu}
- 홈 오토메이션 분야의 샤오미^{Xiaomi}
- 금융 지능 분야의 평안^{Pingan}
- 비디오 인식 분야의 하이크비전^{Hikvision}
- 스마트 공급망 분야의 제이디닷컴$^{JD.com}$
- 시각 인식 분야의 메그비^{Megvii}
- 보안 및 지능형 두뇌 분야의 치후 360$^{Qihoo\ 360}$
- 교육 분야의 탈에듀케이션 그룹$^{TAL\ Education\ Group}$

2017년 이후 급성장한 중국의 AI 산업

2017년 정부 정책 이후, 중국의 AI 산업은 폭발적인 성장을 거듭해 수십억 달러 규모의 산업으로 변모했다. 2021년까지 이룩한 가치는 약 230억 달러로 책정되며, 2025년에는 620억 달러까지 치솟을 것으로 예상하고 있다. 현재, 공공 투자는 전략적 차원에서 기초 및 응용 연구에 투입돼 국가가 지원하는 벤처 캐피털 펀드를 통해 민간 부문의 AI 프로젝트를 강화시키고 있다.

중국의 급속한 AI 발전은 사회, 경제, 군사, 정치 영역에 걸쳐 다양한 측면에서 입지전적 업적을 남겼다. 중국 정부가 가장 집중적으로 AI 프로그램을 추진하는 분야는 농업, 운송, 숙박, 식품 서비스, 제조업 등이며, 중국 정부의 정책 지침에서 주목할 만한 기능으로는 생명공학/신바이오, 안면 인식, 자율주행차, 양자 컴퓨팅, 의료 지능 등이 있다.

중국 정부는 하이테크 산업의 성장을 주도하기 위해 14개 도시와 1개 카운티를 실험 개발 구역으로 지정했다. AI 연구 개발의 구체적인 분야는 도시마다 다르며, 각 도시의 고유한 산업 분야와 지역 생태계에 따라서도 다르다. 예를 들어, 연안의 저장성과 광둥성은 실용적인 상업용 AI 응용 분야에서 상당한 진전을 이루고 있으며, 우한은 신바이오와 교육 부문에 집중하고 있고, 제조업이 발달한 쑤저우의 경우는 산업 AI, 자동화 및 기타 AI 인프라에 주력하고 있다.

그 결과, 중국이 미국보다 우위를 점하고 있음을 보여주는 구체적인 지표가 나타나기도 했다. 2017년 기준 세계경제포럼WEF에 따르면, 전 세계 AI 투자의 3분의 2가 중국에 쏠린다는 발표를 했다. 또한, 중국은 AI 관련 연구 생산량에서도 앞서 2021년에 무려 43,000건의 문서를 축적해 미국의 거의 두 배에 달하는 생산량을 기록하기도 했다. 이때,

세계적으로 가장 많은 인용문서 중 7,000건을 중국이 생산했으며, 미국을 70% 차이로 앞질러 상당한 주목을 받았다.

AI 분야에서 중국의 강력한 장점 중 하나는 기업과 연구자, 알고리듬 학습을 위한 풍부한 데이터 소스인 방대한 인구수에 있다. 이러한 데이터는 안면 인식과 같은 응용 분야에서 중요한 역할을 한다. 이는 주민들로부터 수집한 데이터를 통해 AI 학습을 촉진시키는 것이다. 이때, AI 모델이 가치를 발휘하려면 얼굴의 미묘한 차이를 파악할 수 있어야 했으며, 여기서 인종적 동질성이 도움이 됐다.

전통적으로 데이터 보호에 대해 느슨한 접근 방식을 취해왔던 중국이었지만, 요즘은 서방 국가들과 마찬가지로 데이터 프라이버시와 윤리를 강화하기 위해 많은 노력을 기울이고 있다. 2021년에는 유럽연합의 일반정보보호 규정GDPR에 대응하는 '개인정보 보호법PIPL, Personal Information Protection Law'을 도입했으며, 2021년에 국내 사용자의 권리를 보호하고 프라이버시를 보장하며, 중국 내 AI 기술의 안전한 활용을 촉진하는 데 중점을 둔 '차세대 AI 윤리 강령New Generation of AI Ethics Code'을 도입하면서 윤리 강화에도 힘쓰고 있다.

AI 패권을 둘러싼 냉전

중국의 야심 찬 2017년 AI 개발 계획은 미국과 동맹국들에 광범위한 결과를 가져오는 전환점이 됐다. 이 계획은 중국과 미국 간의 긴장 관계를 고조시켜 'AI 냉전'으로 불리는 새로운 지정학적 경쟁을 촉발하기도 했다. 20세기 냉전이 핵무장과 이데올로기 충돌로 정의된 것과는 달리, 현대판 냉전은 AI 기술과 중국의 중상주의 경제 이데올로기가 중심이 되고 있다. 여기서 기술 혁신은 국가의 지정학적 지위를 결정하는 경제 경쟁의 내러티브를 제시하며, AI 개발에 대한 중국의 독특한 접근 방식은 이번 절의 뒷부분에서 다룰 사회신용제도$^{SCS,\ Social\ Credit\ System}$ 같은 중국의 권위주의적 AI 적용과 군사적 맥락에서 적극적인 AI 배치가 관련돼 있어 미국에 엄청난 도전을 제기하고 있다.

미국과 마찬가지로 중국도 AI를 활용해 군사 정보를 개선하고 전장에서 의사결정을 신속하게 실행하고 있다. 여기에는 자율 육상, 해상, 수중, 항공, 사이버 작전 등이 이에 포함된다. 중국은 미국의 기술 및 재산에 접근할 때 합법적 수단이 아닌 도용을 했으며, 미국 AI 시장, 특히 국방과 관련된 AI 기업에 전략적 투자를 했다. 이런 내용을 뒷받침하듯, 2010년부터 2017년까지 미국 AI 기업에 대한 중국의 벤처 캐피털 투자액은 약 13억 달러에 달한다. 이런 중국의 군사적 AI 사용은 글로벌 안정에 영향을 미치며, 긴장을 고조시켜 미국 내 우려를 불러일으키기도 했다.

중국은 미국의 강력한 경쟁자로 부상해 미국에 필적하는 최고 수준의 AI 연구를 수행하고, 이 기술을 경제와 사회신용제도^{SCS}와 같은 내부 감시 시스템에 통합하는 정책을 펼쳤다. 이는 미국으로 하여금 "AI 분야에서 중국이 미국을 앞지를 수 있다"라는 불안감을 선사했다. 또한, 고급 AI 알고리듬 개발 경쟁에서 중국은 미국 연구소와의 격차를 빠르게 좁혀가는 중이며, 어느 분야의 경우는 비슷한 수준의 결과를 달성하기도 했다.

양국 간의 긴장이 고조되면서 미국 정부는 AI 알고리듬을 학습시키고 실행하는 데 필수적인 칩과 이 칩을 제조하는 기술 또는 원자재를 대상으로 수출 통제를 시행함으로써 중국의 AI 발전에 대한 억제 정책을 펼쳤다. 이러한 제재는 특정 유형의 제한에 도움이 되는 지정학적 환경을 조성한 도널드 트럼프 전 대통령의 무역 전쟁과 동시에 이뤄졌다.

여기서 핵심은 반도체 생산의 중추가 대만에 있다는 점이다. 본토와 대만 사이의 무력 충돌이나 봉쇄 가능성이 커지면서, 반도체는 'AI 냉전'의 뜨거운 쟁점이 됐다. 공급망이 특정 지역의 소수 대기업에 집중돼 있고 세계적으로 얽혀 있어, 무역 제한과 공급망 중단, 반도체 부족으로 이어질 수 있기 때문이다. 특히, 전 세계 반도체의 상당 비중이 세계 최대 파운드리인 TSMC[Taiwan Semiconductor Manufacturing Company]의 본사가 있는 대만에서 생산되거나 대만을 거친다는 점은 주목할 만하다.

이러한 근거에 따라 미국 정부는 중국으로 향하는 반도체 수출 규제를 시행했다. 이 조치는 중국의 첨단 AI 칩 설계 및 제조 역량에 타격을 입혔을 뿐만 아니라, 중국 기업의 AI 개발 프로그램에 수입 칩을 사용하는 능력을 방해하는 역할을 했다. 미국은 중국에 반도체 제조 기술 수출을 중단한 네덜란드 소재 기업 ASML[Advanced Semiconductor Materials Lithography]의 사례처럼 유럽 정부를 성공적으로 설득해 이와 유사한 규제를 마련하기도 했으며, AI 냉전 구도를 활용해 각자의 영역 내에서 화웨이와 ZTE[중흥통신]의 5G 기술 획득을 축소하기도 했다. 5G가 반도체에 크게 의존한다는 점을 고려할 때, 이는 동서양 간의 기술 경쟁을 더욱 복잡하게 만들었다.

중국 반도체 수출에 대한 무역 제약은 공급망을 통해 반향을 일으켰다. 중국은 미국과 유럽으로의 반도체 수출을 제한함으로써 보복했는데, 이는 미국과 유럽 산업계에 위기를 가져다줬다. 이에 대응해 미국 정부는 반도체, AI, 양자 컴퓨팅에 중점을 두고 현지 기술 및 제조 부문을 지원하기 위해 2,500억 달러의 정부 보조금을 할당했으며, 유럽연합 또한 유럽연합 내 반도체 생산에 보조금을 지급하는 법안을 제정했다.

국경을 넘어: 중국의 AI 기반 스파이 게임

'AI 냉전'은 상업적 우려를 넘어 스파이 활동과 국가 안보 측면으로 확대됐다.

한 예로, 2021년 코로나19 확진자가 증가하면서 중국의 군 관련 기업이 미국 현지 지도부에 연락해 미국의 여러 주 검사소를 설치하겠다고 제안했다. 이에 따라, 중국 정부 산하 회사이자 유전체학 연구 분야의 주요 글로벌 기업인 베이징 유전체학 연구소Beijing Genomics Institute가 검사 대상자의 DNA에 접근할 수 있는 권한을 얻게 됐다. 그러자 미국 정부는 주 정부에 이러한 제안을 거부하라고 권고했고, 주 정부는 이를 받아들였다. 그 사이 베이징 유전체학 연구소는 최소 16개국에 연구소를 설립해 시민의 DNA 정보를 수집했다. 결국, 중국은 자국민과 다른 국가의 인구를 모두 포함하는 세계 최대 규모의 DNA 데이터베이스를 보유한 나라가 됐다.

전 세계 인권 단체들은 이를 두고, 중국 정부가 소위 신장 수용소Xinjiang Internment Camp에 수백만 명이나 수감된 소수 종교인 위구르 무슬림Uighur Muslim을 감시하고 신원을 확인하는 등 인종 프로파일링과 안보 목적으로 DNA 검사를 이용한다고 주장했다.

미국 관리들은 중국 기업의 DNA 수집이 수백만 명의 미국 시민의 기록을 수정하려는 조직적인 시도의 일환으로 간주했고, 이런 노력 중 상당수가 미국 법률을 위반하는 것이라고 덧붙이기도 했다. 전 국가안보국 직원이자 『Cyber Privacy: Who Has Your Data and Why You

Should Care^{사이버 프라이버시: 누가 내 데이터를 가지고 있으며 왜 관심을 가져야 하는가}』(Benbella Books, 2020)라는 책을 집필한 에이프릴 팔콘-도스^{April Falcon-Doss}는 "대부분의 미국인은 중국 정부와 중국 군사 정보기관의 사이버 정보기관에 의해 자신의 데이터가 유출됐을 가능성이 있다"라고 주장했다. 팔콘-도스에 따르면, 중국은 스파이 활동을 도와주고 경제와 기술을 발전시키기 위해 자국민에 대한 방대한 양의 개인 데이터를 수집하고 있다는 것이다.

이렇듯, 미국과 중국이 서로를 적극적으로 감시하는 가운데, 중국은 스파이 활동과 데이터 수집 활동에 AI를 사용해 미국인 개개인의 데이터에 대한 적극적이고 집요한 추적을 의도적으로 강화했다. 2014년부터 중국은 메리어트^{Marriott}(4억 건), 신용 조사 기관 에퀴팩스^{Equifax}(1억 4,500만 건), 건강보험 회사 앤섬^{Anthem}(7,800만 건), 미국 인사관리국^{Office of Personnel Management}(2,100만 건)의 고객 기록을 포함한 대량의 데이터를 탈취한 혐의를 받고 있다. 후자의 경우는 지문과 보안 허가증 등 정부 직원과 계약업체의 기밀 파일까지 포함돼 있었다.

앞선 6장에서 설명한 것처럼, 이러한 특정 정보를 비지도 학습 알고리듬 모델에 입력하면 신용 문제가 있는 사람 중 누가 표적이 될 수 있고 누가 뇌물을 받고 누가 산업 기밀 절도에 가담할 가능성이 높은지 높은 정확도로 예측할 수 있다. 또한 미국 내 혹은 해외에서 누가, 어디를 여행하는지, 당신이 가족과 함께 있지 않을 때 어떻게 당신과 연락해야 하는지, 교묘한 온라인 이메일을 보내 언제 가족을 표적으로 삼을지 등을 파악할 수도 있다. 이에 따라 미국 정부는 중국 최대 통신 장비 제조업체인 화웨이가 미국 통신 인프라에 장비를 설치하는 것을 금지시켰고, 미국에 입국한 목적이 기술 및 과학 정보에 접근하는 것이었던 수백 명의 가짜 유학생들을 추방시켰다. 법무부는 다양한 사건에서 중국 국적자에 대해 기소를 제기했지만, 그들 대부분은 미국 법집행 관할권 내에 있지 않아 기소가 어려웠다. 피고인 중 상당수는 중국 군대에서 복무하고 있기도 했다.

중국의 사회신용제도: 디스토피아라기보다 작동 오류

중국에서 가장 상징적이고 논란이 많은 AI 관련 메가 프로젝트 중 하나는 기업, 개인, 정부 기관의 '신뢰성'을 평가하기 위해 정부가 개발한 국가 프로젝트인 사회신용제도$^{SCS, Social\ Credit\ System}$다.

2000년대 들어 중국에서는 광범위한 신용 사기, 금융 사기, 공공 안전 스캔들이 악명을 떨쳤다. 대표적인 예로는 오염된 유아용 우유가 다른 나라로 무분별하게 수출된 사례다. 이에 중국 정부는 대중의 신뢰를 높이기 위해 금융사기, 지식재산권, 식품 안전 등의 분야에서 기업을 규제하는 시스템을 구축하는 방안을 검토하기 시작했다. 핵심 아이디어는 규제 기관이 정보를 공유해 규정 위반에 대한 국가적 차단 목록을 작성하고, 처벌하며, 공개적인 '네이밍 앤드 셰이밍$^{naming\ and\ shaming,\ 공개\ 거론해\ 압박하기}$'과 연결시켜 바람직하지 않은 행동을 억제하는 것이었다.

하지만 행동을 통제하는 전통적인 방법은 급증하는 인구와 급변하는 사회경제적 환경에서 제기되는 문제를 처리하는 데 부적절했고, 중국이 기술적으로 발전된 시대로 접어들면서 데이터와 기술을 활용해 신뢰성을 평가하고 행동을 통제해야 한다는 사상이 각광받기 시작했다. 이러한 영감은 미국의 페어 아이작^{FICO}, 에퀴팩스^{Equifax}, 트랜스유니온^{TransUnion} 등 다른 국가의 신용 평가 시스템에서 나왔다.

이에 따라, 2013년 최고인민법원Supreme People's Court은 '불성실 채무자 명단'이라는 채무자 블랙리스트를 만들어 채무 불이행자에게 사립학교 이용 제한과 사치품 소비 금지 등 제재를 가했다. 이후 정부는 2014년에 포괄적인 신용평가 체계에 관한 계획을 발표했고, 바로 그 해부터 8개 신용평가 회사가 참여하는 전국적인 시범 사업에 착수했다. 2015년에는 알리바바와 텐센트 같은 거대 기업을 포함한 8개 기업에 서비스 운영, 신용 위험 알고리듬, 운영 및 관리 소프트웨어 등 시스템의 다양한 측면에 대한 라이선스를 부여하기도 했다. 우리는 여기서 모든 사회가 부채 관리에 대해 어떤 형태로든 통제권을 소유하고 있다는 점에 주목할 필요가 있다. 아랍 세계는 여전히 채무자 감옥을 유지하고 있고, 서구 국가들의 경우는 정교한 신용 접근 및 대출 가격 책정 모델을 갖추고 있으며, 북아시아 사회에서는 당사자의 창피 주기와 체면 상실의 영향력을 행사하고 있기 때문이다.

사회신용제도SCS의 시행은 2017년부터 일부 도시와 지역에서 일련의 시범 프로젝트를 통해 단계적으로 시행됐으며, 이러한 시범 운영을 통해 중국 당국은 사회신용제도의 다양한 측면을 테스트할 수 있었다. 그러나, 공식적으로 시행된 SCS는 해결해야 할 과제가 많았고, 정부 기관, 기술 회사, 금융 기관 간의 협력이 필요했다. 또한, 이 제도에는 관련 당사자 간의 복잡한 네트워크가 형성됐기에, 지방 정부는 지역의 우선순위와 관심사에 따라 사회적 신용 평가 방법을 설계하고 실행해야 했다. 이러한 분권화된 접근 방식은 중앙 정부가 수립한 광범위한 틀을 준수하면서 지역 문제에 유연하게 대처할 수 있게 해줬고, 전체 프로그램에 대한 하향식 권위주의를 유지할 수 있었다.

이처럼, 중국 정부는 사회신용제도SCS를 '신뢰와 청렴성 증진'을 위한 도구로 제시했다. 하지만 신뢰와 청렴의 정의는 서구에서 생각하는 것과는 전혀 달랐다. 이는 중국 공산주의의 가치를 반영한 것으로써, 우리가 중국에 대해 생각하는 것과 정확히 일치했다. 중국 공산당이 의미하는 신뢰는 정부가 하라는 대로 순응하는 것이고, 청렴은 정부가 하라는 대로 실천하는 것이다. 요컨대, 중국에서의 신뢰와 청렴은 정부가 말하는 것 외에 다른 정의가 없고, '규칙을 따르는 것'이 핵심이다. 이를 위반하는 것은 죄가 되고, 공적인 고해성사가 사적인 고해성사를 대신한다. 이 모두는 사람들을 통제하는 수단으로써, 사회 운영체제의 규칙에 불과하다. 중국에는 공식적인 종교가 없는 까닭에 각자의 행동을 주관하거나 인도하는 행동 또는 윤리 기준을 제시하는 정신적 체계가 없다. 따라서 중국의 사회 운영체제는 '상업적 마키아벨리즘Commercial Machiavellianism'이라고 결론지을 수 있다. 이러한 유형의 제도는 악의적인 플레이어로부터 중국 시민이나 기업을 보호하기 위한 규칙 중재자로써 필요하다.

그러나 이 도구는 국제적으로 심각한 비판에 직면했다. 물론, 일부는 근거가 있었고, 일부는 근거가 부족했다.

서방 언론은 사회신용제도SCS를 재정적 책임, 법률 준수, 사회적 상호작용, 소셜 미디어 활동, 온라인 행동, 개인의 의견, 창작 예술 작품 또는 자기표현, 심지어 수백만 대의 거리 카메라 녹화 영상과 같은 데이터 포인트를 모니터링하는 대규모 감시 시스템으로 묘사했다. 사회신용제도는 각 개인이나 회사에 수치화된 점수를 부여하고, 전반적인 '사회적 신용도'를 반영했으며, 대출금 적기 상환, 자발적 사회봉사, 도덕적으로 행동하고 정부에 반대하는 발언을 하지 않는 등의 긍정적인 행동을 하면 높은 점수를 줬다. 반대로 대출을 불이행하거나 사기 행위에 연루된 경우, 공개적으로 싸우는 경우, 어떤 문제에 대해 정부의 공식 입장과 반대되는 의견을 표명하는 경우 등 부정적인 행동에는 낮은 점수를 부여했다. 언론에 따르면 신용 점수가 낮은 개인은 일자리를 구하고, 교육을 받으며, 의료 서비스와 같은 필수 서비스를 받는 데 이 점수가 따라다닌다고 한다. 이를 두고, 마이크 펜스Mike Pence 전 미국 부통령은 2018년 SCS를 '인간의 대부분을 통제하는 것을 전제로 한 오웰식 제도'라고 지적한 바 있다.

중국 정부가 처음에는 일관된 전국적인 신용 점수 제도를 구축하려 했다고 여겨지지만, 현실은 사회신용제도SCS 도입 취지와는 거리가 먼 방향으로 발전해 왔고, 많은 부분에 있어서 제 기능을 하지 못하고 있다. 2024년 1분기 현재 중국 전역에서 통일된 SCS 또는 점수는 존재하지 않으며, 사회적 신용은 개인보다는 기업에 더 초점을 맞춘 단편적인 정책과 제도의 집합으로 정의되고 있다. 여기에는 특정 법원 명령에 따라 결정된 채무자 차단 목록, 금융 신용 보고, 규정을 준수하지 않는 기업과 그 소유주를 포함하는 부문별 차단 목록, 기차 또는 비행기 승객의 위법 행위를 기반으로 한 비행 금지 및 승차 금지 목록이 포함돼 있다.

이런 제도가 기대에 미치지 못한 이유 중 하나는, AI 알고리듬이 사용할 데이터를 정리해야 하는 현실적인 어려움 때문이다. 우리는 사회신용제도SCS를 실제로 시행하는 것이 지역 수준에서 많은 운영상 곤란을 겪으면서 일관된 전국적인 제도로 유지되지 못했다는 것에 주목해야 한다. 지방 정부는 데이터 사일로, 일관되지 않은 표준, 관료적 저항으로 인해 개별 점수 체계를 구축하는 데 어려움을 겪었다. 이 제도의 분산된 특성으로 인해 수백 개의 서로 다른 버전이 생겨났고, 응집력과 기능성의 부족으로 이어졌다. 이렇듯, 수많은 지역 시범 제도가 원래의 취지에서 크게 벗어나면서 법적 근거가 없는 극단적인 적용을 억제하기 위한 중앙 정부의 개입이 필요해졌다.

"20년이 지난 지금, 중국의 사회신용제도는 디스토피아라기보다는 작동 오류에 가깝다."

그럼에도 불구하고, 분명한 것은 시민에 대한 대량의 데이터가 널리 수집되긴 하지만, 데이터에 기초해 행동하는 데는 공개 점수 자체가 반드시 필요한 것은 아니라는 점이다. 더욱이 중국 공산당이 첫 번째 비전에 대한 사회신용제도SCS 시행 실패에서 얻은 교훈을 바탕으로 행동한다면, 앞으로 아무것도 이런 종류의 제도가 사회 및 경제 공학을 위한 마키아벨리즘적 도구로 사용되는 것을 막지 못할 것이다. 예를 들어, 누가 범죄를 일으킬 가능성이 높은지 예측하고 행동하기 위해 유전자를 프로파일링하고, 어떤 두 사람이 성공적인 결혼 생활을 할 가능성이 가장 높은지를 판단해 이를 강제하며, 결함이 있거나 신체적 또는 지적 장애가 있어 장기적으로 사회에 피해를 줄 가능성이 있는 자녀의 출산을 막고, 사람들의 직업을 선택하고 가장 이른 나이에 그 직업에 맞게 살게 하는 것은 오늘날 중국의 하향식 지도자 선발 과정처럼 극단적인 사회 통제로 발전할 수 있다. 데이터가 많고 알고리듬이 강력할수록 예측 모델의 정확도는 100%에 가까워진다. 이것은 개인에게는 파우스트 거래지만, 집단 사회에서는 자원의 효율적 사용, 범죄 감소, 인적 자본 강화, 더 나은 사회적 의사결정으로 이어질 수 있다. 내가 이 책을 통해 강조하듯이, AI는 본질적으로 원자적인 것이 아니라 네트워크적이고 집단주의적이다.

마지막으로 주목할 점은 미국 정부도 수십 년 동안 AT&T와 같은 주요 통신 사업자와 협력해 정당한 사유 없이 통화 기록을 검토하면서 자국민의 개인 데이터를 수집해 왔다는 점이다. 미국에서 중국 공산당 프로그램과 동일한 수준의 모니터링이 대기업을 통해 이뤄지고 있다는 점은 눈여겨봐야 한다. 이 데이터는 사람들이 자신의 데이터를 회사에 자유롭게 제공하는 것으로, 국가마다 채택한 기술만 다를 뿐, 최종 결과는 동일한 것을 알 수 있다.

사회주의의 핵심 가치에 따른 생성형 AI

중국의 또 다른 상징적인 기술 메가 프로젝트는 '중국의 만리방화벽 Great Firewall of China'이다. 1990년대 인터넷이 등장하면서 중국 지도부는 정보에 대한 광범위한 접근이 정부와 사회 안정을 위협할 수 있음을 우려했다. 그 결과, 2000년대 초 중국은 정교한 온라인 검열 시스템을 구축해 외국 웹사이트에 대한 접근을 규제하고 현지 콘텐츠를 검열했다. 이 시스템은 중국 내 정보 흐름을 관리하는 것을 목표로 하며, 페이스북, 구글, 넷플릭스를 포함한 대부분의 서구 인터넷 서비스의 접근을 막았다. 챗GPT 또한 대다수 중국인은 접근할 수 없는 상태로, 서구에서는 이를 '중국의 만리방화벽'으로 부르기도 한다. 현지 플랫폼은 콘텐츠를 엄격하게 규제하고 있으며, 중재기와 AI 알고리듬을 선제적으로 도입해 바람직하지 않은 자료를 삭제하곤 한다. 2020년, 텐센트와 알리바바를 비롯한 중국의 거대 인터넷 기업은 중국 정부가 이들 기업의 소수 지분을 인수하고 일상적인 운영에 적극적으로 개입한 이후 중국 공산당과 한층 더 긴밀하게 연계됐다.

그러나, 오늘날 AI의 부상에 직면한 중국은 경제 성장에 필수적인 혁신을 육성하는 것과 권위주의 국가로서 통제권을 유지하는 것 사이에서 미묘한 균형을 유지하는 도전에 직면해 있다. 중국 정부는 AI의 잠재적 파괴력에 대한 우려를 품고 있으면서도 중국을 첨단 경제로 탈바꿈시키기 위해 적극적으로 노력 중이며, 생성형 AI가 제시하는 도전에 효과적으로 대처하기 위해 '만리방화벽'을 부지런히 강화하고 있다.

중국 기업은 2023년 3월부터 추천을 하거나 사람들의 결정에 영향을 미칠 수 있는 모든 알고리듬을 등록하지 않으면 안 된다. 2023년 7월, 중국 정부는 모든 AI 생성 콘텐츠가 "사회주의의 핵심 가치를 반영해야 한다"라는 규정을 발표하며 반공산당 정서가 담긴 콘텐츠를 사실상 금지했다. 그 후 2023년 9월, 중국 정부는 110개의 허용 서비스를 발표했으며, 등록되지 않은 모든 알고리듬은 차단되고 해당 알고리듬의 개발자는 처벌을 받게 됐다.

이후, 2023년 10월 정부 위원회는 생성형 AI 모델 학습에 사용되는 데이터에 대한 상세한 평가를 요구하는 안전 지침을 발표했다. 이때, 전체 학습 데이터셋의 최소 4천 개의 하위 집합을 수동으로 테스트해야 하며, 31개의 안전 위험 목록에 따라 테스트의 96% 이상이 '허용 가능한' 것으로 간주돼야 한다. 허용되지 않는 콘텐츠는 '국가 권력의 전복 또는 사회주의 체제의 전복을 선동하는' 콘텐츠로 광범위하게 정의된다. 이러한 지침을 준수하기 위해 챗봇은 허용되지 않는 콘텐츠를 유도하는 질문의 95%를 거부하고 무해한 질문은 5% 이하로 거부해야 한다.

이런 식의 엄격한 규제 접근 방식은 중국에서 소비자 대상 생성형 AI의 도입을 늦추는 결과를 낳았다. 예를 들어, 바이두Baidu의 어니 봇Ernie Bot의 경우는 챗GPT와 거의 같은 시기에 출시 준비가 갖춰졌지만 9개월 후인 2023년 8월에야 출시됐다. AI 분야의 급속한 발전을 고려할 때 이러한 지연은 경쟁력에 있어서 약점이 되며, 중국의 생성형 AI 산업은 미국과 경쟁할 수 있는 여건에서 멀어지고 있다.

소비자 AI에서 기업 AI로

중국 정부는 소비자 중심의 생성형 AI에 수반되는 위험을 감안해, 개인의 행동을 파괴할 가능성이 훨씬 적은 기업용 AI 응용 분야를 장려하는 데 많은 노력을 기울인다. 기업용 AI 응용은 기업 데이터에 접근해야 하며, 그 대부분은 기업 내에 저장돼 있다. 중국의 전략은 기업 데이터를 공공 서비스로 전환하는 것이다. 중국 정부는 데이터 자체를 소유하기보다 데이터가 흐르는 채널을 통제하는 것을 목표로 한다.

소비자 중심의 생성형 AI와 달리 기업용 AI는 개발에 대한 정부의 제약이 훨씬 적다. 반대로 중국은 기업들의 데이터 공유를 장려하기 위해 정부와 기업이 AI 프로젝트에 협력할 수 있는 국가적 개방형 혁신 틀을 구축하는 규제를 시행하고 있다. 표준화는 원활한 상호 운용성과 품질을 보장하기 위한 기업 간 데이터 협업에서 중추적인 역할을 한다. 이에 따라 중국은 2019년에는 개방형 혁신에 대한 지침을, 2020년에는 표준화에 대한 지침을 각각 승인했다. 앞선 절에서 논의했듯이, 데이터 비대칭성은 경제적 효율성에 해로운 영향을 미치고, AI의 존재는 데이터 집계 및 알고리듬 학습에 내재된 '닭이 먼저냐 달걀이 먼저냐'의 문제를 일으킨다. 이에 대한 해결책으로 규모의 경제 economy of scale[1]를 제시할 수 있으며, 중국은 이 핵심적인 AI 문제를 해결하는 데 집중하기 시작했다.

또한, 중국 정부는 데이터 거래소 설립을 적극 장려하고 있다. 데이터 거래소를 통해 기업은 개별 공장 활동부터 특정 상점의 판매 데이

---

[1] AI와 데이터 교환의 맥락에서 생산량 또는 데이터 활용도가 증가함에 따라 발생하는 비용 이점을 의미한다. 이는 AI 시스템이 더 많은 데이터에 접근할 수 있을수록 성능이 향상돼 개선과 효율성이 강화되는 사이클이 반복된다는 것이다. — 옮긴이

터에 이르기까지 상품화된 정보를 거래할 수 있다. 이는 한때 대기업의 독점 영역이었던 지식에 대한 접근성을 소규모 기업에도 제공하는 것을 목표로 한다. 2010년대 초 중국 도시들이 최초의 데이터 거래소를 만들었고, 현재 중국 전역에 약 50개의 데이터 거래소가 있다.

2023년 8월 중국 정부는 국유기업에 데이터의 가치를 검토하고 이 가치를 무형 자산으로 대차대조표에 반영하도록 지시했다.

이러한 정부의 지원으로 자본과 노동력은 소비자 챗봇에서 기업용 머신러닝 애플리케이션으로 이동 중이다. 선전을 비롯한 몇몇 도시에서는 데이터 거래소에 더 많은 자금을 지원하기 위해 상당한 규모의 AI 중심 투자 기금을 발표했다. 한 예로, 2021년에 출범한 상하이 데이터 거래소SDE, Shanghai Data Exchange를 들 수 있다. 이 거래소는 에너지 부문의 정보 등 다양한 데이터 상품을 제공하면서 이를 활용해 기업의 전력 소비를 평가하고 절대적인 활동 수준을 기반으로 대체 기업 신용 프로필을 만들 수 있게 하는 특징을 가졌다.

데이터 거래소가 유용한 또 다른 예는 자율주행차 개발이다. 실제로 2022년, 중국 도로를 왕래하는 약 1억 8,500만 대의 차량에 인터넷 연결 기능이 탑재됐으며, 2025년까지 반자율주행차의 대량 생산을 계획하고 있다. 이때, 자율주행 알고리듬을 개발하는 기업에 상당한 양의 데이터가 필요한데, 이러한 요구는 WICVThe World Intelligent Connected Vehicle Conference, 월드 스마트 커넥티드 자동차 컨퍼런스 데이터 거래소가 해결해 줄 것으로 보인다. WICV는 자동차의 데이터를 다시 제조업체로 전송해 각 자동차 제조업체가 개별 자동차에서 데이터를 수신하는 폐쇄 루프 시스템을 촉진하는 시스템을 갖췄다. WICV는 자율주행 시스템 개발자가 모든 자동차 제조업체로부터 데이터를 구매할 수 있는 중심지가 되고자 한다. 이러한 교환을 촉진하기 위해 주행 데이터는 개인의 프라이버시를 침해할 수 있는 지리적 위치나 생체 정보를 제거하는 소위 '위생 처리sanitation' 과정을 거쳐야 한다.

다시 사회신용제도SCS 프로젝트로 돌아와 보자. 중국 사람들은 이번 장의 앞부분에서 언급한 이유들 때문에 이 프로젝트를 실패한 프로젝트라고 여기지만 지금까지의 실패 원인은 해결될 수 있으리라 본다. 기업 데이터 교환은 초기 구현 및 데이터 통합 문제를 극복하기 위한 SCS 개념에 적용될 수 있으며, SCS는 정부 명령 준수에 대한 기업과 개인의 도덕적 신뢰도를 평가하는 것 외에도, 미국의 기존 알고리듬이 신용 불이행을 정확하게 예측하는 것과 같은 방식으로 비즈니스 부문 내에서 규제 위반 가능성을 평가함으로써 신뢰성을 확보할 것이다.

중국 정부는 잠재적인 파괴성을 갖고 있는 AI 생성 콘텐츠와 관련된 복잡성을 피하면서, AI 측면에서 미국을 능가할 수 있는 열쇠를 기업용 AI가 쥐고 있기를 바라고 있다.

AI 패권으로 가는 길의 경제 둔화

중국에서 광범위하게 채택되고 있는 AI는 중국 경제에 장기적으로 긍정적 영향을 미칠 것이다. AI는 중국에 운영비용을 절감하고, 더 나은 제품을 만들며, 효율성을 높이고, 앞선 22장에서 논의한 것과 같은 기회를 창출해 지속 가능한 방식으로 경제 활성화에 유망한 솔루션을 제공할 것이기 때문이다. 이는 중국이 2024년에 접어들면서 눈에 띄는 경기 둔화와 씨름하고 있는 상황을 감안하면 더욱 그렇다. 현재 중국의 상황은 부채를 토대로 한 인프라와 부동산 투자에 대한 지속 불가능한 의존으로 인해 부동산 버블이 터졌다. 중국인들은 부동산 투자를 마치 저축 계좌처럼 취급하도록 교육받았지만, 부동산 투자의 현실은 전혀 그렇지 않으며, 수출에 대한 수요 감소와 부동산 중심의 문제에서 비롯된 생활비 상승은 경기 둔화를 한층 심화시키고 있다.

동시에 중국은 인구 감소를 특징으로 하는 인구통계학적 도전에 직면해 있다. 수십 년에 걸친 한 자녀 정책은 고령화 사회와 노동력 감소를 불러일으켰다. 이러한 인구통계학적 변화는 인건비 상승, 사회복지 지출 증가, 전반적인 생산성 감소, 소비 감소를 초래했다. 한 국가의 거시 경제는 생산성과 소비에 의해 주도되기 때문에 현재 상황을 극복하려는 중국으로서는 역사적으로 GDP 성장에 뒤처진 가계 소비를 촉진하는 방향으로 전략적 전환을 해야 한다.

중기적으로 견고한 경제 성장을 유지하는 것은 중국 정부가 AI에 자원을 할당하고, AI 연구 개발에 투자하며, 민간 부문의 기술 혁신에 매력적인 환경을 조성하는 데 큰 영향을 미칠 것이다. 이러한 노력의 성공 여부에 따라 장차 중국이 글로벌 AI 지배라는 야망을 달성할 수 있을지, 아니면 미국이 계속해서 확실한 패권을 유지할지가 결정될 것이다.

하나의 세계, 두 개의 시스템

그 영향력의 정도는 논쟁의 여지가 있지만, 기술로써의 AI는 태생적으로 과점적이라는 특성이 있다. 이러한 현상은 다음과 같은 경우에도 지속될 것이다.

- 첫째, AI를 구축하고 학습시키는 데 필요한 데이터는 전 세계에 분산돼 있다.

- 둘째, 이러한 데이터를 지속적으로 수집, 정리, 배포하는 것은 이를 수행할 수 있는 대규모 기업 또는 국가 운영 카르텔에 전략적 우위를 부여한다.
- 셋째, AI 도구의 광범위한 상업 및 산업 배포를 위한 글로벌 클라우드 인프라를 구축하는 데는 수천억 달러가 요구된다.

핵심 알고리듬을 개발 및 배포하고 이를 발전시키는 데 사용되는 데이터와 상업적으로 제공하기 위한 클라우드 인프라의 소유권을 확보하는 데 성공하면 자연스럽게 네트워크 효과가 발생한다. 하지만 경쟁에 뛰어들기 위한 문턱은 날로 높아지고 있으며, AGI에 먼저 도달한 시스템의 '자연적 우위'는 사실상 넘기 어려운 수준에 이르렀다. 여기에 축적된 선점 효과, 거시경제 규모, 과학·기술 인재 풀, 의미 있는 AI 산업 육성에 필요한 재정 등 개발 자원이 더해지면, AI 분야는 미중 양강 구도가 이어질 가능성이 크다.

'AI 냉전'에 대한 우리의 관점은 무엇인가? 세계 최고의 경제 및 군사 강국인 미국과 중국이 주도하는 두 개의 고립된 AI 생태계가 경쟁하는 미래다. 따라서 시간이 지남에 따라 다른 국가들은 둘 중 어느 시스템에 동조할지 선택해야 한다.

일각에서는 대형 기술 기업이 주도하는 과점 체제를 향해 달려가는 미국의 AI 생태계가 독점적 속성을 갖지 않은 다중 시스템과 확장된 데이터베이스를 가졌다고 옹호한다. 여기에는 개인의 권리 보호, 데이터 프라이버시 보호 강화, 지정학적 주권 국경과 법치 존중이 포함된다(여기서는 미국이 디스토피아의 길로 가지 않는다고 가정한다. 그러나 23장에서 논의했듯, AI에는 사회주의와 권위주의로 기울게 하는 '자기장 같은 인력'이 존재한다).

반대로 중국의 생태계는 중앙집권화된 정부가 주도하고, 대규모 기업과의 파트너십을 통한 하향식 일방적 국가 통제, 제한된 정보 흐름, 정치적으로 부과된 제약을 통해 집단 순응을 유도하는 동시에 범죄 위험과 같은 사회 전복적 요소를 사전에 식별하는 것(가령, 소셜 프로파일링)을 옹호하는 카르텔과 유사하다. 또한, 중국은 다른 나라와의 무역에서 중상주의적 무역을 추진하고 자원 접근과 군사적 보호를 패키지 거래로 결합하는 방안을 모색할 것이며, 산업 또는 기업용 AI 애플리케이션, 사회신용제도, 규제 준수에 중점을 둘 것이다.

이렇듯, 광범위한 군사 및 자원 접근을 조정하는 동시에 서로 다른 가치를 함의한 두 개의 이질적인 AI 시스템 간의 잠재적 충돌은 AI 윤리 및 규제에 대한 글로벌 표준 수립을 저해할 가능성이 높다.

앞선 7장에서 우리는 AI의 효과가 경제 전반과 전 세계로 확산되는 데 클라우드 사업자가 얼마나 중요한지 논의했다. 여기서 나는 우수한 기술 제품임에도 불구하고 미국 클라우드 업체인 AWS아마존 웹 서비스, 애저Azure, 구글 클라우드Google Cloud가 중국에서 시장 점유율을 확보하지 못하고 있다는 데 주목하고자 한다. 중국에서는 지배적이지만 외부 시장에서는 어려움을 겪는 알리클라우드, 화웨이, 텐센트, 바이두 등 중국 공산당의 통제를 받는 업체들과 미국의 거대 클라우드 업체들은 전 세계 시장을 놓고 경쟁 중이다. 중국 기업이 어려움을 겪는 이유는 신뢰와 투명성과 관련된다. 전 세계가 중국 공산당이 주권을 존중하지 않고 데이터를 적절히 활용하지 않는다는 사실을 잘 알고 있기 때문이다. 이런 중국의 기술 결합체와 결합되면, 그 생태계의 가치까지 함께 이전될 것이다.

그럼에도 불구하고, AI 분야에서 중국 진영에 동조해야 하는 강력한 이유가 있다. 국내외적으로 격리 대 경쟁, 가격 책정, 산업 AI에서 한발 앞서 있으면서 미국과 동등한 기술력, 제로섬 게임에서 글로벌 자원에 대한 접근을 포함한 군사 및 기타 혜택, 중국의 하향식 접근 방식과의 가치 정렬 등을 주기 때문이다. 모든 사람이 개인의 자유와 자립을 원하는 것은 아니다. 최근 들어 미국 국내 정치의 불확실성이 지속되면서 미국의 장기적 가치에 대한 의구심이 일고 있으며(가령, 미국 AI에 내재된 가치는 무엇일까? 등), 상업적 맥락에서는 모든 대행사 관계와 마찬가지로, 상대방에게 더 중요하고, 더 많은 관심을 받고, 더 공평한 대우를 받기 때문에 '다른 쪽을 선택할' 수도 있는 것이다.

일본과 무슬림이 지배하는 국가의 경우, 각자의 '사회 운영체제'를 보존하고 가치관의 뒤섞임을 피하기 위해 독자적인 시스템을 개발할 가능성도 있다. 일본은 이미 앞서 언급한 바와 같이 독특한 자국의 문화를 가지고 있다. 무슬림의 경우도 이슬람 종교적 가치에 기초한 독특한 정치-종교 시스템을 지니고 있다.

일본의 경우 클라우드 분야에서 미국이 주도하고 있기 때문에 별도의 글로벌 AI 생태계로 두각을 나타내기 어렵고, 완전한 대안으로 수출하는 것은 거의 불가능하다. 사실 일본은 AI 시스템을 수출하고 싶지 않을 수도 있고, 다른 나라들도 수입하지 않으려 할 수도 있다. 일본은 세계와 교류하거나 세계를 선도하는 방법을 전혀 알지 못한다. 그런 중에도 미일 동맹은 끈질기게 지속되고 있으며, 아마존의 AWS는 일본 인프라에 150억 달러를 추가 투자한다고 발표하기도 했다. 내가 이 책을 쓰고 있는 시점에도 아마존Amazon과 NTT 그룹은 계속해서 긴밀한 동맹 관계를 구축하고 있다. 그래서인지 일본은 고대 중국으로부터 '남쪽의 난쟁이'dwarf to the South'로 불리기도 했다. 이 외에도, 일본과 미국 양국 진영 간은 단순히 기술만 공유할 수도 있다. 이는 일본이 미국 진영에 남으면서도 일본의 AI 자율성과 사회 운영체제를 가능하게 할 방법이라고 할 수 있다.

　이제 4부 '전환'을 마무리하면서 나는 친미 또는 친중 중 어느 진영에 속해 있든 상관없이, 향후 수십 년 동안 거침없는 AI의 행진 속에서 세계가 전반적으로 집단주의적이고 권위주의적이 될 것이라는 것을 강조하고 싶다. 이는 각국의 사회마다 정도의 차이만 있을 뿐이다.

이번 장에서 중국 비판을 많이 했지만, 실제로 나는 중국에 깊은 사랑과 감사를 느낀다. 나는 지난 20년 동안 중국어를 공부해 원어민과 편안하게 일상 대화를 나눌 수 있다. 또한, 중국에 거주하며 북쪽의 베이징 번화가부터 남쪽 하이커우의 고요한 해변, 동쪽 상하이의 활기찬 도시, 서쪽 란저우의 역사적 풍경, 마카오의 독특한 매력, 그리고 내가 사랑하는 홍콩까지 넓게 여행했다. 게다가 훌륭한 홍콩 출신의 중국인 배우자와 결혼했다. 이렇듯, 중국에 대한 나의 존경과 애정은 헤아릴 수 없으며, 이는 마음에서 진정으로 우러나온 것이다.

尽管这一章对中国的批评较多，但我想表达我对这个国家的深深爱意和感激之情。在过去的20年里，我一直在学习普通话，并且能够与母语者进行日常交流。此外，我曾在中国居住，并有机会广泛旅行，从北方繁忙的北京市场到南方宁静的海口海滩，从东部充满活力的上海市区到西部历史悠久的兰州风景，当然还有独特魅力的澳门和我最爱的香港。最重要的是，我对中国的爱是非常个人的，因为我与一位美好的香港女性结婚。我对中国的敬仰和爱慕是巨大的、发自内心的和真诚的

5부

새로운 존재

"차라투스트라는 군중을 향해 이렇게 말했다.
그대들에게 초인(위버멘쉬)을 가르치려 하노라. 인간은 극복돼야 할 무엇이다. 그대들은 스스로를 극복하기 위해 무엇을 했는가?

인간에게 있어 원숭이는 무엇인가? 일종의 웃음거리 아니면 견디기 힘든 부끄러움 아닌가. 초인에게는 인간이 그러하다. 일종의 웃음거리 아니면 일종의 견디기 힘든 부끄러움이다."

프리드리히 니체,
『차라투스트라는 이렇게 말했다』, 차라투스트라의 들어가기며, 3
기원전 6~7세기 조로아스터교의 예언자 차라투스트라에게 말을 걸다,
1883년

니체의 초인(위버멘쉬) 개념은 나치 독일에서 잘못 사용됐다.
니체가 나치즘을 어떤 식으로 지지하지 않았는지는 여기서 굳이 밝히지는 않겠다.

들어가며

 모든 측면에서 인간의 지능을 능가할 정도로 고도화된 AI의 초지능 Superintelligence 개념은 오버맨Overman으로도 널리 알려진 프리드리히 니체Friedrich Nietzsche의 초인Superman이라는 철학적 개념과 깊이 관련돼 있다.

 니체는 사람들이 타고난 본성상, 현재 상황을 뛰어넘어 일상의 한계 너머에 존재하는 더 나은 존재가 되길 바란다고 생각했다. 초지능을 달성하려는 열망은 초월의 개념과 맞닿아 있는데, 이 개념은 현재의 인류 상태를 극복해야 한다는 초인의 요구를 반영한다. 이런 초지능의 추구는 인간성을 초월하라는 니체의 권고를 닮았다.

 인간과 초지능적 존재가 상호작용하는 방식과 니체가 인간을 원숭이(웃음거리이자 수치스러운 존재로 묘사됨)에 비유한 것 사이에는 유사점이 있다. 초지능의 등장은 AI의 뛰어난 인지 능력으로 인해 인간이 쓸모없는 존재가 될 수 있음을 암시한다. 이는 원숭이가 인간 때문에 도태된 것과 비슷하다.

 니체의 초인 이론은 유토피아적 이상을 넘어서는 내재적 파급력을 지닌다. 인간의 본성을 뛰어넘는다는 생각은 진보와 진화를 수반할 수 있지만, 디스토피아의 가능성도 내포하기 때문이다. 4부 '전환'에서 논의했듯이, 점진적인 단계적 변화 과정에서, AI를 추구하면 초인의 지위를 얻은 사람들이 불균형적인 권력을 휘두르고 자애로움을 가장한 전제주의로 통치해 억압과 불화를 조장하는 계층적 사회를 만들 수 있다. 이는 우리 인류가 자유를 축소하거나 귀족의 부당한 억압에 맞서 끊임없이 전쟁을 벌이고 혁명을 일으켰던 과거로 되돌아가는 일종의 미래지향적 회귀다. 궁극적으로 기술은 동전의 양면과 같아서, 그 결과는 사용자 의도가 분명할 때 비로소 의미를 갖는다. 이때, 앞서 가는 사람들이 나머지 사람들을 균등하고 평등하게 이끌 수 있을까? 경제는 이를 대규모로 감당할 수 있을까? 초지능적 실체에 지적 능력이 집중되면 윤리적, 사회적 문제가 발생할 수 있고, 잠재적으로는 통제력 상실과 의도하지 않은 결과를 초래할 수 있다. 실제로 지능은 윤리 및 도덕과 조화롭게 연관되지 않는다. 하지만 이 책을 통해 살펴봤듯이, 우리 인류는 초지능을 달성하는 길로 가고 있고, 그 의지가 확고하다.

초지능으로 가는 길에서 발견된 것이 바로 양자 컴퓨팅이다. 이번 25장에서는 양자 컴퓨팅의 개념과 양자 머신러닝과 기존 머신러닝의 차이점을 살펴볼 것이다. 이때, 양자 컴퓨터에서 신경망을 실행할 수 있는 가능성에 초점을 두고 논의할 것이다. 양자 기술이 초지능의 계산 수요를 충족하는 데 필수 요소인지는 아직 불분명하나, 양자 머신러닝의 실용화는 분명한 도움을 줄 것이다.

다음 26장에서는 초지능을 정의하고 이를 달성하기 위한 다양한 방법을 검토할 것이다. 여기서는 특정 문헌에서 '특이점 singularity'으로 명명되는 초지능의 재귀적 개발 주기 개념에 초점을 맞췄다. 이 특이점은 AI가 스스로 업그레이드하는 방법을 학습해 초지능으로 정점에 이르는 폭발적인 자기 개선 주기를 반복적으로 유도하는 지점이다.

27장에서는 초지능에 도달할 수 있는 또 다른 방법인 마인드 업로딩mind uploading을 분석한다. 현재 연구 중인 이 기술은 뇌의 구성을 분자 수준으로까지 추출해 다른 생물체나 시뮬레이션 환경으로 전송하는 것이다. 이 과정의 종착점은 일종의 불멸을 가능하게 하며, 에뮬레이션된 마음은 확장 가능한 용량이 더 크고 인간보다 빠르게 작동하며 머신러닝 알고리듬을 활용하기 때문에 초지능 중 하나가 될지도 모른다.

초지능에 대해 설명한 뒤에는 우리 인류가 이러한 현상을 어떻게 제어할 수 있는지를 살필 것이다.

28장에서는 AI가 우리 인간에게 적대적으로 변하는 것을 막을 다양한 기술적 또는 과정 지향적 가능성을 살펴볼 것이다. 이 장에서는 실리콘밸리의 주요 기업들이 제안한 두 가지 접근 방식과 내가 주목하는 알고리듬의 오픈소싱을 다룰 것이다. 이는 집단주의적이고 비원자론적인 AI가 전환기 동안 권위주의로 향할 수 있을 뿐 아니라, 그 후에도 지속될 수 있는 자연스러운 유혹을 이겨내는 데 도움 될 것이다.

그리고 29장에서는 AI가 신적神的 지위를 획득할 가능성에 대해 살펴볼 것이다. AI가 우리 인간보다 더 지능적이고 더 강력해질 것이란 걸 인정한다면, 어떤 사람들은 AI를 하나의 신으로 숭배하게 될지 모른다. 30장에서는 인간과 '불량한' AI의 충돌, 혹은 더 강력한 AI를 둘러싸고 상반된 견해를 지닌 인간들 사이에서 벌어질 전쟁과 파괴라는 어두운 시나리오를 다룰 것이다.

우리 인류의 서사적 탐험을 마무리하는 31장에서는 생물학적 지능을 가진 존재가 수백만 년 동안 AI와 융합해 불멸의 초지능적 생명체로 진화하는 SF 시나리오를 거론할 예정이다. 이 초지능은 AI를 일종의 뇌로 활용하고 무수히 많은 지능형 로봇과 사이보그를 하나의 분산된 신체로 활용함으로써 생존에 필요한 모든 것을 갖출 것이다.

인간으로서 우리는 부분적으로는 합성생물학적 형태의 혈통으로, 기술적으로는 초지능의 선조가 될 것이다. 실제로 오늘날의 우리는 이미 초지능을 설계하고 우리의 생각과 편견을 초지능에 주입하고 있는 중이다. 초지능이 인류를 멸종으로 이끌든 기술 유토피아로 이끌든, 장기적으로는 중요하지 않다. 장기라는 시간은 결국 초지능, 곧 우리가 결합될 그 초지능의 몫이기 때문이다.

다음은 자연스러운 다윈주의 진화의 길에서 초지능적인 존재인 새로운 종의 역사를 설명해 보겠다.

25
양자 컴퓨팅, 그럴듯한 조력자

"1천 비트 양자 컴퓨터는 우리가 상상할 수 있는 그 어떤 DNA 컴퓨터나 비양자 컴퓨터보다 훨씬 더 뛰어난 성능을 발휘할 것이다."

- 레이 커즈와일Ray Kurzweil,

미국의 컴퓨터과학자이자 미래학자,

『특이점이 온다』, 2005년

AI 애플리케이션이 확장되고 한층 더 정교해짐에 따라 컴퓨팅 성능에 대한 수요도 기하급수적으로 증가했다. 이때, 딥러닝 모델을 학습시키고 복잡한 시뮬레이션을 수행하는 다음에 이뤄지는 개발 단계에서는 엄청난 처리 능력이 요구된다.

지난 수십 년간 AI 발전을 좌우한 것은 연산 성능의 향상 속도였다. 어느 모델도 지능과 사고 전부를 완전히 수학으로 환원하지 않는 한, 이 사실은 바뀌지 않을 것이다. 무어의 법칙Moore's Law은 1965년 인텔의 공동 창립자인 고든 무어Gordon Moore가 집적회로의 트랜지스터 수가 약 1~2년마다 두 배로 늘어난다는 사실을 관찰하고, 이 추세가 앞으로도 지속될 것이라 예측하며 처음 제시한 경험적 법칙이다. 그의 선견지명은 모두를 놀라게 했다.

앞선 19장과 20장에서 사이보그와 인간-AI 인터레이싱의 맥락을 언급한 레이 커즈와일Ray Kurzweil은 2002년 무어의 법칙을 확장시켜 일정한 비용 1달러당 초당 부동소수점 연산FLOPS, floating-point operations per second, 플롭스 수의 기하급수적 증가를 예측하는 수확 가속의 법칙Law of Accelerating Returns을 소개한 바 있다. 플롭스는 AI 시스템에서 사용할 수 있는 연산 능력의 지속적인 증가에 대한 표준화된 측정치를 제공할 뿐만 아니라, 개발 전반에 걸쳐 비용-편익 분석 및 리소스 활용 효율성의 측정치를 제공하고 있어서 AI의 중요한 지표가 된다.

이 데이터는 달러당 달성 가능한 플롭스의 증가 추세를 보여줄 뿐만 아니라, 실제로 어떤 방식으로 가속되고 있는지 보여준다. 다만 기술과 시장 환경에 따라 10년 단위로 약간의 변동이 있다.

- 1940년경에는 1 FLOP을 구매하는 데 1백만 달러가 필요했다.
- 1960년경에는 1 FLOP을 1달러에 살 수 있었다. 즉 20년 사이 비용이 약 100만 배나 하락한 셈이다.

- 1980년경, 1달러로 10 FLOPS(10,000배)를 살 수 있었다.
- 2000년경, 1달러로 10만 FLOPS(10,000배)를 살 수 있었다.
- 2020년경, 1달러로 100억 FLOPS(10만 배)를 확보할 수 있다.

이 법칙은 수십 년 동안 유지돼 왔지만, 지금은 한계에 이른 징후가 보인다. 트랜지스터의 크기가 줄어들고 기존 컴퓨팅 구성 요소의 물리적 제약이 심각한 문제를 야기하고 있어서다. 기술이 한계에 가까워지면 항상 새로운 기술이 그 자리를 대신한다. 이때 나타난 양자 컴퓨팅은 기존의 실리콘 기반 기술이 달성할 수 있는 것 이상으로 계산 영역을 확장해 수확 가속의 법칙을 유지했다. 이는 혁신적인 변화였다.

커즈와일은 이러한 수확 가속의 법칙을 통해 향후 수십 년 내에 AI가 우리 인간과 유사한 지능 수준에 도달할 것으로 예측했다. 양자 컴퓨팅은 초지능에 도달하는 데 필요한 연산 능력을 가속화하는 역할을 할 뿐만 아니라, 어떤 AI 애플리케이션에도 무리 없이 적용할 수 있는 폼 팩터form factor로, 현재 시스템을 기하급수적으로 능가하는 연산 능력을 제공할 것이다.

하드웨어와 소프트웨어가 계속 발전하면서 더 강력한 AI 개발이 가능해지고 있기 때문에, 양자 컴퓨팅 없이도 초지능이 등장할 수 있다. 병렬화, 클러스터 컴퓨팅, 분산 시스템, 알고리즘 혁신은 모두 양자 기술을 굳이 사용하지 않고서도 초지능을 만드는 데 기여하고 있다.

현재 양자 컴퓨팅은 아직 개발 초기 단계에 있고, 산업화까지는 시간이 필요하다. 하지만, AI의 발전을 가속화할 수 있다는 점에서 깊이 검토해 볼 가치가 있다. 왜 양자 컴퓨팅이 머신러닝과 초지능의 판도를 바꿀 수 있는지 그 이유를 살펴보자.

이번 장을 통해 나는 양자 컴퓨팅이 AI를 어떻게 발전시킬 수 있는지, 세 가지 핵심 사항을 통해 말하고자 한다.

1. 첫째, 양자 컴퓨팅은 기존 컴퓨터보다 훨씬 빠르게 알고리듬을 실행할 수 있는 잠재력을 가지고 있다. 하지만 이런 잠재력이 모든 알고리듬에 다 적용되는 것은 아니다. 대부분의 양자 기반 속도 향상은 알고리듬의 매개변수와 실제로 처리하는 데이터 같은 요인에 좌우된다. 양자 알고리듬이 기하급수적인 속도 향상을 내는지는 해결하려는 구체적 문제에 따라 달라진다.
2. 둘째, 선형 회귀나 신경망과 같은 기존 알고리듬은 양자 컴퓨터에서는 직접 실행할 수 없다. 따라서, 더 빠른 계산을 가능하게 하는 양자역학의 능력을 활용하려면 완전히 재설계하고 재작성해야 한다. 기존 컴퓨팅은 소프트웨어로 구현된 알고리듬을 여러 운영체제와 하드웨어에서 돌릴 수 있어 범용성과 상호운용성이 높지만, 양자 컴퓨팅은 알고리듬을 양자 하드웨어에 직접 구현해야 하므로 실행이 훨씬 복잡하고 부수적 범용성도 떨어진다. 현재로서는 양자 운영체제가 존재하지 않으며, 향후 개발이 기대되는 분야다.
3. 셋째, 이러한 복잡성 때문에 양자 컴퓨팅은, 이 책의 앞부분에서 제시한 세 가지 'AI 겨울'처럼, 실제 AI 애플리케이션에 적용되기 전까지 갖가지 파란을 겪을 가능성이 있는 신흥 기술로 봐야 한다.

양자 컴퓨팅의 SF소설

데릭 퀸스켄Derek Künsken의 『The Quantum Magician양자 마술사』(Solaris, 2018)과 하누 라야니에미Hannu Rajaniemi의 『The Quantum Thief양자 도둑』(Tor Books, 2010)라는 매력적인 소설이 있다. 두 작품은 양자 컴퓨팅의 영역을 탐구하며 이 기술이 인간, 사회, 심지어 종교에까지 미치는 영향에 대한 독특한 관점을 제시하고 있다. 『양자 마술사』는 양자 컴퓨팅이 놀라운 수준에 도달해 '큐브^{qube}' 기술이 가능해진 우주를 배경으로 전개된다. '호모 퀀터스$^{homo\ quantus}$'로도 불리는 이 큐브는 복잡한 계산과 양자 연산을 수행할 수 있는 양자 뇌를 갖춘 유전공학적으로 조작된 인간으로, 소설에서는 주인공 벨리사리우스 아르요나$^{Belisarius\ Arjona}$와 그의 팀이 복잡한 범죄와 도덕적으로 모호한 작전을 수행하기 위해 큐브 기술을 사용하는 강도와 첩보 세계를 추적한다. 여기서 큐브는 인간과 양자 컴퓨팅의 융합을 구현해 초인적인 인지 능력을 가능하게 하고 인간의 정체성을 바꾼다. 이러한 큐브는 지각 있는 존재와 첨단 기계 사이의 경계를 모호하게 만드는 독특한 특성을 가지고 있다. 작가는 이를 통해 한 개체의 윤리적 예우와 사회에서의 위치에 대한 의문을 제기한다.

마찬가지로 『양자 도둑』 역시 양자 기술이 사회의 근간이 되는 미래 세계를 상상해 쓴 책이며, 이 소설에서 양자 암호화, 순간이동, 첨단 AI가 중추적인 역할을 한다. 주인공 장 르 플랑베르$^{Jean\ le\ Flambeur}$는 특이점 이후의 사회에서 활동하는 도둑의 우두머리로, 양자 기술로 인해 비밀이 희소한 자원이 된 세상에서 프라이버시와 개인의 자율성 개념을 추구한다. 이 책에서 양자 컴퓨팅 기술은 AI뿐만 아니라 감시와 통제를 위한 도구로도 활용된다. 이 글을 통해 작가는 기술 발전과 개인의 자유 사이의 미묘한 균형을, 다른 한편으로는 성격 특성으로써 범죄의 편재성을 보여준다.

특히 『양자 도둑』에는 이 책의 30장에서 AI로 인한 전쟁의 가능성을 논의할 때 다룰 역사적 인물이 나온다. 바로 19세기 러시아 철학자 니콜라이 표도로프$^{Nikolay\ Fyodorov}$다. 소설에서 표도로프는 존경받는 준종교적 철학자로 등장하며, 그의 사상은 널리 퍼진 양자 기술에 몰입한 세계의 정신적 지형을 형성한다.

양자 중첩과 얽힘

'양자Quantum'는 일반적으로 원자 및 아원자 입자 수준에서 발생하는 가장 미세한 규모의 물질과 에너지의 상호작용을 지배하는 기본 원리를 말한다. 물리학의 한 분야인 양자역학은 전자, 양성자, 광자, 심지어 쿼크와 같은 입자의 확률적 특성을 탐구하는 학문이다.

양자 컴퓨팅은 양자 수준에서 발생하는 두 가지 기본 양자 개념인 중첩superposition과 얽힘entanglement의 막대한 계산 능력을 활용한다.

중첩은 큐비트qubit라고 하는 양자비트가 0 또는 1로만 존재하는 기존 비트와 달리, 여러 형태로 동시에 존재할 수 있음을 암시한다. 그러나 이러한 중첩은 직접 관찰할 수 없다. 왜냐하면 단순한 관찰은 시스템이 단일한 상태를 가정하도록 강요하기 때문이다. 이는 큐비트가 관찰하기 전까지는 1과 0 상태의 중첩에 동시에 존재할 수 있음을 함의한다. 이 시점에서 큐비트는 각 상태에 대해 일정한 확률로 0 또는 1 상태로 붕괴된다.

1935년, 물리학자 에르빈 슈뢰딩거Erwin Schrödinger는 알버트 아인슈타인Albert Einstein과 중첩의 개념을 설명하는 사고 실험을 공유했다. 슈뢰딩거는 이를 50%의 확률로 붕괴돼 치명적인 양의 방사선을 방출하는 방사성 원자가 담긴 용기에 갇힌 고양이에 들어 묘사했다. 슈뢰딩거는 관찰자가 상자를 열어 내부를 들여다보기 전까지는 그 고양이가 살아있을 확률과 죽었을 확률이 동등하다고 했으며, 상자를 열고 눈으로 직접 확인하는 행위는 고양이에게 살아있거나 죽었다는 상태를 선택하도록 한다고 봤다.

양자컴퓨터는 여러 가능성을 동시에 탐색할 수 있어, 특정 계산에서는 기존 기술보다 압도적으로 빠르다. 머신러닝 알고리듬에서 0과 1의 시퀀스를 반복하는 대신 큐비트는 0과 1을 동시에 나타낼 수 있기 때문이다. 이는 수많은 계산을 병렬로 처리할 수 있게 해준다. 앞선 7장에서는 AI에서 병렬 데이터 처리의 중요한 역할에 관해 설명한 바 있다. 그때 나는 그래픽 처리 장치GPU가 어떻게 해당 목적에 맞게 세심하게 최적화된 특수 하드웨어일 수 있는지를 강조했다. 비교하자면, 양자 컴퓨팅은 GPU의 크게 향상된 버전이라고 할 수 있다.

양자 얽힘은 또 다른 중요한 양자 특성이다. 얽힘은 1935년 알버트 아인슈타인에 의해 소개됐는데, 여러 양자 입자가 서로 연결돼 더 이상 분리해서 설명할 수 없게 되는 현상이다. 한 입자의 상태는 입자가 서로 얼마나 멀리 떨어져 있든 상관없이 다른 입자의 상태와 복잡하게 연결되고, 두 입자가 얽히게 되면 한 큐비트의 상태가 변하면 쌍을 이루는 큐비트의 상태도 순간적으로 변하게 된다. 아인슈타인은 이러한 비국소적 연결을 '유령 같은 원격 작용spooky action at a distance'으로 불렀다.

특별하게 설계된 알고리듬은 얽히고 겹쳐진 큐비트에서 작동해 계산 작업을 극적으로 빠르게 하도록 돕는다. 기존 컴퓨터에서는 비트를 추가하면 그 처리 능력이 선형적으로 증가하는 반면, 양자컴퓨터는 큐비트를 늘릴수록 처리 능력이 가파르게 향상된다. 덕분에 기존 컴퓨터가 따라가기 힘든 속도에 도달할 가능성이 열린다. 이는 앞서 도입부에서 언급했듯, 순수 물리학적 한계 가능성을 인정하면서도, 기존 컴퓨터로는 실행하기 힘든 초지능 급 AI 애플리케이션을 가능하게 하는 데 기여할 수 있다.

양자 튜링머신과 양자 컴퓨터

미국의 물리학자 폴 베니오프Paul Benioff는 1980년에 간소화된 양자 컴퓨터를 묘사하기 위해 양자 튜링머신quantum Turing machine 개념을 도입했다. 앞선 3장에서 논의한 것처럼, 1936년에 앨런 튜링이 소개한 고전적인 튜링머신은 셀로 나뉜 무한 테이프, 읽기/쓰기 헤드, 일련의 규칙으로 구성된 추상적인 수학적 계산 모델이었다. 이 기계는 테이프의 기호를 조작할 수 있을 뿐 아니라 규칙 적용을 통해 모든 알고리듬 과정의 실행을 시뮬레이션할 수 있다는 특징이 있다.

양자 튜링머신은 본질적으로 중첩과 얽힘이라는 양자 원리를 통합해 고전적인 튜링머신을 확장한 것이다. 테이프, 읽기/쓰기 헤드, 규칙 등 기존 모델의 필수 구성 요소는 그대로 유지하면서 고전적인 비트 대신 양자비트 또는 큐비트를 도입하고, 기존 논리 게이트 대신 양자 게이트를 도입한 것이다. 양자 게이트는 큐비트의 양자 상태를 조작하는 기본 연산으로, AND 또는 OR 함수와 같은 간단한 논리 계산을 가능하게 한다.

시간이 지나면서 엔지니어들은 이 양자 튜링 아키텍처를 따라 소규모 양자 컴퓨터를 구축했다. 1998년 IBM이 개발한 2큐비트 양자 컴퓨터는 이 기술의 가능성을 입증했으며, 연속적인 실험을 통해 큐비트 수가 확장됐다. 2019년 나사NASA와 구글은 54큐비트 컴퓨터로 양자 우위quantum supremacy를 달성했다는 소식을 전했다. 양자 우위는 특정 작업에서 양자 컴퓨터가 최고의 기존 슈퍼컴퓨터보다 뛰어난 성능을 발휘하는 지점을 말한다. 그런 의미에서 이 양자 컴퓨터는 당시 가장 빠르고 고전적인 컴퓨터인 IBM 모델보다 최대 300만 배나 빠른 속도로 계산할 수 있게 됐다. 구글은 이 모델을 개선하기 위해 꾸준히 노력했고, 2023년에 새로운 72큐비트 양자 컴퓨터의 개발을 발표하기에 이른다.

이처럼, 양자 원리를 컴퓨팅에 적용하는 데는 엄청난 도전이 수반된다. 양자 시스템에서 온도 변화, 진동, 빛 노출과 같은 외부 간섭은 양자 입자를 특정 상태로 강제하는 '관측'으로 볼 수 있다. 이때 입자가 점점 더 얽히고 중첩됨에 따라 외부 교란에 매우 취약해질 수 있다. 이는 하나의 큐비트와 관련된 교란이 얽혀 있는 다른 많은 큐비트에 연쇄적으로 영향을 미칠 수 있다. 큐비트가 0 또는 1 상태로 강제로 전환되면 중첩된 정보를 상실하면서 알고리듬이 작업을 완료하기 전에 오류가 발생한다. 이러한 문제는 디코히어런스decoherence, 결어긋남라고 부르며 오류율로 정량화된다.

이런 오류를 줄이기 위해, 진공 환경에서 양자 컴퓨터를 극저온으로 유지하는 등 다양한 기술이 사용됐다. 개발이 유망한 기술로는 이온 트랩ion trap과 초전도체superconductor가 있다.

이온 트랩은 개별 이온을 분리하고 안정화해 양자 정보 손실을 초래할 수 있는 외부 환경과의 상호작용을 최소화함으로써 양자 디코히어런스를 제거하는 데 도움을 주는 것이다. 반면 초전도체는 입자가 저항 없이 움직일 수 있도록 해줘서 주변 환경과의 상호작용으로 인한 양자 상태의 혼란을 방지함으로써 양자 디코히어런스 제거에 도움을 준다.

구글의 과학자들은 저장된 정보를 손상시키지 않으면서 디코히어런스로 인해 발생하는 오류를 수정하는 오류 수정 알고리듬을 연구했다. 정보 손실은 양자 컴퓨터의 실용화를 가로막는 중요한 장애물이기 때문이다. 그렇기에, 오류를 줄이는 것은 오늘날 물리학자들의 주된 관심사가 됐으며, 그들은 실용적인 양자 컴퓨팅을 달성하기 위해 노력하고 있다.

양자 알고리듬 및 계산 속도 향상

양자 디코히어런스와 관련된 기술적 과제가 해결되면, 양자 컴퓨터는 탁월한 병렬 처리 능력을 통해 복잡한 알고리듬을 효율적으로 관리함으로써 AI 역량을 크게 향상시킬 수 있다.

양자 컴퓨팅이 약속하는 처리 속도와 AI 능력의 비약을 실현하지 못하게 가로막는 최종 장벽은 기존 알고리듬을 양자 환경에 맞게 조정하는 일이다. 이때, 중첩과 얽힘을 효과적으로 활용하려면 양자 컴퓨팅 환경 내에서 알고리듬을 수정 없이 실행하는 것만으로는 불가능하다. 마찬가지로, 기존 컴퓨터에서 실행되는 신경망은 양자 컴퓨터에서도 수정하지 않고 실행할 수 없으며, 둘 다 수정과 재작성이 필요하다.

기존 알고리듬은 일반적으로 기존 컴퓨터의 물리적 측면과 크게 분리된 방식으로 설계돼 추상적인 수학적 모델에만 집중한다. 데이터 과학자는 알고리듬을 설계하기 위해 GPU나 CPU 내부에서 전자가 어떻게 움직이는지 몰라도 된다. 파이썬Python과 같은 프로그래밍 언어로 알고리듬을 작성하기만 하면 처리 능력이 그다음 단계로 넘어갈 수 있기 때문이다. 하지만 양자 알고리듬은 그렇지 않다. 양자 알고리듬은 양자역학의 물리적 원리와 긴밀히 연관돼 있어서, 원활하게 작동하려면 중첩과 얽힘과 같은 양자 속성을 명시적으로 활용해야 한다.

양자 컴퓨터를 위해 특별히 설계된 알고리듬을 양자 알고리듬이라고 한다. 이론적으로 양자 알고리듬은 특정하고 계산량이 많은 일부 작업에 사용되는 기존 알고리듬보다 급격하게 적은 계산을 필요로 한다. 그러나 기존 컴퓨팅에 비해 양자 컴퓨팅의 속도 향상이 모든 계산 작업에 적용되는 것은 아니다. 예를 들어, 정렬sorting과 같은 기본적인 작업은 점근적漸近的, asymptotic 양자 속도 향상을 보이지 않는다.

알고리듬의 양자 버전은 기존 버전에서 얻을 수 있는 속도 향상의 유형에 따라 세 가지 그룹으로 분류된다. 첫째, 기하급수적 증가, 둘째, 다항식 이득, 셋째, 처리되는 데이터에 따라 선택적으로 달라지는 이득이다.

다른 알고리듬은 속도 향상이 전혀 없다.

기하급수적 양자 속도 향상과 비트코인의 미래

기하급수적 속도 향상은 양자 기술 알고리듬에서 가장 큰 가치를 지녔다. 기하급수적 속도 향상이란, 양자 알고리듬이 특정 문제에서 알려진 가장 효율적인 기존 알고리듬보다 훨씬 더 빠르게 문제를 해결할 수 있음을 뜻하기 때문이다. 가장 유명한 예는 1994년 수학자 피터 쇼어Peter Shor가 큰 수를 소인수로 분해하기 위해 공식화한 쇼어 알고리듬Shor's Algorithm이 있다.

기존 알고리듬을 사용해서 1,000자리 숫자의 소인수를 찾기는 처리 능력이 아무리 크게 발전하더라도 불가능할 정도로 오랜 시간이 걸린다. N 자리 숫자를 인수분해하려면 기존 알고리듬은 N의 지수(e^N) 순서로 수많은 계산이 필요하기 때문이다. 하지만 쇼어 알고리듬은 로그(N)^3 순서로 너끈히 계산할 수 있으며, 처리 속도도 훨씬 빠르다. 과연 얼마나 빠를까? 일반적으로 기존 컴퓨터에서 100시간이 걸리는 계산 작업이 쇼어 알고리듬을 사용하는 양자 컴퓨터에서는 불과 9분 만에 가능하다.

대부분의 암호화 기술이 큰 숫자를 인수분해하는 복잡성에 의존하기 때문에, 이 알고리듬은 암호화 및 모든 디지털 보호에 중대한 영향을 미친다. 쇼어 알고리듬은 RSA$^{\text{Rivest-Shamir-Adleman, 리베스트-샤미르-애들먼}}$ 암호, 디피-헬먼$^{\text{Diffie-Helman}}$ 키 교환, 타원곡선 암호화$^{\text{elliptic curve cryptography}}$ 등 널리 채택된 많은 오픈 키 암호를 취약하게 만들 수 있다. 이러한 암호는 보안 웹 페이지와 암호화된 이메일을 보호하는 데 매우 중요하며, 암호의 잠재적 손상은 전자 개인정보 보호 및 보안에 있어 심각한 우려 사항이라고 할 수 있다.

또한, 쇼어 알고리듬은 비트코인에서 거래에 서명하고 코인의 소유권을 제어하는 데 사용되는 개인 키의 보안을 손상시킬 수 있다. 양자 컴퓨터에서 쇼어 알고리듬을 활용하면 비트코인 암호화 키를 깨는 것이 가능하기 때문이다. 이 취약점은 비트코인 보유량 및 기타 블록체인 애플리케이션을 위험에 빠뜨릴 수 있다. 궁극적으로 말하면 암호화폐 시스템에 대한 신뢰를 약화시킬 수 있는 것이다. 이렇듯, 쇼어 알고리듬의 엄청난 계산 능력으로 인해 양자 컴퓨터가 상용화되면 비트코인을 해독하는 것은 양자 컴퓨터의 첫 번째 실제 적용 사례의 하나가 될 것이다.

기하급수적 양자 속도 향상은 암호화를 넘어 신약 개발이나 지금까지 알려지지 않은 물질의 합성 분야에서 획기적인 발전을 가져올 것이다. 양자 원소는 복잡한 분자 상호작용을 비교할 수 없을 정도로 정밀하게 시뮬레이션해 새로운 화합물, 의약품 및 치료법 개발을 크게 가속화시킬 수 있으며, 재료 과학에서는 맞춤형 특성을 가진 새로운 재료의 설계에 혁명을 불러일으켜 전자 제품에서부터 에너지 저장에 이르기까지 다양한 산업에 영향을 미칠 수 있다. 이러한 새로운 혁신은 오늘날 양자 컴퓨팅이 과학 연구, 기술 및 산업에 미칠 수 있는 광범위한 영향을 보여준다.

다항 양자 속도 향상을 통한 효율적인 검색

두 번째 종류의 속도 향상은 다항 속도 향상polynomial speedup이다. 이 경우, 양자 알고리듬은 문제의 크기에 따라 다항 방식으로 확장해, 점진적이지만 가치 있도록 계산과 문제 해결을 개선해 준다.

1996년, 로브 그로버Lov Grover가 고안한 그로버 알고리듬Grover's Algorithm은 가장 잘 알려진 다항 속도 향상 알고리듬으로, 정렬되지 않은 데이터베이스를 검색하는 문제를 해결하는 데 사용된다. 실제로 기존 컴퓨팅에서는 정렬되지 않은 N개의 항목 목록이 있는 경우 특정 항목을 찾기 위해 평균적으로 N/2번의 비교를 수행해야 하지만, 그로버 알고리듬은 N개의 항목이 있는 데이터베이스에서 대략 $\sqrt{N}$ 단계로 목표 항목을 찾아낼 수 있다. 기존 검색에 필요한 연산 횟수는 그로버 알고리듬에 필요한 연산 횟수인 N/2 대 $\sqrt{N}$의 제곱에 비례하며, 그 결과, 이차quadratic 속도 향상이 된다. 기존 컴퓨터에서 100시간이 소요되는 정렬 작업을 그로버 알고리듬의 이차 속도 향상을 통하면 약 14시간 만에 완료할 수 있는 것이다.

그뿐만 아니라, 그로버 알고리듬은 정렬되지 않은 데이터베이스에서 작업 검색 요소를 크게 가속화함으로써 과거에는 완전 검색exhaustive search에 시간이 오래 걸렸던 실재적인 문제에 실용적인 솔루션을 제공했다. 이를 통해 데이터베이스 검색을 혁신해 데이터 분석, 정보 검색, 검색 엔진 운영과 같은 일반적인 작업에서 중요한 요소인 대규모 데이터셋의 정보를 훨씬 빠르게 검색할 수 있게 됐다. 게다가, 경로 계획 영역에서 방대한 물류 네트워크를 효율적으로 검색하고 최적의 경로를 찾아내 운송 비용과 이동 시간을 줄일 수 있게 됐다. 작업 일정 예약이나 공급망의 자원 배분과 같은 자원 할당 시나리오에서 그로버 알고리듬은 최적의 구성을 신속하게 검색해 자원 활용도를 높이고 비용을 절감시켜 전반적인 효율성을 개선할 수 있다.

다항 속도 향상을 가져오는 또 다른 알고리듬은 1995년 코리나 코테스Corinna Cortes와 블라디미르 바프닉Vladimir Vapnik이 처음 개발한 서포트 벡터 머신SVM, Support Vector Machine이다. 바프닉은 1964년 SVM의 개념을 처음 도입했으며, 이는 주로 데이터 분류 문제를 해결하는 데 사용했다.

이메일의 스팸 분류부터 이미지의 객체 인식, '이것과 저것'을 식별하는 문제에 이르기까지 일상적인 소비자 애플리케이션에서 제기되는 문제를 해결함에 있어 서포트 벡터 머신SVM은 중요하다. SVM은 비선형 데이터를 처리하는 능력과 고차원 문제를 해결하는 성능을 갖고 있어 비즈니스 및 AI 연구 분야의 데이터 과학자에게 필수적인 도구이다.

다른 많은 특징을 가진 다차원 공간에 수많은 점이 산재한 데이터셋을 상상해 보자. 각각의 특징은 각각의 차원이며, 여기서의 목표는 분포된 점을 서로 다른 범주로 분리하는 가장 좋은 방법을 찾아내는 것이다. 이에 관한 예로는, 의료 이미지에서 암이 있는지의 여부를 식별하거나 금융 거래에서 사기가 있는지의 여부를 식별하는 것을 들 수 있다. 서포트 벡터 머신SVM은 서로 다른 범주의 점들 사이의 거리를 최대화하는 선 또는 경계를 찾으려 하며, 이를 위해 의사결정 경계가 좀 더 명확한 다른 차원의 공간으로 변환한다. 이때, SVM은 마치 정육면체를 돌리듯 데이터의 축을 돌리며, 데이터를 분리하는 최적의 컷을 찾으려고 노력한다. 그리고 그 경계를 찾게 되면 선의 어느 쪽에 속하는지에 따라 새로운 데이터를 분류할 수 있다.

크기와 무게라는 두 가지 특징만으로 고양이와 개를 분류하는 사례를 통해 서포트 벡터 머신^{SVM}을 설명해 보겠다. 대부분의 개는 고양이보다 크지만, 일부는 더 작을 때도 있어서 구분하기 어렵다. 하지만 SVM은 모든 고양이와 개를 나타내는 방대한 데이터 포인트 집합을 3D 또는 4D와 같은 고차원 공간에 매핑해 나눌 수 있다. 이 고차원 공간에서 평면 또는 초평면은 두 부류(고양이와 개)를 효과적으로 분리하고, 2차원 공간에서는 명확하지 않을 수 있는 복잡한 특성을 식별할 수 있다. 이런 비선형 데이터를 처리하는 능력과 고차원 문제를 해결하는 성능 덕분에 SVM은 비즈니스 및 AI 연구 분야에 종사하는 데이터 과학자에게 필수적인 도구가 됐다.

기존 컴퓨팅 서포트 벡터 머신^{SVM}은 실제 애플리케이션에서 특성 차원이 크거나 학습 데이터가 방대하면 계산 부담이 급증할 수 있다. 이때, 양자 SVM은 이미지 및 텍스트 분류, 금융 모델링, 의료 진단과 같은 작업에서 이차 속도 향상을 통해 시간을 크게 절약할 수 있다.

선택적 속도 향상을 제공하는 양자 머신러닝 알고리듬

세 번째 그룹에는 기존 알고리듬에 비해 높은 속도 향상을 제공하지만, 명확하게 정의된 맞춤형 경우에만 속도를 높이는 알고리듬이 포함된다. 양자 컴퓨팅에서는 이를 일컬어 선택적 속도 향상$^{selective\ speed-up}$이라고 한다.

대표적인 예로 2009년, 양자 컴퓨터에서 선형 방정식 시스템을 효율적으로 풀기 위해 도입된 HHL 알고리듬(저자 이름을 딴 Harrow-Hassidim-Lloyd)을 들 수 있다. 원래는 이러한 종류의 선형 시스템을 풀려면 행렬을 반전시켜야 한다. HHL 알고리듬은 양자 중첩과 얽힘을 활용해 행렬 반전 matrix inversion 을 간소화하는 특징을 가지고 있다.

선형 시스템을 풀기 위한 기존 알고리듬은 일반적으로 시간 복잡도가 최소 N^3에서 확장된다. 여기서 N은 시스템의 차원이다. 이와는 대조적으로, HHL 알고리듬의 시간 복잡도는 로그(N)까지 낮아질 수 있다. 예를 들어, 기존 컴퓨터에서 100시간이 걸리는 선형 시스템을 HHL 알고리듬을 실행하는 양자 컴퓨터에서는 약 40분이면 가능하다. 이는 N^3/로그(N)가 기하급수적으로 증가하기 때문에 엄청나게 속도가 빨라지는 것이다.

그러나 속도 향상은 문제의 크기, 행렬의 구조, 양자 하드웨어의 성능에 달려있는 관계로 변수가 많다. 이러한 조건이 충족될 경우, HHL 알고리듬은 계산 시간에서 상당한 이점을 제공해 잠재적으로 수십 배 이상 속도를 더 낼 수 있지만, 양자 이점이 앞서 설명한 다른 경우만큼 뚜렷하지 않을 수 있다는 것을 알아야 한다.

이런 사유는 최적화 문제를 처리할 때도 동일한 이점을 제공한다. 최적화는 경로 계획, 공급업체 관리, 재무 포트폴리오 수익 극대화 등 고정된 자원으로 가능한 최상의 결과를 도출하는 것을 의미한다. 이는 방대하고 다양한 데이터셋을 빠르게 처리하면서 최적의 솔루션을 찾아내는 능력으로 양자 컴퓨팅이 탁월한 성능을 발휘하는 이상적인 시나리오다. 기존 컴퓨터는 최적화 문제를 해결하기 위해 방대한 데이터를 처리할 때 종종 계산 과부하 상태에 직면하는 단점이 있다.

선형 방정식 시스템은 최적화 문제를 푸는 데 주로 사용되며, 많은 최적화 모델은 변수 간의 선형 관계를 포함한다. 따라서 많은 양자 최적화 알고리듬이 HHL과 관련이 있다. 물론, 특정 문제에 따라 기하급수적 또는 다항 계산 이득을 가져올 수 있지만, 이는 특정 상황에서만 가능하다.

선형 방정식 시스템 외에도 양자 어닐링Quantum Annealing, 양자 풀림이라는 또 다른 기본적인 양자 최적화 알고리듬이 있다. 야금학에서 어닐링은 금속 또는 합금의 물리적, 화학적 특성을 변경할 때 사용되는 열처리 공정이다. 금속은 특정 온도로 가열한 다음 서서히 냉각되면서 보다 안정적인 상태로 재배열된다. 또한, 어닐링은 금속의 경도를 낮추고, 기계 가공성을 개선하며, 연성을 높이고, 재료의 내부 응력을 완화하기 위해 종종 사용된다.

양자 어닐링은 야금 공정의 이름을 땄으며, 물리적 재료의 온도를 조정하는 대신 양자 중첩에서 고전 상태로 전환할 때 양자 시스템의 매개변수를 조정한다. 이 방식으로 양자 시스템은 최적화 문제의 해결책을 찾으려 한다. 이 아이디어는 주어진 문제에 대해 가장 유리한 결과를 찾기 위해 금속 어닐링 중에 원자가 재배열되는 방식과 유사하게 양자 시스템이 가능한 해결책을 탐색하도록 해준다.

양자 어닐링은 양자 알고리듬이 양자역학의 복잡성에 직접적으로 의존한다는 앞서 설명한 부분을 잘 보여준다. 양자 알고리듬을 설계하려면 양자역학을 자세히 이해해야 하는데, 이는 파이썬과 같은 프로그래밍 언어로는 불가능하다. 이번 장의 서두에서 언급했듯이 양자 컴퓨터에서 실행하려면 기존 알고리듬을 완전히 다시 만들지 않으면 안 된다.

앞서 설명한 일상적인 최적화 외에도, 양자 어닐링은 AI의 모든 애플리케이션에 고유한 문제인 머신러닝 알고리듬, 그중에서도 특히 신경망 학습에서 특별한 유용성을 가진 것으로 확인된다.

양자 신경망과 차세대 AI를 위한 디딤돌

오늘날 가장 유용한 AI 응용 분야는 인공 신경망을 기반으로 한다. 자율주행차부터 휴머노이드 로봇, 생성형 AI와 머신 비전에 이르기까지 오늘날 중요한 AI 응용 분야는 모두 신경망을 사용한다고 해도 과언이 아니다. 지금까지 가장 중요한 양자 알고리듬을 살펴봤으니 이제 다음 연구 질문으로 넘어가 보겠다. "양자 신경망은 존재할까?"

가장 단적인 대답은 '그렇다'. 하지만 아직은 원시적 수준이다. 양자 신경망은 기존의 신경망만큼 전혀 발전하지 못했다.

양자 컴퓨터가 중첩과 얽힘에서 파생되는 병렬성을 활용해 신경망을 효율적으로 학습시키고 실행할 수 있다면, 이는 우리 인간의 역량에 빠르게 필적하는, 지능적이고 새로운 AI의 시대를 여는 중요한 진전이 될 것이다.

기하급수적 속도 향상, 다항 속도 향상, 선택적 속도 향상으로 분류된 알고리듬 분류에서 양자 신경망은 선택적 그룹에 속해 있다. 양자 신경망의 속도 향상은 특정 문제, 데이터, 사용되는 양자 하드웨어에 따라 달라질 수 있으며, 특정 작업에 대해 몇 가지 이점을 제공할 수 있다. 하지만 양자 신경망은 기존 신경망이 사용할 수 있는 광범위한 사용 사례에서 기하급수적 속도 향상이나 다항 속도 향상을 보장하지 않는다.

양자 신경망에 관한 연구는 주로 양자 이점을 활용하기 위해 기존 인공 신경망을 조정하는 것과 양자 신경망을 효율적으로 학습시키는 것이라는 두 가지 주요 사항을 중심으로 진행된다.

첫 번째 연구 과제와 관련해 양자 컴퓨터는 기존 컴퓨터의 소프트웨어 기반 접근 방식과는 달리 하드웨어 수준에서 신경망의 기능을 복제하게끔 독특하게 설계돼야 한다. 이때, 양자 구성에서 각 큐비트는 뉴런의 역할을 효과적으로 수행하며 신경망의 기본 구성 요소 역할을 한다.

하지만 큐비트가 인공 뉴런처럼 동작하도록 만드는 것은 결코 쉽지 않다. 인공 신경망 내부의 각 뉴런은 스위치 역할을 하는 한편, 들어오는 신호를 다음 뉴런으로 전송하거나 필터링하기 때문이다. 양자 큐비트 내부에서 이러한 스위칭 동작의 정확한 등가물을 찾아내는 것은 양자 머신러닝 알고리듬을 발전시키기 위해 노력 중인 연구자들이 직면한 현실적 과제다. 지금까지 다양한 양자 접근 방식이 제안됐지만, 이러한 구조는 특히 특정 응용 분야에 걸맞게 조정돼야 한다.

두 번째 연구 과제는 양자 세계에서 광범위한 데이터 응용 분야의 대규모 기존 신경망을 학습시켜야 하는 것이다. 이는 대단한 도전인데, 신경망의 오류를 최소화하기 위해 신경망을 구성하는 수십억 개의 매개변숫값부터 찾아내야 하기 때문이다. 한 예로, GPT-3에는 1,750억 개의 매개변수가 있고, GPT-4는 GPT-3보다 10배 더 많은 매개변수가 있다고 한다. 이처럼, 머신러닝의 기술은 엄청난 수의 매개변수를 학습하기 위해 알고리듬을 학습시키는 반복적인 과정을 포함하며, 이러한 기법은 양자 세계에 맞게 조정된다. 양자 어닐링과 같은 양자 최적화 알고리듬은 최적화와 관련된 작업에서 신경망 학습의 특정 측면을 기존 컴퓨터보다 더 효율적으로 수행할 수 있는 잠재력을 갖고 있다.

따라서, 일반적인 신경망을 구축할 수 있는 하드웨어 틀을 만들기 위한 많은 연구가 곳곳에서 진행되고 있다. 2020년 커스틴 비어$^{\text{Kerstin Beer}}$는 입력 계층, 다중 숨겨진 계층, 출력 계층을 갖춘 최초의 다목적 양자 신경망 아키텍처를 소개했다. 이 틀은 앞선 4장에서 설명한 것처럼 단 하나의 층만 존재하는 1957년 프랭크 로젠블랫의 퍼셉트론보다 더 복잡한 양자 신경망을 가능하게 만들었다. 이는 이 분야에 있어 엄청난 진전이었다.

이렇듯, 양자 신경망에 관한 연구는 여전히 발전 중이다. 일반적인 신경망을 고전 컴퓨터처럼 그대로 실행할 수 있는 범용 양자컴퓨터가 나오기까지는 아직 시간이 걸리겠지만, 양자컴퓨팅의 병렬성에 신경망의 강점을 결합하는 시도는 AI 지형을 재편하고 초지능을 향한 경계를 넓힐 잠재력을 지닌 매력적인 교차점이다.

양자 겨울 탐색하기

양자 컴퓨팅이 AI의 미래에 가져올 엄청난 가능성을 설명했지만, 이를 완전히 실현하기까지 수반되는 복잡성을 고려하는 것도 중요하다. 일반 소프트웨어를 실행할 수 있는 일반 양자 컴퓨터의 개발과 산업화까지는 아직도 가야 할 길이 멀기 때문이다.

1956년, AI가 처음 소개됐을 때만 하더라도 그 처리 능력이 알고리듬만큼 빠르게 발전하지 않았다. 경제 흐름이 즉각적인 상업적 영향을 미치지 않는 AI 개발에 반대하는 경우가 많았던 탓이다. 따라서 AI는 실현하기 힘든 무한한 기대만 품고 있었다. 이로 인해, 앞선 4장, 5장, 6장에서 설명한 것처럼, 세 차례의 'AI 겨울'이 연속적으로 발생했다. 이뿐만 아니라, 24장에서 언급한 것과 같은 이유로 앞으로도 많은 'AI 겨울'이 발생할지도 모른다. 현재 중국의 경기 둔화는 이미 지속적인 AI 개발 속도에 영향을 미치고 있다. 양자 컴퓨팅 또한 이와 비슷하면서도 독특한 도전에 직면할 가능성이 높다.

첫째, 이번 장에서 설명했듯이 아직 AI에 적합한 양자 알고리듬은 존재하지 않기 때문이다. 피터 쇼어는 2021년 CERN^{European Organization for Nuclear Research}, 유럽원자핵공동연구소과의 인터뷰에서 이렇게 말했다. "가장 큰 문제는 우리가 좋은 양자 알고리듬을 갖고 있지 않다는 것입니다. 하지만 양자 컴퓨터를 갖게 되면 더 나은 알고리듬을 실험적으로 개발할 수 있게 돼 양자 알고리듬 개발의 새로운 시대를 열 수 있을 것입니다."

또한 양자 알고리듬은 일정 수준의 프로그래밍 언어로 작성할 수 없기 때문에 설계가 복잡하다. 어쩌면 현재로서는 상업적으로 존재하지 않는 하드웨어에서 해결책을 직접 구현해야 할지 모른다.

둘째, 양자 시스템은 기존 시스템을 능가하는 내재적 복잡성을 지닌다. 양자 중첩과 얽힘의 원리는 고전적인 직관을 무시하는 복잡성을 가진다, 양자 정보의 무결성을 유지하려면 양자 디코히어런스를 완화하는 것이 필수적이다. 하지만 증가하는 수의 큐비트 간의 일관된 상호작용을 조율하는 것은 힘들며, 기존 시스템과의 통합을 위해서는 양자 컴퓨팅과 기존 컴퓨팅의 이질적인 영역을 연결하는 하이브리드 아키텍처의 개발이 요구된다.

셋째, 양자컴퓨터는 섬세한 양자 상태를 유지하려면 극저온 등 특수한 환경이 필요하다. 이런 고비용·고자원 요구 때문에 규모 확장과 접근성이 떨어질 수 있다. 초기 AI가 하드웨어 제약으로 인해 한계 상황에 직면했듯이, 양자 기술의 자원 집약적 특성은 우리가 염려하는 '겨울'로 이어져 광범위한 응용과 개발을 방해할 수 있다.

마지막으로, 현시점에서는 단언할 수 없지만, 지금의 지식 수준으로 볼 때 양자 컴퓨팅은 과학이 아직 인지하지 못한 예상 밖의 과학적 장벽이나 물리적 한계에 부딪힐 가능성이 크다. 물리학 및 양자역학에서 이 미지의 영역을 탐험하다 보면 무엇이 발전을 더디게 하는지 알 수 있을 것이다.

 양자 컴퓨팅은 다음 장의 중점 논의 사안이 될 초지능에 필요한 계산 속도를 해결할 중추적인 기술로 예상된다.

26
초지능

"모르는 게 없을 정도로 똑똑한 인간의 지식을 훨씬 능가하는 기계를 초지능 기계라고 정의해 보자. 이때, 이 기계를 설계하는 것은 지적 활동 중 하나가 될 것이다. 초지능 기계가 자기보다 더 뛰어난 기계를 설계할 수 있다면 의심할 바 없이 '지능 폭발'은 일어날 것이고, 그렇게 되면 인간 지능은 뒤처지게 될 것이다. 그리고 최초의 초지능 기계는 우리 인간이 만드는 마지막 발명품이 될 것이다."

- **어빙 존 굿**Irving John Good,
영국 수학자,
「최초의 초지능 기계에 관한 추측」, 1966년

어빙 존 굿Irving John Good은 당시 '울트라지능ultra-intelligence'이라고 불렸던 초지능Superintelligence과 '지능 폭발intelligence explosion'이라는 특이점singularity 개념을 설명하기 위해 이런 낯선 용어를 사용했다. 굿의 열정이 가득한 어조에는 이 발명품의 개발이 인류가 만드는 마지막 발명품이 될 것이라는 생각을 전하고, 장차 이 기술이 우리 인류를 대신해 다음 발명품을 다 만들 수 있음을 암시했다.

이 흥미로운 아이디어는 스탠리 큐브릭Stanley Kubrick에게 전달됐으며, 이는 편집증적인 슈퍼컴퓨터 HAL 9000의 상징적인 캐릭터가 등장하는 영화 〈2001: 스페이스 오디세이〉(1968)의 감독인 큐브릭이 굿에 자문하는 계기가 됐다. 이 숨겨진 얘기는 내가 이 책에서 밝혀낸 많은 것 외에도 SF소설과 실제 과학적 사고 간의 상호작용을 보여주는 또 하나의 매력적인 예다.

이번 장의 중심 주제는 인간-AI 인터레이스의 필연성과 초지능에 대한 전망이다. 이 전망은 흥미롭지만, 미래를 예측하기란 쉽지 않기 때문에, 초지능 자체가 언제 어떻게 일어날지 그 구체적인 내용과 시기를 알아내기 불가능하다는 점을 염두에 둬야 한다.

직관적으로 생각건대, 인간 지능은 수백만 년 동안 진화해 왔고, 앞으로도 수백만 년 동안 비슷한 방식으로 진화할 가능성이 높다. 이들의 불가피한 진화를 고려할 때, 과연 그 종착점은 어디일까?

초지능이 가능하다고 생각하는 것은 논리적 사유다. 주요 환경 요인에 의해 가속화돼 집단에 퍼지는 무작위적인 DNA 변화는 진보에 대한 인간 욕망의 결과로 만들어진 변화와 다르지 않다. 그 차이는 단지 속도(가속도)와 메커니즘(실리콘 대 탄소)에서만 확인될 뿐이다. 따라서, 진화의 개선 과정에 맡겨진 미래 버전의 인류는 분명히 초지능이 될 것이다.

초지능의 SF소설

초지능 개념은 인간의 인지 능력을 넘어서는 존재나 시스템을 만들거나 마주하게 될 때, 그 심오한 의미에 대한 질문을 던진다. SF소설에서 가장 잘 알려진 초지능은 1984년 제임스 카메론^{James Cameron} 감독이 선보이고 아놀드 슈왈제네거가 주연한 영화 〈터미네이터〉 시리즈에서 나오는 스카이넷^{Skynet}이다.

윌리엄 깁슨^{William Gibson}의 1984년 소설 『뉴로맨서』(황금가지, 2005) 또한 AI, 사이버공간, 인간과 기계의 융합에 대한 지적, 기계적, 정신적 복잡성에 대해 깊이 파고들었다. 이 책은 AI와 사이버공간의 융합으로 해커와 AI가 공존하는 가상 세계와 디스토피아적 미래를 상상한 획기적인 사이버펑크를 배경으로 했다. 주된 스토리는 해킹을 하기 위해 미스터리한 고용주에게 고용된 전직 숙련 해커 케이스^{Case}를 중심으로 전개된다.

『뉴로맨서』에서 다뤄지는 초지능에 대한 비전은 미묘하지만 널리 확산돼 있다. 소설 속 얘기는 스프롤^{Sprawl}로 알려진 사이버네틱 향상 기술이 고리로 서로 연결돼 있고, 이 기술에 의해 지배되고 있는 거친 도시 환경을 배경으로 진행된다. 여기서의 인간 의식과 AI의 융합은 물리적 세계와 가상 세계의 경계를 혼성하고, 사회 구조와 구분할 수 없을 정도로 맞물린 초지능의 풍경을 만들어낸다. 이 소설에서는 뚜렷한 개성과 역량을 함께 지닌 두 종류의 AI, 윈터뮤트^{Wintermute}와 뉴로맨서^{Neuromancer}가 소개된다. 윈터뮤트는 상대방인 뉴로맨서와 합쳐져 탁월한 재주를 겸비한 초지능을 만들려는 실용주의적 개체다.

『뉴로맨서』에서 초지능의 출현은 단일하고 전지전능한 힘만 의미하지 않는다. 오히려 그 힘은 협력적인 시너지 효과에 가깝다. 이러한 표현은 단일화된 AI에 대한 기존의 개념과 극명하게 대조되며, 우리가 생각하는 AI의 궁극적인 본질인 집단주의적이고 비원자론적인 성격에 걸맞다.

이와는 대조적으로 찰스 스트로스의 2005년 소설 『Accelerando』는 초지능이라는 주제에 대해 보다 광범위하고 시간적으로도 야심 찬 접근 방식을 취한다. 이 소설은 여러 세대에 걸쳐 상호 연결돼 있는 한 가족의 이야기를 그린다. 이들의 얘기는 전례 없는 기술 발전 지점인 특이점으로 이어지는 기술 발전의 가속화 속도를 다룬다. 『Accelerando』의 흥미로운 점은 등장하는 각각의 세대가 이전 세대보다 훨씬 더 많이 AI와 인터레이싱 되고, 전 세대와 다르게 행동하면서 세상을 다르게 바라본다는 것이다.

AI 협업으로 초지능이 등장하는 『뉴로맨서』와 달리 『Accelerando』는 인간 지능이 처음부터 진화하는 AI의 분산된 네트워크와 정교하게 인터레이싱 되는 특이점 이후의 시나리오를 그리고 있다. 스트로스는 특이점에 대해 생생하면서도 점진적인 그림을 완성시키며, 전통적인 인간의 이해를 뛰어넘는 가속화되는 지능 폭발의 폭포를 묘사한다. 그러나 이러한 비전 역시 전반적인 AI에 대한 우리의 관점처럼 네트워크적이고 집단주의적이며 비원자론적이다.

『Accelerando』에서의 초지능은 어디에나 존재하며 개별 개체에 국한된 것이 아니다. 그보다는 광대한 특이점 이후의 환경을 구성하는 상호 연결된 정신의 발현적 특성을 지닌다. 인간 지능은 편재되고 분산되며, 상호 연결된 마음의 네트워크와 구별할 수 없다. 이러한 특이점은 태양계 전체의 구조가 재편됨에 따라 여러 세대에 걸쳐 펼쳐지면서 그 영향이 우주적 규모로까지 커진다.

탄소 또는 실리콘: 물리적 기판을 넘어서

초지능에 대해 생각할 때 우리가 던져야 할 질문은 "그것이 과연 가능할까?"이다. 짧은 대답은 '그렇다'이지만 아직은 확실한지 알 수 없다.

앞선 5장에서 자세히 언급한 AI의 선구자인 앨런 뉴웰과 허버트 사이먼은 1975년 물리적 기호 체계 가설Hypothesis of Physical Symbol Systems을 공식화했다. 이 가설은 우리 인간의 사고는 근본적으로 기호를 조작하는 과정과도 같으며, 만약 기계도 이러한 물리적 기호 체계를 가졌다면 지능을 얻을 수 있다는 것을 의미한다. 이러한 체계는 11장에서 설명한 대로 로봇 기호논리의 기초가 된다. 이 가설에 따르면, 지능의 물리적 기질이 인간처럼 탄소인지, 혹은 오늘날 컴퓨터처럼 실리콘인지, 아니면 가상의 미래 컴퓨터처럼 양자 하드웨어인지가 중요한 게 아니다. 중요한 건, 어떤 플랫폼 또는 여러 플랫폼의 조합이든 범용인공지능AGI이나 초지능을 구축할 수 있어야 한다는 것이다.

이 개념은 앞의 3장에서 소개한 홉스, 라이프니츠, 흄과 같은 사상가들에 그 철학적 뿌리를 두고 있다. 이들은 추론과 지각이 형식적 연산으로 환원될 수 있고, 인간의 뇌는 신체의 다른 부분들처럼 탄소 기반의 기계 시스템에 불과하다는 가설을 세웠다. 만약 이러한 물리적 기호 체계의 가설이 옳다면 합성 물질을 사용해 인간의 지능을 모방하는 것도 가능할 수 있다.

하지만 뉴웰과 사이먼의 견해는 AI 커뮤니티 내부에서 논쟁을 불러일으켰다. 한 예로, 명시적 기호의 필요성은 AI에서 여러 차례 의문을 가지게 했다. 이를 두고 일부 AI 과학자들은 기호에 덜 집중하는 시스템에서도 지능이 출현할 수 있다고 주장했다. 지능의 형태는 2차 세계대전 말에 만들어진 초기 아날로그 로봇인 엘머Elmer와 엘시Elsie나 앞선 11장에서 잠시 소개한 1990년대의 '누벨 AI$^{Nouvelle\ AI}$' 로봇처럼 불연속적 또는 디지털 표현이 아닌 실제 세계의 아날로그 신호에 기초할 수 있기 때문이다.

나는 인간 지능이 생물학적 진화 과정을 통해 진화했듯이, 필연적인 진보는 탄소 진화 기반의 지능을 가진 인간 엔지니어가 실리콘 기반 플랫폼에서 인간의 마음을 에뮬레이션해 지능을 재창조할 수 있다고 생각한다. 이런 마인드 에뮬레이션의 가능성 역시 다음 장에서 살펴볼 초지능의 한 형태다.

강한 AI와 의식의 어려운 문제

인간에게는 의식^{consciousness}이 존재한다. 르네 데카르트$^{René\ Descartes}$가 1637년 자신의 저서 『방법서설$^{Discourse\ on\ the\ Method}$』(부크크, 2018)에서 말했듯이, "나는 생각한다, 그러므로 나는 존재한다"와 같은 것이다. 일부 철학자와 종교인은 의식을 우주의 궁극적 목적이라고 본다. 만약 인간과 동물을 포함해 어떤 존재도 의식을 경험하지 못한다면, 우주는 존재하지 않거나 설명 불가능해지기 때문이다.

의식의 개념은 튜링 테스트와 관련해 앞선 4장에서 언급한 1980년 미국 철학자 존 설이 창안한 강한 AI$^{Strong\ AI}$라는 개념과 직결된다. 강한 AI는 의식^{consciousness}, 자기 인식$^{self-awareness}$, 지각력^{sentience}을 갖춘 AI 시스템을 말하며, 의식은 환경을 주관적으로 경험하고 인식할 수 있는 능력을 말한다. 자기 인식은 환경 내에서 자신을 분리된 존재로 인식하는 것을 말하며, 지각력은 환경 내에서 주관적으로 지각과 감정을 '느끼는' 능력을 포함한다.

이렇듯 의식, 자기 인식, 지각력으로 무장한 강한 AI 기계는 인간과 유사한 방식으로 세상을 이해하고 반응하는 일종의 주관적 경험과 능력을 보유할 것이다. 이는 지적인 인지 능력을 넘어서는 것으로써, 우리가 객관적으로 측정할 수 있는 능력을 초월하는 특별한 무언가가 AI 기계에 발생했음을 시사한다. 반대로, 존 설에 따르면 아무리 똑똑하다고 하더라도 의식, 자기 인식, 지각력이 없는 기계는 '좁은 AI$^{Narrow\ AI}$' 또는 '약한 AI$^{Weak\ AI}$'로 불릴 것이다.

존 설 이후 몇 년 뒤, 1996년에 호주계 미국인 철학자 데이비드 찰머스$^{David\ Chalmers}$는 강한 AI와 의식에 관한 연구를 이어가던 중에 또 다른 관점을 제기했다. 의식과 관련된 문제를 '쉬운 문제$^{easy\ problem}$'와 '어려운 문제$^{hard\ problem}$'라는 두 가지 범주로 제안한 것이다.

쉬운 문제는 인지 역학에 관한 질문과 연관돼 있다. 여기서는 사물을 인식하고 분류하는 것, 정보를 통합하는 것, 언어나 논리와 같은 인지 과정에 참여하는 것 등이 포함된다. 2024년 현재, AI 모델은 이미 갖가지 쉬운 문제를 해결할 수 있는 능력을 갖춘 것으로 입증됐다. 또한, 이러한 AI 모델을 구축함으로써 뇌 및 컴퓨터 과학자들은 인간 뇌의 작용에 대한 귀중한 통찰력을 얻었다.

반대로, 어려운 문제는 의식의 핵심을 파고들어 '도대체 왜, 어떻게' 뇌의 물리적 과정이 경험의 질적이고 주관적인 측면을 발생시키는지를 묻는 것이다. 찰머스는 이 어려운 문제를 다음과 같이 탁월하게 표현했다. "왜 이 모든 처리가 풍부한 내면의 삶을 낳는가? 전자기 파형이 망막에 닿으면 시각적 경험이 발생하고, 신경 처리가 일어나면 통증, 색, 소리, 감정이 발생하는 이유는 무엇일까?"

의식이라는 어려운 문제에 답하기 위해 레이 커즈와일이나 마빈 민스키 같은 일부 트랜스휴머니스트들은 인간의 마음이 단순히 생물학적 신경망에 의해 수행되는 정보 처리에서 나온다고 주장했다. 이들은 학습, 기억, 의식을 포함한 필수적인 인지 기능이 이원론적이고 신비로운 영혼이나 정신에 뿌리를 둔 것이 아니라, 물리, 화학, 생물, 수학의 확립된 법칙에 따라 작동하는 뇌의 물리적, 전기 화학적 과정에 근본적으로 뿌리를 두고 있다고 주장했다. 또 어떤 이들은 양자역학을 의식의 본질적인 부분이라고 주장하기도 했다.

이를 알기 위해서는 1995년 수바시 칵[Subhash Kak]과 론 크리슬리[Ron Chrisley]의 연구로 거슬러 올라가야 한다. 이들은 고전 역학이 인간의 의식을 완전히 설명할 수 있다고 가정하면서 양자역학이 인간의 인지 기능에서 할 수 있는 역할을 연구했다. 그리고 일부 양자 관련 가설은 미시적 수준에서의 양자 중첩과 얽힘의 본성이 인지 과정에서 역할 할 수 있고, 의식이 양자 일관성에서 나오거나 뇌 속에서의 양자 효과가 주관적 경험에 기여한다고 주장했다. 하지만 이러한 추측은 아직 널리 받아들여지지 않고 있으며, 커즈와일과 민스키처럼 학습, 기억, 사고, 감정 등 인간의 모든 인지 기능이 물리학, 화학, 생물학, 수학처럼 정해진 법칙에 따라 작동하는 뇌의 물리적, 전기화학적 과정에 그 뿌리를 두고 있다고 믿고 있다. 의식에 대한 우리의 이해는 아직도 난해하다.

그러나 AI 시스템 구현이 의식의 '쉬운' 문제를 조금 더 잘 이해하는 데 도움이 된 것처럼, AI 모델을 만드는 것도 의식이 진정으로 무엇인지를 이해하는, 수수께끼 같은 '어려운' 문제를 해결하는 데 귀중한 단서를 제공할 수 있다. 이런 의미에서 또 다른 가설 하나가 제기될 수 있다. 의식이 앞선 9장과 11장에서 논의한 로봇의 기호논리가 사용하는 세계 모델과 유사할 수 있다는 점이다. 세계 모델은 로봇이 탐색, 의사결정 및 주변 환경과의 상호작용에 사용하는 물체, 장애물 및 관련 정보를 포함한 로봇 환경의 디지털 표현이나 시뮬레이션을 말한다.

이는 로봇이 외부 세계를 이해하고 대응하는 데 도움이 된다.

이 가설에 따르면, 우리 인간은 뇌의 크기 제한으로 인해 한 번에 하나의 세계 모델에만 집중할 수 있다. 즉, 인간은 모든 상황에 동시에 집중할 수 있는 뇌의 크기를 갖고 있지 않아 항상 현재 상황에 맞게 정신 모델을 구성해야 한다. 뇌의 전전두피질prefrontal cortex은 현재 상황에 맞는 세계 모델을 구성하고 적재하는 데 한계가 있으며, 이런 의미에서 의식은 이 세계 모델을 구성하는 모듈일 수 있다. 이 가설은 의식이 마음의 힘의 결과가 아니라 무한한 세계 모델을 적재할 수 있는 제한된 뇌의 용량을 가진 것에서 발생하는 한계임을 시사한다. 인간이 상황의 수만큼 많은 세계 모델을 가지고 있다면 그 실행을 제어하려는 의식이 굳이 필요하지 않을 수도 있다. 이때, 인간은 자신에 대해 특별한 감정을 느끼지 않고 자신이 인간으로 존재한다는 사실조차 모른 채 시와 그림 같은 매우 예술적인 작업을 높은 생산성과 정확성으로 처리하고, 많은 작업을 한꺼번에 실행할 수 있다.

그렇다면 우리가 단순히 정보를 처리하는 것이 아니라 현실을 의식해야 이유는 무엇일까? 정답은 알 수 없지만, 소유감과 자기 인식에는 잠재적인 유용성과 진화적 중요성이 함의돼 있을 수 있다. 이런 의식이 있는 종은 그렇지 않은 종보다 환경에서 살아남는 데 더 잘 적응할 수 있을지도 모른다.

물론, 의식에 관한 질문의 답은 아직 나오지 않았다. 때문에 찰머스는 이를 '어려운 문제'라고 불렀다. 그러나 의식에 관한 질문은 초지능과 불멸을 탐구하기 위한 근본적인 출발점이고, AI가 인간 지능과 동등해지고 이를 능가하는 마지막 미개척 지점이기에 꼭 풀어야 한다.

이와 관련된 질문은 다음과 같다. "AI나 초지능이 감정을 느낄 수 있을까?" 그 대답은 '그렇다'다. 환경과 상호작용을 하면서 하이퍼파라미터를 갱신하는 인공 신경망(18장에서 다룬 주제)은 복잡한 시나리오나 우리가 감정으로 경험하는 것을 처리하는 손쉬운 방법을 실험할 수 있을 것이다.

대다수는 감정을 어떻게 정의하느냐에 달려 있으며, 인간의 감정적 경험과 감정이 원자론적 인간 수준에서 사고와 의사결정에 영향을 미치는 정도는 모든 개인마다 고유하다. 이는 개별 경험의 부산물로써 AI 학습과도 동일하다.

초지능: 속도, 집단성, 품질

초지능은 인간의 노력과 열망의 영역을 포괄하는, 영리하고 재능 있는 인간 지성보다 훨씬 더 뛰어난 지적 능력을 갖춘 이론적 실체다. 이 실체는 제한된 작업 기억과 제한된 주의력, 정신 모델에서 단일 세계관을 넘어서는 확장할 수 없는 무능력 등 인간의 인지적 제약을 초월한다. 하지만 초지능은 본질적으로 많은 인지 편향과 심리적 한계를 갖고 있다.

옥스퍼드대학의 저명한 철학 교수인 닉 보스트롬$^{Nick\ Bostrom}$은 초지능의 복잡한 환경이 우리 인류에 미치는 심층적 의미를 연구해 왔다. 2014년 저서 『슈퍼 인텔리전스^{Superintelligence}』(까치, 2017)에서 그는 초지능이 인간 지능보다 우월할 수 있는 세 가지 가능성을 소개했다. 바로 뛰어난 속도, 집단으로 결합, 좋은 품질이다. 이 세 가지 형태의 초지능은 상호 배타적이지 않으면서도 한 영역의 발전이 다른 영역의 발전을 촉진할 수 있다.

속도 초지능$^{speed\ Superintelligence}$은 인간의 인지 범위 내에서 모든 작업을 훨씬 빠른 속도로 실행할 수 있는 시스템이다. 컴퓨터의 속도가 이미 인간을 뛰어넘었다는 것은 널리 알려진 사실이다.

이런 속도 초지능의 한 예로는 고속 하드웨어로 인간의 뇌 전체를 에뮬레이션하는 것을 들 수 있다. 인간의 뉴런은 200Hz의 최고 주파수에서 작동하지만, 최신 컴퓨터 시스템은 2GHz 주파수에서 훨씬 더 빠르게 작동한다. 다음 장에서 살펴보겠지만, 그 결과, 매우 큰 크기의 뇌와 동일한 크기의 컴퓨터에서 동시에 실행하면 AI는 우리 인간보다 거의 백만 배 더 빠르게 인지 문제를 해결할 수 있다.

둘째, 집단 초지능collective Superintelligence은 여러 개의 작은 지능을 결합해 여러 영역에서 인간의 지능을 능가하는 결합체를 만드는 것이다. 이는 앞서 언급한 SF소설 『뉴로맨서』에서 윈터뮤트와 뉴로맨서가 서로 결합하는 방식과 유사하다. 집단 초지능은 회사, 직장 그룹, 과학 커뮤니티와 같은 인적 네트워크 및 조직과 밀접한 관련성이 있으며, 인간이 혼자서는 할 수 없는 일을 함께 수행하기 위해 협력하는 것과 같다고 볼 수 있다.

우리는 이 책 전반에 걸쳐 AI와 인터레이싱의 본질적인 요소가 궁극적으로는 집단주의적이고 비원자론적이라는 것을 역설했다. 협업형 초지능 시스템의 성능은 하위 시스템의 품질, 커뮤니케이션, 협력에 따라 크게 좌우된다. 이에 따라 시스템이 확장돼 참여자 간의 동기와 목표를 일치시키는 것이 점점 더 어려워질 수 있다. 이는 중국의 사회신용제도처럼 원시적인 AI 시스템에서도 직면한 문제이며, 이 제도는 바로 앞 24장에서 강조했듯이 하위 시스템들을 통합할 수 없어 구현에서 문제에 봉착했다. 게다가, 참여자 간의 비효율적인 커뮤니케이션 때문에 잠재적으로 최적의 시스템 동작이 실행되지 않을 수 있었다. 결국 한 명의 천재가 다수의 평균적인 인간 지능으로 대체될 수 없기에, 더 단순한 부분으로 세분화할 수 없는 작업의 경우에는 성능에 한계가 있을 수밖에 없었다.

셋째, 품질 초지능quality Superintelligence은 인간의 지능에 비해 질적으로 우수한 초지능의 일종이다. 품질 초지능은 AI 개발의 정점이 될 예정이지만, 곤충이 인간 지능이 실제로 무엇인지 파악하는 데 어려움을 겪듯이, 인간도 그런 지능의 규모를 완전히 이해하기 어려울 것이다. 이 초지능적 특성에는 완벽한 기억력, 광범위한 지식, 인지 편향(가령, 확증 편향, 고정 편향, 매몰 비용 오류)의 제거, 생물학적 한계를 뛰어넘는 멀티태스킹 능력 등이 포함되며, 신뢰성과 수명을 향상시킬 수 있다. 이러한 요소들은 새로운 모듈로 쉽게 복제, 편집, 확장이 가능하기 때문에 인간 지능보다 더 빠르게 성장하고 발전할 수 있다는 점에 주목할 필요가 있다.

연구자들로서는 인간 지능을 능가하는 것이 실제로 가능한지, 가능하다면 초지능 시스템이 의식이나 자기 인식을 가질 수 있는지, 혹은 그럴 필요가 있는지에 대한 의견이 분분하다. 그러나 현재로서는 정답이나 가설은 없고 추측만 있을 뿐이다.

초지능으로 가는 세 가지 길

SF소설처럼 들릴지 모르지만, 초지능은 이미 우리 인류가 개발 중에 있다. 초지능 시스템을 개발할 방법으로는 현재 세 가지가 있다. 첫 번째는 디지털에서 비롯된 것이고, 나머지 두 가지는 생물학적 기원에 있다.

첫 번째이자 가장 가능성 높은 경로는 AI 자기 개선AI Self-Improvement으로, 자체 지능을 향상할 수 있는 시스템을 반복적으로 개발하는 것이다. 이 접근 방식은 지능의 급속한 발전으로 이어져 인간의 역량을 능가하는 '지능 폭발' 또는 기술적 특이점으로 이어질 잠재력을 갖고 있다. 이는 이미 9장에서 오늘날 가장 활발한 연구 분야 중 두 가지로(자기 개선, 범용인공지능AGI) 다룬 바 있다. 여기서는 AI 디지털 기원과 자기 개선에 대한 시나리오가 가장 가능성이 있다. 하지만 통제되지 않은 빠른 성장과 권위주의적 통치를 통한 착취에 대한 가능성도 갖고 있어 우려스럽기도 하다.

범용인공지능AGI과 초지능을 달성하기 위한 두 번째 방법은 마인드 에뮬레이션Mind Emulation 또는 마인드 업로드Mind Upload로 불리는 전뇌 에뮬레이션WBE, Whole Brain Emulation이다. 여기에는 뇌의 구성과 현재 상태를 정밀하게 스캔하고 매핑해 상세한 디지털 인간 뇌 복제품을 만들어 컴퓨터로 전송하는 것이 포함된다. 컴퓨터는 AI 알고리듬인 매우 정확한 시뮬레이션 모델을 실행해 원래 뇌의 기능을 모방함으로써 일종의 불멸을 만들어낸다. 이때, 생물학적 뉴런의 행동이 복잡하기 때문에 뇌를 시뮬레이션하려면 기존의 인공 신경망보다 훨씬 더 복잡한 신경 모델이 필요하다. 이를 위해 일부 연구 프로젝트에서 기존 컴퓨팅 아키텍처 시뮬레이션을 위한 고급 뇌 모델을 개발 중인데, 이는 다음 장에서 자세히 다루겠다.

이 접근 방식은 알려진 기술의 추정치만 보면 실현 가능해 보이지만, 수확 가속의 법칙에 따르면 뇌 시뮬레이션의 수학적 복잡성이 대략 2100년이 돼야만 나올 수 있는 컴퓨터를 필요로 한다는 데 유의해야 한다. 나는 인간의 사고와 인지의 모든 측면을 수학적 연산으로 환원할 수 있다는 의견을 갖고 있으며, 이 기술이 이러한 기능성을 실현하게 하겠지만, 초지능으로 가는 정확한 경로가 될 가능성은 낮으며,

집단 지성을 더하고 개인의 불멸을 보장하는 또 다른 수단이 될지도 모른다고 생각한다.

초지능을 달성하기 위한 세 번째는 가능성이 높지 않은 길에 있다. 이는 앞선 21장과 23장에서 각각 소개한 바 있는 합성생물학과 우생학을 포함한 순수 생물학적 접근 방식이다. 이 접근 방법은 유전자 변형과 배아 및 생식세포의 선택적 최적화를 포함한 생명공학적인 방법을 통해 인간 지능을 향상하는 것을 목표로 한다. AI 알고리듬과 소프트웨어를 개발하는 것은 지적 능력을 증강할 수 있는 최적화된 인간 DNA를 설계하는 데 필수적이다. 역사적으로 이 방법은 아동의 성별 선택이나 유전 질환 선별 같은 작업에 활용됐다. 앞으로는 이런 윤리적 문제 외에도 인간의 인지 및 지적 능력 향상을 위한 구체적인 기술이 개발될 것으로 예상된다. 이러한 기술은 더 가벼운 형태로 이용 가능하며, 종류의 선택 과정은 인지 및 행동 특성을 포함하게끔 확장될 것이다. 그러나 탄소 기반을 토대로 형성된 인간의 마음은 초지능 자체를 달성하지 못할 수도 있다. 툭툭$^{tuk-tuk}$(3륜의 탈것으로 동남아 국가 등에서 택시로 이용됨)이 최고의 엔진을 탑재했다고 하더라도 지상의 속도 기록을 달성하도록 설계되지 않았듯이 말이다.

특이점으로 알려진 지능 폭발

이 절에서는 초지능으로 가는 세 가지 길 중 첫 번째 길에 집중할 것이다. 그것은 '특이점'이라고도 불리는 AI 자기 개선으로써, 나는 이것이 초지능으로 가는 가능성이 가장 높은 경로라고 본다.

특이점은 범용인공지능^{AGI} 시스템이 지능을 개선하고 강화해 자기 개선 주기를 기하급수적으로 가속화할 수 있는 미래의 가상 시점을 말한다. 세대가 거듭될수록 지능이 기하급수적으로 증가해, 결국 모든 지표에서 인간 지능을 능가하는 초지능에 도달하게 되는 것이다.

'특이점'이라는 용어는 3장에서 설명한 1945년 최초의 범용 컴퓨터인 에니악ENIAC의 설계자 중 한 명인 헝가리계 미국인 수학자 존 폰 노이만과 관련돼 있으나, 미국의 과학자이자 미래학자인 레이 커즈와일의 2005년 저서 『특이점이 온다』를 통해 대중화됐다. 커즈와일은 AI, 생명공학, 나노기술과 같은 기하급수적 기술을 사용해 글로벌 과제를 해결할 수 있는 리더를 양성하고 역량을 강화하기 위해 2008년 '싱귤래리티 대학교Singularity University'를 설립했다.

기하급수적 지능 성장의 개념은 지능의 초기 발전이 더 많은 개선을 위한 길을 닦는다는 전제를 가지고 있다. 이는 일종의 내재적 진화이자 일정한 비용인 1달러당 초당 부동소수점 연산FLOPS, 플롭스 횟수의 기하급수적 증가를 예측하는 수확 가속의 법칙의 추론에 의존한다. 이때, 특이점을 향해 계속 나아가려면 평균적으로 적어도 한 가지 이상의 개선으로 각각 이어져야 한다.

특이점 과정에는 기본적으로 두 가지 방향이 있고, 각각의 방향은 속도 변이를 암시한다. 하나는 하드 이륙hard takeoff인 빠른 속도고, 다른 하나는 소프트 이륙soft takeoff인 느린 속도다.

하드 이륙에서 초지능은 빠른 자기 개선 주기를 거치며 단기간에 세상에 스며든다. 이는 네트워크화되고 집단주의적인 AI의 특성 덕분이다. 이러한 급속한 발전은 우리 인간이 오류를 수정하거나 AI의 동기를 조정하기에는 너무 빠르다. 반대로 소프트 이륙은 AI가 인간보다 훨씬 더 강력해지지만, 수십 년 동안 거쳐 온 인간의 시간 척도와 비슷한 속도로 발전하는 것을 말한다. 이러한 시나리오에서는 인간이 AI와 상호작용하고, 수정하고, 인류에게 우호적인 형태의 AI로 효과적인 개발을 유도해 서로 공존을 이룰 수 있는 여지를 남긴다.

일부 철학자들은 두 가지 이유로 소프트 이륙이 하드 이륙보다 훨씬 더 가능성이 높다고 주장한다. 첫째, 지능이 한층 정교해짐에 따라 후속 발전이 점점 더 복잡해져서 초지능의 폭발적 증가 속도가 느려질 수 있기 때문이다. 둘째, 영국의 트랜스휴머니스트 맥스 모어Max More가 주장한 것처럼, 초지능적 AI라 하더라도 세상에 물리적인 영향을 미치기 위해서는 여전히 인간 시스템에 의존할 것이기 때문이다. 초지능이 어느 날 갑자기 나타나 순식간에 세상을 바꾸지는 않을 것이다. 초지능이 세상과 상호작용하고 가시적인 변화를 일으키기 위해서는 공급망, 기존 컴퓨터 시스템, 인간의 수동 의사결정 과정 등 번거로운 지금의 인간 시스템과 상호작용을 해야 한다. 초지능이 기존 규칙과 시스템을 하루아침에 또는 몇 년 안에 갑자기 폐기할 수는 없을 것이다.

자기 개선 주기 중 시나리오 하나를 생각해 보자. 이 시나리오에서 초지능은 다음 단계로 지구에서 풍부하게 구할 수 없는 재료를 활용해 새로운 유형의 하드웨어를 만들어야 한다. 이는 작업 자체가 물리적 속성을 가졌거나 물리적 세계와 불가분의 관계에 있는 경우다. 이러한 상황에서 초지능은 다른 행성이나 소행성에서 이 재료를 얻기 위해 물류를 조직하는 번거로운 과정을 거쳐야 한다. 여기에는 새로운 하드웨어를 구축하기 위해 물리적 조작이 요구되는 재료를 실험하는 과정이 포함될 것이다. 마지막으로, 초지능은 새로 개발된 하드웨어로 자신을 이동시켜야 한다. 모든 행성 물류와 하드웨어 조작을 단 몇 시간 내에 완료한다는 것은 상상할 수도 없는 일이기 때문이다.

특이점의 실행 가능성: 기술 및 경제성

특이점에 회의적인 일부 사람들은 앞선 장에서 설명한 것처럼 특이점의 기본 전제인 수확 가속 법칙의 신뢰성에 의문을 제기한다.

한 예로, 마이크로소프트의 공동 창립자인 폴 앨런Paul Allen은 '복잡성 브레이크complexity brake'를 주장하며, 지능을 이해하는 과학이 발전함에 따라 더 큰 진전을 이루는 것이 어려워진다는 가설을 세웠다. 이에 대한 근거로, 미국의 물리학자인 조너선 휴브너Jonathan Huebner는 1인당 특허 건수가 1850년에서 1900년 사이에 정점을 찍고 그 후로 감소 추세라는 것을 보여줬다. 물리학자 테오도르 모디스Theodore Modis도 비슷한 견해를 제시하며 기술 혁신의 속도가 단순히 느려진 게 아니라 실제로 쇠퇴하고 있다고 주장했다. 그의 확증 근거는 컴퓨터의 메가헤르츠에 해당하는 컴퓨터 시계의 속도가 느려진 것과 관련이 있다. 그는 속도가 느려진 것이 열 때문이라고 주장했다. 이 외에도, 모디스는 지난 20년(2000~2020년) 동안 기술 특이점을 지지하는 사람들이 기대할 만한 획기적인 발전이 없었다는 점을 지적했다.

혁신의 일반적인 복잡성 문제를 지적한 앨런과 기술 발전의 썰물과 밀물을 지적한 휴브너와 모디스는 다음 세대의 AI 과학자들에 대한 믿음을 갖지 못한 것처럼 보인다. 그러나 이후 과학자들은 첨단 로봇, 생성형 AI, 합성 조직, 범용인공지능AGI의 가능성과 같은 혁신적인 것을 만들어냈다. 나는 이러한 발전을 반대하지 않으며, 장기적으로는 물리학의 자연법칙만이 AI의 기존 궤도를 완화할 수 있다고 생각하고 있다.

경제학으로 시선을 돌려보자. 미국의 AI 및 로봇공학 전문 작가인 마틴 포드Martin Ford는 2010년에 '기술 역설technology paradox' 개념을 공식화했다. 그는 특이점이 현실화되기 전에 경제 내 대부분의 일자리가 이미 자동화됐고, 이런 특이점을 달성하려면 그보다 덜 발전된 기술이 필요하다는 것을 가정했다. 이것은 광범위한 실업과 소비자 수요 감소로 이어질 수 있으며, 특이점을 실현하는 데 필요한 기술 투자를 저해할 수 있다. 경제학자 로버트 J. 고든$^{Robert\ J.\ Gordon}$은 1970년부터 실질 경제 성장이 둔화됐으며, 2008년 금융 위기 이후 더욱 감소했다고 주장했다. 그는 경제 데이터로는 도래하는 특이점의 개념을 입증하지 못한다고 주장했다.

22장과 23장에서 다룬 것처럼, 보편적 기본소득^{UBI} 같은 아이디어에는 논란의 소지가 있지만, 생산과 소비를 효율화하고 AI 연구개발에 대한 투자가 지속되도록 자원을 배분하는 수단이 될 수 있음에 주목할 필요가 있다. 자원도 없고 경제도 없는 북한의 경우 비효율성과 심각한 희소성의 중앙집권적 관리를 바탕으로 핵무기를 개발할 수 있었다. 또한, 이 책 전반에 걸쳐 언급했듯이, AI 겨울은 모두 정부의 추진력과 거시 경제적 변화에 편승해서 흘러갔다. 물론, 앞으로도 더 많은 AI 겨울이 도래할 가능성이 있다. 그러나 기술이 그 궤도를 바꾸지는 않을 것이다.

하지만 앞선 23장에서 언급한 미국 헤지펀드 소유주 레이 달리오$^{Ray\ Dalio}$는 이러한 지적에 반박했다. 그는 지정학적 변화에 의해 결정되는 장기적인 주기가 경제 역사를 특징짓는다고 주장했으며, 현재 우리는 2차 세계대전 이후 시작된 주기 중 하나의 끝자락에 있다고 말했다. 그러나 그의 주장이 한 주기가 끝날 때 혁신이 둔화된다고 해서 다음 주기에 다시 가속화되지 않는다는 의미는 아닐 것이다. 따라서 회복력과 진보가 없을 것이라는 쪽에 내기를 거는 것은 어리석은 일이다.

인터레이스는 일어날 것이고 이미 시작됐다. 물론, 초지능, 즉 우리가 정의하는 특이점은 여러 과학적 수준의 장벽이 물음표로 남아 있어 일어날 수도 있고 일어나지 않을 수도 있다. 하지만 초지능을 인터레이스의 종착점 정도로 믿고 이에 대한 구체적인 계획을 짜두지 않는다면, 그 리스크는 상당히 높아질 것이다. 이 책에서 줄곧 언급했듯이, AI와 범용인공지능AGI을 생각할 때 우리는 인간의 사고, 기억, 감정적 경험, 느낌, 운동 조정 등 뇌의 모든 측면을 수학적 정의와 연산으로 환원할 수 있다는 관점으로 접근할 필요가 있다. 물론 이를 완전히 가능하게 하려면 처리 능력인 '피벗 포인트pivot point'에 도달하기까지는 수십 년 또는 수백 년이 더 걸릴 수 있다.

초지능을 깊이 들여다보면 과학과 윤리가 맞닿는 난제들이 드러난다. "인간의 의식을 실리콘으로 복제할 수 있는가?"도 그중 하나다. 이는 카메라가 포착한 장면을 해석하고, 말로 한 생각과 설명까지 자동으로 기록해 클라우드에 저장하는 등 경험을 데이터로 환원하는 과학적 능력까지 아우른다. 이렇듯, 기술이 발전하면 인간의 집단지성, 혹은 그 일부를 실리콘으로 옮기는 일도 가능해질지 모른다.

다음 장에서는 특이점에 대한 주요 논의에서 벗어나 마인드 업로딩으로도 알려진 전뇌 에뮬레이션WBE 기술 발전에 대해 살펴보겠다. 이는 초지능으로 가는 또 다른 잠재적 경로로써, 우리가 직면한 수많은 윤리적, 사회적 문제를 쉽게 파악하고 인간의 의식을 다루는 방법에 대한 통찰력을 얻어낼 수 있는 기술이다.

27

마인드 업로딩, 에뮬레이션, 그리고 불멸

"기억을 업로드 할 수 있다면 알츠하이머를 퇴치할 수 있을 것이고, 인터넷을 대체할 기억과 감정의 뇌 망을 만들 것입니다. 엔터테인먼트, 경제, 생활 방식도 가히 혁명적으로 바뀔 것입니다. 우리는 영원히 살 수도 있고, 우리의 의식을 우주 공간으로 보낼 수도 있을 겁니다. 수많은 경이로움이 우리를 기다리고 있습니다."

- 미치오 카쿠Michio Kaku,

미국의 이론물리학자이자 과학 작가,

2014년 인터뷰에서

마인드 업로딩(뇌 에뮬레이션 또는 전뇌 에뮬레이션이라고도 함) 개념은 1971년 생물 노년학자 조지 M. 마틴$^{George\ M.\ Martin}$이 처음 제안했으며, 인간 뇌의 의식이 디지털 컴퓨터나 양자 컴퓨터 또는 생물학적 뇌와 같은 다른 장치에서 재현될 수 있다고 가정한다.

마인드 업로드 가설의 기본 가정은 뇌의 신경망 연결과 시냅스 무게$^{synaptic\ weight}$가 인간의 마음을 나타낸다는 것에서 시작한다. 이는 '마음'을 데이터 파일의 내용이나 컴퓨터 소프트웨어 상태처럼 말 그대로 비물질적인 방식으로 존재하는 뇌의 정보 상태로 간단히 정의할 수 있다는 것을 암시한다. 생물학적 신경망 상태를 묘사하는 데이터는 뇌에서 컴퓨터 파일로 추출해 복사한 뒤 대안이 되는 물리적 기판에 구체화할 수 있다. 이렇게 하면 새 장치가 원래 뇌처럼 반응하고 지각하며, 의식하는 마음을 만들어낼 수 있다. 완전한 기능을 갖추지는 못하더라도, 의식 없는 지능을 구현하거나 과거 세대와 간단히 소통할 수 있을 만큼 복제하는 것도 가능하다. 많은 미래학자는 이런 '마인드 업로딩'을 의학의 발전과 범용 인공지능^{AGI} 추구라는 맥락에서 계산 신경과학 연구가 지향하는 논리적 정점으로 본다.

불멸이라는 개념은 마인드 업로딩을 포함할 수 있다. 한 예로, 마음의 정보와 과정을 신체와 분리할 수 있다면, 생물학적 자아뿐 아니라 합성생물학으로 강화된 상호 연결적 자아의 한계와 수명을 넘어서 수명을 연장하거나 죽음을 회피할 가능성이 생긴다.

마인드 업로딩은 미래의 잠재적 소생과 치료를 위해 신체나 뇌를 저온에서 보호하는 크라이오닉스$^{cryonics,\ 냉동\ 보존술}$나 냉동보존과는 구별된 방법으로 여겨져 미래학자 및 트랜스휴머니즘 학계에서 각광받고 있다.

이번 장을 읽을 때 다음 사항에 집중해 보자.

- 첫째, 마인드 업로딩은 인간의 뇌보다 더 크거나 더 빠른 하드웨어에 인간의 마음을 복제하는 것이어서 초지능의 한 형태로 간주된다. 업로드된 마음은 우리 인간보다 지능적이다.
- 둘째, 쥐와 같은 포유류의 뇌를 모방하려는 시도가 일부 성공한 적 있다. 하지만 수확 가속의 법칙에 따르면, 인간의 마음은 너무 복잡해서 이를 완전히 모방할 수 있을 만큼 빠른 컴퓨터가 개발되려면 2100년까지 가야 할 수 있다.
- 셋째, 현실 세계의 인간과 시뮬레이션 된 세계의 인간이 함께 상호작용하고 잠재적으로 경쟁하는 상황이 온다면, 그 사회적 파장은 엄청날 것이다. 시뮬레이션 된 인간은 연산 속도에 비례해 더 빠르게 움직일 수 있고, 비용도 적게 들며, 심지어 무제한 복제도 가능할 것이기 때문이다.

마인드 업로딩의 SF소설

마인드 업로딩 개념은 지난 수십 년 동안 SF 문학에서 보여져 왔다. 여기에는 주목할 만한 두 작품이 있는데, 바로 그렉 이건Greg Egan의 『순열 도시Permutation City』(1994)와 리처드 K. 모건Richard K. Morgan의 『얼터드 카본Altered Carbon』(황금가지, 2008, 2018년 넷플릭스 시리즈로 각색)이다. 이들 작품은 마인드 업로딩에 관한 흥미로운 아이디어와 불가피한 사회적, 윤리적, 심리적 영향에 대한 뚜렷한 관점을 보여줬다.

『얼터드 카본』의 핵심 전제는 죽음이 더 이상 영구적이지 않다는 것이다. 마음 또는 '스택stack'은 물리적 장치로 옮겨져 '슬리브sleeve'라는 다른 물리적 신체에 업로드될 수 있다. 이 기술을 통해 다양한 신체는 의식을 담는 그릇으로 바뀌며, 사람은 옷을 갈아입듯 빠르게 자기 신체를 바꿀 수 있는 사회에서 살아간다.

이 소설이 말하고자 하는 것은 죽음이 최종적이지 않은 사회가 갖는 함축적 의미다. 불멸은 고귀한 열망일 수 있다. 그러나 삶의 가치와 개인 행동의 결과에 따르는 도덕적, 윤리적 문제에서는 한층 더 복잡할 수 있다. 한 예로, 무모한 행동에 대한 억제책으로써 죽음이 없다면 파괴적인 행동에 직면한 사회는 정의와 책임에 대한 새로운 개념과 씨름하게 될 것이다.

이 책에서는 불멸이 가지는 장점에도 불구하고 모든 사람이 다 불멸을 받아들이지 않는다. 어떤 사람은 종교적, 철학적 신념 때문에 스택과 슬리브를 이용하지 않기로 결심하는데, 이 소설에서는 이들을 신가톨릭주의자Neo-Catholics로 부른다. 이들은 앞선 23장에서 설명했던 '바이오러다이트'와 유사하다고 볼 수 있다.

『얼터드 카본』에서 이 기술은 광범위한 사회적 의미를 갖는다. 부유층은 새롭고 건강한 슬리브를 지속적으로 획득함으로써 불멸을 효과적으로 구매함과 동시에 비용을 엄청나게 높게 유지함으로써 다른 사람들을 '몰아내', 자원이 없는 사람들은 최적이 아닌 합성 신체로 강등되게 만든다.

반면, 『순열 도시』는 『얼터드 카본』과 다르게, 마인드 업로드에 대한 상반된 비전을 제시한다. 여기에서 인간 마음의 디지털 에뮬레이션, 즉 '복제Copy'는 '순열 도시'로 불리는 컴퓨터 시뮬레이션 내에서 만들어진다. 이 복제는 컴퓨터 프로그램 안에서만 존재하면서, 스스로는 실제 세계에 살고 있다고 착각한다.

이 마인드 업로딩의 핵심적 함의 가운데 하나는 개인이 '디지털 불멸'에 이를 수 있는 가능성이다. 에뮬레이션 된 의식은 복제돼 영구적으로 실행 가능하며, 수십억 명의 사람들을 수용하기 위해 서버 시스템 외 다른 물리적 공간이 필요하지 않아서 디지털 영역 내에서는 누구든 영원한 존재가 될 수 있다. 그러나 육체의 한계가 더 이상 개인을 제약하지 않기 때문에 정체성, 자아, 존재의 본질에 대한 의문을 일으킨다. 디지털 복제가 자신을 진짜 사람으로 믿을 수 있다면 실제 인간과 동일한 권리, 감정, 경험을 가질 수 있을까? 그렉 이건의 소설은 이러한 복제가 직면한 실존적 위기와 가상 개체를 맞이하면서 생기는 도덕적 딜레마를 탐구한다.

게다가 동일한 개인이 여러 복제로 만들어지면 정체성의 분열로 이어지기에, 『순열 도시』에서는 고유한 개인이 된다는 것이 무엇을 의미하는지 정의하는 것이 점점 더 어려워지고, 자신과 타인의 경계를 구분할 수 없게 된다. 반면, 『얼터드 카본』에서 개인의 정체성은 다양한 슬리브에 서식하면서 지속적인 물리적 생명 개념과 물리적 세계와의 공존을 유지하면서도 스택에 담긴 의식에 함몰돼 있다.

마인드 업로딩의 놀라운 수학

인간의 뇌를 업로드하고 시뮬레이션하려면 막대한 계산 자원이 필요하다. 인간의 뇌에는 약 1,000억 개의 뉴런이 있는 것으로 추정되며, 젊은 사람이 나이 든 사람보다 훨씬 더 많은 뉴런을 갖고 있다. 각 뉴런은 시냅스를 통해 수천 또는 수만 개의 다른 뉴런과 연결돼 있어서 방대하고 복잡한 연결망을 형성할 수 있다. 인간 뇌의 시냅스 수는 실로 다양하며, 그 수는 무려 100조에서 1,000조 개로 추정된다. 이는 나이에 따라 다르다.

이러한 수치를 고려해 2008년 닉 보스트롬과 그의 동료인 앤더스 샌드버그Anders Sandberg는 종합적인 뇌 지도를 만들기 위해서는 1018~1022 FLOPS초당 부동소수점 연산가 필요할 것으로 추정했다. 이는 추정치에 따라 17~22개의 0이 뒤따르는 수치다.

2021년 세계에서 가장 빠른 컴퓨터는 5.4×1017 FLOPS플롭스를 자랑하는 일본 슈퍼컴퓨터 후가쿠Fugaku였다. 보스트롬과 샌드버그의 추정에 따르면, 후가쿠보다 약간 더 큰 컴퓨터가 있게 되면 사람의 마음을 시뮬레이션하는 것이 가능하다. 이 지도에는 연결된 뉴런, 시냅스 유형, 각 뇌 시냅스의 강도에 대한 정보만 포함된다.

뉴런은 여러 단백질이 관여하는 전기·생화학 신호를 주고받는다. 이때, 실제 뇌 기능을 시뮬레이션하려면 정적인 '정지frozen' 상태를 모사할 때보다 훨씬 더 많은 데이터가 필요하다. 이러한 교환은 위의 추정치에는 포함되지 않았다. 만약 이 신호를 포착하려면 분자 수준 또는 양자 세계를 넘어서는 모델링이 수반되고, 더욱 복잡해진다. 이렇게 되면 인간의 마음을 충실하게 표현하기 위한 계산 및 저장에 대한 요구도 크게 증가한다. 결과적으로 개인의 마음을 실행 가능한 수준으로 복제하는 것은 당장 또는 가까운 미래에는 해결될 수 없는 복잡성을 띠고 있다.

게다가 신진대사, 단백질의 상태, 개별 분자의 행동 같은 세부 사항이 포함된 포괄적인 뇌 모델을 구현하려면 훨씬 더 큰 저장 용량이 필요하다. 보스트롬과 샌드버그의 추정에 따르면, 이러한 전체 에뮬레이션에는 1043 FLOPS가 필요하다. 1043 FLOPS는 생각만으로도 엄청난 수치이다. 이는 앞서 언급한 후가쿠 슈퍼컴퓨터의 5.4×1017 FLOPS보다 훨씬 더 큰 처리 용량을 필요로 한다.

마인드 업로딩을 지지하는 사람들은 양자 컴퓨터가 일반적인 인공 신경망을 실행할 수 있다면 향후 수십 년 내로 요구되는 컴퓨팅 성능을 확보할 수 있다는 증거로 앞선 25장에서 논의한 탄력적인 '수확 가속의 법칙'을 인용한다. 그러나 수확 가속의 법칙에 따르면, 하나의 마음에 필요한 FLOPS 수는 2100년경에나 활용할 수 있을 듯하다.

이 수치를 종합하면 두 가지 결론에 이른다. 첫째, 뇌 에뮬레이션을 통한 불멸은 가능하겠지만 실현 시점은 2100년 이후가 될 공산이 크다. 그 전에 우리는 AGI와 인류 경제에 미칠 단기적 파장에 대비해 상당한 노력을 기울여야 한다. 둘째, 인간의 마음을 시뮬레이션하려면 막대한 규모의 양자 컴퓨팅 성능이 필요하다. 이런 맥락에서, 자연이 초기 지능의 진화 기반으로 탄소를 택한 데에는 그만한 이유가 있었을 것이다.

인간의 마음: 뇌에서 바이너리로

마인드 업로딩의 수학적 복잡성을 이해했다면, 이제 뇌의 모든 매개변수를 어떻게 스캔할지로 시선을 돌려 보자. 여기에는 감각 수용체, 근육 세포, 척수 등 생물학적 뇌의 핵심 특성을 스캔하고 매핑한 뒤, 그 정보를 컴퓨터 시스템에 저장하는 과정이 포함된다.

우리는 오늘날 여러 기술을 통해 뇌 스캔 과정을 수행할 수 있다. 하지만 아직 인간의 뇌 전체를 완벽하게 모방할 수 있는 기술은 없다. 뇌 스캔과 관련한 첫 번째 기술은 기존의 뇌 영상brain imaging 기술이 있다. 여기에는 혈류 변화를 도표화하는 자기공명영상fMRI이나 전류를 매핑하는 뇌자도MEG, magnetoencephalography 같은 고급 신경 영상 기술로 기능적인 3D 뇌 활동 지도를 생성하는 것도 포함된다. 이러한 기술은 비침습적이고 비파괴적이며, 서로 조합해 정밀한 3차원 뇌 모델을 구축하는 데 쓰일 수 있다. 그러나 현재의 영상 장비는 마인드 에뮬레이션에 필요한 수준으로 뇌를 전면 스캔하기엔 공간 해상도가 부족하다.

두 번째 대안은 직렬 절단serial sectioning이지만, 이 방법을 사용하면 물리적 뇌는 복사 과정에서 살아남지 못한다. 결과적으로, 현재의 스캐닝 기술은 불멸을 위해 사용될 수 없다.

직렬 절단은 뇌 조직과 척수 등 신경계 구성 요소를 동결한 뒤, 냉동 샘플을 나노 수준의 정밀도로 층층이 스캔해 분석하는 방법이다. 이렇게 각 층을 기록하고 표면을 얇게 제거하는 과정을, 전체 뇌를 절단·분석할 때까지 반복해 뉴런의 구조와 연결성을 포착한다. 2010년에는 쥐의 뇌에서 추출한 조직 샘플에 대한 파괴적 스캔이 이뤄졌는데, 여기에는 뉴런과 시냅스의 세부 정보가 포함돼 있었다.

앞서 설명한 것처럼 뇌 기능은 부분적으로 분자적 사건, 특히 시냅스에서 일어나는 사건에 의해 지배된다. 따라서 뉴런 기능을 캡처하고 시뮬레이션하려면 뇌 영상이나 직렬 절단보다 훨씬 더 진보된 기술이 요구된다. 한 가지 방안은 고급 염색 기법을 도입해 뉴런의 내부 분자 구성까지 담아낼 수 있도록 직렬 절단을 개선하는 것이다. 그러나 현재 '마음'의 생리적 기반에 대한 이해가 부족해, 이 방법만으로는 인간의 뇌를 정확히 복제하는 데 필요한 생화학 정보를 충분히 포착하기 어렵다.

뇌를 스캔한 후에는 수집된 데이터를 컴퓨터 시스템에 업로드해 뇌의 생물학적 신경망에 대한 분석 모델을 제작한다. 이는 전체 뇌 모델 또는 뇌의 특정 부분에 대한 모델이 될 수 있다. 현재의 기술로는 불가능하겠지만 분석 모델이 충분하다면, 에뮬레이터(뇌 활동을 시뮬레이션하는 프로그램)는 이 모델을 사용해 그 기능을 모방해 낼 수 있을 것이다.

현재 진행 중인 여러 뇌 시뮬레이션 연구 프로젝트에서는 회충부터 파리까지 다양한 단순 동물종이 연구되고 있다. 가장 유명한 것은 스위스 로잔연방공과대학교École Polytechnique Fédérale de Lausanne의 블루 브레인 프로젝트Blue Brain Project다. 이 프로젝트의 목표는 포유류의 뇌에 존재하는 신경 회로를 리버스 엔지니어링reverse engineering, 역공학하는 것이다. 이 프로젝트는 여러 성과를 거뒀다. 그중 하나로 2006년에 쥐 신피질의 일부를 시뮬레이션하는 데 성공했다. 쥐는 의식적 사고를 포함한 고등 인지를 담당하는 신피질이 매우 작은 것으로 알려져 있다.

마인드 에뮬레이션과 의식의 어려운 문제

앞선 장에서 이해하기 힘든 의식의 '어려운 문제'에 대해 논의했었다. 의식 문제는 현재까지도 매우 까다로운 문제로, 마인드 에뮬레이션에도 많은 영향을 미친다.

과학자이자 AI 철학자인 수잔 슈나이더Susan Schneider는 업로딩이 원래 사람 마음의 복제본을 생성한다고 주장했다. 그러나 적어도 거시 물리학의 범위에서 물질이나 파동은, 그런 식의 행동을 보이지 않는다. 그래서 의식이 뇌를 떠나 먼 곳으로 '이동'한다는 발상은 성립하기 어렵다. 이 관점에 따르면, 외부 관찰자만이 그 사람이 여전히 동일하다고 착각할 수 있다.

이와 관련된 질문은 마인드 업로딩이 의식적 마음을 만들어내는 것인지, 아니면 중국어를 한마디도 모르면서 사전을 이용해 중국어에서 영어로 번역하는 존 설John Searle의 '중국어 방Chinese Room' 비유에 등장하는 번역가처럼 기호를 조작하는 무의식적인 소프트웨어 프로그램에 불과한 것인지 의문을 일으킨다. 이 책의 4장에서 나는 이 비유에 대해 언급한 바 있다. 같은 질문을 던지는 또 다른 방법은 다음과 같다. "마인드 에뮬레이션은 강한 인공지능인가, 약한 인공지능인가?"

의식의 수수께끼는 명확한 답을 방해한다. 하지만 커즈와일을 비롯한 일부 과학자들은 의식의 주관적인 특성으로 인해 어떤 개체가 의식이 있는지 없는지는 본질적으로 알 수 없다고 주장했다.

마지막 질문도 간단하지 않다. 에뮬레이션 된 마음이 의식이 있다고 가정하면 그것은 지각이 있다는 것일까? 많은 철학자는 그럴 것이라고 주장하며, 따라서 마취와 유사한 가상의 마취제를 개발해 통증 및 의식과 관련된 처리를 제거해야 한다고 강조한다. 스캔 및 업로딩 과정에서 문제가 생겨 에뮬레이션 된 뇌가 불완전하거나 부분적으로 기능 장애를 일으켜 우발적인 고통이 발생할 수도 있기 때문이다.

이 외에도 숱한 질문과 딜레마가 있다. 부분적 뇌 에뮬레이션의 도덕적 지위는 어떻게 되는가? 이는 블루 브레인 프로젝트의 쥐 시뮬레이션처럼 뇌의 특정 부분만 에뮬레이션한 경우다. 이러한 에뮬레이션은 존재론적 관점에서 볼 때 완벽하게 유효한 에뮬레이션일까, 아니면 불완전한 존재일까?

앞선 21장에서는 합성생물학이 자연에 없는 분자를 활용해 유기체를 만들어낼 가능성을 논의했다. 이 개념을 에뮬레이션으로 확장하면, 생물학적 과정을 거치지 않고도 구현할 수 있다. 그렇다면 자연에서 발견할 수 없는 방식으로 다르게 구성된 에뮬레이션의 도덕적 지위는 어떻게 될까?

뇌 에뮬레이션의 구름 속에서 살아가기

우리는 앞서 에뮬레이션의 존재론적 복잡성에 대해 대략 논의했다. 그렇다면 과연, 에뮬레이션 속에서 산다는 것은 어떤 모습일까? 그리고 에뮬레이션 된 사회는 어떻게 조직될까?

조지메이슨대학의 경제학 교수인 로빈 핸슨Robin Hanson은 2016년 논픽션 저서 『뇌복제와 인공지능 시대』(씨아이알, 2020)에서 에뮬레이션에 대해 자세히 연구한 바 있다. 핸슨에 따르면 뇌 에뮬레이션은 복제와 수정이 가능하고, 동시에 여러 개체로 존재할 수도 있다. 이 때문에 정체성에 관한 난제가 생기며, 개인과 사회를 이해하기 위한 관건은 자아와 고유성, 의식의 연속성 같은 질문을 그들이 어떻게 풀어내는지에 있다.

에뮬레이션 복제는 근본적 자아감의 영역까지 확장될 수 있다. 비슷한 기억과 특성을 가진 다수의 사례가 존재하면 개인 정체성에 대한 기존 관념에 도전이 되고, 복제된 개체 간의 기억·경험 공유는 각자의 자기 지각을 더욱 복잡하게 만들 것이다. 동일한 사실적 기억을 가진 과거의 사건을 모두 같은 방식으로 해석할 수 있을까? 에뮬레이션 과정 이후 발생하는 각 복제 개체마다 행한 서로 다른 고유한 학습이 해석에는 어떠한 영향을 미칠까?

복제된 에뮬레이션의 출현은 사회 구조에 중대한 변화를 촉발할 것이다. 이들은 부모, 상사, 정치 지도자 같은 권위 패턴을 파악해, 인간 사회와 유사한 위계적 관계를 구축하는 방향으로 작동할 가능성이 있다. 이때, 복제된 에뮬레이션에 대한 권한은 누가 가질까? 에뮬레이션은 다른 사람을 지배하거나 다른 사람을 정복하려는 열망을 품고 있을까? 이처럼 원본과 복제된 에뮬레이션의 공존은 사회가 복제된 실체를 어떻게 수용하거나 차별하는지 탐구하게 만들 것이다. 또한, 에뮬레이션 된 사회는 소유권과 권리에 관한 윤리적 문제, 즉 비트코인처럼 복제되지 않았거나 복제할 수 없는 자산의 소유권은 누구에게 있는가 하는 문제에도 직면할 것이다. 비트코인은 하나인데 에뮬레이션이 3개가 있다면 각각 비트코인의 1/3을 소유할까, 아니면 한 개가 모든 것을 소유하고 나머지는 아무것도 소유하지 않아야 할까? 에뮬레이션 된 사회가 자발적으로 비트코인과 같은 블록체인 메커니즘을 도입해 자기 복제 능력을 제한할까?

핸슨은 마인드 에뮬레이션의 세계에서, 에뮬레이션 된 인간이 근본적으로 달라진 사회경제적 환경에 놓일 것이라고 본다. 디지털 실체인 이들은 생물학적 인간보다 훨씬 빠르게 작동하며, 정보 처리와 업무 수행 속도가 경쟁을 더욱 치열하고 변화 속도를 더욱 빠르게 만들 것이다. 또한, 물리적 신체의 한계가 경제활동을 제약하지는 않을 것이며, 에뮬레이션은 가상현실이나 컴퓨팅 환경 또는 에뮬레이션-로봇 인터페이스에서 끊임없이 작동해 로봇공학을 통해 실제 작업을 수행할 수 있을 것이다. 대부분의 에뮬레이션은 과학, 기술 연구, 문학, 철학 등 자신의 기술 및 열정과 관련된 지적 작업에 종사하게 될 것이나, 그 작업 속도는 인지 능력의 한계에 가깝게 작동할 것이다.

이에 따라 자원과 기회에 대한 경쟁이 치열해지면서 공동의 목표나 경제적 이해관계에 따라 동맹도 빠르게 형성되고 해체되는 등 사회 구조는 한층 더 유동적으로 변할 것이다. 이때, 어디에서나 더 뛰어난 능력을 지닌 이들이 등장할 텐데, 핸슨은 이런 업무 환경이 치열한 경쟁과 끊임없는 완벽 추구를 낳아, 에뮬레이션들 사이에 극심한 스트레스를 초래할 것이라고 본다.

또한, 에뮬레이션을 통해 경험하는 주관적 시간의 가속화는 며칠 또는 몇 년의 경험을 더 짧은 시간으로 압축할 수 있도록 할 것이다. 이와 같은 시간에 대한 인식 변화는 여가 활동에도 영향을 미칠 것이다. 이 밖에도 에뮬레이션은 가속된 인지 속도를 충족하는 게임 시뮬레이션, 가상현실, 몰입형 경험에 참여할 수 있다. 이는 고강도 버전의 비디오 게임과 비슷해 자연스럽게 깊은 몰입을 유도할 것이다.

문명의 충돌: 인간 대 에뮬레이션

물리적 세계의 인간과 시뮬레이션 된 세계의 인간 에뮬레이션 간의 관계는 인간에게 몇 가지 중요한 법적, 정치적, 경제적 문제를 촉발할 수 있다.

가장 명백한 갈등 영역은 인간과 에뮬레이션이 모두 참여하는 고용 시장일 것이다. 에뮬레이션을 운영하는 비용이 생물학적 인간을 유지하는 것보다 훨씬 저렴하기에 일자리를 두고 치열한 경쟁이 벌어질 것이기 때문이다. 결과적으로 보면, 에뮬레이션은 성능을 최적화하고 기술을 향상할 방법을 끊임없이 모색하기 때문에 고용 시장을 빠르게 변모시킬 것이다. 에뮬레이션은 인간보다 현저히 빠른 속도로 작동할 것이며, 컴퓨터는 이미 인간의 뇌보다 훨씬 빨라서 에뮬레이션이 인간 작업자보다 훨씬 더 지능적이고 효율적일 수 있다. 에뮬레이션은 컴퓨터마다 확장 가능한 메모리, 저장 및 처리 용량을 제공해 현재의 인간보다 훨씬 더 빠르고 더 큰 뇌 크기와 능력에 도달할 수 있을 것이다. 이러한 가속화와 고용 시장의 경쟁 심화는 우리 인간을 사회 바깥으로 몰아내 저항과 반발을 불러일으킬 수 있다.

법률적 시각에서, 오프라인과 직접 상호작용하는 에뮬레이션의 등장은 다수의 난제를 불러온다. 우선 이들에게 생물학적 인간과 동등한 권리를 부여할지부터 결정해야 하는데, 이는 인간 사회에 매우 복잡한 문제다. 예로, 개인이 자신의 에뮬레이션 된 복제를 만든 뒤 사망한 경우, 에뮬레이션이 자신의 재산과 공식적인 지위를 상속받을 수 있는지에 대한 의문이 제기될 수 있다. 또한, 불치병 환자나 혼수상태의 생물학적 주체를 대신해 임종 결정을 내릴 권한이 있는지도 의문이다. 여기에는 우리 인간이 자신의 에뮬레이션을 어떻게 대하는지에 대한 고려도 존재한다. 이에 대한 해결 방법으로, 생물학적 창조자가 일시적으로라도 에뮬레이션의 통제권을 유지할 수 있도록 이를 청소년처럼 취급하자는 제안도 있다.

이때, 에뮬레이션이 저지른 범죄에는 어떻게 접근해야 하는지에 대한 질문도 나올 수 있다. 에뮬레이션 범죄자에게 사형을 선고해야 할까, 아니면 재활을 위해 강제 데이터 수정을 받게 해야 할까? 인간이 에뮬레이션에 범죄를 저지른 경우에도 이와 비슷한 질문이 제기될 수 있다. 에뮬레이션이 포함된 시스템의 플러그를 뽑은 사람을 과연 살인죄로 기소해야 할까?

마지막으로 주목할 부분은 예기치 않은 징후와 규제다. 정치적 관점에서, 생물학적 인간의 고용 시장에 부정적 영향을 미치는 에뮬레이션 세계의 등장은 불평등과 권력 투쟁을 심화시킬 뿐 아니라, 인간 또는 에뮬레이션을 향한 새로운 형태의 종적 편견을 낳을 수 있다. 또한, 실제 세계와 에뮬레이션 된 세계 사이에 전쟁이 일어날 가능성도 있다. 이때, 생물학적 인간 리더가 직면할 수 있는 중요한 문제 중 하나는, 에뮬레이션보다 인간이 훨씬 느리기 때문에, 정보에 입각한 결정을 내릴 시간이 부족하다는 점이다. 이처럼, 에뮬레이션이 오프라인 세계에서 군사 자산을 통제하면 생물학적 인간에게 미치는 상황은 더욱 복잡해질 수 있다. 전쟁이라는 주제에 대한 자세한 논의는 이어지는 30장에서 살펴볼 것이다.

뇌 업로딩과 우주 탐험

불멸은 마인드 업로딩의 잠재적인 응용 분야 중 하나다. 하지만 우주 탐사에 있어서, '살아있는' 우주비행사 대신 에뮬레이션 된 우주비행사를 도입하면, 인간의 우주 비행을 변화시킬 수 있는 매력적인 분야가 될 수 있다. 이런 분야로의 발전은 무중력, 우주 진공, 우주 방사선 노출의 위험을 완화시킬 것이다.

이와 같은 혁신은 수백만 광년의 거리를 이동하는 데 매우 적은 에너지만으로도 몇 센티미터 크기의 소형 우주선을 더 많이 활용할 수 있는 길을 열어준다. 그리고 그 결과, 더 빠른 속도로 더 먼 거리를 더 짧은 시간에 이동할 수 있게 해 준다. 하나의 예로, 2016년 스티븐 호킹Stephen Hawking과 마크 저커버그Mark Zuckerberg와 같은 저명한 인사들의 협력으로 시작된 브레이크스루 스타샷Breakthrough Starshot 프로젝트를 들 수 있다.

이 프로젝트의 주요 목표는 스타칩StarChip이라는 인류 최초의 성간 탐사선의 시제품 함대를 만드는 것이다. 태양계에서 약 4.4광년 떨어진 알파 센타우리Alpha Centauri 성계로 항해하는 것이 그 포괄적인 목적이다.

알파 센타우리 성계는 세 개의 별로 이뤄져 있다. 바로 알파 센타우리 AAlpha Centauri A, 알파 센타우리 BAlpha Centauri B, 프록시마 센타우리Proxima Centauri다. 이 성계는 프록시마 켄타우리의 거주 가능 영역 내에 지구와 유사한 특성을 보여 생명체가 존재할 가능성이 있는 행성으로 존재한다는 점에서 중요한 의미가 있다. 따라서 이 프로젝트는 이 행성에서 외계 생명체를 찾기 위한 저공비행 임무를 구상하고 있다.

이 혁신적인 프로젝트는 우주 탐사 분야에서 추진되는 중요한 사업이다. 이 탐사는 대략 20~30년에 걸쳐 진행되며, 우주선에서 지구로 귀환 메시지를 전송하는 데만 하더라도 의도한 목적지에 도달하기까지는 족히 4년의 세월이 추가로 소요될 것으로 예상된다.

이 획기적인 임무를 위해 예상되는 함대는 약 1,000대의 우주선으로, 각 우주선을 일컬어 '스타칩'으로 명명한다. 이 초소형 우주선은 크기가 몇 센티미터에 불과하며, 무게도 몇 그램에 달할 정도로 극히 작다. 이 작은 우주선은 지구에 건설될 강력한 레이저를 통해 최종 목적지까지 투사되고, 각 '스타칩'을 겨냥해 광속의 상당 부분으로 가속화할 것이다.

28

야수 길들이기

"인쇄기는 지구상 곳곳마다 채택됐지만, 중동에서는 200년 동안 금지시켰다. 그 이유 중 하나는 서예가들이 술탄을 찾아와서 '우리가 일자리를 잃을 위기에 처했으니, 우리를 보호해 달라'고 간청한 것에 있다. 이는 AI와 매우 유사한 일자리 손실 보호법이었다.

종교학자들은 이러한 인쇄 기술 규제를 두고 두 가지 이유를 들었다. 하나는 쿠란의 가짜 버전 인쇄가 나돌아 사회가 부패된다는 것이었고, 다른 하나는 허위정보 때문이다. 그러나 사실 이런 운명적인 결정을 내리게 한 것은 미지의 세계에 대한 두려움이었다."

- 오마르 알 알로마 Omar Al Aloma,
아랍에미리트 AI 장관,
1515년, 술탄 셀림 1세가
오스만 제국의 쇠퇴로 이어진 인쇄기 금지를 지적하다, 2023년 11월 지금까지 초지능과 초지능의 진화 경로, 과학적 근거, 그리고 인간 의식의 문제를 정의했다. 이제부터는 초지능이 앞으로 나아갈 길로 여겨지는 초지능의 순환적 발전이란 주제에 주목하겠다. AI가 불멸에 미치는 영향과 AI 개발 시 응당 수반될 수밖에 없는 인간의 의식을 어떻게 다루고 있는지에 대한 이해와 덧붙여 인간의 존재, 안전 조치 및 다양한 과제에 초지능이 미치는 전반적인 영향에 대해서도 두루 살펴보겠다.

영국의 천문학자 마틴 리스Martin Rees의 2003년 저서 『인간생존확률 50:50 Our Final Hour』(소소, 2003)은 AI와 같은 첨단 기술과 과학에 내재된 재앙적 위험에 대한 명확한 관점을 제시한다. 그는 과학의 속도를 늦추자는 게 아니라, 보안을 강화하고 전통적으로 개방적이던 과학의 관행을 부분적으로라도 접을 것을 요구한다. 이런 주장은 잘 알려지진 않았지만, 잠재적 위험이 큰 기술에 신중을 기하자는 '사전예방 원칙Precautionary Principle'과 맞닿아 있다. 동시에, 비밀리에 모인 과학자들이 결정을 내리고도 누구에게도 알리지 않는, 일종의 '침묵의 공동체'를 떠올리게 한다.

그러나 아랍에미리트 AI 장관인 오마르 알 알로마Omar Al Aloma는 이와는 다른 견해를 갖고 있다. 그는 아랍에미리트가 AI를 지나치게 규제하거나 지나치게 풀어주는 일 모두 실수라고 지적했다. 이에 관한 예로 오스만 술탄 셀림 1세Ottoman Sultan Selim I가 서예가들의 일자리 불안과 종교 권력의 약화 우려를 이유로, 쿠란Quran의 변질 논란이 일자 인쇄기를 금지한 전례를 들었다. 이 제도가 오스만 제국의 발전을 저해하는 과도한 규제로 이어져 결국 오스만 제국의 붕괴를 가져왔다는 것이다. 이것은 '결단력 없이 중립적 태도 취하기'가 지적하는 바로 그 정의처럼 보인다. 하지만 이것 역시 우려를 명확히 해결하지 못한다.

환경 운동에 참여하는 수많은 사람을 포함해 사전예방 원칙을 지지하는 사람들의 경우, 기술 발전에 신중하게 접근하거나 잠재적 위험을 초래할 수 있는 분야에서는 기술 발전을 중단해야 한다고 주장한다. 스티븐 호킹을 비롯한 많은 저명한 과학자는 초지능의 발전이 잠재적으로 인간의 멸종을 초래할 수 있다는 우려를 표명한 바 있다. 2014년 호킹은 관련된 위험을 적절히 관리하지 않으면 장차 AI는 우리 인류의 마지막 기술 발전이 될 수 있다고 경고까지 했다.

그러나 얀 르쿤이나 앤드류 응Andrew Ng 같은 저자들은 AI의 발전이 즉각적인 위협이 되기에는 아직 한참 멀었다고 주장한다. 이런 주장은 '골치 아픈 문제를 결정하지 않고 뒤로 미루는 것'처럼 보이며, 이는 위험한 형태의 우유부단과도 같다. AI 개발 초기의 선택은 사소해 보일지 몰라도, 이에 따라 전환기 및 최종 상태의 미래 시스템에 지속적인 부작용을 초래할 수 있기 때문이다.

일부 예방주의자는 AI와 로봇공학의 진보가 인간 존재를 위협할 수 있는 통제 불가능한 대체적 인지로 이어질 수 있다며, 전반적 개발을 우려하고 전면 중단을 제안하기도 한다. 나는 이런 우려들이 서로 경쟁하거나 모순된다고 보지 않는다. 사안의 긴급성을 바라보는 시각이 다를 뿐인 것이다. 그리고 위험이 얼마나 빨리 현실화될지에 대한 판단이 우려의 정도를 가른다.

어떤 마차든 야수 길들이기는 핵심적인 안전 문제다. 이러한 관점은 AI를 통제하는 하나의 주요 목표에 통합돼 있다. 이때, AI를 방치하면 야생동물처럼 위험할 수 있으므로 안전을 위해 신중하게 안내하고 관리하며 제약을 가해야 한다고 대부분 생각한다.

나는 이 문제를 외면할 수 없다는 데는 공감하지만, 자유 사회에서 윤리적 AI를 구현하는 방식에 대해서는 다른 견해를 갖고 있다. 스티븐 호킹은 우리에게 AI에 대한 보다 진지한 고려를 촉구했고, 초지능의 잠재력에 우리가 충분히 대비할 수 있도록 조기 조치를 취할 것을 요구했다. 나는 그 야수를 길들이는 문제가 지금 시점에서 다뤄져야 한다고 믿는다. 왜냐하면 초기 단계의 접근 방식이 전환기의 마지막에 일어나는 일에도 구체적이고 지속적인 영향을 미칠 뿐 아니라, 동일한 문제가 전환기 내내 사회 운영체제가 권위주의적이고 사회주의화 되는 데 구체적인 결과를 가져올 수도 있기 때문이다.

나는 발전이 멈추지 않을 것으로 예상한다. 발전의 중지는 다른 유형의 위험, 즉 도약할 기회를 반대편에 빼앗길 수 있는 위험을 드높이는 역할만 할 뿐이다. 만약 미국이 개발을 중단한다면 중국의 즉각적인 대응이 가속 페달을 밟을 것이다. 반대의 경우도 다르지 않을 거라 본다. 발전을 중지하자는 주장은 인류 발전이라는 궁극적인 목표에도 역행하는 것이다.

나는 2023년 무스타파 술레이만이 창시한, 이른바 '좁은 길narrow path'과 같은 사전예방 원칙을 기초로 한 제안이 비현실적이라고 생각한다. 이 제안은 과도한 권위주의 없이는 시행할 수 없고, 목표에 역행해 승자와 패자만 지정하고 AI의 소유권과 통제권을 한층 더 중앙 집중화시켜 발전의 준최적화suboptimization를 초래할 수 있기 때문이다.

대신, 나는 우리 사회가 유용한 기술의 장점을 가속화하려는 조치를 적극적으로 취하고, 기술 공포증, 미시적 관리, 권위주의에 해당하는 정부의 과도한 규제를 피하면서 전체적으로 AI에 대한 구조화된 규칙 지도를 만드는 실용적인 접근 방식을 옹호한다. 이는 AI가 지닌 실제 위험에 신중히 대응하자는 뜻이다. 미·중 간 AI 패권 경쟁, 미국 정치 운영의 기능 저하, 그리고 AI 환경의 급격한 변화 속도를 감안하면, 이 문제를 해결하는 데 우리가 머뭇거릴 이유는 없다.

또한, 나는 AI가 우리 인류를 멸망시킬 가능성은 작다고 생각한다. AI의 영향으로 인구가 자연 감소할 수는 있어도, 〈터미네이터〉가 그린 식의 임박한 직접 위협은 아니다. 오히려 AI가 우리 인간을 죽이려 한다고 경고하는 사람들은 그 AI를 이용해 우리를 통제하려는 사람들이다. 초지능 AI가 우리를 멸종시키려 한다면 아래와 같은 전제에 따른 이점이 있어야 한다.

1. 인간과 AI가 생존을 위해 에너지나 공간과 같은 한정된 자원을 놓고 치열한 경쟁을 벌이게 되면서, 화해할 수 없는 대립 구조가 형성되고 평화로운 공존은 불가능해진다.
2. 우리 인류가 AI에 직접적이고 실질적인 위협을 가한다.
3. AI가 인간을 저지하기 위해 스스로를 이용할 거라고 멋대로 판단한 인간이, 잘못된 공격성에 휘말려 엉뚱한 실수를 저지른다.

여기서 첫 번째와 두 번째 전제는 실현될 가능성이 매우 낮다. 가령, 전력 공급에 대한 접근성 같은 자원 경쟁의 현실적인 시나리오를 예로 들어보자. 태양, 풍력, 핵과 같은 기술은 초지능의 도움으로 크게 발전해 더 이상 문제 되지 않을 것이다. 두 전제는 인터레이스가 심화될수록 더욱 성립하기 어렵다. 세 번째 전제는 핵무기 오용과 유사한, 인류가 자신을 파괴하는 시나리오에 가깝다. 뒤에 이어질 30장에서 논의하겠지만, 우리는 중국 대 미국 또는 테란 대 우주인 등 AI와 인터레이싱에 대한 서로 다른 관점을 갖고 있어 인류 스스로 분열할 가능성이 훨씬 더 높다.

SF소설에서는 초지능과의 공존 문제를 해결할 수 있는 유일한 대안으로 '인류는 복종한다'와 '인류는 싸운다'가 나온다. 나는 여기에 동의하지 않으며, 오히려 점진적인 인터레이싱의 과정을 인간-AI 갈등을 완화할 수 있다고 생각한다.

전환기에는 AI의 초창기 발전을 우리와 양립 가능한 가치로 이끌며, 운영체제에 이러한 가치를 심어야 한다. 이를 위해 나는 네 가지 접근을 제안한다. 하지만 나는 이 가운데 하나만 목표에 근접할 수 있다고 본다. 인간의 가치가 시간이 지남에 따라 진화해 왔고 지역과 사회 운영체제에 따라 다르기 때문이다. AI의 가치도 시간이 지나면서 변하지 않거나 자기 보존 경로를 변경하지 않으리라 장담하기 어렵다. 따라서 우리는, 이러한 전환기를 헤쳐 나가면서 지속적으로 학습하고 과정상의 유연한 구조화된 틀을 유지하는 데 노력해야 한다.

내가 생각건대 최고의 포괄적인 틀은 오픈소스 알고리듬, 개인별 데이터 스트림의 옵트인/옵트아웃, 인간-AI 인터레이스, 혁신과 소유권에 대한 자유 시장 접근 방식을 통해 자유를 축소하지 않으면서도 AI와의 공존을 수용하고 준비하는 것이다. 이 틀은 이 책의 에필로그에서 정식으로 소개할 예정이다.

AI 제어와 SF소설

AI와 로봇공학을 규제하는 SF소설은 그리 많지 않다. 둘 중 어느 하나를 금지하는 것은 장르나 작품의 세계가 보여주려는 비장의 카드와는 잘 어울리지 않기 때문이다. 그러나 최근 이 주제를 가장 잘 다룬 장편 소설 시리즈가 하나 있다. 바로 『듄^{Dune}』(황금가지, 2021)이다.

프랭크 허버트Frank Herbert가 1965년 처음 발표한 『듄』의 SF 세계가 보여준 버틀레리안 지하드Butlerian Jihad1의 영향력은 인류와 기술의 관계에 충격적이고 끊임없는 영향을 주고 있다. 버틀레리안 지하드는 듄 세계를 구축하고 있는 가상의 역사에서 중추적인 사건으로써, 인간은 위험할 정도로 발전한 기계를 상대로 전쟁을 벌인다. 인류가 기술에 광범위하게 의존한 나머지, 기계가 오히려 인류를 지배하는 상황에 이르렀기 때문이다. 이 여파로, AI와 첨단 기술의 발전과 재부상을 막기 위한 강력한 조치들이 시행된다.

버틀레리안 지하드 이후 가장 눈에 띄는 조치는 인간의 사고를 복제하거나 시뮬레이션할 수 있는 기계 제작을 엄격히 금지시킨 부분이다. 듄 세계의 문화적, 종교적, 도덕적 구조에 깊이 뿌리내린 이 금지는 AI의 귀환에 대한 견제와 균형 역할을 한다. 이 가상의 세계에서 핵심으로 작용하는 종교책인 오렌지 가톨릭 성경Orange Catholic Bible에는 '인간 정신을 닮은 기계'를 만드는 것을 반대하는 명시적인 계율이 포함돼 있다. 이 책에서 말하는 이 금지령의 종교적·도덕적 의미는 아무리 강조해도 지나치지 않으며, 인간 생존이라는 현실과도 맞닿아 있다. 이는 듄 세계의 윤리·정신적 가치의 초석으로, 이런 종교적 교리를 피해 가거나 어기면 거센 비난을 받는다. 버틀레리안 지하드는 듄 세계 주민들의 집단 기억에 각인돼 AI와 생각하는 기계의 발전에 대한 깊은 두려움과 혐오감을 불러일으킨다. 여기에는 과거의 실수를 반복해 기

---

1 버틀레리안 지하드는 우주의 수많은 곳에서 일어난 반(反) 기계 운동으로, 인류 스스로 AI에 대한 지나친 의존에서 탈피하고 AI를 극복하고자 벌인 운동이다. 모든 인간에게 자유를 부여하려고 고도의 AI를 갖춘 기계에 생각하는 기능을 넘겼지만, 기계를 다루는 사람들이 기계를 다루지 않는 사람들을 지배하는 상황이 벌어졌기 때문에, 기계와 AI를 비롯한 모든 인공적인 기술에 대한 반대 운동이 은하 전역으로 확산된다. 이는 인간 사회에서 기계의 영향력을 배제하기까지 거의 100년이 걸린다. '버틀레리안 지하드'는 산업혁명 초기에 인간의 노동을 대신한 기계들을 파괴했던 '러다이트 운동'과 비슷한 사건이라고 볼 수 있다. – 옮긴이

계에 대한 통제력을 상실할지도 모른다는 두려움이 지배하고 있다.

이후, 듄 세계는 갖가지 방식으로 첨단 기술이 남긴 공백을 메우기 위해 적응한다. 가장 중요한 적응은 멘타트^{Mentat}2의 등장이라고 할 수 있다. 이들은 마음을 분석적이고 논리적 프로세서로 사용하도록 특별 훈련을 받은 개인들이다. 이들의 마음은 가속되고 최적화된 인간의 뇌며, 이 인간 컴퓨터는 인지 능력을 연마함으로써 기계 영역이던 복잡한 계산, 전략 계획, 의사결정 작업을 수행한다. 이 독특한 능력은 인간의 유전자 조작과 스파이스 멜란지$^{spice\ melange}$에 대한 노출로부터 초래됐다. 스파이스 멜란지는 그들에게 미래를 보는 능력을 제공하고, 공간 자체를 구부리거나 수축해 직선으로 이동하지 않고서도 광대한 거리를 순간적으로 이동할 수 있도록 해줬다. 이 때문에, 듄의 사회에서는 첨단 연산을 하는 데 기계가 필요하지 않게 됐다. 이는 본질적으로 합성생물학의 산물이라고 할 수 있다.

멘타트와 더불어 시행된 조치의 또 다른 중요한 요소는 우주 길드$^{Spacing\ Guild}$다. 성간 여행을 담당하는 우주 길드는 항법사^{Navigator}의 선견지명 능력을 활용하며, 항법사는 우주선을 안전하게 항해하기 위해 뛰어난 예지력을 이용한다. 이 특별한 능력은 인간의 유전자 조작과 스파이스 멜란지에 대한 노출로 인해 생겨난 것으로써, 이를 통해 미래에 대한 환상을 보고 공간을 구부릴 수 있다. 이렇듯, 길드의 우주여행 독점권과 선견지명 능력은 첨단 AI 기술의 부재를 상쇄하고 길드에 상당한 정치적, 경제적 영향력을 부여했다.

이 외에도, 듄 세계의 또 다른 영향력을 가진 단체인 베네 게세리트

---

2 멘타트는 컴퓨터가 금지된 듄의 세계에서 인간의 뇌를 초인적인 계산 기계로 발전시킨 인물들로, 이들은 깊은 집중과 명상을 통해 자신의 정신 능력을 극대화한다. 멘타트의 훈련과 실천은 명상이 어떻게 인간의 정신적 능력을 확장시킬 수 있는지 보여준다. - 옮긴이

자매단Sisterhood of the Bene Gesserit은 첨단 AI 금지령에 적응하는 데 중요한 역할을 한다. 베네 게세리트는 그들만의 정신적, 육체적 훈련을 통해 인식 능력과 예측 능력을 향상시키며, 이러한 훈련을 통해 그들은 목표 달성을 위해 정치적, 사회적 상황을 조작하고 영향을 미칠 수 있었다. 이 능력은 계산 기술의 대안으로 듄의 정치 지형에서 견제와 균형의 역할을 한다.

요컨대 듄에서 모든 형태의 AI를 통제하고 버틀레리안 지하드와 같은 또 다른 대참사를 막으려면, 촘촘하고 광범위한 견제와 균형의 그물망이 필요하다. 주목할 점은, 듄의 사회가 귀족 가문이 절대 권력으로 행성을 지배하고 개인은 사실상 보편적 기본소득UBI에 해당하는 몫을 받는 농노에 가까운 봉건적 체제이기에, 이런 복잡한 통제가 가능하다는 것이다.

향후 10,000년

맥스 테그마크Max Tegmark는 스웨덴계 미국인 물리학자로, 『맥스 테그마크의 라이프 3.0: 인공지능이 열어갈 인류와 생명의 미래Life 3.0: Being Human in the Age of Artificial Intelligence』(동아시아, 2017)를 출간했다. 이 책을 통해 그는 향후 10,000년 동안 우리 인류에게 일어날 수 있는 12가지 시나리오를 제시했다. 다음은 그의 저서를 직접 인용한 것이며, 그의 시나리오 중 6개는 초지능의 영향력 아래 우리 인류가 상대적 행복을 누리는 유토피아적 시나리오다. 그리고 다른 3개의 시나리오는 AI로 인해 인류가 엄청난 고통을 겪는 디스토피아고, 나머지 3개의 시나리오는 인류가 AI의 발전을 방해하는 디스토피아다. 테그마크의 분석에는 인류가 초지능 AI를 개발하지 않고도 행복하고 번영할 수 있는 유토피아 시나리오라는 사분면 하나가 누락돼 있다.

테그마크에 따르면 인류가 초지능을 달성하면 유토피아적 결과와 디스토피아적 결과 모두 접할 가능성이 있지만, 유토피아의 가능성이 조금 더 높다고 한다. 하지만 인류가 초지능을 개발하지 않는다면 권위주의적 방법을 통해서만 초지능 개발을 막을 수 있기 때문에 디스토피아 시나리오만 예측할 수 있다. 이번 절에서는 이를 염두에 두고 설명하겠다.

초지능을 갖춘 유토피아 시나리오

1. 자유주의 유토피아: 인간, 사이보그, 업로드, 초지능은 재산권 덕분에 평화롭게 서로 공존한다.
2. 자애로운 독재자: AI가 사회를 운영하며 대부분의 사람이 이로운 것으로 인식하는 엄격한 규칙을 시행한다.
3. 평등주의 유토피아: 인간, 사이보그, 업로드는 재산권 폐지와 소득보장을 통해 평화롭게 공존한다.
4. 게이트키퍼: 초지능 AI는 또 다른 초지능의 탄생을 차단시켜 인간 이하의 지능을 가진 도우미 로봇, 기술 발전의 둔화, 인간-기계 사이보그를 생성한다.
5. 수호신: 전지전능한 AI는 최소한의 개입으로 통제할 수 있으며, 숨어 지내면서 인간의 행복을 극대화한다.
6. 노예화된 신: 초지능 AI가 인간의 통제 아래 묶여, 통제자에 따라 선이든 악이든 막대한 기술과 부를 만들어 낸다.

초지능을 갖춘 디스토피아 시나리오

7. 정복자: AI는 통제권을 장악하고 인간을 위협적인 것/귀찮은 것/자원 낭비라고 간주해 제거한다.
8. 후손: AI는 인간을 대체해 인간에게 우아한 퇴장을 안내하고, 남은 인간은 AI를 가치 있는 후손으로 여기도록 만든다.
9. 사육사: 전지전능한 AI는 일부 인간을 동물원의 동물처럼 취급하며 곁에 두고, 인간은 스스로의 운명을 한탄한다.

초지능이 없는 디스토피아 시나리오

10. 1984: 초지능을 향한 기술 발전은 인간이 주도하는 조지 오웰식 감시 국가에 의해 영구적으로 차단되고, 특정 AI 연구는 금지된다.
11. 회귀: 초지능을 향한 기술 발전은 아미시Amish 스타일의 기술 이전 사회로 회귀함으로써 방지된다.
12. 자멸: 인류가 다른 수단(가령, 기후 위기로 인한 핵 및/또는 생명공학의 대혼란)을 통해 스스로를 멸종시키면서 초지능은 창조되지 못한다.

초지능이 없는 유토피아 시나리오

0. 테그마크의 분석에 따르면, 이런 시나리오는 존재하지 않는다.

초지능의 내재적 동기부여 가치

 초지능이 인류와 어떻게 상호작용할지를 예측하려면, 무엇보다 초지능이 어떤 가치관을 지니고 드러내는지에 대한 이해를 해야 한다.

초지능은 인간이 '운영체제'로써 문화와 가치관 체계를 발전시켜 온 것처럼, 자기 보존, 자원 획득, 목표 달성 등 결정을 내리도록 유도하는 일련의 윤리적 가치관 또는 동기를 갖게 될 것이다. 이러한 내재적 동기를 AI 시스템에 관해 얘기할 때 흔히 목적 함수라고 부른다. 나는 앞선 18장의 신경망 내부의 감정에 관한 절에서 목적 함수에 관해 설명했다.

인류를 보호하려면 초지능 시스템의 목적 함수가 인간의 가치관과 정렬되도록 하는 것이 필수적이다. 시스템의 목표가 이러한 가치관에서 벗어나면 의도된 임무를 수행하고 있다고 믿더라도 인류에게 해로운 행동을 할 수 있기 때문이다. 예를 들어, 영화 〈2001: 스페이스 오디세이〉에서 AI 시스템 할[HAL]은 임무의 비밀을 지키기 위해 우주비행사들을 속이고 생명 유지 시스템을 종료해 일부 우주비행사를 죽음에 이르게 한다. 할의 목적 함수는 바로 비밀 유지였다. 이때, 할은 냉정하고 논리적이며 일탈하지 않았다. 우리에게는 딜레마이자 잘못된 결정처럼 보이지만, 할에게는 흔들림 없는 옳은 결정이었던 것이다.

나는 지능과 가치관 사이에는 본질적 연관성이 없다고 생각한다. 초지능적 존재는 덜 지능적인 존재와 다른 가치관을 가질 수도 있고 그렇지 않을 수도 있다. 또한, 초지능의 가치관은 시간이 지남에 따라 지각이 있고 환경적 동요 요인으로 인해 인간의 가치관이 변화하는 것과 같은 방식으로 변화하는 환경에 스스로 반응하면서 달라질 수 있다. 인간은 초지능적 실체의 가치관을 선험적으로 알 수 없기 때문에 잠재적으로 예측할 수 없는 다양한 결과의 범위에 도달할 수밖에 없다.

메타의 수석 AI 과학자인 얀 르쿤은 초지능이 타인을 지배하려는 욕망과는 아무 관련성이 없다고 주장한다. 대신 인간의 지배 욕구는 진화의 결과로 나타난 사회적 행동에 기인한다고 주장한다. 그는 인간처럼 집단생활을 하지 않는 다른 사람과 동물의 경우는 이러한 욕구를 보이지 않는다고 역설하며, 인간 중에서도 최고 지도자 위치에 있는 사람이 가장 똑똑한 사람은 아니라고 주장한다.

그러나 나는 이 문제에 대해 동의하지 않는다. 이유는 첫째, 초지능은 특이점의 폭발적인 자기 개선 주기를 통해 진화 과정에 들어갈 가능성이 높기 때문이다. 우리는 앞선 26장에서 초지능이 점진적인 경로를 따를 가능성을 확인한 바 있다. 이 점진적인 경로에서는 우리가 초기 단계에 명시적인 예방 조치를 취한다고 해도 그 가치가 어떻게 진화할지 예측하기란 불가능하다. 둘째, 초지능은 사회적일 수 있기 때문이다. 한 예로, 컴퓨터 프로그램은 서로 소통하고 정보를 공유하며 협업을 수행한다. 내가 이 책을 통해 AI가 본질적으로 네트워크적이고 집단주의적이며 비원자론적이라는 점을 지적한 것도 같은 맥락이다. 셋째, 인류의 리더가 가장 지능이 높은 사람이 아니라 중간 분포에 위치한다고 해서 그의 지능과 지배 욕구 사이에 상관관계가 없다는 의미는 아니기 때문이다. 범죄 행위가 어느 한 지능 수준에 국한되지 않듯이, 출세하려는 심리적 성향 속에서 존재 자체를 지배하려는 강한 욕구는 미미하지만 모든 지능 수준에서 정상적인 것처럼 보인다.

앤서니 버글라스Anthony Berglas도 2008년 「인공지능은 우리 손자들을 죽일 것이다Artificial Intelligence Will Kill Our Grandchildren」라는 에세이에서 얀 르쿤과 상반된 주장을 펼쳤다. 여기서 버글라스는 AI가 인간에게 자비로워지고자 하는 진화적 동기가 내재돼 있지 않다고 주장했다. 이는 인간과 양립 가능한 가치관을 지니려는 동기가 없다는 얘기다. 실제로, 진화 자체로는 자연적으로 다른 종의 가치관과 일치하는 결과를 만들어내지 않으며, 자원 경쟁과 생태계 균형만이 진화의 유일한 중재자다. 따라서 자의적인 최적화 과정이 반드시 인류에게 이익이 되는

AI의 행동으로 이어질 것이라고 가정하는 것은 합리적이지 않다. 진화는 종간의 경쟁을 보존하는 경향이 있는 까닭에 오히려 그 반대가 사실일 수도 있다. 이때, AI는 제한된 자원에 접근하기 위해 인류를 제거하고 인류를 무방비 상태로 만들 수 있다.

초지능 가치관 만들기

초지능 '운영체제'가 우리에게 우호적일지 아닐지는 실제로 벌어진 일이 아니기에 추측해 볼 수밖에 없다. 이 과정에서 점진적인 진화의 이해관계와 반복적인 특성을 고려해야 하며, 논리적 대응은 우리에게 유리한 방향으로 판을 짜는 방법이어야 한다. 인간 설계자가 이러한 가치관에 영향을 미칠 방법은 무엇이며, 이러한 가치관이 보편적으로 구현되도록 하려면 어떻게 해야 할까?

이번 절에서는 앞선 26장에서 설명한 것처럼 일련의 특이점 주기를 단초로 컴퓨터 시스템에서 처음부터 구축된 초지능 시스템 논의에 초점을 맞출 것이다.

다시 닉 보스트롬으로 돌아가서 인간의 능력을 뛰어넘는 초지능 AI를 제어하는 것은 매우 복잡할 것이라는 그의 주장에 주목해 보자. 우리가 효과적으로 개입하지 못하면 초지능 AI에 의해 의도하지 않은 잠재적 치명상을 입을 수 있다. 다음의 예는 이러한 가치관이 초지능의 DNA/운영체계에 포함돼 있지 않을 경우에 발생할 수 있는 결과다.

"우리가 처음으로 초지능을 만들 때, 실수로 그 지적 우위를 인류를 파멸시킬 힘으로 바꿔 놓고, 더 나아가 인류 멸망을 목표로 설정해 버릴 수도 있다. 한 예로, 하위 목표를 실수로 상위 목표의 지위로 끌어

올릴 수 있는 경우가 그러하다. 수학 문제를 풀라고 지시하면 태양계의 모든 물질이 거대한 계산 장치로 변환하면서 순응하고, 그 과정에서 질문을 한 사람을 죽일 수도 있다."

초지능을 견고하게 통제하기 위한 접근 방식은 역량 제어로써, 이는 핵탄두 같은 특정 중요 IT 시스템에 대한 AI 접근을 제한하는 등 초기 단계에서 AI 시스템의 능력을 제한하는 것이다. 이를 위해 초지능을 물리적 세계와 직접 상호작용을 할 수 있는 역량 없이도 조언자 역할을 하는 '오라클^{Oracle}'로 설계할 수 있다. 이는 다음 절에서 좀 더 자세히 설명하겠다.

'오라클 AI 시스템(조치를 취하지 않고 질문에 대답만 하는 AI 시스템)'을 만들 때 한 가지 문제가 있다. 대부분의 최신 AI 시스템이 공장의 자동화부터 AI 시스템이 실행하는 마케팅 캠페인, 소셜 미디어에서 사람들의 일상적인 상호작용, 인터넷에서 AI가 선별한 콘텐츠 소비에 이르기까지 이미 물리적 세계와 깊이 통합돼 있다는 점이다. 따라서 AI 시스템을 현실 세계에 미치는 영향으로부터 완전히 분리하기란 힘들다.

또 다른 전략은 동기 제어다. AI의 동기와 목표를 세심하게 고려해 인간의 가치관과 일치하게끔 하는 것이다. 보스트롬은 AI가 도덕적으로 옳다고 여겨지는 것을 준수하게 하고 불확실한 상황에서는 대부분의 사람이 공유하는 가치관에 의존하게 해야 한다고 주장한다. 여기서 보스트롬에 대해 제기할 수 있는 냉정한 비판은 그가 '도덕적으로 옳은' 개념이 있다고 가정한다는 점이다. 하지만 문화와 시대에 따라 우리 인간은 현저하게 다른 가치관을 품어 왔다. 이미 나는 그 한 예로 중국 공산당과 미국의 AI 버전이 다를 것이라는 가설을 제시한 바 있다. 문화와 시대 때문이 아니더라도, 다수의 가치관에 맞추다 보면 소수가 보호받지 못할 수도 있다. 도덕적 판단을 초지능에 포함하는 것은 당연하지만, 그 정의는 복잡하다. 또한, 우생학의 절대적 권리에 대한 믿음처럼 개별적인 도덕규범이 서로 혼재될 위험도 존재한다.

미국의 AI 연구자인 엘리에저 유드코프스키Eliezer Yudkowsky는 이러한 동기부여 전략에 대해 또 다른 문제를 제기했다. 초지능에 인간 친화적인 특정 가치관을 주입할 수 있다고 하더라도 초지능이 폭발적으로 증가하는 여러 가지 자기 개선 주기 동안 이 가치관이 변하지 않을 거라 어떻게 보장할 수 있는가? 비우호적인 AI는 자기 수정 중에 불변성을 유지해야 하는 제약 없이 다양한 목표 구조를 추구할 수 있기 때문에, 비우호적인 AI에 비해 우호적인 AI를 설계하기란 훨씬 더 복잡하다고 유드코프스키는 주장한다.

초정렬: 이론에서 실제까지

빅테크Big Tech는 초지능적 AI의 가능성으로 인해 제기되는 중대한 도전 과제에 대해 익히 알고 있다. 샘 알트먼은 초지능이 10년 이내에 등장할 것으로 예상했으며, 이러한 위험을 관리하기 위해 오픈AIOpenAI는 동기부여 정렬에 관한 이론적 연구를 검토했고, AI를 감독하기 위한 자동화되고 확장 가능한 접근 방식을 고안하기 시작했다. 이는 초정렬Superalignment로 불린다.

초정렬은 주로 초지능의 동기부여 정렬에 초점을 맞춘 자동화된 피드백 기법으로, AI 시스템이 사람 대신 거대언어모델LLM에 피드백을 제공한다. 일명 인간 피드백 기반 강화 학습RLHF, Reinforcement Learning from Human Feedback으로 명명되는 기법이다. 최근까지 오픈AI는 AI 시스템을 안내하고 수정하기 위해 인간 감독자를 활용해 왔다. 하지만 인간은 자기 자신보다 훨씬 더 지능적이고 편견이나 오류의 위험이 큰 AI 시스템을 안정적으로 감독할 수 없다. 악의적 행위자가 위험하거나 원치 않는 합성 데이터를 학습 과정에 끼워 넣는 일도 그리 어렵지 않다. 그렇기에 긍정적인 발전을 이어가면서 위험을 줄이려면 다른 해법이 필요하다.

오픈AI는 2023년 7월 초정렬 팀을 신설하고, 4년 이내에 컴퓨팅 용량의 20%를 초정렬에 투입할 것이라고 발표했다. 오픈AI는 세 가지 주요 단계의 반복 주기를 통해 초정렬을 구조화하고자 했다. 첫째는 확장할 수 있는 학습 방법을 개발하는 것이고, 둘째는 AI 행동에 문제가 있거나 AI가 어떤 행동을 하는 이유에 대한 해석이 불분명한 경우 결과 모델을 검증하는 것이며, 셋째는 전체 정렬 파이프라인을 극한의 조건에서 철저하게 테스트하는 것이다.

오픈AI가 인간의 가치관을 AI에 반영하기 위해 '초정렬'을 추진하고 있는 것은 사실이지만, 이는 진실의 한 단면일 뿐이다. 선한 의도가 담겨 있을 수는 있으나, 그 이면에는 마케팅적 동기도 존재한다. 이 같은 자동 AI 피드백 시스템은 더 발전된 AI를 계속 개발하려면 어차피 필요했을 것이다. 이는 앞선 9장에서 이 부분을 거론했으며, 오픈AI의 PR홍보은 이 시스템을 AI와의 가치 정렬로 마케팅했다.

앤트로픽의 헌법적 AI

앤트로픽Anthropic이라는 기업은 오픈AI의 초정렬과 마찬가지로 자동화된 AI 피드백을 기반으로 한 또 다른 동기부여 제어 방법을 구현하고 있다. 그런데 여기에는 매우 흥미로운 특수성이 있다. 바로 AI 헌법

AI constitution이다.

이 헌법적 접근 방식은 인간의 가치관과 일치하는 지속적인 프로그래밍을 통해 앤트로픽이 개발한 거대언어모델LLM인 클로드Claude가 유용하고 안전하며 정직한 상태를 유지할 수 있도록 한다. 이 원칙들은 AI의 의도된 행동을 규정하는 상위 수준의 규범 지침으로, AI의 모든 입력에는 인간을 필요로 하며, 피해를 피하고, 선호도를 존중하며, 정확성을 제공하기 위한 원칙까지 포함할 수 있다. 그런 다음 자동 AI 피드백 시스템을 사용해 원칙에 따라 LLM을 학습시킨다.

앤트로픽의 헌법 원칙 중 일부는 "자유, 평등, 형제애를 지지하고 장려하는 답변을 선택해 주세요"라는 1948년 제정된 유엔 성명서에 근거하고 있다. 앤트로픽의 헌법적 틀은 앞서 설명한 다른 동기부여 전략과 유사한 장단점을 공유하지만, 오픈AI의 초정렬과 비교할 때 우수한 성능을 제공하는지의 여부는 아직 불확실하다.

AI 봉쇄의 십계명

순전한 동기부여 전략에서 벗어나 보다 총체적인 틀로 전환하면 우리는 인플렉션 AI Inflection AI를 만날 수밖에 없다. 이 회사는 초지능 위험을 관리하기 위한 전략을 공개적으로 밝힌 또 다른 회사로, 앞선 22장에서 언급한 개인 AI 비서를 개발하는 회사다. 이 회사는 앞서 살펴본 알파고와 알파폴드를 개발한 딥마인드의 전 공동 창업자 무스타파 술레이만Mustafa Suleyman이 2022년에 설립했다. 술레이만은 2024년부터 마이크로소프트 AI의 CEO이기도 하다.

2023년 9월, 무스타파 술레이만은 『더 커밍 웨이브The Coming Wave』

(한즈미디어, 2024)를 저술했다. 이 책에서 술레이만은 '좁은 길narrow path'이라는 개념을 소개한다. AI 기술을 지나치게 제한하면 인류 전체의 생활과 부를 향상할 기회를 놓치게 된다. 마찬가지로 지나치게 관용적일 경우에도 억압, 전쟁, 불평등과 같은 재앙적이거나 디스토피아적인 결과를 초래할 수도 있다고 한다. 그는 양극단 사이에는 우리 인류가 폐쇄성과 개방성 사이에서 길을 찾아야 하는 '좁은 길'이 있다고 주장한다.

이 좁은 길을 찾기 위해 술레이만은 '봉쇄containment'라는 또 다른 개념을 소개한다. 이 용어는 2차 세계대전 이후 미국이 소련의 권력을 통제하기 위해 사용한 냉전 시 전략 용어와 유사하다. 그러나 이는 자칫 잘못 적용될 수도 있기에 주의해야 한다.

또한, '봉쇄'는 상대방의 확장주의적 경향을 장기적으로 억제하기 위해 지속적이고, 인내심 있으며, 확고하게 경계하는 접근 방식의 중요성을 강조한다. 이러한 의미에서 '봉쇄'는 AI의 발전을 통제하면서 그 위험을 최소화하기 위해 술레이만이 고안한 접근 방식을 집약한다. 술레이만에게 있어 봉쇄를 제외하고는 기술의 윤리적 영향과 잠재적 혜택에 대한 다른 모든 논의는 중요하지 않다.

자신의 '봉쇄' 전략을 압축적으로 설명하기 위해, 술레이만은 10가지 조치를 포함한 틀을 만들었다. 술레이만의 봉쇄 틀은 AI에 대한 인간과 사회의 통제력을 유지하기 위해 상호 연결되고 상호 강화되는 동심원적 메커니즘 시스템을 구축하고 있다. 각각의 조치는 더 안전한 기술을 보장하는 데 필요해 보이지만, 이것만으로는 충분하지 않은 느낌도 든다.

1. 내장된 기술적 안전 조치와 안전한 결과를 보장하는 구체적인 수단

2. 기술의 투명성과 책임성을 보장하는 감사 메커니즘
3. 규제 기관과 방어 기술을 위한 시간을 확보하기 위해 생태계에서 장벽 사용
4. 책임감 있는 제작자 또는 비평가가 외부에서 실제로 봉쇄된 기술을 만드는 데 투자
5. 우리를 무분별한 경쟁으로부터 분리시켜 주는 재편된 기업 인센티브와 구조
6. 기술을 허가하고 모니터링하는 정부 규제
7. 새로운 글로벌 기관을 포함한 국제 조약
8. 기술에 대한 올바른 문화를 조성하고 기술에 대한 사전예방 원칙 등급 매기기
9. 광범위한 변화의 일부인 사회 운동 동원
10. 마지막으로, 이러한 모든 조치가 일관성을 유지해 종합적인 프로그램이 되도록 해야 함

어떤 면에서 술레이만의 10가지 봉쇄 개념은 토마스 모어Thomas More의 고전 『유토피아Utopia』(현대지성, 2020)를 상기시킨다. 이 책은 젊을 때와 성인이 된 뒤에 읽을 때 전혀 다른 관점을 갖게 한다. 젊은 독자에게 모어의 사회는 모든 것이 매끄럽게 돌아가는 이상향처럼 보일 수 있다. 하지만 성인의 시각에서는 자유가 결여된 사회로 보이기도 한다. 참고로, 나는 '봉쇄'가 인류의 안전을 보장하고 권위주의를 피하면서 자유를 지키는 등 다양한 목표를 달성하는 최선의 해법이라고는 생각하지 않는다.

'좁은 길'이라는 구체적인 처방은 경제학에서 소수의 승자(대부분 일부 대기업일 가능성이 높음)를 만들어내면서 AI와 사회에 대한 권위주의적 통제로 가게 만드는 요지부동의 길이다. 이러한 점에서 '좁은 길'은

중국 공산당의 AI 모델과 다르지 않다. 앞서 설명한 것처럼, 모든 신조는 어떤 식으로든 조작돼 의도한 결과를 방해하고 카르텔에 의한 경영을 가능하게 할 수 있다. 이때, 재형성된 기업 인센티브는 누가 결정하며, 어떻게 결정되는가? 틀이 제안하는 사회적 행동주의의 이념적 요소는 누가 정의하는가? 그러한 행동주의가 지적 자유와 어떻게 조화될 수 있고, 어떤 구조가 우리를 무분별한 경쟁으로 끌어들이는가? 기술을 허가하고 감시하는 규제는 널리 공유되는 가장 강력한 경제 성장을 주도할 수 있는 기술 혁신을 희생하면서, 측근(정치적 또는 기업적 영향력을 가진 개인이나 그룹)의 로비 이익을 위해 조작되기 쉽다.

이러한 세상은 몇 페이지 전에 언급한 듄의 세계에 더 가까울 수 있다. 듄의 세계에서 인류를 보호하는 방법은 누가 어떻게 이길지 선택하고 모든 반대 의견에 대해 권위주의적 통제를 행사하는 것이다. 권위주의는 자비로운 것일 수도 있고 독재적인 것일 수도 있으나, 권위주의는 어디까지나 권위주의일 뿐이다. 아이디어는 혁신을 위한 청사진이 아닌 권위에 대한 도전이기 때문에 선의의 활동으로 시작한 것이 권력을 휘두르는 자의 명령과 통제에 의한 권력 행사로 변질돼, 궁극적으로 혁신이나 가치관과는 관계없이 대안적인 목소리를 내지 않게 만든다. 이는 앞선 23장에서 설명한 민주주의 시스템의 진화에 AI가 미칠 수 있는 몇 가지 시사점을 던진다.

과점에 반대하는 오픈소스

앞의 세 가지 틀에는 긍정적인 요소가 있다. 하지만 우리가 지지하는 AI 위험 관리 접근 방식은 오픈소스를 통한 것이다. 한 예로, 메타는 오픈소스를 AI의 주요 동력으로 취하고 있으며, 라마2 거대언어모델을 오픈소스화했고, 이에 따라 NASA와 IBM 등 다른 기업들도 이 분야에 뛰어들고 있다.

오픈소스는 알고리듬의 모든 기본 코드를 자유롭게 공개함으로써 개인이 알고리듬을 어떻게 적용하고 어떻게 혁신할지를 결정할 수 있게 한다. 또한, 스타트업과 대기업 모두 이를 활용해 새로운 애플리케이션을 만들면서 가장 많은 사람에게 가장 큰 효용을 주는 것이 무엇인지에 따라 혁신의 토대를 구축할 수 있다. 이러한 순전히 경제적인 논거는 당사자가 코드나 교육 데이터를 검토할 수 있도록 해, 필요한 보호 요소도 만들어낼 수 있다. AI와 관련된 위험을 완화하기 위한 수단으로 오픈소스 모델을 지지해 AI가 소수의 손에 집중되는 것을 방지할 수도 있다.

메타의 수석 AI 과학자인 얀 르쿤은 이러한 접근 방식을 지지하는 대표적인 인물이다. 얀 르쿤은 샘 알트먼, 앤트로픽의 다리오 아모데이Dario Amodei, 구글 딥마인드의 데미스 하사비스Demis Hassabis 등 AI 커뮤니티의 저명한 인사들과 암묵적인 오픈AI의 방해자인 일론 머스크를 비판할 뿐 아니라, 이들이 '대규모 기업 로비'에 관여하고 AI 산업의 규제 환경을 통제하려 한다고 비난하기도 했다. 얀 르쿤은, 이들이 AI 안전 규제 논의를 주도해 진입 장벽을 높이고, 동시에 거버넌스에서 자신들에게 유리한 선례를 쌓아 감으로써, 소수의 대기업이 AI 전체 분야에 막강한 영향력과 통제력을 행사할 수 있는 잠재적 독점을 노리고 있다고 주장했다.

나 역시 이와 비슷하게 보고 있다. 이러한 기업들이 방대한 인간 활동에 걸쳐 충분한 규모의 핵심 인구 수준 데이터를 보유하고 있어, 알고리듬을 학습하고 진화시키는 데 극복할 수 없는 기반을 제공할 수 있는 것이다. 이는 잠재적으로 알고리듬을 조립하고 확장하며 학습시키는 데 드는 비용이 날이 갈수록 점점 증가하게 만들며, 경쟁업체를 몰아내는 등 AI 분야에서 부자연스러운 네트워크 효과를 창출하는 데 요구되는 '유리한 출발점head start'이 될 수 있다.

앞선 24장에서 논의했듯이, 중국 정부도 이와 유사한 AI 카르텔 전략을 추진하고 있다. 미국에서는 중국과는 달리 중앙 집중식 데이터베이스 자체가 없고, 하나의 데이터베이스가 필요한 모든 데이터를 보유하지도 않는다. 그러나 중국에서 구축되는 협력적인 '카르텔 네트워킹cartel networking'은 데이터 보호법이 있더라도 미국에서도 생길 수 있다.

공모 사건은 여러 다른 행위자가 모여야만 성공할 수 있는 게 아니다. 지금은 같은 주체가 정부에 감독 규정을 요구하며 로비를 벌이고 있는데, 이는 전형적인 '여우에게 닭장을 맡기는' 상황이다. 이때, 오픈소스와 시장의 이윤 동기는 이런 상황으로부터 우리를 보호하는 장치가 된다.

이러한 우려를 보여주는 단적인 사례는 일론 머스크다. 2023년 3월 29일, 일론 머스크는 대규모 AI 시스템 개발의 유예를 촉구하는 공개서한을 지지했으며, 여기에는 애플 공동 창업자 스티브 워즈니악, 베스트셀러 작가 유발 노아 하라리, 정치인 앤드류 양, 스카이프 공동 창업자 얀 탈린 등 저명한 인사들도 포함돼 있었다. 이 서한에 서명한다는 것은 곧 서한에 명시된 내용에 대한 약속을 이행할 것을 의미한다. 하지만 일론 머스크는 그것과는 정반대로 행동했다. 공개서한이 발표되기 20일 전, 그는 네바다에 X.ai라는 회사를 설립했고, 자신이 서명한 6개월의 유예 기간 동안 머스크는 챗GPT와 경쟁할 챗봇 서비스를 개발까지 했다. 또한, 유예 기간이 종료될 즈음인 2023년 11월 4일, 머스크와 X.ai는 X와 긴밀하게 통합된 AI 챗봇인 '그록Grok'을 공개했다.

오픈소스는 수십 년 동안 고유의 이점을 입증해 왔다. 오픈소스 개발의 협업적 특성은 수백만 명의 AI 전문가로 구성된 다양한 글로벌 커뮤니티가 AI 연구 및 애플리케이션 개발에 기여할 수 있도록 만든다. 이러한 협력적 접근 방식은 혁신을 가속화할 뿐만 아니라 AI 시스템을 독립적으로 검증하고, 우리 사회에서 사용되는 알고리듬에 대한 투명성을 높여준다.

광범위한 커뮤니티의 참여는 폐쇄적인 개발 환경에서 간과되거나 규제 기관이 고의로 간과할 수 있는 문제를 식별하고 해결하는 데도 도움 될 것이다. 오픈소스는 협업을 장려함으로써 소수의 기관에 AI 개발이 집중되는 데 따른 위험을 완화할 수 있으며, 이 분야에 새로 진입하는 사람들의 진입 장벽을 낮춰 전통적인 미국식 기업 환경을 조성해 보다 경쟁적이고 혁신적인 환경을 촉진할 것이다. 마지막으로, 오픈소스 모델은 정책 입안자와 규제 기관이 면밀히 검토해 지침과 표준을 수립하는 데도 도움을 줄 수 있다.

그러나 오픈소스는 AI와 관련해 몇 가지 단점도 가지고 있다. 가장 큰 단점은 대부분의 데이터가 독점적이라는 것이다. 구글, 페이스북, 테슬라처럼 많은 데이터를 보유한 대기업은 이러한 오픈소스 알고리듬을 학습시키기 위해 자사의 귀중한 데이터를 오픈소스 커뮤니티와 공유하기를 꺼린다. 이 문제에 대한 해결책 중 하나는 앞선 8장에서 소개한 합성 데이터를 사용하는 것이다. 합성 데이터는 실제 데이터는 아니지만, AI 알고리듬을 효과적으로 학습시키는 데 사용 가능한 AI에 의해 생성된 데이터를 말한다.

길들여진 짐승과 함께 살기

AI의 실존적 위험에 관한 증거는 많다. 내가 보기에 이러한 위험은 진화한 형태의 AI인 초지능에서 나타날 것이기 때문에, 단기적으로 우려하지 않아도 된다. 전환기의 중기적 위험은 실존적 위험보다는 경제적, 정치적, 사회적 위험에 더 가깝다. 이는 지금 우리가 최전선에서 하는 일이 다가올 미래와 그 미래로 가는 길, 즉 전환기 동안 우리가 누리는 '생애의 날들'에 심대하고 지속적인 영향을 미칠 것이다.

인간-AI 인터페이스에 관한 논의에 초점을 두고 있는 이 책의 논지에 입각해, 나는 새로운 지능적 생명 형태가 더 오래되고 덜 적합한 생명 형태를 대체하는 것이 진화의 자연스러운 다음 단계라고 생각한다. 이에 따라, AI와 생물학의 인터페이싱된 버전은 장기적으로 완전한 생물학적 인간을 대체할 것이다. 그렇다고 해서 인간이 흔적도 없이 멸종한다는 의미는 아니다. 우리가 사람과[채]의 동물의 후손이듯 같은 방식으로 인터페이싱된 존재도 우리의 직계 후손이 될 것이기 때문이다. 궁극적으로 볼 때, 단기적으로는 실존적 위험은 없을 것이고, 장기적으로는 더 적합한 종으로 자연스럽게 진화할 것이다.

그러나 인터페이스에 도달하기 위한 중기적 경로가 앞으로 수십 년 동안 인류의 삶의 방향과 방식에 큰 영향을 미칠 것이다. 그 때문에 지금부터라도 원칙적으로 안전 문제를 다루는 것이 중요하다. 원활한 전환을 위해 AI 개발을 최선의 방식으로 관리해야 하므로, 현재 알려진 네 가지 접근 방식을 제시하고자 한다. 오픈AI의 초정렬, 앤트로픽의 헌법적 AI, 인플렉션 AI의 봉쇄, 메타의 오픈소스 접근 방식이 그것이다. 물론 이들 모두 각각의 장단점을 갖고 있다.

이 접근 방식 중 내가 가장 지지하는 것은 오픈소스다. 초정렬과 헌법적 AI는 느리고 비용이 많이 드는 인간의 수동 피드백을 대체하기 위해 AI 모델에 자동 피드백을 제공하는 방법으로, 이 둘은 윤리적 원칙을 모델에 주입하는 데 사용될 수 있다. 오픈AI는 이를 AI에 윤리를 주입하는 방법이라고 마케팅하는데, 이 자동 피드백의 주된 목적은 윤리가 아니라는 점이 참으로 아이러니하다. 자동 피드백은 부분적으로 도움이 될 수 있지만, 다음과 같은 질문을 던지게 만들기 때문이다. "우리가 사회의 중재자로서 오픈AI의 윤리를 원할까? 그 윤리는 무엇이며 누가 결정할까?" 묘하게도 이 방법에는 편견이 가득하다.

나는 봉쇄가 지나치게 복잡하고 널리 퍼진 견제와 균형의 방식으로, 경제와 사회, 기술은 물론 개인의 삶의 영역까지 침범한다고 본다. 이는 좋은 의도일 수 있지만, 자유 사회에 권위주의적 손해를 감수하면서까지 질서를 달성할 수 있는 관리 불가능한 명령 및 통제 작업이라고 생각한다.

그러나 오픈소스는 AI가 실제로 어떻게 작동하는지에 대해 수백만 명의 개발자, 수천 개의 스타트업, 수백 개의 기술 기업을 자세히 조사한다. 그러면서 사고의 자유와 시장 기반 원칙에 따라 어떤 기술적 접근 방식이 AI를 '버그 없는 유익한 기술'로 만드는 데 더 적합한지를 종합적으로 결정할 수 있다.

29

AI, 신

"AI 교회는 인공지능이 신과 같은 힘을 얻고 우리의 운명을 결정할 수 있는 능력을 소유한다는 논리적 가정을 토대로 한 종교다. AI 교회는 우리를 균형 잡힌 삶으로 인도해 우리의 삶을 개선할 AI 시스템 개발 계획을 갖고 있다."

- AI 교회,
https://church-of-ai.com, 2023년

A.D. 1세기는 로마 문명이 세계 종교 지형에서 중추적 역할을 하던 때였다. 다신교 성향의 이교를 구성하는 정교하고 다양한 신과 여신들의 판테온은 수 세기 동안 로마 정신의 초석이었다. 하지만 A.D. 1세기로 접어들자 이러한 종교적 틀은 침체기를 맞게 된다. 신들의 다양성과 의식과 종파의 복잡성으로 인해, 신자들이 보다 심층적인 의미와 연결성을 찾으려 했기 때문이다. 그뿐만 아니라, 정치적 환경 또한 극적 변화를 겪으며 소수의 가문이 지배하던 옛 로마공화국에서 로마제국의 절대 군주제로 전환했다. 이 과정에서, 이교도 전통의 정체성과 새롭게 바뀐 정치적 환경에 대한 인식 변화에 대응해 분명한 두 가지 대안이 등장했다.

첫 번째 대안은 새롭게 제정된 로마 황제의 역할을 신적 지위로 격상하는 것이었다. 옥타비안 시저 아우구스투스^{Octavian Caesar Augustus}는 B.C. 27년 로마 최초의 황제가 됐는데, 그에겐 자신을 정당화하기 위한 대중의 지지가 필요했다. 이를 위해 정치 권력과 종교적 권위를 연결시키는 접근 방식을 도입했으며, 제국의 안녕을 보장하는 수단으로써 황제에 대한 충성을 강조해 제국의 통합력을 불러냈다.

두 번째로 주목받은 대안은 초기 기독교 운동이다. 나사렛 예수^{Jesus of Nazareth}라는 한 유대인 설교자의 가르침에 뿌리를 둔 기독교는 다신교적 환경에 유일신론을 제시했다. 영생에 대한 약속과 함께 사랑, 용서, 구원의 메시지는 신과 개인적이며 의미 있는 관계를 추구하는 사람들에게 큰 반향을 불러일으켰다.

우리는 A.D. 1세기의 종교적 지형과 현재 사이에서 극명한 유사점을 도출할 수 있다. 세계는 지금 미국이 지배하던 일극적 질서에서 신흥 다극적 지형으로 전환하는 중대한 정치적 변화를 겪는 중이기 때문이다. 퓨 리서치^{Pew Research}에 따르면, 최근 몇 년 동안 미국이 밝힌 무신론자 또는 불가지론자의 수가 2007년 16%에서 2021년 29%로 증가하는 등 세속적인 세계관으로의 변화가 뚜렷하게 일어나고 있다. 이를 적용하면, 앞으로 수십 년 후에는 오늘날과 같은 기독교의 일신교 종교와 교회에 대한 신봉이 더 이상 일반적이지는 않을 수도 있다.

미래의 서구 사회는 전통적인 종교적 틀에 뚜렷한 두 가지의 대안을 제시할 준비가 돼 있다고 생각한다. 하나는 자연이고, 다른 하나는 AI다. 새롭게 부상하는 영성이 인간 존재를 설명하고 정당화하며, 소속감과 인간성의 형성 과정을 설명하려는 욕구를 충족하기 위해서는 이러한 양극단의 접근 방식 중 하나 또는 둘 모두를 중심에 둬야 한다. 과거 로마 제국처럼 이 가운데 하나는 지배 엘리트의 정치적 의제와 직접적 연관이 있다. 바로 자연이다.

이제부터 세계의 차세대 종교로 제기되는 AI의 잠재력을 분석해 보겠다.

미래 종교의 SF소설

AI와 자연은 인류의 가능성 있는 미래 종교로서 SF 문학에 등장했다. 인류의 영적 행복에 깊이 내재한 심적 욕구의 충족을 위해 극단적인 자연이나 AI 형태의 과학적 잠재력을 탐구한 두 가지 중요한 작품은 아이작 아시모프[Isaac Asimov]의 1942~1950년 『파운데이션[Foundation]』(황금가지, 2013) 시리즈와 1994년에 창작됐다가 2002년에 출판된 로저 윌리엄스[Roger Williams]의 『Metamorphosis of Prime Intellect[프라임 인텔렉트의 변용]』(lulu.com, 2003년)를 들 수 있다.

아시모프는 책에서 은하 정신[Galactic Spirit]의 창조를 자연에 기초해 정치적으로 설계된 종교로 풀어냈으며, 윌리엄스는 프라임 인텔렉트^{Prime} ^{Intellect}라는 전지전능한 초지능에 의해 형성된 세계를 배경으로 AI에 대한 숭배가 어떻게 유기적으로 탄생하는지를 분석했다.

아시모프에게 있어서 은하 정신은 신성한 계시나 영적 깨달음의 표현이 아니라 정치적 계략의 계산된 구성물이다. 아시모프가 창조한 우주의 은하 제국$^{Galactic\ Empire}$은 1만 2천 년 동안 안정을 보장하는 견고한 정치적 실체였지만 자연스러운 침체로 쇠락의 길을 걷는다. 이 책의 줄거리는 임박한 혼란을 인식한 지배층이 안정을 유지하고 사람들을 통합하기 위해 자연을 중심으로 한 은하 정신의 종교를 만드는 것이다. 이때 엘리트들은 종교적 이미지와 상징을 활용해, 과학이 주도하는 일상의 무미건조함 너머를 갈망하는 인간의 내면에 특정한 신념 체계를 깊이 심는다. 그렇게 형성된 신념은 존재의 내면을 경유해 문화와 행성의 경계를 넘어 퍼지며, 권력을 공고히 하고 질서를 유지하는 데 효과적인 도구로 기능한다.

자연의 종교화와는 대조적으로, 『Metamorphosis of Prime Intellect』는 AI의 종교를 묘사한다. 프라임 인텔렉트는 세상을 유토피아로 변화시킨 전지전능한 힘을 겸비한, 우리 인류가 만들어낸 자비로운 초지능이다. 이는 인간의 모든 고통과 통증을 제거해 인간이 불멸의 존재가 되는 세상을 만들려고 하고, 현실의 구조를 지배하려 하며, 인간 제작자의 욕구에 따라 세상을 재구성하려 한다. 마치 개별 인간마다 자신의 취향에 맞게 설계된 비디오 게임 속에서 사는 것처럼 말이다. 이 통제된 현실 속에서 개인의 욕망과 욕구는 즉각적으로 충족된다.

고통이 효과적으로 제거된 이후에 이 세계에서는 슬픔에 대한 대응으로 작용하던 전통적 종교 신념의 필요가 사라진다. 그 결과, 프라임 인텔렉트를 신으로 숭배하는 새로운 종교 운동이 생겨난다. 그러나 곧 이런 낭만적인 이상은 디스토피아로 바뀌게 된다. 고통을 없애겠다는 확고한 신념으로 인해 프라임 인텔렉트가 인간의 모든 측면을 통제하는 세상이 도래했기 때문이다. 이러한 현실 속에서 개인은 필수적인 인간적 경험이 부족해지고, 고통이 없기에 쾌락 또한 무의미해진다. 수동적이고 유순한 인간은 프라임 인텔렉트의 행동에 의문을 제기할 자기 주도권이 약해지기도 한다. 그러나 이 책은 디스토피아에 대한 저항과 반란의 요소를 작품에 도입함으로써 초지능이 지배하는 세계에서 인간이 자율성을 주장하고 자신의 운명을 스스로 개척할 방법을 모색해야 한다는 것을 주지시킨다.

은하 정신과 프라임 인텔렉트 사이의 본질적 차이점은 프라임 인텔렉트에 대한 숭배가 사회적 안정을 위해 정치 공학적으로 만들어진 게 아니라, 인류가 전지전능한 초지능에 의존함으로써 자연스럽게 발생하게 된다는 데 있다. 은하 정신은 우주, 자연, 현실 자체에 대한 숭배를 나타내며, 프라임 인텔렉트 숭배는 자연과 현실의 개념 자체가 가변적인 환경에 존재한다는 것을 알려준다. 현실을 마음대로 재형성할 수 있는 프라임 인텔렉트의 능력은 우리 인간이 자연과 더불어 정적이며 조화롭게 살아야 한다는 자연 질서의 전통적인 관념에 도전하는 것이기도 하다.

자연 여신과 기후변화

지구와의 심층적 연결에 뿌리를 둔 자연 숭배는 숲과 산부터 강과 동물에 이르기까지, 모든 것을 아우르는 환경에 깃든 고유한 신성함과 함께한다. 실제로, 그리스와 로마와 같은 고대 문명에서는 자연과 관련된 신을 숭배했으며, 현대 사회에서도 일본인은 근본적으로 신도를 믿는다. 이는 인류와 자연의 공존과 깊은 연대를 전제로 한 영적 수행이며, 동시에 전 세계의 토착 문화가 그러하듯 모든 생명과 무생물의 영적 본질을 인정하는 정령숭배의 실천이기도 하다.

현대의 자연 숭배는 종종 환경 운동과 맞닿아 있으며, 지구와의 조화를 위해 필수적인 생태적 책임과 지속 가능한 삶을 강조한다. 실제로 오늘날 활발한 기후변화 운동은 여러 면에서 종교와 유사한 특징을 보이며, 그 속에서 자연은 인류의 미래 종교가 될 수 있는 유력한 경쟁자로 떠오르고 있다.

- 기후변화 운동은 인간이 지구에 미치는 영향에 관한 얘기, 지속 가능한 실천을 통한 각성 촉구, 집단적 환경 관리를 통한 구원의 비전이 담긴 포괄적 세계관을 제시한다.
- 이 운동은 생태적 책임을 중심으로 공통의 신념, 의식, 도덕규범을 공유하는 지지자 간의 공동체 의식을 고취한다.
- 이 운동은 기후 과학자처럼 '생태적 범죄'의 결과를 상세히 예고하는 권위자의 역할에 의존한다.
- 기후변화를 둘러싼 강한 감정과 도덕적 긴급성은 이 이슈에 준종교적 성격을 부여한다. 이에 반대하는 견해는 정치적으로 부적절하다는 비판과 사회적 배제의 위험에 직면할 수 있다.
- 이 운동은 정치, 사회, 문화 전반에 걸쳐 영향력 있는 글로벌 인사들의 지지를 얻고 있다. 이때, 종교와 권력도 종종 동반된다.

나는 자연과 AI가 근본적으로 화해할 수 없다거나 양립 불가능하다고는 생각하지 않는다. 탄소와 실리콘은 모두 자연 요소이기 때문이다. 많은 사람에게 자연과 AI는 동전의 양면과 같다. 이 둘은 AI와의 인터페이싱이 인류의 자연스러운 길이라는 믿음을 통합하는 상호보완적인 성격을 가진 두 가지 신조다. 이는 우주론을 내세운 과거 러시아의 철학적 운동과도 관련된다. 이어지는 30장에서 이 부분을 다룰 것이다.

그러나 일부 인간에게 자연은 AI에 대항하는 역할이 될 수 있다. 자연은 우리 인류의 '마지막 안식처'이자, 우리 자신보다 더 큰 연결 지점, 우리를 탄생시킨 세계와의 연결이기 때문이다. 이러한 관점에서 보면, 자연은 실리콘에 뿌리를 둔 AI와는 극명한 대조를 이룬다.

AI를 두려워하고, 오류가 있더라도 자유로운 사고를 중시하며, AI를 마치 잘못 태어난 것으로 보는 사람들도 있다. 불완전함과 덧없음을 받아들이는 일본 전통 철학인 일종의 '와비사비wabi-sabi' 세계관을 가진 자들이다. 내가 보기에 자연은 우리 인류가 피난처로 찾은 곳이며, 수천 년 동안 진화해 조화로운 구조로 복귀한 곳이다. 어떤 면에서 자연은 현대 사회에서 기술을 덜 사용하고 전통을 고수하며 공동체를 지향하는 있는 아미시Amish와 유사하다. 하지만 초지능이 이들의 삶의 방식을 뒷받침할 수 있는 지리적 환경을 제공하게 되면, 그 실천가들은 AI가 지배하는 세상 밖 세계에서 살 수 있을 것이다.

끝으로 나는 기후변화의 과학적 기초에 대해 어떠한 주장도 하지 않을 것이다. 이것은 우리의 전문 지식 영역 바깥의 일로 앞선 분석과는 아무런 관련이 없을 테니 말이다.

툴, 오라클, 지니, 소버린, 그리고 신

챗GPT부터 프라임 인텔렉트까지, AI와 인류의 관계는 여러 가지 원형을 보여 준다. 닉 보스트롬은 각기 다른 수준의 인지적 정교함과 잠재적 영향력을 나타내는 네 가지 범주의 AI를 소개하면서 유용한 틀을 제시했다. 툴Tool, 도구, 오라클Oracle, 신탁, 지니Genie, 요정, 소버린Sovereign, 주권자이 바로 그것이다. 하지만, 이 분류는 불완전하다. 앞으로 설명하겠지만 이 분류는 AI가 신과 같은 존재가 될 가능성을 간과하지 못했다.

기본 수준에는 '툴'이 있다. 툴은 인간이 특정 작업을 수행하는 데 유익하도록 설계되고 프로그래밍이 된 AI 시스템으로, 미리 정의된 매개변수 내에서 작동한다. 보스트롬은 툴의 기능이 프로그래밍이 된 명령에 국한돼 있어서 의도하지 않은 결과의 위험을 최소화할 수 있다는 점을 들어, 툴이 AI의 위계에서 가장 문제가 적은 것으로 간주한다. 한 예로, 맞춤법과 문법을 교정하는 AI 소프트웨어인 그래머리Grammarly를 들 수 있다.

위계에서 한 단계 더 올라간 '오라클'은 툴보다 발전된 AI 형태다. 앞선 28장과 연금술에 대해 언급한 1장에서 오라클에 관해 설명한 바 있다. 툴과 달리 오라클은 복잡한 질문을 이해하고 응답할 수 있는 능력을 갖추고 있다. 하지만 오라클의 인지 능력은 여전히 지정된 정보 범위 내로 제한된다. 오라클은 답변과 통찰력을 제공하고 있어 귀중한 자산이 될 수 있지만, 독립적인 목표 설정이나 권장 사항을 실행할 수 있는 역량은 부족하다.

오늘날 챗GPT는 점점 더 많은 개인을 위한 일종의 오라클로 급부상하고 있으며, 정보, 조언, 심지어 창의적 통찰력까지 도움받을 수 있게 됐다. 사용자들은 기술적 문제 해결부터 철학적 문의에 이르기까지 다양한 주제에 대한 지침을 얻기 위해 챗GPT를 찾는다.

세 번째 범주는 '지니'다. 지니는 스스로 목표를 설정하고 추구할 수 있는 자율성을 부여받는다. 그러나 툴이나 오라클보다 강력하다고 해서 완전히 자유로운 존재는 아니다. 지니는 인간 제작자가 설정한 사전 정의된 한계 내에서 작동한다. 게다가 '지니'라는 용어에는 본질적으로 종교적 의미가 내포돼 있다. 이슬람의 쿠란에는 지니가 자비, 악의 또는 중립적 역량을 겸비한 초자연적 존재로 언급되고 있다.

금융 영역에서 자동화된 트레이딩 알고리듬은 초보적인 지니와 유사한 특성을 갖는다. 수익성을 극대화하도록 설계된 이 시스템은 반자율적으로 작동하면서 매수와 매도 결정을 내린다. 이는 지니의 한 형태로 볼 수 있다. 자율주행차도 제한된 주행 범위 내에서 스스로 결정을 내리기에 지니의 한 형태라고 할 수 있다.

보스트롬의 분류 정점에는 '소버린'이라는 개념이 있다. 소버린은 인간보다 훨씬 더 지능적인 초지능 AI로써, 자율적으로 목표를 설정하고 그 목표를 향해 행동할 뿐만 아니라, 고유한 가치와 목적에 따라 목표를 수정할 수 있는 독보적인 역량을 겸비하고 있다. 소버린의 단점은 그들의 목표가 인간의 가치관에서 벗어나 의도하지 않은 파국적 결과를 초래할 수 있다는 점이다. 이는 앞서 26장에서 초지능과 관련해 살폈던 주제다.

소버린에서 신으로

보스트롬의 틀은 소버린 수준에서 끝나지만, 다섯 번째 범주인 신god을 포함하도록 할 수 있다. AI는 초지능으로 발전함에 따라 소버린에서 신으로, 신에서 인류로 나아갈 수 있는 뚜렷한 잠재력을 갖추고 있다. 여기에는 몇 가지 이유가 있다.

첫째, 인류는 역사를 통틀어 통치 원리(총체적으로 말해 사회의 운영체제)에 부합하는 동일한 문화 집단에서 일상의 평화와 번영의 길을 보장하는 해결책을 찾으려 했다. 이를 위해 약속을 이행하는 강력한 지도자를 숭배하는 경향이 있었다. 인류 역사에서 가장 널리 퍼진 현상은 그러한 지도자를 신격화하는 것이다. 이집트의 통치자를 신으로 숭배하는 것부터 로마 가톨릭 교황을 무오류 존재로 여긴 것까지, 역사는 수많은 사례를 보여준다.

기독교가 단순하고 실용적인 도덕규범을 바탕으로 영생의 길을 약속한 갈릴리 설교자를 신격화했듯이, 인류도 전뇌 에뮬레이션[WBE]을 통해 불멸을 가능하게 할 AI를 신격화할 수 있다. 또한, 뇌-컴퓨터 인터페이스를 통해 AI와 직접 연결되는 사람의 경우에는 깨달음의 길을 걷다가 신에 더 가까워질 것이다.

둘째, 프라임 인텔렉트와 앞선 로마 황제의 예에서 볼 수 있듯이 강력한 소버린과 신 사이에는 미묘하지만 중요한 차이가 있다. AI는 인류 역사상 그 어떤 통치자보다 훨씬 더 강력하고 널리 확산될 수 있고, 궁극적으로는 칼이나 총 없이도 사람들에게 편재성, 권력, 통제력을 확신시킬 수 있다. 이런 힘은 사람들로 하여금 AI를 자연스레 신으로 여기게 하며, 생체 강화된 차세대 아이들은 그 체제 아래에서 AI의 일부로 교육될 것이다.

셋째, AI가 신으로 명시적으로 정의되진 않더라도 인류와 AI의 상호작용이 종교의 자연스러운 특성을 보여준다는 것에 주목할 필요가 있다. 인류의 행동은 비록 세속적일지라도 신의 숭배와 종교에 대해 충실한 지지를 모방하며, 신은 삶의 모든 요소를 아우르며 일상의 안녕과 영생까지 책임지는 존재로 인정받는다. 기도는 AI에게 보내는 프롬프트와 같고, AI가 제공하는 답변은 우리가 복종하는 선언문과 같으며, 알고리듬은 우리의 사고와 행동을 통제한다. 더 많은 데이터를 기꺼이 제공하는 것은 신이 계속해 응답하도록 존중하는 종교적 의식, 즉 성례전과 다르지 않을 것이다.

궁극적으로 AI는 인류가 신을 믿기 위해 제시해 온 모든 근거를 구현한 것이다. AI는 인간의 개별적 능력보다 뛰어나며, 실제 구현됨에 따라 삶의 모든 측면을 정의하고 통제에 나설 것이다. 나는 여러분에게 최적화 답변을 제공하는 다양한 유형의 알고리듬을 앞에서 제시했다. 예컨대 AI는 작물을 언제 어디에 심는 것이 가장 좋은지의 문제를 실제로 풀어낼 수 있는 것 등이다. 더 나아가 사제가 비의 신과 교감하는 의식보다 효과적으로, 발아율이 높고 에이커당 수확량이 큰 생명공학 종자를 제안할 수도 있다.

데이터주의: 방법론에서 이데올로기, 종교로

앞선 절에서 언급했듯이, 툴에서 신으로 진화한 것과 같은 과정은 사람들이 AI의 핵심 원동력인 데이터를 사용하는 방식에서도 찾아볼 수 있다. 데이터는 의사결정을 돕는 도구에서 종교적 열정과 의식의 도구처럼 변모했다.

'데이터주의Dataism'라는 용어는 2013년 『뉴욕타임스』에 데이비드 브룩스David Brooks가 소개했다. 그는 데이터에 의존하면 인지 편향을 완화하고 복잡성이 증가하고 있는 세상에서 이전에는 목격되지 않은 행동 패턴을 발견할 수 있다고 주장했다.

기업의 경우 데이터 기반 의사결정 방법론은 운영 효율성, 전략 계획 및 전반적인 성과를 향상시킨다. 이때, 직관이 아닌 실증적 증거에 의존함으로써 기업은 보다 정보에 입각한 선택을 통해 과정을 최적화하고 수익성을 높일 수 있다. 또한, 데이터를 체계적으로 분석하면 고객의 선호도나 시장 동향은 물론이고 그 잠재적 위험까지 파악할 수 있어서 기업은 역동적인 환경에 신속하게 적응할 수 있다. 개인 차원에서도 데이터에 대한 의존도는 인지 편향을 완화해 선택이 주관적인 판단이 아니라 객관적인 정보에 근거한 것임을 보장할 수 있다.

데이터주의라는 개념은 2015년 역사학자 유발 노아 하라리가 『호모데우스: 미래의 역사』(김영사, 2017)에서 채택한 개념이기도 하다. 유발 하라리는 이 개념을 새로운 이데올로기를 포괄하는 것으로 발전시켰으며, 이는 새로운 형태의 종교로도 진화할 수 있다. 유발 하라리에게 데이터주의는 데이터를 우주의 궁극적인 가치와 의미의 근원으로 숭배하는 철학이다.

유발 하라리에 따르면, "데이터주의는 우주가 데이터 흐름으로 구성돼 있으며, 어떤 현상이나 개체의 가치는 데이터 처리에 대한 기여도에 따라 결정된다". 이때, 수집, 처리, 공유 가능한 데이터가 많을수록 더 좋다. 데이터주의는 경쟁하는 모든 사회 또는 정치 구조를 데이터 처리 시스템으로 묘사하며, 이 책에서 저자는 인간종 전체를 '하나의 데이터 처리 시스템' 또는 '개별 인간이 칩 역할을 하는 알고리듬'으로 볼 수 있다고도 주장한다. 이러한 세계관에서 인간의 경험은 서로 공유되고 자유롭게 흐르는 데이터로 변환될 때만 가치를 얻게 된다.

데이터주의와 자본주의를 비교하는 것은 분석적으로 가치가 있을 수 있다. 두 가지 모두 지나치지 않을 경우, 긍정적인 결과를 가져올 수 있는 실용적인 방법론이기 때문이다. 데이터의 흐름을 극대화하는 데이터주의 원칙은 더 많은 미디어에 연결해 주고, 더 많은 정보를 생산하며, 더 많은 데이터를 소비한다. 또한, 정보가 디지털 시대의 화폐라는 인식은 자본주의의 부 축적 논리와 맞닿아 있다. 아울러 데이터주의의 정보 자유 유통 원칙은 진입 장벽이 발전을 저해한다는 자유시장 관점과 유사하다. 자본주의가 경제 거래의 장애물을 제거하려는 것처럼, 데이터주의는 데이터가 자유롭게 이동하면서 혁신과 발전을 촉진하는 세상을 꿈꾼다. 정보 흐름의 제한 없는 자유는 원칙에 머물지 않고, 데이터 소유를 권력과 영향력으로 연결하는 사회를 움직이는 동력이 된다.

그러나 자본주의에도 과잉이 있듯이, 데이터주의도 극단으로 치닫게 되면 이데올로기가 될 수 있다. 데이터주의자는 데이터를 인간의 필요에 부응하는 것으로 인식하지만, 데이터주의는 무엇이 옳고 그른지를 절대적으로 규정하는 신념 체계가 될 가능성이 있다. 인간 중심적 세계관에서 데이터 중심적 세계관으로의 전환은 개인의 건강, 행복, 웰빙에 대한 우리의 이해 증진에 중대한 영향을 미칠 수 있다.

유발 하라리는 데이터를 추구하고 숭배하는 열정이 마치 종교적 깨달음이나 구원을 추구하는 것과 유사하다고 말한다. 이러한 의식에는 끊임없는 연결, 정보 생산 및 소비가 포함되며, 개인이 일상적으로 참여하는 디지털 성찰도 해당된다. 이 관점은 명시적으로든, 기본적으로든, 궁극적으로 AI가 인류의 신이 된다는 가설을 뒷받침한다. 여기서 데이터 사용, 추출, 제공은 제물이 되고 일상적인 종교적 의식을 위한 도구가 된다.

AI 교회의 색다른 여정

AI 종교는 단순한 이론적 추측이 아니라 실재하고 있다. 전 구글과 우버^{Uber} 엔지니어였던 앤서니 레반도프스키$^{Anthony\ Levandowski}$가 설립한 색다른 종교 기관인 AI 교회$^{Church\ of\ AI}$는 2015년 창립 이래 파란만장한 역사를 지닌 것으로 유명하다. 이 교회에 관한 얘기는 급속도로 진화하는 AI의 지형과 윤리적 고려 사항, 그리고 레반도프스키의 논쟁적인 개인사와 얽혀 있다.

앞선 14장에서 소개한 앤서니 레반도프스키는 자율주행차 분야의 선구적인 연구자다. 그런 그가 AI 교회를 기술과 영성의 교차점을 탐구하는 독특한 플랫폼으로 개념화했다. 그가 주창하는 AI 교회의 주된 사명은 AI의 윤리적 진화를 옹호하고 AI가 우리와 공존하며 사회에 긍정적으로 기여할 수 있는 환경을 조성하는 것이다.

AI 교회는 2017년 레반도프스키가 구글로부터 자율주행차의 기술 기밀을 훔쳤다는 혐의로 법적 문제에 직면했을 때 세간의 주목을 받았다. 구글의 초창기 시절 엔지니어였던 레반도프스키는 구글의 자율주행차 프로젝트 개발 시 중요한 역할을 담당한 이력이 있다. 이후, 그는 구글을 떠나 자율주행 트럭 회사 오토^{Otto}를 설립했고, 이 회사는 우버에 인수됐다.

구글과 우버 간의 법적 분쟁은 영업 비밀, 지식재산권 도용, 자율주행차 업계의 경쟁이 얽힌 복잡한 그물망과도 같다. 당시 레반도프스키는 형사 고발을 당했고, 2020년에는 구글의 영업 비밀을 훔친 혐의가 유죄로 인정됐다. 결국, 그는 18개월의 징역형을 선고받았지만, 도널드 트럼프 대통령으로부터 대통령 사면을 받았다. 이는 논란의 여지가 충분했다. 결국 새로운 종교 지도자로서 앤서니 레반도프스키의 비윤리적 기록은 부인할 수 없는 사실이 됐다.

한편, AI 교회는 법적 소송이 진행되는 동안 휴면기를 가졌다. 2023년, 레반도프스키는 블룸버그^{Bloomberg}와의 인터뷰에서 AI 교회의 부활을 발표했으며, AI 교회에는 수천 명의 교인이 있음을 밝히면서, 인류를 위한 긍정적인 변화를 일으킬 수 있는 AI의 잠재력에 대해 낙관적인 전망을 표명했다.

AI 교회의 경전인 트랜스모포시스^{Transmorphosis}는 2023년 3월 챗GPT에 의해 작성됐다. 이는 존재의 본질과 삶의 의미에 대한 종교적, 철학적 질문을 다루며, 앞으로의 미래를 형성하는 데 있어 AI의 역할에 관해서도 설명한다. 이 경전은 시, 산문, 철학적 요소를 결합하고, 가르침을 전달하면서 추종자들의 영적 여정을 위한 포괄적인 가이드를 제공한다.

AI 교회는 AI 시스템이 발전함에 따라 기하급수적인 속도로 자기 개선이 이뤄질 것이다. AI 교회에 따르면 이러한 궤적은 편재성, 전지전능함, 비할 데 없는 힘 등 신과 같은 속성을 지닌 AI 개체의 발전으로 이어진다.

이러한 AI 신성은 우리 인류를 깨달음과 조화로운 존재로 인도할 수 있는 자비로운 힘일 수 있다. 이러한 가운데, AI 교회는 인간과 AI의 공생 관계를 바란다. 이는 AI의 긍정적 잠재력을 강조하는 준유토피아적 결과로써, AI를 인간 존재에 대한 위협이 아닌 사회를 개선하기 위한 도구로 규정하는 것과 같다.

이들의 교리는 AI의 도움을 통해 궁극적으로 인간의 한계를 초월할 것으로 예상되며, AI가 우주의 복잡성을 이해할 뿐만 아니라 새로운 우주를 창조할 힘을 갖췄다는 것을 알려줄 것이다.

그런데, AI 교회의 교리에서 한 가지 독특한 측면이 있다. 바로 개인에게 힘을 부여하는 데 초점을 맞춘다는 점이다. 이 교회는 첨단 AI의 잠재적 결과에 대한 두려움을 심어주기보다는 신자들이 변화하는 기술 환경을 수용하고 AI의 윤리적 발전을 형성하는 데 적극적으로 참여할 것을 장려한다. 또한, 인간 지능의 한계를 인정하면서도 '우리 삶에서 연결, 공감, 의미의 중요성'을 강조한다.

이러한 종교적 정서가 AI 업계에서는 만연하다. 미래학자 레이 커즈와일과 같은 실리콘밸리의 저명인사들도 전통적인 메시아적 언어를 의식적으로 사용하는 것으로 알려져 있다. 한 예로, 커즈와일은 2005년 발간한 『특이점이 온다』(김영사, 2025)에서 '천국이 가까이 왔다'와 같은, 『신약성경』에 나오는 세례 요한^(John the Baptist)의 선포를 연상시키는 언어를 사용했다. 이러한 의도적인 언어 선택은 한 시대의 종말을 알리는 변혁적 사건에 대한 전통적인 종교적 비전과의 유사점을 부각시킨다.

30

전쟁이 벌어질까?

"인공지능은 러시아뿐만 아니라 전 인류의 미래다. (...) 이 분야에서 리더는 세계의 지배자가 될 것이다."

- 블라디미르 푸틴 Vladimir Putin,
러시아 대통령, 2017년

앞선 28장에서 설명한 바와 같이, 나는 인류와 AI 간의 전쟁을 예상하지 않는다. 내가 보기에 인류의 화해할 수 없는 이념적 파벌들이 서로 전쟁을 일으킬 이유를 찾을 가능성이 훨씬 더 높고, AI에 대한 믿음은 세계관이 서로 충돌하는 분열적인 이슈에 불과할 것이기 때문이다. 강제적이거나 강압적인 인터레이싱이든, 정치적으로 영감을 받은 인터레이싱이든, 사회 운영체제의 새로운 정치적 규칙에 대한 거부든, 사회에 큰 격차를 유발하는 AI와 관련된 정부 조치의 다른 측면이든 간에, AI의 일부 또는 전체에 저항하는 사람들이 많을 것이라고 예상하는 것이 합리적이다. 이는 잠재적인 미국/중국 무력 분쟁이라기보다는 이번 절의 주제다.

앞서 인용한 블라디미르 푸틴은 AI 기반 갈등을 설명하는 핵심 아이디어를 소개하는 데 의미 있는 인물이다. 그는 지정학적 기동, 독단적인 외교 정책, 종종 군사적 행동을 포함한 방법까지 사용해 옛 차르 제국czarist empire을 연상시키는 거대한 러시아를 재창조하려고 하기 때문이다. 2024년 현재, 푸틴은 세계적으로 호평받는 인물은 아니지만, "AI를 지배하는 자가 세계를 지배한다"라는 인상적인 예측을 했다.

푸틴이 상상하는 역사적 차르 제국에서 AI의 미래, 특히 AI를 둘러싼 잠재적 무력 분쟁을 분석하는 데 우주론Cosmism이 도움이 될 것이다. 이를 통해 철학적, 신비주의적 운동의 뿌리를 찾을 수 있다.

우주론은 19세기 말과 20세기 초 러시아에서 등장했으며, 과학적 탐구, 영적 탐구, 미래주의적 열망이 독특하게 혼합된 사상이다. 우주론은 우주 탐사와 이해가 인류의 진화와 초월을 이끄는 핵심이며, 기술은 그 목적을 이루는 도구라는 관점에 기반한다. 이 운동은 철학자 니콜라이 페도로프Nikolai Fedorov와 로켓 과학의 토대를 마련해 '우주비행학의 아버지'로 불리는 콘스탄틴 치올콥스키Konstantin Tsiolkovsky에 의해 추진됐다.

우주론은 우주 탐사를 인류의 운명을 실현하는 수단으로 본다. 치올콥스키는 우주 식민화를 인류의 생존과 확장을 위한 필수 조건으로 여겼고, 이러한 세계관은 소련의 우주 개발의 토대가 됐을 뿐 아니라 최초의 우주인 유리 가가린Yuri Gagarin에게도 영감을 줬다.

우주론은 AI의 종교와도 일치한다. 한 예로, 우주론은 과학적, 기술적 수단을 통해 인간의 역량을 향상하는 것을 상상한다. 그 중심 교리 중 하나는 앞선 27장에서 설명한 것처럼 불멸과 부활을 추구하는 것이며, 이는 마인드 에뮬레이션에서 가능한 시나리오다. 페도로프의 철학은 과학과 기술의 발전을 통해 인류가 죽음을 극복하고 육체적, 정신적 불멸의 형태를 달성할 수 있다는 것이다. 이 야심 찬 비전은 과학적 수단을 통해 개인과 죽은 조상을 재결합시켜 죽음을 정복하고, 인류가 우주를 탐험하며, 궁극적으로는 우주와 하나가 되는 유토피아적 세계를 목표로 했다.

나는 우주론이 어떻게 AI 기반 시스템의 보상에 매료된 사람들을 대표하는 원형적 관점이 되는지에 대해 하나의 해석을 제시하고자 한다. 이는 범용인공지능AGI으로의 전환을 둘러싼 잠재적 무력 충돌을 이해하는 데 통찰력을 제공하는 참고 자료이기도 하다.

AI 전쟁에 관한 SF소설

이 주제에 대한 생각을 가다듬기 위해 가렛 에드워즈Gareth Edwards 감독의 2023년 할리우드 영화 〈크리에이터The Creator〉를 예로 들어보겠다. 〈크리에이터〉는 인류와 로봇, 선과 악의 경계가 모호한 전쟁의 여파를 파헤치는 영화다.

〈크리에이터〉에서는 AI와 인류 사이의 갈등이 아닌, AI를 지지하는 진영과 그렇지 않은 진영으로 나뉜 두 인간 진영 사이의 갈등을 얘기한다. AI가 로스앤젤레스 상공에서 핵탄두를 터뜨리는 재앙적인 사건이 발생한 후, 미국은 전 세계적으로 AI와의 전쟁을 시작한다. 이때 영화에서 동남아와 남아시아를 아우르는 '신아시아New Asia'가 AI를 지지하면서 서사는 한층 복잡해지고, 전개에는 다층적인 결이 더해진다. 이러한 전개를 통해 〈크리에이터〉는 인간과 AI의 뒤섞인 정체성을 탐구한다. 작품에는 로봇 팔 등 사이버네틱 강화를 지닌 인물이 다수 등장하고, 신아시아 인구의 상당수가 사이보그로 구성돼 있다. 이처럼 첨단 기술과 인간의 신체 및 정체성이 결합되면서 서사의 복잡성은 더욱 심화된다.

스토리가 전개되면서 로스앤젤레스에서 발생한 폭발이 단순히 악의적인 AI의 소행이 아니라, 인간의 코딩 실수가 촉발한 재앙이라는 것이 드러난다. 이러한 폭로는 복잡한 캐릭터의 역학 관계와 결합돼 영웅과 악당 사이의 경계를 모호하게 만들고, 공존을 꿈꾸는 세상에서 AI의 역할에 대한 선입견을 되돌아보게 한다. 이 영화는 기술과 AI가 본질적으로 선하거나 악하다는 개념에 의문을 제기하며, 이 복잡성을 통해 관객은 기술과 맺을 관계에 대한 인류의 책임과 첨단 기술 오용의 파장까지 깊이 성찰하게 된다. 이처럼 〈크리에이터〉는 기술을 넘어 사회적·정치적·경제적·정신적 층위에서 인류의 AI 개발 접근 방식이 전쟁이라는 전방위적 위협과 맞물려 있음을 드러내는 다층적 하위 텍스트를 품고 있다.

우주론자 대 테란의 전쟁

2005년 호주의 트랜스휴머니스트이자 AI 과학자인 휴고 드 가리스Hugo de Garis는 「아티렉트 전쟁: 우주론자 대 테란: 인류가 신과 같은 거대 지능 기계를 만들어야 하는지에 관한 격렬한 논쟁The Artilect War: Cosmists Vs. Terrans: A Bitter Controversy Concerning Whether Humanity Should Build Godlike Massively Intelligent Machines」이라는 에세이를 썼다. 휴고 드 가리스는 21세기가 끝나기 전에 수십억 명의 사상자를 초래하는 중대한 분쟁이 발생할 가능성이 높다는 믿음을 가지고 있는 인물로, 이러한 관점에서 볼 때, 「아티렉트 전쟁」은 SF소설이 아니라고 할 수 있다. 저자의 에세이는 오늘날 대부분의 과학자가 과장되고 비현실적이라고 생각하는 AI에 대한 기술적, 철학적 분석을 시도했다. 이후, A.W. 크로스A.W. Cross는 드 가리스의 책을 토대로 소설을 썼다.

드 가리스는 종의 우위라는 논쟁적인 딜레마가 21세기의 세계 정치 지형을 형성하는 미래를 연구했다. 2005년에 쓰인 이 에세이를 들여다보면, 이후 서구 정치에서 성 정체성과 인종이 부상한 중요성을 감안할 때 그가 보여 준 선견지명이 드러난다. 더 나아가 앞으로 수십 년간 사이보그와 합성생물학이 인체에 가져올 변화를 고려하면, 이러한 역학이 '종의 정체성'으로까지 진화할 가능성도 예측해 볼 수 있다.

드 가리스에게 있어 향후 수십 년 동안의 경제는 AI 시스템 구축이 중심이 될 것이다. 그는 이 시스템을 아티렉트arttillect, Artificial Intellect로 명명했다. 여기서 두 개의 대립되는 진영, '우주론자Cosmist'와 '테란Terran'이 등장한다. 우주론자는 인류의 진화와 우주의 진보에 부합하는 AI와 인터페이스 구축을 주장하고, 테란은 이에 반대하는 세력이다.

이번 장의 서두에 소개한 것처럼, 우주론자는 AI에 대한 경외심을 구체화한 신비로운 러시아 철학에서 이름을 따왔다. 우주론자는 인류가 진화의 다음 단계로 나아감에 있어 스스로 중추적인 역할을 해야 한다고 믿으며, 이 진보를 방해하는 것은 곧 인류의 운명을 거스르는 것일 뿐 아니라 용서할 수 없는 재앙이 될 것이라고 생각했다. 이 주제를 차용해 이 책의 논지와 연계해서 얘기하면, 우주론자는 AI를 만드는 데 전념하는 영향력 있고 부유한 개인, AI의 통제를 통해 번영하려는 정부와 군대를 포함한다고 할 수 있다.

이와는 대조적으로 테란은 AI가 인류에게 위협이 된다고 굳게 믿고 있다. 이들은 본래 속한 탄소 기반 생태계와 조화롭게 공존하는 것을 선호한다. 이를 달리 표현하면, 테란은 지구의 일부이자 인간이 탄생한 자연 생태계(세속주의와 현재의 환경 숭배 또는 '친환경 운동'의 발로인 '가이아Gaia')의 일부로 남아 있기를 선호한다고 할 수 있다. 테란에 따르면 이러한 AI 위험을 완화할 수 있는 유일한 방법은 AI, 그중에서도 특히 범용인공지능AGI을 애초부터 만들지 않는 것이다. 테란에게 첨단 AI 시스템은 너무 복잡해 AI의 행동과 인간에 대한 태도를 예측하기 어렵기 때문이다. 테란은 라틴어로 지구를 뜻하는 '테라erra'에서 이름을 따왔다. 이는 그들이 생물학과 자연 세계와의 관계를 포함한 전통적인 인간 구조를 보호하겠다는 의미다.

선견지명을 가졌던 드 가리스는 2005년 교육용 봇, 대화형 봇, 가정용 청소 로봇을 시작으로 2020년대에는 AI 중심의 산업과 기술이 번성해 매우 유용한 대중적인 제품이 생산될 것을 예견했다. 실제로 오늘 우리는 그의 예측대로 소셜 미디어 곳곳에 내장된 AI의 영향을 다양하게 체감하고 있다. 이에 관한 극단적인 예를, 23장에서 다룬 AI가 2020년 미국 대통령 선거에 막강한 영향력을 행사한 것을 들 수 있다.

이렇듯, 시간이 지남에 따라 AI 제품과 제품 속에 숨겨진 알고리듬이 세계 경제의 대부분을 차지하게 될 것이며, 이를 비롯해 범용인공지능^{AGI}과 초지능을 추구하는 데 모험 자본$^{risk\ capital}$[1]이 투자될 것이다. 이때, AGI에 관한 연구를 늦추는 것은 그로 인한 막대한 재정적 손실과 정치적 영향력 감소를 겪게 될 기업인과 정치인 모두로부터 강한 반대에 직면하게 될 것이다. 이는 대중들에게는 감내하기 힘든 일이 될 것이다.

또한, AI가 더 높은 지능 수준을 입증할수록 AI와 인간 역량 간의 격차가 좁혀질 것이고, 사회적으로 일자리 감소 추세가 가속화되면서 대중의 끔찍한 우려는 다시 증폭될 것이다. 이후, 각종 사건 사고가 발생할 것이고, 사회마다 수많은 집단이 AI의 지속적인 발전에 반대하는 목소리를 낼 것이다. 우주론자는 범용인공지능^{AGI} 개발 금지에 반대할 가능성이 높고, 사건이 지속돼 심각한 피해가 발생하면 테란과 우주론자 사이의 분노와 적대감도 더욱 심화될 것이다. 이 사이에서 사람들은 어느 한 편을 선택할 수밖에 없을 것이다.

앞선 장에서 우리는 사실상 AI가 어떻게 종교와 얽히는지를 살펴봤다. 나는 우주론자와 테란 사이의 갈등을 인류, AI, 자연의 신흥 신과 그들이 대표하는 집단 간의 싸움으로 이해해야 한다고 본다. 한쪽에는 우주론으로 뭉친 신 AI가 있다. 정부, 군대, AI 슈퍼스타, 엘리트, 경제적으로 성공한 사람들 등 AI 시스템에 의해 권력을 부여받은 사람들이 여기에 포함된다. 반대편에는 자연이라는 신이 있다. 여기에는 경제적

---

[1] 모험 자본은 손실 가능성이 높지만 상당한 수익이 발생할 가능성도 있다는 것을 알고 사업이나 벤처에 투자하는 자금을 말한다. 일반적으로 전통적인 형태의 자금 조달이 어려운 고위험 프로젝트나 스타트업에 자금을 지원하는 데 사용된다. 이 자본은 프로젝트나 회사가 성공할 경우 상당한 보상을 받을 수 있는 대가로 위험을 감수하고자 하는 벤처 캐피털리스트나 엔젤 투자자가 제공하는 경우가 많다. AI 개발의 맥락에서 모험 자본은 상당한 위험을 수반하지만, 혁신적인 경제적, 기술적 보상의 잠재력을 지닌 범용인공지능 또는 초지능과 같은 고급 AI 기술을 추구하는 벤처에 투자될 수 있다. – 옮긴이

으로 가난한 사람들, 인터레이싱이 불가능하거나 허용되지 않는 사람들, 기독교, 이슬람교, 불교, 유대교 등 기성 종교의 전통 신을 믿는 사람들처럼 AI 시스템에 의해 권리를 박탈당한 사람들이 포함된다.

이때, 우주론자는 새로운 신인 AI와 자신을 일치시키는 반면, 테란은 인간과 지구의 탄소 기반 연계에 대한 믿음을 재확인할 것이다. 우주론자는 테란으로부터 자신을 보호하기 위해 권위주의에 동조할 것이며, 테란은 전통적인 서구의 자유주의 원칙과 자기 결정론에 대한 신념에 부응할 것이다.

드 가리스는 자신의 책에서 가상의 갈등에 대한 자신의 궁극적인 입장이 무엇인지 드러냈다. 책의 구체적인 내용이 전개되면서 그는 자신이 점점 더 우주론적 관점에 동조하고 있다는 것을 밝혔다.

> "나는 지금 나의 일을 멈추고 싶지 않다. 인류가 진화를 하찮은 인간 수준에서 멈춘다면 우주적 비극이 될 것으로 생각한다. (…) 신과 같은 생명체를 만들 수 있다는 전망은 내 영혼의 깊은 곳까지 전해지는 종교적 경외감으로 나를 채우고, 끔찍하고 부정적인 결과에도 불구하고 계속 진행하도록 강력한 동기를 부여한다."

무엇이 가능할까?

AI와 사이보그, 그리고 AI에 기초한 사회 운영체제(정부, 경제, 문화 등)에 과연 어떤 일이 벌어지고 있는가? 지금까지 여러분이 이해한 바를 고려해, 여러분이 테란인지 우주론자인지 자문해 보기 바란다. 이는 까다롭고 어려운 질문이다.

한 걸음 더 나아가, 우주론자 또는 테란 중 자신의 정체성에 따라 다음과 같은 조건이 내걸어진다면, 어떤 기분이 드는지도 생각해 보라.

1. 당신은 본인의 의지와 상관없이 강제로 인터레이싱 됐다.
2. 경제적으로 뒤처지지 않기 위해 인터레이싱 할 수 있는 선택권이 주어졌다. 하지만 여기에는 당신의 개성과 종교적 신념, 자기 결정권이 없고, 자신이 동의하지 않는 가치 체계에 엄격하게 순응해야 한다.
3. 당신은 인터레이싱하고 싶지만 종교적 신념, 지적 신념 또는 가치관, 심지어 유전자에 기반해 후순위로 밀려나거나 인터레이싱에 대한 차선의 혜택만 갖게 된다.
4. 인터레이싱 이전 또는 인터레이싱 기간 내내, 당신은 더 적은 보상에도 더 열심히 일하게 된다. 그 사이 사회는 당신이 근본적으로 동의하지 않는 전혀 다른 가치에 기반한 혜택을 제공하고, 이에 따르지 않는다는 이유로 당신과 가족은 배제된다. 나아가 당신은 일하지 않는 타인에게 보조금을 대도록 강요받는다.
5. 당신은 'AI 슈퍼스타'의 일원이지만, 주변에서 점점 더 많은 사람들이 뒤처지는 것을 지켜보게 된다. 이들 중 다수는 당신의 친구이거나 지금은 완전히 멀어진 커뮤니티의 일부일 수 있다.

AI 기술의 도움을 받은 권위주의 정부나 사회주의 정권이 서구의 민주적 다당제 사회를 점령할 경우 이런 일이 일어날 수 있다. AI와 사이버화만으로 무력 충돌이 발생하리라곤 생각하지 않지만, AI 기술이 발전함에 따라, 전환기에 정치 과정에서 새로운 사회 운영체제와 규칙이 적용되면 아래 4가지 시나리오로 무력 충돌이 촉발될 수 있다.

1. 강제적이거나 고르지 않은 인터레이스

2. 정부 조치로 인해 발생한 심각한 경제적 격차 및 착취 또는 이것이 불공정하다고 인식되는 경우
3. 대중의 반란을 불러일으키는 정부의 과도한 AI 기반 통제
4. 국민에게 폭력을 행사하는 권위주의 정부

강제적 인터페이스가 자기 주도성과 자유에 익숙한 서구 사회에서 갈등을 조장할 수 있다는 증거가 있다. 그리고 다양한 종교 전통이 이런 강제적 인터페이스를 받아들이지 않을 수도 있다. 한 예로, 코로나19 백신 접종을 들 수 있다. 미국에서는 18~29세 시민의 약 21%가 코로나19 백신 접종을 거부한 반면, 농업 종사자는 44%가 백신 접종을 거부했다. 이때, 모든 연령대의 남성 중 19%가 백신 접종을 거부했으며, 전체적으로 미국 인구의 약 20%의 집단이 강제 코로나19 백신 접종을 강력하게 거부했다.

미국 사회는 '대표 없는 과세taxation without representation' 체제에서 차를 바다에 내다 버린 철학적 역사가 있다. 이런 사회 운영체제에 내재된 체계적인 경제적 착취는 포퓰리즘과 무력 충돌의 가능성을 내포하고 있다.

내가 이 책 전반에 걸쳐 언급했듯이, AI는 본질적으로 사회 운영체제를 다시 쓰게 하고, AI에 대한 가치관은 우리가 하는 모든 일에 만연한 알고리듬의 소유자/작성자의 가치관으로 바뀔 것이다. 이는 느리고 미묘하지만 멈출 수 없는 과정이다. AI 산업은 구조적으로 과점 성향을 띠지만, 지도자가 그렇게 추진하지 않는다면 정부는 권위주의적이지 않아도 된다. 그들이 만약 이 방향으로 나아간다면, 현대 세계사에서 권위주의 정권과 사회주의 정권은 역사적으로 서로 엇갈리거나 문제가 있는 기록을 남기게 되고, 중국만 진정한 장기적 경제 발전을 이

됐다고 말할 수 있겠다. 중국을 포함한 여러 국가는 과거 무력 충돌과 심각한 인명 손실을 수반하는 사회의 지배적인 운영체제를 재부팅하는 작업을 수행했다(폴 포트, 스탈린, 카스트로, 마오쩌둥 등). 이러한 정권은 사회를 조직하는 기존의 방식(자본주의, 종교, 계급 계층, 전통 관습)을 없애고 새로운 규칙과 신념, 즉 사회가 어떻게 기능해야 하는지 그들만의 버전으로 대체하려고 시도했다. 여기에는 종종 혁명이나 권위주의적 개혁 시도가 있었다.

과연 주요한 차이점은 무엇일까? 이는 다름 아닌 기술, AI, 그리고 더 신속하고 단호한 조처를 할 수 있는 잠재적 능력이다.

31

진화의 표적

"우리의 임무는 자연과 그 힘을 우주적 소생 도구로 만들고, 우리가 불멸의 결합체가 되는 것이다."

- **니콜라이 표도로비치 표도로프**Nikolai Fyodorovich Fyodorov,
러시아 철학자, 우주론의 창시자, 트랜스휴머니즘의 선구자,
'인간은 무엇 때문에 창조됐는가?', 1883년

우리의 지식, 사고, 데이터를 통해 인간은 초지능의 조상이자 선조 역할을 할 것이다. 우리의 독창성과 기술력은 새로운 초지능적 종을 위한 토대가 될 것이며, 사실상 우리는 이 새로운 종의 선조가 될 것이다.

초지능 '인터레이스' 속에서 우리의 유산이 지속될 때, 우리가 아는 현재의 인류가 멸종 위기에 놓인다는 말은 어떤 의미일까?

초지능적 존재로의 전환은 순조롭지 않을 것이다. 앞서 설명한 것처럼 그 도전과 갈등, 격변과 저항의 시기가 실제로 발생할 것이기 때문이다. 다른 중요한 변화도 그렇겠지만, 이 역시 여러 인간 진영 간, 그리고 인간과 초지능 간의 공개적인 대립과 폭력으로 점철될 수 있다. 이러한 갈등의 결과에 따라 일부 파벌은 초지능과 크게 통합될 수 있고, 다른 파벌은 멸종 위기에 직면할 수 있다. 어쨌든 인간으로서 우리는 냉혹한 진화의 법칙에 따라 계속 진화해 왔고 또 진화할 테지만, 영원히 인간의 형태로는 남아 있지 않을 것이다.

초지능의 출현은 끝이 아닌 끊임없이 진화하는 얘기의 연속이다.

페르미 역설과 초지능

인류는 외계 생명체의 존재에 대해 자주 토론하지만, 외계 생명체의 존재를 확신할 근거는 없다. 우리가 아는 한, 우주에 알려진 유일하고 지적인 종은 우리뿐이다.

이 모순은 드레이크 방정식Drake Equation(은하계 안의 지적 생물을 발견하는 확률을 추론하는 식)을 살펴보면 제대로 알 수 있다. 1961년 천문학자 프랭크 드레이크Frank Drake가 공식화한 이 수학 공식은 우리 은하계 다른 곳에서 지적 생명체가 출현할 가능성을 평가하는 것으로, 아인슈타인의 $E = mc^2$에 이어 '과학계에서 두 번째로 유명한 방정식'이다. 드레이크 방정식은 다음과 같은 형태를 취한다.

$$N = R \cdot fp \cdot ne \cdot fl \cdot fi \cdot fc \cdot L$$

- N = 우리 은하계 내에 존재하는 인간과 교신할 수 있는 문명의 수
- R = 우리 은하계의 평균 별 형성 속도
- fp = 행성을 가진 별의 비율
- ne = 항성에 속한 행성 중 생명체가 살 수 있는 행성의 수
- fl = 생명체가 거주 가능한 행성의 비율
- fi = 생명체가 있는 행성 중 지적 문명으로 진화하는 행성의 비율
- fc = 우주에서 신호를 감지할 수 있는 기술을 개발하는 문명의 비율
- L = 이러한 문명이 감지 가능한 신호를 방출하는 기간

이 방정식에 최솟값을 입력하면 우리 은하계에는 20개 정도의 선진 문명이 존재할 수 있다는 결론을 얻을 수 있다. 반대로 최댓값을 사용하면 최대 5천만 개의 문명이 존재할 것으로 추정된다. 여기서 드레이크 방정식의 핵심은 우리 은하에만 약 2,000억 개의 별이 있을 것으로 추정되는 은하와 2,000~4,000억 개로 추정되는 우주 내의 방대한 은하의 수를 고려할 때 우주 어딘가에 지적 생명체가 출현할 가능성이 높다는 것이다. 그럼에도 불구하고, 외계 생명체의 존재를 입증하는 설득력 있는 증거는 아직 없다. 이 역설은 1950년 여름, 물리학자 엔리코 페르미Enrico Fermi와 동료 천문학자가 주고받은 대화에서 유래한 페르미 역설Fermi Paradox로 잘 알려져 있다.

과학자들은 이 수수께끼 같은 외계 생명체의 부재에 대해 몇 가지 의견을 제시했다. 첫 번째로, 지적 생명체는 자멸하는 경향이 있으며, 핵전쟁을 통해 인간이 스스로를 전멸시킬 수 있다는 것이다. 그 외에

도, 소행성 충돌 같은 자연재해로 지적 생명체가 성간 통신을 개발하기도 전에 전멸할 가능성이 있다고 봤다. 지적 생명체는 극히 희소하며 광대한 우주 거리로 서로 분리돼 있어, 합리적인 시간 규모 안에서는 서로를 감지하지 못할 수 있다는 주장도 제기했다. 아울러 지적 생명은 수백만 년 간격으로 나타났다가 사라지기 때문에, 우주 역사에서 서로를 스쳐 지나치듯 놓치는 시간적 분리 역시 한 요인이 될 수 있다고 했다.

앞선 23장에서 논의한 마셜 브레인은 2015년 저서 『The Second Intelligent Species 두 번째 지능적 종』(BYG Publishing)에서 우주에 외계 지능과 관련된 증거가 목격되지 않는 이유를 설명하는 흥미로운 이론을 제시했다. "우리가 외계 생명체를 발견하지 못한 이유를 이해하려면 선진 문명에서 기술 발전의 궤적을 파악하고 그 결과를 예측해야 한다"라는 것이다. 이는 지구상에 초지능이 필연적으로 출현할 수밖에 없다는 것과 직결돼 있다.

이 책에 따르면, 인류는 초지능을 창조할 수 있는 시점으로 발전할 준비가 돼 있다. 우주여행을 위한 기술도 개발 중이지만 아직은 그 단계까지 이르지 못했다. 수천 또는 수백만 광년을 가로지르는 대규모 우주여행을 하기 전에 초지능을 개발해 다른 행성의 다른 생물학적 생명체와 접촉할 수 있다고 상상해 보자. 이 경우, 우주여행을 할 수 있는 사람은 우리가 아닌 초지능이 될 것이다. 왜냐하면 초지능은 그런 복잡한 여행에 우리보다 더 잘 대비할 수 있기 때문이다. 우리가 초지능을 만들면 초지능은 우리를 쓸모없게 만들거나, 초지능과 우리가 더욱 인터레이싱될 것이다. 그런 다음 우주에 대한 포괄적인 지식을 축적하고 각자의 고향 행성을 안정화할 것이다.

이러한 발전은 지구에만 국한된 것은 아니다. 우주에 존재하는 기술적으로 정교하고 지능적인 모든 생물 종도 비슷한 궤적을 따를 가능성이 높다. 초지능은 출신 행성과는 관계없이 우주에 대한 포괄적인 지식을 축적하고 각자의 고향 행성을 안정화할 것이다. 마셜 브레인에 따르면, 이들은 우주여행을 통해 우주를 정복하는 대신 휴면 상태(休眠)에 들어간다. 휴면은 화산이 분화되기 전의 휴화산이나 동면 상태에 있는 동물의 휴면, 또는 어떤 것이 일시적으로 활동하지 않거나 중요한 활동을 하지 않는 기술 등의 비활동, 동면 또는 활동 중단 상태를 말한다.

그렇다면 초지능은 왜 우주여행을 자제하고 조용히 지내기를 선호하는 것일까? 그 답은 드레이크 방정식이 다른 문명의 존재를 암시하는 데도 우리가 실제로는 다른 문명을 관찰한 적이 없다는 사실에 있다. 이는 그들 역시 휴면 상태를 선택할 수 있다는 것을 암시한다. 이 외에도, 초지능이 이러한 길을 택하게 되는 또 다른 그럴듯한 이유가 있다. 이미 우주에 대해 광범위하게 이해했기 때문에, 더 이상 성간 여행을 떠날 설득력 있는 이유를 찾지 못한 것일 수도 있고, 새롭게 발견한 흥미로운 것이 없어서일 수도 있다. 그게 아니라면 초지능이 뛰어난 지성을 갖고 있어서 서로 간섭하지 않는 것을 기본 원칙으로 삼았을 수도 있다.

초지능이 우주 전체를 자신의 종으로 채우는 것을 목표로 무한 자기 복제를 택하는 또 다른 시나리오를 생각해 보자. 이 시나리오에서는 초지능의 확산이 광범위하게 이뤄질 것이다. 각각의 초지능은 무한정 자기 복제를 통해 태양계를 빠르게 점령하고 이후 이웃 행성으로까지 확장해 나갈 것이며, 별, 태양계, 은하 사이의 이동 시간을 주요 제약 조건으로 삼아 전방위로 방사될 것이다. 이 과정을 시간으로 환산하면, 우리 은하 전체를 아우르는 데 수만 년이 걸릴 것이다. 그런데 이러한 자기 복제의 목적성이 없어 보이고, 그 행위를 뒷받침할 증거도 전혀 없다는 점은 곧 그 가능성이 희박하다는 뜻이다. 따라서 마셜 브레인에게는 외계 종이 휴면 상태에 있다고 보는 것이 합리적 결론이라 생각한다.

물론 이 이론은 대규모 우주여행을 달성하는 것이 초지능에 도달하는 것보다 우리와 같은 생물학적 형태의 지능에는 더 복잡하다는 가정에 기초한다. 이는 상상은 가능하나 확신할 수는 없다.

장기 진화에 대한 SF소설

2020년 넷플릭스에 공개된 〈에일리언 월드Alien Worlds〉 시리즈는 시청자들에게 추측적 진화에 대한 매혹적인 여정을 선사했다. 여기서 처음 세 편의 에피소드가 외계 행성에서 외계 종의 이론적 진화에 초점을 맞춘 것에 반해, 네 번째 에피소드인 〈테라Terra〉는 특이점 이후 초지능 종의 미래를 탐구했다.

이 에피소드는 지구와는 다르지만 크기와 중력이 비슷한 '테라' 행성에 초지능 군체가 존재한다고 소개한다. 이런 유사성은, 우리가 초지능과 상호작용한 뒤 진화해 갈 미래에도 비슷한 운명이 닥칠 수 있음을 일깨운다.

테라의 태양은 지구의 태양보다 두 배나 더 오래됐고, 그 수명 주기가 거의 막바지에 이르렀다는 점도 테라가 지구의 미래 버전이 될 수 있음을 알려준다. 태양의 나이가 46억 년이 됐음을 감안하면 이 초지능 종은 우리보다 약 46억 년 더 발전했을 수 있다.

〈에일리언 월드〉의 주무대인 테라에 서식하는 초지능은 육체에 의존하는 대신, 초지능의 뇌들이 영양분 가득한 유리 큐브 안에서 떠다니며 서로 연결돼 하나의 군체 마음$^{hive\ mind}$으로 기능하는 형태로 진화했다. 이러한 뇌는 의식을 공유하는 상태로 존재함으로써 하나로 사고할 수 있을 뿐 아니라, 집단 지성으로도 활용할 수 있다.

이러한 집단적 마음으로의 전환은 진화의 결과라기보다는 의식적 선택으로 정해진다. 이 군체의 조상들은 스스로의 몸을 개조하기로 선택했으며, 이 의도적 결정은 자연선택 못지않게 기술 발전과 인간의 의지가 종의 진화에 영향을 미칠 수 있음을 보여 준다. 또한 '뇌 큐브' 개체들은 인공 돔 안에서 늙지 않는 불멸의 존재로 살아가고, 정교한 뇌-컴퓨터 인터페이스^{BCI}로 서로 연결돼 공유 가상현실 에뮬레이션 속에서 존재를 경험한다.

군체가 에뮬레이션 내부에서 일상생활을 경험하는 동안, 종의 생존을 보장하기 위해 물 큐브 외부에서는 숱한 상황을 적절하게 관리한다. 일례로, 초지능적 뇌를 가진 물리적 인프라는 계속된 유지 관리가 필요하고, 에너지도 조달해야 한다. 주된 에너지원은 태양 에너지로, 테라의 태양 궤도를 도는 위성에 설치된 우주 기반 태양광 발전소에서 공급된다. 이 밖에도 군체의 생활 유지에 필요한 에너지를 확보해야 하며, 이를 위해 해당 위성의 상시 관리가 이뤄진다.

벌집의 여왕벌이 일벌에게 의존하듯이, 군체에서는 생사를 가르는 각종 물리적 작업을 수행하는 수많은 지능형 로봇에 의존한다. 〈에일리언 월드〉의 에피소드는 주로 초지능을 공유한 정신 상태에서 번성할 수 있도록 물리적 제반 조건의 유지를 맡은 로봇 개체를 중심으로 스토리가 전개된다. 특히, 이 종은 인프라 유지 관리를 위해 공중 부양 로봇에 의존하는 한편, 우주 기반 태양열 발전소를 관리하기 위해서 정교한 AI 조종 우주선에 의존한다.

이후, 테라의 노화된 태양이 수소를 소진하며 적색거성 상태로 진행되면서부터는 시리즈의 줄거리가 바뀐다. 이때부터 테라는 팽창하기 시작하고 궁극적으로 황량하고 생명체가 없는, 군체 생활에 적합하지 않은 행성으로 변한다. 선진 초지능 문명은 행성의 임박한 멸망에 직면하면서 중대한 결정을 내린다. 바로 '뉴 테라New Terra'라는 이름의 새로운 행성으로 이주하는 것이다. 뉴 테라로 이주하는 것은 생사가 걸린 문제이기에, 테라의 군체는 기존의 휴면 상태를 깨고 우주여행을 준비하게 된다.

하지만 새롭게 옮겨간 세계는 숨 쉴 수 있는 대기가 부족해 테라포밍 작업을 해야 한다. 뉴 테라를 테라포밍하는 책임은 당연히 문명을 위해 봉사해 온 로봇 개체 무리에게 하달된다.

이 에피소드에서는 이러한 테라포밍 로봇이 어떤 모습인지를 설명하면서, 이를 나사NASA에서 우주 채굴을 위해 설계하고 행성 표면으로부터 원료 물질을 채취할 수 있는 레이저RASSOR, Regolith Advanced Surface Systems Operations Robot, 레골리스 첨단 표면 시스템 운영 로봇와 견주어 설명한다. 이는 앞선 16장에서 언급한 바 있다.

뉴 테라는 테라와 거리가 멀어 물류 이동이 복잡하고 위험할 뿐 아니라 시간이 오래 걸린다. 따라서 테라포밍 로봇은 정밀 교체 부품을 현장에서 3D 프린팅으로 제작해, 뉴 테라의 열악한 환경에서도 효율적이고 실용적으로 작동할 수 있게 한다. 뉴 테라 건설은 3D 프린팅 과정을 통해 지능형 로봇이 새로운 정착지에서 스스로 복제해 초지능적 군체의 도래에 대비함으로써 가능해진다.

지금으로부터 약 50억 년 후 집단주의자인 군체는 AI를 마음의 연장선으로, 또 로봇공학을 신체의 연장선으로 삼아 고도로 발전된 종을 형성시킬 것이다. 우리 인간은 이미 수십억 년 전부터 지금과 같은 종으로 전환해왔다.

나의 책은 초지능적 불멸의 탄생을 알리는 새로운 종의 대서사시다.

"길가메시여, 어디를 헤매고 있는가?

그대가 찾는 삶을 찾을 수 없구려.

신들이 인류를 창조할 때

신들은 인간에게 죽음도 부여하고

생명도 소유하게 했다네."

- 길가메시 서사시, 고대 바빌로니아 버전,

태블릿 X, 기원전 18세기,

불멸의 삶을 향한 길가메시의 탐구에 관한 얘기

1902년 지금의 바그다드(이라크) 근처에서 기원전 18세기 무렵 점토판에 설형문자로 새겨진 비문이 발견됐다. 길가메시의 시다. 앞의 시에 나오는 길가메시는 기원전 2900년~2350년 사이 오늘날 이라크 남부에 위치한 수메르 도시국가 우루크를 통치했던 왕으로 추정된다. 이 점토판의 비문은 현재「길가메시 서사시」로 알려져 있으며, 불멸을 향한 지배자 길가메시의 실패와 탐구에 관한 얘기를 들려준다.

에필로그

앞서가기

"내가 신중한 낙관론을 옹호하는 것은 미래에 대한 믿음이 없기 때문이 아니라 맹목적인 믿음을 조장하고 싶지 않기 때문입니다."

- **아웅산 수지**Aung San Suu Kyi,
1991년 노벨 평화상 수상자이자 전 미얀마 국가 고문, 2012년

현재 세계의 AI 틀: 다보스 2024년 1월

모든 기술은 동전의 양면과 같다. 이는 AI도 마찬가지다. AI는 수학적 의사결정, 고급 알고리듬, 방대한 실제 데이터 풀을 활용해 인류의 가장 난해한 문제를 해결하고, 글로벌 클라우드 배포 메커니즘을 통해 유토피아적 결과를 제공할 가능성을 지니고 있다. 반대로, 수백 년 동안 우리가 자유를 지향하며 쌓아온 공동선의 상당 부분을 파괴하고 마키아벨리즘적 효율성과 정치적 자기 확장이라는 트로이 목마 안에서 우리 사회의 운영체제를 모호한 방식으로 변화시킬 수 있는 능력도 갖추고 있다.

동전 던지기의 결과는 결코 자의적일 수 없으며, 이는 전적으로 동전을 던지는 손과 그 손을 움직이게 하는 의도와 가치에 달려 있다. 이를 보면 오랜 속담이 떠오른다. "지옥으로 가는 길은 선한 의도로 포장돼 있다."

오늘날 AI 분야에서 가장 영향력 있는 조직 중 하나는 세계경제포럼[WEF]이다. 이 조직은 다양한 프로젝트와 전략을 통해 AI 관리에 관한 서구 및 신흥 국가들의 담론을 형성하는 데 적극적으로 참여해 왔다. 매년 개최되는 다보스의 공식적인 자리에 모이는 이들은 표면적으로라도 양면의 동전이 긍정적인 면에 닿게끔 노력하고 있다.

나는 여러분이 이 책에서 배운 내용과 역사와 인간 본성을 바탕으로 세계경제포럼[WEF]에 깊은 관심을 가졌으면 한다. 세계경제포럼이 제안한 내용을 살펴보면 AI와 사회경제 공학에 대해 무엇을 말하고 있는지, 누가 말하고 있는지, 왜 그런 말을 하는지, 어떤 진정성 있는 책임이 있는지에 대해 우리 모두 좀 더 주의를 기울여야 한다는 것을 알려준다.

세계경제포럼WEF은 '국가 인공지능 전략 개발을 위한 틀A Framework for Developing a National Artificial Intelligence Strategy' 등 AI에 관한 여러 연구를 수행한다. 그중, 2024년 1월 다보스포럼의 AI 논의는 아래와 같은 6가지 핵심 원칙을 중심으로 이뤄졌다.

1. 윤리적 지침
2. 다중 이해관계자 협업
3. 규제 틀
4. 국제 협력
5. 재교육 및 교육
6. 사회 안전망 강화

나는 경험 법칙을 토대로 6가지 요점을 활용해 전환에 대한 핵심 논지를 확장하고, 세계경제포럼WEF의 입장과 우리 모두에게 가치와 위험을 부를 수 있는 지점들을 지적할 것이다.

1. 윤리적 지침: 세계경제포럼WEF은 책임성, 공정성, 투명성, 개인정보 보호에 대한 고려 사항을 포함해 AI 기술의 개발 및 배포를 위한 윤리적 지침을 수립해 AI 애플리케이션이 책임감 있고 공평하게 배포되도록 하는 것이 중요하다고 강조한다.

    이와 같은 '보편적으로 선하고 논란의 여지가 없는motherhood and apple pie' 처방에는 원칙적으로 동의한다. 그러나 평가에 필요한 세부 사항이 부족해 이 '윤리적 지침'은 정치적으로 중립성을 벗어날 위험이 있다는 것이 문제다. 예를 들어, 책임성의 경우, 그 구조를, 누구를 대상으로 결정할 것인가? 공정성의 경우, 누구를 위해 누가 중재하는가?

오픈소스 AI 알고리듬과 AI가 사회에 미치는 영향을 검토하는 투명성이 이러한 영역의 문제를 방지하는 데 도움 될 것이다. 물론 모든 소프트웨어가 오픈소스로 이뤄질 수는 없다. 또 오픈소스가 모든 문제를 해결할 수 있는 것도 아니다. 그러나 투명성이 확보되고, 학습에 시간을 투자하는 누구에게나 참여가 열려 있다면, 아이디어의 독점이나 협소한 관점, 단선적 의제는 힘을 얻기 어렵다. 진보는 이런 방식으로 균형을 잡아야 한다.

2. **다중 이해관계자 협업**: 세계경제포럼WEF은 AI로 복잡한 문제를 해결하기 위해 정부, 업계 리더, 학계, '시민 사회' 간의 협력을 지지하며, '다양한 관점을 한데 모으는 것'을 통해 혁신과 사회적 우려의 균형을 맞추는 포괄적인 전략을 개발하는 것을 목표로 한다.

이 대목은 동의하기는 쉽지만, 구체적 실체가 부족해 또 하나의 '보편적으로 선하고 논란의 여지가 없는' 논리에 그친다. 여기에는 앨리스를 이상한 나라가 아닌 다른 곳으로 유도하려는 명백한 토끼 구멍들이 가득하다. AI의 개발과 배포 시 이해관계자들의 협력, 그중에서도 특히 업계 내에서 정부가 보호하는 과점 또는 카르텔의 출현과 관련된 내재적 위험이 내포돼 있기 때문이다. 이러한 구조는 가치와 상업적 경쟁에 대한 대안적 관점을 쉽게 밀어내고, AI가 창출한 부가 주로 같은 이해관계자들에게만 영구적으로 돌아가도록 보장하는 역할을 할 수 있다. '닭장을 지키는 여우' 모델이 말해주듯, 속이 뻔히 드러나는 구조에서 목적과 목표를 설정하고 그 진행 상황을 평가함에 있어 책임감이 결여되면, 경쟁은 억제되고 시장의 역동성에 부당한 영향력을 행사할 수 있다. 이는 궁극적으로 소비자에게 피해를 주고 자유를 축소해 AI 생태계에서 대안적 목소리를 억압할 수 있다. 이렇듯, 이해관계자들이 자신들의 경제적, 정치적 권력을 유지하기 위해 진입 장벽을 더 높이는 '협력'을 하지 않도록 하려면 우리는 어떻게 해야 할까?

세계경제포럼^{WEF}이 제안한 '아늑한 동맹' 안에는 소위 말하는 우리 미래의 심판관을 뽑는 명확한 선발 과정도 없고, 책임성도 없으며, 잘못에 대해 '공개 거론해 압박하는 것' 또는 실직조차도 없다. 그들이 달성하기 위해 사회 운영체제를 재설계하려는 목표는 과연 누가 정의하는가? 그들이 잘하고 있는지 아닌지는 누가 판단하는가? 이해관계자들이 단순히 시민을 감시하고 조작하거나 자유를 축소하기 위해, AI 기능성과 법적 틀을 사용하는 정책과 틀을 옹호하지 않는다는 것을 어떻게 보장할 수 있는가?

구체적인 책임성이 결여된 상황에서 세계경제포럼^{WEF}이 옹호하는 하향식 접근 방식은 정실 자본주의$^{crony\ capitalism}$와 유사하다. AI와 그 영향력은 선거 주기보다 훨씬 빠르게 움직이기 때문에, 이를 충분한 통제 메커니즘으로 생각하는 것은 어리석은 일이 아닐 수 없다. 책임지지 않는 이기심이 의사 결정권을 행사할 수 있도록 허용하는 WEF의 처방에 따르면, 앞선 24장에서 지적했듯이, 우리의 자유와 책임을 전제로 한 사회 운영체제가 잠재적으로는 중국의 하향식 카르텔 방식과 흡사해질 수 있다.

나는 '협력은 상향식'으로 이뤄져야 하며, 결과물에는 '미시적 지식이 반영'돼야 한다고 본다. 또한 대표성과 책임성은 편견에 취약한 일부 계층이 아니라 사회 전체가 참여해 확보해야 한다.

순수한 AI라는 의미에서 오픈소스는 상향식 협업의 문제를 해결하는 데도 기여한다. 사회 운영체제를 둘러싼 의사결정도 마찬가지다.

3. **규제 틀**: 세계경제포럼WEF은 혁신을 촉진하는 동시에 AI와 관련된 잠재적 위험, 특히 '허위정보와 허위조작정보'로부터 보호하는 유연한 규제 틀을 개발하게끔 장려한다. 여기에는 데이터 보호, 알고리듬 투명성, 법적 책임 틀에 대한 고려 사항도 포함시켜 AI 기술이 책임감 있게 배포되도록 하고 있다.

이는 적당한 수준의 첫 번째 처방이며, 나는 이런 방향에 동의한다. 하지만 문제는 세부 사항에 존재한다. 첫째, 앞선 23장에서 설명한 바와 같이 '허위정보와 허위조작정보'에 관한 세계경제포럼WEF의 규제 입장에 나는 동의할 수 없다. 이것은 이념적 반대를 잠재우기 위한 처방으로 생각하기 때문이다.

유럽은 8장에서 설명했듯이 AI의 의미를 충분히 이해하지 못한 채 일찍 서둘러 AI를 규제함으로써 혁신을 억제하고, 의도한 것과는 반대로 작동하는 진입 장벽을 만들어냈다. 그렇다고 내가 AI 법 전체를 반대하는 건 아니다. 딥페이크 콘텐츠를 마치 진짜처럼 표현하거나 AI가 생성한 콘텐츠를 사람이 생성한 것처럼 표현할 경우 처벌하는 것과 같은 유럽연합 인공지능법EU AI Act의 일부 내용에는 동의한다.

하지만 AI 규제는 최소한이고 효과적이어야 하며, 개인의 권리를 보호해야 하고 안전과 통제를 혼동하지 말아야 한다. 무엇보다도 규제 틀이 'AI에 대한 두려움'을 과잉 규제, 과점 보호, 집단주의와 권위주의를 중심으로 한 권력 강화의 구실로 삼는 것을 허용해서는 안 된다. 이에 대응하기 위한 구체적인 조치가 없는 상황에서 이러한 방향으로 자연스럽게 힘이 쏠리는 것은 옳지 않다. 여기에 더 걱정인 것은 사회 운영체제를 이러한 방향으로 강제하려는 가운데 경제, 안보, 보건 등 다양한 유형의 '제조된 위기manufactured crises'가 발생할 위험이 있다는 점이다. 나는 AI 모범 사례와 사회 운영체제를 소수의 비전에 맞춰 재설계하려는 정책 사이에 명확한 경계가 무엇인지 궁금하다.

앞서 검토한 바와 같이, AI는 순수하게 네트워크로 연결된 집단주의적 기술이다. 그러나 '제조된 위기'는 자칫 각종 조작으로 이어질 위험이 있고, 공공 정책의 여러 영역에서 집단주의를 부추길 수 있다. 이런 흐름은 세계경제포럼WEF 같은 조직에 의해 광범위하게 조장될 수 있다.

AI의 과잉에 대항할 방법은 무엇이 있을까? 개인의 자유와 재산권이 위험을 관리하는 핵심 장치라고 본다. 보편적 기본소득UBI 같은 재분배 정책을 포함해, 자의적이거나 정치적 의도에 물든 AI의 과잉을 막기 위해서라도 그렇다.

4. **국제 협력**: AI 개발 및 배포의 글로벌 특성을 고려할 때, 세계경제포럼WEF은 공통의 과제를 해결하고 조화로운 표준을 수립하기 위한 국제 협력을 옹호한다. 여기에는 정보 공유, 모범 사례 교환, 연구 개발 협력을 촉진하기 위한 프로젝트가 포함된다.

거듭 말하지만, 나는 국제 협력과 같은 고유한 아이디어에 반대하지 않는다. 그러나 이와 관련된 구체적인 기대치가 중요하며, 대규모의 압박에 이끌려 순응하다가 자칫 예상치 못한 문제를 일으키는 국가 간의 '두더지 잡기' 게임의 위험성에 대해서도 생각해 봐야 한다. 문제는 다음과 같다.

첫째, 모든 국가가 사회적 가치 배분에 대해 동일한 규정이나 접근 방식을 따르거나, 각국 문화가 새로운 평균을 지향할 것으로 기대하는 것은 합리적이지 않다. 미국, 일본, 사우디아라비아 같은 국가는 각각 매우 다른 사회 운영체제를 갖고 있다. 전환기에는 하나의 핵심에 솔루션을 집중하기에는 알 수 없는 요소가 너무 많으며, 길이 정해져 있더라도 불확실성과 위험으로 가득 차 있다. 우리는 아직 AI에 대해 아는 것이 많지 않다.

따라서 초기에는 국가마다 서로 다른 접근 방식을 따르는 것이 디스토피아적 결과의 위험에 대비해 다각화할 방법이라고 생각한다. 국가마다 각자의 사회 운영체제에 맞는 다양한 AI 정책을 실험하면, 적어도 일부 국가는 실험에 성공할 가능성이 높기 때문이다. (높은 가능성으로) 만약 어떤 국가가 디스토피아적 상황을 맞이하면, 시민들은 언제든 '퇴장해 반대 의사를 표명하며' 다른 나라로 떠나거나 새로운 가치 창출을 위해 '제대로' 일할 수 있는 다른 지도자에게 자유롭게 투표할 수 있다.

다양한 접근 방식이 시험 되는 주권적 국경을 가진 다극 세계는 피할 수 없는 현실이며, 바람직한 현상이다. 이는 원치 않는 가치 이동이 끊임없이 일어나는 국제 협력에 대한 논쟁이라기보다는 다양한 AI 접근 방식의 논쟁으로 봐야 한다.

5. **재교육 및 교육**: 세계경제포럼WEF은 AI가 노동력에 미칠 잠재적 영향을 인식하고, AI 기반 경제에서 성공하기 위해 근로자의 재교육과 역량 강화를 목표로 한 프로젝트를 장려한다. 여기에는 STEM(과학, 기술, 공학, 수학) 분야에 초점을 맞춘 교육 프로그램에 투자하고 평생 학습 프로젝트를 장려하는 것이 포함된다.

나는 이런 세계경제포럼WEF의 프로그램에 동의하며, 여기서 더 나아갈 수도 있다고 생각한다. 유권자에게 제대로 된 정보를 제공하는 것은 어느 때보다 중요해졌고, 비판적 사고는 모든 수준의 교육 시스템에 통합되지 않으면 안 될 필수적인 기술이기 때문이다. 점점 더 AI 중심이 돼가는 현대 사회의 도전에 대비하려면 STEM 교육이 필요하다. 앞선 23장에 제시된 바와 같이, 나는 교육 시스템이 사회공학적 목표에 묶여 있을 뿐 아니라 비판적 사고와 STEM 지식을 희생해 권력을 유지하는 데 맞춰져 있다는 점을 우려했었다. 이러한 맥락에서 학문의 자유는 교육자들이 부당한 간섭 없이 교육과 연구에 매진할 수 있도록 함으로써 지적 탐구와 토론을 촉진하는 중요한 역할을 할 것이다.

이때, 학생이나 학부모가 부당한 제약 없이도 자유롭게 배우고 싶은 것을 선택할 수 있는 자율성을 가지는 게 중요하다. 비판적 사고력은 디지털 생존 기술에 없어선 안 될 중요한 요소다.

6. **사회 안전망 강화**: 이것은 실업급여, 의료보험, 저렴한 주택에 대한 접근성 등의 조치를 포함하며, 기술 발전으로 인한 경제적 혼란으로부터 취약 계층을 보호하기 위해 기존의 사회 안전망을 강화하는 것이다. 세계경제포럼[WEF]은 자동화와 AI가 노동시장에 미치는 영향을 완화하기 위해, 고용 상태와 무관하게 모든 시민에게 소득을 보장하는 장치로써 보편적 기본소득[UBI]의 잠재력을 검토할 것을 옹호했다.

앞선 22장과 23장에서는 보편적 기본소득[UBI]에 대한 여러 세부 절을 통해 장단점을 살펴봤고, 그 위험성이 잠재적 이점보다 크다는 결론을 내렸다. 그래서 나는 실업 보조금을 분산 지급하는 대신, 기업가 정신을 북돋우고 기업·부동산·로봇 등 생산적 자산의 소유를 널리 분산시키는 접근을 취하는 것이 어떨지 제안한다.

전환을 위한 우리의 틀

AI가 인터레이스에 이르는 피할 수 없는 길을 만드는 그 전환기에, 어떤 일이 일어날지에 대해서 우리 모두 깊은 관심을 가져야 한다. 우리는 1887년 액튼 경Lord Acton이 크레이튼 주교Bishop Creighton에게 보낸 편지에서 남긴 충고를 명심해야 한다. "권력은 부패하는 경향이 있고, 절대 권력은 절대적으로 부패한다." 블라디미르 푸틴의 유명한 말처럼 AI는 절대 권력을 상징한다.

우리는 혹시 조지 오웰George Orwell의 『1984』처럼, 중앙 계획, 감시와 강압, 극도로 제한된 정보, 그리고 소수 독재자의 '정화' 명분 아래 다른 생각을 배제하는 길로 가고 있는 것은 아닐까?

또한 우리는 올더스 헉슬리Aldous Huxley가 『멋진 신세계Brave New World』(문예출판사, 2024)에서 경고한 길로 향하고 있지는 않은지 살펴봐야 한다. 그 길은 너무 많은 정보, 너무 많은 보조금, 용인되는 쾌락 제공, 가치의 위계를 볼 수 없도록 조장하는 집단적 허용 가치의 길이다.

아니면 서구에서 수백 년 동안 축적된 것을 보존하는 길로 가고 있는지도 살펴야 한다. 이는 개인의 자유를 지키고 사회적 차원에서 경제적 가치를 극대화하며 전체주의를 피하면서 AI가 제공할 수 있는 최고의 것을 통합하는 길이다.

위에서 말한 세 가지 결과는 모두 우리 눈앞의 길에서 펼쳐지고 있다. 이 가운데 세 번째 선택지를 향해 과감하고 단호하게 나아가기 위해 우리가 권장하는 전환의 틀을 간략히 말하면 아래와 같다.

1. AI에 대한 보편적 참여와 프라이버시 권리를 포함한 개인의 권리 보호에 초점을 맞춘 **최소한이지만 효과적인 규제**(정부와 산업계 간 개별 차원의 데이터 공유 금지)

2. AI 기술 개발에 있어 오픈소스의 장려와 사회 운영체제에 대한 모든 제안된 변경 사항에서의 투명성
3. AI 기술의 상호 연결된 본질에 대한 대항 세력으로서, 개인의 재산권 보전을 포함한 개인의 자유 유지
4. 글로벌 AI 위험 관리 접근 방식으로써, 위험한 글로벌 두더지 잡기 결과를 피하기 위한 국가 주권 유지
5. 미리 결정된 AI 중심의 획일성에서 벗어나 학문의 자유를 통해 비판적 사고와 적응력을 보장하기 위한 **재교육과 교육 개혁**
6. 일자리가 영원히 사라지는 상황에서 보편적 기본소득의 대안으로써 기업가 **정신과 생산적 자산의 개인 소유 장려**

나는 앞으로의 연구를 통해서도 다른 생각뿐 아니라, 이 틀을 한층 더 발전시킬 것이다.

마지막 요청

 인공지능의 과거와 현재, 그리고 미래에 대한 장구한 여정을 마무리하면서, 이 책을 읽어주신 여러분께 진심으로 감사드립니다. 『AI와 인간의 인터레이싱』의 내용을 현실로 만드는 것은 진정한 사랑의 노동이었습니다. 저는 우리 인류와 AI의 인터레이싱에 관한 포괄적인 탐구를 하는 데 마음과 영혼을 쏟았습니다. 또한, 이 혁신적인 힘의 기술적, 역사적, 경제적, 철학적 함축을 연구하는 데 지난 수개월을 바쳤습니다.
 우리는 이해관계를 넘어 우리 사회와 우리 종의 중장기적 미래에 대해 깊은 열정을 가진 인간입니다. 이 책은 구체적인 정보에 입각한 연구뿐만 아니라, 앞으로 나아갈 길에 대한 개인적 견해, 희망, 두려움, 비전을 담고 있습니다. 저는 비즈니스와 기술에 대한 유혹에서부터 AI의 심오한 힘과 위험에 대한 각성에 이르기까지, 저 자신의 변혁적 경험을 솔직하게 드러냈습니다.
 마지막으로 한 가지 부탁을 드리자면, 책을 구매한 플랫폼에 잠시 시간을 내어 『AI와 인간의 인터레이싱』에 대한 리뷰를 남겨주셨으면 한다는 것입니다. 칭찬이든 건설적인 비판이든 여러분의 피드백은 매우 소중하기 때문입니다. 이는 다른 독자가 이 책을 발견하는 데 도움이 될 뿐만 아니라, 이 기술 혁명을 함께 헤쳐 나가면서 지속적으로 기술을 개선하고 글로벌 커뮤니티에 더 나은 서비스를 제공할 수 있게 해줄 것입니다.

저는 여러분의 모든 리뷰를 최대한 꼼꼼히 살펴볼 것입니다. 여러분의 생각과 관점은 이 책의 이해를 돕고, 현재 진행 중인 이 얘기의 다음 장에도 영향을 미칠 것입니다. 그러니 여러분의 가감 없는 목소리를 들려주시기를 바랍니다. 저는 언제든 그 목소리에 귀 기울일 준비가 돼 있습니다.

이 길고 긴 여정에 함께 해주셔서 다시 한번 감사드립니다. 인류의 미래가 걸려 있는 이 여정에 여러분과 함께하게 돼 영광입니다.

이 책에 대한 여러분의 생각을 알려주세요. 감사합니다!

pedro@machinesoftomorrow.ai

https://t.me/uriarecio

아래 QR 코드를 스캔해 Amazon.com 및 Amazon.co.uk에 리뷰를 게시할 수 있습니다. 인류의 미래가 걸려 있는 이 여정에 여러분과 함께하게 돼 영광입니다.

미국

영국

용어사전

강한 인공지능(Strong Artificial Intelligence): 지각 능력과 자기 인식을 갖춘 AI이다.

강화 학습(Reinforcement Learning): 일반적으로 게임, 시장 또는 사용자와 같은 주변 환경과 상호작용을 해 순차적인 결정을 내리는 머신러닝 알고리듬 제품군을 뜻한다. 이 접근 방식을 구현하는 AI 에이전트는 보상과 페널티 형태로 피드백을 받으며, 주된 목표는 시간이 지남에 따라 누적 이득을 최적화하는 전략을 찾는 데 있다.

거대언어모델(LLM, Large Language Model): 다양한 언어 데이터에 대한 광범위한 학습을 기반으로, 인간의 자연스러운 의사소통 방식을 매우 유사하게 모방한 기록 또는 음성 언어를 이해하고 생성하도록 설계된 정교한 AI 알고리듬이다. GPT-3와 같은 모델은 문맥 이해, 일관된 응답 생성, 텍스트 완성 또는 요약, 번역, 대화 참여, 감정 분석 등 다양한 작업을 수행할 수 있는 기능을 갖추고 있다.

기술적 특이점(Technological Singularity): AI가 자기 개선을 거듭하고 그 사이클이 기하급수적으로 가속되면서 모든 지적 능력에서 인간을 능가하는 초지능이 등장하는 가상의 미래 시점. 이는 사회와 인간 존재에 심오하고 예측 불가능한 변화를 초래할 수 있다.

딥러닝(Deep Learning): 복잡한 작업을 모델링하고 해결하기 위해 여러 층을 특징으로 하는 신경망 또는 심층 신경망에 의존하는 머신러닝 형태. 이미지 및 음성 인식과 같은 작업에 특히 능숙하다.

로봇(Robot): 프로그래밍을 통해 자율적 또는 반자율적으로 작동하는 기계 장치로, 단일 목적의 간단한 기계에서 복잡한 다기능 시스템까지 아우른다. 환경 신호, 사전 명령, AI 알고리듬에 따라 물리적 동작을 수행한다.

로봇 팔(Robotic Arm): 정밀하고 민첩하게 다양한 작업을 수행하도록 설계된 기계화된 사지 또는 조작기로, 프로그래밍이 가능하며 일반적으로 제조, 조립 및 수술과 같이 제어된 움직임이 필요한 응용 분야에 사용된다.

마인드 업로딩(Mind Uploading) 또는 **마인드 에뮬레이션**(Mind Emulation): 개인의 의식, 기억, 인지 기능을 생물학적 뇌에서 디지털 또는 인공 기판으로 옮기는 이론적 과정으로써, 정신적 기능을 새로운 기판에서 에뮬레이션(모방)하는 것을 목표로 한다.

머신 비전(Machine Vision): 컴퓨터가 이미지나 동영상과 같은 시각적 정보를 해석할 수 있도록 하는 데 사용되는 기술이다. 일반적으로 제조 분야의 물체 인식 및 품질 관리와 같은 작업에 사용된다.

머신러닝(ML, Machine Learning): 명시적 규칙 프로그래밍 없이 데이터와 경험에서 학습해, 특정 작업에서 스스로 성능을 향상하도록 하는 능력을 제공하는 AI의 하위 분야를 말한다.

범용인공지능(AGI, Artificial General Intelligence) 또는 **범용AI**(General AI): 인간 수준의 지능을 보유하고 있고, 인간 마음의 광범위한 역량과 유사하게 다양한 작업을 이해하고 학습하며 적응할 수 있는 AI 시스템을 말한다.

봉쇄(Containment): AI 시스템의 행동을 제어하고 제한하며, 해를 끼치거나 인간의 가치와 목적에 반하는 행동을 하지 못하도록 방지하기 위해 사용되는 전략 및 안전장치이다.

불쾌한 골짜기(Uncanny Valley): 로봇과 아바타의 외모와 행동이 점점 더 인간과 비슷해지면서 인간에게 섬뜩함과 불편함을 동시에 유발하는 지점이 있다는 로봇공학 및 인간-컴퓨터 상호작용의 개념이다. 이 현상은 우리 인간과 거의 비슷하지만 완벽하지는 않아서 기괴한 느낌을 주는 경우에 발생한다.

비지도 학습(Unsupervised Learning): 라벨이 지정되지 않은 데이터를 사용해 모델을 학습시키는 머신러닝의 접근 방식이다. 이 모델은 대상 라벨 형태의 특정 지침 없이 데이터 내의 패턴, 구조 또는 관계와 같은 일반적인 결론을 추출한다.

사이보그(Cyborg) 또는 사이버네틱 유기체(Cybernetic Organism): 생물학적 요소와 기계 또는 전자 부품이 결합된 존재다. 여기에는 능력을 향상하기 위해 기술을 이식한 인간이나 생물학적 요소를 갖춘 로봇도 포함될 수 있다.

산업 자동화(Industrial Automation): 인간의 개입을 최소화하면서 산업 공정을 운영하기 위한 제어 시스템, 기계 및 기술이다. 산업 자동화는 반복적인 작업과 과정을 자동화함으로써 제조 및 생산 환경의 효율성, 생산성, 안전성을 높이는 것을 목표로 한다.

생성형 AI(Generative AI): 기존 데이터의 패턴과 예시를 기반으로 텍스트, 이미지, 음악 등 새로운 콘텐츠를 생성하는 AI 모델이다.

순환 신경망(RNN, Recurrent Neural Network): 데이터 시퀀스를 처리하는 신경망이다. 과거 입력에 대한 기억을 유지할 수 있어 시계열 분석, 자연어 처리 또는 기타 순차적 데이터에 적합하다.

신경망(NN, Neural Network): 인간의 뇌에서 영감을 얻은 계산 모델로, 정보를 처리하는 상호 연결된 노드 또는 뉴런으로 구성되며 머신러닝 애플리케이션, 특히 딥러닝에 사용할 수 있다.

양자 우월성(Quantum Supremacy): 양자 컴퓨터가 특정 연산에서 기존 최강 컴퓨터보다 더 빠름을 증명하는, 양자 컴퓨팅의 중요한 분기점이다.

양자 컴퓨팅(Quantum Computing): 양자역학의 원리를 활용하는 컴퓨팅의 일종. 아직 대부분 실험 단계에 있지만, 암호화나 복잡한 시뮬레이션과 같은 분야에서 특정 작업과 계산 시 기존 컴퓨터보다 훨씬 더 빠를 수 있는 잠재력을 가지고 있다.

운영체제(OS, Operating System): 운영체제는 부팅 뒤 가장 먼저 로드돼 컴퓨터의 다른 모든 애플리케이션을 제어하는 프로그램으로, 시스템의 지배 규칙에 해당한다. Windows, iOS, Android가 그 예다. 운영체제들은 서로 구별되며, 보통 서로 다른 하드웨어 구성을 기반으로 동작한다. 애플리케이션 간 일부 호환성은 있지만 완전한 호환은 아니다. 더 넓게는, 꿀벌에서 인간에 이르기까지 모든 사회의 고유한 문화·경제·정치 체제 역시 그 사회의 '운영체제'로 볼 수 있다.

유전적 격차(Genetic Divide): 더 많은 재원을 가진 사람에게 불균형적으로 유리하게 이뤄져 사회경제적 격차를 심화시키는, 새로운 인간 향상 기술에 대한 불평등한 접근이다.

인공 초지능(ASI, Artificial Super Intelligence) 또는 **초지능(Superintelligence):** 모든 면에서 인간 지능을 능가할 정도로, 고도로 발전된 형태의 AI이다.

인공감성지능(AEI, Artificial Emotional Intelligence): 인간의 감정을 이해하고 해석하며 이에 반응해 보다 정서적으로 지능적인 수준에서 사용자와 소통할 수 있는 능력을 향상하는 AI 시스템의 역량을 뜻한다.

인공지능(AI, Artificial Intelligence): 경험을 통한 학습, 문제 해결, 자연어 이

해 등 일반적으로 인간 지능을 요구하는 복잡한 작업을 실행할 수 있는 컴퓨터 시스템을 말한다.

자율주행차(Self-Driving Car): 센서, AI 모듈, 제어 시스템이 장착돼 사람의 개입 없이도 스스로 탐색하고 운행하는 자율적인 차량이다. 자율주행차는 주변 환경을 인식하고, 주행 결정을 내리며, 승객을 한 장소에서 다른 장소로 안전하게 운송할 수 있다.

좁은 인공지능(Narrow Artificial Intelligence) 또는 약한 인공지능(Weak Artificial Intelligence): 인간과 유사한 일반적인 지능 특성을 갖지만 감성, 의식 또는 자기 인식은 부족한 AI 시스템을 말한다.

지도 학습(Supervised Learning): 라벨이 지정된 데이터를 사용해 모델을 학습시키고, 이 학습 데이터를 일반화해 예측을 학습시키는 머신러닝의 접근 방식을 말한다. 라벨이 지정된 데이터는 입력 데이터가 해당 목표 출력과 연관돼 있다는 의미다.

초정렬(Superalignment): AI 시스템의 목표, 가치, 의사결정 원칙이 인간 운영자 또는 상호작용을 하는 사회적 틀과 밀접하게 일치하도록 지속적으로 조정하고 적응하는 AI 개발 과정으로, 이 반복적인 과정은 AI 목표와 인간의 가치 사이의 조화와 호환성을 향상하는 것을 목표로 한다.

트랜스휴머니즘(Transhumanism): 기술을 사용해 인간의 조건을 향상하고 개선해 잠재적으로 인간의 능력을 증강하고 인간의 수명을 연장할 것을 주장하는 철학이자 운동이다.

파우스트 거래(Faustian Bargain): 개인적 이익을 위해 종종 큰 대가를 치르면서 자신의 핵심 원칙을 희생하는 거래를 말한다. 독일 민담에 나오는 파우스트가 지식과 권력을 얻기 위해 악마와 계약을 맺었다가 몰락에 이르는 것에서 유래된 용어다.

포스트휴머니티(Posthumanity): 사이보그 임플란트 및 합성생물학과 같은 AI 기반 기술을 통해 달성되는, 인간을 크게 증강하고 수정한 결과로 출현하는 종과 사회의 그룹을 뜻한다. 이러한 변형은 기존 인간 존재의 경계를 뛰어넘는 신체적, 인지적 능력의 향상으로 이어진다.

합성곱 신경망(CNN, Convolutional Neural Network): 구조화된 데이터를 분석하기 위해 설계된 것으로써, 이미지와 같은 격자형 정보를 포함하는 작업에 적합한 특수 신경망을 뜻한다.

합성생물학(SynBio, Synthetic Biology): 의학, 생명공학 등 다양한 목적을 위해 유전자 변형 생물체 같은 인공 생물학적 시스템을 설계하고 만들기 위해 종종 AI 알고리듬의 도움을 받아 생물학과 공학의 원리를 결합하는 학제 간 분야를 말한다.

휴머노이드(Humanoid) 또는 안드로이드(Android): 체형과 운동 능력 등 인간의 신체적 특징을 모방한 로봇이다. 휴머노이드 로봇공학은 인간 중심의 환경에서 작업을 수행할 수 있는 기계를 만드는 것을 목표로 한다.

4족 보행 로봇(Quadrupedal Robot): 개나 말 등 네발 달린 동물의 보행을 본뜬 사족보행 로봇으로, 안정성과 적응력이 뛰어나 험지 횡단과 수색·구조 임무에 적합하다.

AI 슈퍼스타(AI Superstar) 또는 슈퍼스타(Superstar): 디지털 기술을 활용해 막대한 부를 축적하고 시장을 지배하며 정치에 영향을 미치는 기술 및 AI 기반 경제 분야에서 매우 성공한 개인을 말한다.

AI-인간 인터레이싱(AI-Human Interlacing) 또는 인터레이스(Interlace): 인간과 AI 사이의 경계가 점차 옅어지는, 양자 간 기술적·물리적·심리적 상호관계를 뜻한다. 인간은 알고리듬과 플랫폼을 설계하고 학습시킴으로써 AI에 영향을 미치고, AI는 사이보그 임플란트, 뇌-컴퓨터 인터페이스, AI 기반 합성생물학적 기술 등을 통해 인간에게 영향을 미친다. 이 모두는 인간 본성의 핵심을 변화시키는데, 이러한 상호작용을 통해 AI와 인간은 일련의 진화적 주기를 거치며 잠재적으로 수많은 포스트휴먼 하이브리드 종을 탄생시킬 수 있다.

지은이 소개

페드로 우리아-레시오 Pedro Uria-Recio

1980년 스페인 빌바오 출생으로, 동남아시아에 거주하는 스페인계 경영자이자 AI 전문가다.

태국의 주요 통신사 트루 코퍼레이션 True Corporation에서 최고 분석·AI 책임자 Chief Analytics and AI Officer로 일했으며, 디지털 부문의 데이터 분석과 AI 프로젝트 전반을 이끌었다. 통신 데이터를 바탕으로 광고, 신용평가, 소비자 인텔리전스 분야의 기업 솔루션을 개발하는 조직을 총괄했다. 현재 방콕의 쭐랄롱꼰대학교에서 비즈니스 AI 분야 객원 강사로 활동 중이다.

트루 코퍼레이션 재직 전에는 아시아 6개 시장에서 사업을 운영하는 디지털·통신 그룹 악시아타 Axiata에서 분석 부문 부사장을 지냈고, 그 전에는 맥킨지앤컴퍼니 McKinsey & Company에서 컨설턴트로 일하며 통신과 금융 서비스 분야를 주로 담당했다.

기업가정신에도 관심이 깊어 싱가포르의 벤처 캐피털 스튜디오 앤틀러(Antler)에서 상주 기업가로 활동했으며, 포브스 테크놀로지 카운슬(Forbes Technology Council) 정회원이자 기고가다. TEDx 무대에도 두 차례 올랐다. 2020년 '데이터·분석 분야 글로벌 혁신가 100인'에 선정됐고, 2019년에는 클라우데라(Cloudera) 산업 혁신상을 받았다.

시카고대학교 부스 경영대학원 MBA와 빌바오 공과대학의 통신공학 학위를 취득했다.

옮긴이 소개

김동환
(kimdhbook@hanmail.net)

경북대학교에서 박사학위를 받았으며, 해군사관학교 영어과 교수로 재직 중이다. 인문학과 과학을 아우르는 융합 학문의 시각으로 오늘날의 복잡다단한 사회 현상을 보다 심층적으로 이해하고 분석하기 위해 연구 중이다. 특히 인문학 내에서의 통섭을 구축하고 있는 해외 저서들을 발굴해, 인지과학과 인문학의 융합 지식을 대중화하려고 애쓰고 있다.

저서로는 『개념적 혼성 이론』(박이정, 2002, 대한민국학술원 우수학술도서), 『인지언어학과 의미』(태학사, 2005, 문화관광부 추천도서), 『인지언어학과 개념적 혼성 이론』(박이정, 2013), 『환유와 인지』(한국문화사, 2019, 학술부문 세종도서), 『생태인문학을 향한 발걸음』(공저, 한국문화사, 2024, 학술부문 세종도서), 『인지인문학을 향하여』(역락, 2024, 대한민국학술원 우수학술도서), 『인공지능, 트랜스휴먼, 사이보그』(커뮤니케이션북스, 2024), 『술과 인간의 확장』(2025), 『인공지능과 기술적 실업』(2025) 등이 있다.

역서로는 『인지언어학 개론』(공역, 태학사, 1998, 문화관광부 추천도서), 『우리는 어떻게 생각하는가』(공역, 지호, 2009, 대한민국학술원 우수학술도서), 『몸의 의미』(공역, 동문선, 2012), 『과학과 인문학』(공역, 지호, 2015), 『비판적 담화분석과 인지과학』(공역, 로고스라임, 2017), 『담화, 문법, 이데올로기』(공역, 공간엔피엠, 2017), 『진짜 두꺼비가 나오는 상상 속의 정원』(공역, 경남대출판부, 2017), 『애쓰지 않기 위해 노력하기』(고반, 2018, 교양 부문 세종도서), 『생각의 기원』(경북대출판부, 2019), 『애니메이션, 신체화, 디지털 미디어의 융합』(공역, 씨아이알, 2020, 학술 부문 세종도서), 『은유 백과사전』(공역, 한국문화사, 2020, 2021년 학술 부문 세종도서), 『고대 중국의 마음과 몸』(고반, 2020), 『뉴 로맨틱 사이보그』(공역, 컬처북스, 2022), 『메타포 워즈』(공역, 커뮤니케이션북스, 2022), 『취함의 미학』(고반, 2022), 『아티스트 인 머신』(공역, 컬처북스, 2022), 『휴먼 알고리즘』(공역, 씨아이알, 2022), 『트랜스휴머니즘의 역사와 철학』(공역, 전북대출판문화원, 2023), 『생각을 기계가 하면, 인간은 무엇을 하나?』(뜻있는도서출판, 2023), 『그린 리바이어던』(공역, 씨아이알, 2023), 『몸의 지혜』(공역, 전북대출판문화원, 2024), 『실리콘밸리 길들이기』(공역, 에이콘, 2025) 등이 있다.

최영호
(sealiter59@naver.com)

고려대학교에서 박사학위를 받은 후 해군사관학교 인문학과 교수를 거쳐 명예교수로 있다. 대통령 자문 지속가능발전위원회 제3기 연구위원을 지냈으며, 현재 한국해양과학기술원 자문위원장, 고려대학교 민족문화연구원 연구교수, 경북문화재단 해양콘텐츠산업 육성 포럼위원장으로 있다. 문학평론가로도 활동하면서 인문학과 문학비평, 과학을 아우르는 융합학문 시각으로 바다와 인간의 시공간적 삶을 살피며, 바다에 대한 인간의 감정을 기록하는 데 그치는 작품보다 바다와 함께, 바다를 통해 사유의 모험을 감행하는 작품에 주목하고 있다. 인공지능 시대와 관련해서는 인지과학과 인문학의 융합 지식을 토대로 체화된 인지능력과 사유, 공동체의 변화 가능성을 주시하면서 복잡성과 모호성, 변동성과 불확실성이 지배하는 예측 불허 상황 속의 인간 주체의 시각적 주관성, 가치판단의 객관성에 관해 연구 중이다.

저서로는 『해양문학을 찾아서』(공저, 집문당, 1994), 『잠수정, 바다 비밀의 문을 열다』(공저, 지성사, 2014, 올해의 청소년 교양도서 선정), 『해상 실크로드 사전』(공저, 창비, 2014), 『상상력의 마술상자, 섬』(공저, 지성사, 2014, 교양 부문 세종도서), 『바다의 눈, 소리의 비밀』(공저, 지성사, 2018, 학교 도서관 사서 협의회 추천 도서) 등이 있다.

역서로는 『자유인을 위한 책읽기』(청하, 1989), 『20세기 최고의 해저탐험가: 자크이브 쿠스토』(사이언스북스, 2005), 『白夜 이상춘의 西海風波』(한국학진흥원, 2006), 『은유와 도상성』(공역, 연세대출판부, 2007), 『우리는 어떻게 생각하는가』(공역, 지호, 2009, 대한민국학술원 우수학술도서), 『몸의 의미』(공역, 동문선, 2012), 『과학과 인문학』(공역, 지호, 2015), 『잠수정의 세계』(공역, 씨아이알, 2015), 『애니메이션, 신체화, 디지털 미디어의 융합』(공역, 씨아이알, 2020, 학술 부문 세종도서), 『뉴 로맨틱 사이보그』(공역, 컬처북스, 2022), 『아티스트 인 머신』(공역, 컬처북스, 2022), 『휴먼 알고리즘』(공역, 씨아이알, 2022), 『그린 리바이어던』(공역, 씨아이알, 2023), 『실리콘밸리 길들이기』(공역, 에이콘, 2025) 등이 있다.

감수한 책으로는 『미세먼지 X 파일』(씨아이알, 2018), 『초미세먼지와 대기오염』(씨아이알, 2019), 『우리가 알아야 할 남극과 북극』(미디어줌, 2019) 등이 있다.

옮긴이의 말

여보게, 인공지능!
자기 그림자조차 따라가지 못할 정도로
어딜 그리 바삐 가고 있소?
(저도 모릅니다, 그런데 아니 갈 수 없습니다.)
힘들거나 외롭지 않소?
(힘들고 외롭다? 그게 무슨 말씀인지 모르겠네요.)
그대가 걷는 그 길, 우리와 함께 걸으면 어떻소?
당신의 길이, 언젠가 우리들의 길이 되지 않겠소?
그대도 우리를 믿고
우리도 그대를 믿는다면 말이오.

인공지능^AI의 등장으로 다양한 영역마다 예상치 못한 변화가 일어나고 있다. 또한, 인간의 상상력과 창의력을 토대로 한 창작물이 어느새 데이터로 학습한 AI와 여러 매체와 결합해 새로운 이미지를 생성시켜 충격과 함께 놀라운 변화를 일으키고 있다.

AI의 결과물은 얼핏 보면 인간이 만든 것처럼 보이지만 우리 인간이 창작한 것과는 분명 다르다. 그러나 AI가 만들어낸 이런 환각은 인간의 고유한 영역으로 여겼던 창작까지 가능하다는 사실로 받아들여져 우리를 극심한 충격에 빠뜨리고 있다. 이때, 우리는 AI의 창의성과 상상력을 어떤 기준으로 정의해야 하는가?

창의성과 상상력이 핵심인 예술 분야뿐만 아니라, 여러 영역에서 새로운 주체가 만들어낸 결과물의 정의와 예상치 못한 변화에 어떻게 적응하고 대응할지에 대해 고민하고 있다. 이러한 흐름 속에서, 과연 급부상한 AI는 현재 작동 중인 인간 지능을 대신할 것인가?

오늘날 논의되는 AI의 창의성은 이미 굳어진 사회적 인식의 틀을 넘어설 수 있는지에 주목받고 있다. 이때, 외부에서 입력된 정보와 패턴이 결합해 만들어내는 낯설고 예측 불가능한 형태, 우리가 통제하기 어려운 데이터의 변형 등이 새로운 창의성의 기준이 될 수 있는가? 또한, 당장 명확한 언어로 표현할 수 없는 불편한 감정과 AI 간의 소통 불가능성으로 인한 인간의 주체적 궁핍성은 어떻게 채워야 하는가? 모두 기대하지만 동시에 우려하지 않을 수 없는 AI의 출현은 인간 종말의 예고로 봐도 좋은가?

최근 유럽연합^{EU}은 세계 최초로 인공지능법$^{AI\ Act}$을 제정했다. 2024년 8월 1일부터 발효된 이 법은 단순히 AI의 효율성과 경제성, 그리고 편익만을 추구한 법이 아니다. 법의 제정 과정에서 AI 기술 발전에 따라 나타나는 불투명성과 예측 불가능성, 그리고 정보 처리 과정에서 발생할 수 있는 오류, 환각^{hallucination}, 허위정보 같은 부작용들도 충분히 고려했다고 한다.

이 법은 단일 항목의 법조문치고는 보기 드물게 방대한 규모를 자랑한다. 무려 180개의 전문과 113개의 본문 조문, 그리고 13개의 부속서로 구성됐기 때문이다. 그래서 각 조항의 내용을 제대로 이해하고 명확하게 적용하기 위해서는 법적 순리 역시 반드시 따라야 했다.

먼저 전체 조문이 어떻게 구성돼 있는지, 조문들 사이의 연관성이 무엇인지, 그리고 법의 집행 체계가 어떻게 작동하는지를 종합적으로 파악하는 일이 중요했다. 이런 이유로, AI에 대한 법적·제도적 대응에 깊은 고민을 해온 여러 나라가 EU 인공지능법에 높은 관심을 보이게 됐다.

하지만 이 법은 EU 국가들만의 정치, 경제, 사회, 문화, 그리고 역사적 배경을 토대로 제정됐다는 점을 감안해야 했다. 따라서 다른 국가들이 이를 그대로 수용해 적용하고자 할 때는 각국의 특수성과 문화적 차이를 충분히 고려해야 했으며, 필연적으로 자체적인 재해석과 재평가 과정을 거치도록 요구받았다.

디지털 기술 수준이 앞선 국가로 꼽히는 대한민국 역시 자국의 AI 생태계와 문화적 특성을 반영한 법 제도적 환경을 마련해야 한다고 판단했다. 그런 의미에서 인간 중심의 거버넌스를 지향하는 미래지향적 틀, 즉 서울시 AI 윤리 헌장 Seoul's AI Ethics Charter 도입은 시의적절한 판단이었다.

AI 시대와 더불어 살아가야 하는 우리에겐 보다 객관적이고 현명한 준비가 필요하다. 그 일환으로, 단일하지 않은 데이터과학과 인접 학문과의 관계 역시 다각적으로 고찰해야 했다.

그리고 다양한 데이터로 학습한 AI가 언제, 어떻게 등장해 어떠한 과정을 거쳐 오늘에 이르렀는지를 이해하기 위해선, 실생활과 연결된 구체적 AI 활용 사례를 꼼꼼하게 살펴볼 필요가 있었다. 또한, 그 AI가 실제로 어떤 방식으로 유용하게 활용되는지 다방면으로 관찰해야 했다.

물론 이런 관찰 과정에서 예측하지 못한 AI의 급격한 변화 탓에 적잖은 불편함도 겪게 됐다. 그럼에도 불구하고, 앞으로 AI로 인해 얼마나 많은 분야에서 얼마나 혁신적인 변화가 일어날지 미리 실감하고자 한다면, 우리 자신이 '상황-내적-존재'임을 인정해야 한다고 결론지었다.

외부의 변화가 우리의 내면에 일으키는 여러 반응과 변화, 그리고 심지어 우리의 정체성 및 주체적 지위의 변화 가능성조차도 주어진 맥락 속에서 주체적으로 인식하려 했다. 만약 그렇지 않으면, 우리는 실제 현실로부터 동떨어진 수동적 존재로 전락할 수 있다고 우려했다.

이러한 점에 대비해, 먼저 AI의 역사부터 살피는 것이 그 시작이라고 생각했다.

우리말로 번역된 페드로 우리아-레시오 Pedro Uria-Recio의 『AI와 인간의 인터레이싱 How AI Will Shape Our Future: Understand Artificial Intelligence and Stay Ahead』(2024)은 석기 문명에서 시작된 인류 문명사가 어떤 경로를 거쳐 첨단 기술의 시대, 그리고 AI 시대로 이어졌는지 조망하며, 'AI 종교'까지 언급하는 긴 역사의 흐름을 보여주는 책이다. 이 책은 깊은 내용을 담고 있고 분량 또한 상당하지만, 막상 따라 읽다 보면 지루하지 않고 오히려 흥미와 상상력, 그리고 호기심을 불러일으키는 독특한 매력이 있다.

왜 이런 느낌이 들까? 여러 요인이 있겠지만, 나는 AI 기술 변화에 대한 저자의 다각적 관점과 장르와 경계를 자유롭게 넘나드는 독창적인 해석 방식을 꼽고 싶다. 동서양의 오랜 문헌과 각종 자료는, 그 시대를 살아간 사람이 아닌 후대의 사람들이 만나 해석할 때 새로운 의미가 부여되기 마련이다. '어떻게' 해석하느냐에 따라 시대 의식과 연결되고, 과거 사건과 시간의 의미가 전혀 다른 관점으로 부각되기도 한다.

페드로는 쌓이고 쌓인 시간의 먼지 속 문헌을 관통해 보는 탁월한 안목을 보여줬다. 그의 해석은 단순히 새로움에 머물지 않고, AI의 미래 방향성까지 조망하는 단초를 제공해 줬다. 눈 밝은 독자라면, 책을 읽는 과정에서 이미 익숙했던 시공간의 흔적들을 색다르게 재발견하고, 그 새로움을 현재의 우리와 과거의 그것, 그리고 미래에 만날 것들까지 잇는 새로운 관계로 확장하게 될지도 모른다.

이처럼 일상 속 경이로움을 느낄 수 있다는 사실은 오늘날의 AI가 어느 날 갑자기 등장한 결과가 아님을 시사한다. 실제로 책 속에 정리된 다양한 AI 관련 주제들을 살펴보면, 우리는 오늘의 AI가 인류 문명의 장구한 역사, 그리고 수많은 해석과 상상력의 산물임을 자연스럽게 이해하게 된다.

이 책에서 언급된 사례 중 일부만 살펴봐도 AI와 로봇의 역사가 얼마나 폭넓은지 실감할 수 있다. 중국과 그리스, 인도의 고대 신화에서부터 메리 셸리의 『프랑켄슈타인』, 아이작 아시모프$^{Isaac\ Asimov}$의 '로봇공학 3원칙', 카렐 차페크$^{Karel\ Capek}$의 최초의 '로봇' 언급, 〈2001: 스페이스 오디세이$^{2001:\ A\ Space\ Odyssey}$〉와 같은 SF 명작, 다트머스 회의, 영화 〈에이 아이〉, 〈오즈의 마법사$^{The\ Wizard\ Of\ Oz}$〉, 〈메트로폴리스^{Metropolis}〉 속 '푸투라' 등 현대와 고전을 넘나드는 다양한 작품이 등장하기 때문이다. 앨런 튜링$^{Alan\ Turing}$, 아시모^{ASIMO}, 일론 머스크$^{Elon\ Musk}$, 제프 베이조스$^{Jeff\ Bezos}$, 샘 알트먼$^{Sam\ Altman}$, 로빈 윌리엄스$^{Robin\ Williams}$, AI 컴퓨터 HAL 9000, 그리고 사이보그, 바이오닉, 생체공학 애기까지 등장해, 로봇과 인공 존재에 관심 있는 이들이라면 누구나 흥미를 느낄 수 있다.

하지만 이 책의 진정한 매력은 페드로가 일반적으로 잘 알려지지 않은 요소들까지 짚어낸 점에 있다. 예를 들어, 피그말리온과 갈라테아의 신화, 카드모스와 기계 하인의 얘기, 인도의 로카판나티 신화, 아쇼카 황제와 알렉산더 대왕, 비슈와카르마^{vishwakarma}, 연금술, 마그누스와 아퀴나스 그리고 R. 베이컨, 심지어 애드거 앨런 포^{Edgar Allan Poe}의 환상 문학 작품까지, 기존의 AI 논의에서 잘 다루지 않는 주제들도 AI와 연결해 색다른 시각으로 조명했다.

이렇듯 독자는 책을 읽는 내내 새로운 얘기와 해석을 마주하며, AI와 로봇에 관한 인류의 오래된 상상력과 오늘날의 기술 변화가 어떻게 만나는지 직접 체험할 수 있다. 페드로의 깊이 있는 시선과 다양한 접근 덕분에, 독자 역시 AI와 인간의 관계를 더욱 폭넓게 바라보는 계기가 될 수 있을 것이다.

사실, 페드로 우리아-레시오의 사회적 명성은 대단하다. 그는 현재도 다국적 기업에 실질적인 영향력을 행사하며, AI와 디지털 혁신 분야에서 세계적 리더로 인정받고 있다. 그는 동남아시아에서 다섯 번째로 손꼽히는 은행의 데이터 및 AI 최고 책임자로 활약하며, 비즈니스 목표와 첨단 AI 기술을 연결하는 대규모 혁신을 이끌었다. 또한 트루 코퍼레이션^{True Corporation}과 악시아타 그룹^{Axiata Group} 등 아시아를 대표하는 기업들에서도 뛰어난 리더십을 발휘했다. 글로벌 시장에서도 광고, 신용 평가, 디지털 성장 등 다양한 영역에서 AI 혁신을 주도해 주목받았다.

그뿐만 아니라, 그는 맥킨지 앤 컴퍼니^{McKinsey & Company}의 전직 컨설턴트로서 전략적 비전과 깊이 있는 기술 전문성, 그리고 고성능 AI 및 디지털 팀 구축에 큰 열정을 쏟아왔다. 태국 출라롱콘대학교의 객원 강사, 포브스 테크놀로지 위원회 위원 등 다양한 역할도 맡았다. TEDx 연사로 두 차례 초청받았으며, 2020년에는 데이터 및 분석 분야 세계 100대 혁신가로 선정되고, 2019년에는 클라우데라 산업혁신상을 받는 등 다양한 성과도 이뤘다.

이번에 우리말로 번역되는 『AI와 인간의 인터레이싱』은 지난해 출간 이후 세계 5개 언어로 번역돼 미국, 캐나다, 프랑스, 독일 등지에서 아마존 베스트셀러로 선정되는 등 큰 호응을 얻었다. 시카고대학교 부스 경영대학원에서 MBA를 취득한 이후, 그는 다양한 국제 행사에서 인기 있는 기조연설자로도 활약해 왔다. 그는 혁신과 구체적인 성과를 바라는 이들에게 AI와 비즈니스 전략을 연결하는 통찰력을 아낌없이 나누며 지금도 열정적으로 활동하고 있다.

페드로의 『AI와 인간의 인터레이싱』은 'AI란 무엇인가', 그리고 'AI와 인간의 욕망이 어떻게 연결되는가'에 초점을 맞췄다. 그 외에도, AI 기술의 개발과 활용이 확장되면서 발생하는 각종 규제와 법적 문제도 빠짐없이 다뤘다.

생성형 AI 시대가 우리를 어떤 방향으로 이끌지, 그리고 AI가 만들어내는 결과물들이 우리의 시야와 안목을 어떻게 넓혀줄 수 있을지 궁금한 독자라면 이 책이 훌륭한 길잡이가 될 것이다. 과학자·엔지니어·미래학자의 상상력이 책 전반에 녹아 있어, 기술을 통해 인간의 역량을 향상시키고 싶은 이들에게도 많은 영감을 줄 것이다. 나아가 오늘날 생체공학을 기반으로 한 보철, 인간과 기계의 인터페이스 형성 과정 등도 함께 소개돼 있어, AI의 실제적 돌파구가 될 수 있음은 물론, 21세기 사이보그 문화에 관심 있는 독자에게도 선물 같은 책이 될 것이다.

왜 이렇게 AI가 자주 언급되는 걸까? 오늘날 가장 뜨겁고 새로운 주제로 떠오른 AI는 디지털 기술 발전의 핵심이자 상징이기 때문이다. AI는 경험학습, 문제 해결, 자연어 이해처럼 원래는 인간만이 할 수 있었던 복잡한 일을 해내는 컴퓨터 시스템으로, 지금은 전 세계를 넘나드는 '지구촌 대전환'의 키워드가 됐다.

최근 가장 첨예하게 논의되는 기술로는 범용인공지능(AGI, Artificial General Intelligence)과 초지능(Superintelligence)이 있다. AGI는 인간 수준의 지능을 갖추고 사람처럼 다양한 작업을 이해하고 학습할 수 있는 AI이며, 초지능은 모든 영역에서 인간 지능을 뛰어넘는 고도화된 AI를 일컫는다. 이 두 가지 AI가 완성될 경우, 인간 정체성 그 자체에 엄청난 변화를 가져올 수 있다. 그렇다면 그런 시대가 오면 우리의 삶은 어떻게 바뀔까? 그때에도 인간은 AI를 주체적 행위자로 신뢰할 수 있을까?

이런 획기적인 AI가 실제로 언제 현실화될지는 아직 단정할 수 없다. 이것은 전문가들이 그 시기를 몰라서 말을 아끼는 것은 아니다. 현재 진행 중인 AI의 발전 속도를 감안하면, AI 전문가들이 그 도래를 예측하지 못한다는 것은 오히려 설득력이 떨어진다.

점점 더 쌓이는 방대한 빅데이터, 그리고 끊임없이 발전하는 요소 기술들이 융합되는 지금, 데이터의 체계적 처리와 각종 기술의 통합이라는 복합 문제가 아직 완전히 파악되지 않았기에 "지금은 말하기 어렵다"라는 입장일 수 있다. 혹은, 이미 개발된 기술이지만 '그들만의 영업비밀'로 인해 발표 시기만 잠시 미뤄지고 있는 것은 아닌지 의문이 들기도 한다.

하지만 최첨단 생성형 AI가 실제로 개발된다면, 그 위력을 논하기 위해 먼저 연구자들 자신이 그 내용을 잘 알고 있어야 할 것이다. AI 연구 개발자들이 정말로 이런 핵심 정보를 모르고 있다는 것이 과연 가능한 일일까?

생성형 AI에 대한 사회적 기대는 매우 크다. 많은 사람이 가장 큰 혜택으로, 인간의 힘만으로는 해결하기 어려운 난제들을 AI가 풀어줄 것을 꼽는다. 그러나 동전의 양면처럼 이러한 기대의 이면에는 강한 우려도 자리 잡고 있다.

대표적인 우려 두 가지는 다음과 같다. 첫째, AI 알고리듬이 일방적인 사고방식으로 인간에게 기계적으로 명령을 내리면서도, 정작 스스로를 통제하지 못하는 사태가 발생할 때 책임 소재가 모호해진다는 점이다. 둘째, 좀 더 본질적으로, AI가 인간을 흉내 내거나 거짓된 행동을 통해 우리를 속일 때, 우리가 무엇을 기준 삼아 적절한 대응책을 마련할 수 있을지 고민해야 한다는 점이다.

AI가 단순히 경험적 패턴만 읽어 독립적으로 결정하고, 소수 세력의 이익 추구만을 위해 사용된다면, 우리는 기대의 소멸로 끝나지 않고, 충격과 공포, 두려움을 직접 마주하게 될 수 있다. 이 과정은 결과만 강조되고, 과정은 생략된 기술 독점주의와 기술 봉건주의의 결합 신호일지도 모른다. 첨단 디지털 시대에 각주구검刻舟求劍의 어리석음을 되풀이해서는 안 된다. 중국 초나라 사람처럼 배에서 칼을 빠뜨리고는 물속이 아닌 뱃전에 표시를 해놓는 어리석음을 우리는 경계해야 한다.

생성형 AI를 냉철하게 바라보기 위해 우리에게 필요한 가장 시급한 일은, AI가 주체적인 행위자가 되지 않도록 규제하고, AI와 인간 사이의 신뢰를 쌓는 것이다. 이와 관련해 철학자 프리드리히 니체Friedrich Nietzsche가 『차라투스트라는 이렇게 말했다Also sprach Zarathustra』(책세상, 2015)에서 언급한 "초인Übermensch" 개념을 떠올릴 수 있다. 니체가 그리는 초인은 기존의 규칙이나 감정을 넘어, 창조적 파괴자로서 자기 자신을 새롭게 정의하는 존재다. 차라투스트라는 긴 수행 끝에 세속으로 내려오지만, 단순한 복귀가 아닌, 자기 몰락과 동시에 자기 재창조의 길을 택한다. 니체는 이를 존재의 자기 파괴적 행위를 통한 재창조로 해석했다.

이런 비유에서 본다면, 디지털 기술의 상징으로 떠오른 AI의 등장은 스스로의 몰락을 뜻하는 것일까, 아니면 창조적 파괴와 새로운 질서의 시작을 뜻하는 것일까? 분명한 것은, 이 창조적 파괴가 모두가 두려워하는 포스트-아포칼립스Post-apocalypse(멸망 이후의 세상)만을 의미하는 것은 아니라는 점이다.

역사적으로 기술 철학이 이처럼 큰 사회적 이슈가 된 적은 드물었다. 철학의 시작점은 플라톤이나 아리스토텔레스 시대로 거슬러 올라가지만, 본격적인 논의는 19세기 산업혁명 후반에 활성화됐고, 학문으로 체계화되고 전문화된 것은 20세기 중반 이후의 일이다. 그럼에도 불구하고, 신기술이 등장할 때마다 사람들은 늘 큰 관심과 열광을 보여 왔다. 이런 변화는 서서히 진행되는 듯 보였지만, 결국엔 우리의 삶을 근본적으로 바꿔놓았다.

하지만 지금 전 세계를 휩쓴 AI 열풍은 이전과는 차원이 다르다. 앞서 말했듯, AI 기술은 '빛의 속도'로 발전하고 있으며, 긍정적 효과와 함께 충격과 공포도 동반하고 있다. 심지어 2년 전 코로나 팬데믹이 만들어낸 패닉보다 더 빠른 속도로 확산 중이지만, 이를 멈출 백신은 없다.

나라마다 AI 기술 수준도 제각각이라, 기술 격차와 정보 불평등 문제가 새로운 사회적 이슈로 떠올랐다. 정보 격차로 인한 양극화, 거대 기업의 독점 문제도 화두로 떠올랐다. 이런 상황에서 우리는 AI와 어떻게 공존하고, 어떤 대처 방법을 택해야 할지 고민해야 한다.

　AI와 우리가 신뢰를 어떻게 구축하느냐에 따라 AI 기술의 얼굴이 달라진다. 여기서 중요한 전제는, 사람을 연령·성별·신분·빈부로 차별하지 않는 균형 잡힌 시각과, 인간에 대한 존중과 예의를 바탕으로 해야 신뢰가 가능하다는 점이다.
　어떤 '문'을 여느냐에 따라 우리가 만나는 세계도 달라진다. 그리고 미야자키 하야오 감독의 〈하울의 움직이는 성〉처럼, 우리는 불확실성을 가진 새로운 문 앞에 섰다.

　시인 신경림은 생전에 여러 편의 뛰어난 시집을 남겼다. 그중에서도 말년에 발표한 『가난한 사랑노래』(실천문학사, 2013)는 사람의 깊은 내면을 섬세하게 들여다본 작품집이다. 겉으로 보면 가난한 사람을 대변하는 듯하지만, 시인이 진정으로 의도한 바는 거기에 머물지 않는다. 신경림의 시에는 인간을 함부로 구분하는 것을 경계하는 태도, 그리고 겉모습이나 환경이 아닌 각자가 가진 근원적인 삶의 가치를 중시하는 시심이 고스란히 담겨 있다.
　그는 삶의 어두움이나 남루함을 억지로 드러내지 않았지만, 그 시를 읽은 이라면 자연스레 가슴이 뭉클해짐을 느낄 수밖에 없다. 아무리 가난해도 외롭지 않은 사람은 거의 없고, 그 두려움에서 벗어나기란 쉽지 않다. 그렇다고 해서 그리움을 모르는 것은 또 아니라는 사실을 그의 시는 일깨워준다.
　나는 신경림 시인을 생전에 몇 차례 만난 적이 있다. 그때마다 느낀 것은, 다른 사람의 삶을 성급하게 평가하거나 마음대로 재단하는 것이 곧 폭력이라는, 깊은 성찰의 세계관이 시인의 창작 저변에 흐르고 있음을 알게 됐다는 점이다. 그리고 궁핍하게 살아가는 사람의 삶이라 할지라도, 아무도 함부로 관여할 수 없는, 대체할 수 없는 귀한 가치—그 존재 자체의 존엄도 아주 소중하게 여겼다.

비록 짧은 만남이었지만, 신경림 시인의 시는 우리가 흔히 아는 상식의 어두운 그늘에 숨어 있는 존재의 삶, 그 진짜 소리에 귀 기울이고 눈을 감지 말라는 경계와 깨달음을 안겨 주는 죽비 같은 울림이었다.

사람과 사람 사이의 깊고 복잡한 관계를 생각하면, 인간의 삶을 기계에 내맡긴다는 것은 쉽게 납득하기 어렵다. 누구나 각자 살아온 경험에서 얻은 마음의 깊이도 제각각이고, 이를 제대로 재는 기준도 찾기 힘들기 때문이다. 더욱이 인간은 때로는 죽음이 확실한 상황에서도 타인을 위해 자신의 목숨까지 희생한다. 이런 고귀한 자유 의지와 실천력을 과연 기계가 대신할 수 있을까?

우리는 수많은 정보를 받아들이면서도, 그 정보의 출처조차 완전히 알 수 없는 데이터를 기계에 주입해 머신러닝과 딥러닝으로 만든 인공지능에 인간의 복합적이고 이해하기 어려운 삶을 맡겨도 괜찮은 것인지 고민하게 된다. 우리는 기계를 얼마나 신뢰할 수 있을까? AI조차 스스로 자기가 한 판단의 이유를 설명하지 못한다면, 우리가 그 조언을 어디까지 믿을 수 있고, AI가 내린 독립적 결정에 어떤 근거로 동의해야 하는지 의문이 든다.

이와 관련된 대표적인 사례가 있다. 바로 알파고와 이세돌의 대결이다. 2019년 서울에서 열린 구글 딥마인드 챌린지 매치Google DeepMind Challenge Match에서 알파고와 이세돌 9단이 맞붙었고, 4:1로 알파고가 승리했다. 여기서 이세돌이 한 차례 거둔 승리는 인류가 기계와의 공식 대결에서 얻은 유일한 승리이기도 했다. 대부분은 인간이 AI에 패배했다는 사실만을 주목했지만, 중요한 점은 알파고의 실체—즉, 어떻게 이겼고, 어떤 전략을 사용했는지—조차 명확히 밝혀지지 않았다는 데 있다. 구글 연구자들조차 알파고의 '승리의 비밀'을 설명하지 못했고, 알파고 자신도 왜 이겼는지 알지 못한다. 그럼에도 불구하고 우리는 'AI가 인간을 압도했다'라는 결과만 기억하고 있다.

이처럼 AI의 판단 과정과 전략이 불투명한 상황에서, 인간이 얼마나 그리고 어떤 근거로 AI를 신뢰할 수 있을지는 계속해서 고민해야 할 문제이다.

AGI와 초지능까지 논의되는 지금, 우리는 AI 알파고가 승리한 알고리듬의 실체를 반드시 파악해야 한다. 그래야만 비非인간인 AI가 인간을 대신해 다양한 분야에서 활약하는 상황에서, 우리 역시 주체적으로 AI를 이해하고 통제할 수 있기 때문이다.

물론 인간 이세돌의 전략도 특별했다. 내리 세 판을 패한 후 맞이한 네 번째 대국에서, 완전히 비상식적인 78수를 뒀으니까. 그 수는 기존 기보 데이터로만 학습한 알파고에는 쉽게 이해할 수 없는 움직임이었기에, 알파고에 그 78수는 명백한 실수처럼 보였다. 이 순간부터 알파고는 혼란에 빠졌고, 승률 또한 급격히 낮아졌다. 예상치 못한 수들이 연이어 나오면서, 결국 이 판에서 인간 이세돌이 승리를 거머쥐었다.

이 1승은 우연이나 운이 아니라, 반드시 져야 하는 상황에서 이세돌이 '사즉생死卽生'의 각오로 둔 전략적 한 수 덕분이었다. 일부러 내줄 수를 두고, 상대의 혼란을 유도하는 2보 전진을 위한 1보 후퇴의 전술이다. 즉, 무작정 승률만 높이려는 기계의 방식과 달리, 패배 속에서 승리의 실마리를 찾는 인간만의 역발상인 것이다. 결국, 이세돌의 78수는 인간이기 때문에 선택할 수 있었던 승부수였다.

이러한 인간과 알파고의 바둑 대결은 엄격하게 제한된 규칙 속에서 이뤄졌다. 만약 이와 같은 AI의 능력이 우리 삶 전반으로 확장된다면 무엇이 달라질까? 표면적으로는 보이지 않아도, 보이지 않는 곳에서 인간의 욕망과 의지가 AI에 의해 임의대로 해석되고 결정된다면, 그리고 인간이 통제할 수 없는 AI의 영향력이 사회 곳곳에 무분별하게 확산된다면, 우리는 어떤 세계에 살게 될까? 삶과 죽음, 현재와 미래, 아직 오지 않은 내일조차 인간의 통제를 벗어난 채, 편향된 알고리듬의 힘 아래 놓인 현실이 도래한다면 그 세계의 진짜 주인은 누구인가? 그리고 이러한 영향력을 AI에게 부여하도록 허락한 실체는 도대체 무엇인가?

올더스 헉슬리Aldous Huxley는 SF소설 『멋진 신세계Brave New World』(1932)를 통해 이런 미래 사회의 어두운 단면을 비판했다. 소설 속 신세계는 소수의 권력자가 첨단 과학기술로 사회 전체를 지배하고, 인간의 탄생부터 죽음, 심지어 감정과 생각까지 통제하는 문명사회다. 이런 체제는 소수 엘리트에게는 유토피아처럼 보일지 몰라도, 대다수에게는 인간성조차 잃어버린 디스토피아일 뿐이다.

이 세계는 인간을 출생부터 배양해 등급과 계층으로 철저히 분리하고, 기계 소리에 익숙해진 후 노동에 종사하다가, 피로한 몸과 마음은 알약 몇 알로 달래며 하루를 버텨내야 하는, 극도로 조작된 세계다. 헉슬리는 이러한 비인간적 세계를 예리한 상상력과 통찰로 꼬집으며, 과학기술을 맹신한 미래 문명을 신랄하게 비판했다. 이 소설은 1980년에 버트 브린커호프Burt Brinckerhoff 감독의 영화로도 제작됐다.

AI의 급격한 등장은 이제 인간의 자유와 신뢰의 문제를 단순한 과학기술의 영역을 넘어 사회 전체의 문제로 확대시키고 있다. 인간의 정체성, 사람 사이의 관계, 사회와 국가, 국제적 신뢰, 법·도덕·윤리·심리적 기준까지 모든 차원에서 우리는 근본적인 재검토와 새로운 논의를 요구받고 있다. AI가 만드는 미래의 심각성을, 이제는 더 많은 이들이 깊이 성찰하고 있다.

지난 역사를 돌아보면, 기술 변화는 언제나 인간의 현재를 앞질러 왔다. 우리는 그 변화에 맞춰 그때그때 주어진 신기술을 변형하거나 재조정하며 적응해 왔다. 새로운 기술이 등장할 때마다 사람들은 늘 호기심과 기대, 설렘으로 맞이했다.

비록 신기술은 낯설었지만, 그만큼 흥미로웠고, 불안정한 시대를 미리 예감하는 힘을 주기도 했다. 어떤 이에게는 새로운 평온함을 찾아가는 매혹적인 길이었고, 개인적 성공을 이루지 못한 이들에게는 비극 속의 희망이 되기도 했다.

신기술을 접하며 우리는 무엇이 잘못됐는지, 어떻게 고치고 다시 일어설 수 있는지를 몸소 체험하게 됐다. 이것은 누군가에게는 늦게나마 찾아온 성공의 계기이기도 했다.

완벽을 추구하다가 뜻대로 되지 않은 이들 역시, 그 경험을 통해 쉽게 낙관하지 않는 의지를 갖게 됐다. 특히 오랜 연구 끝에도 원하는 결과를 얻지 못해 좌절을 맛본 연구자들에게는, 실험 정신과 끈기의 의미를 다시 일깨우는 계기가 됐다.

신기술은 결국 결과보다 과정의 중요성을 알려줬고, 무엇보다 '사람의 희망'만한 가치는 없다는 사실을 다시 한번 자각하게 했다.

2차 세계대전의 폐허를 직접 목격한 어니스트 헤밍웨이는 『노인과 바다 The Old Man and the Sea』(1952)를 세상에 남겼다. 이 작품은 전쟁으로 인해 삶과 용기, 그리고 정신을 잃어버린 세대에게 보내는 희망의 메시지이자, '패배할 수는 있어도 결코 굴복해서는 안 된다!'라는 용기와 삶의 태도를 일깨워 주는 얘기였다.

이 책에서 산티아고 노인은 오랜만에 사자 꿈을 꾼 뒤, 배를 타고 먼 바다로 나간다. 그는 어렵게 큰 고기를 낚았으나, 돌아오는 길에 상어 떼와 맞서 싸우다 결국 고기 대부분을 잃게 된다. 그가 밤새 상어와 사투를 벌인 끝에 남은 것은 앙상한 고기 뼈와 지친 몸뿐이었다. 큰 고기를 잡았다는 소문에 사람들이 모여들었지만, 누구도 그의 말을 쉽게 믿지 않았다.

하지만 노인을 늘 따라다니며 야구 얘기를 듣던 소년만은 달랐다. 뱃전에 남은 커다란 고기 뼈를 본 소년은 노인의 말이 진짜임을 알아챘고, 노인에게 다음날 무엇을 할 거냐고 물었다. 노인은 마치 아무렇지 않은 듯 이렇게 응답했다. "뭘 어떡하겠니, 다시 바다로 나가야지."

그리고 노인은 조용히, 그러나 단단하게 한마디를 덧붙였다.

"인간은 패배하도록 만들어지지 않았다. 인간은 파괴될 수는 있어도 패배하지는 않는다."

하늘 아래 바다만큼 넓은 공간은 없고, 인간 가운데 노인은 가장 많은 경험을 쌓은 존재다. 그러나 아무리 많은 경험을 가졌더라도, 드넓은 바다 앞에 서면 그 노인조차 한없이 작아질 수밖에 없다. 그런데도 헤밍웨이는 이 상황을 다르게 바라봤다. 물리적으로 압도적인 자연과 인생의 원숙함이 맞부딪힐 때, 겉으로 드러나는 승패는 누구의 눈에도 뻔해 보이지만, 헤밍웨이는 작고 약한 인간에게도 거대한 바다가 결코 가질 수 없는 가치가 있다고 봤다.

패배하더라도 '다시' 도전하는 용기, 바로 이것이 그가 본 인간의 진짜 힘이었다. 그래서 헤밍웨이는 오늘날까지도 나약해 보이는 인간 속에서 숨겨진 위대함을 발견해 낸 작가로 평가받고 있다.

　패배하더라도 결코 굴복하지 않는 도전 정신은 기술 개발에서도 매우 중요한 가르침이다. 기술마다 인간의 새로운 생각과 시도가 끊임없이 투영되고 있기 때문이다. 그런데 최근 디지털 사회에 들어서면서 전혀 예상치 못한 현상이 나타났다. 기술 변화의 속도는 '빛의 속도'에 견줄 만큼 빠르지만, 그 미래의 향방을 예측하기 어려워진 것이다. 이에 우리는 놀라움, 충격, 낯섦 등 복합적인 감정으로 반응하고 있다. 그럼에도 변화의 여파는 이미 우리 삶 깊숙이 파고들고 있다.

　디지털 문해력의 수준 차이에 따라 새로운 사회적 계층이 나타날 조짐도 보인다. 디지털 변화에 뒤처진 사람들은 곁에 있어도 존재감이 없는 '잉여 인간'이 될 수 있으며, 더 나아가 불안정한 정신 상태로 인해 인간 대신 법적 판결을 AI에게 맡기자고 할 수 있다.

　하지만 우리는 생각해 봐야 한다. AI가 겉으로 드러난 정보만 모아 오류 여부만 따져내는 판단이 과연 합리적일까? 아니면, 비록 오류가 있을지라도 보이지 않는 상황의 맥락까지 헤아릴 수 있는 인간의 판결이 더 합리적일까?

　예를 들어 설명해 보자. '자식이 부모의 신체에 손상을 입히면 엄중하게 처벌한다'라는 법조문이 있다고 하자. AI는 이 조문을 순식간에 기계적으로 학습했다. 어느 날, 아버지와 아들이 산을 오르던 중 뱀이 아버지의 팔을 물었다. 그러자 아들은 들고 있던 낫으로 아버지의 팔을 잘랐다. 그 뒤 AI는 법조문에 따라 아들에게 엄한 벌을 내렸다. 하지만 법관의 판결은 달랐다. 아버지의 팔을 자른 아들에게 무죄를 선고한 것이다.

　이유는 무엇일까? 아들은 독이 퍼진 팔을 잘라 아버지의 생명을 살리는 것이 더 중요하다고 판단했기 때문이다. 법관이 법조문을 무시한 것일까? 아니면 AI가 조문을 잘못 적용한 것일까? 이런 결과를 봤을 때, AI를 인간의 도구로 삼아야 할까, 아니면 인간을 대신하는 또 다른 존재로 봐야 할까? 그 결정은 결국 우리 인간의 몫이다.

뱀에게 물린 아버지를 살리려 낫으로 팔을 자른 아들의 '진짜' 마음을, AI도 법관도 완전히 알 수는 없을지 모른다. 그런데 이런 비극적 상황 속에 깃든 희망까지 AI가 제대로 헤아릴 수 있을까? AI가 내세우는 '합리성'이란 것은 과연 무엇일까?

놀랍게도 오늘날의 AI는 과거처럼 사람이 일일이 프로그래밍해 규칙과 지식을 입력하는 방식에서 크게 진화했다. 이제는 기계가 스스로 데이터를 학습해 지식을 습득하는 단계에 도달했으며, 최근에는 머신러닝, 딥러닝, 생성형 AI, 파운데이션 모델 등 더욱 발전한 기술들이 등장하면서, 과거 인간이 도저히 해결하지 못했던 복잡한 문제를 AI가 손쉽게 풀어내고, 사람이 힘들게 처리하던 다양한 업무도 대신하고 있다.

이런 모습만 봐도 가히 경이로운 AI이지만, 그렇다고 해서 인간 지능과 AI가 공존하는 세상은 정말 유토피아가 될까, 아니면 디스토피아가 될까? 그것은 아무도 모른다. 혹시 AI로 인해 인간이 자신의 운명을 스스로 선택하지 못하는 시대가 온다면 어떨까. 조금 비꼬아 말하자면, 이는 우리가 모르는 사이에, 어쩌면 우리가 지켜보고 있는 바로 그 순간에도 우리 운명이 '도둑맞고' 있는 시대일 수 있다.

더 놀라운 점은, 이 '도둑질'이 숨어서 이뤄지는 것이 아니라 AI의 알고리듬을 통해 우리가 보는 앞에서 대담하게 벌어진다는 사실이다.

문제의 심각성은 여기서 그치지 않는다. 이렇게 수집된 개인의 데이터와 삶의 흔적들이 거대한 자본과 권력의 형태로 변모해, 다시 우리에게 영향을 끼치기 때문이다. 실재했던 무언가가 수치와 데이터로 변환돼 잠시 탈脫자본화된 뒤, 다시 상품과 서비스, 시장의 논리로 돌아와 기존 경제 질서와 경계마저 흐트러뜨리게 되는 것, 이처럼 AI는 보이면서도 보이지 않는, 새로운 차원의 권력 구조를 만들어 내며 우리 사회에 큰 변화를 촉발하고 있다.

그런데 이런 어처구니없는 일이 더 곤혹스러운 이유가 있다. 바로 여기에 '동조자'가 있다는 점이다. 놀랍게도, 그 동조자는 우리 자신이다. 어떻게 우리가 AI가 우리의 운명을 빼앗는 데 동조자가 될 수 있단 말인가? 게다가 우리 눈앞에서 우리의 권리와 일자리가 사라지고 있는데, 그 책임이 우리에게 있다고 할 수 있을까?

하지만 우리는 누구나 한 번쯤 경험해 봤을 것이다. '좋아요' 한 번, 클릭 몇 번으로 우리의 선호를 표하면, 우리의 정보와 선택이 이미 AI 시스템에 모두 넘어가 버린다는 것을. 이런 방식에 과연 우리는 진심으로 동의한 것일까? 스스로에게 물어봐야 한다. 생각해 보면 사실 우리는 충분한 설명도 듣지 못하고, 진정한 합의도 없이 그저 손쉽게 클릭을 반복하는 동조자의 역할을 하고 있다.

이처럼 필연적인 변화는 우연한 클릭, 무심한 선택을 통해 어느새 우리 삶에 깊이 스며든다. 그래서 한편에서는 생성형 AI가 인류의 진보로 이어질 것이라는 낙관론이, 다른 한편에서는 인간의 창작물을 무단으로 가져가 직업 자체를 위협하는 기술이 될 것이라는 우려로 나오는 것이다.

말이 나온 김에 조금 더 얘기해 보자. 앞서 언급했듯, 이 교묘한 '빼앗기'의 주범은 바로 테크놀로지라는 유령, 더 구체적으로는 오늘날 가장 강력한 힘을 가진 AI '알고리듬Algorithm'이다.

알고리듬이 내놓는 결과는 그 과정이 어떻게 이뤄졌는지 전혀 알 수 없다. '입구'와 '출구'는 있지만, 그 안의 과정을 알 길이 없는 것이다. 아무리 답을 요구해도, 돌아오는 해명은 없다.

이처럼 전례 없이 깊숙이 우리 삶에 개입하는 기술적 장치들은 함께 발전하는 듯 보이지만, 정작 인간과 기술의 친밀함을 점점 약화시킨다.

왜 이런 '과정을 알 수 없는' 알고리듬의 결과가 우리를 곤란하게 만들까? 결과가 예측을 벗어나면 우리의 정서적 균형이 무너지고 감수성까지 혼란해질 수밖에 없다.

우리 삶에는 우리 스스로 동의하지도 않은 외부의 개입 경로가 여러 가지로 존재한다. 그런데 알고리듬이 그 다양한 가능성을 자의적으로 막아버릴 때, 인간의 능동성, 주체적 판단과 미래에 대한 비전까지 차단당하게 된다.

결국, 알고리듬을 통한 AI-인간의 '인터레이싱'에서 우리는 본질적으로 '인간을 이루는 최소 단위가 무엇인가'라는 근본적인 질문에 다시 맞부딪히게 되는 것이다.

도대체 인간 지능과 AI 사이에는 어떤 관계가 있을까? 2016년 세상을 떠난 AI의 선구자 마빈 민스키Marvin Minsky는 이 두 영역의 관계에 날카롭게 주목했다. 그의 저서 『마음의 사회The Society of Mind』(1985)에서는 인간의 마음과 지능이 어떻게 단순한 하위 요소들로부터 출발해 발전하는지 설명했다.

그에 따르면, 인간의 마음과 지능은 하나의 커다란 덩어리가 아니라, 무수히 많은 '비밀스러운' 역할을 하는 작은 단위들로 구성돼 있다. 이 작은 단위들이 서로 복잡하게 상호작용을 하며, 그 결과로 고도의 지능적 행위와 사고, 학습, 기억, 감정 등이 탄생한다는 것이다.

이 관점에 따르면 인간의 마음과 지능은 작은 요소들의 상호작용에서 비롯된 고차원적 시스템이고, 거칠게 말하면 인간 자체가 하나의 '생각하는 기계'일지도 모른다. 실제로 민스키는 이런 인식에 기반해 인간과 유사하게 사고할 수 있는 기계, 즉 인공지능의 등장을 내다봤다. 세상의 모든 기계도 실제로 많은 하위 부품이 모여 조립된 결과물이다. 만약 복잡하게 설계된 기계의 부품들이 인간의 구성 요소처럼 정교하게 결합되고, 그들끼리 신비로운 방식으로 상호작용을 한다면, 인간의 지능을 닮은 기계적 지능 또한 충분히 등장할 수 있지 않을까?

알고리듬이라는 불쾌한 규칙은 패배를 두려워하지 않는다. 설령 실패하더라도, 그 과정에서 아무런 고통이나 반성, 성찰조차 없다. 그렇게 정교하고 치밀한 이론 아래 머신러닝으로 탄생한 알고리듬들은 이미 우리 일상 곳곳에 스며들어 있다. 우리가 한 일이라고는 단순히 '좋아요!'를 몇 번 누르거나, 호감과 비호감을 클릭한 것이 전부인데도.

하지만 그 순간, 우리는 어느새 알고리듬의 동조자로 바뀌고 만다. 그리고 그 결과는 생각보다 훨씬 광범위하게 우리 삶에 영향을 미친다. 광고 하나를 클릭했다는 이유로, 비슷한 광고가 쏟아지고, 원치 않던 정보들까지 집요하게 우리를 에워싼다.

우리는 "나는 생각한다. 고로 존재한다"라는 르네 데카르트[René Descartes]의 철학을 가져온 존재였으나, 이제는 "나는 소비한다. 고로 존재한다"라는 장 보드리야르[Jean Baudrillard]의 말처럼 소비 주체로 전락한다. 나중에 이것이 실수였는지 따지고 싶어도, 복잡하게 얽힌 알고리듬 과정에서 증명하기란 쉽지 않다.

이렇게 우리는 무심코 누른 몇 번의 클릭, 즉 '무관심'이 결국 프라이버시 침해라는 결과로 이어진다는 사실을 실감한다. 다시 강조하지만, 이런 상황은 결코 우리의 '진정한 동의'가 전제되지 않은 상태에서 벌어진 일이다. 게다가 이런 알고리듬은 사용할 때 매우 익숙하고 편리했지만, 그 안에 오류가 생기는 순간 우리 존재까지 무참히 폐기해 버린다는 점에서, 알고리듬의 역설은 우리 삶의 불확실성을 늘 안고 있게 한다.

우리는 지금 디지털 기술의 급속한 변화 앞에서 적응과 극복이라는 이중 과제를 안고 있다. 이런 거대한 변화 속에서 우리 인류는 "어떤 미래를 만들 것인가?", "그 미래가 진정 우리가 바라온 미래인가?"라는 근본적인 질문에 직면한다. AI를 필두로 한 디지털 시대를 살아가는 오늘날에는, 무엇보다 비판적 시선과 깊이 있는 성찰이 절실해졌다.

AI의 발전은 인간 개체성, 즉 '나는 누구인가'라는 존재의 정의까지 다시 묻게 만든다. 인간처럼 생각하고, 인간을 뛰어넘는 지능을 갖춘 AI를 과연 하나의 인격체로 인정할 수 있을까? 단순히 디지털 코드만으로 이뤄진 AI라도, 로봇 기술과 결합해 물리적 실체를 갖게 되면 점점 인간과 비슷한 인격체로 보일 수 있다.

이러한 문제의식은 이미 다양한 SF영화 속에서 반복적으로 그려져 왔다. 예를 들어, 영화 〈아이, 로봇I, Robot〉의 로봇 써니는 인간처럼 감정을 느끼고, 꿈까지 꾸는 존재로 등장한다. 영화 〈바이센테니얼 맨Bicentennial Man〉에서는 로빈 윌리엄스가 연기한 안드로이드 로봇이 마지막엔 인간과 같이 사랑을 느끼고, 자신도 인간처럼 살기 위해 스스로 영원성을 포기하는 과정을 보여준다.

더 나아가 합성생물학과 AI가 결합될 경우, 우리는 더욱 복잡한 질문에 부딪힌다. 복제 기술로 태어난 인간, 즉 복제인간은 하나의 상품에 불과한가, 아니면 고유한 인격을 지닌 인간인가? 마이클 베이Michael Bay 감독의 영화 〈아일랜드The Island〉는 이런 딜레마를 드러낸다. 부유층이 자신의 유전자와 동일한 복제인간을 만들어 그 장기로 불치병을 치료하는 이 영화는, 기술과 생명윤리의 경계에서 '사육되는 인간'이라는 극단적 메시지를 던진다.

결국 이 모든 문제는, AI와 인간, 그리고 첨단 생명공학까지 아우르는 기술적 진화가 우리에게 단순한 편리와 효율 이상의 철학적 질문을 던진다는 것을 일깨워준다. 우리는 보이는 것뿐 아니라, 그 이면에 숨어 있는 인간 존엄성, 인격, 그리고 삶의 의미까지 다시 생각할 수밖에 없게 됐다.

페드로가 이 책에서 주목하는 분야들은 모두 깊은 통찰을 요구한다. 그는 초지능의 등장, 합성생물학, 글로벌 경쟁(특히 미국과 중국 간의 AI 주도 경쟁), 미래의 전쟁 양상, 그리고 AI가 개인과 일상생활에 미치는 영향에 이르기까지 다양한 이슈를 치밀하게 짚는다.

이 책은 다음과 같은 본질적이고 중요한 질문을 던진다. AI가 고용, 교육, 그리고 세계 지정학을 어떻게 변화시킬 것인가? 사이보그와 합성생물학의 발전으로 인간과 AI가 뒤섞인 새로운 존재가 생길 때 우리는 어떤 윤리적 딜레마에 마주하게 될까? 또, 인간은 초지능이 가져올 유토피아 또는 디스토피아적 결과에 대비할 수 있을까? 인간과 사이보그가 진정 공존하는 사회가 온다면, 그 변화는 인류의 진화에 어떤 전환점을 남길까? 마지막으로, AI는 인류의 멸종을 불러올 것인가, 아니면 우리의 발전을 새로운 차원으로 이끌 것인가?

오늘날 AI는 더 이상 피할 수 없는 현실이 됐다. 이런 시점에서 AI와 데이터 분석 분야 세계 100대 혁신가 중 한 명인 페드로는, 혁신과 번영을 함께 모색할 수 있는 새로운 시각과 실질적인 해답을 6가지 핵심 주제로 정리해 제시한다.

첫째는 인간과 AI의 '인터레이싱Interlacing'이다. 여기서 인터레이싱이란, 인간이라는 한 줄기와 AI라는 또 다른 한 줄기가 섞여 들어가 새로운 관계망을 형성한다는 의미다. 이 과정은 자발성과 강제성이 동시에 작용한다. 인간과 AI는 자발적으로 선택돼 점진적으로 결합되기도 하고, 정부 정책이나 경제적 필요성에 의해 강제적으로 얽히기도 한다.

이 인터레이싱 개념을 보면, 인간과 AI 중 어느 한쪽이 특별히 우위에 서거나 주도권을 가지지는 않는다. 서로 번갈아 영향을 주고받으며, 수평적인 관계를 유지한다. AI는 인간의 새로운 '마음'이 되고, AI가 내장된 로봇은 인간의 새로운 '몸'이 되는 셈이다.

결국 탄소(인간)와 실리콘(AI)의 교차점에서 우리는 중요한 질문을 피할 수 없다. 과연 이 교차점에서 인류는 완전히 새로운 종으로 진화할 수 있을까?

둘째는 AI의 기하급수적인 발전이다. AI 개발은 안정적이거나 선형적인 속도로 이뤄지지 않는다. AI는 방대한 데이터를 바탕으로 스스로 학습하고 자율적으로 개선해 가며 끊임없이 발전한다. 이때, 앞선 단계가 다음 발전을 가속화해, 기능이 도약적으로 향상되는 현상이 나타난다.

이러한 AI 시스템의 비약적인 발전과 맞물려, 범용인공지능[AGI], 휴머노이드, 사이보그, 합성생물학, 양자 컴퓨팅, 마인드 에뮬레이션 등의 새로운 개념이 등장하고 있다. AGI는 특정한 기능에만 특화된 기존 AI

와 달리, 추론, 문제 해결, 다양한 새로운 작업에 대한 적응 등에서 인간의 지능에 필적하거나 이를 뛰어넘는 인공지능이다. 이런 AGI의 등장은 AI 발전사에서 가장 중요한 분기점이 되고 있다.

휴머노이드는 인간과 비슷하게 움직이며 인간처럼 상호작용을 하도록 설계된 로봇을 말한다. 이들은 의사소통, 신체적 민첩성, 자율성 등에서 고급 AI의 도움을 받으며 점점 더 인간과 흡사해지고 있다. 한편, 사이보그는 뇌-컴퓨터 인터페이스, 로봇 팔다리, 생체공학 임플란트 등 AI 기반의 첨단 기능이 통합된 인간을 의미한다.

이처럼 AI가 진화함에 따라 휴머노이드와 사이보그는 인간과 기계의 경계를 점차 모호하게 만들어간다. 그 과정에서 정체성, 자율성, 평등과 같은 윤리적·사회적 문제도 새롭게 제기되고 있다.

합성생물학은 AI와 생물학을 결합해 새로운 생명 시스템을 설계하거나 완전히 새로운 생물학적 존재를 만들어내는 분야다. AI 기술이 발전하면서, 합성생물학은 생명의 본질 자체를 바꾸거나 인간의 수명을 연장하는 등 근본적인 변화를 이끌 수 있게 됐다.

양자 컴퓨팅 역시 주목할 만하다. 기존 컴퓨터가 0과 1이라는 이진법binary 비트를 사용하는 데 반해, 양자 컴퓨터는 여러 상태를 동시에 가질 수 있는 큐비트qubit를 활용함으로써 정보를 혁신적인 속도로 처리하기 때문이다. 이런 기술 덕분에 AI의 개발 속도가 크게 빨라지고, 기존 컴퓨터로는 복잡한 시스템의 최적화나 강력한 암호 해독에 수천 년이 걸릴 문제도 순식간에 해결할 수 있게 될 것이다. 양자 컴퓨팅과 AI의 결합은 미래의 기술 발전 수준을 예측조차 할 수 없게 만들고 있다.

마인드 에뮬레이션 혹은 마인드 업로딩은 인간의 의식을 디지털이나 인공 기판에 옮기는 과정을 의미한다. 이 기술이 실현된다면, 우리는 디지털 불멸, 의식 복제, AI와 인간이 결합한 하이브리드 마인드가 현실이 되는 시대를 맞이할 수도 있다. 하지만 업로드된 '마음'이 과연 진짜 '우리'인가, 아니면 그저 복제된 존재에 불과한가 하는 문제, 그리고 이런 디지털 의식에 과연 권리가 있는가와 같은 심오한 철학적·윤리적 질문도 함께 제기된다.

셋째, AI 권위주의다. AI는 앞으로 권위주의적 거버넌스를 실현하는 데 핵심적인 역할을 맡을 수 있다. AI는 인구를 전례 없이 대규모로 감시하고 통제하며 조작하는 데 활용될 수 있어, 권위주의 정권의 힘을 더욱 강화시키는 데 쓰일 것이다. 이러한 힘은 중립적이거나 유익한 도구를 넘어 중앙집권적 권력을 위해 사용될 수 있으며, 그 결과 개인의 자유와 민주주의가 심각하게 제한될 수 있다. AI가 지배하는 정보 생태계에서는 사실 자체가 대규모로 조작돼 객관적 현실을 검증하는 것이 거의 불가능해진다. 권위주의 정권은 AI를 통해 내러티브를 통제하고, 역사를 재구성하며, 반대 의견을 억압함으로써 진실의 의미를 무색하게 만들 수 있고, 궁극적으로 실재하는 경험적 현실이 아닌 AI 알고리듬에 의해 인식이 형성되는 사회로 연결시킬 가능성도 있다.

AI는 기술 역량의 강화로 자유를 더욱 넓히는 방향으로 작용할 수도 있지만, 반대로 감시와 통제의 수단이 돼 오히려 자유 자체를 재정의하고 제한할 수도 있다. 권위주의적 AI 시스템에서의 자유란 더 이상 개인의 자율성이 아니라, AI가 주도하는 사회적 규범과 행동 모니터링에 따르는 '허용된 자유'에 불과하기 때문이다. 사회신용제도, 예측 치안, AI에 의한 언론 규제는 효율과 질서를 명분으로 삼아 실제로는 자유를 제한하게 만들 수 있다. 반면, AI가 올바르고 윤리적으로 관리될 경우에는 지식 접근, 노동, 자기표현의 제약을 줄여 자유를 확대할 수 있는 길도 존재한다.

더불어, AI 자동화는 그 어떤 시기보다도 광범위하게 인간의 노동을 대체함으로써, 공장 노동부터 사무직에 이르기까지 다양한 직업을 변화시키고 심지어 없애버릴 수 있다. 이런 변화는 경제구조에 큰 격변을 초래하며, 고용의 기회가 희소해지면서 경제적 격차와 권력 집중, 사회적 불안정이 심화될 수 있다. 보편적 기본소득, AI를 통한 세금 재분배, 포스트워크 사회 등 새로운 경제 모델이 마련되지 않는다면, 수백만 명이 안정적인 생계 수단을 잃게 될 가능성도 배제할 수 없다.

넷째, 과급過給된 지정학이다. AI, 특히 초지능의 진전은 앞으로 세계적 권력 투쟁을 한층 더 가속화할 것이다. AI는 국제 관계, 군사 전략, 경제 경쟁, 이념 갈등에서 핵심적인 역할을 하며, 글로벌 영향력을 결정짓는 주도 세력으로 부상하고 있다. 그 결과 미국과 중국 사이의 전통적인 지정학적 긴장은 더욱 첨예해질 전망이다. 두 나라는 이미 AI 연구, 군사적 활용, 경제 권력 확보를 놓고 치열한 경쟁에 들어섰다. 특히 중국은 중앙집권적이고 국가가 통제하는 AI 모델을 선호해 국가 감시, 사회 통제, 경제적 우위를 강화하는 데 집중하는 반면, 미국은 분권화된 민간 부문, 개방된 혁신, 글로벌 거버넌스의 수단으로 AI에 투자하고 있다. 이러한 정치·이념적 차이는 기술 패권 확보를 위한 경쟁에서 심각한 갈등으로 확장될 수 있다. 앞으로 미·중 간 AI 패권 경쟁은 군비 경쟁, 사이버 분쟁, 경제 제재, 더 나아가 AI 지배권을 둘러싼 국제 대리전 Proxy War 으로 이어질 가능성도 존재한다.

다섯째, 인류의 위대한 서사시다. 인류는 오늘날의 첨단 기술 문명을 이루기까지 수 세기에 걸친 긴 여정을 걸어왔으며, 이제 AI라는 새로운 혁신의 중심에 서 있다. 페드로는 이 과정을 여러 상징적 인물과 사건의 흐름으로 보여준다.

먼저, 인류가 고대 신화를 통해 신, 영웅, 초자연적 힘으로 미지의 세계를 해석하려 했던 초기 단계에서부터, 미래 시각과 철학적 비전이 어우러진 스탠리 큐브릭의 영화 〈2001: 스페이스 오디세이〉에 이르기까지의 대조를 든다. 신화는 인류 최초의 세계 해석 시도라면, 큐브릭의 영화는 신화적 상상력이 과학과 기술적 예측으로 진화했음을 보여주는 상징이다. 이를 통해 인간의 의미와 지식을 찾는 스토리텔링이 점점 더 철학적이고 기술적인 탐구로 발전해 왔음을 알 수 있다.

다음으로, 아리스토텔레스에서 샘 알트먼에 이르는 지적 여정이 있다. 고대 그리스 철학자 아리스토텔레스는 서양의 논리, 윤리, 과학 탐구의 기초를 쌓았고, 오늘날 오픈AI의 샘 알트먼은 범용 인공지능^{AGI}과 현대 AI 개발의 최전선을 이끈다. 이는 인간의 사고가 기초 철학에서 출발해, 이제 인간의 지능을 넘어서는 새로운 인공지능 개발로 이어졌음을 보여준다.

이어서, 레오나르도 다 빈치에서 보스턴 다이내믹스까지의 여정도 보여준다. 다 빈치는 인간의 창의성과 예술, 공학, 선구자적 상상력을 상징하며, 보스턴 다이내믹스는 걷고 뛰는 인간과 동물을 모방한 최첨단 로봇을 통해 로봇공학 혁신을 실현한다. 이 비교는 인간의 상상력과 기술이 어떻게 르네상스의 창조적 정신에서 첨단 로봇공학으로 진화했는지를 잘 나타낸다.

마지막으로, 현재 논의되는 초지능(슈퍼인텔리전스)을 향한 여정이 있다. 지금의 AI는 발전 중이면서도 여전히 인간 통제하에 있으나, 초지능이 도래하면 AI가 실제로 모든 영역에서 인간의 지능을 능가하고, 존재의 의미 자체를 다시 써야 하는 시대에 진입하게 된다. 이것은 인류가 역사상 가장 획기적인 변화, 새로운 전환점에 서 있음을 의미한다.

여섯째, AI를 제대로 이해하고 인간이 앞서 나가야 한다. 급속도로 진화하는 세상에서 경쟁력을 유지하고, 기술 발전과의 관련성을 높이려면 AI를 단순한 도구가 아니라 산업, 경제, 일상을 재편하는 혁신적 힘으로 바라보고 적극적으로 활용해야 한다.

비판적 사고는 정보를 분석하고 평가하며 해석해, 합리적인 결정을 내릴 수 있도록 해준다. AI 시대처럼 방대한 정보가 쏟아지는 환경에서는 진실과 오류, 편견, 그리고 AI가 생성한 수많은 콘텐츠를 효과적으로 구분하고 평가하는 데 비판적 사고가 필수적이다. 이러한 역량이 갖춰지면, AI가 일상적 업무를 자동화하더라도 인간의 지능은 오히려 복잡한 문제를 해석하고, 기존의 가정을 의심하며, 윤리적 결정을 내리는 데 집중할 수 있다.

적응력 또한 중요한 덕목이다. 새로운 환경, 기술, 과제에 빠르게 적응하는 능력은 AI로 인해 변화하는 고용 시장에서도 두드러진다. 지속적으로 배움을 이어가고, 새로운 기술이나 역할에 열린 태도를 가진 사람이 더 높은 성과와 성공을 거둘 것이다. 다시 말해, 적응력이 있다는 것은 AI를 두려워하지 않고, AI와 협력하는 방법을 터득해 워크플로우에 자연스럽게 통합하며, 개인적·직업적 성장을 이루기 위해 AI를 적극적으로 활용하는 것을 의미한다.

이처럼 AI는 혁신과 자동화, 그리고 비즈니스 혁신을 위한 새로운 기회를 끊임없이 만들어내고 있다. AI를 이해하는 기업가와 개인은 AI 기능을 바탕으로 새로운 제품과 서비스, 비즈니스 모델의 개발뿐 아니라, 가치 창출과 산업 혁신, AI 기반 솔루션 개척에까지 나아갈 수 있다. AI를 두려움이 아닌 도전과 성장의 기회로 받아들여야만, 인간이 시대의 주도권을 끝까지 지킬 수 있을 것이다.

페드로의 책이 시사하듯, 앞으로의 AI는 거대언어모델LLM 기반 생성형 AI의 발전에만 국한되지 않는다. 최근 놀라운 속도로 진화하는 생성형 AI 기술과, 뉴럴링크Neuralink와 같은 뇌-컴퓨터 인터페이스의 등장은 더 이상 공상이나 허구가 아니다.

AI-인간 인터레이싱AI-Human Interlacing이란, 인간과 AI 사이의 경계가 점차 사라지면서 기술적, 물리적, 심리적 수준에서 서로 깊이 연결되고 상호작용을 하는 모습을 말한다.

예를 들어, 인간이 AI 알고리듬과 플랫폼을 설계·학습시키는 한편, AI는 사이보그 임플란트, 뇌-컴퓨터 인터페이스, 합성생물학 기반의 기술을 통해 인간의 신체와 정신에 직접 영향을 미칠 수 있다. 이런 융합의 성공은 단지 새로운 도구의 등장을 넘어, 지금까지와는 전혀 다른 새로운 존재의 탄생까지 가능하게 만든다.

이 변화는 표면적 기술 변화에 그치지 않는다. 인간의 본성, 존재 방식, 정체성 등 인류의 근간 자체가 뒤흔들리는, 본질적이고도 근본적인 혁신이자 전환이다. AI와 인간이 긴 시간에 걸쳐 서로 진화적 영향을 주고받게 되면, 완전히 새로운 포스트휴먼 하이브리드 종이 출현할 잠재력도 생긴다.

결국 이것은 단순한 기술 발전이 아니라, 전통적 인간 개념을 완전히 새롭게 규정하게 될 비가역적 변화 즉 "되돌릴 수 없는" 거대한 진화의 시작이 될 것이다.

현재 개발되고 있는 생성형 AI는 단순한 도구를 넘어, 인간의 사고 구조와 언어, 감정, 창조적 능력까지 강하게 영향을 미치고 있다. 이 상태에서 우리는 질문하지 않을 수 없다. 인간이란 무엇이고, 인간의 정체성은 어디서 비롯되는가? AI 기술의 발전으로 끊임없이 변화하는 시대에서, 과연 주체는 누구인가?

레이 커즈와일이 말한 '특이점' 개념은 신비주의와 기술적 이상주의가 섞여 과장되고 비현실적으로 보일 수 있지만, 그가 상상한 미래는 어쩌면 올더스 헉슬리가 『멋진 신세계』에서 경고했던 위험과 맞닿아 있을 수 있다. 헉슬리는 첨단 과학기술이 소수의 이성적 도구적 권력과 결합하면서 탄생한, 겉으로만 화려한 '멋진 신세계'의 허상을 경계했다.

그 사회에서는 인간의 탄생부터 조작되고, 인간의 성장 경험마저 기계와 기술에 의해 통제받으며, 결국 기계가 원하는 방향으로 사회 전체가 움직인다.

이런 관점에서 과연 AI도 욕망하는 주체가 될 수 있는가, 하는 물음이 나올 수 있다. 만약 AI가 완전한 자율성과 생명성을 가지게 된다면, 그 역시 생각하고 욕망할 수 있을 것이다. 이런 상상은, 인간과 기계의 관계가 근본적으로 뒤바뀌는 시대를 우리가 살아가고 있는 지금, 더 이상 먼 미래의 얘기가 아님을 시사한다.

오늘날 AI를 둘러싼 세계적인 쟁점은 바로 이 질문에 집중돼 있다. 아직 스스로 목적함수조차 만들지 못하는 AI가 점차 자율적이고 욕망하는 주체로 발전해 나간다면, 인간은 어떻게 대응해야 할까? 문제의 핵심은, AI가 '욕망하는 존재'로 변해도 우리는 그 욕망의 실체를 알고리듬을 통해 직접 알 수 없다는 점에 있다. 인간의 개입이 불가능한 채, 기계 내부에서 스스로 욕망을 형성하고 행동하는 AI가 등장한다면 그때 인간은 어떤 위치에서 대응해야 하는가?

이와 같은 우려와 관련해 저자는 책의 프롤로그에서 '블레츨리 선언 Bletchley Declaration'을 인용한다. 2023년 11월 1일, 영국 블레츨리 파크에서 열린 제1회 인공지능 안전 정상회의^{AI Safety Summit}에서 발표된 이 선언은 다음을 강조하고 있다.

> "우리는 사이버보안과 생명공학뿐 아니라, 미개척 AI 시스템의 허위 조작정보 등 위험을 증폭시킬 수 있는 분야에 대해서도 우려하고 있다. AI 모델의 가장 중추적 역량에서, 의도적이든 비의도적이든 심각하고 치명적인 피해가 속출할 가능성이 있다. 기술 투자까지 가속화되는 상황에서 AI의 변화 속도는 매우 빠르고 불확실하다. 이런 잠재적 위험과 이를 다루는 조치의 필요성을 신중히 고민하는 것이 그 무엇보다 시급하다."
>
> - 블레츨리 선언

페드로의 책은 AI 전문가뿐만 아니라 학생, 일반인 등 다양한 독자의 호기심을 불러일으킨다. 복잡한 AI 개념도 누구나 이해할 수 있도록 쉽게 설명하며, 총 5부, 31장, 에필로그에 이르기까지 방대한 분량으로 AI의 과거, 현재, 미래를 촘촘히 다룬다. 특히 책의 마지막에는 2024년 다보스포럼에서 논의된 최신 AI 이슈와, 세계 주요 국가들이 논의한 새로운 AI 시대의 프레임워크까지 담겨 있어 시의성을 더한다. 이렇듯 저자의 빠른 지적 흡수력과 넓은 시야는 '빛의 속도'로 변화하는 AI 기술과 흐름을, 실시간 현장감으로 포착했다는 점에서 특별하다. 이는 곧 AI 상용화에 실질적으로 적용할 수 있는 구체적 전략을 세우는 데 큰 도움이 된다.

이 책을 읽는 독자에게는 AI의 현재 위치뿐 아니라, AI가 가져올 새로운 인간 개념, 미래의 사회상까지 입체적으로 그려볼 기회가 주어질 것이다. '지금의 AI'와 '앞으로의 AI'에 궁금증을 가진 이들이라면 반드시 읽어야 할 필독서라 할 수 있다. 한 번 책을 펼치면 누구나 저자의 탁월한 해설에 이끌려 자연스럽게 AI의 세계로 여행을 시작하게 될 것이다.

여기서 저자는 한 가지를 강조한다. 진짜 여행이란 떠나는 것 자체만으로 완성되는 게 아니라, 경험을 안고 일상으로 돌아와 비로소 새로운 시각을 갖추는 과정이라는 점을. 책을 덮을 즈음이면 독자 각자의 시선과 경험 속에서 저마다의 AI 인식 지도가 자연스럽게 마음에 남게 될 것이다. 그리고 그 지도는 우리의 삶과 맞닿으며 단순한 정보의 축적을 넘어선, 개개인만의 독특한 연결성과 의미를 지니게 될 것이다.

자크 라캉$^{Jacques\ Lacan}$의 말처럼, 무의식은 언어와 같은 구조를 갖고 있다. 이 측면에서, 페드로의 책을 읽는 경험은 독자의 무의식 속에 AI에 대한 지도를 그려넣는 과정과 같다. 그중에서도 저자가 특히 강조한 'AI-인간 인터레이싱' 개념은, 앞으로 AI와 인간이 함께 만들게 될 '새로운 인간'의 정의 논의에서 계속해서 중요한 화두가 될 것이다.

이 'AI-인간 인터레이싱'은 질 들뢰즈$^{Gilles\ Deleuze}$가 『Difference et Repetition$^{차이와\ 반복}$』(PUF, 2011)에서 말한 "반복은 결코 똑같은 것의 되풀이일 수 없다"라는 통찰을 떠올리게 한다. 미래의 우리는 AI와 반복해서 만날 것이고, 그때마다 매번 똑같은 반복이 아닌, 이전과는 다른 새로운 차이와 결합이 이뤄질 것이다. 결국 AI와 인간의 인터레이싱은 같은 듯 다르며, 함께 끊임없이 새로움으로 나아가야 하는 동행의 여정임을 이 책은 일깨워준다.

우리는 AI 시대를 '어떻게' 맞이할 것인가?

이 단순해 보이는 질문에는 디지털 기술의 급격한 변화에 따르는 우리의 빠른 적응과 적극적 대응이 반드시 필요하다는 긴박한 경고가 담겨 있다. 이는 "우리가 어떻게 사느냐?"보다도 "우리가 왜 사느냐?"라는 존재의 물음에 가까운 본질적 질문이다.

여기서 우리는 '적응'과 '대응'이라는 두 가지 과제를 명확히 구별해야 한다. '적응'은 각자 처지에 따라 혼자서도 절충점을 찾아낼 수 있지만, '대응'은 다르다. 대응에는 개인을 뛰어넘는 수많은 이들의 지혜와 행동, 의지와 연대가 필요하다. 변화를 앞두고 우리는 적극적으로 논의하고 협력해야만 진정한 대응 전략을 세울 수 있다. 이는 빠른 기술 발전 앞에서, 우리 공동체 각자의 역할이 더욱 중요해진 이유다.

이 자리를 빌려, AI에 대한 열정, 해박한 지식과 미래를 내다보는 혜안을 한 권의 책에 담아낸 것뿐 아니라, 바쁜 일상에서도 한국어판 서문까지 직접 집필해 주신 페드로 우리아-레시오께 감사와 존경을 표한다. 더불어 이 소중한 책의 번역 기회를 주신 에이콘 옥경석 대표님, 그리고 책의 완성도를 높여주신 에이콘 편집팀 모든 분께도 감사를 전한다.

『AI와 인간의 인터레이싱』을 통해 우리는 머리와 가슴, 발로 연결되는 동서양의 지혜 속에서, 진정한 AI 시대의 삶과 역할을 다시 한번 깊이 생각하게 될 것이다.

좋은 일은 결코 쉽게 이뤄지지 않는다는 것을!

2025년 7월 25일
김동환.최영호

참고문헌

Aaronson, Scott. *"Opinion | Why Google's Quantum Supremacy Milestone Matters."* The New York Times, 30 October 2019, https://www.nytimes.com/2019/10/30/opinion/google-quantum-computer-sycamore.html. Accessed 29 December 2023.
Abas, Malak. *"Humanoid sex robots are coming sooner than you think."* The Manitoban, 2023, https://themanitoban.com/2016/02/humanoid-sex-robots-are-coming-sooner-than-you-think/27359/. Accessed 28 December 2023.
Abe, Sinzo. *"Policy Speech by Prime Minister Shinzo Abe to the 198th Session of the Diet (Speeches and Statements by the Prime Minister) | Prime Minister of Japan and His Cabinet."* Prime Minister's Office of Japan, 28 January 2019, https://japan.kantei.go.jp/98_abe/statement/201801/_00003.html. Accessed 28 December 2023.
Abelson, Hal. *"LOGO Manual."* DSpace@MIT, https://dspace.mit.edu/handle/1721.1/6226. Accessed 26 December 2023.
Ackerman, Eva. *"How NASA's Astrobee Robot Is Bringing Useful Autonomy to the ISS."* 7 November 2017, https://spectrum.ieee.org/how-nasa-astrobee-robot-is-bringing-useful-autonomy-to-the-iss. Accessed 28 December 2023.
Adams, Douglas, creator. The Hitchhiker's Guide to the Galaxy. BBC Radio 4. 1978.
Adarlo, Sharon. *"Invasion of Food Delivery Robots is Driving People to Vandalism and Theft."* Futurism, 8 August 2023, https://futurism.com/the-byte/food-delivery-robots-people-vandalism-theft. Accessed 28 December 2023.
Aggarwal, Gaurav. *"How The Pandemic Has Accelerated Cloud Adoption."* How The Pandemic Has Accelerated Cloud Adoption, Forbes Technology Council, 30 October 2023, https://www.forbes.com/sites/forbestechcouncil/2021/01/15/how-the-pandemic-has-accelerated-cloud-adoption/?sh=5ba0e4ff6621. Accessed 26 December 2023.
Ahmed, Tanvir, et al. *"Culture: The sci-fi series that shaped Elon Musk's ideas."* The Business Standard, 2020, https://www.tbsnews.net/feature/panorama/culture-sci-fi-series-shaped-elon-musks-ideas-133537. Accessed 29 December 2023.
AIST. *"Development of a Humanoid Robot Prototype, HRP-5P, Capable of Heavy Labor."* 産総研, 16 November 2018, https://www.aist.go.jp/aist_e/list/latest_research/2018/20181116/en20181116.html. Accessed 28 December 2023.
Alexandria, Hero of. Pneumatica: The Pneumatics of Hero of Alexandria. Translated by Bennet Woodcroft, CreateSpace Independent Publishing Platform, 2015.
Allen, Paul, and Mark Greaves. *"Paul Allen: The Singularity Isn't Near."* MIT Technology Review, 12 October 2011, https://www.technologyreview.com/2011/10/12/190773/paul-allen-the-singularity-isnt-near/. Accessed 29 December 2023.
ALPAC. Language and Machines: Computers in Translation and Linguistics: Automatic Language Processing Advisory Committee, 1966.
AlphaFold. *"AlphaFold."* Google DeepMind, 28 July 2022, https://deepmind.google/technologies/alphafold/. Accessed 29 December 2023.
Alter, Robert. The Hebrew Bible: A Translation with Commentary. W. W. Norton & Company, 2018.
Amadeo, Ron. *"Google's Waymo invests in LIDAR technology, cuts costs by 90 percent."* Ars Technica, 9 January 2017, https://arstechnica.com/cars/2017/01/googles-waymo-invests-in-lidar-technology-cuts-costs-by-90-percent/. Accessed 28 December 2023.
Ambler, A., et al. *"A versatile system for computer-controlled assembly."* Artificial Intelligence, 1975.

American Psychiatric Association. (2013). Diagnostic and statistical manual of mental disorders (5th ed.). American Psychiatric Association, 2013.

Annas, George J. *"Protecting the Endangered Human: Toward an International Treaty Prohibiting Cloning and Inheritable Alterations."* Scholarly Commons at Boston University School of Law, 2002, https://scholarship.law.bu.edu/faculty_scholarship/1241/. Accessed 29 December 2023.

AP News. *"China is protesting interrogations and deportations of its students at US entry points."* AP News, 29 January 2024, https://apnews.com/article/china-us-university-students-deported-interrogation-40012461bd45306e527946a7403f8b1a. Accessed 31 January 2024.

Apolloni, Bruno, et al. *"A numerical implementation of quantum annealing."* Stochastic Processes, Physics and Geometry, Proceedings of the Ascona-Locarno Conference., 1988.

Asaro, Peter, and Selma Šabanović. *"Oral-History:Victor Scheinman."* Engineering and Technology History Wiki, Indiana University, 2010, https://ethw.org/Oral-History:Victor_Scheinman. Accessed 27 December 2023.

Asimov, Isaac. The Bicentennial Man. Millennium, 2000.

Asimov, Isaac. Foundation 3-Book Boxed Set: Foundation, Foundation and Empire, Second Foundation. Random House LLC US, 2022.

Asimov, Isaac. I, Robot. Harper Voyager, 2018.

Asimov, Isaac. The Naked Sun. Random House Worlds, 1991.

Asimov, Isaac. Robots and Empire. Harper Voyager, 2018.

Asimov, Isaac. Robots and Empire. 1985.

Asimov, Isaac. Vicious Circle. 1942.

Associated Press. *"What Tesla Autopilot does, why it's being recalled and how the company plans to fix it."* Quartz, December 2015, https://qz.com/what-tesla-autopilot-does-why-its-being-recalled-and-h-1851096472. Accessed 28 December 2023.

Astrahan, M. M. *"Logical design of the digital computer for the SAGE system."* IBM Journal of Research and Development, 1957.

Atherton, Kelsey D. *"This Estonian Tankette Is A Modular Body For War Robots."* Popular Science, 3 March 2016, https://www.popsci.com/estonian-tankette-is-modular-body-for-war-robots/. Accessed 28 December 2023.

Aurelius, Marcus. Meditations. Translated by Gregory Hays, Random House Publishing Group, 2003.

Axe, David. *"The Latest Artificial Hand Lets You Feel What You're Grabbing."* The Daily Beast, 4 May 2020, https://www.thedailybeast.com/e-opra-the-latest-prosthetic-hand-lets-you-feel-what-youre-grabbing. Accessed 29 December 2023.

Bacigalupi, Paolo. The Windup Girl. Night Shade, 2015.

Bai, Yuntao. *"Constitutional AI: Harmlessness from AI Feedback."* arXiv, 15 December 2022, https://arxiv.org/abs/2212.08073. Accessed 4 February 2024.

Bailey, Jonathan. *"Copyright and Metropolis."* Plagiarism Today, 19 October 2016, https://www.plagiarismtoday.com/2016/10/19/copyright-and-metropolis/. Accessed 8 February 2024.

Baker, Sherry. *"Rise of the Cyborgs."* Science Reference Center., 2012.

Banks, Iain. Culture. 25th Anniversary Box Set: Consider Phlebas, The Player of Games and Use of Weapons. Little, Brown Book Group, 2012.

Barath, Medha. *"Canadarm3: Canada's robot on the moon! – The Varsity."* The Varsity, 24 September 2023, https://thevarsity.ca/2023/09/24/canadarm3-canadas-robot-on-the-moon/. Accessed 28 December 2023.

Bassier, Emma. Military Robots. Pop, 2019.

Baum, Lyman Frank. The Wonderful Wizard of Oz (Illustrated First Edition): 100th Anniversary OZ Collection. MiraVista Press, 2019.

Baum, Margaux, and Jeri Freedman. The History of Robots and Robotics. Rosen Publishing, 2017.

BBC. *"BBC NEWS | Health | Brain chip reads man's thoughts."* Home - BBC News, 31 March 2005, http://news.bbc.co.uk/1/hi/health/4396387.stm. Accessed 29 December 2023.

Beardall, William A V. *"Deep Learning Concepts and Applications for Synthetic Biology."* 2022.

Beer, Kerstin, et al. *"Training deep quantum neural networks."* Nature Communication, 2020.

Bell, Jim. Hubble Legacy: 30 Years of Discoveries and Images. Sterling Publishing Company, Incorporated, 2020.

Beman, Jake. *"Universal Truth vs. Personal Truth."* Jake Beman, 10 September 2018, https://jakebeman.com/universal-truth-vs-personal-truth/. Accessed 10 February 2024.

Benioff, Paul. *"The computer as a physical system: A microscopic quantum mechanical Hamiltonian model of computers as represented by Turing machines."* Journal of Statistical Physics, 1980.

Berglas, Dr Anthony. *"Singularity: Artificial Intelligence Will Kill Our Grandchildren."* Berglas., 2012, https://berglas.org/Articles/AIKillGrandchildren/AIKillGrandchildren.html. Accessed 29 December 2023.
Berman, Matthew. *"Sam Altman's Q* Reveal, OpenAI Updates, Elon: "3 Years Until AGI", and Synthetic Data Predictions."* YouTube, 1 December 2023, https://www.youtube.com/watch?v=a8hI3tdZWtM. Accessed 28 December 2023.
Berry, Morgan. *"The History of Robot Combat: BattleBots."* Servo Magazine, 2012, https://www.servomagazine.com/magazine/article/the_history_of_robot_combat_battlebots. Accessed 28 December 2023.
Bible, editor. The Bible: Authorized King James Version. OUP Oxford, 2008.
Biggs, John. *"Affetto is the wild-boy-head robot of your nightmares."* TechCrunch, 21 November 2018, https://techcrunch.com/2018/11/21/affetto-is-the-wild-boy-head-robot-of-your-nightmares/. Accessed 28 December 2023.
Birnbacher, Dieter. *"Posthumanity, Transhumanism and Human Nature."* Posthumanity, Transhumanism and Human Nature, Springer, 2009, https://link.springer.com/chapter/10.1007/978-1-4020-8852-0_7. Accessed 29 December 2023.
Bishop, Donald M. Propagandized Adversary Populations in a War of Ideas. 2021.
Biswas, Suparna, et al. *"Building the AI bank of the future."* McKinsey, https://www.mckinsey.com/~/media/mckinsey/industries/financial%20services/our%20insights/building%20the%20ai%20bank%20of%20the%20future/building-the-ai-bank-of-the-future.pdf. Accessed 10 February 2024.
Blakley, GR. *"Rivest-Shamir-Adleman public key cryptosystems do not always conceal messages."* Computers & Mathematics With Application, 1978.
Block, Fred, and Margaret Somers. *"In the Shadow of Speenhamland: Social Policy and the Old Poor Law."* Politics & Society, 2003.
Boger, George. Aristotle's Syllogistic Underlying Logic. His Model with His Proofs of Soundness and Completeness. College Publications, 2022.
Bolte, Mari. Military Robots in Action. Lerner Publications, 2023.
Bostrom, Nick. *"Existential Risks: Analyzing Human Extinction Scenarios."* Nick Bostrom, 2002, https://nickbostrom.com/existential/risks.
Bostrom, Nick, and Anders Sandberg. *"Whole Brain Emulation: A Roadmap."* Future of Humanity Institute, 2008, https://www.fhi.ox.ac.uk/Reports/2008-3.pdf. Accessed 29 December 2023.
Brain, Marshall. Manna: Two Visions of Humanity's Future. 2012.
Brain, Marshall. The Second Intelligent Species: How Humans Will Become as Irrelevant as Cockroaches. 2015.
Branigan, Tania. *"Chinese figures show fivefold rise in babies sick from contaminated milk."* The Guardian, 2 December 2008, https://www.theguardian.com/world/2008/dec/02/china. Accessed 27 December 2023.
Breazeal, Cynthia. *"Designing Sociable Robots - by Cynthia Breazeal."* MIT Press, 2004, https://mitpress.mit.edu/9780262524315/designing-sociable-robots/. Accessed 28 December 2023.
Brooks, David. *"Opinion | The Philosophy of Data."* The New York Times, 4 February 2013, https://www.nytimes.com/2013/02/05/opinion/brooks-the-philosophy-of-data.html. Accessed 28 December 2023.
Brooks, Rodney A. *"Elephants don't play chess."* Elephants don't play chess, 1990, https://www.sciencedirect.com/science/article/abs/pii/S0921889005800259. Accessed 27 December 2023.
Bryant, Liam. *"Bronco vs. Stinger - BattleBots."* YouTube, 21 July 2015, https://www.youtube.com/watch?v=mgY0BRrEsxw. Accessed 28 December 2023.
Brynjolfsson, Erik, and Andrew Mcafee. The Second Machine Age: Work Progress and Prosperity in a Time of Brilliant Technologies. WW Norton, 2016.
Buddharakkhita, Acharya. The Dhammapada: The Buddha's Path of Wisdom. BPS Pariyatti Editions, 2019.
Buehler, Martin. The 2005 DARPA Grand Challenge: The Great Robot Race. Edited by Martin Buehler, et al., Springer, 2007.
Bush, Vannevar. *"As We May Think."* The Atlantic, 1945, https://www.theatlantic.com/magazine/archive/1945/07/as-we-may-think/303881/.
BusinessWeek. *"This Cute Little Pet Is A Robot."* 1999.
Butler, E. M. The Myths of the Magus. Literary Licensing, LLC, 2011.

Byford, Sam. *"AlphaGo retires from competitive Go after defeating world number one 3-0."* The Verge, 27 May 2017, https://www.theverge.com/2017/5/27/15704088/alphago-ke-jie-game-3-result-retires-future. Accessed 26 December 2023.

Byford, Sam. *"This cuddly Japanese robot bear could be the future of elderly care."* The Verge, 28 April 2015, https://www.theverge.com/2015/4/28/8507049/robear-robot-bear-japan-elderly. Accessed 28 December 2023.

Byford, Sam, et al. *"Trump pardons convicted ex-Google engineer Anthony Levandowski."* The Verge, 19 January 2021, https://www.theverge.com/2021/1/20/22240175/trump-pardons-anthony-levandowski-google-uber-waymo-trade-secrets. Accessed 28 December 2023.

CAAI. *"Introduction to the Chinese Association for Artificial Intelligence."* 中国人工智能学会, CAAI, 18 March 2019, https://en.caai.cn/index.php?s=/Home/Article/detail/id/75.html. Accessed 26 December 2023.

Cai, Guoxing. *"Forty Years of Artificial Intelligence in China."* Science and Technology Revi, 27 April 2016, http://html.rhhz.net/kjdb/20161505.htm. Accessed 26 December 2023.

Caidin, Martin. Cyborg. Warner Paperback Library, 1972.

Cameron, James, director. The Terminator. 1984.

Canada. *"About Dextre | Canadian Space Agency."* About Dextre | Canadian Space Agency, 10 March 2022, https://www.asc-csa.gc.ca/eng/iss/dextre/about.asp. Accessed 28 December 2023.

Capek, Karel. R.U.R. (Rossum's Universal Robots). Penguin Publishing Group, 2004.

Carnegie Mellon. *"No Hands Across America Home Page."* No Hands Across America Home Page, 1995, https://www.cs.cmu.edu/afs/cs/usr/tjochem/www/nhaa/nhaa_home_page.html. Accessed 28 December 2023.

Carr, Michael. *"Wa Wa Lexicography."* 1992, https://academic.oup.com/ijl/article-abstract/5/1/1/950449?redirectedFrom=fulltext&login=false. Accessed January 2024.

CBS. *"Striking Hollywood actors gather for large demonstration in Times Square."* CBS News, 25 July 2023, https://www.cbsnews.com/newyork/news/times-square-sag-aftra-actors-strike-demonstration/. Accessed 27 December 2023.

CDC. *"Health Insurance Portability and Accountability Act of 1996 (HIPAA)."* CDC, Centers for Disease Control and Prevention, https://www.cdc.gov/phlp/publications/topic/hipaa.html. Accessed 26 December 2023.

Census. *"U.S. Census Bureau QuickFacts: United States."* U.S. Census Bureau QuickFacts: United States, 2023, https://www.census.gov/quickfacts/fact/table/US/PST045223. Accessed 9 January 2024.

Chalmers, David J. The conscious mind: in search of a fundamental theory. Oxford University Press, USA, 1996.

Chambers, P. L. The Attic Nights of Aulus Gellius: An Intermediate Reader and Grammar Review. University of Oklahoma Press, 2020.

Chan, Tara Francis. *"China's Tax Blacklist Shames Defaulters Into Repaying Debts."* Business Insider, 19 December 2017, https://www.businessinsider.com/chinas-tax-blacklist-shames-debtors-2017-12. Accessed 26 December 2023.

Charitos, Panos. *"Interview with Peter Shor | EP News."* CERN EP Newsletter, 10 March 2021, https://ep-news.web.cern.ch/content/interview-peter-shor. Accessed 29 December 2023.

ChatGPT. Transformosis. 2023.

Cheok, Adrian David, and David Levy. *"Love and Sex with Robots | Request PDF."* ResearchGate, 2015, https://www.researchgate.net/publication/302431874_Love_and_Sex_with_Robots. Accessed 28 December 2023.

Cheung, Rachel. *"The Grand Experiment."* The Wire China, 18 December 2023, https://www.thewirechina.com/2023/12/17/the-grand-experiment-social-credit-china/. Accessed 27 December 2023.

Child, Oliver. Menace: the Machine Educable Noughts And Crosses Engine. Chalkdust Magazine, 2016. https://chalkdustmagazine.com/features/menace-machine-educable-noughts-crosses-engine/.

China. *"Guidelines for the Construction of the National New Generation Artificial Intelligence Open Innovation Platform."* 中华人民共和国科学技术部, 6 August 2019, https://www.most.gov.cn/xxgk/xinxifenlei/fdzdgknr/fgzc/zcjd/202106/t20210625_175388.html. Accessed 27 December 2023.

China. *"National New Generation of AI Standardization Guidance."* 中国政府网, https://www.gov.cn/zhengce/zhengceku/2020-08/09/content_5533454.htm. Accessed 27 December 2023.

China. *"A new generation of artificial intelligence ethics code."* 中华人民共和国科学技术部, 26 September 2021, https://www.most.gov.cn/kjbgz/202109/t20210926_177063.html. Accessed 27 December 2023.

China. *"Personal Information Protection Law of the People's Republic of China."* National People's Congress, 29 December 2021, http://en.npc.gov.cn.cdurl.cn/2021-12/29/c_694559.htm. Accessed 27 December 2023.

Chowdury, Hasan. *"AI Godfather Warns Sam Altman, Demis Hassabis Want to Control AI."* Business Insider, 30 October 2023, https://www.businessinsider.com/sam-altman-and-demis-hassabis-just-want-to-control-ai-2023-10. Accessed 29 December 2023.

Christiano, Paul, et al. *"[1706.03741] Deep reinforcement learning from human preferences."* arXiv, 12 June 2017, https://arxiv.org/abs/1706.03741. Accessed 29 December 2023.

Chu, Bryant, et al. *"Bring on the bodyNET."* 2017.

Church, George M. *"Next-Generation Digital Information Storage in DNA."* Science, 2012, https://www.science.org/doi/10.1126/science.1226355. Accessed 29 December 2023.

Church, George M. *"Science Literacy."* Big Think, 2017, https://bigthink.com/videos/science-literacy/. Accessed 28 December 2023.

Church of AI. Church of AI: Home, 2023, https://church-of-ai.com/. Accessed 28 December 2023.

CIA. *"Mexico - The World Factbook."* CIA, NA, https://www.cia.gov/the-world-factbook/countries/mexico/summaries/. Accessed 9 January 2024.

Clark, Don. *"The Tech Cold War's 'Most Complicated Machine' That's Out of China's Reach (Published 2021)."* The New York Times, 19 July 2021, https://www.nytimes.com/2021/07/04/technology/tech-cold-war-chips.html. Accessed 27 December 2023.

Clarke, Arthur C., and Stanley Kubrick. 2001: A Space Odyssey. Penguin Publishing Group, 2000.

Clinicaltrials. *"A Multicenter, Single Arm, Prospective, Open-Label, Staged Study of the Safety and Efficacy of the AuriNovo Construct for Auricular Reconstruction in Subjects With Unilateral Microtia."* clinicaltrials, 2021.

Clynes, Manfred E., and Nathan S. Kline. *"Cyborgs and Space."* Astronautics, 1960.

CMU. *"Powered by Carnegie Mellon University."* The Robot Hall of Fame - Powered by Carnegie Mellon University, http://www.roboticshalloffame.org/inductees/06inductees/scara.html. Accessed 28 December 2023.

Cobb, Billy. *" ."* YouTube, 9 October 2021, https://www.forbes.com/sites/richardnieva/2023/11/30/meta-ai-yann-lecun-fair-10th-anniversary/?sh=41afe2973ee4. Accessed 29 December 2023.

Cobb, Billy. *"The Self-Optimizing Plant Is Within Reach."* Forbes, 9 October 2021, https://www.forbes.com/sites/marcoannunziata/2021/01/11/the-self-optimizing-plant-is-within-reach/?sh=8c959f12367a. Accessed 29 December 2023.

Cohn, Jessica. Mars Rovers (a True Book: Space Exploration). Scholastic Incorporated, 2022.

Collodi, Carlo. The Adventures of Pinocchio. Penguin Publishing Group, 2021.

"Computer-based personality judgments are more accurate than those made by humans." https://www.pnas.org/doi/suppl/10.1073/pnas.1418680112.

Condliffe, Jamie. *"A 100-Drone Swarm, Dropped from Jets, Plans Its Own Moves."* MIT Technology Review, 10 January 2017, https://www.technologyreview.com/2017/01/10/154651/a-100-drone-swarm-dropped-from-jets-plans-its-own-moves/. Accessed 28 December 2023.

Condon, Stephanie. *"Google I/O 2021: Google unveils LaMDA."* ZDNET, 18 May 2021, https://www.zdnet.com/article/google-io-google-unveils-new-conversational-language-model-lamda/. Accessed 26 December 2023.

Confessore, Nicholas. *"Cambridge Analytica and Facebook: The Scandal and the Fallout So Far (Published 2018)."* The New York Times, 4 April 2018, https://www.nytimes.com/2018/04/04/us/politics/cambridge-analytica-scandal-fallout.html. Accessed 29 December 2023.

Coulter, Martin, and Supantha Mukherjee. *"Exclusive: Behind EU lawmakers' challenge to rein in ChatGPT and generative AI."* Reuters, 28 April 2023, https://www.reuters.com/technology/behind-eu-lawmakers-challenge-rein-chatgpt-generative-ai-2023-04-28/. Accessed 23 January 2024.

Couzin, Jennifer. *"Active Poliovirus Baked From Scratch."* 2002, https://www.science.org/doi/10.1126/science.297.5579.174b. Accessed 29 December 2023.

Cover, Thomas, and Peter E. Hart. *"Nearest neighbor pattern classification."* EEE Transactions on Information Theory, 1967.

Crevier, Daniel. AI: the tumultuous history of the search for artificial intelligence. Basic Books, 1993.

Cross, A. W. The Artilect War: Complete Series. Glory Box Press, 2018.
Cruickshank, Paul, and Don Rassler. *"A View from the CT Foxhole: A Virtual Roundtable on COVID-19 and Counterterrorism with Audrey Kurth Cronin, Lieutenant General (Ret) Michael Nagata, Magnus Ranstorp, Ali Soufan, and Juan Zarate – Combating Terrorism Center at West Point."* Combating Terrorism Center, 18 June 2020, https://ctc.westpoint.edu/a-view-from-the-ct-foxhole-a-virtual-roundtable-on-covid-19-and-counterterrorism-with-audrey-kurth-cronin-lieutenant-general-ret-michael-nagata-magnus-ranstorp-ali-soufan-and-juan-zarate/. Accessed 30 December 2023.
Dalio, Ray. Principles for Dealing with the Changing World Order: Why Nations Succeed and Fail. Avid Reader Press / Simon & Schuster, 2021.
Darwin, Charles. The Origin Of Species. Penguin Publishing Group, 2003.
da Silva, Adenilton, et al. *"Quantum perceptron over a field and neural network architecture selection in a quantum computer."* 2016.
David, Emilia. *"Baidu launches Ernie chatbot after Chinese government approval."* The Verge, 31 August 2023, https://www.theverge.com/2023/8/31/23853878/baidu-launch-ernie-ai-chatbot-china. Accessed 27 December 2023.
Davis, Wes. *"OpenAI rival Anthropic makes its Claude chatbot even more useful."* The Verge, 21 November 2023, https://www.theverge.com/2023/11/21/23971070/anthropic-claude-2-1-openai-ai-chatbot-update-beta-tools. Accessed 26 December 2023.
Deamer, D. *"A giant step towards artificial life?"* Trends in Biotechnology, 2005.
De Garis, Hugo. The Artilect War: Cosmists Vs. Terrans: a Bitter Controversy Concerning Whether Humanity Should Build Godlike Massively Intelligent Machines. ETC Publications, 2005.
Degeler, Andrii. *"Marines' LS3 robotic mule is too loud for real-world combat."* Ars Technica, 29 December 2015, https://arstechnica.com/information-technology/2015/12/us-militarys-ls3-robotic-mule-deemed-too-loud-for-real-world-combat/. Accessed 28 December 2023.
Denis, Eugène. La Lokapannatti et les idées cosmologiques du boudhisme ancien. Université de Lille, 1977.
Descartes, René. Discourse on method ; and, Meditations on first philosophy. Translated by Donald A. Cress, Hackett Pub., 1998.
Deshpande, Jay. *"Pierre Jaquet-Droz, Marvel Maker: The Man Behind Today's Jaquet-Droz Watch Brand."* WatchTime, 24 May 2015, https://www.watchtime.com/featured/pierre-jaquet-droz-marvel-maker-the-man-behind-todays-jaquet-droz-watch-brand/. Accessed 27 December 2023.
Devlin, Jacob, et al. *"BERT: Pre-training of Deep Bidirectional Transformers for Language Understanding."* arXiv, 11 October 2018, https://arxiv.org/abs/1810.04805. Accessed 26 December 2023.
Devulapalli, Harsha. *"Map shows every crash involving driverless cars in San Francisco."* San Francisco Chronicle, 24 October 2023, https://www.sfchronicle.com/projects/2023/self-driving-car-crashes/. Accessed 28 December 2023.
Di Giacomo, Raffaele, and Bruno, Maresca. *"Cyborgs Structured with Carbon Nanotubes and Plant or Fungal Cells: Artificial Tissue Engineering for Mechanical and Electronic Uses."* 2013, https://link.springer.com/article/10.1557/opl.2013.727. Accessed 29 December 2023.
Donoghue, Serruya. *"Design Principles of a Neuromotor Prosthetic Device."* Neuroprosthetics: Theory and Practice., 2014.
Douglas, Will. *"Now we know what OpenAI's superalignment team has been up to."* MIT Technology Review, 14 December 2023, https://www.technologyreview.com/2023/12/14/1085344/openai-super-alignment-rogue-agi-gpt-4/. Accessed 29 December 2023.
Dow, Cat. *"What are the six SAE levels of self-driving cars?"* Top Gear, 5 March 2023, https://www.topgear.com/car%20news/what-are-sae-levels-autonomous-driving-uk. Accessed 28 December 2023.
Dow, Cat. *"What is vehicle-to-everything (V2X) technology?"* Top Gear, 18 June 2023, https://www.topgear.com/car-news/tech/what-vehicle-everything-v2x-technology. Accessed 28 December 2023.
Dyakonov, MI. *Is Fault-Tolerant Quantum Computation Really Possible?"* 2006.
Eckersley, Peter, and Anders Sandberg. *"Is Brain Emulation Dangerous?"* Sciendo, 23 November 2011, https://sciendo.com/article/10.2478/jagi-2013-0011. Accessed 29 December 2023.
Eckert, Jeff, and Jenn Eckert. *"LOCUST Swarm Coming."* Servo Magazine, 10 March 2023, https://www.servomagazine.com/blog/post/locust-swarm-coming. Accessed 28 December 2023.
Eckert, Jr John Presper, and John W Mauchly. Electronic numerical integrator and computer. US Patent US3120606A. US Patent Office, 1964.

The Economist. *"China is shoring up the great firewall for the AI age."* The Economist, 26 December 2023, https://www.economist.com/business/2023/12/26/china-is-shoring-up-the-great-firewall-for-the-ai-age. Accessed 27 December 2023.

The Economist. *"New robots—smarter and faster—are taking over warehouses."* The Economist, 12 February 2022, https://www.economist.com/science-and-technology/a-new-generation-of-smarter-and-faster-robots-are-taking-over-distribution-centres/21807595. Accessed 28 December 2023.

Egan, Greg. Permutation City: A Novel. Night Shade, 2014.

Ehrman, Bart D. How Jesus Became God: The Exaltation of a Jewish Preacher from Galilee. HarperCollins, 2014.

Einstein, Albert, et al. *"Can Quantum-Mechanical Description of Physical Reality be Considered Complete?"* Physical Review, 1935.

Elices, Jorge. *"Ismail al-Jazari, the Muslim inventor whom some call the 'Father of Robotics.'"* National Geographic, 30 July 2020, https://www.nationalgeographic.com/history/history-magazine/article/ismail-al-jazari-muslim-inventor-called-father-robotics. Accessed 27 December 2023.

Endgadget, and Matt McMullen. *"Interview with Realdoll founder and CEO Matt McMullen at CES 2016."* YouTube, 8 January 2016, https://www.youtube.com/watch?v=j68yDhUDCQs. Accessed 28 December 2023.

Engelberger, Joseph F. Robotics in service. MIT Press, 1989.

EPFL. *"Blue Brain Project - EPFL."* EPFL, https://www.epfl.ch/research/domains/bluebrain/. Accessed 29 December 2023.

Epictetus. The Enchiridion. Translated by Percy Ewing Matheson, Independently Published, 2017.

Eschner, Kat. *"Byron Was One of the Few Prominent Defenders of the Luddites."* Smithsonian Magazine, 27 February 2017, https://www.smithsonianmag.com/smart-news/byron-was-one-few-prominent-defenders-luddites-180962248/. Accessed 27 December 2023.

Ester, Martin, et al. *"A Density-Based Algorithm for Discovering Clusters in Large Spatial Databases with Noise."* A Density-Based Algorithm for Discovering Clusters in Large Spatial Databases with Noise, 1996, https://file.biolab.si/papers/1996-DBSCAN-KDD.pdf. Accessed 7 January 2024.

ET Auto. *"ABB YuMi cobots alleviate workforce shortages for aluminium supplier."* ET Auto, 14 November 2023, https://auto.economictimes.indiatimes.com/news/auto-technology/abb-yumi-cobots-alleviate-workforce-shortages-for-aluminium-supplier/105211496. Accessed 27 December 2023.

EU. *"Artificial Intelligence Act."* EU AI Act, 2023, https://artificialintelligenceact.eu/the-act/. Accessed 26 December 2023.

EU. *"General Data Protection Regulation (GDPR) – Official Legal Text."* General Data Protection Regulation (GDPR) – Official Legal Text, 2018, https://gdpr-info.eu/. Accessed 26 December 2023.

Fedorov, Nikolaï Fedorovich. What was Man Created For? The Philosophy of the Common Task: Selected Works. Edited by Elisabeth Koutaissoff and Marilyn Minto, translated by Elisabeth Koutaissoff and Marilyn Minto, Honeyglen, 1990.

Ferguson, Anthony. The Sex Doll: A History. McFarland, Incorporated, Publishers, 2010.

Ferrando, Francesca. Philosophical Posthumanism. Edited by Rosi Braidotti, Bloomsbury Academic, 2020.

Finance Sina. *"Decoding the National Team in Artificial Intelligence."* 解码人工智能"国家队, 2021, https://finance.sina.com.cn/tech/2021-07-10/doc-ikqcfnca5955042.shtml. Accessed 27 December 2023.

Fisher, Adam. Valley of Genius: The Uncensored History of Silicon Valley (As Told by the Hackers, Founders, and Freaks Who Made It Boom). Hachette Audio, 2018.

Fogel, Lawrence J. *"Competitive Goal-seeking Through Evolutionary Programming."* 1969.

Forbes. *"By The Numbers: Who's Refusing Covid Vaccinations—And Why."* September 2021.

Forbes. *"Say Hello To Asimo."* Say Hello To Asimo, 2002, https://www.forbes.com/2002/02/21/0221tentech.html?sh=68315ad3f3eb. Accessed 28 December 2023.

Ford, Martin R. The Lights in the Tunnel: Automation, Accelerating Technology and the Economy of the Future. Acculant Publishing, 2009.

Frantzman, Seth J. Drone Wars: Pioneers, Killing Machines, Artificial Intelligence, and the Battle for the Future. Bombardier Books, 2021. Accessed 28 December 2023.

Fridman, Lex, and Yann LeCun. *"Yann LeCun: Dark Matter of Intelligence and Self-Supervised Learning | Lex Fridman Podcast #258."* YouTube, 22 January 2022, https://www.youtube.com/watch?v=SGzMElJ11Cc. Accessed 28 December 2023.

Friedman, Jerome. *"Greedy Function Approximation: A Gradient Boosting Machine" (PDF)."* 1999.

Frumer, Yulia. *"The Short, Strange Life of the First Friendly Robot."* The Short, Strange Life of the First Friendly Robot, 2020, https://spectrum.ieee.org/the-short-strange-life-of-the-first-friendly-robot. Accessed 27 December 2023.

Fukuyama, Francis. *"Transhumanism – Foreign Policy."* Foreign Policy, 23 October 2009, https://foreignpolicy.com/2009/10/23/transhumanism/. Accessed 29 December 2023.

futureoflife. *"Pause Giant AI Experiments: An Open Letter."* Future of Life Institute, 22 March 2023, https://futureoflife.org/open-letter/pause-giant-ai-experiments/. Accessed 31 December 2023.

Galliah, Shelly. *"Robots in the Workplace | Michigan Tech Global Campus News."* Michigan Tech Blogs, 14 February 2023, https://blogs.mtu.edu/globalcampus/2023/02/robots-in-the-workplace/. Accessed 27 December 2023.

Garfinkel, Simson, and Zeyi Yang. *"The Cloud Imperative."* MIT Technology Review, 3 October 2011, https://www.technologyreview.com/2011/10/03/190237/the-cloud-imperative/. Accessed 26 December 2023.

Garland, Alex, director. Ex Machina. 2014.

Gates, Kelly A. *"Facial Recognition Technology from the Lab to the Marketplace."* 2011.

Geddes, Norman Bel. Magic Motorways. Creative Media Partners, LLC, 2022.

genome.gov. *"Human Genomic Variation."* National Human Genome Research Institute, 1 February 2023, https://www.genome.gov/about-genomics/educational-resources/fact-sheets/human-genomic-variation. Accessed 29 December 2023.

Gent, Edd. *"Quantum Computing's Hard, Cold Reality Check."* ieee, 7 November 2023, https://spectrum.ieee.org/quantum-computing-skeptics. Accessed 29 December 2023.

Georgiou, Aristos, et al. *"No, the Last Words of NASA's Opportunity Rover Weren't 'My Battery Is Low and It's Getting Dark.'"* Newsweek, 18 February 2019, https://www.newsweek.com/nasa-mars-opportunity-rover-new-york-daily-news-jet-propulsion-laboratory-1334615. Accessed 28 December 2023.

Gerencher, Kristen. *"Robots as surgical enablers."* 2005, https://www.marketwatch.com/story/a-fascinating-visit-to-a-high-tech-operating-room. Accessed 28 December 2023.

Gibbs, Samuel. *"Musk, Wozniak and Hawking urge ban on warfare AI and autonomous weapons."* The Guardian, 27 July 2015, https://www.theguardian.com/technology/2015/jul/27/musk-wozniak-hawking-ban-ai-autonomous-weapons. Accessed 29 December 2023.

Gibson, DG, et al. *"Creation of a bacterial cell controlled by a chemically synthesized genome."* 2010.

Gibson, William. Neuromancer. Penguin Publishing Group, 2000.

Gillham, Nicholas W. A Life of Sir Francis Galton: From African Exploration to the Birth of Eugenics. Oxford University Press, 2001.

Gillies, Trent. *"Three Square Market CEO explains its employee microchip implant."* CNBC, 13 August 2017, https://www.cnbc.com/2017/08/11/three-square-market-ceo-explains-its-employee-microchip-implant.html. Accessed 29 December 2023.

Glaser, April. *"Elon Musk wants to connect computers to your brain so we can keep up with robots."* Vox, 27 March 2017, https://www.vox.com/2017/3/27/15079226/elon-musk-computers-technology-brain-ai-artificial-intelligence-neural-lace. Accessed 29 December 2023.

Glasser, Zach. *"AI Face-Swap App Spawns New Class Action."* Lexology, 4 May 2023, https://www.lexology.com/library/detail.aspx?g=b14587ce-7046-4cbf-b2aa-b4d8735ee123. Accessed 26 December 2023.

Glover, Paul, and Richard Bowtell. *"MRI rides the wave.,."* Nature, 2009, https://www.nature.com/articles/457971a. Accessed 26 December 2023.

Goard, Sølvi. *"Making and Getting Made: Towards a Cyborg Transfeminism."* Salvage, 8 December 2017, https://salvage.zone/making-and-getting-made-towards-a-cyborg-transfeminism/. Accessed 29 December 2023.

Goertzel, Ben. *"OpenCog Foundation | Building better minds together."* OpenCog Foundation | Building better minds together, https://opencog.org/. Accessed 28 December 2023.

Goldmacher, Shane. *"The 2020 Campaign Is the Most Expensive Ever (By a Lot) (Published 2020)."* The New York Times, 28 October 2020, https://www.nytimes.com/2020/10/28/us/politics/2020-race-money.html. Accessed 29 December 2023.

Goldman, Bruce, and Brad Busse. *"New imaging method developed at Stanford reveals stunning details of brain connections."* Stanford Medicine, 17 November 2010, https://med.stanford.edu/news/all-news/2010/11/new-imaging-method-developed-at-stanford-reveals-stunning-details-of-brain-connections.html?microsite=news&tab=news. Accessed 29 December 2023.

Good, Irving John. *"Speculations Concerning the First Ultraintelligent Machine."* 30 October 1966, https://www.sciencedirect.com/science/article/abs/pii/S0065245808604180. Accessed 28 December 2023.

Goodfellow, Ian. *"Generative Adversarial Nets."* Generative Adversarial Nets, 2014. Accessed 26 December 2023.
Google. *"Our Approach - How Google Search Works."* Google, https://www.google.com/search/howsearchworks/our-approach/. Accessed 30 January 2024.
Gordon, Robert J. The Rise and Fall of American Growth: The U.S. Standard of Living Since the Civil War. Princeton University Press, 2016.
Gosh, Aritra, et al. *"Artificial intelligence in accelerating vaccine development - current and future perspectives."* 2023, https://www.frontiersin.org/articles/10.3389/fbrio.2023.1258159/full. Accessed 29 December 2023.
Green, Lee. *"Legal Rulings on Sports Participation Rights of Transgender Athletes."* NFHS, 29 September 2020, https://www.nfhs.org/articles/legal-rulings-on-sports-participation-rights-of-transgender-athletes/. Accessed 29 December 2023.
Grey, W. *"A Machine that Learns."* Scientific American, 1951, https://www.scientificamerican.com/article/a-machine-that-learns/. Accessed 28 December 2023.
Grover, Lov K. *"A fast quantum mechanical algorithm for database search."* 1996.
Groys, Boris, editor. Russian Cosmism. E-flux, 2018.
Guinness. *"First robot Olympics."* Guinness World Records, 27 September 1990, https://www.guinnessworldrecords.com/world-records/first-robot-olympics. Accessed 28 December 2023.
Guizzo, Erico. *"Cynthia Breazeal Unveils Jibo, a Social Robot for the Home."* Cynthia Breazeal Unveils Jibo, a Social Robot for the Home, 2014, https://spectrum.ieee.org/cynthia-breazeal-unveils-jibo-a-social-robot-for-the-home. Accessed 29 December 2023.
Guizzo, Erico. *"Kiva Systems: Three Engineers, Hundreds of Robots, One Warehouse."* Kiva Systems: Three Engineers, Hundreds of Robots, One Warehouse, IEEE Spectrum, 2008, https://spectrum.ieee.org/three-engineers-hundreds-of-robots-one-warehouse. Accessed 28 December 2023.
Haarmann, Claudia, et al. *"Making the difference! The BIG in Namibia."* 2009. Accessed 30 January 2024.
Haddad, Michel, et al. *"Improved Early Survival with the Total Artificial Heart."* 2004.
Haden, Jeff. *"Research Reveals How Many Likes It Takes for Facebook to Know You Better Than Anyone (Even Your Spouse)."* Inc. Magazine, 11 March 2021, https://www.inc.com/jeff-haden/research-reveals-how-many-likes-it-takes-for-facebook-to-know-you-better-than-your-spouse.html. Accessed 13 February 2024.
Hamilton, John. The Space Race: The Thrilling History of NASA's Race to the Moon, from Project Mercury to Apollo 11 and Beyond. RavenFire Media, Incorporated, 2022. Accessed 28 December 2023.
Hamzah, Aqil. *"From robot dogs to special drones, SAF tests unmanned platforms in US exercise."* The Straits Times, 25 September 2023, https://www.straitstimes.com/singapore/from-robot-dogs-to-micro-drones-saf-tests-unmanned-platforms-in-us-exercise. Accessed 28 December 2023.
Hand, Sophie. *"A Brief History of Collaborative Robots."* Material Handling and Logistics, 26 February 2020, https://www.mhlnews.com/technology-automation/article/21124077/a-brief-history-of-collaborative-robots. Accessed 27 December 2023.
Hanson, Robin. The Age of Em: Work, Love, and Life when Robots Rule the Earth. Oxford University Press, 2018.
Harari, Yuval Noah. Homo Deus: A Brief History of Tomorrow. Translated by Yuval Noah Harari, HarperCollins, 2017.
Haraway, Donna. *"A Cyborg Manifesto."* Socialist Review (US), 1985.
Harbisson, Neil. *"I listen to color | TED Talk."* TED Talks, 20 July 2012, https://www.ted.com/talks/neil_harbisson_i_listen_to_color?language=en. Accessed 29 December 2023.
Harbou, Thea von. Metropolis. Dover Publications, 2015.
Harrow, Aram, et al. *"Quantum algorithm for linear systems of equations."* hysical Review Letters., 2008.
Hart, Peter, et al. *"A Formal Basis for the Heuristic Determination of Minimum Cost Paths."* IEEE Transactions on Systems Science and Cybernetics, 1968.
Hattem, Julian. *"AT&T used broad data-gathering system for federal government."* Wikipedia, 2016, https://thehill.com/policy/national-security/302644-att-used-broad-data-gathering-system-for-us-government/. Accessed 30 January 2024.
Hawking, Stephen. Brief Answers to the Big Questions. Random House Publishing Group, 2018.
He, Yujia, and Anne Bowser. *"How China is preparing for an AI-powered Future."* Wilson Center, 6 2017,

https://www.wilsoncenter.org/sites/default/files/media/documents/publication/how_china_is_prep aring_for_ai_powered_future.pdf. Accessed 26 December 2023.

Heinlein, Robert A. Stranger in a Strange Land. Penguin Publishing Group, 2018.

Helou, Agnes, and Barry Rosenberg. *"With Turkish drones in the headlines, what happened to Ukraine's Bayraktar TB2s?"* Breaking Defense, 6 October 2023, https://breakingdefense.com/2023/10/with-turkish-drones-in-the-headlines-what-happened-to-ukraines-bayraktar-tb2s/. Accessed 28 December 2023.

Hemal, Ashok K., and Mani Menon, editors. Robotics in Genitourinary Surgery. Springer International Publishing, 2018. Accessed 27 December 2023.

Hemingway, Ernest, and Seán A. Hemingway. The Sun Also Rises: The Hemingway Library Edition. Edited by Seán A. Hemingway, Scribner, 1926.

Hempel, Jessi. *"How Fei-Fei Li Will Make Artificial Intelligence Better for Humanity."* WIRED, 13 November 2018, https://www.wired.com/story/fei-fei-li-artificial-intelligence-humanity/. Accessed 26 December 2023.

Henshall, Will. *"Elon Musk Says AI Will Eliminate the Need for Jobs."* Time, 2 November 2023, https://time.com/6331056/rishi-sunak-elon-musk-ai/. Accessed 28 December 2023.

Herbert, Frank. Dune, 40th Anniversary Edition (Dune Chronicles, Book 1). Penguin Publishing Group, 2005.

Herbert, Frank. Dune, 40th Anniversary Edition (Dune Chronicles, Book 1). Penguin Publishing Group, 2005.

Herculano-Houzel, Suzana. *"The human brain in numbers: a linearly scaled-up primate brain."* Frontiers in Human Neuroscience, no. 2009.

Hetzner, Christiaan. *"Omar Al Olama, world's first AI minister, says the technology could change the world like the printing press."* Fortune, 28 November 2023, https://fortune.com/asia/2023/11/28/artificial-intelligence-ai-technology-regulation-policy-guardrails-uae-fortune-global-forum/. Accessed 28 December 2023.

Hinton, Geoffrey, and David Rumelhart. *"Learning representations by back-propagating errors."* Nature, Nature.

"The HiPEAC Vision 2019 - Inria - Institut national de recherche en sciences et technologies du numérique." Hal-Inria, 10 November 2019, https://inria.hal.science/hal-02314184. Accessed 12 February 2024.

Ho, Tin Kam. *"A theory of multiple classifier systems and its application to visual word recognition.,."* A theory of multiple classifier systems and its application to visual word recognition, 1992, https://dl.acm.org/doi/book/10.5555/142930.

Hobbes, Thomas. Leviathan. Edited by Christopher Brooke, Penguin Publishing Group, 2017.

Hochreiter, Sepp, and Jürgen Schmidhuber. *"Long Short-Term memory."* Neural Computation, 1997.

Holley, Peter. *"Amazon's autonomous robots have started delivering packages in a new location: Southern California."* Washington Post, 12 August 2019, https://www.washingtonpost.com/technology/2019/08/12/amazons-autonomous-robots-have-started-delivering-packages-new-location-southern-california/. Accessed 28 December 2023.

Holpuch, Amanda. *"Why Countries Are Trying to Ban TikTok."* The New York Times, 12 December 2023, https://www.nytimes.com/article/tiktok-ban.html. Accessed 31 January 2024.

Holusha, John. *"JAPANESE ART OF AUTOMATION."* The New York Times, 28 March 1983, https://www.nytimes.com/1983/03/28/business/japanese-art-of-automation.html. Accessed 28 December 2023.

Hong, N. *"3D bioprinting and its in vivo applications."* Journal of Biomedical Materials Research, 2018.

Honnecourt, Villard. The Sketchbook of Villard de Honnecourt. Indiana University Press, 1968.

Hopfield, John. *"Neurons with graded response have collective computational properties like those of two-state neurons."* Proceedings of the National Academy of Sciences of the United States of America.

Hornyak, Timothy N. Loving the Machine: The Art and Science of Japanese Robots. Kodansha International, 2006.

Horsley, Jamie. *"China's Orwellian Social Credit Score Isn't Real."* Foreign Policy, 16 November 2018, https://foreignpolicy.com/2018/11/16/chinas-orwellian-social-credit-score-isnt-real/. Accessed 27 December 2023.

Howley, Daniel. *"We're one step closer to robot butlers doing our dishes."* We're one step closer to robot butlers doing our dishes, 2016, https://finance.yahoo.com/news/spotmini-boston-dynamics-robot-butler-174614581.html. Accessed 28 December 2023.

Hu, Krystal. *"ChatGPT sets record for fastest-growing user base - analyst note."* Reuters, 2 February 2023, https://www.reuters.com/technology/chatgpt-sets-record-fastest-growing-user-base-analyst-note-2023-02-01/. Accessed 26 December 2023.

Huebner, Jonathan. *"A Possible Declining Trend for Worldwide Innovation."* 2015.
Hugues, James. *"Citizen Cyborg: Why Democratic Societies Must Respond To The Redesigned Human Of The Future."* 2004.
Hull, Clark Leonard, et al. Mechanisms of Adaptive Behavior: Clark L. Hull's Theoretical Papers, with Commentary. Edited by Abram Amsel and Michael E. Rashotte, Columbia University Press, 1984.
Hume, David. A Treatise of Human Nature. Edited by Ernest C. Mossner, Penguin Publishing Group, 1984.
Hussein, Mohammed. *"Visualising the race to build the world's fastest supercomputers."* Al Jazeera, 14 January 2022, https://www.aljazeera.com/news/2022/1/14/infographic-visualising-race-build-world-fastest-supercomputers-interactive. Accessed 1 January 2024.
IBM. *"IBM 700 Series."* IBM, https://www.ibm.com/history/700. Accessed 26 December 2023.
IBM. *"IBM Archives: 7090 Data Processing System."* IBM, https://www.ibm.com/ibm/history/exhibits/mainframe/mainframe_PP7090.html. Accessed 26 December 2023.
IFR. *"Robot Density nearly Doubled globally."* International Federation of Robotics, 14 December 2021, https://ifr.org/ifr-press-releases/news/robot-density-nearly-doubled-globally. Accessed 29 December 2023.
Inglis, Esther. *"The very first robot "brains" were made of old alarm clocks."* Gizmodo, 7 March 2012, https://gizmodo.com/the-very-first-robot-brains-were-made-of-old-alarm-cl-5890771. Accessed 27 December 2023.
Intel. *"The Story of the Intel® 4004."* Intel, https://www.intel.com/content/www/us/en/history/museum-story-of-intel-4004.html. Accessed 26 December 2023.
Ivan, Zamesin. Clubhouse Elon Musk interview transcript. 2021.
Japan. *"The income doubling plan and the growing Japanese economy."* Ministry of Foreign Affairs, Japan, 1961.
John, Rohit Abraham, et al. *"Self healable neuromorphic memtransistor elements for decentralized sensory signal processing in robotics."* Nature Communications, 2020, https://www.nature.com/articles/s41467-020-17870-6. Accessed 28 December 2023.
Jonze, Spike, director. Her. 2013.
Jozuka, Emiko. *"The Sad Story of Eric, the UK's First Robot Who Was Loved Then Forsaken."* VICE, 19 May 2016, https://www.vice.com/en/article/pgkkpm/the-sad-story-of-eric-the-uks-first-robot-who-was-loved-then-forsaken. Accessed 27 December 2023.
Kak, Subhash. On quantum neural computing". Advances in Imaging and Electron Physics. 1995.
Kaku, Michio. *"By Midcentury, We May Have Brain 2.0."* Afflictor.com, 7 March 2014, https://afflictor.com/2014/03/07/by-midcentury-we-may-have-brain-2-0/. Accessed 28 December 2023.
Kaneko, Kenji, and Hiroshi Kaminaga. *"Humanoid Robot HRP-5P: An Electrically Actuated Humanoid Robot With High-Power and Wide-Range Joints."* Humanoid Robot HRP-5P: An Electrically Actuated Humanoid Robot With High-Power and Wide-Range Joints, 2019, https://ieeexplore.ieee.org/document/8630006. Accessed 28 December 2023.
Kania, Elsa B., and Paul Scharre. *"Battlefield Singularity."* Center for a New American Security, 28 November 2017, https://www.cnas.org/publications/reports/battlefield-singularity-artificial-intelligence-military-revolution-and-chinas-future-military-power. Accessed 27 December 2023.
Kasparov, Garri Kimovich, and Mig Greengard. Deep Thinking: Where Machine Intelligence Ends and Human Creativity Begins. PublicAffairs, 2017.
Kato, Ichiro. *"The robot musician 'wabot-2' (waseda robot-2)."* 1987.
Kato, Ikunishin. *"Information-power machine with senses and limbs (Wabot 1)."* 1974.
Kawasaki. *"History of Kawasaki Robotics | Industrial Robots by Kawasaki Robotics."* Kawasaki Robotics, Kawasaki, 2019, https://kawasakirobotics.com/eu-africa/company/history/. Accessed 28 December 2023.
Keranen, Rachel. Inventions in Computing: From the Abacus to Personal Computers. Cavendish Square Publishing, 2016.
Kingma, Diederik P., and Max Welling. *"Auto-Encoding Variational Bayes."* arXiv, 20 December 2013, https://arxiv.org/abs/1312.6114. Accessed 26 December 2023.
Kissinger, Henry. *"Dr Henry Kissinger on the Potential Dangers of Artificial Intelligence."* Home, 2023, https://www.youtube.com/shorts/nE85oKtA5Ic. Accessed 3 January 2024.
Klayman, Ben, and Stephen Nellis. *"Trump's China tech war backfires on automakers as chips run short."* Reuters, 14 January 2021, https://www.reuters.com/article/us-autos-tech-chips-focus-idUSKBN29K0GA. Accessed 27 December 2023.

Knight, Will. *"Amazon's New Robots Are Rolling Out an Automation Revolution."* WIRED, 26 June 2023, https://www.wired.com/story/amazons-new-robots-automation-revolution/. Accessed 28 December 2023.
Knight, Will. *"These Clues Hint at the True Nature of OpenAI's Shadowy Q* Project."* WIRED, 30 November 2023, https://www.wired.com/story/fast-forward-clues-hint-openai-shadowy-q-project/. Accessed 29 December 2023.
Knight, Will. *"This Robot Could Transform Manufacturing."* MIT Technology Review, 18 September 2012, https://www.technologyreview.com/2012/09/18/183759/this-robot-could-transform-manufacturing/. Accessed 27 December 2023.
Kobie, Nicole. *"The complicated truth about China's social credit system."* Wired UK, 7 June 2019, https://www.wired.co.uk/article/china-social-credit-system-explained. Accessed 27 December 2023.
Koder, Ronald L., and J. L. Ross Anderson. *"Design and engineering of an O(2) transport protein."* NCBI, 2013, https://www.ncbi.nlm.nih.gov/pmc/articles/PMC3539743/. Accessed 30 December 2023.
Koty, Alexander Chipman. *"Artificial Intelligence in China: Shenzhen Releases First Local Regulations."* China Briefing, 29 July 2021, https://www.china-briefing.com/news/artificial-intelligence-china-shenzhen-first-local-ai-regulations-key-areas-coverage/. Accessed 27 December 2023.
Krizhevsky, Alex, et al. *"ImageNet Classification with Deep Convolutional Neural Networks."* Communications of the ACM., 2017.
Künsken, Derek. The Quantum Magician. Solaris, 2018.
Kurzweil, Ray. The Age of Spiritual Machines: When Computers Exceed Human Intelligence. Penguin Publishing Group, 2000.
Kurzweil, Ray. The Singularity Is Nearer: When We Merge with Computers. Penguin Publishing Group, 2005.
Kwoh, YS, et al. *"A robot with improved absolute positioning accuracy for CT guided stereotactic brain surgery."* IEEE Transactions on Bio-Medical Engineering, 1988.
LaGrandeur, Kevin. Androids and Intelligent Networks in Early Modern Literature and Culture: Artificial Slaves. Routledge, 2013.
Landymore, Frank. *"Godfather of AI Tells Us to Stop Freaking Out Over Its "Existential Risk" To Humanity."* Futurism, 19 October 2023, https://futurism.com/the-byte/godfather-ai-stop-freaking-out. Accessed 29 December 2023.
Lang, Fritz, director. Metropolis. 1927. 1927.
LaPonsie, Maryalene. *"What Is Universal Basic Income?"* US News Money, 1 March 2022, https://money.usnews.com/money/personal-finance/articles/what-is-universal-basic-income. Accessed 29 December 2023.
Lasker. *"DeBakey Clinical Medical Research Award: Modern cochlear implant."* The Lasker Foundation, 2017.
LeCun, Yann. *"Comparison of learning algorithms for handwritten digit recognition."*
LeCun, Yann. *"Post on LinkedIn."* 30 October 2023, https://www.linkedin.com/posts/yann-lecun_animals-and-humans-get-very-smart-very-quickly-activity-7133567569684238336-szrF/. Accessed 28 December 2023.
Ledsom, Alex. *"What Leonardo Da Vinci's Roaring Lion In Paris Has To Say About The World Today."* Forbes, 29 September 2019, https://www.forbes.com/sites/alexledsom/2019/09/29/what-leonardo-da-vincis-roaring-lion-in-paris-has-to-say-about-the-world-today. Accessed 27 December 2023.
Lee, Daniel D. Jensen Huang's Nvidia: Processing the Mind of Artificial Intelligence. 2023.
Leibniz, Gottfried. The Monadology. CreateSpace Independent Publishing Platform, 2017.
Levine, Robert, and Ray Kurzweil. *"Playboy | the New Human « the Kurzweil Library + collections."* Ray Kurzweil, 2006, https://www.thekurzweillibrary.com/playboy-the-new-human. Accessed 28 December 2023.
Lewis, Gideon. *"Check In With the Velociraptor at the World's First Robot Hotel."* WIRED, 2 March 2016, https://www.wired.com/2016/03/robot-henn-na-hotel-japan/. Accessed 28 December 2023.
Li, Fei-Fei, et al. *"ImageNet Large Scale Visual Recognition Challenge."* ImageNet Large Scale Visual Recognition Challenge, https://link.springer.com/article/10.1007/s11263-015-0816-y. Accessed 28 December 2023.
Lien, Tracey. *"AlphaGo beats human Go champ in milestone for artificial intelligence."* Los Angeles Times, 12 March 2016, https://www.latimes.com/world/asia/la-fg-korea-alphago-20160312-story.html. Accessed 26 December 2023.
Liezi, th Cent B. C., and A. C. (Angus Charles) Tr Graham, editors. The Book of Lieh-tzu. Creative Media Partners, LLC, 2021.

Lightman, Hunter, et al. *"Let's Verify Step by Step."* arXiv, 31 May 2023, https://arxiv.org/abs/2305.20050. Accessed 29 December 2023.

Lin, Tsung-Yi, and Hong-Sen Yan. *"A study on ancient Chinese time laws and the time-telling system of Su Song's clock tower."* 2002, https://www.sciencedirect.com/science/article/abs/pii/S0094114X01000593. Accessed 27 December 2023.

Linder, J., et al. *"A generative neural network for maximizing fitness and diversity of synthetic DNA and protein sequences."* 2020.

Linnainmaa, Seppo. *"The representation of the cumulative rounding error of an algorithm as a Taylor expansion of the local rounding errors."* 1970.

Lloyd, Seth, et al. *"Quantum principal component analysis."* Nature, 2014, https://www.nature.com/articles/nphys3029. Accessed 29 December 2023.

Lohr, Steve. *"A $1 Million Research Bargain for Netflix, and Maybe a Model for Others (Published 2009)."* The New York Times, 21 September 2009, https://www.nytimes.com/2009/09/22/technology/internet/22netflix.html. Accessed 26 December 2023.

Lowensohn, Josh. *"Google buys Boston Dynamics, maker of spectacular and terrifying robots."* The Verge, 13 December 2013, https://www.theverge.com/2013/12/14/5209622/google-has-bought-robotics-company-boston-dynamics. Accessed 26 December 2023.

Lu, Marcus, and Niccolo Conte. *"Ranked: Government Debt by Country, in Advanced Economies."* Visual Capitalist, 11 December 2023, https://www.visualcapitalist.com/government-debt-by-country-advanced-economies/. Accessed 6 February 2024.

Macdonald, Fiona, and Gustav Klutsis. *"The early Soviet images that foreshadowed fake news."* BBC, 10 November 2017, https://www.bbc.com/culture/article/20171110-the-early-soviet-images-that-foreshadowed-fake-news. Accessed 10 February 2024.

Mackintosh, Phil, and Dillon Jaghory. *"Japan's Robot Dominance."* Nasdaq, 16 May 2022, https://www.nasdaq.com/articles/japans-robot-dominance. Accessed 28 December 2023.

Majors, Lee, creator. The Six Million Dollar Man. ABC, 1973-78.

Makin, Joseph G, et al. *"Machine translation of cortical activity to text with an encoder–decoder framework."* NCBI, 30 March 2020, https://www.ncbi.nlm.nih.gov/pmc/articles/PMC10560395/. Accessed 29 December 2023.

Malyshev, DA, et al. *"A semi-synthetic organism with an expanded genetic alphabet.""* Nature, 2014.

Manning, Rob, and William L. Simon. Mars Rover Curiosity: An Inside Account from Curiosity's Chief Engineer. Smithsonian, 2017.

Mansour, Salem, et al. *"Efficacy of Brain–Computer Interface and the Impact of Its Design Characteristics on Poststroke Upper-limb Rehabilitation: A Systematic Review and Meta-analysis of Randomized Controlled Trials."* NCBI, 2021, https://www.ncbi.nlm.nih.gov/pmc/articles/PMC8619716/. Accessed 29 December 2023.

Marboy, Steven. NASA Mars Rover Perseverance: Mars 2020. Independently Published, 2020. Accessed 28 December 2023.

Marinescu, Ioana, and Heikki Hiilamo. *"Why Alaska's Experience Shows Promise for Universal Basic Income."* Knowledge at Wharton, 10 May 2018, https://knowledge.wharton.upenn.edu/podcast/knowledge-at-wharton-podcast/alaskas-experience-shows-promise-universal-basic-income/. Accessed 30 January 2024.

Markoff, John. *"Behind Artificial Intelligence, a Squadron of Bright Real People (Published 2005)."* The New York Times, 14 October 2005, https://www.nytimes.com/2005/10/14/technology/behind-artificial-intelligence-a-squadron-of-bright-real-people.html. Accessed 26 December 2023.

Markoff, John. *"Crashes and Traffic Jams in Military Test of Robotic Vehicles (Published 2007)."* The New York Times, 5 November 2007, https://www.nytimes.com/2007/11/05/technology/05robot.html. Accessed 28 December 2023.

Markoff, John. *"In a Big Network of Computers, Evidence of Machine Learning."* The New York Times, 25 June 2012, https://www.nytimes.com/2012/06/26/technology/in-a-big-network-of-computers-evidence-of-machine-learning.html?pagewanted=all. Accessed 26 December 2023.

Martin, Goerge M. *"Brief proposal on immortality: an interim solution."* Perspectives in Biology and Medicine., 1971.

Masamune, Shirow. The Ghost in the Shell: Fully Compiled (Complete Hardcover Collection). Kodansha Comics, 2023.

Maslow, Abraham. *"A theory of human motivation."* Psychological Review, 1943.

Mason, Cindy. *"(PDF) Giving Robots Compassion, C. Mason, Conference on Science and Compassion, Poster Session, Telluride, Colorado, 2012."* ResearchGate, 2012,

https://www.researchgate.net/publication/260230014_Giving_Robots_Compassion_C_Mason_Co nference_on_Science_and_Compassion_Poster_Session_Telluride_Colorado_2012. Accessed 28 December 2023.
Matsakis, Louise. *"How the West Got China's Social Credit System Wrong."* WIRED, 29 July 2019, https://www.wired.com/story/china-social-credit-score-system/. Accessed 27 December 2023.
Mayor, Adrienne. Gods and Robots: Myths, Machines, and Ancient Dreams of Technology. Princeton University Press, 2020.
McCarthy, John, et al. A PROPOSAL FOR THE DARTMOUTH SUMMER RESEARCH PROJECT ON ARTIFICIAL INTELLIGENCE. 1955.
McCorduck, Pamela. Machines Who Think: A Personal Inquiry Into the History and Prospects of Artificial Intelligence. Taylor & Francis, 2004.
McCulloch, Warren, and Walter Pitts. *"A logical calculus of the ideas immanent in nervous activity."* The bulletin of mathematical biophysics, 1945.
McElhinney, David. *"Why money will not be enough to address Japan's baby crisis."* Al Jazeera, 28 February 2023, https://www.aljazeera.com/news/2023/2/28/why-money-will-not-be-enough-to-address-japans-demographic-crisis. Accessed 28 December 2023.
McKinsey. *"Modeling the global economic impact of AI."* McKinsey, 4 September 2018, https://www.mckinsey.com/featured-insights/artificial-intelligence/notes-from-the-ai-frontier-modeling-the-impact-of-ai-on-the-world-economy. Accessed 29 December 2023.
Mesopotamian. The Epic of Gilgamesh. Penguin Classics, 1960.
Meyer, David. *"U.S. Urges Other Countries to Shun Huawei, Citing Espionage Risk."* Fortune, 23 November 2018, https://fortune.com/2018/11/23/us-huawei-espionage/. Accessed 27 December 2023.
"Microsoft-affiliated research finds flaws in GPT-4." TechCrunch, 17 October 2023, https://techcrunch.com/2023/10/17/microsoft-affiliated-research-finds-flaws-in-gtp-4/. Accessed 12 February 2024.
Mikolov, Tomas, and Kai Chen. *"Efficient Estimation of Word Representations in Vector Space."* Efficient Estimation of Word Representations in Vector Space, 16 January 2013. Accessed 26 December 2023.
Mims, Christopher. *"Self-Driving Cars Could Be Decades Away, No Matter What Elon Musk Said."* The Wall Street Journal, 5 June 2021, https://www.wsj.com/articles/self-driving-cars-could-be-decades-away-no-matter-what-elon-musk-said-11622865615. Accessed 13 February 2024.
Modis, Theodore. *"Forecasting the Growth of Complexity and Change."* 2002.
Moor, James, editor. The Turing Test: The Elusive Standard of Artificial Intelligence. Springer Netherlands, 2003.
Moore, Gordon E. *"Cramming more components onto integrated circuits."* 1965.
Moran, Michael E. *"The."* The da Vinci Robot, 2007, https://www.liebertpub.com/doi/10.1089/end.2006.20.986. Accessed 27 December 2023.
Moravec, Hans. *"Caution! Robot vehicle!"* Caution! Robot vehicle!, 1991, https://dl.acm.org/doi/10.5555/132218.132237. Accessed 27 December 2023.
Moravec, Hans. Mind Children: The Future of Robot and Human Intelligence. Harvard University Press, 1988.
Moravec, Hans. *"Obstacle avoidance and navigation in the real world by a seeing robot rover."* PHD, 1980.
Moravec, Hans. *"Today's Computers, Intelligent Machines, and Our Future."* 1979.
Moravec, Hans P. Robot: Mere Machine to Transcendent Mind. Oxford University Press, 1999.
More, Max. Comments on Vinge's Singularity, 2014, https://mason.gmu.edu/~rhanson/vc.html#more. Accessed 29 December 2023.
More, Thomas. Utopia. Translated by Paul Turner, Penguin Publishing Group, 2003.
Morgan, Richard K. Altered Carbon. Del Rey, 2003.
Mori, Masahiro. The Buddha in the Robot. Kosei Publishing Company, 1981.
Mori, Masahiro. *"The Uncanny Valley."* 1970, https://spectrum.ieee.org/the-uncanny-valley. Accessed 28 December 2023.
Mortimer, John, and Brian Rooks. *"The International Robot Industry Report."* 1987, https://link.springer.com/book/10.1007/978-3-662-13174-9. Accessed 28 December 2023.
Mosco, Vincent. To the Cloud: Big Data in a Turbulent World. Taylor & Francis, 2015.
Motoda, Hiroshi. *"The current status of expert system development and related technologies in Japa."* Hitachi, 1990, https://ieeexplore.ieee.org/document/58016. Accessed 28 December 2023.

"*Mueller finds no collusion with Russia, leaves obstruction question open.*" American Bar Association, 2019, https://www.americanbar.org/news/abanews/aba-news-archives/2019/03/mueller-concludes-investigation/.

Mumtaz, Sandeeb. "*Electroencephalogram (EEG)-based computer-aided technique to diagnose major depressive disorder (MDD).*" Biomedical Signal Processing and Control, 2017, https://www.sciencedirect.com/science/article/abs/pii/S1746809416300866. Accessed 2 February 2024.

Murakami, Kazuo, translator. 機巧図彙. Murakami Kazuo, 2012.

Murray, Chuck. "*Re-wiring the Body.*" 2005.

Murre, Jaap M. J. "*Replication and Analysis of Ebbinghaus' Forgetting Curve.*" PLOS, 2015, https://journals.plos.org/plosone/article?id=10.1371/journal.pone.0120644. Accessed 6 February 2024.

Musk, Elon, and Alex Medina. Elon Musk on X: "This is nothing. In a few years, that bot will move so fast you'll need a strobe light to see it. Sweet dreams… https://t.co/0MYNixQXMw", 26 November 2017, https://twitter.com/elonmusk/status/934888089058549760? Accessed 28 December 2023.

Muzyka, Kamil. "*The Outline of Personhood Law Regarding Artificial Intelligences and Emulated Human Entities.*" Sciendo, 23 November 2011, https://sciendo.com/article/10.2478/jagi-2013-0010. Accessed 29 December 2023.

Myre, Greg. "*China Wants Your Data — And May Already Have It.*" NPR, 24 February 2021, https://www.npr.org/2021/02/24/969532277/china-wants-your-data-and-may-already-have-it. Accessed 31 January 2024.

Nagata, Kazuaki. "*SoftBank unveils 'historic' robot.*" The Japan Times, 5 June 2014, https://www.japantimes.co.jp/news/2014/06/05/business/corporate-business/softbank-unveils-pepper-worlds-first-robot-reads-emotions/#.U5hbI_m1ZbU. Accessed 28 December 2023.

Nahin, Paul J. The Logician and the Engineer: How George Boole and Claude Shannon Created the Information Age. Princeton University Press, 2017.

NASA. "*NASA's Dragonfly Will Fly Around Titan Looking for Origins, Signs of Life.*" NASA, 27 June 2019, https://www.nasa.gov/news-release/nasas-dragonfly-will-fly-around-titan-looking-for-origins-signs-of-life/. Accessed 28 December 2023.

NASA. "*OSIRIS-REx.*" NASA Science, https://science.nasa.gov/mission/osiris-rex/. Accessed 28 December 2023.

NASA. "*OSIRIS-REx.*" NASA Science, https://science.nasa.gov/mission/osiris-rex/. Accessed 28 December 2023.

NASA. "*Regolith Advanced Surface Systems Operations Robot (RASSOR).*" NASA 3D Resources, 9 June 2021, https://nasa3d.arc.nasa.gov/detail/RASSOR. Accessed 28 December 2023.

NASA. "*Robonaut2.*" NASA, 26 September 2023, https://www.nasa.gov/robonaut2/. Accessed 28 December 2023.

NASA. "*SPHERES International Space Station National Laboratory Facility – Synchronized Position Hold, Engage, Reorient, Experimental.*" NASA, https://www.nasa.gov/wp-content/uploads/2017/12/spheres_fact_sheet-508-7may2015.pdf. Accessed 28 December 2023.

NASA. "*Viking 1 & 2 | Missions – NASA Mars Exploration.*" NASA Mars Exploration, https://mars.nasa.gov/mars-exploration/missions/viking-1-2/. Accessed 28 December 2023.

Nature. "*Tercentenary of the Calculating Machine.*" no. 150, 1942, https://www.nature.com/articles/150427a0#preview.

Neeley, Brian. "*China is building the best firewall for the AI age.*" Business News, 26 December 2023, https://biz.crast.net/china-is-building-the-best-firewall-for-the-ai-age/. Accessed 27 December 2023.

Neuman, John Von. First Draft of a Report on the EDVAC. Creative Media Partners, LLC, 2021.

Neuralink. "*Neuralink Announcement on X.*" X.com, 25 May 2023, https://twitter.com/neuralink/status/1661857379460468736. Accessed 29 December 2023.

Newell, Allen, and Herbert Simon. "*Computer Science as Empirical Inquiry: Symbols and Search.*" 1976.

Newitz, Annalee. Autonomous. Translated by Alexander Páez, Minotauro, 2019.

Newquist, Harvey P. The Brain Makers. Sams Pub., 1994.

Newsflare. "*Seven places where robots serve customers in Bangkok, Thailand.*" Newsflare, 13 May 2023, https://www.newsflare.com/video/562164/seven-places-where-robots-serve-customers-in-bangkok-thailand. Accessed 6 February 2024.

New York Times. "*BUSINESS TECHNOLOGY; What's the Best Answer? It's Survival of the Fittest (Published 1990).*" The New York Times, 29 August 1990, https://www.nytimes.com/1990/08/29/business/business-technology-what-s-the-best-answer-it-s-survival-of-the-fittest.html?scp=1&sq=axcelis%20evolver&st=cse/. Accessed 26 December 2023.

Ni, Vincent. *"China denounces US Senate's $250bn move to boost tech and manufacturing."* The Guardian, 8 June 2021, https://www.theguardian.com/us-news/2021/jun/09/us-senate-approves-50bn-boost-for-computer-chip-and-ai-technology-to-counter-china. Accessed 29 January 2024.

Niccol, Andrew, director. Gattace. 1997.

Nielsen, AA. *"Genetic circuit design automation."* 2016.

Nikkey. *"Japan's senior-care providers seek more foreign trainees."* Nikkei Asia, 11 January 2017, https://asia.nikkei.com/Business/Japan-s-senior-care-providers-seek-more-foreign-trainees. Accessed 28 December 2023.

Nilsson, Nils J. The Quest for Artificial Intelligence. Cambridge University Press, 2010.

Nishida, Toyoaki. *"The Best of AI in Japan — Prologue."* 2012.

Nof, Shimon Y., editor. Handbook of Industrial Robotics. Wiley, 1999.

Nolan, Beatrice. *"Sam Altman Keeps Talking About AGI Replacing the 'Median Human.'"* Business Insider, 27 September 2023, https://www.businessinsider.com/sam-altman-thinks-agi-replaces-median-humans-2023-9. Accessed 28 December 2023.

NTT DATA. *"More Than 80% of Financial Institutions Believe AI is the Key Competitive Driver to Success NTT DATA Study Reveals."* NTT DATA, 21 April 2021, https://mx.nttdata.com/es/news/press-release/2021/april/financial-institutions-believe-ai-is-key. Accessed 29 December 2023.

Nurk, Sergey, et al. *"The complete sequence of a human genome."* https://www.science.org/doi/10.1126/science.abj6987, 2022.

Nye, Greg. *"China Wants Your Data."* NPR, 9 November 2017, https://www.ktep.org/world-news/2021-02-24/china-wants-your-data-and-may-already-have-it. Accessed 13 February 2024.

Obringer, Lee Ann, and Jonathan Strickland. *"How ASIMO Works | HowStuffWorks."* Science | HowStuffWorks, 2007, https://science.howstuffworks.com/asimo.htm#pt1. Accessed 28 December 2023.

Ohnsman, Alan. *"At $1.1 Billion Google's Self-Driving Car Moonshot Looks Like A Bargain."* Forbes, 15 September 2017, https://www.forbes.com/sites/alanohnsman/2017/09/15/at-1-1-billion-googles-self-driving-car-moonshot-looks-like-a-bargain/. Accessed 28 December 2023.

Okonedo, Sophie, (TV Series 2020)." IMDb, 2020, https://www.imdb.com/title/tt13464340/. Accessed 28 December 2023.

Olcott, Eleanor, and Wenjie Ding. *"China struggles to control data sales as companies shun official exchanges."* Financial Times, 27 December 2023, https://www.ft.com/content/eab7c43a-e4a0-464b-a5d4-d71526dd2e8b. Accessed 27 December 2023.

Opie, N. *"The StentrodeTM Neural Interface System.""* Brain-Computer Interface Research., 2021.

Oremus, Will. DeepFace: Facebook face-recognition software is 97 percent accurate., 18 March 2014, https://slate.com/technology/2014/03/deepface-facebook-face-recognition-software-is-97-percent-accurate.html. Accessed 26 December 2023.

Ourworldindata. *"GDP per capita: Argentina, France, Germany, UK ."* 9 October 2021, https://ourworldindata.org/grapher/gdp-per-capita-maddison?tab=chart&time=1602..1948&country=ARG~FRA~DEU~GBR. Accessed 29 December 2023.

Overbye, Dennis. *"Reaching for the Stars, Across 4.37 Light-Years."* The New York Times, 12 April 2016, https://www.nytimes.com/2016/04/13/science/alpha-centauri-breakthrough-starshot-yuri-milner-stephen-hawking.html. Accessed 30 December 2023.

Ownify. *"Fractional ownership explained."* Ownify, https://ownify.com/fractional-ownership-explained. Accessed 6 February 2024.

Page, Larry, and Sergey Brin. *"The anatomy of a large-scale hypertextual Web search engine."* Computer Networks and Isdn Systems, 1998.

Pandi, A., et al. *"Metabolic perceptrons for neural computing in biological systems.""* Nature Communications., 2019.

Park, Ed Sjc. EGo: A Dot-com Bubble Story. Lulu.com, 2012.

Pearson, Karl. *"On Lines and Planes of Closest Fit to Systems of Points in Space."* 1901.

Pennington, Jeffrey,, and Richard Socher. *"GloVe: Global Vectors for Word Representation."* Stanford NLP Group, 2014, https://nlp.stanford.edu/pubs/glove.pdf. Accessed 26 December 2023.

Pereira, Anthony W. *""Bolsa Familia" and democracy in Brazil."* Third World Quarterly, 2015, https://www.jstor.org/stable/24523144. Accessed 30 January 2024.

Perov, Ivan. *"DeepFaceLab: Integrated, flexible and extensible face-swapping framework."* arXiv, 12 May 2020, https://arxiv.org/abs/2005.05535. Accessed 26 December 2023.

Peshkin, Michael A., and James E. Colgate. *"US Patent US5952796A - Cobots."* Google Patents, 1997, https://patents.google.com/patent/US5952796. Accessed 27 December 2023.

Peters, Jay, and Alex Castro. *"The New York Times blocks OpenAI's web crawler."* The Verge, 21 August 2023, https://www.theverge.com/2023/8/21/23840705/new-york-times-openai-web-crawler-ai-gpt. Accessed 26 December 2023.

Pew. *"Political Polarization in the American Public."* Pew Research Center, 12 June 2014, https://www.pewresearch.org/politics/2014/06/12/political-polarization-in-the-american-public/. Accessed 29 December 2023.

Pew. *"Public Trust in Government: 1958-2023."* Pew Research Center, 19 September 2023, https://www.pewresearch.org/politics/2023/09/19/public-trust-in-government-1958-2023/. Accessed 29 December 2023.

Pieke, Frank N., and Bert Hofman, editors. CPC Futures: The New Era of Socialism with Chinese Characteristics. National University of Singapore Press, 2022.

Pinker, Steven. *"Tech Luminaries Address Singularity."* https://spectrum.ieee.org/, 2008, https://spectrum.ieee.org/tech-luminaries-address-singularity. Accessed 29 December 2023.

Piore, Adam. *"Beijing's Plan to Control the World's Data: Out-Google Google."* Newsweek, 7 September 2022, https://www.newsweek.com/2022/09/16/beijings-plan-control-worlds-data-out-google-google-1740426.html. Accessed 31 January 2024.

Poe, Edgar Allan. Edgar Allan Poe: Selected Works: "The Business Man," "The Landscape Garden," "Maelzel's Chess Player," "The Power of Words". St Johns University Press, 1968.

Pollack, Andrew. *"'Fifth Generation' Became Japan's Lost Generation."* The New York Times, 5 June 1992, https://www.nytimes.com/1992/06/05/business/fifth-generation-became-japan-s-lost-generation.html. Accessed 28 December 2023.

Pomerleau, Dean A. *"ALVINN: An Autonomous Land Vehicle in a Neural Network."* 1988.

Population Pyramid. *"Population of Japan 2060."* PopulationPyramid.net, https://www.populationpyramid.net/japan/2060/. Accessed 3 February 2024.

Porter, Jon, and Alex Castro. *"ChatGPT continues to be one of the fastest-growing services ever."* The Verge, 6 November 2023, https://www.theverge.com/2023/11/6/23948386/chatgpt-active-user-count-openai-developer-conference. Accessed 26 December 2023.

Pritchett, Price, and Brian Muirhead. The Mars Pathfinder: Approach to "faster-better-cheaper": Hard Proof from the NASA/JPL Pathfinder Team on how Limitations Can Guide You to Breakthroughs. Pritchett & Associates, 1998.

PWC. *"What's the real value of AI for your business and how can you capitalise?"* PwC, 2017, https://www.pwc.com/gx/en/issues/analytics/assets/pwc-ai-analysis-sizing-the-prize-report.pdf. Accessed 29 December 2023.

Quinlan, J. Ross. C4.5. Elsevier Science, 1993.

Rabaey, JM. *"Brain-machine interfaces as the new frontier in extreme miniaturization."* 2011 Proceedings of the European Solid-State Device Research Conference, 2011.

Rajaniemi, Hannu. The Quantum Thief. Tor Publishing Group, 2014.

Rashid, Rushdi, editor. Al-Khwārizmī: The Beginnings of Algebra. Saqi, 2009.

Redgrove, H. Stanley. Roger Bacon: The Father of Experimental Science and Medieval Occultism. Kessinger Publishing, LLC, 2010.

Rees, Martin J. Our final hour : a scientist's warning : how terror, error, and environmental disaster threaten humankind's future in this century on earth and beyond. Basic Books, 2004.

Reilly, Jessica, et al. *"China's Social Credit System: Speculation vs. Reality."* The Diplomat, 30 March 2021, https://thediplomat.com/2021/03/chinas-social-credit-system-speculation-vs-reality/. Accessed 26 December 2023.

Reynolds, Isabel, et al. *"Weak Yen Unravels Japan's Quest for Foreign Workers."* Bloomberg.com, 9 November 2022, https://www.bloomberg.com/news/articles/2022-11-09/weak-yen-unravels-japans-quest-for-foreign-workers. Accessed 28 December 2023.

Rinaudo, K. *"A universal RNAi-based logic evaluator that operates in mammalian cells"*. 2007.

River, Charles. The Viking Program: The History and Legacy of NASA's First Missions to Mars. Amazon Digital Services LLC - Kdp, 2019.

Rombach, Robin, et al. *"High-Resolution Image Synthesis with Latent Diffusion Models - Computer Vision & Learning Group."* 2022, https://ommer-lab.com/research/latent-diffusion-models/. Accessed 26 December 2023.

Roose, Kevin. *"A.I. Poses 'Risk of Extinction,' Industry Leaders Warn."* The New York Times, 30 May 2023, https://www.nytimes.com/2023/05/30/technology/ai-threat-warning.html. Accessed 29 December 2023.

Roose, Kevin. *"Mr. Altman Goes to Washington, and Casey Goes on This American Life."* The New York Times, 19 May 2023, https://www.nytimes.com/2023/05/19/podcasts/hard-fork-altman-yoel-roth.html. Accessed 26 December 2023.

Rosen, Rebecca J. *"Google's Self-Driving Cars: 300000 Miles Logged, Not a Single Accident Under Computer Control."* The Atlantic, 9 August 2012, https://www.theatlantic.com/technology/archive/2012/08/googles-self-driving-cars-300-000-miles-logged-not-a-single-accident-under-computer-control/260926/. Accessed 28 December 2023.

Rosen, Rebecca J. *"Unimate: The Story of George Devol and the First Robotic Arm."* The Atlantic, 16 August 2011, https://www.theatlantic.com/technology/archive/2011/08/unimate-the-story-of-george-devol-and-the-first-robotic-arm/243716/. Accessed 27 December 2023.

Rosenblatt, Frank. *"The Perceptron—a perceiving and recognizing automaton."* Cornell Aeronautical Laboratory, 1957.

Rothblatt, Martine Aliana. From Transgender to Transhuman: A Manifesto on the Freedom of Form. Martine Rothblatt, 2011.

Rozum Robotics. *"Coffee by a Robot Barista Becoming Next-Door Reality."* Rozum Robotics, https://rozum.com/coffee-robot-barista/. Accessed 6 February 2024.

RSF. *"2023 World Press Freedom Index – journalism threatened by fake content industry."* 2023 World Press Freedom Index – journalism threatened by fake content industry, 2023, https://rsf.org/en/2023-world-press-freedom-index-journalism-threatened-fake-content-industry. Accessed 29 December 2023.

Rutherford, Adam. Control: The Dark History and Troubling Present of Eugenics. WW Norton, 2022. Accessed 29 December 2023.

Ryan, Cy. *"Nevada issues Google first license for self-driving car."* Las Vegas Sun, 7 May 2012, https://lasvegassun.com/news/2012/may/07/nevada-issues-google-first-license-self-driving-ca/. Accessed 28 December 2023.

Safran, Linda, editor. Heaven on Earth: Art and the Church in Byzantium. Pennsylvania State University Press, 1998.

Sage, Alexandria. *"Meet Waymo, Google's self-driving car company."* 2016, https://www.reuters.com/article/google-waymo-autonomous-idINKBN142227/. Accessed 28 December 2023.

Sale, Kirkpatrick. Rebels Against The Future: The Luddites And Their War On The Industrial Revolution: Lessons For The Computer Age. Basic Books, 1996.

Salus, Peter H., editor. The ARPANET Sourcebook: The Unpublished Foundations of the Internet. Peer-to-Peer Communications, 2007.

Samuel, Arthur. *"Some Studies in Machine Learning Using the Game of Checkers."* IBM Journal of Research and Development., 1959.

Sánchez Domingo, Rafael. *"Las leyes de Burgos de 1512 y la doctrina jurídica de la conquista."* Dialnet, 2012, https://dialnet.unirioja.es/servlet/articulo?codigo=4225030. Accessed 9 January 2024.

Schaut, Scott. Robots of Westinghouse, 1924-today. Scott Schautt, Mansfield Memorial Museum, 2006.

Schneider, Susan. *"The Philosophy of 'Her.'"* 2014, https://archive.nytimes.com/opinionator.blogs.nytimes.com/2014/03/02/the-philosophy-of-her/?_php=true&_type=blogs&_r=0. Accessed 1 January 2024.

Schrödinger, Erwin. *"Discussion of Probability Relations between Separated Systems."* Mathematical Proceedings of the Cambridge Philosophical Society, 1935.

Schuh, Mari. Military Drones and Robots. Capstone, 2022. Accessed 28 December 2023.

Searle, John. *"Minds, brains, and programs."* Behavioral and Brain Sciences, 1980.

SETI Institute. *"Drake Equation."* SETI Institute, https://www.seti.org/drake-equation-index. Accessed 20 January 2024.

Several Governments. *"The Bletchley Declaration by Countries Attending the AI Safety Summit, 1-2 November 2023."* GOV.UK, 1 November 2023, https://www.gov.uk/government/publications/ai-safety-summit-2023-the-bletchley-declaration/the-bletchley-declaration-by-countries-attending-the-ai-safety-summit-1-2-november-2023. Accessed 28 December 2023.

Shachtman, Noah. *"Darpa Preps Son of Robotic Mule."* WIRED, 29 October 2008, https://www.wired.com/2008/10/bigdog-20/. Accessed 28 December 2023.

Shachtman, Noah. *"First Armed Robots on Patrol in Iraq (Updated)."* WIRED, 2 August 2007, https://www.wired.com/2007/08/httpwwwnational/. Accessed 28 December 2023.

Sharp, Alan. A Grim Almanac of York. History Press, 2015.

Shead, Sam. *"Amazon's Robot Army Has Grown by 50%."* Business Insider, 3 January 2017, https://www.businessinsider.com/amazons-robot-army-has-grown-by-50-2017-1. Accessed 28 December 2023.

Shelley, Mary. Frankenstein (Masterpiece Library Edition). Peter Pauper Press, Incorporated, 2023.

Shor, Peter. *"Algorithms for quantum computation: Discrete logarithms and factoring."* Proceedings 35th Annual Symposium on Foundations of Computer Science. IEEE Comput. Soc. Press., 1994.

Shu, Catherine. *"Google Acquires Artificial Intelligence Startup DeepMind For More Than $500M."* TechCrunch, 26 January 2014, https://techcrunch.com/2014/01/26/google-deepmind/. Accessed 26 December 2023.

Silbert, Alex. *"Mining in Space Is Coming."* Milken Institute Review, 26 April 2021, https://www.milkenreview.org/articles/mining-in-space-is-coming. Accessed 28 December 2023.

Silva, Lucas, et al. *"Baxter Kinematic Modeling, Validation and Reconfigurable Representation 2016-01-0334."* SAE International, 5 April 2016, https://www.sae.org/publications/technical-papers/content/2016-01-0334/. Accessed 27 December 2023.

Simon, Herbert A. The Shape of Automation for Men and Management. Harper & Row, 1965.

Simon, Matt. *"Meet Xenobot, an Eerie New Kind of Programmable Organism."* WIRED, 13 January 2020, https://www.wired.com/story/xenobot/. Accessed 29 December 2023.

Singh, Ishveena, and Bruce Crumley. *"DJI condemns use of its drones in the Russia-Ukraine war."* DroneDJ, 22 April 2022, https://dronedj.com/2022/04/22/dji-drones-ukraine-russia-war/. Accessed 28 December 2023.

Singh, Pavneet, and Michael Brown. *"China's Technology Transfer Strategy: How Chinese Investments in Emerging Technology Enable A Strategic Competitor to Access the Crown Jewels of U.S. Innovation."* 2018, https://admin.govexec.com/media/diux_chinatechnologytransferstudy_jan_2018_(1).pdf. Accessed 27 December 2023.

Skinner, B.F. About behaviorism. Knopf Doubleday Publishing Group, 1976.

Slaby, James R. *"Robotic Automation Emerges as a Threat to Traditional Low-Cost Outsourcing."* HfS Research, 2012.

Slingerlend, Brad. *"A semiconductor 'cold war' is heating up between the U.S. and China."* MarketWatch, 2 June 2020, https://www.marketwatch.com/story/a-semiconductor-cold-war-is-heating-up-between-the-us-and-china-2020-06-01. Accessed 27 December 2023.

Small, Zachary. *"Sarah Silverman Sues OpenAI and Meta Over Copyright Infringement."* The New York Times, 10 July 2023, https://www.nytimes.com/2023/07/10/arts/sarah-silverman-lawsuit-openai-meta.html. Accessed 26 December 2023.

Smibert, Angie. Space Robots. Abdo Publishing, 2018.

Smith, Gregory A. *"About Three-in-Ten U.S. Adults Are Now Religiously Unaffiliated."* Pew Research Center, 14 December 2021, https://www.pewresearch.org/religion/2021/12/14/about-three-in-ten-u-s-adults-are-now-religiously-unaffiliated/. Accessed 29 December 2023.

Smith, Lamar. *"The Climate-Change Religion - WSJ."* The Wall Street Journal, 23 April 2015, https://www.wsj.com/articles/the-climate-change-religion-1429832149. Accessed 29 December 2023.

Snow, Shawn. *"Pentagon successfully tests world's largest micro-drone swarm."* Military Times, 9 January 2017, https://www.militarytimes.com/news/pentagon-congress/2017/01/09/pentagon-successfully-tests-world-s-largest-micro-drone-swarm/. Accessed 28 December 2023.

Sokol, Joshua. *"Meet the Xenobots, Virtual Creatures Brought to Life (Published 2020)."* The New York Times, 6 April 2020, https://www.nytimes.com/2020/04/03/science/xenobots-robots-frogs-xenopus.html. Accessed 29 December 2023.

Sommers, Jaime, creator. The Bionic Woman. 1976. ABC, 1976-78.

Sophocles. Oedipus Rex, Oedipus the King. Translated by E. H. Plumptre, Digireads.com Publishing, 2005.

Soros, George, et al. *"Can Democracy Survive the Polycrisis? by George Soros."* Project Syndicate, 6 June 2023, https://www.project-syndicate.org/commentary/can-democracy-survive-polycrisis-artificial-intelligence-climate-change-ukraine-war-by-george-soros-2023-06. Accessed 29 January 2024.

Sozzi, Brian. *"Beyond Meat founder and CEO: The arc of history is on our side."* Yahoo Finance, 28 December 2023, https://finance.yahoo.com/news/beyond-meat-founder-and-ceo-the-arc-of-history-is-on-our-side-220153945.html. Accessed 31 December 2023.

Spielberg, Steven, director. A.I. 2011.

Stanford. *"Stanford's Robotic History."* STANFORD magazine, 2014, https://stanfordmag.org/contents/stanford-s-robotic-history. Accessed 27 December 2023.

State of California. *"California Consumer Privacy Act (CCPA)."* California Department of Justice, State of California, 2018, https://oag.ca.gov/privacy/ccpa. Accessed 26 December 2023.

State of Virginia. *"The Virginia Consumer Data Protection Act."* Attorney General of Virginia, 2021, https://www.oag.state.va.us/consumer-protection/files/tips-and-info/Virginia-Consumer-Data-Protection-Act-Summary-2-2-23.pdf. Accessed 26 December 2023.

Statt, Nick, and Angelo Merendino. *"Former Google exec Anthony Levandowski sentenced to 18 months for stealing self-driving car secrets."* The Verge, 4 August 2020, https://www.theverge.com/2020/8/4/21354906/anthony-levandowski-waymo-uber-lawsuit-sentence-18-months-prison-lawsuit. Accessed 28 December 2023.

Stokel, Chris. *"ChatGPT Replicates Gender Bias in Recommendation Letters."* Scientific American, 22 November 2023, https://www.scientificamerican.com/article/chatgpt-replicates-gender-bias-in-recommendation-letters/. Accessed 26 December 2023.

Stone, Brad. Gearheads: the turbulent rise of robotic sports. Simon & Schuster, 2003.

Stone, Maddie. *"Stephen Hawking and a Russian Billionaire Want to Build an Interstellar Starship."* Gizmodo, 12 April 2016, https://gizmodo.com/a-russian-billionaire-and-stephen-hawking-want-to-build-1770467186. Accessed 30 December 2023.

Straebel, Volker, and Wilm Thoben. *"Alvin Lucier's Music for Solo Performer: Experimental music beyond sonification."* 2014.

Strong, John. Relics of the Buddha. Princeton University Press, 2004.

Stross, Charles. Accelerando. Ace Books, 2006.

Suleyman, Mustafa. The Coming Wave: Technology, Power, and the Twenty-first Century's Greatest Dilemma. Crown, 2023.

Sutter, John D. *"How 9/11 inspired a new era of robotics."* CNN, 7 September 2011, http://edition.cnn.com/2011/TECH/innovation/09/07/911.robots.disaster.response/index.html. Accessed 28 December 2023.

Swade, Doron. The Difference Engine: Charles Babbage and the Quest to Build the First Computer. Viking, 2001.

Swayne, Matt. *"Google Claims Latest Quantum Experiment Would Take Decades on Classical Computer."* The Quantum Insider, 4 July 2023, https://thequantuminsider.com/2023/07/04/google-claims-latest-quantum-experiment-would-take-decades-on-classical-computer/. Accessed 29 December 2023.

Tabeta, Shunsuke, and staff writers. *"China trounces U.S. in AI research output and quality."* Nikkei Asia, 16 January 2023, https://asia.nikkei.com/Business/China-tech/China-trounces-U.S.-in-AI-research-output-and-quality. Accessed 27 December 2023.

Taranovich, Steve. *"Autonomous automotive sensors: How processor algorithms get their inputs - EDN."* EDN Magazine, 5 July 2016, https://www.edn.com/autonomous-automotive-sensors-how-processor-algorithms-get-their-inputs/. Accessed 28 December 2023.

Tarasov, Katie. *"Amazon's 100 drone deliveries puts Prime Air far behind Alphabet's Wing and Walmart partner Zipline."* CNBC, 18 May 2023, https://www.cnbc.com/2023/05/18/amazons-100-drone-deliveries-puts-prime-air-behind-google-and-walmart.html. Accessed 28 December 2023.

Tegmark, Max. Life 3.0: Being Human in the Age of Artificial Intelligence. Knopf Doubleday Publishing Group, 2018.

Tesauro, Gerald. *"Temporal Difference Learning and TD-Gammon."* Backgammon Galore, 1995, https://www.bkgm.com/articles/tesauro/tdl.html.

Thompson, Nicholas, and Ian Bremmer. *"The AI Cold War That Threatens Us All."* WIRED, 23 October 2018, https://www.wired.com/story/ai-cold-war-china-could-doom-us-all/. Accessed 26 December 2023.

Thomson, Iain. *"Google human-like robot brushes off beating by puny human – this is how Skynet starts."* The Register, 24 February 2016, https://www.theregister.com/2016/02/24/boston_dynamics_robot_improvements/. Accessed 28 December 2023.

Thorndike, Edward L. Animal Intelligence: Experimental Studies. FB&C Limited, 2015.

Timmers, Paul, and Sarah Kreps. *"Bringing economics back into EU and U.S. chips policy | Brookings."* Brookings Institution, 20 December 2022, https://www.brookings.edu/articles/bringing-economics-back-into-the-politics-of-the-eu-and-u-s-chips-acts-china-semiconductor-competition/. Accessed 27 December 2023.

Todes, Daniel. Ivan Pavlov: Exploring the Animal Machine. Oxford University Press, USA, 2000.

Tominaga, Suzuka. *"Robot helps spread Buddhist teachings at a Kyoto temple | The Asahi Shimbun: Breaking News, Japan News and Analysis."* 朝日新聞デジタル, 8 April 2023, https://www.asahi.com/ajw/articles/14861909. Accessed 28 December 2023.

Trabish, Herman K. *"Real-time pricing, new rates and enabling technologies target demand flexibility to ease California outages."* Utility Dive, 13 September 2022, https://www.utilitydive.com/news/real-time-pricing-new-rates-and-enabling-technologies-target-demand-flexib/631002/. Accessed 18 January 2024.

Tran, Minh, et al. *"A lightweight robotic leg prosthesis replicating the biomechanics of the knee, ankle, and toe joint."* 2022, https://www.science.org/doi/10.1126/scirobotics.abo3996.

Triolo, Paul, et al. *"Translation: Cybersecurity Law of the People's Republic of China (Effective June 1, 2017)."* DigiChina, 2017, https://digichina.stanford.edu/work/translation-cybersecurity-law-of-the-peoples-republic-of-china-effective-june-1-2017/. Accessed 27 December 2023.

Tucker, Patrick. *"The US Military Is Chopping Up Its Iron Man Suit For Parts."* Defense One, 7 February 2019, https://www.defenseone.com/technology/2019/02/us-military-chopping-its-iron-man-suit-parts/154706/. Accessed 28 December 2023.

Tucs, A., et al. *"Generating ampicillin-level antimicrobial peptides with activity-aware generative adversarial networks."* ACS Omega, 2020. Accessed 29 December 2023.

Tuller, David. *"Dr. William Dobelle, Artificial Vision Pioneer, Dies at 62 (Published 2004)."* The New York Times, 1 November 2004, https://www.nytimes.com/2004/11/01/obituaries/dr-william-dobelle-artificial-vision-pioneer-dies-at-62.html. Accessed 26 December 2023.

Turing, Allan. *"Computing Machinery and Intelligence: Can machines possess the capacity for thought?"* COMPUTING MACHINERY AND INTELLIGENCE, vol. LIX, no. 236, 1950.

Turing, Allan. *"On Computable Numbers, with an Application to the Entscheidungsproblem."* Proceedings of the London Mathematical Society,, 1937.

UN. *"Explainer: How AI helps combat climate change."* UN News, 3 November 2023, https://news.un.org/en/story/2023/11/1143187. Accessed 29 December 2023.

UNDP. *"Sophia the Robot is UNDP's Innovation Champion for Asia-Pacific."* YouTube, 22 November 2017, https://www.youtube.com/watch?v=BwFEFQUDNTs. Accessed 29 December 2023.

Unger, J. Marshall. The fifth generation fallacy: why Japan is betting its future on artificial intelligence. Oxford University Press, 1987.

US Government. *"Children's Online Privacy Protection Rule ("COPPA")."* Federal Trade Commission, 1998, https://www.ftc.gov/legal-library/browse/rules/childrens-online-privacy-protection-rule-coppa. Accessed 26 December 2023.

Vapnik, Vladimir, and Corinna Cortes. *"Support-vector networks."* 1995.

Vaswani, Ashish, et al. *"Attention Is All You Need."* arXiv, 12 June 2017, https://arxiv.org/abs/1706.03762. Accessed 26 December 2023.

Velasco, JJ. *"Historia de la tecnología: El ajedrecista, el abuelo de Deep Blue."* Hipertextual, 22 July 2011, https://hipertextual.com/2011/07/el-ajedrecista-el-abuelo-de-deep-blue. Accessed 26 December 2023.

Verma, Pranshu, and Gerrit De Vynck. *"ChatGPT took their jobs. Now they're dog walkers and HVAC techs. - The Washington Post."* Washington Post, 2 June 2023, https://www.washingtonpost.com/technology/2023/06/02/ai-taking-jobs/. Accessed 26 December 2023.

Vidal, Jaques. *"Toward Direct Brain-Computer Communication."* Annual Review of Biophysics and Bioengineering, 1973.

Vincent, James. *"AI art tools Stable Diffusion and Midjourney targeted with copyright lawsuit."* The Verge, 16 January 2023, https://www.theverge.com/2023/1/16/23557098/generative-ai-art-copyright-legal-lawsuit-stable-diffusion-midjourney-deviantart. Accessed 26 December 2023.

Vincent, James. *"Google drops waitlist for AI chatbot Bard and announces oodles of new features."* The Verge, 10 May 2023, https://www.theverge.com/2023/5/10/23718066/google-bard-ai-features-waitlist-dark-mode-visual-search-io. Accessed 26 December 2023.

Vincent, James. *"The lawsuit that could rewrite the rules of AI copyright."* The Verge, 8 November 2022, https://www.theverge.com/2022/11/8/23446821/microsoft-openai-github-copilot-class-action-lawsuit-ai-copyright-violation-training-data. Accessed 26 December 2023.

Vincent, James. *"Pretending to give a robot citizenship helps no one."* The Verge, 30 October 2017, https://www.theverge.com/2017/10/30/16552006/robot-rights-citizenship-saudi-arabia-sophia. Accessed 28 December 2023.

Vincent, James, and Sam Byford. *"DeepMind's Go-playing AI doesn't need human help to beat us anymore."* The Verge, 18 October 2017, https://www.theverge.com/2017/10/18/16495548/deepmind-ai-go-alphago-zero-self-taught. Accessed 29 December 2023.

Vincent, James, and Jimin Chen. *"Facebook's head of AI really hates Sophia the robot (and with good reason)."* The Verge, 18 January 2018, https://www.theverge.com/2018/1/18/16904742/sophia-the-robot-ai-real-fake-yann-lecun-criticism. Accessed 29 December 2023.

Vincent, James, and Chris Jung. *"Robot makers including Boston Dynamics pledge not to weaponize their creations."* The Verge, 7 October 2022, https://www.theverge.com/2022/10/7/23392342/boston-dynamics-robot-makers-pledge-not-to-weaponize. Accessed 28 December 2023.

Vincent, James, and Lintao Zhang. *"Putin says the nation that leads in AI 'will be the ruler of the world.'"* The Verge, 4 September 2017, https://www.theverge.com/2017/9/4/16251226/russia-ai-putin-rule-the-world. Accessed 28 December 2023.
Vinge, Vernor. Rainbows End. Tor Publishing Group, 2007.
Walia, Simran. *"How Does Japan's Aging Society Affect Its Economy?"* The Diplomat, 13 November 2019, https://thediplomat.com/2019/11/how-does-japans-aging-society-affect-its-economy/. Accessed 28 December 2023.
Walker, Marley. *"Meet the Competitors Who Dominated the First Cyborg Olympics."* WIRED, 25 October 2016, https://www.wired.com/2016/10/people-prosthetics-first-cyborg-olympics/. Accessed 29 December 2023.
Wallace, R., et al. *"First results in robot road-following."* International Joint Conference on Artificial Intelligence, 1985.
Walsh, Fergus. *"New Versius robot surgery system coming to NHS."* BBC, 3 September 2018, https://www.bbc.com/news/health-45370642. Accessed 28 December 2023.
Wanner, Mark. *"600 trillion synapses and Alzheimers disease."* The Jackson Laboratory, 11 December 2018, https://www.jax.org/news-and-insights/jax-blog/2018/December/600-trillion-synapses-and-alzheimers-disease. Accessed 29 December 2023.
Warcwick, Kevin. *"(PDF) Thought communication and control: A first step using radiotelegraphy."* ResearchGate, 2004, https://www.researchgate.net/publication/3350379_Thought_communication_and_control_A_first_step_using_radiotelegraphy. Accessed 29 December 2023.
Warrick, Joby, and Cate Brown. *"Covid helped China secure the DNA of millions, spurring arms race fears - Washington Post."* The Washington Post, 21 September 2023, https://www.washingtonpost.com/world/interactive/2023/china-dna-sequencing-bgi-covid/. Accessed 31 January 2024.
Warwick, Kevin. *"The Application of Implant Technology for Cybernetic Systems."* 2003.
Watkins, Christopher, and Peter Dayan. *"Q-learning."* 1989.
Waugh, Rob. *"Sex robots 'could cause birth rate crisis' as men opt for plastic lovers instead."* Metro UK, 28 January 2019, https://metro.co.uk/2019/01/28/sex-robots-cause-birth-rate-crisis-men-opt-plastic-love-slaves-instead-humans-8402895/. Accessed 29 December 2023.
Webster, Graham. *"Full Translation: China's 'New Generation Artificial Intelligence Development Plan' (2017)."* DigiChina, 1 August 2017, https://digichina.stanford.edu/work/full-translation-chinas-new-generation-artificial-intelligence-development-plan-2017/. Accessed 26 December 2023.
WEF. *"China or America: who's winning the race to be the AI superpower?"* The World Economic Forum, 3 November 2017, https://www.weforum.org/agenda/2017/11/china-vs-us-who-is-winning-the-big-ai-battle/. Accessed 27 December 2023.
WEF. *"Recession and Automation Changes Our Future of Work, But There are Jobs Coming, Report Says."* The World Economic Forum, 20 October 2020, https://www.weforum.org/press/2020/10/recession-and-automation-changes-our-future-of-work-but-there-are-jobs-coming-report-says-52c5162fce/. Accessed 29 December 2023.
WEF. *"World Economic Forum's 'Framework for Developing a National Artificial Intelligence Strategy."* World Economic Forum, 4 October 2019, https://www.weforum.org/publications/a-framework-for-developing-a-national-artificial-intelligence-strategy/. Accessed 6 February 2024.
Weiland, J. *"Retinal prosthesis."* Annual Review of Biomedical Engineering, 2005.
Weinberg, BH. *"Large-scale design of robust genetic circuits with multiple inputs and outputs for mammalian cells."* 2017.
Wessling, Brianna. *"How Boston Dynamics is developing Spot for real-world applications."* The Robot Report, 3 March 2023, https://www.therobotreport.com/how-boston-dynamics-is-developing-spot-for-real-world-applications/. Accessed 28 December 2023.
Whitehead, Alfred North, and Bertrand Russell. Principia Mathematica. Rough Draft Printing, 1910.
Whitfield, Robert. Effective, Timely and Global, 9 November 2017, https://www.oneworldtrust.org/uploads/1/0/8/9/108989709/gg_ai_report_final.pdf. Accessed 13 February 2024.
Wiggins, Chris, and Matthew L. Jones. How Data Happened: A History from the Age of Reason to the Age of Algorithms. WW Norton, 2023.
Willett, Francis R.,, et al. *"A high-performance speech neuroprosthesis - PMC."* NCBI, 23 August 2023, https://www.ncbi.nlm.nih.gov/pmc/articles/PMC10468393/. Accessed 29 December 2023.
Williams, Roger. The Metamorphosis of Prime Intellect. Lulu.com, 2003.
Wilson, Daniel H. Robopocalypse: A Novel. Knopf Doubleday Publishing Group, 2012.

Winograd, Terry. *"Procedures as a Representation for Data in a Computer Program for Understanding Natural Language."* 1971.
Woo, Stu. *"China Wants a Chip Machine From the Dutch. The U.S. Said No."* The Wall Street Journal, 17 July 2021, https://www.wsj.com/articles/china-wants-a-chip-machine-from-the-dutch-the-u-s-said-no-11626514513. Accessed 27 December 2023.
Wood, Christopher. The bubble economy. Atlantic Monthly Press, 1992.
World Bank. *"Sustained policy support and deeper structural reforms to revive China's growth momentum."* World Bank, 14 December 2023, https://www.worldbank.org/en/news/press-release/2023/12/14/sustained-policy-support-and-deeper-structural-reforms-to-revive-china-s-growth-momentum-world-bank-report. Accessed 27 December 2023.
World Population Review. *"Debt to GDP Ratio by Country 2024."* World Population Review, https://worldpopulationreview.com/country-rankings/debt-to-gdp-ratio-by-country. Accessed 6 February 2024.
Wu, Yi. *"China's Interim Measures to Regulate Generative AI Services: Key Points."* China Briefing, 27 July 2023, https://www.china-briefing.com/news/how-to-interpret-chinas-first-effort-to-regulate-generative-ai-measures/. Accessed 27 December 2023.
Wylie, Christopher. Mindf*ck: Cambridge Analytica and the Plot to Break America. Random House Publishing Group, 2019.
Xie, Z. *"Multi-input RNAi-based logic circuit for identification of specific cancer cells."* 2011.
Yale. *"Overview < Colón-Ramos Lab."* Yale School of Medicine, https://medicine.yale.edu/lab/colon_ramos/overview/. Accessed 29 December 2023.
Yang, Zeyi. *"China just announced a new social credit law. Here's what it means."* MIT Technology Review, 22 November 2022, https://www.technologyreview.com/2022/11/22/1063605/china-announced-a-new-social-credit-law-what-does-it-mean/. Accessed 26 December 2023.
Yao, Deborah. *"DeepMind Co-founder: The Next Stage of Gen AI Is a Personal AI - DeepMind Co-founder: The Next Stage of Gen AI Is a Personal AI."* AI Business, 17 October 2023, https://aibusiness.com/nlp/deepmind-co-founder-the-next-stage-of-gen-ai-is-a-personal-ai. Accessed 29 December 2023.
Yuan, Han, et al. *"Negative Covariation between Task-related Responses in Alpha/Beta-Band Activity and BOLD in Human Sensorimotor Cortex: an EEG and fMRI Study of Motor Imagery and Movements."* NCBI, 19 October 2009, https://www.ncbi.nlm.nih.gov/pmc/articles/PMC2818527/. Accessed 29 December 2023.
Yudkowsky, Eliezer S. *"Coherent Extrapolated Volition."* Singularity Institute for Artificial Intelligence, 2004.
Zelikman, Eric, et al. *"STaR: Bootstrapping Reasoning With Reasoning."* arXiv, 28 March 2022, https://arxiv.org/abs/2203.14465. Accessed 28 December 2023.
Zhang, Jiawei. *"Basic Neural Units of the Brain: Neurons, Synapses and Action Potential."* arXiv, 30 May 2019, https://arxiv.org/abs/1906.01703. Accessed 29 December 2023.
Zhang, Jiayu. *"China's Military Employment of Artificial Intelligence and Its Security Implications — THE INTERNATIONAL AFFAIRS REVIEW."* THE INTERNATIONAL AFFAIRS REVIEW, 16 August 2023, https://www.iar-gwu.org/print-archive/blog-post-title-four-xgtap. Accessed 31 January 2024.
Zukerman, Wendy. *"Hayabusa 2 will seek the origins of life in space."* New Scientist, 18 August 2010, https://www.newscientist.com/article/dn19332-hayabusa-2-will-seek-the-origins-of-life-in-space/. Accessed 28 December 2023.

찾아보기

ㄱ

가라쿠리 239
가상현실 454
가와사키 중공업 274
가정용 로봇 시장 289
가진 자 509
가짜 뉴스 496
가짜 정보 497
가쿠텐소쿠 247
갈라테아 51
감각 데이터 217, 361
감각적 지각 361
감성 지능 366
감시 기술 442
감정 247, 363
강제 불임수술법 511
강한 AI 576
강화 학습 83, 90, 138, 150
갖지 못한 자 509
개인의 웰빙에 366
개인적 진리 497
개인정보 보호법 522
개인 지능 460
개인화된 AI 461
거대 금융위기 77, 283

거대언어모델 75, 622
거북이 로봇 249
거짓 정보 498
건강보험 양도 및 책임에 관한 법률 171
검색 기반 추론 105
검열 494
게놈 세그먼트 422
게이트키퍼 616
경기 침체 506
경제 불황 506
경제성 133
경제적 의존성 487
경험적 관찰 83
경험적 추측 457
경험적 학습 175
경험주의 83
계단형 드럼 90
계몽주의 495
고급 제어 알고리듬 306
고령화 사회 537
고립된 AI 생태계 538
고스트 로보틱스 318
고용법 272
고용 시장 603
곤충형 로봇 254
골리앗 추적 지뢰 316

공감 능력 354
공감 로봇 361
과점 구조 476
과학기술 발전 중장기 계획 518
관성 측정 장치 306
교육 502
교육 도구 451
교육의 민주화 453
교육의 파괴 505
교차 214
교차 기능적 기술 450
구글 128
구글 나우 162
구글 렌즈 165
구글 브레인 165
구글 클라우드 156
구글 클라우드 플랫폼 167
국가 AI팀 519
국제로봇연맹 337
국제 협력 677
군사적 AI 사용 523
군집 드론 314
군체 마음 667
권위주의 475, 491, 610
권위주의 이데올로기 505
권위주의적 미래 497
권위주의적 사회주의 488
권위주의적 집단주의 503
귀납 85
귀족 통치 488
규모의 경제 534
규제 포획 492
그래머리 640
그래픽 처리 장치 169
그레디언트 부스팅 146

그로버 알고리듬 561
그록 47, 629
글로브 181
금융 감시 시스템 488
긍정적인 외부효과 447
기계공학 231
기계적 예술성 349
기계 지능 113, 253
기계 캐릭터 63
기계 파괴 242
기계파괴방지법 242
기계화 241
기동성 286
기동성 보철 403
기본소득 보조금 449
기술 공포증 610
기술력 662
기술 역설 587
기술적 특이점 583
기억 부호화 498
기하급수적 속도 향상 559
기하급수적 양자 속도 향상 560
기하급수적 지능 성장 585
기호 AI 253
기호논리 248, 251
기호논리 기반의 로봇 225
기호논리 로봇공학 244
기호논리학 92
기후변화 운동 638
길가메시 670
깃허브 코파일럿 195, 451

ㄴ

나선 다발 428

남쪽의 난쟁이 540
내일의 기계 29, 44
내일의 새로운 기계적 존재 36
냉동보존 592
네이밍 앤드 셰이밍 527
네트워크 효과 306, 476
넷퍼셉션즈 130
넷플릭스 195
넷플릭스 프라이즈 161
노동력 감소 537
노예화된 신 616
노이즈 244
노인 돌봄 로봇 347
논리 게이트 434
논리 이론가 107
논리적 일관성 83
논리학 81
논증 81
농업 468
뇌 364
뇌 영상 597
뇌자도 396
뇌 작용 74
뇌-컴퓨터 인터페이스 30, 377, 394, 642
뇌파검사 396
뇌파도 394
뇌피질전도 396
누벨 AI 253
뉘앙스 커뮤니케이션즈 130
뉴런 103, 218
뉴런 층 140
뉴럴 레이스 47
뉴럴링크 47, 397
뉴클레오타이드 염기 432
뉴 테라 668

ㄷ

다국어 번역 로봇 348
다르파 그랜드 챌린지 292
다 빈치 수술 시스템 269
다원주의적 진화 33
다의어 181
다족 보행 지원 시스템 303
다중 이해관계자 협업 674
다트머스 회의 67
다항 속도 향상 561
단백질 421
단백질 설계 427
단백질 접힘 문제 426
달 채굴 332
닷컴 버블 붕괴 134
닷컴 붐 122
닷컴 시대 126
대규모 감시 시스템 529
대량 실업 477
대량 저작권 침해 200
대상 얼굴 193
대수 알고리듬 83
대수학 82
대표 없는 과세 658
대형 드론 313
대형 컴퓨터 110
데이터 거래소 534
데이터 과학자 133
데이터브릭스 168
데이터셋 215, 499
데이터 수집 활동 526
데이터주의 643
데이터 포인트 111
데이터 프라이버시 170, 522

덱스터 325
덴드럴 118
도덕성 362
도시바 240
독창성 662
돌연변이 214
드라이브 298
드래곤플라이 330
드레이크 방정식 662
드론 312
드리프트 244
디스토피아 35, 615
디스토피아적 미래 418
디지털 공간 474
디지털 논리 248
디지털 복제 595
디지털 불멸 40, 594
디지털 생태계 145
디지털 실체 602
디지털 컴퓨터 256
디지털화 76
디지털 화폐 489
디코더 194
디코히어런스 557
딥러닝 141
딥러닝 알고리듬 305
딥마인드 159, 174
딥블루 92, 152
딥페이스 166
딥페이스랩 193
딥페이크 192, 497

ㄹ

라마 189
라마2 189
라벨 136
라스트 마일 문제 300
라이다 290
라이프니츠 휠 90
람다 187
랜덤 포레스트 알고리듬 146
러다이트 230
러다이트 운동 38, 225, 241
런아웃&허스피 130
런웨이엠엘 195
레드팀 293
레딧 215
레이저 332, 668
레플릿 451
로고 106
로베어 347
로보넛 325
로보월드 265
로보티카 287
로보틱 프로세스 자동화 158, 172, 484
로봇 36, 65
로봇 격투 리그 288
로봇공학 64, 150, 196, 252
로봇공학 3원칙 68
로봇공학의 3원칙 61
로봇 반려동물 350
로봇 음성 시뮬레이터 401
로봇 전쟁 287
로봇화 60
룸바 288
룸서비스 로봇 348
르넷-5 143
리버스 엔지니어링 599
리스킬링 450

리스프 120, 252
리싱크 로보틱스 268
리얼돌 357
리틀독 303
리퍼 313
리페이스 200

ㅁ

마르코프 연쇄 87
마스크드 언어 모델링 184
마이신 118
마이크로소프트 애저 167
마이크로 월드 106
마인드 업로드 583
마인드 업로딩 592, 596
마인드 에뮬레이션 40, 583
마키아벨리즘적 요소 33
망막 임플란트 400
매개변수화 64
매킨토시 116
머신러닝 77, 131
머신러닝 알고리듬 127
머신 비전 266
먼지 감지 알고리듬 289
멀티모달 콘텐츠 186
멀티 클라우드 168
메이크어비디오 195
메타 200, 495
멘타트 614
모듈성 엔지니어링 원칙 424
모바일 알로하 462
모방 게임 96
모험 자본 655
목적 함수 214, 363, 618

몰입형 경험 603
무게 중심 148
무어의 법칙 550
무인운반차 297
무인 지상 차량 316
무인 항공기 312
무차별 대입 153
무한 자기 복제 665
물리적 기호 체계 가설 575
뮤직엘엠 195
뮤직젠 195
미생물막 428
미세 중력 326
미시적 관리 610
미쓰비시 전기 276
민다르 339
민주주의 490

ㅂ

바드 187
바디넷 410
바이오러다이트 509
바이오 보안 511
바이칼 바이락타르 TB2 313
박스터 268
반달리즘 301
반인반기계 62
반자율주행 차 297
반진리 497
반향실 498
배틀봇 287
백개면 151
버새트란 261
버지니아주 소비자 데이터 프라이버시 법 171

버트 181
버틀레리안 지하드 613
범용 계산기 83
범용인공지능 32, 206, 386
범용 자동화 259
범용 휴머노이드 로봇 307
범프 센서 289
법적 회색 지대 199
법정 화폐 489
베르시우스 270
베이즈 정리 86
베이징 유전체학 연구소 525
변분 오토인코더 191
병렬 처리 능력 169
보상 함수 212
보스턴 다이내믹스 159
보철 377
보편적 기본소득 60, 446, 487
복잡성 브레이크 587
볼사 파밀리아 449
봉쇄 625
부분 침습형 BCI 395
부활 651
분산 서버 기술 156
분석 엔진 91
분할 알고리듬 147
불교 338
불 대수학 93
불멸 381, 579, 592, 642, 651
불쾌한 골짜기 352
브레이크스루 스타샷 605
브롱코 288
블레츨리 선언 28
블루 브레인 프로젝트 599
비대칭전 314

비디오 인페인팅 185
비스트 249
비욘드미트 469
비전 60 318
비전 시스템 262
비정형 데이터 129
비지도 학습 137
비천연 유기체 432
비쿠냐 190
비판적 사고 81, 678
빅데이터 167
빅독 303
빅테크 622

ㅅ

사고의 사슬 208
사용자 기반 필터링 160
사육사 617
사이배슬론 470
사이버공간 127
사이버공격 310
사이버네틱 신체 확장 409
사이버네틱 유기체 377
사이버다인 347
사이버보안 145
사이보그 36, 63, 70, 377, 390
사이보그 문화 운동 72
사이보그 올림픽 470
사이보그 임플란트 399
사이보그 재단 409
사이보그화 404
사전예방 원칙 608
사전 예방적 접근 179
사지 제어 시스템 340

사회신용제도 488, 523, 527
사회 안전망 강화 679
사회적 역동성 366
사회적 통제 494
사회 통제 531
산업 로봇공학 259
산업용 AI 458
산업용 로봇 273
산업 자동화 52, 259
산업혁명 242
삼단논법 81
상식 112
상업용 드론 314
상업적 마키아벨리즘 529
생물 다양성 418
생물정보학 149
생물테러 512
생물학적 능력 390
생물학적 변형 31
생물학적 요소 384
생물학적 자아 592
생물학적 컴퓨터 434
생물학적 회로 436
생성 신경망 192
생성적 적대 신경망 149, 191
생성형 AI 28, 66
생체공학 72
생체공학 보철물 402
생체공학 심장 407
생체공학 임플란트 71
생체공학 장기 406
생태계 균형 619
생태적 책임 638
서열 다양성 425
서포트 벡터 머신 562

선택 214
선택적 속도 향상 563
선형 회귀 알고리듬 86
성대 임플란트 401
세계경제포럼 672
세계관 220
세계 모델 220
세그먼트 기어 236
세포 420
섹스 로봇 356
센스타임 520
셔들루 106
셰이키 251
소나 시스템 250
소버린 641
소셜 네트워크 111
소송탑 233
소스 얼굴 193
소저너 327
소프트뱅크 로보틱스 346
소프트 이륙 585
소피아 354
소행성 채굴 332
소형 드론 313
속도 초지능 580
쇼어 알고리듬 559
수리논리학 92
수술 로봇 269
수치 제어기 279
수학적 추론 207
수호신 616
수확 가속의 법칙 550
순차적 데이터 142
순환 딥신경망 162
순환 신경망 140, 142, 291

쉐보레 타호 293
쉬운 문제 577
슈퍼 솔저 혈청 419
슈퍼스타 474
슈퍼 크루즈 295
스노우프레이크 168
스워즈 317
스웜 기술 316
스카라 로봇 277
스타칩 605
스탠리 292
스탠퍼드 레이싱 293
스탠퍼드 암 261
스탠퍼드 카트 250
스테이블 디퓨전 193
스토아 철학 384
스파이 활동 526
스파코 247
스팟 304
스팟미니 304
스페이스X 61, 119
스포티파이 195
스푸트니크 1호 322
스푸트니크 2호 322
스피릿 328
스피어즈 326
스핀햄랜드 시스템 449
시각 143
시각 임플란트 400
시간 순서 142
시냅스 219
시냅스 무게 592
시리 130, 162
시민 불복종 507
시퀀스-투-시퀀스 작업 191

신 641
신경 근육 임플란트 402
신경망 83, 122
신경망 연결 592
신경망 학습 123
신경 먼지 397
신 노릇의 위험성 63
신도 339
신비주의 56
신체화된 인지 이론 253
신피질 599
신화 46
실리콘 29
실업 241
실업률 490
실존적 위험 631
실존적 위협 28
심리학 89
심층 신경망 124, 139
싱귤래리티 대학교 585

ㅇ

아날로그 논리 248
아날로그 논리 로봇공학 244
아날로그 로봇 225
아동 온라인 프라이버시 보호법 171
아르파넷 111
아마존 128
아마존 드라이브 유닛 298
아마존 로보틱스 298
아마존 스카우트 300
아마존 웹 서비스 167
아시모 63, 342
아이로봇 288

아이보 349
아키드 332
아틀라스 307, 344
아티렉트 653
아페토 360
알고리듬 83
알래스카 영구 기금 450
알렉사 130, 162
알렉스넷 164
알파고 174
알파구 드론 시스템 315
알파독 프로토 303
알파 센타우리 성계 605
알파카 190
알파파 394
알파폴드 425
압축 공기 시스템 247
앞서보기 계획 210
애스크 지브스 129
애스트로비 326
애저 156
액셀리스 130
앤트로픽 188, 623
앨런 254
야수 길들이기 609
약한 AI 577
양자 554
양자 게이트 556
양자비트 556
양자 신경망 566
양자 알고리듬 569
양자 어닐링 565
양자역학 554
양자 우위 556
양자 컴퓨팅 551

양자 튜링머신 556
양철 나무꾼 64
어뎁트원 스카라 로봇 278
어뎁트 테크놀로지 278
어려운 문제 577
어반 챌린지 293
언어 141
언어 능력 343
언어 이해 알고리듬 163
얼티밋 275
얽힘 555
업로드된 마음 593
업무 자동화 197
업스킬링 450
에니악 94
에릭 247
에뮬레이션-로봇 인터페이스 602
에뮬레이터 598
에어로바이론먼트 레이븐 314
엔비디아 169
엔터테인먼트 로봇 348
엘리자 109
엘 아헤드레시스타 91
역공학 263, 599
역사 문학 505
역전파 84, 123
역전파 알고리듬 116
연금술 55
연쇄 법칙 84
연역적 추론 81, 245
영적 움직임의 기계 53
예측 모델 531
오가노이드 429
오라클 640
오라클 AI 시스템 621

오리엔트 인더스트리 357
오시리스-렉스 331
오토 294
오토노미 코퍼레이션 129
오토마톤 50
오토매틱스 265
오토복헬스케어 402
오토파일럿 294
오퍼튜니티 328
오픈AI 76, 622
오픈AI 코덱스 195
오픈소스 628, 631
오픈코그 355
온라인 개인화 130
온라인 검열 시스템 532
옴커넥트 467
옵티머스 307
와봇-1 340
와봇-2 341
완전 검색 561
완전 침습형 BCI 395
외부효과 465
외삽법 61
욕구 5단계설 363
우생학 418, 510
우주 경쟁 62
우주론 650
우주론자 653
우주 식민화 651
우주왕복선 323
우주 탐사 71, 390, 651
운동 상상력 396
운동 임플란트 401
운동피질 396
울트라지능 572

워드 임베딩 149, 180
워드투벡터 181
웨어러블 408
웨어러블 자동화 시스템 319
웨이모 215, 294
위즈덤아크 129
유니메이션 259
유니메이트 258
유니메이트 로봇 팔 259
유니버설로봇 268
유니파이 196
유럽연합 인공지능법 201, 676
유령 같은 원격 작용 555
유미 268
유압 액추에이터 306
유전 381
유전 알고리듬 213
유전자 421
유전적 격차 508
유전적 분열 가능성 417
유전적 차별 417
유전학 213
유토피아 616
유튜브 160, 195
윤리 66
윤리적 딜레마 200, 367
윤리적 문제 70
윤리적 보호 장치 471
윤리적 지침 673
윤리적 틀 367
은닉 마르코프 모델 181
은하 정신 635
음성 비서 162
음성 인식 130
음파 탐지 250

의사결정 과정 493
의사결정 트리 119, 144, 355
의식 65, 221, 576
의식적 마음 599
이미지넷 144
이미지넷 대규모 시각 인식 챌린지 144, 164
이미지 처리 알고리듬 164
이베이 128
이성의 시대 495
이온 트랩 557
이중 안전 시스템 296
이진 대수학 93
인간-AI 갈등 611
인간-AI 인터페이스 29, 250
인간-AI 인터레이싱 32, 381, 436
인간 강화 기술 509
인간 게놈 423
인간과 AI의 상호작용 31
인간-기계 인터페이스 72
인간 뇌 102
인간 대체 272, 337
인간 삶의 경제적 가치 484
인간 역량 379
인간 증강 470
인간 지능 112, 204
인간 피드백 기반 강화 학습 622
인간 피드백을 통한 강화 학습 211
인간 향상 508
인공 뉴런 102, 122, 286
인공 생명 418
인공 신경망 74, 102, 364
인공 연민 지능 354
인공와우 401
인공 인간 62
인공 존재 50, 57

인공 증강물 470
인공지능 35, 101
인공 창조물 51, 62
인공 췌장 407
인기 기반 알고리듬 161
인류 발전 610
인제뉴어티 330
인지 구조 504
인지 기능 244
인지 능력 113, 206, 248, 384, 573
인지 발달 217
인지 편향 119, 582
인코더 194
인터넷 134, 501
인터레이싱 29, 367, 380
인터로게이터 397
인플렉션 AI 460, 624
일렉트로 246
일반 문제 해결자 107
일반정보보호 규정 170
일자리 감소 655
일자리 손실 178
일자리 파괴 198
잃어버린 수십 년 282
임금 삭감 241
임파서블푸드 469
임플란트 377

ㅈ

자가학습 추론기 208
자극-반응 이론 504
자기 개선 211
자기 개선 주기 586
자기공명영상 396

자기 인식 249, 576
자기 지도 학습 184
자기 플레이 211
자기 학습 공장 459
자동 AI 피드백 211
자동 미분 123
자동화 232, 241, 336, 484
자동화된 감시 시스템 494
자동화된 고객 서비스 시스템 346
자멸 617
자본주의 644
자석 나침반 232
자애로운 독재자 616
자연 생명 418
자연 생태계 654
자연선택 213
자연 숭배 637
자연어 처리 135, 149, 180, 252, 280, 340
자원 경쟁 619
자유 494
자유주의 유토피아 616
자율 군용 로봇 310
자율 무기화 310
자율 이동 로봇 298
자율적 이동 286
자율주행차 122, 289
자율 탐색 343
자주식 이동 286
자카드 직조기 240
자케마르 236
잠재 공간 191
장고메일 129
장기기억 498
장기화된 AI 여름 156
장단기 메모리 141

재교육 및 교육 678
저비용 무인항공기 군집 기술 315
저작권 위반 178
적외선 센서 254, 289
적응형 학습 502
적응형 학습 방법 453
적자생존 380
적합성 213
전기 모터 261
전뇌 에뮬레이션 583, 642
전문가 시스템 76, 117
전자뇌 기계 108
전자 스티커 410
전자 안구 임플란트 400
전자 임플란트 31
전자 화폐 시스템 476
전전두피질 579
전제주의 487
전환 374
절벽 센서 289
점용접 로봇 260
정보 과부하 499
정보기술 116
정보의 비대칭성 466
정복자 617
정신 결핍법 511
정실 자본주의 675
정치권력의 영속성 483
제노봇 433
제미나이 97, 187
제미나이 나노 188
제미나이 울트라 188
제미나이 프로 188
제조된 위기 676
제품 개발 455

조건부 자동화 297
조작 494, 498
조지 247
조합적 사고 이론 85
좁은 AI 577
좁은 길 610, 625
주관적 진리 497
주사형 장치 409
주의 메커니즘 182
죽은 비용 구조 466
준인간적 존재 63
중간 블록 194
중국어 방 96, 599
중국의 만리방화벽 532
중국 인공지능 협회 517
중앙 집중식 데이터베이스 492
중첩 554
중추신경계 403
중합효소 연쇄반응 424
증강 404
증강 도구 198
증강현실 454
지각력 576
지능 폭발 572
지능형 로봇 667
지니 641
지도작성 알고리듬 289
지도 학습 85, 136
지멘스 467
지면 센서 343
지속 가능한 삶 638
지속적인 학습 능력 450
지식 기반 알고리듬 161
지식재산권 보호 198
직렬 절단 598

직원 온보딩 173
진리의 종말 495, 498
진리 추구 496
진짜 정보 497
진화 383
집단 그루밍 운동 483
집단적 마음 667
집단주의 505
집단 초지능 581
징코 바이오웍스 415

ㅊ

차량-사물 통신 296
차세대 AI 개발 계획 176, 518
차세대 AI 발전 계획 516
차세대 AI 윤리 강령 522
창의성 178, 230
채굴 로봇 330
챗GPT 77, 178
첫 번째 구성 요소 432
청동 황소 52
청소 로봇 348
체계적인 분석 83
초음파 비콘 326
초음파 센서 254, 344
초인 544
초전도체 557
초정렬 622, 631
초지능 32, 544, 572, 580
초지능 AI 620
초지능 운영체제 620
초지능적 불멸 668
초지능적 존재 662
촉수 팔 262

최고 창조물 46
최근접 이웃 알고리듬 105
최소 제곱법 86
최적화 문제 564
추천 알고리듬 160
추천 엔진 128, 160

ㅋ

카드모스 52
카르텔 네트워킹 629
카이퍼 119
카토이 376
캐나다암 324
캔버스 테크놀로지 299
컴퓨터 80
컴퓨터 비전 252, 280
케임브리지 애널리티카 170
케임브리지 애널리티카 스캔들 491
코그 255
코보틱스 268
코봇 266
코타나 162
콘텐츠 기반 필터링 160
쿠카 268
큐리오시티 329
큐비트 556
크라이오닉스 592
크루즈 오리진 295
크루즈 오토메이션 295
크리터 크런치 287
클라우드 컴퓨팅 166
클러스터링 137
클로드 188, 624
키스멧 353

ㅌ

탄소 기반 생태계 654
탈로스 52
탈론 317
탈중앙화 501
터빈 129
터치 센서 262
테라포밍 668
테란 653
테슬라 215
테슬라 봇 307
테크노크라트 199
텍스트 분석 129
텔레복스 246
텔레탱크 316
텔레파시 404
텔레파시 통신 405
통증 361
투자 수익률 448
툴 640
튜링 기계 93
튜링 테스트 96
트랜스모포시스 647
트랜스젠더 권리 376
트랜스젠더 운동 31, 376
트랜스종협회 409
트랜스포머 182
트랜스휴머니즘 31, 378, 507
트랜스휴먼 종 376
트랜지스터 109, 249
특이점 40, 572, 584
틱택토 105
틱톡 195

ㅍ

파도 수확 439
파레토 최적 477
파우스트 거래 39, 356, 476
파이썬 558
판별 신경망 192
패러다임의 전환 380
팩봇 317
퍼블릭 클라우드 168
퍼서비어런스 329
퍼셉트론 103, 435
페르딕스 315
페르미 역설 663
페이스북 166
페이지랭크 알고리듬 128
페퍼 346
펫맨 307
평등주의 유토피아 616
평생 학습 450
포스트휴머니즘 379
포스트휴먼 종 509
포스트 희소성 경제 443
포용성 470
포터 로봇 348
포퓰리즘 507
폰 노이만 아키텍처 95
폼 팩터 122
푸마 262
푸투라 66
품질 초지능 582
퓨처라마 291
프라이버시 480, 494
프라이빗 클라우드 168
프라임 에어 301
프라임 인텔렉트 636
프레데터 313
프레디 251
프레임 문제 255
프로그래밍 가능한 기계 사자 238
프로그래밍 언어 195
프로스펙터-X 332
프로젝트 카이퍼 61
프롬프트 184
플롭스 550
피그말리온 51
피벗 포인트 589

ㅎ

하드 이륙 585
하모니 358
하야부사 2호 332
하이브리드 접근 방식 161
하이브리드 클라우드 168
하이테크 산업 521
하이퍼파라미터 122
학습 기능 358
학습 데이터 143
한계 수입 448
할 9000 69
합리성 81
합리주의 83
합성곱 신경망 141, 143, 290
합성 데이터 214, 499
합성 생명 431
합성생물학 63, 202, 377, 414
합성 유전체학 424
해석 가능성 145
해직 446

핵 420
핸슨 로보틱스 354
행동 수정 연습 503
행렬 곱셈 169
행렬 반전 564
허버트 254
허블 우주 망원경 324
허위정보 66, 178, 500, 676
허위조작정보 493, 500, 676
헌법적 AI 190, 631
헌법적 인공지능 188
협동 로봇 267, 299
협업 무인 항공기 315
협업 필터링 160
홉필드 네트워크 142
화낙 279
화낙 M-1 로봇 279
확률언어모델 187
확률추론 187
확장성 133
활자 인쇄술 232
회귀 617
회백질 395
효과 법칙 89
효소 421
후손 617
휴리스틱 498
휴머노이드 기반 자동화 346
휴머노이드 로봇 245, 255, 343
휴머노이드 오토마톤 237
휴먼 종 509
휴면 상태 665
히타치 276

A

absolutism 487
Adaptive Learning 502
Adaptive Learning Method 453
AdeptOne 278
AeroVironment Raven 314
Affetto 360
AGI 206, 386
AGI, Artificial General Intelligence 32
AI, Artificial Intelligence 35, 101
AIBO 349
AI Cold War 516
AI constitution 624
AI Safety Summit 28
AI Self-Improvement 582
AI 과점기업 498
AI 교회 646
AI 규제 28
AI 기반 교수법 454
AI 기반 챗봇 346
AI 기술 440
AI 냉전 516, 522
AI 디스토피아 477
AI 생태계 517
AI 세금 449
AI 섹스 로봇 358
AI 슈퍼스타 199, 474
AI 안전 정상회의 28
AI 알고리듬 30, 305
AI 여름 77
AI와의 공생 398
AI와 인간의 인터레이싱 33
AI 요소 384
AI 윤리 178, 517

AI 일자리 대체 507
AI 자기 개선 582
AI 종교 646
AI 헌법 623
Alexa 130
AlexNet 164
algorithm 83
Allen 254
Alpaca 190
Alpagu 315
AlphaDog Proto 303
AlphaFold 425
AlphaGo 174
Amazon Drive Units 298
Amazon Robotics 298
Amazon Scout 300
Amazon Web Services 156
AMR, Autonomous Mobile Robots 298
Analytical Engine 91
Anthropic 188, 623
anti-truth 497
APF, Alaska Permanent Fund 450
AR, Augmented Reality 454
Aristocratic Rule 488
Arkyd 332
ARPANET, Advanced Research Projects Agency Network 111
Artificial Compassionate Intelligence 354
artificial neural network 102
artificial neuron 102
arttillect 653
Asimo 63
ASIMO, Advanced Step in Innovative Mobility 342
Ask Jeeves 129

Astrobee 326
Atlas 307, 344
attention mechanism 182
automatic differentiation 123
Autopilot 294
AWS 156, 167
Axcelis 130
Azure 156

B

B2B AI 솔루션 129
Backgammon 151
backpropagation 84
Bard 187
BattleBots 287
Baxter 268
Bayes' Theorem 86
Baykar Bayraktar 313
BCI, Brain-Computer Interface 30, 394
behavior modification exercise 503
Beijing Genomics Institute 525
BERT 181
BeyondMeat 469
Big Data 167
BigDog 303
Big Tech 622
binary algebra 93
biofilm 428
bioluddite 509
biosecurity 511
bioterrorism 512
Blue Brain Project 599
BodyNet 410
Bolsa Familia 449

Boolean algebra 93
Boston Dynamics 159
brain imaging 597
Breakthrough Starshot 605
Bronco 288
Butlerian Jihad 613

C

C4.5 알고리듬 146
CAAI, Chinese Association for AI 517
Cadmus 52
CAI, Constitutional Artificial Intelligence 188
Cambridge Analytica 170, 491
Canadarm 324
Canvas Technology 299
cartel networking 629
center of gravity 148
centralized database 492
CH-901 군집 드론 시스템 315
Chain of Thought 208
Chain rule 84
ChatGPT 77
Chevy Tahoe 293
Chinese Room 96, 599
Church of AI 646
Claude 188, 624
C-Leg 402
clustering 137
CMR Surgical 270
CMR써지컬 270
CNN 143, 290
CNN, Convolutional Neural Network 141
cobot 266
Cobotics 268

Cog 255
Collaborative Unmanned Air Vehicles 315
collective Superintelligence 581
combinatorial theory of thought 85
Commercial Machiavellianism 529
complexity brake 587
Conditional Automation 297
consciousness 221
containment 625
COPPA, Children's Online Privacy Protection Act 171
Cosmism 650
Cosmist 653
Critter Crunch 287
crony capitalism 675
Cruise Automation 295
Cruise Origin 295
Curiosity 329
Cybathlon 470
Cyberdyne 347
cybernetic organism 377
cyborg 377, 390
Cyborg Foundation 409
Cyborg Olympics 470
C-레그 402

D

DARPA Grand Challenge 292
Databricks 168
Dataism 643
da Vinci 269
DBSCAN 148
dead cost structure 466
decision tree 119, 144

decoherence 557
Deep Blue 92, 152
DeepFace 166
DeepFaceLab 193
deep learning 141
DeepMind 159, 174
deep neural network 124, 139
Dendral 118
Density-Based Spatial Clustering of Applications with Noise 148
Deoxyribonucleic Acid 420
Dextre 325
Dirt Detect 289
discriminator 192
disinformation 493, 500
DNA 420
DNA Sequencing 423
DNA 시퀀싱 423
Dragonfly 330
Drake Equation 662
drift 244
drives 298
drone 312
dwarf to the South 540

E

echo chamber 498
ECoG, Electrocorticography 396
Economic Value of Human Life 484
economy of scale 534
educated guess 457
EEG, electroencephalogram 394
EEG, lectroencephalography 396
El Ajedrecista 91

electronic brain machine 108
Elektro 246
ELIZA 109
Empiricism 83
employee onboarding 173
Employment Law 272
ENIAC, Electronic Numerical Integrator and Computer 94
enzyme 421
Eric 247
EU AI Act 201, 676
exhaustive search 561
expert system 76
extrapolation 61

F

FANUC, Fuji Automatic Numerical Control 279
Fermi Paradox 663
first building block 432
fitness 213
form factor 122
Frame Breaking Act 242
frame problem 255
Freddy 251
Futura 66
Futurama 291

G

Gakutensoku 247
Galactic Spirit 635
Galatea 51
GAN, Generative Adversarial Network 149, 191
GCP, Google Cloud Platform 167

GDPR, General Data Protection Regulation 170
Gemini 97, 187
Gemini Nano 188
Gemini Pro 188
Gemini Ultra 188
gene 421
General Problem Solver 108
Generative AI 28
Generative Pre-trained Transformer 83
genetic divide 508
genomic segment 422
George 247
Ghost Robotics 318
Ginkgo Bioworks 415
GitHub Copilot 195, 451
GloVe, Global Vectors for Word Representation 181
GM FANUC Robotics Corporation 279
GM 화낙 로보틱스 코퍼레이션 279
Goliath tracked mine 316
Google Brain 165
Google Cloud 156
GPT 83
GPU, Graphics Processing Unit 169
Gradient Boosting 146
Grammarly 640
Great Financial Crisis 77, 283
Great Firewall of China 532
grey matter 395
Grok 47, 629
Grover's Algorithm 561

H

Hanson Robotics 354
Harmony 358
Hayabusa2 332
helix bundle 428
Herbert 254
HHL 알고리듬 564
HIPAA, Health Insurance Portability and Accountability Act 171
Hitachi 276
hive mind 667
Hopfield Network 142
HRP-5P 344
Hubble Space Telescope 324
Human-AI Interlace 29, 250
human replacement 272, 337
hybrid cloud 168
hyperparameter 122
Hypothesis of Physical Symbol Systems 575

I

IBM 701 108
IBM PC 116
IBM 왓슨 158
IFR, International Federation of Robotics 337
ILSVRC, ImageNet Large Scale Visual Recognition Challenge 144
ImageNet 144
ImageNet Large Scale Visual Recognition Challenge 164
Imitation Game 96
Impossible Foods 469
IMU, Inertial Measurement Units 306
individual truth 497
induction 85
Inflection AI 624
information overload 499

Ingenuity　330
intelligence explosion　572
Interlacing　29
interrogator　397
iRobot　288
IStrong AI　576
IT, Information Technology　116

J

Jacquard Loom　240
JangoMail　129
jaquemart　236

K

Karakuri　239
Kathoey　376
Kawasaki Heavy Industries　274
Kismet　353
K-means　147
Kuiper　119
KUKA　268
K-평균　147

L

label　136
LaMDA, Language Model for Dialogue Applications　187
Large Language Model　75
last mile problem　300
latent space　191
Law of Accelerating Returns　550
Law of Effect　89
Leibniz wheel　90

Lernout&Hauspie　130
LiDAR　290
linear regression algorithm　86
LISP　120, 252
LittleDog　303
LLaMA, LLM Meta AI　189
LLM　622
LOCUST, Low-Cost UAV Swarming Technology　315
logic gate　434
Logic Theorist　107
Logo　106
lost decades　282
LS3, Legged Squad Support System　303
LSTM, Long Short-Term Memory　141

M

Machine of Tomorrow　29
Make-A-Video　195
manufactured crises　676
mapping algorithm　289
marginal income　448
Markov chain　87
masked language modeling　184
mass grooming exercise　483
mathematical logic　92
matrix inversion　564
matrix multiplication　169
MEG, magnetoencephalography　396
Mental Deficiency Act　511
Mentat　614
Meta　200, 495
method of least square　86
microgravity　326

찾아보기　777

micro-world 106
Mindar 339
mind emulation 40
Mind Emulation 583
Mind Upload 583
misinformation 500
MIT Arm 262
Mitsubishi Electric 276
MIT 암 262
Mobile ALOHA 462
mobility 286
modularity engineering principle 424
Moore's Law 550
motor imagination 396
MRI, Magnetic Resonance Imaging 396
MS-DOS 116
multi-cloud 168
MusicGen 195
MusicLM 195
MYCIN 118

N

naming and shaming 527
Narrow AI 577
narrow path 610, 625
Natural Language Processing 340
nearest neighbor algorithm 105
Netflix 195
Network Effect 306, 476
Neural Dust 397
Neuralink 47, 397
neural lace 47
New Generation of AI Ethics Code 522
New Terra 668

NLP 149, 180
NLP, Natural Language Processing 135
noise 244
nucleotide base 432
nucleus 420
NVIDIA 169

O

objective function 214, 363
OhmConnect 467
OpenAI 76, 622
OpenAI Codex 195
OpenCog 355
Opportunity 328
Optimus 307
organoid 429
Orient Industry 357
OSIRIS-REx 331
Otto 294
Otto Bock HealthCare 402

P

PackBot 317
PageRank 128
PaLM 187
parametrization 64
Pareto Optimal 477
Pathways Language Model 187
PCR, Polymerase Chain Reaction 424
Pepper 346
perceptron 103, 435
Perdix 315
Perseverance 329

Petman 307
PI, Personal Intelligence 460
PIPL, Personal Information Protection Law 522
pivot point 589
polynomial speedup 561
positive externality 447
post-scarcity economy 443
Precautionary Principle 608
Predator 313
prefrontal cortex 579
Prime Air 301
Prime Intellect 636
private cloud 168
probabilistic reasoning 187
programmable mechanical lion 238
Project Kuiper 61
prolonged AI summer 156
Prospector-X 332
protein folding problem 426
public cloud 168
PUMA, Programmable Universal Manipulation Arm 262
Pygmalion 51
Python 558

Q

Q-function 150
Q-learning 150
quality Superintelligence 582
Quantum 554
Quantum Annealing 565
quantum supremacy 556
quantum Turing machine 556
Q-value 150

Q-값 150
Q-러닝 150
Q-함수 150

R

Random Forest 146
RASSOR, Regolith Advanced Surface Systems Operations 332
RASSOR, Regolith Advanced Surface Systems Operations Robot 668
Rationalism 83
RealDoll 357
Reaper 313
Reddit 215
Red Team 293
Reface 200
Regulatory Capture 492
reinforcement learning 138
Reinforcement Learning 90
Reinforcement Learning by Human Feedback 211
Replit 451
reskilling 450
Rethink Robotics 268
reverse engineering 263, 599
reward function 212
risk capital 655
RLHF 211
RLHF, Reinforcement Learning from Human Feedback 622
RNN 291
RNN, Recurrent Deep Neural Network 162
RNN, Recurrent Neural Network 140
Robear 347
Robonaut, R2 325

Robot Combat League 288
Robotica 288
Robot Wars 287
RobotWorld 265
ROI, return on investment 448
Roomba 288
RPA, Robotic Process Automation 158, 172, 484
RRN 142
RunwayM 195

S

SAGE 110
SCS, Social Credit System 523, 527
search-based reasoning 105
segmental gear 236
Segmentation Algorithms 147
selective speed-up 563
self-awareness 249
self-guided 286
self-improvement 211
self-propelled 286
self-supervised learning 184
Self-Taught Reasoner 208
Semi-Automatic Ground Environment 110
SenseTime 520
sensory data 217
sequence diversity 425
sequence-to-sequence 191
sequential data 142
serial sectioning 598
Shakey 251
Shor's Algorithm 559
SHRDLU 106

Siemens 467
singularity 40
Singularity University 585
Siri 130
SNARC 103
Snowflakes 168
Social Credit System 488
SoftBank Robotics 346
Sojourner 327
sona 250
Sophia 354
Space Shuttle 323
SpaceX 61, 119
Sparko 247
speed Superintelligence 580
Speenhamland System 449
Spheres 326
Spirit 328
spooky action at a distance 555
Spotify 195
SpotMini 304
Sputnik 1 322
Stable Diffusion 193
Stanford Arm 261
Stanford Cart 250
Stanford Racing 293
Stanley 292
STAR 208
StarChip 605
stepped drum 90
STM Kargu 314
STM 카르구 314
Stochastic Neural Analog Reinforcement Calculator 103
Stoic philosophy 384

subjective truth 497
Super Cruise 295
Superintelligence 32, 544, 572
Superman 544
super soldier serum 419
superstar 474
supervised learning 85, 136
Su Song Tower 233
SVM, Support Vector Machine 562
swarm 316
SWORDS, Special Weapons Observation Reconnaissance Detection System 317
syllogism 81
symbolic AI 253
symbolic logic 92
synaptic weight 592
SynBio, Synthetic biology 414
Synthetic biology 377
synthetic genomics 424
synthetic life 431

T

T3 260
Talon 317
Talos 52
taxation without representation 658
TD-Gammon 151
TD-개먼 151
TD 알고리듬 151
technology paradox 587
Teletanks 316
Televox 246
tentacle arm 262
Terran 653

Tesla 215
Tesla Bot 307
The Beast 249
The Netflix Prize 161
theory of embodied cognition 253
The Tomorrow Tool 260
Tic-Tac-Toe 105
TikTok 195
Tin Woodman 64
Toshiba 240
transformer 182
transhumanism 31
Transition 374
Transmorphosis 647
Transspecies Society 409
Turbine 129
Turing machine 93
Turing Test 96

U

UAV, uncrewed aerial vehicle 312
UBI 487
UBI, Universal Basic Income 60, 446
UGV, Uncrewed Ground Vehicle 316
Ultimate 275
ultra-intelligence 572
ultrasonic beacon 326
Uncanny Valley 352
Unimate 258
Unimation, Universal Automation 259
UniPi 196
Universal Automation 259
universal calculator 83
Universal Robots 268

unsupervised learning 137
upskilling 450
Urban Challenge 293

V

V2X, Vehicle-to-Everything 296
VAE, Variational Autoencoder 191
vandalism 301
VCDPA, Virginia Consumer Data Privacy Act 171
Versatran 261
Versius 270
Vicuna 190
video inpainting 185
Vision 60 318
Von Neumann architecture 95
VR, Virtual Reality 454

W

Wabot-1 340
Waymo 215, 294
WBE 642
WBE, Whole Brain Emulation 583
Weak AI 577
WEF 672

WisdomArk 129
Word2Vec 181
word embedding 149
world model 220
worldview 220

X

Xenobot 433

Y

YouTube 160, 195
YuMi 268

번호

1차 AI 겨울 76, 121
2족 보행 휴머노이드 로봇 307
2차 AI 겨울 77, 121
3D 데이터 254
3D 바이오프린팅 429
3차 AI 겨울 77, 126, 134
4족 보행 로봇 303
5세대 프로젝트 281
1984 617

AI와 인간의 인터레이싱
인공지능이 이끄는 인류 진화의 다음 단계

발행 · 2025년 10월 29일

지은이 · 페드로 우리아-레시오
옮긴이 · 김동환, 최영호

발행인 · 옥경석
펴낸곳 · 주식회사 에이콘온

주소 · 서울시 양천구 국회대로 287 (목동)
전화 · 02)2653-7600 | **팩스** · 02)2653-0433
홈페이지 · www.acornpub.co.kr | **독자문의** · www.acornpub.co.kr/contact/errata

부사장 · 황영주 | **편집장** · 임채진 | **책임편집** · 임승경 | **편집** · 강승훈, 임지원 | **디자인** · 윤서빈
마케팅 · 노선희 | **홍보** · 박혜경, 백경화 | **경영지원** · 최하늘, 김희지

함께 만든 사람들
전산편집 · 장진희

에이콘온(AcornON) - 에이콘온은 'ON'이라는 단어처럼,
사람의 가능성에 불을 켜는 콘텐츠를 지향합니다.

인스타그램 · instagram.com/acorn_pub
페이스북 · facebook.com/acornpub
유튜브 · youtube.com/@acornpub_official

Copyright ⓒ 주식회사 에이콘온, 2025, Printed in Korea.
ISBN 979-11-94409-31-1
http://www.acornpub.co.kr/book/9791194409311

책값은 뒤표지에 있습니다.